Hildegard Knef · Der geschenkte Gaul

Büchergilde Gutenberg

Hildegard Knef

Der geschenkte Gaul

Lizenzausgabe für die Mitglieder der
Büchergilde Gutenberg
mit Genehmigung des Verlages
Fritz Molden, Wien–München–Zürich

Satz und Druck: Hanseatische Druckanstalt, Hamburg
Papier: 90 g holzfrei Werkdruck
der Papierfabrik Niefern, Bohnenberger & Cie.
Bindearbeiten: Ladstetter Verlagsbuchbinderei GmbH, Hamburg
Printed in Germany 1973 · ISBN 3 7632 1658 8

I

Liebeserklärung an einen Großvater

Meiner hieß Karl, er war mittelgroß und genauso kräftig, wie er aussah. Er trug den Kopf sehr gerade, die Wirbelsäule auch, und er hatte einen großen Mund mit vielen Zähnen; er hatte sie noch alle 32, als er mit 81 Jahren Selbstmord machte. Sein Jähzorn war das Schönste an ihm, erstens weil er sich nie gegen mich richtete und weil er so wild und rasch kam, wie er verging, und wenn vergangen, wurde sein Gesicht warm wie ein Dorfteich in der Sommersonne und seine Bewegungen verlegen und einem fischenden Bären gleich.

Im Winter wohnten wir in der Sedanstraße in Schöneberg; die Sedanstraße war ein Berlin ohne Bäume, und er paßte gar nicht dorthin, er ging mit mir ununterbrochen spazieren und kaufte mir vor dem Mittagessen Anisbonbons, jedesmal gab es deshalb Krach, wenn wir zurückkamen.

Meine Großmutter war zart, zuckerkrank, und die Tragödie ihres Lebens war, daß sie Karl nicht liebte und daß er sie ängstigte. Er war polnisch-ostpreußischer Abstammung, er sprach selten über seine Familie, sehr mühsam fand ich heraus, daß sein Vater sämtliche Güter verspielt und versoffen hatte, daß seine Mutter während einer Schwangerschaft einen Nervenzusammenbruch hatte und die Tochter, die darauf zur Welt kam, sechzehn Jahre später verrückt wurde und regelmäßig jedes Jahr vier bis sechs Monate in einer Heilanstalt zubrachte, von der sie nach Entlassung sonnig die grauenhaftesten Geschichten zu erzählen hatte. Mein Großvater wurde ihr Vormund, und er litt glaube ich sehr darunter; sie zog sich manchmal auf einer Berliner Brücke (sie hatte einen starken Hang zu Brücken) splitternackt aus, und mein Großvater mußte dann zur Polizei, er versuchte das alles vor mir zu verbergen, aber ich bekam es natürlich doch heraus, sosehr sie auch alle flüsterten und immer wieder nachsahen, ob ich auch eingeschlafen war.

Im Sommer war alles anders, wir waren bei Zossen in seinem kleinen Haus – es war eigentlich eine glorifizierte Laube mit vier Räumen und einem gemütlichen Herd, auf dem die jungen Küken nachts warm gehalten wurden –, seinem großen Garten mit Obstbäumen und Kohl und Spargel und einem kleinen Teich, in den ich regelmäßig fiel und entweder von meinem Großvater oder unserem keiner auch nur entfernt bekannten Rasse angehörigen Riesenhund gerettet wurde. Was ich im Winter an Anisbonbons fraß, waren im Sommer, nur noch in weitaus größeren Mengen, Äpfel. Mein Großvater vertrat den eigenwilligen Standpunkt, daß auch nach regelmäßigem Erbrechen noch genug Apfel im Körper zurückbleibt, um mich mit Kraft und ungestörtem Wachstum über den sedanstraßigen Winter zu bringen.

Schwierig wurde unser Leben, wenn Großmutter für jeweils zwei bis drei Tage in der Woche in unser Paradies kam. Ich durfte nicht mehr halbnackt herumrasen und wurde in Wolle gesteckt, Karl sollte sein Netzhemd nicht »öffentlich« tragen, Äpfel wurden als wurmfördernd verschrien, meine Ziege durfte ich nachts nicht mehr an mein Bett binden, und mein Lieblingskarnickel mußte in seinem Verschlag ein anständiges Karnickeldasein führen, das ganze sommerliche Leben wurde organisiert und weiblich ordentlich.

Der erste rasende Jähzornanfall meines Großvaters fand unfehlbar zehn bis fünfzehn Minuten nach der scheu-herzlichen Begrüßung statt, er zog sich anschließend brummend und vor sich hin redend auf seine hinteren Kohlbeete zurück, um wenig später braungebrannt und zufrieden auf dem Sofa zu sitzen, Omas Kaffee zu trinken und ihr von meinen unglaublich geniegleichen Äußerungen zu berichten – das war die schönste Stunde für mich, wir beteten uns gegenseitig an, über die uns trennenden sechzig Jahre hinweg. Ob ich nur ungeschickt oder bösartig war, wird keiner mehr ergründen, jedenfalls fiel immer etwas herunter, was zerbrechlich war, und damit war jedem aufkommenden Verständnis meiner Großeltern füreinander ein jähes Ende gesetzt.

Sonntags kam meine Mutter. Sie mußte arbeiten, sie war damals Sekretärin bei Siemens – mein Vater war sechs Monate nach meiner Geburt gestorben, und ich fand es bedeutend, eine Halbwaise genannt zu werden –, sie kam, und ich tat jedesmal so, als ob ich sie nicht erkannte, machte einen höflichen Knicks und sagte: »Guten Tag, Tante.« Meine Großmutter fing sofort an zu weinen und schnüffelte etwas von unnatürlichem Leben für ein Kind in dem Alter, meine Mutter hatte Tränen in den Augen, nahm mich auf den Arm und rügte meine Großmutter wegen der wollenen Kleidung, die ich bei der glühenden Hitze trug, zwischen der nunmehr beginnenden Auseinandersetzung bekam ich mein Sonntagsgeschenk von meiner Mutter und hörte meinen Großvater etwas von blöder Gefühlsduselei sagen. Montags fuhren Mutter und

Großmutter nach Berlin zurück, und nach herzzerreißendem Abschied und langem Winken blinzelten Großvater und ich uns zu wie zwei Verschwörer, die ihrer illegalen Arbeit nun wieder ungestört nachgehen dürfen. Montags durfte ich ganz nackt im Garten laufen, bekam die Äpfel nachgeliefert, die ich während der Besuchszeit verpaßt hatte, und mußte mich meist bereits vor dem Mittagessen übergeben.

Meine Großmutter wurde dünner und nervöser, und ihre schönen, sehr großen hellgrauen Augen wurden unruhig und ganz farblos. Manchmal wurde sie ohnmächtig, das machte Großvater hilflos und wütend. Sie wollte auf gar keinen Fall in ein Krankenhaus, als Begründung sagte sie: »In einem Krankenhaus werde ich sterben, das fühle ich.« Sie wollte auch keine Spritzen, sie taten in ihrem fleischlos gewordenen Körper weh. Als sie zu matt wurde, um sich wehren zu können, brachte meine Mutter sie dann doch in ein Krankenhaus, und wenig darauf starb sie. Ich wurde während dieser Zeit täglich in einen Kindergarten in der Sedanstraße gebracht, den ich zutiefst haßte, die immer freundlichen Schwestern, die ihre Freundlichkeit an alle regelmäßig verteilten, machten mich unglücklich; mir wäre es dann schon lieber gewesen, wenn sie mich angebrüllt hätten. Ich beteiligte mich nie an den Spielen, weinte zu meiner und der Schwestern Verzweiflung endlose Stunden hindurch und sehnte mich nach meinem Großvater und Zossen und Sonne. Eines Morgens sagte meine Mutter zu mir, daß die Oma nun im Himmel sei, und weinte dabei ... der einzige, der bei der Trauerfeier nicht weinte, war mein Großvater, und das fand ich auch ganz richtig, denn die Kombination Himmel und Tränen war mir zu verwirrend. Er lachte auf der Fahrt zum Friedhof sogar einmal und meine Mutter sagte später, er wäre schon immer so »roh« gewesen.

Meine Mutter kündigte bei Siemens, um sich mehr um mich kümmern zu können, denn »man kann das Kind nicht mit einem alten Mann aufwachsen lassen ...«, und kaufte sich ein Zigarrengeschäft in der Nähe der Friedrichstraße. Sie war damals sehr schön, und viele Männer kamen, kauften Zigarren, um sie einige Meter vom Laden entfernt in einen Gully zu schmeißen – eines Tages beobachtete Mutter einen ihrer Stammkunden bei dieser Beschäftigung und sagte sich wohl, daß die Tabakbranche nicht das richtige für sie sei, daraufhin wurde mit vielen Schwierigkeiten ein Schokoladenladen gekauft, in dem sie und ich die Hälfte unserer Ware allein aßen, in dieser Zeit lernte sie Herrn Wulfestieg kennen und heiratete ihn – er hatte Asthma, und ich äffte seinen Husten immer nach, weil ich ihn nicht leiden konnte, und dadurch wäre schon beinahe die Verlobung geplatzt ...

Am Hochzeitsmorgen freute ich mich vor allem auf Großvater – ich raste ihm entgegen und brüllte aus Leibeskräften: »Meine Mutter heiratet heute!« In der Aufregung übersah ich eine rundliche kleine Frau mit kleinem Kopf und kleinen braunen Augen, die er dann als Tante Emma vorstellte, der Hochzeitstag war für mich geschmissen, meine Mutter einen fremden Herrn, mein Großvater eine fremde Dame. Mutter schien auch nicht beglückt und sagte etwas wie: »Eine Schande, so kurz nach dem Tod von Mutter!« Er kam ganz traurig unter den Tisch gekrochen, unter dem ich maulte, und erklärte mir, daß ein erwachsener Mann eine Frau braucht, und das leuchtete mir ein.

Tante Emma war Köchin in Frankreich gewesen, die Verwandten sprachen möglichst nur im Flüsterton darüber, Frankreich war Bordell und Unzucht und etwas Anständiges lernt ein deutscher Mensch dort eben nicht ... Emma hatte es schwer mit allen, außer mit Großvater, der blühte auf, und ihre Betulichkeit tat ihm wohl, sie sprach sogar über seine etwas entstellte Nase – sie hatte während eines ostpreußischen Winters Frost gekriegt und lief bei Kälte lila an und platzte manchmal auf –, ein Tabu vorher und jetzt ein bemitleidenswerter, sehr zu pflegender und mit Nasenschützern zu versehender Körperteil. Sie wohnten, nachdem sie nach langem Hin und Her geheiratet hatten, in Zossen, und ich sah Großvater nur noch sehr selten, der Sommer wurde nun wie der Winter, und ich war dauernd krank, einmal so sehr, daß ich für ein paar Wochen zu Großvater und Tante Emma gebracht werden mußte, Großvater bestand darauf, denn frische Luft würde aus mir wieder einen kräftigen Menschen machen, die Äpfel erwähnte er vorsichtshalber gar nicht. Emma kochte Tauben für mich und küßte mich jedesmal vor und nach dem Essen, was mir ziemlich widerlich war, denn in unserer Familie wurde sonst nicht viel geküßt, nur zu Weihnachten und zum Geburtstag und zu Neujahr, da das alles bei mir innerhalb einer Woche stattfindet, hatte ich es verhältnismäßig schnell und etwas gedrängt hinter mir. Aber bis auf die Küsserei hatte ich Emma ganz gern und war traurig, als sie plötzlich auch in das städtische Krankenhaus kam und starb. Mein Stiefvater, den ich nun Papa nannte, sagte, es käme vom heißen Abschmecken, denn sie hatte Magenkrebs, und Kochen erschien mir für viele Jahre lebensgefährliche Beschäftigung.

Nun war Großvater wieder allein, und ich hoffte auf unser altes Sommerleben – umsonst, Großvater hatte Krach mit meinem »Papa«, und der »Umgang«, wie er es nannte, wurde mir verboten. Einmal, es war im ersten Schuljahr, zog mich jemand vor der Schule an meiner Mappe, und als ich mich erschrocken umdrehte, stand er da, dünn und alt geworden, mit sehr weißem Haar, und hatte zum erstenmal Tränen in den Augen; wir blieben den ganzen Nachmittag zusammen, und er kaufte mir ein Fahrrad. Als ich nach Hause kam, gab es Krach, meine Mutter sprach für Großvater, mein Stiefvater gegen ihn, und ich überlegte mir, wie lange ich radfahren müßte, um nach Zossen zu kommen.

Eines Tages hatte Großvater das einsame Landleben satt und zog mit Großtante Hulda – sie war eine der vielen Schwestern meiner Großmutter – in eine Wohnung in der Frobenstraße Nr. 13. Die Frobenstraße war ganz in der Nähe vom Nollendorfplatz, kein Baum, kein Park, nur Hochbahngetöse, Omnibuslärm und düstere Zimmer. Warum er gerade auf diese Wohnung verfiel, weiß ich bis heute nicht – vielleicht wollte er einen besonders dicken Strich unter sein früheres Netzhemddasein ziehen.

Tante Hulda sah aus, als wäre sie nie in ihrem Leben jung gewesen; sie war ganz klein und vertrocknet und unendlich geduldig, keiner konnte so zuhören wie Tante Hulda und keiner hatte eine so sanfte Stimme – sie zwang einen mit dieser kaum hörbaren Stimme zu Ruhe und Duldsamkeit, selbst wenn man sich das halbe Knie abgerissen hatte und brüllend um Mitleid rang. Das war Tante Hulda, und Karl konnte sie eigentlich nie leiden, aber er konnte nun einmal nicht ohne ein weibliches Wesen in seiner Umgebung auskommen.

Das Angenehme an der Wohnung war, daß ich sie mit dem Achter-Omnibus sehr schnell erreichen konnte, und nachdem endlich unterm Weihnachtsbaum eine knorrig-männliche Versöhnung zwischen Stiefvater und Großvater stattgefunden hatte, durfte ich einmal in der Woche bei ihm schlafen. Tante Hulda hatte Angst vor Menschen und hatte auf zwei Sicherheitsketten, Guckloch und kompliziertes Schlüsselverfahren bestanden. Nachdem ich freudvoll die immer finstere Treppe hinaufgefallen war und mir an der altmodischen Klingel die Finger beinah abgedreht hatte, wurde zwei Minuten lang gefragt, geguckt und geschlossen, und endlich konnte ich mich mit meinem Übernachtungsgepäck in die Wohnung stürzen.

Großvater sah nicht mehr so braungebrannt aus wie früher, aber gesund und gerade, und er schien die schwierigen Monate vergessen zu haben, sein Jähzorn tobte sich in gemilderter Form an Tante Hulda aus, die sich zwar darüber beklagte und mit einem leisen und langgezogenen »Kaaaaarl« die Dramen beendete, die aber bestimmt nach der langweiligen Ehe, die sie vor Jahren einmal geführt hatte, nicht gern auf Großvaters Raserei verzichtet hätte.

Ich schlief auf einem breiten, ausgelegenen Sofa unter einem »Regulator«. Er holte jede Viertelstunde schmerzlich ratternd Luft,

um dann bei der ersten Viertelstunde einen, bei der halben zwei und der Dreiviertelstunde drei donnernde Schläge von sich zu geben – die volle Stunde wurde mit mehreren, nur der koreanischen Oper vergleichbaren wütenden Gongexplosionen in verschiedenen Tonarten bekanntgegeben. Ich flog fast jedesmal von meinem Sofa, Großvater hingegen schlief seelenruhig in seinem halbbesetzten Doppelbett weiter. Er klopfte jeden Abend mit der rechten großen Zehe gegen die untere Bettwand – sechsmal – und schwor darauf, daß er nur dadurch Punkt sechs erwachen könne. Tante Hulda stand erst um sieben auf, was Großvater für ungesund hielt. Er hatte dann bereits kalte Waschungen und Freiübungen gemacht, den Herd rauchlos zum Brennen gebracht, Brötchen geholt und Kaffee gekocht – Frühstück war lang, gemütlich, und meist las Großvater zum Abschluß die Fortsetzung des »Morgenpost«-Romans vor. Da ich die vorherigen nicht kannte, döste ich friedlich vor mich hin und fraß ungeniert die restlichen Brötchen mit Gänseschmalz. Dann brachte er mich zur Bushaltestelle, brachte den Berliner Verkehr durcheinander, indem er darauf bestand, dem seiner Meinung nach schwachsinnigen Schaffner die Wichtigkeit meiner Person zu erzählen und ihn mit Nachhilfe eines kleineren Geldbetrages zu verpflichten, seine Enkelin am richtigen Platz, nämlich der Schule, abzuliefern. Alle Leute glotzten mich dann im Bus unverhohlen neugierig und morgenblöde an, und ich war froh, wenn ich ihnen und dem aufgeregten Schaffner entfliehen konnte.
Wir wohnten jetzt in Friedenau und hatten einen Schuhmacherladen in der Nähe der Wohnung, direkt am Bahnhof Wilmersdorf. Die Besuche in der Frobenstraße waren nicht mehr so regelmäßig – ich mußte im Geschäft mithelfen, und es machte mir Spaß, nur das Austragen der reparierten Schuhe hatte ich nicht gern, ich fürchtete mich in den kalten dunklen Hausfluren, auf den unübersichtlichen Hinterhöfen und vor den Menschen, die manchmal gleichgültig, manchmal barsch und gestört und manchmal freundlich und mit Trinkgeld die Türen öffneten.
Mein Bruder – oder, wie man so befremdend sagte, »Halbbruder« – wurde geboren. Der Tag war ausgefüllt. Ich lernte eine Welt ohne Großvater kennen. Ich vergaß ihn wochenlang, ich fing an, erwachsen zu werden, ich wurde treulos. Er veränderte sich nicht, hatte meine Veränderung erwartet und warf sie mir nicht vor. Eine weihnachtliche Geschenkkrise wurde überwunden, und wir fanden für Stunden zueinander und verließen uns wieder. Ich hatte mir ein Akkordeon gewünscht und bekam Skier – »Akkordeon macht eine schlechte Brust«, sagte er. Der Krieg kam und die Marken und Güterzüge mit Soldaten, die Söhne der Nachbarn wurden eingezogen, und mein Großvater sagte: »Wir werden den Tod

der Juden büßen müssen.« Er wurde stiller. Dann kamen die Luftangriffe und das Suchen und das Hoffen ... er wurde nicht ausgebombt, aber wir verloren dreimal hintereinander die Wohnung – am Anfang die Möbel, dann nur noch Koffer. Er kam nach den Angriffen zerzaust, versengt, mit einer Tüte voller Brötchen und etwas Kaffee und beklagte sich über Tante Hulda, die wieder im Keller leise gebetet und geweint hatte. Er hatte nie über seinen Sohn Kurt gesprochen. Er war schon Mitte der zwanziger Jahre nach Amerika ausgewandert, aber die Entfernung war durch den Krieg größer geworden, er wollte ihn gern noch einmal sehen, und eines Tages ging er mit mir in eine Kirche. Er saß ganz still da und schien genau zuzuhören, aber als wir weggingen, war er wütend – auf sich und »auf die Idioten, die dreiunddreißig etwas hätten tun sollen« – was, hat er mir nicht gesagt, und ich hätte es auch nicht genau verstanden. Ich hatte einmal mit dem Zeigefinger »Hitler ist doof« in den Sand geschrieben, um ihm eine Freude zu machen, aber er hatte mir weitere Zeichnungen dieser Art verboten, und so sprachen wir nicht mehr davon, und mit »davon« meine ich Hitler und Krieg und SS und Magermilch. Nur als ich in den BDM eintreten sollte, wehrte er sich mit Händen und Füßen, und meine sämtlichen Krankheiten wurden hervorgezerrt.

Ich habe meinen Großvater nie mit Männern in »männlichen Gesprächen« gesehen; er mochte Männer nicht, spielte nicht Karten und haßte alle Verbrüderungen – er war jetzt allein. Tante Hulda zog nach den verbeteten angstvollen Nächten in der Stadt zu ihrer verhärmten Tochter in Zehlendorf, meine Mutter wurde mit meinem Bruder auf ärztlichen Befehl evakuiert, und ich hatte einen Beruf oder eine Lehrstelle, die einmal ein Beruf werden sollte, und wohnte in Untermiete.

Ich besuchte ihn abends oder an Sonntagen, aber es war ein wenig Pflicht dabei und eine Sehnsucht nach der weichen Wärme vergessener Sommer, die ich nicht mehr wahrhaben wollte – Miete, Stipendium, Ehrgeiz, den Krieg vergessen, arbeiten, lernen; herauskommen aus Schuhmacherläden, Ledergeruch und Eintopf ohne Fett konnte ich nicht mit der Sehnsucht nach unseren Sommern, das wußte ich. Ich stürmte nicht mehr die vor Jahren schon düstere und jetzt vollkommen verdunkelte Treppe hinauf, die Klingel ging seit langem nicht mehr, und nach kurzem Klopfen öffnete er mir die Tür – froh und vorbereitet, Kaffee auf dem Tisch und selbstausgelassenes Schmalz im Glas und sogar Brötchen, etwas wäßrige, dunkle Kriegsbrötchen. Wir saßen an dem großen Tisch, ich auf dem alten Sofa unter der krächzenden Uhr, die Hängelampe war mit Tüchern verbunden wie ein verletztes Kuheuter. Erst mußte ich essen, und während ich kaute, fing er an zu erzählen ... Ganz früher, als ich seine Worte noch nicht verstand, hatte er mir viel erzählt, und jetzt wieder: von seiner Jugend und den masurischen Seen, über die man im Winter mit von Pferden gezogenen Schlitten rasen konnte, von dem Gymnasium, das er nach dem Zusammenbruch des Vaters in Holzpantinen besuchen mußte, und von den anderen, noch reichen Verwandten, die die plötzlich verarmten Kinder auf ihre Güter holten, um sie dort auf den Feldern schuften zu lassen und in die Dorfschule zu stecken ... er hatte nichts vergessen, und sein Haß und seine Trauer waren so frisch wie damals, als er vor diesen Verwandten nach Berlin flüchtete. Dann sang er leise ein polnisches Lied, das ich oft von ihm gehört hatte und das er mir nie übersetzt hatte. Er trank nicht gern Alkohol, aber nach dem polnischen Lied gab es immer Rotwein, das war schon früher so gewesen, dann kam Fliegeralarm, und wir gingen in den Keller – er räumte erst auf, öffnete die Fenster, damit sie durch den Luftdruck nicht gleich zerplatzen sollten, und packte ein paar Brote und eine Thermosflasche ein, der Luftschutzwart tobte vor der Korridortür, die Flak raste, und manchmal fielen auch schon die ersten Bomben, er ließ sich nicht hetzen, weder von den zeternden Deutschen vor der Tür noch von den brummenden Amerikanern am Himmel.

Und als die Russen nach Berlin kamen und die Stadt schon besetzt war, warfen zwei fünfzehnjährige Hitlerjungen ihre restlichen Handgranaten aus dem Fenster, und das Haus Frobenstraße 13 wurde mit Panzerkanonen zusammengeschossen. Mein Großvater überlebte und rettete sich aus dem brennenden, einstürzenden Haus. Mit einer zerrissenen Hose und angesengten Hausschuhen an den Füßen lief er nach Zehlendorf, viele Stunden lang, und suchte die Wohnung, in der ich zuletzt in Untermiete gewohnt hatte. Die Leute im Haus sagten ihm, sie hätten mich seit den Kämpfen nicht mehr gesehen, dann lief er nach Wilmersdorf und fand meinen Stiefvater; Stiefvater war lungenkrank geworden und von den russischen Besetzern, die er so sehr herbeigesehnt hatte, angeekelt.

Mein Großvater blieb bei ihm, sie lebten in einer halb ausgebombten Wohnung in einem Zimmer und haßten sich und warteten wochenlang auf eine Nachricht von meiner Mutter, von meinem Bruder, von meinem Onkel, von mir ... Meine Mutter schien tot zu sein, das Dorf, in dem sie gelebt hatte, war von Engländern besetzt, und vorher hatte es tagelang Kämpfe gegeben.

Mein Großvater saß auf einem wackeligen Sessel an einem Fenster, das keine Scheiben mehr hatte, er trug eine zerrissene Hose und ein Jackett, das ihm zu weit war, er hatte angesengte Hausschuhe an den Füßen – so sah ich ihn wieder, als ich drei Monate später aus der russischen Gefangenschaft zurückkam; er hob ganz ruhig den Kopf und sagte: »Da bist du ja, mein Kind«, nahm meine Hand und schlief ein. Eine halbe Stunde später wachte er auf und sagte, daß er jetzt noch auf Mutter warten möchte.

Zwei Wochen später hatte ich Premiere in der »Tribüne« – es war das erste Theater, das in Berlin spielte –, und vor der Vorstellung kam eine Frau auf einem verrosteten Fahrrad und brachte mir einen Brief; er war sehr dick und hatte keinen Absender und keine Anschrift. Er fing an: »Mein geliebtes Kind, ich bin zu alt, um die Grausamkeiten vergessen zu können und auch um dir noch nützlich zu sein ...«, und er hörte auf: »... vielleicht wirst Du mich eines Tages verstehen und mir verzeihen ...«

Die Schrift war ganz klar und gar nicht zitterig.

Er hatte dann viele Schlaftabletten genommen, sich mit einem Taschentuch das Kinn festgebunden und das Laken über den Kopf gezogen.

2

Fräulein Weise war nicht so; sie war böse und hätte zur Warnung ihrer Schüler auch so heißen sollen. Sie trug Rosa, Rosa zu allen Jahreszeiten, und aus diesem Rosa quoll ein weißer, fettiger Fischkopf wie das weiße Fleisch aus einem gekochten Hummer. Ihre wäßrigen flachen Augen waren schnell und stechend, und ihr dummer Spott ließ jedes beginnende Interesse an ihrem Geschwafel ersterben. Sie trug auf all diesen rosa Gewändern ein Parteiabzeichen. Sie war unsere Klassenlehrerin und haßte uns alle ausgiebigst.

Man sprach viel vom Krieg und vom Vaterlandverteidigen, und als ich einmal fragte, gegen wen wir uns denn verteidigen sollten, da wir doch gar nicht angegriffen wurden, durfte ich zu meiner Freude und meiner Mutter Verzweiflung drei Tage nicht in die Schule gehen, der Blockwart sprach eindringliche Worte mit meinem Stiefvater, und ich mußte mich entschuldigen.

Jeden Morgen betrat sie, ohne uns eines Blickes zu würdigen, die Klasse. Die Bänke waren zu klein für uns, und wir zerrten unsere Gebeine hervor, um strammzustehen und Heil Hitler zu brüllen, mußten stehen bleiben, bis sie ein kreischendes Setzen zurückschrie. Erst dann sah sie sich um und uns an, als sei sie überrascht, überhaupt etwas Atmendes, Lebendiges zwischen den Bänken zu sehen. Ihr erster, nun plötzlich leiser und verwirrend-sanfter Aufruf galt fast immer mir, sie rief mich nur beim Nachnamen, Knef, säuselte es durch den Raum, und sie stellte mir eine Frage, die ich nie beantworten konnte, weil ich jeden Morgen von diesem Fischgesicht aufs neue verschreckt und hypnotisiert war, sie verwandte dann ungefähr fünf Minuten an die Beschreibung meiner Minderwertigkeit, und je älter ich in diesen Verdummungsjahren wurde, um so klarer wurde mir doch, daß sie bei der Gestapo ihre Lehrprüfung abgelegt haben mußte. Sie war unsere Deutsch-, Geographie-, Französisch- und selbstverständlich auch unsere Geschichtslehrerin – die Geschichte hat sie uns dann auch restlos verheimlicht, dafür um so mehr die Vorzüglichkeiten unserer Regierung gepriesen. Dinarische Rasse, nordische Rasse ... die Wenden, die Slawen

(minderwertig), die nordische Frau, breites Becken breite Schultern blondes Haar blaue Augen – es lief an uns vorbei wie Bahnhofsschilder an einem Schnellzug, Rassen, Rassen, wohin man sieht, Rassen ... wir mußten vortreten, unsere Rassenmerkmale beschreiben: »Ich bin nordisch, weil ...«
Und was war mit Margot Wiener? Wir saßen auf derselben Bank in der Volksschule in Wilmersdorf, sie wohnte am Bayrischen Platz in einer überwältigend großen Wohnung mit einer Toilette im Flur und einer im Bad, ich hatte das nie zuvor gesehen, und sie hatte mir stolz erklärt, daß die Flurtoilette für Gäste sei. Margot war klein und dunkel und hatte große hellbraune Augen und konnte lachen wie eine Hyäne, war gutmütig wie ein gefütterter Bernhardiner – wo war sie? Sie war eines Tages verschwunden, und die Lehrerin in der Volksschule, die Fräulein Koch hieß und so lieb und sanft und nachsichtig war wie die Weise ekelhaft, hatte uns mit ihrer kleinen, sauberen Stimme erzählt, daß Margot plötzlich mit ihren Eltern umgezogen sei.
Ich bin nordisch, weil ...
Biologiestunde und Fräulein Lerche, eine dünne vertrocknete Lerche, die unablässig von der Wichtigkeit einer an der Luft getrockneten Zahnbürste sprach, täglich einmal, und die immer nervös an ihrer Oberlippe herumkaute mit ihren langen gelben Zähnen. Ihr Vater muß ein Pferd gewesen sein, nicht nur wegen der Zähne, sie galoppierte auch so, wir rasten mit ihr durch den Grunewald, und sie spuckte aus ihrem gelben Gebiß die Namen der Bäume, manchmal auch Lärchen, und wir wieherten blöd, was sie mit einem resignierten Kauen an der Oberlippe abtat. Sie war nicht bös, und wir hatten sie ganz gern auf unsere junge, sadistische Art. Aber ich kann heute nur mit Anstrengung einen Nadelbaum von einem Laubbaum unterscheiden, und das hat nichts mit meiner Kurzsichtigkeit zu tun, und so war ihr Wirken an mir tragisch erfolglos ...
Bei Fräulein Schulz war das anders – an sie werde ich mich wohl noch lange erinnern, wie an Fräulein Weise –, die war unsere Turnlehrerin. Das einzig Hübsche in unserer Schule war unsere Turnhalle; sie hatte schöne große Fenster, einen blankgeputzten Parkettboden, und sie sah nicht nach Turnen, sondern nach fröhlichem Sport aus. Dieser Eindruck erwies sich in dem Augenblick als falsch, in dem Fräulein Schulz die Halle betrat, sie war ein verbackener Eierkuchen, vor Wochen in einer zu warmen Speisekammer vergessen. Ihr Gesicht war riesengroß und gelb, ihre verschwitzten Haare, die dunkelsträhnig um ihren Kopf hingen, die zu langen schwarzen glänzenden Turnerhosen und die gebogenen, halb muskulösen, halb schwabbeligen Beine gaben ihr die Aura

eines türkischen Ringers. Nachdem wir in Reihen oder »Riegen«, wie sie es nannte, angetreten waren, mußten wir wieder Heil Hitler schreien und die Hand heben – sie hob zurück. Dann hielt sie eine kurze Rede in einer rauhen, bellenden Hundestimme, die durch das Turnhallenecho vollends unverständlich wurde – Fetzen von »soldatisch« und »nacheifern« und »unserem Führer zeigen«. (Aber was?) Dann ging's zum Reck; ich habe und hatte immer schwache Handgelenke und konnte weder Bauchwelle noch andere Wellen am Reck vollbringen, ohne herunterzufallen, einmal zwang sie mich mit ihrem Tambourstock, ich machte eine Bauchwelle beziehungsweise keine, denn auf halbem Weg sauste ich herunter und schlug mir einen Halswirbel heraus, der mir noch heute wie ein Dromedarhöcker aus den Abendkleidern steht. Sie war gar nicht erregt, sprach nur von soldatisch und Nacheifern und Körperstählen und gesundem Geist und gesundem Körper. Ich war ihr ein Dorn im fettversteckten Auge, ich war nicht im BDM, dafür hatten Großvater und eine Kinderlähmung, die ich als Siebenjährige gehabt hatte, gesorgt. Sie wollte mich stählen und meinte quälen, sie wollte mir zeigen, was »deutsch sein« heißt. Sie hat es so lange versucht, bis ich ihr beim sonnabendlichen Völkerballspiel meinen großen Medizinball in den Bauch donnerte, daß sie sich auf dem verstaubten Schulhof wand ... Ich entschuldigte mich, sie ohrfeigte mich, aber das tat bestimmt nicht so weh wie der Medizinball auf den Eierstöcken.

Herr Rabe liebte Weber, Carl Maria von, und Oberon wird mir bis ans Grab widerlich sein. Er spielte Klavier wie ein Autofahrer in Gefahr, er hupte verzweifelt mit viel Pedal und sang düster vor sich hin blickend rätselhafte Texte. Bevor der Krieg anfing, kamen einmal englische Lehrer in unsere Schule und sahen sich den Unterricht bei uns an, wir mußten »Rosenstock, holder, blüh« im Ringelreihen tanzen, und er klatschte in die Hände, was er sonst nie tat, und vermittelte den Eindruck nationalen Glücks auch bei den Jüngsten ...

Er war groß und hatte viel dunkles krauses Haar und wäre beim nordischen Unterricht der Weise glatt durchgefallen. Aber er glaubte an Sieg und Kraft durch Freude und an Weber und trug sein Parteiabzeichen auf einem verschabten grauen Anzug mit Lederecken auf den Ellenbogen. Außer Musikunterricht gab er auch einmal in der Woche Malstunde, es stand immer dieselbe trockene Geranie auf dem Katheder, die wir zeichnen sollten, wir mußten alles ganz genau und ordentlich wiedergeben, und er rannte mit einem Zirkel von Bank zu Bank und machte Vermessungsarbeiten wie ein Brückeningenieur. Er gab mir trotz der nie stimmenden Maße eine Eins im Zeichnen und gewann damit mein käufliches Herz, ich wollte Malerin werden, ich zeichnete Karl, den Großvater, und Mutter – wenn sie Zeit hatte stillzusitzen – und Tante Hulda. Tante Hulda war schön faltig und zeichnete sich am leichtesten – sie besah sich meine Werke mit einer so unsäglichen Trauer ob ihrer Unschönheit, daß ich sie aus Mitleid als Modell aufgab. Ich schleppte meine Zeichnungen in die Schule in der Hoffnung, sie dem Rabe vorzeigen zu können und ein warmherziges Lob zu kassieren, rannte aber meistens in die Weise, die sich die Blätter besah und mir empfahl, mehr an Geschichtsunterricht und ihre Französischstunden zu denken und nicht mit diesem »Firlefanz« die Zeit zu vertun. Ran ging's wieder an Odin oder Wotan und den Donnerregler Thor, an Siegfried und Kriemhild und diese sich endlos ausrottenden Helden des Nordens.

Nachmittags war Handarbeitsunterricht, wir strickten Socken für die Soldaten an der Front, und bevor wir uns an die Wollreste begaben, wurde eine Rede über die Notwendigkeit des Krieges und den Lebensraummangel des deutschen Volkes gehalten; da ich ein ehrliches Gedränge nur am Potsdamer Platz zur Weihnachtszeit und vielleicht noch im Freibad Wannsee im Juli bemerkt hatte, verstand ich die Sorge nicht ganz, hütete mich aber, Näheres zu ermitteln, ich war gewarnt, und Fragerei bringt Ärger, hatte ich als einziges in dieser Anstalt gelernt. Nur einmal kam ich noch vom Wege ab, das war in der Aula, als der weißhaarige Chemielehrer eine Rede zum VDA-(Verein-der-Auslandsdeutschen-) Tag hielt und das große Leid und Heimweh der in den Karpaten, an der Wolga, in Bessarabien und selbst in Südamerika ansässigen Deutschen beschrieb, die nichts so sehr herbeisehnten, als in unserem engbesiedelten Lebensraum auch noch zu siedeln – da fragte ich, warum sie nicht blieben, wo sie Platz hätten, und schon hatte ich die Schererei …

Die meisten in der Klasse wollten Lehrerin oder Krankenschwester an der Front werden – letztere hofften wohl auf einen dreißigjährigen Krieg –, sehr wenige wichen von diesen bei den Lehrern geschätzten Berufen ab. Da war Vera Ress, ein hübsches Mädchen mit Stupsnase, sie wollte Tänzerin werden und war verpönt. Nanette wollte auch malen, was uns fast befreundet machte, und eine wollte mit ihrem Vater, der Ingenieur war, nach China – wie sie dort hinkommen sollten und was genau sie dort vorhatten, gab sie nicht bekannt, aber die ganze Sache mit China war schon ein guter Einfall, und man soll dann auch nicht kleinlich werden. Eine kam täglich in einem zerschlissenen und bekleckerten Taftkleid zum Unterricht, sie liebte Johannes Heesters und ging jeden Abend in die Operette »Graf von Luxemburg«, woselbst er auf-

trat – uns behandelte sie wie hilflose Dorftrottel, weil wir selten ins Theater kamen, ich war erst einmal im Theater oder genauer in der Oper gewesen, »Fidelio«, und wäre fast eingeschlafen – die Dicke als Mann verkleidet erfüllte mich mit tiefer Trauer. Unsere Süchtige im Taftkleid hatte eine größere Krise, als Heesters in einem Film eine Liebesszene mit der Rökk gespielt hatte; ihre Aufsätze schrieb sie mit zittriger Greisenhand, und Tränen liefen über Taft und Hefte, und wir mußten sie vor ernsteren Schritten bewahren – sie wollte sich von einer Seitenloge am selben Abend auf die Bühne und Heesters zu Füßen werfen, ich hielt es zwar für einen effektvollen, aber nicht unbedingt leidenschafterweckenden Eintritt in des Angebeteten Leben.
In dieser Zeit fingen wir an, unter Weises Aufsicht die Klassiker mit verteilten Rollen zu lesen. »Die Klassiker« waren Schiller und meistens »Wilhelm Tell«. Mir fiel die arme Armgard zu, ich stand also vor der Klasse und begann mit »Hier weicht Ihr mir nicht aus, er muß mich hören«, als ich plötzlich ein warmes, freundliches Gefühl in der Magengegend spürte – wie eine weiche Wärmflasche in einem eisigen Winterbett, und als ich bei »Barmherzigkeit, Herr Landvogt, Gnade, Gnade« landete, lag ich auf den Knien, und mir liefen die Tränen aus Nase und Augen, und ich kam vor Schluchzen nur mit Mühe zu den »Waisen, die nach Brot schreien«. Das Fischgesicht gebot der Darstellung Einhalt, verwies mich mit schneidender Stimme auf die letzte Bank und sprach von undeutsch-hysterischem Gebaren. Es war ein Alptraum, ich schämte mich in Grund und Boden, hoffte auf Erdbeben oder Luftangriff, um dem Hohn und dem Erschrecken über mich selbst zu entgehen ... Bis auf die keifende Stimme blieb alles still, die anderen stierten mich an, als hätten sie in ihrer Mitte unbedachterweise eine Vogelspinne beherbergt. Meine restliche Zeit bei der Weise war Qual ... ich hatte Angst vor den anderen und auch vor mir, denn ich wußte ja nicht, ob ich mich eines Tages wieder hinschmeißen und wegen der Waisen in Tränen ausbrechen würde, ich dachte an die Großtante, die sich auf den Brücken auszog, und wurde bedrückt.
Jede Nacht war Fliegeralarm, wir waren alle müde, hingen in den Bänken, durften nie zu spät kommen – »Die Soldaten an der Front dürfen auch nicht müde sein!« Bomben fielen kaum, man saß nur im Keller, hörte Kinderquaken, das Murmeln der Flak, hatte Zahnschmerzen oder auch keine, roch den feuchten Kellermief, betrachtete die Wasserrohre, schlief über unfertigen Schularbeiten ein, wachte bei Entwarnung wieder auf, schleppte die Koffer nach oben, schlief wieder ein, wurde geweckt durch zweiten Alarm oder den Wecker, trank dünnen, aufgewärmten Kaffee, aß zweimal

wöchentlich Eipulver aufgelöst und verrührt, gekocht, gebraten, nach Leim schmeckend, Vierfruchtmarmelade auf Wasserbrötchen, manchmal Margarine, Trockengemüse, trug selbstgestrickte Pullover aus kratziger Kriegswolle – Schafen wachsen in schwierigen Zeiten Borsten –, gewendeten Mantel, Mappe unterm Arm und los, ran ans fröhliche Lernen zur verständigen, aufmunternden Weise.

Am Sonntag früh holte ich auf Marken den Liter Magermilch für Kleinkind-Bruder, und an einem solchen Sonntag traf ich Martin Witt, er ging in die Treitschke-Schule, hatte ein Fahrrad und trug Rollkragenpullover – beim Milchtopfschwenken lud er mich zum Radfahren am Montag ein, Seligkeit, die Weise sah sogar besser aus am Montagmorgen, um vier trafen wir uns beim Stadtpark und kicherten und trampelten auf den Rädern bis fünf, dann mußte er Schularbeiten machen und ich meinen Kleinkind-Bruder vom Kindergarten abholen. Der Dienstag hatte es in sich, ich saß kuhäugig vor Glück und traumverloren in meiner Bank – er hatte gesagt, ich könne radfahren wie ein Junge und hätte schönes Haar –, da machte sich Weises Sopran in meinen Träumen bemerkbar – »... während unsere Soldaten an der Front für uns sterben, haben bestimmte Mädchen unter euch nichts anderes zu tun, als sich mit radfahrenden Jünglingen unnütz die Nachmittage zu vertreiben.« ... radfahrende Jünglinge ... ich mußte an Jünglinge denken, die statt Beinen Räder mit Gummireifen haben, und ich fing an zu grinsen – da donnerte es: Kneeeef ... der Hummer war wieder frisch gekocht, der Tadel in der Führungsmappe eingetragen, verwarnender Brief an Eltern geschrieben, kuhseliges Glück unselig, und vorbei.

Nachmittags war manchmal Kochunterricht, von der turnwütigen Schulz geleitet – viel zu kochen gab es nicht, und in dem halbdüsteren Keller, der eine Küche sein sollte, wurden Löffel unter dem Leitsatz »Wie bereite ich aus Graupen und Wasser ein bekömmliches Mahl für fünf Personen?« geschwenkt.

Ich war fünfzehn, und die Frage war, bleibe ich und mache ein Abitur, oder bleibe ich nicht. Ich blieb nicht und mußte zum Arbeitsamt, Pflichtjahr und Arbeitsdienst hingen über mir wie gelbe Gewitterwolken, und dann die Prüfung, die »Mittlere Reife« – die Weise fragte verderbenden Blickes, der Rektor war dabei, ich kam durch die mündliche Prüfung, die schriftliche war ein Thema, das wir uns wählen konnten. Ich wollte ja Malerin werden und auch dem abgeschabten Rabe einen Gefallen tun, schrieb ein langes Werk über Dürer – seine Kohlezeichnung von der schiefäugigen Mutter hatte mich beeindruckt, und als ich mein Werk in Schönschrift ablieferte und eine Nacht in dem Glauben ruhte, ein Genie zu sein, holte die rosarote Weise zu ihrem letzten Schlag aus, behauptete an diesem meinem letzten Schultag, ich hätte alles abgeschrieben aus einem bekannten Dürer-Buch und hätte damit gezeigt, daß ich einen unwürdigen Charakter besäße. Die schlichte Antwort auf ihre letzte Frage, was ich denn zu werden gedenke – Malerin – entlockte ihr den lebensklugen Satz: »So was muß es auch geben«, und damit war ich entlassen.

3

Die Bernhardstraße war ein Hufeisen ohne Rundungen, ein Quadrat mit drei Schenkeln, eine Straße, die nach drei Himmelsrichtungen ging: nach Süden, nach Osten, nach Westen. Das unvollständige Quadrat wurde im Norden durch die Wexstraße vervollständigt. Die Wexstraße war eine laute, eine großstädtische Straße und lief vom Kaiserplatz bis zum Innsbrucker Platz. Die Bernhardstraße war Fußballplatz, Radrennbahn, ein Dorf mit achtzehn vierstöckigen Häusern.

Wir wohnten erst Nr. 5 in zwei Zimmern, einige Jahre später Nr. 6 in vier. Nr. 5 war gemütlicher. Beide lagen auf der Südseite, und an der Ecke der Süd- und Westseite lag unser Geschäft, es hatte zwei große Fenster und ein großes Schild, darauf stand »Besohlanstalt«, mein Stiefvater hatte etwas gegen das Wort Schuhmacherei. Die Polier- und Schleifmaschinen in unserer Besohlanstalt standen seitlich neben dem Eingang und machten einen Höllenlärm, neben dem Geschäft wohnte eine Klavierlehrerin, und mein Stiefvater hatte sich mit ihr geeinigt, nur nachmittags zu schleifen, sie mußte ihr Klavier alle vierzehn Tage stimmen lassen, und sämtliche Porzellanfiguren waren ein Opfer der Schleifmaschinen geworden, sogar die Tassen in der Küche tanzten ihr vom Tisch, wenn er die Maschinen anstellte. Sie war eine gutmütige, einsichtige Frau und gab vormittags Unterricht, so hörte man von 8 bis 1 »Gebet einer Jungfrau«, das »Wolgalied« und manchmal auch etwas aus dem »Vogelhändler«; dann klopfte Vater vorsichtig an die dünne Wand, sie klopfte zurück, und er übernahm die Nachmittagsgeräusche.

Gegenüber der Südseite lag der S-Bahnhof Wilmersdorf, ein Bahnhofseingang lag gegenüber vom Geschäft, und dadurch bekamen wir viel »Laufkundschaft«, wie mein Stiefvater das nannte, sie wollten in Eile einen Absatz oder gerissene Nähte repariert haben oder kauften bloß Schnürsenkel. Die feste Kundschaft kam aus der Bernhardstraße. Da war der Bäcker Sehmisch und seine Familie, sein Geschäft lag auf der Westseite, es war groß und sauber, und Herr Sehmisch sah so knusprig aus wie seine Brötchen. Über den

Sehmischs wohnten die Neumanns, von ihrem Balkon konnten sie in unser Geschäft sehen und einen Teil vom Bahnhof; die Neumanns hatten eine Tochter, die hieß Edith und nahm Tennisunterricht, zweimal in der Woche ging sie mit einem weißen kurzen Rock, weißer Bluse und Tennisschläger zum Kaiserplatz, da war ein kleiner Tennisplatz, auf dem man im Winter Schlittschuh lief. Letzteres konnte ich nicht gut, weil ich immer kalte Füße dabei bekam, und ersteres überhaupt nicht, und ich platzte jedesmal vor Wut, wenn ich sie dienstags und freitags am Ladenfenster vorbeihopsen sah. Neben den Sehmischs war das Lebensmittelgeschäft und ein Bonbonladen, dann kam ein Fischgeschäft und die Wexstraße, auf der anderen Seite hatten zwei alte blaugefrorene Menschen, die auch im Sommer nach Winter aussahen, einen Milchausschank, dahinter war eine Leihbücherei.

Unsere Seite hatte bis auf einen Werkzeug-Ersatzteilladen gar keine Geschäfte, der Besitzer des Werkzeug-Ersatzteilladens lebte mit seiner rothaarigen Frau nur zwischen seinen Ersatzteilen, wir sahen ihn fast nie. Mutter erzählte mir mal, er soll ein silbernes Korsett getragen haben, und von da an hatte ich Ehrfurcht vor ihm. Direkt am Bahnhofseingang lag der Zigarrenladen von den Gorczellanceks, sie mußten aber dann nach 1935 den Laden aufgeben, eine Familie Toedt zog ein, sie waren sanfte, stille Leute und das Ganze mit den Gorczellanceks war ihnen sehr unangenehm. Die Gs wohnten noch einige Jahre in ihrer Wohung am Cosimaplatz in Friedenau, und die Bernhardstraßenbewohner gingen nachts zu ihnen und brachten Eßwaren und Zeitschriften – die Gs waren stolz und ließen sich nicht gern etwas schenken, und so hatten wir langsam einen Teil ihres Geschirrs kaufen müssen und Handtücher und Bestecke, die halbe Straße hatte Sachen von den armen eingesperrten Gorczellanceks.

Eines Abends gingen meine Mutter und ich wieder zum Cosimaplatz, aber an der Ecke warnte uns eine Frau, nicht hinaufzugehen, sie waren abgeholt worden, oder sie sollten abgeholt werden, denn als die Gestapo morgens um 4 oder 5 klingelte, hatten sie sich mit ihren zwei Kindern vergiftet.

An der Ecke Wexstraße und Bernhardstraße war noch ein jüdisches Geschäft, ein Kurzwarenladen – sie hießen Kaufmann, und die Frau hatte sich die Haare blond gefärbt und sagte immer zu Mutter, ihr würde man bestimmt nichts tun. Eines Morgens holten sie ihren Mann ab, sie flüchtete aufs Dach und fiel herunter. Um die Kaufmanns tat es allen sehr leid, sie waren seit Ewigkeiten in Berlin und hingen sogar die Hakenkreuzfahne zu Hitlers Geburtstag heraus – die dachten immer, das würde was nützen.

Frau Block war unsere Portiersfrau von Nr. 5, sie hatte keinen Mann, dafür zwei Töchter, Marianne und Lorchen. Frau Block war dickbusig und gemütlich und kochte den ganzen Tag Kaffee, das ganze Haus roch nach heißem, gemütlichem Kaffee. Wir saßen eines Sommersonntagmorgens auf unserem Balkon und sprachen nicht – nicht weil wir verfeindet waren, sondern weil man auf dem Balkon wegen der S-Bahn nicht sprechen konnte; wenn ein Zug stand, konnte man vielleicht noch nach Milch und Zucker schreien, bis der Gegenzug einfuhr und der Stationsvorsteher »Willllllmersdorf« brüllte, als wären die Passagiere taube Analphabeten, dann kreischte jemand »Abfaahhrn, Türen schliiiiiessen, zuuuuuurückbleiben«, dann schnaufte der Zug, quietschte, stöhnte, pfiff und summte und rauschte nach Schmargendorf ab, das ganze wiederholte sich auf der anderen Seite. Dann war eine Minute Ruhe, manchmal drei, und wir riefen alle gleichzeitig, was wir bis dahin an Gedanken dem städtischen Verkehr geopfert hatten. Just in diesem Moment der familiären Verständigung hämmerte es verzweifelt an unserer Korridortür – Stiefvater stand auf, rief dann Mutter, die lange Zeit draußen blieb, und als ich endlich auch wissen wollte, was los war, sah ich Frau Block auf der Treppe neben der Wohnungstür sitzen und bitterlich weinen ... Lorchen hatte beim Milchholen ein Kind gekriegt – sie hatte sich schon seit langem gewundert, daß das zarte Lorchen so viel aß, aber sie hatte sich gedacht, das macht die Jugend, und nun das ... Lorchen hatte sich eingeschnürt und alle vier Wochen rote Tinte in die Wäsche gegossen, das gerissene Luder, aber der Balg war nun mal da, ein Junge auch noch – und hätte Mutter vielleicht noch Babywäsche von meinem Halbbruder? Mein Stiefvater sagte: »Wer hätte das von Lorchen gedacht?«, und als ich mir meinen ersten Lippenstift kaufte und heimlich ins Kino trug und ein Skatfreund meines Stiefvaters mich verpfiff, sagte Mutter nur: »Denk an Lorchen«, aber Lorchen heiratete schließlich, und Ordnung und Glauben an Zucht und Sittlichkeit waren wiederhergestellt.

Frau Block, die wir alle Mutter Blocken nannten, war bei den späteren Bombenangriffen die Tapferste und Einfallsreichste in der Straße, sie kam mit Familie, und jeder hatte einen feuerfesten Kochtopf auf dem Kopf, darüber ein Kissen und das Ganze mit einem Riemen zusammengehalten. Als wir den ersten schweren Angriff auf Wilmersdorf hatten und eine Stunde lang die Bomben sausten, das Licht ausging und die Wände wackelten, da sagte Mutter Blocken immer wieder: »Solange man se hört, treffen se nich ...« Am nächsten Abend hatte sie eine hübsche Gürtelrose, der Arzt sagte, sie solle beim nächsten Angriff schreien, es wäre

besser für die Nerven; sie schrie nicht und kam aus den Gürtelrosen gar nicht mehr raus.
Als meine Mutter, Halbbruder auf dem Arm, und ich nach diesem ersten Angriff durch Glassplitter und umgekippte Wassereimer auf die Straße wateten, sahen wir, daß unser Dach brannte und daß das Haus auf der anderen Seite des Bahnhofs, in dem der Friseur Wedel wohnte, einstürzte; da merkte ich, daß Krieg war und daß es so bleiben würde für lange Zeit, und ich fing an zu weinen; in dem Feuerschein sahen wir auch, daß mein Halbbruder gar nicht so ruhig schlief, wie wir dachten, er war blau angelaufen und atmete kurz, stoßweise. Wir rannten durch herausgerissene Türen und Fensterläden und aufgeregte Menschen und fanden nach Stunden einen Arzt, der sagte, daß mein Halbbruder einen Herzanfall hätte und einen zweiten Angriff nicht aushalten würde, meine Mutter müßte weg – ich mußte und wollte in Berlin und in der Bernhardstraße bleiben – es war ein schlimmer Abschied für meine Mutter, für meinen Stiefvater und für mich.
Ich blieb in der Wohnung, bis sie ausgebombt wurde. Es war Silvester '43/44, die Zimmer waren eisig kalt, die Fenster seit langem kaputt, Pappe davor, das Haus roch schon seit Jahren nicht mehr nach Mutter Blockens Kaffee, und Werner und Klaus, meine Radfahrfreunde, waren an der Front, und zwei aus der Straße waren in Rußland gefallen. In dieser Nacht kam ich nach Hause, auf dem Balkon hätte man sich endlich unterhalten können, stundenlang, die Züge fuhren selten und unregelmäßig, hinten auf dem Güterbahnhof stand eine Flak, die nur manchmal in Notfällen hilflos vor sich hin meckerte – Verdunkelung, der Stationsvorsteher brüllte das erstemal zu Recht sein »Willllmersdorf«. In dieser Nacht tastete ich die Treppen hinauf und sagte zu Stiefvater, daß ich ins Bett gehen würde, es war zu kalt, um zu warten, bis es zwölf war, und anstoßen hätten wir sowieso nicht können, Geschirr und Gläser waren längst kaputt, wir aßen auf Marken in Kantinen und Kneipen, und nach Feiern war keinem zumute. Ich zog meine Luftschutzsachen an, Trainingshose, zwei Pullover, Socken und ging ins Bett, Stiefvater hatte eine Idee, wir hatten noch ein Heizkissen, und wenn der Strom funktionieren sollte, könnte ich es für eine Weile behalten, ich schlief ein und wachte auf, weil mein Bett brannte, gleichzeitig hörte ich das sanfte, stete Surren, das wir alle so gut kannten – eine Bombe und danach noch eine und noch eine, und ich schrie Alarm und schrie und schrie – unsere Sirenen waren beim letzten Angriff kaputtgegangen, und keiner in der Bernhardstraße hatte es gemerkt, und als wir unten am Kellereingang ankamen, traf ein Volltreffer unser Haus und wir waren verschüttet. Man hat uns ausgegraben und wir bedankten uns beim Heizkissen.

In Nr. 6 war eine Wohnung frei, wir zogen um, das heißt, wir nahmen unser Handgepäck, einen Tisch und zwei Schüsseln, die wir über die unzerstörte Hintertreppe herausgeholt hatten. Im Wohnzimmer stand unser Klavier auf einem Mauervorsprung, aber da kamen wir nicht ran, wir sahen uns von Nr. 6 unser Klavier im vierten Stock von Nr. 5 an und warteten, daß es herunterfiel, im dritten Stock hing noch ein Bild an der Wand, eine Gebirgslandschaft mit Schnee und Sennhütten.

Mutter kam aus Uelzen, und wir holten unsere Bombenscheine. Als sie vor der Ladentür stand, sagte ich blöde: »Frohes neues Jahr«, ich wollte gar nicht witzig sein, mir fiel nur nichts anderes ein, und sie tat mir leid, wie sie so übernächtigt von der langen Fahrt dastand und in der kalten Wintersonne die zertrümmerten Häuser ansah, die wie aufgebohrte Weisheitszähne aussahen. Es war auch gleich wieder ein neuer Angriff, und unser Klavier segelte endlich mit wütendem Grollen den anderen Klavieren, Buffets, Tischen, Klosettdeckeln und Schlafzimmerschränken nach, die unten als verkohltes Kleinholz lagen.

Es war die Zeit der Vorwarnung, Warnung, Entwarnung, Neuwarnung; Radios spuckten ihre verknatterten Luftmeldeorakel aus: »Bombenverband mit ungewissem Kurs, Neueinflug Kurs Südost, Raum Berlin wird in breiter Front angeflogen« – das hieß, sie wollten ihre Bomben schön gleichmäßig verteilen, nicht nur auf Wilmersdorf oder Ostkreuz oder Gesundbrunnen – »Jagdeinheiten in Richtung Brandenburg, Bomberverbände über Neuruppin«. Und da saß nun der Göring, der Meier heißen wollte, wenn ein feindliches Flugzeug in das deutsche Hoheitsgebiet einzufliegen wagen sollte – er hieß schon lange Meier, Lametta-Meier, und im Keller rächten sie sich und erzählten ängstlich und leise Witze über den Meier.

Es war die Zeit, in der der Briefträger wie der erste Satz einer handlesenden Zigeunerin erwartet wurde – es kamen die ersten grünen Briefe, auf denen in schwarzer Druckschrift »Prisoner of War« stand, und auf der Rückseite »do not write here«, »hier nicht schreiben«, »non scrivete qui« und etwas auf japanisch – die hatten einen Teil des Krieges hinter sich und pflückten Baumwolle. Aber der Brief, der monatelang nicht kam, bedeutete Verwundung, russische Gefangenschaft oder Tod, und vergessene Tanzstundenfreunde wurden unvergessen, weil sie nach zwei zaghaften Briefen nicht mehr schrieben, weil Frontsoldaten treu sind und schreiben, auch wenn sie nichts zu sagen haben und ihre Finger kalt sind und kein Licht im Unterstand. Es waren Briefe von noch Lebenden an noch Lebende, oder, wenn sie endlich ankamen, Briefe von Toten an noch Lebende oder umgekehrt; aber mit ihren frisch angekommenen Briefen waren sie noch da und nicht erfroren, verblutet, explodiert, verstümmelt, verdurstet, verbrannt, ertrunken oder abgestürzt ...

Beim nächsten Nachtangriff wollten wir nicht mehr in dem wackeligen Keller von Nr. 6 sitzen und fuhren mit Taschen und Marken und Bombenscheinen zum Bahnhof Zoo, da war einer der wenigen großen Bunker, wir stellten uns in eine lange Reihe und warteten wie an einer Bushaltestelle, bei Voralarm wurde das große Tor geöffnet, und alle stürzten hinein. Wir saßen auf unseren Taschen, dämmriges Licht, das zuckend aus- und anging, Kinder, die schrien, ein alter Mann, der beim letzten Angriff seine Frau verloren hatte und uns immer wieder ein Foto von ihr zeigte, Flaksoldaten, die mit benagelten Schuhen die Gänge langschlidderten wie Kinder auf einem zugefrorenen Teich. Sprechen war verboten, die großen Luftklappen wurden geschlossen, draußen brannte es, und immer dieses sinnlose Geblubber der Flak auf dem Bunkerdach – die hörte dann aber auch auf, eine Luftmine, die den Bahnhof getroffen hatte, fegte Flak und Soldaten vom Dach. Entwarnung, keine Züge, durch die brennenden Straßen laufen, wieder Alarm, fremde Keller und endlich zu Hause und Nr. 6 steht noch. Am nächsten Abend allerdings nicht mehr, die obersten Stockwerke waren durch eine seitlich über das Bahngelände eintrudelnde Bombe wegrasiert, Mutter und ich hatten unter der Bahnhofsbrücke gestanden, und es hatte uns mit sanfter Hand langsam und beinahe bedächtig auf den Boden gedrückt. Vater war noch im Hausflur und eine Wand hatte ihn getroffen, wir holten ihn heraus, er hustete und schimpfte und fing dann an zu weinen. Herr Keilbach, unser Zahnarzt in der Wexstraße, hatte unter Lebensgefahr aus der brennenden Wohnung sämtliche gebrauchten und ungebrauchten Rasierklingen gerettet, dabei wollte er eigentlich die goldene Uhr holen, und Mutter Blocken brühte in ihrem Ersatzheim Nr. 3 echten Bohnenkaffee auf und sagte: »Na, Hauptsache wir leben noch«, und kratzte ihre Gürtelrose.

Morgens standen wir auf der Kartenstelle herum und warteten auf unsere »Vollbeschädigten«-Scheine. Als wir nach Stunden vor dem Schreibtisch der ausgemergelten NS-Tante standen, machte sie den Fehler, meine Mutter zu fragen: »Können Sie beweisen, daß Sie vollbeschädigt sind?« – Da riß meiner geduldigen Mutter der Faden, und sie brüllte, daß sich die Stimme überschlug, schrie, daß die plutokratischen Kriegshetzer mit den Bomben keine Fotoapparate abgeworfen hätten und eventuelle Zeugen entweder tot oder mit sich selbst beschäftigt wären und daß sie diesen ganzen Dreck sowieso satt hätte – die Ausgemergelte schrie überhaupt nicht, lächelte ein gütiges Nonnenlächeln und ich dachte: das ist das

Ende, jetzt wird Mutter verhaftet, denn die rächt sich bestimmt – aber Menschenkenntnis ist Glücksache, vor allem wenn man übermüdet ist, in einer Diktatur lebt und alle Frauen über vierzig wie Fräulein Weise aussehen. Mutters Aufenthaltsgenehmigung wurde nicht verlängert, sie mußte noch am selben Tag zurück nach Uelzen – Garage bewohnen bei lieblosen Verwandten, Flüchtlingsleben leben.

4

Ich, Hildegard Frieda Albertina, hatte ihr wenig Freude gemacht, ihr, der Mutter Frieda Auguste. Da waren ewig neue, endlose, zahllose, familienzermürbende Krankheiten, Tropfen- und Tablettenströme. »Hilde ist dauernd krank«, hieß es. Da war meine Angst, wenn sie weg war, da war meine Angst, wenn sie da war, Angst, sie könnte wieder weggehen. Da war das Rumgestehe an Korridortüren, Angst vor Dunkelheit, Angst vor Alleinsein, vor Vergeßlichkeit. Da waren geschwollene Augen und Gerstenkörner, da waren die Gummibeine der Kinderlähmung, gebrochenes Schlüsselbein, das nicht heilen wollte, Rheuma, das sie und mich schlaflos machte. Nasenbein, das zerschlagen, Kiefer, der operiert, Fuß, der mit Rasierklinge zerschnitten, weil Mutter im Kino und um elf noch nicht zurück. Da war Blutarmut und Blutproben, da war die Geisterbleiche im Gesicht, Schatten unter den Augen, und da war das fröhliche Mitleid der Nachbarn. Und war der Strom des Grauens unterbrochen und ich durfte sie besuchen, mal nachmittags bei Siemens, wo sie in der großen Halle tippte, wo vierzig Schreibmaschinen gleichzeitig schnatterten, wo sie tippte, bis die Schokoladen-, Zigarren-, Schuhmacherladenkette begann – dann fiel ich hin. Fiel auf Stufen, schlug Beulen auf Stirn und anderswo, brachte Schande, Rotz und Schmerz, wo stolzes Vorführen erwartet, erwünscht.

»Es ist schon ein Kreuz mit dem Kind«, sagte sie manchmal, wenn Hoffnung sie verlassen. Und den großen Ball, den einzigen, hatte ich ihr auch verdorben. Vermiest. Im Kaisersaal war's, in Lichterfelde, Mutter und Stiefvaters erster gemeinsamer – Mutter langes Kleid, Stiefvater im Dunkelblauen, geputzt, erwartungsvoll, sogar im Taxi. Und dann war Fackelzug für Kinder, Lampions in Dämmerung, Kapelle spielt was von Lincke, Eltern klatschen, strahlen, sind stolz, gebläht. Ich steh' da, seh' auf Fackel, der Zug macht eine Biegung, seh' Mutter nicht mehr – Panik. Ein Mann kommt, hebt mich aufs Podium, Licht, Tusch. »Hier ist ein Kind verlorengegangen. Wie heißt du denn?« Unten gluckst's, kichert's. »Wie heißt du?« Lauter, schärfer. Weiß nicht. Panik.

»Na na«, sagt der neben mir, über mir, »is doch nicht so schlimm.«
Mutter zieht mich runter – »Herrgott noch mal«, sagt sie, »Herrgott noch mal, kannst du nicht aufpassen?«
Die Kinder stoßen sich an, lachen. Die Großen sehen sich an, lächeln. Stiefvater trinkt schnell ein Bier, muß husten, kriegt Asthmafarbe, lila am lilasten. Wir gehn. Keiner sagt was. Fahren mit Bahn nach Hause, im schwarzen, feierlichen Langen.
Und hübsch war ich auch nicht, weiß Gott nicht, keiner fand mich hübsch, außer Großvater. Die Verkäuferin im Buchladen nebenan hatte gesagt: »Du wirst der Tante Hulda immer ähnlicher« – und obwohl ich Tante Hulda liebte, wollte ich ihr nicht ähnlich sein. Und Mutter sagte zum Stiefvater, so nachts in die Finsternis hinein: »Ein Jammer, daß Hilde nicht hübscher ist.«
Und Stiefvater murmelte gestört-verschlafen: »Na ja, aber ganz interessant sieht sie aus.«
Ein Schlag war das. Der letzte ereilte mich, als Lieselotte aus der Mittelschule mit ihrem Freund ins Kino wollte. Sie nahm mich mit, weil ihre Mutter gesagt hatte: »Allein kommt nicht in Frage.« Der Freund brachte einen Freund, einen mit Pickeln und Schwitzehänden, einen, der seine Backe rieb, die Augen verdrehte, seufzte: »Die Raserei macht mich noch wahnsinnig.« Als der Film vorbei war, sagten die drei »Wiedersehn«. Sie ließen mich stehen vorm Kino in der Verdunkelung. Sie sagten Wiedersehn und gingen.
Und Mutter war schön, sehr schön. Sie hatte die längsten, schönsten Beine von Schöneberg und die grünsten Augen, war gesund, war schlank, war zäh, war kräftig, war ohne Angst. Ein bißchen enttäuscht vielleicht, enttäuscht, weil sie so eine helle, hübsche klare Stimme hatte und doch keine Sängerin geworden war. Das Geld für die Ausbildung war nicht da, und um Stipendium betteln – nein, dazu war man eben zu stolz, da wurde man lieber nicht das, was man gern geworden wäre. Sie war preußisch streng erzogen, und noch mit 23 wurde sie von meiner Großmutter gefragt, ob sie das Kleid, das weiße, die Farbe der sanften Unschuld, zu Recht trüge. Sie trug nicht. Denn sie hatte meinen Vater kennengelernt. Es war Liebe auf den ersten Blick, und meine Mutter liebte ihn wohl immer noch, als sie 35 Jahre nach ihm starb.

Er hieß Hans Theodor, war groß, war wild, war rastlos, war rothaarig – durcheilte Leben, durcheilte Berufe wie Schnellzüge Stationen – gewann Wettschwimmen gegen die Rheinströmung, gewann Fußballpokale, gewann Amateurboxkämpfe.
War verzweifelt.
Ich hätte ihn gern kennengelernt.

Mit 17 bekam er sein EK II – mit $17^1/_2$ sein EK I. Er hatte sich freiwillig gemeldet, war an der Somme, war in Verdun und war einmal im Bordell. Und als der Krieg vorbei war, rissen sie ihm am Anhalter Bahnhof in Berlin die Schulterstücke runter und die Orden ab – was ihm blieb, war die Krankheit. »Geheilt«, sagte der Arzt nach einem Jahr – »ham Se noch mal Glück jehabt.«

Er konnte sich nicht mehr zurechtfinden in dem nach Kohlrüben riechenden Deutschland. Suchte Kriege, suchte Streit – bis er seine Frieda Auguste traf. Sie heirateten. Packten ein, packten aus, zogen hin, zogen her, führten eine Umzugsehe. Manchmal verdiente er, hatte Auto samt Chauffeur, verlor beides, landete in Ulm. Da kam die nächste große, einmalige, alles bisher Dagewesene in den Schatten stellende Chance: Türkei, eigene Fabrik, Unabhängigkeit. Die vermasselte ich. Mein Auftritt fand im Dezember statt. Mein Vater raste durch die Wohnung, schrie: »Ist ihr Blut in Ordnung, Doktor, ist das Blut auch in Ordnung?« Es war.

Einen Monat später fand Mutter die Spritze. Im Flur war ein Hängeboden, auf dem Hängeboden ein Karton, im Karton die Spritze. Sie fragte ihn: Was soll die Spritze?

Sie ist wiedergekommen, die Krankheit von damals. Ich bin in Behandlung, mache mir die Spritzen, sie sagen, es ginge wieder vorbei.

Es ging nicht. Er bekam Fieber, bekam Angina. Ob das eine mit dem andern zusammenhing, wußten sie nicht, die Ärzte. Er kam ins Krankenhaus. Mutter auch. Sie hatte eine Blinddarmentzündung. Er lag im zweiten, sie im ersten Stock. Nach zehn Tagen schrie er nach seiner Auguste, sie holten den Pfarrer. Der sprach, ihn sanft bei der Hand nehmend: Mein Sohn, sprach er, es ist Gottes Wille, wir müssen den Weg zu IHM finden, ER wird sich unser annehmen in seiner großen Güte, laß uns beten.

Hans Theodor stand auf, würgte den Trostsprechenden, Sanften, bis er bewußtlos war. Schrie und schrie: Ich bin 28 hab' eine Frau hab' ein Kind ein sechs Monate altes Kind es ist nicht wahr es ist nicht SEIN Wille kann nicht SEIN Wille sein du lügst ... dann fiel er über den bewußtlosen Pfarrer und starb.

Mutter sagten sie es vier Stunden später. Sie hatten sie einfach vergessen.

Sie fuhr mit einer Urne und einer Hängematte, in der ich zwischen zwei Gepäcknetzen schaukelte, zurück nach Berlin zu ihren Eltern. Vom Geld war nichts übrig, sie mußte es in Büros, wie vor der Ehe, verdienen. Großmutter und ich gingen regelmäßig aut den Schöneberger Friedhof, und sie sagte zu mir: »Wenn wir das Grab schön gießen, dann wächst Vater vielleicht wieder, wir müssen uns bis zum nächsten Frühjahr gedulden«, aber im Frühjahr sah der

Friedhof und das Grab aus wie immer, und Vater war nicht gewachsen und ich heulte, bis wir wieder zu Hause ankamen.

Als 1933 die Nazis mit Märschen und Getöse in Berlin einzogen und die Kinder kleine Fahnen schwenkten und Heil Hitler kreischten, sagte meine Mutter: »Ein Segen, daß er nicht mehr lebt, ein Segen, daß er nicht mehr lebt.« Er war Sozialdemokrat gewesen und hatte zwischen seinen vielen Berufen sogar einmal im Reichstag gesprochen; aber davor hätte sie wohl nicht so viel Angst gehabt wie vor seiner Unfähigkeit, einem Streit aus dem Wege zu gehen oder still eine Konsequenz zu ziehen; Fanatismus brachte ihn in Rage, und außerdem hatte er nie etwas gegen eine schöne Keilerei.

Mein Stiefvater ging da bedächtiger zu Werke – er hatte mit Herrn Gold ein Geschäft, und als die Nazis ihm nahelegten, in die Partei einzutreten und Herrn Gold abzuschieben, da fragte er still und treuherzig, wieviel es wohl kosten würde, nicht in die Partei eintreten zu müssen, da er doch Asthma hätte und an den sportlichen Veranstaltungen dieser Gemeinschaft nicht teilhaben könnte. Sie sagten geniert, das läge in seinem Ermessen – da zog er die Brieftasche und legte ihnen freundlich eine Mark auf den Tisch. Am nächsten Tag war er auf Ladensuche.

Er hing auch ungern die Fahne heraus, und der Blockleiter mußte ihn immer wieder verwarnen. Endlich kaufte er eine, die nicht größer als ein Kindertaschentuch war, er wurde wieder verwarnt, und der Blockleiter sagte streng, die Fahne müsse dem Schaufenster entsprechend groß sein. Also kaufte er eine dem Schaufenster entsprechende, die hing aber bis auf den Bürgersteig, und die Leute verhedderten sich darin, und bei einem Windstoß deckte sie ganze Familien zu. Wieder kam der Blockleiter und verlangte eine etwas kürzere – mein Stiefvater wickelte den oberen Teil des Fahnentuches über die Stange, so daß das Hakenkreuz auf dem weißen Rund verdeckt war, und nun hatten wir in der Größe eine vorschriftsmäßige, aber eben nur rote Fahne, die zu der damaligen Zeit auch nicht erwünscht war. Es versammelten sich einige Neugierige um den Laden, die wohl fürchteten, die letzten Nachrichten mißverstanden zu haben, und fragten aufgeregt, was die neue Fahne bedeute. Der Unruhe wurde ein herbes Ende durch den bläulich verfärbten Blockleiter gesetzt, der aber Stiefvater nicht anzeigte, sondern mit drohendem »Wenn mir noch einmal etwas vorkommt ...« Stiefvaters Stätte stiller Scherze verließ.

Ich trug immer ein kleines Foto von meinem Vater bei mir, er sah traurig und wütend aus mit seinen tiefliegenden, etwas schrägen Augen, seinem eckigen Kinn und dem weichen Mund, ich sah ihn mir immer an, wenn ich Kummer hatte oder wenn ich mich über etwas besonders freute. Mein Stiefvater war eifersüchtig auf meine stille Fotoliebe, und meine Mutter mußte ihn mit einem liebevollen »Sie ist doch nur ein Kind« besänftigen. Als ich größer wurde, sah sie mich manchmal ganz erschrocken an: »Du lachst wie dein Vater, der bellte auch immer so los und lachte, bis ihm die Tränen kamen.« Ich versuchte meine wilde Lacherei zu bändigen, aber manchmal vergaß ich es, und dann guckte Mutter wieder erschrokken. Wurde blaß – ging weg.

5

Während der letzten vier Wochen bei Weise ging ich zum Arbeitsamt Friedenau. Ich hatte meine Zeichnungen unterm Arm: Tante Hulda traurig-verknittert in Blei, Großvater viermal in Blei und Kohle, Mutter in Blei, Selbstporträt – Kohle und Buntstift, Zeichnung vom Bahnhof Wilmersdorf, Balkonansicht – Feder, schwarze Tusche. Ich wartete zwei, drei Stunden auf linoleumbelegtem Gang und hatte Angst. Mutter hatte mich für den nächsten Monat bei einer Handelsschule angemeldet, um dem Arbeitsdienst – Äcker, Pflügen, Kuhmist, Traktor fahren, Lieder singen, Braun tragen – zu entgehen, jedenfalls fürs erste. Aber ich wollte malen, und deshalb ging ich in die Löwenhöhle.
Eine zarte Grauhaarige besah sich die Werke, und ich fragte tomatenrot, ob, wo, wann, wie eine Möglichkeit ohne Geld wäre, sein könnte, die Malerei ernsthaft zu erlernen.
Sie sah mich prüfend-verwundert an, gestand zögernd, daß sie auch zeichne und daß der gerahmte Aquarellbaum hinter dem Schreibtisch von eigener Hand – ich wußte, ich hatte gewonnen, sie würde mir helfen. Sie sagte nicht, daß Malen »Firlefanz« sei, daß es eine Schande wäre, zwischen den tapferen, unmüden Soldaten an Bilder und Farben zu denken. Ich mußte nicht sagen, daß ich eigentlich dem Führer ein Denkmal in Öl setzen wollte oder Plakate entwerfen für »Kohlenklau« und »Feind hört mit«. Da verstand in dem nach Lysol riechenden Arbeitsamt eine grauhaarige Lebensmittelkartenverbraucherin der Stufe II, daß jemand einfach nur malen wollte. Sie schrieb einen Brief, dann eine Adresse auf hakenkreuzgeschmücktem Zettel und empfahl mir, dort hinzugehen – sie suchten drei oder vier Zeichenbegabte, die sie ausbilden wollten. Auf dem Zettel stand Ufa AG, Dönhoffplatz, Trickfilmabteilung.
Ich fuhr hin. Kam zu Herrn Klemke, der durch randlose Brille auf spitzer Nase über schmalem Mund hängend meine Mappe mit Porträts und Bahnhof sorgfältig, doch undurchsichtig betrachtete. Er merkte mich für ein Probezeichnen in drei Tagen um 9 Uhr vor. Ich ging nicht zur Schule, fuhr herzklopfend im besten Wollkleid

mit pünktlicher, emsiger S-Bahn zum Potsdamer Platz, lief bis zum U-Bahn-Schacht, fuhr weiter bis Hausvogteiplatz, lief über die Leipziger Straße und den Dönhoffplatz und stand 8.30 Uhr vor dem quietschenden, schwarzen Gitter des klapprigen Ufa-Fahrstuhls. Im 5. Stock war das Atelier, davor ein Saal, in dem mehrere gebeugte Menschen über Lichttischen saßen und mit geblendeten, halbgeschlossenen Augen auf die Durchstolpernden blickten wie müde Löwen auf hoppelnde Kaninchen. Das Modell für das Probezeichnen saß auf einem Hocker, tauchte Brötchen in Kaffee, knatschte vor sich hin.

Zehn Mädchen und drei Jungen standen herum, betrachteten sich mißtrauisch. Dann kam der Klemke, und alle glänzten ihn an, als könnten sie ihn mit ihrer Demut bestechen, er sah randlos über uns hinweg. Die Alte hörte auf zu knatschen, sie war achtzig oder auch neunzig und hatte Falten und Furchen wie zerrissener Asphalt – Tante Hulda hatte ein Kindergesicht im Vergleich –, und ich hätte sie nach zweimaligem Hinsehen im Schlaf zeichnen können. Nachmittags wurden die Blätter eingesammelt, vorher brav und leserlich unterzeichnet, neue werden auf Reißbretter geheftet, die Alte geht, ein leerer Stuhl bleibt – den sollen wir zeichnen. In der schrägen Nachmittagssonne hat er vier Schattenbeine, die hölzernen machen mir schon Sorgen, Perspektive stimmt nicht, das Wollkleid wird heiß und kratzt, die Finger kleben, die Arme voll Kohle und Bleistiftholz – ein neues Blatt, endlich ein Stuhl, wenn auch mickrig, und stimmen tut die Lehne immer noch nicht.

Um sechs ziehe ich betrübt handelsschulebereit über die Leipziger Straße, laufe bis zum Potsdamer Platz, verwünsche sämtliche Stühle. Am nächsten Morgen um 8.30 Uhr wieder durch die blinzelnden Lichttischlöwen und zum randlosen Klemke und gar nicht mehr sicher – wenn doch bloß noch eine Alte oder ein Alter käme, auch 50jährige waren mir schon recht, nur keine Stühle und Bänke, Kisten und Kugeln. Klemke sagt teilnahmslos: »Heute haben Sie sechs Stunden, um etwas aus Ihrer Phantasie zu zeichnen« – ich blühe auf und stürze ans Reißbrett, aber vor dem leeren Blatt werde ich leer, erlahme, die fieberhafte Strichelei um mich herum macht mich panisch – endlich, zaghaft malt der Bleistift ein Pferd, aber es wird ein Hund, Pferdekopf mit Hundekörper – eine schwarzhaarige Frau mit hängendem Fächer, ein Spitzentuch weht im unsichtbaren Wind kantig wie Illustriertenpapier – ein Mädchen unter Kiefern, die steif zum Himmel ragen wie Zahnbürsten – im viereckigen Ufa-Hof klappern Teller, rufen Leute Unverständliches, die Sonne scheint, und ich habe Visionen von Rechenmaschinen und Stenogrammblocks. »Sie werden in drei bis vier Wochen benachrichtigt«, sagt Klemke, und wir gehen.

Drei Wochen vergehen überhaupt nicht, Lisztsches Prélude dröhnt aus den Volksempfängern und bereitet die Sondermeldung des Oberkommandos der Wehrmacht vor ... Bruttotonnen werden versenkt, Hitler freut sich lautstark, nachts im Keller, tags bei Weise und kein Ufa-Brief. Alpträume von Handelsschule und Arbeitsdienst – vielleicht später in ein Reisebüro, aber wer reist schon im Krieg, außer Soldaten, und die brauchen kein Reisebüro – technische Zeichner werden gesucht, aber bei meinen Schwierigkeiten mit Stühlen ... oder Dolmetscherschule – Aufnahmeprüfungen sollen schlimm sein –, aber vielleicht würde ich es doch schaffen und hinterher, nach jahrelangem Pauken, doch nur sagen dürfen, was der andere schon gesagt hat, Wort für Wort ... Die Klasse summt und brodelt, selige Zukunftspläne, klare Vorstellungen, unabänderliche Wege werden beschritten, sie werden Lehrer, Krankenschwestern, Tänzer, Forscher im Urwald, den der Führer deutsch und urbar machen wird, Nonnen, Beamte bei der Post, Sekretärinnen, dritte Blockflöte im Arbeitsdienstchor Eichwalde, Haushaltsschule, Vorbereitung auf Ehe und Kinder – nur ich zerbreche an einem Stuhl, an seiner geraden Lehne.
Nach 22 Tagen steht Mutter an der Korridortür und wedelt einen weißen Zettel. Ich falle über Stühle, quetsche Finger, ich springe, ich hopse, schicke Telegramm »Hurra, bin angekommen« an Tanzstundenfreund auf Truppenübungsplatz Gardelegen. Mit Mutter zum Dönhoffplatz, leuchtend, dankbar, Ufa-liebend. Dreijähriger Ausbildungsvertrag von Mutter und Klemke unterschrieben.
Töpfe, Krüge, Kannen von sieben Uhr dreißig bis achtzehn Uhr dreißig – in Blei und Kohle. Höhe im Verhältnis zur Breite – Breite im Verhältnis zur Höhe, messen, radieren, entnervter Biberstrich, Klemke sagt: Noch einmal.
Später: Stoff und Faltenwurf. Ich wache auf, denke: Falten – ich schlafe ein, denke: Falten.
Viel später: Akt. Das Modell 75 bis 78, männlich. Die jüngeren dieser Sparte waren mit anderen anderer Sparten wehrmachterfaßt. Unser Antikes fror erbärmlich, zeigte klappriges Gestell unter Protest, verlangte Heizung, verlangte Suppe, bekam keins von beiden. Tropfen rannen aus Nase über zahnlosen Mund. Sein Schnüffeln, das Kratzen der Kohlestifte, Klemkes irritiertes »Noch einmal«. Es war der Vormittag, an dem ich zum erstenmal einen Mann sah, der nackt war. Nachmittags wieder Töpfe, Krüge, Kannen, diesmal in Tempera.
Kein Nolde, kein Kokoschka, kein Modigliani, Chagall, Utrillo, van Gogh kam in den Gesichtskreis dieser deutschen Zeichengarde. Kein »Entarteter«. Taborchs Faltenwurf war das nie erreichte Klassenziel.

Stalingrad fiel. Die kriegsgefangenen Zwangsarbeiter-Zeichner der Wochenschau- und Trickfilmabteilung im Ufa-Haus, Dönhoffplatz, 5. Stock, freuten sich möglichst unauffällig. Mein Stiefvater in seiner »Besohlanstalt« am Bahnhof Wilmersdorf war hin- und hergerissen. Da waren die Jungen, die abgeschlachtet wurden wie das liebe Vieh, wie er's nannte, und da war die Hoffnung aufs Ende. Der Anfang vom Ende. Aber da war auch General Paulus: er hatte bei ihm alle Schuhe besohlen lassen, schon lange, denn er wohnte in der Detmolder Straße. Er hatte sie auch besohlen lassen, bevor er nach Rußland fuhr. Er war im Laden gewesen und hatte gesagt: »Herr Wulfestieg, keiner macht meine Schuhe wie Sie!« Das hatte der General gesagt. Und mein Stiefvater, der keine Generale mochte, hatte sich gefreut. Er hatte sich so sehr gefreut, daß er zuviel kaltes Bier trank und einen Asthmaanfall bekam.
Unser Ufa-verpflichteter Pole, der ständig mit Sprache, Stimmbruch und störrisch-gelben Streichholzhaaren kämpfte, nahm die Schlacht als Aufbruchsfanfare und floh. Sie schnappten ihn vor den Pyrenäen. Vor seiner Hinrichtung schickte er uns eine Karte. Wilfried, der Holländer, verschwand samt Mohrrüben, die er an Oraniens Festtagen im Knopfloch trug. Nach drei Wochen kam ein Brief aus Basel.
Wir blieben. Die Töpfe blieben. Und Klemkes Eiskalter hinter der Randlosen.
Es war abends, zehn Minuten bevor die Entlassungsglocke bellte. Wir drängelten vor der Toilette, packten Taschen, packten Kohle und Blei, wischten Reißbretter. Helga nölte wie immer. Sie war listig, knubbelig, begabt, gebildeter als der Rest, aber sie nölte. Wir verpaßten jedesmal die U-Bahn am Hausvogteiplatz und ich meinen Anschluß S-Bahn Potsdamer. Sie fuhr weiter bis Breitenbacher, bessere Gegend, neuere Häuser. Sie wohnte mit Mutter zwischen zahllosen Bildern vom Vater. Er war Schauspieler gewesen, bis er bei einer Wehrmachtstournee ans Mittelmeer kam, von einem Felsen rutschte und ertrank. Sie gab mir zerfledderte Reclamhefte, besprach das Gelesene, sagte, »Laß mich dein Leporello sein«.
Eva saß und kämmte und malte und drückte an einem Pickel herum. Sie war die Schönste, war blond, war groß, hatte Busen, hatte Beine, war pausenlos erkältet. Sie liebte einen Regisseur, der ihr in der Straßenbahn zwischen Nollendorf- und Wittenbergplatz gesagt hatte, daß sie Augen wie die Garbo habe. Sie hatte die Garbo nie gesehen, war ihm dennoch dankbar und von nun an hörig. Sonnabends ging sie in seine Wohnung und putzte. Da sagte er, sie habe nicht nur die Augen der Schwedin, sondern auch die Fähig-

keiten der wahren Deutschen. Wir beneideten sie, drängten auf Näheres, sie verweigerte Auskunft.
Reni saß auf dem Fensterbrett und kaute. Sie war kinderspeckig und schwarzhaarig und hoffnungslos verfressen, was in dieser jener Zeit als Schicksalsschlag zu werten war. Sie träumte von Schinkensemmeln, die's nicht gab, und von »Negerkuß«, einer klebrigen Torte, die's auch nicht gab. Sie liebte zwei Soldaten, die ununterbrochen nicht in Berlin waren. Sie hatte viele Fotos, Reni mit Soldat A – Reni mit Soldat B. Einmal kamen sie beide gleichzeitig auf Urlaub. Sie war in einer Krise, die sie abgemagert zurückließ.
Nofretete war schon weg. Ihr Zug ging um 18.15 Uhr, Nofretete war derselben in keiner Weise ähnlich. Sie verbrachte den Großteil ihrer unbemerkten Jugend auf Bahnhöfen und in Stadt- und Vorortzügen. Sie wohnte in Rangsdorf und mußte um fünf abfahren, um um halb acht am Dönhoffplatz zu sein. Sie malte, als wäre sie die Tochter aller Impressionisten. Die Begabung welkte unter Klemkes mildem Faltenwahn.
Die Glocke glockte, bellte und erstarb. Es war halb. Die Tür wurde aufgerissen, in ihr stand einer in einem nie zuvor gesichteten gelben Ledermantel, dicksohligen Schuhen, einem Schal, dessen Enden lässig ums lange Nackenhaar wedelte. Er sah uns alle der Reihe nach an, schien Interesse zu verlieren, marschierte auf Klemkes Geschlossene zu, klopfte, trat ein, war weg. Pause. War wieder da, gefolgt vom Verbissenen, der ein höfliches »Fräulein Knef, würden Sie wohl mal reinkommen« hören ließ. Ich stand vor Klemkes Schreibtisch, sah auf den Ufa-Hof, die Fenster der Wochenschauabteilung, sah Reinemachefrau und dachte: das ist das Ende. Von was, wußte ich nicht. Einfach nur: das ist das Ende.
Der Ledermantel lümmelte an der Tür und rauchte, was strengstens verboten war. Dann sagte Klemke: »Sie sind morgen um acht im Filmatelier der Werbeabteilung.« Der Lederne sprach sanft: ». . . mit Badeanzug!« Einer von beiden sagte Heil Hitler, ich war entlassen.
Ich zog meinen Weinroten, Verfilzten an, und die Maskenbildnerin sagte: »Na, denn woll'n wir mal sehn, was hier zu machen ist.« Sie schmierte viel Braunes ins Gesicht, neben mir saß ein aufgeregtes Mädchen. »Ich bin aus Mannheim«, ratterte sie, »ich werd's bestimmt schaffen, viele große Schauspieler kommen aus Mannheim.« Der von gestern kam diesmal ohne Leder, lehnte lächelnd an der Tür, sprach: »Na, dann woll'n wir mal.« Ich hatte keine Ahnung, was.
Ein Mann kam hinter der Kamera hervor, ich machte einen Knicks vor Aufregung. Dann sollte ich mich auf einen Karton stellen und so tun, als sei's ein Sprungbrett, sollte mit fröhlichem Schrei in ein

nicht vorhandenes Gewässer hüpfen. Ich tat's und schlug mir das Knie auf. Sie sahen mich an und einer murmelte: »Ham Sie keine andre jefunden?« Wir drehten es nochmals. Ich sah immer auf den Kameramann, den ich für den Regisseur hielt, und hörte nicht, was der Lederne, der der Regisseur war, sagte. So sprang ich mit meinem verfilzten weinroten Einteiligen auf und nieder und tat, als sei ich ein glückliches deutsches Mädel im Sommerwind.

Als wir fertig waren, fragte der Regisseur, den ich nicht als solchen erkannt hatte, ob er mich zur U-Bahn-Station bringen könnte. Aber an der U-Bahn-Station fand er das Wetter zu schön, und so lief ich weiter hinter ihm her. Er erzählte von Filmen, die nie gemacht wurden, und sagte, ich wäre die perfekte Besetzung für einen Stoff, den er nächstens zu drehen gedenke. Ich sei sehr fotogen, sagte er, aus mir könnte man was machen.

Als ich mit dreißig Minuten Verspätung nach Hause kam, stand Mutter in der Tür, sagte: »Das fangen wir gar nicht erst an.«

Es war Sommer. Die Leipziger Straße staubig-warm, Geruch von Verbranntem. An der Ecke, an der das Luftfahrtministerium steht, zieht's. Die Röcke flattern, die Wache schielt rüber. Fotogen, hat der gesagt. Wir laufen bis zum Potsdamer, sparen das U-Bahn-Geld. Die Holzsohlen klappern. Neuer Rock auf Bezugschein F, sonntags aufs Land, Erdbeeren organisieren. Nächte kurz in uneisigen Kellern. Mittagspause auf rußigem Ufa-Dach, nachmittags Sonnenbrand und immer noch Töpfe, Krüge, Kannen.

Da stand einer in der S-Bahn, guckt mich an, sechs Stationen lang, allabendlich, sonntags ausgenommen. Dann faßte er sich ein Herz, sprach: »Darf ich Sie nach Hause begleiten?« Der Weg war kurz, ich wohnte am Bahnhof. Am nächsten Abend: »Ich fliege morgen nach Augsburg, würden Sie wohl einen Kaffee mit mir trinken, oder ins Theater, Oper, Konzert, Kino gehen?«

Wir gehen ins Kino – »Die Goldene Stadt« gibt es. Ich weine, bis ich nichts mehr sehe. Sie kriegt ein Kind, das Bauernmädchen, vom Aalglatten aus der Stadt. Sie ist verzweifelt, er lacht, sie bittet, er kümmert sich nicht. Sie rennt über die große Brücke in Prag, schlägt sich mit Fäusten an Schläfen, schreit. Unter, über allem Smetanas Moldau. Meinen Nachbarn habe ich vergessen.

Emmert heißt er, ist Flieger, ist Ingenieur, Luftfahrtministerium. Ein heiterer, sanfter Schwabe. »Sie weinen so schön«, sagt er lächelnd als das Licht angeht, mein Verquollenes beleuchtet.

»Quatsch«, sag' ich, »war doch blöd«, sag' ich. Denke an die Schulstunden-Armgard mit ihren Halbwaisen, denke an gar nichts, bin verwirrt.

6

»Drehn Sie sich mal ins Profil«, sagte die rothaarige Eskimofrau, die Else Bongers hieß, im »Berlin-Film«-Büro Unter den Linden.
»Können Sie etwas vorsprechen?«
»Nein«, flüsterte ich.
»Wieso wollen Sie Schauspielerin werden?«
»Weil ich begabt bin.«
»Woher wissen Sie das?«
»Ich weiß es.«
Sie sah mich an, stand auf, ging raus.
Die Sonne machte auf dem Schreibtisch Kringel, die Fenster waren geputzt. Leute gingen zum Bahnhof Friedrichstraße oder auch nicht, es war Sonnabend. Ein Volksempfänger krähte Heimatlieder. Die Linden Unter den Linden waren gelbgrün, im Büro roch's nach Parfüm.
Als sie wiederkam, wollte ich mich auf den Boden stürzen, ihre Knie umklammern, um Nachsicht und um Glauben an unbewiesene Begabung bitten. Ich blieb sitzen, starrte auf ihre Kostümjacke. Sie gab mir zwei Reclamhefte, sagte: »Lernen Sie das Angestrichene.«
Wieder wollte ich auf den Boden, Hände küssen, Rocksaum benetzen, Dank schreien. Ich stand auf, murmelte: »Wann?«
»Montag in acht Tagen, Althoff-Studio Nowawes, 9 Uhr!«
»Ein Schmock, ein Schmock«, rief ich begeistert, als ich die Zigarrenkiste auf dem Atelierhocker sah, Gretchen war's, als sie im Stübchen den Schmuck findet, den Mephisto hinterlistigerweise hinterlassen.
Die Bongers griente, der Regisseur auch. Ich gefalle, dachte ich, und weinte mein »Ach neige ...« Dann kam Violas »Ich ließ ihr keinen Ring, was meint dies Fräulein?« Ich wurde dick bei so viel geforderter Grazie; Traktor im Wohnzimmer, Sandsackbeine, Seehundarme. Der Eskimoengel sagte: »Lassen wir das.« Sie schritt mit dem nachdenklichen Regiemenschen ins anliegende Kleinfilmstudio, ich hinterher. Jemand drückte mir einen Zettel in die Hand, Szene in einer Hotelhalle, Gespräch mit Portier. Sie leuchteten, sie

schminkten, einer sagte: »Wenn Sie an die Leiste stoßen, sagen Sie Ihren ersten Satz!« Dann setzten sie mich auf einen Stuhl, ich mußte den Kopf hin und her drehen, ernst aussehen, lächeln, wieder ernst, noch mal nach links, jetzt nach rechts, nicht so schnell. Schlußklappe. Sie hören von uns. Ich wollte der Bongers noch sagen, daß ich Zahnschmerzen gehabt hätte, daß ich Halbwaise sei, daß ich verfolgt wäre, daß ich dringendste Hilfe brauche, daß ich ganz bestimmt begabt wäre. Ich schminkte mich ab, lief zum Bahnhof.

Vor 14 Monaten waren es Stühle, jetzt Violas alberner Ring.

Ich stolperte auf der U-Bahn-Treppe, ein junger Mann in Uniform fing mich auf, sah mich an, sagte: »Sie haben schöne Augen.« – »Ja, danke«, sagte ich. Dachte: das hilft auch einen Dreck. Acht Wochen waren futsch, und kein Wort, kein Anruf. Vielleicht ist der Bongers was passiert, oder vielleicht ist der Film verbrannt – ich rief an, fragte nach ihr, sie war jetzt bei der Ufa, sagte einer, ich legte wieder auf. Die Uniform sagte: »Darf ich mich vorstellen, ich heiße Manfred E. Ich bin auf Urlaub, muß morgen früh zurück, würden Sie mit mir einen Kaffee trinken?« Keiner wartete besonders auf mich. Mutter war in Uelzen, manchmal kam sie zurück für ein paar Tage, das letztemal hatte sie gesagt: »Jetzt bist du für dich allein verantwortlich.«

Er hatte ein schönes, gutes Gesicht – ich ging mit ihm in sein Kleinstadtatelier in der Grolmannstraße. Wir saßen auf zwei Hokkern, und er erklärte mir, daß der Holzkopf an der Wand ein Mumiendeckel sei. »Ich bin Architekt«, sagte er. Ich mußte lachen. »Na ja, jetzt hört sich das vielleicht etwas seltsam an, aber nach dem Krieg wird man uns brauchen.« Er kramte einen Plattenspieler hervor, zog ihn endlos auf, spielte etwas Amerikanisches namens Harlem. Wir saßen, wippten mit den Beinen, dann brachte er mich nach Haus. Vor der Haustür gab er mir seine Lebensmittelmarken, weil er sie an der Front doch nicht brauche, wie er sagte. Er schrieb vom Brückenkopf südlich von Witebsk: »Man darf das Unvergängliche nicht vergessen, die Musik, die Natur, die schöpferische Kraft in diesem Schmelzprozeß, in dem unsere Welt versinkt. Wir sind zur Festung erklärt, Berlin hatte viele Angriffe, ich habe an Sie gedacht.«

»Du, der Liebeneiner sitzt in der Kantine«, sagte Helga atemlos. »Der ist doch jetzt der Chef der Ufa in Babelsberg.« – »Na und«, sagte ich und raste los. Dreißig Minuten stand ich hinter einer angelehnten Toilettentür, dann kamen sie, mindestens zwölf gleichzeitig redende Männer. Als letzter Liebeneiner. Ich hielt ihn fest, grapschte seine Jacke und hielt sie fest. Er drehte sich erstaunt mühsam unter meinem Verzweiflungsgriff, sagte: »Ja, bitte . . .?«

»Herr Liebeneiner« – den Professor, der er war, hatte ich vergessen – »Herr Liebeneiner, vor sechs Monaten hat die Frau Bongers, die ja jetzt bei der Ufa ist, hat die Frau Bongers eine Probeaufnahme von mir gemacht. Ich hab' nichts mehr gehört, bitte sehn Sie sich die doch mal an, ich heiße Hilde Knef, ich will Schauspielerin werden und das ist meine Telefonnummer. Aber hier darf keiner was erfahren, sonst muß ich zum Arbeitsdienst.« Danach fiel mir nichts mehr ein.

Er stand jetzt auf der Treppe, sah mich an, schrieb meinen Namen auf eine Schachtel, sagte: »Sie werden von uns hören.«

»Das ham die vor sechs Monaten auch gesagt«, rief ich noch hinterher. Dann ging ich aufs Klosett und weinte.

Im Zeichensaal fragte Klemke: »Wo waren Sie so lange?«

»Ich habe Zahnschmerzen.«

»Dann gehen Sie zum Arzt und nicht auf die Toilette.«

Bomben fielen auf die Bernhardstraße, Mutter kam für einige Tage nach Berlin. Wir standen im fensterlosen Schlafzimmer, Glassplitter lagen auf Bett und Boden, hatten sich in Wände gebohrt, da klingelt das Telefon. Es war wohl das einzige, was noch funktionierte. Die Bongers war am Apparat, sagte: »Wir möchten Ihre Tochter unter Vertrag nehmen, dreijähriger Ausbildungsvertrag mit Optionen. Ihre Tochter ist minderjährig, wir brauchen Ihre Zustimmung.« Meine Mutter murmelte fassungslos: »Ja, aber sie ist doch gar nicht begabt ...« Ich hörte eine schneidende Stimme: »Das müssen Sie schon uns überlassen, Frau Wulfestieg.« Meine Mutter sagte ja. Sie wußte nicht, warum; vielleicht sah sie das Stipendium als Kriegsüberbrückung, als Rettung vor dem Schwert, genannt Arbeitsdienst. Denn daß die Zeichenschule nicht mehr mein ganzes Glück war, entnahm sie einem Brief von Klemke, der sich einsilbig über mein Desinteresse an Topf und Falten ausließ.

Die Staatliche Filmschule, Babelsberg, war nach Woltersdorf evakuiert. Meine Mutter und ich verschnürten eine Bettdecke, packten meine drei Pullover, zwei Röcke und eine ausgewaschene Trainingshose in einen Karton. Als wir fertig waren, fing sie an, die Glassplitter einen nach dem anderen in einen Eimer zu werfen. Sie sagte nichts, sah mich nicht an, schien nur mit diesen Splittern beschäftigt. Sie hatte nichts geahnt von den Probeaufnahmen, den verwarteten Monaten, von einer Sehnsucht, die so groß war, daß ich sie nicht erzählen konnte, ohne sie zu verraten.

In zwei Tagen sollte ich in Woltersdorf sein – die Ablösung des Zeichenvertrages übernahm die Ufa-Filmkunst, sie waren schließlich eine Firma, und die gehörte dem Staat und der Staat befahl. Mutters Zug ging um 19.30 Uhr vom Lehrter Bahnhof über Stendal, Salzwedel nach Uelzen. Sie ging runter in den Laden, sprach wohl mit Stiefvater. Ich saß auf dem Bett mit der lila Steppdecke – es war das erstemal, daß ich das Gefühl hatte, mich freuen zu müssen, und es nicht konnte. Ein Gefühl, das mir treu blieb. Schuldgefühl. Niemandsland.

Mutter kam zurück, sie brauchte nicht zu klingeln, nicht zu schließen, die Korridortür lag zersplittert im Gang. Sie sagte: »Es wird Zeit.« Wir nahmen ihre Bündel und zwei Pappkoffer, gingen zu Vater. Über Maschinenlärm hinweg brüllten sie »Tschüs« und »Halt die Ohren steif«. Als der Zug kam, gab sie mir einen schüchternen Kuß, rief, bevor die automatischen Türen zuknallten: »Vielleicht kannst du Weihnachten nach Uelzen ...«, das »kommen« wurde vom »Zurückbleiben Türen schließen abfahren« verschluckt.

Zwei Tage später war ich am Bahnhof Ostkreuz, mußte umsteigen. Die Sirenen heulten. Zwischen den Hastenden, Rasenden verlor ich meine Bettdecke. Nach der Entwarnung lag auf den Gleisen eine fette tote Ratte, ich sah sie an, bis mir schlecht wurde. Der Zug kam, fuhr über sie hinweg. Die Abteile waren voll, die Fenster raus. Ich quetschte und klemmte, puffte und krallte, kam mit. Einer sagte in die Dunkelheit rein: »Ick jenießet Leben in volln Züjen.« Endstation, Umsteigen, Vorortstraßenbahn, so eine altersschwache, pensionsberechtigte, aber der, der hinter dem Schild »Das Sprechen mit dem Wagenführer ist strengstens untersagt« stand, nahm's nicht zur Kenntnis. Er raste die Dorfstraße entlang, daß es schepperte, stöhnte und schließlich krachte, der Anhänger war aus den Schienen gewankt. Den Rest lief ich, kam nach Mitternacht in Woltersdorf an, fand das verlassen aussehende Restaurant, in dem ich von nun an wohnen, lernen, leben sollte, fand den Saal neben ehemaligem Bierausschank mit zehn ordentlichen Feldbetten und fand die Sprachlehrerin Frau Kaminsky. Sie saß unter einer verdunkelten Lampe und las. Ich entschuldigte mich, weil verspätet, hielt noch immer den verbliebenen Karton umklammert. Sie sah mich freundlich-kühl an, sagte leise und schön: »Mein Kind, *müssen* Sie denn *so* berlinern?«

Morgens wurden wir vorgestellt. Da war Maria, zart-verhaucht und unverkennbar aus Sachsen. Elinor, schwarz und groß und souverän, Annerose, Ebenmaß von Stirn bis Kinn und schon verheiratet, Chiquy, sportlich-schön, Heidi, auf endlosen Beinen verträumt einherschreitend, und da war vor allem Karl Meixner, der Lehrer, unser Schauspiellehrer. Er brauchte ein Streichholz am Tag, von da an zündete er die neue an der Kippe der alten an. Seine schwarzen Augen kniesteten hinter Rauchwolken, seine Haut hatte die großen Poren von Schauspielern, die sich schnell und lieblos abschminken, die an Spiegeln uninteressiert, es sei denn, einen Bart zu kleben.

Alle wollten ihm gefallen – sie zogen sich um und an, kämmten und zupften, hingen himmelnd an seinen Lippen. Ich nicht. Ich wollte lernen, schnell, pausenlos, ungeduldig. Er hätte Roboter, Rasputin, Himmler, Hitler oder alles zusammen sein können – ich wollte nur eins von ihm: lernen. Der wilde Ehrgeiz blieb nicht unerkannt, die Uneitle, deren Eitelkeit es war, die Beste zu werden. Er trieb mich, er forderte, er brüllte, er langweilte sich, übersah mich, ließ mich hängen, führte und trieb und fauchte. Es gab keine Bomben, es gab keinen Hunger, keine Bezugsscheine, mit denen es nichts zu beziehen gab, es gab Gretchen, Luise, Ophelia, die Klassiker herauf und herunter, und alle vor der Theke, die nach Bierresten roch. Am Nachmittag raste er los mit wehendem Trenchcoat, Zigarettenschachtel in der Hand, immer zu spät, immer Züge knapp erreichend oder jammervoll verpassend, um im Schillertheater beim George zu spielen. Ob er ein großer Schauspieler war, weiß ich nicht – er war ein großer Lehrer, der beste, den sich ein Anfänger wünschen kann. Er baute – wie keiner der Regisseure, mit denen ich später arbeitete – aus zwei Stühlen eine Welt; er ließ die zögernden, kichernden, stotternden Nichtskönner tauchen, eintauchen in Gefühl, zu großes, ungesteuertes Gefühl, zerlegte nicht, zersägte nicht, quatschte nicht, ertränkte uns nicht in den Abwassern der Theorie, machte keine Wissenschaft, wo's keine gibt. Er forderte Mut – Mut zum Fehler, Mut zum Lautsein, Mut zum Großen: »Zurücknehmen kannst du immer noch«, sagte er spöttisch, »Verhalten braucht Kontrolle, und von der hast du keinen Schimmer.« Und wenn wir im grellen Sonnenlicht, das durch die Scheiben der Wirtschaft fiel, nicht an das Gift glauben konnten, das da Ferdinand der armen Luise in die Limonade gegossen, und wenn wir ein bißchen herumreden wollten, um Zeit zu gewinnen, unterbrach er kühl: »Wirf dich hin, verdammt noch mal, du stirbst, verstehst du, du stirbst – ›Gift, Ferdinand, Gift‹« – das röchelte er schon, daß einem ganz mulmig wurde. Der Mut war wieder da, die Sonnenstrahlen auf der Theke vergessen.

Wenn er wegraste, ging ich zur Kaminsky, die mich sorgenvoll betrachtete und regelmäßig sprach: »Wir müssen an diesem Lispler arbeiten, und Ihre Endsilben, die sind grauenvoll.« – »Abraham saß nah am Abhang, sprach gar sangbar zaghaft langsam« – so weit kam ich gar nicht im »Kleinen Hey«, Bibel aller Schauspieler. Bei »saß« fiel ihr Gesicht bereits ein. Ich gab mir große Mühe, aber das S stand mir im Weg und steht noch heute. Ich wartete auf den kommenden Tag wie eine Verstoßene auf ein Zeichen des Geliebten, arbeitete er mit anderen, war der Tag für mich geschmissen, vergeudet, Zeit verloren, unwiederbringlich. Ich lernte sämtliche Rollen, auch die, die für mich auf gar keinen Fall in Frage kamen. Else Bongers besuchte uns. Sie brachte ihren Pudel mit, der die Vorratskiste heimtückisch leer fraß, uns der Reihe nach ansah und nachschmatzte, das Aas. Sie spielte Publikum in unserem Thekentheater, behielt Reaktionen sorgsam für sich. »Wenn man mit ihr über was anderes als Rollen spricht, kriegt sie den leeren Blick«, sagte die Bongers zu Meixner und meinte mich.

Sie hatte es versucht, die Eskimofrau – die von mir heimlich so genannte, weil Mongolen-, weil Eskimo-, weil fremden, seltsamen Kopf auf zarten deutschen Schultern –, monatelang versucht, mich unterzubringen, jemanden zu begeistern oder wenigstens zu interessieren – für ihren Fund. Aber der Jonen, der Berlin-Film-Chef, lachte, lachte, bis ihm Tränen rollten. Und lustig war sie nicht, meine Szene, die wir in Nowawes gedreht hatten. Sie stand in der Vorführung, blickte auf den Schnaufenden – rief: »Die wird noch lachen, wenn Ihnen (Betonung lag auf *Ihnen*) das Lachen längst vergangen.« Dann nahm sie Mantel, Tasche, Film und ging. Ging zur Ufa; doch da war auch nichts – bis der Liebeneiner kam, sie engagierte, mich engagierte.

Nach drei Monaten wurde die Schule zurückverlegt, aufs Ufa-Gelände nach Babelsberg. Woltersdorf erwies sich als zu weit und zu gefährlich. In der Nähe waren Munitions- und andere Fabriken, und in unserem Restaurant-Glaskasten saßen wir ungeschützter als in den Kellern der Stadt. Wer keine Wohnung hatte oder nicht mehr hatte, durfte weiterwohnen – mir war's egal, ich pendelte mit meinem Karton zwischen Babelsberg, Wilmersdorf, Woltersdorf, schlief auf Fußböden, Sofas, bei Mitschülerinnen, in Filmgarderoben und meistens sowieso im Keller.

Ich verfresse die Fleischmarken für einen Monat in einer Woche, trödle in der Mittagspause wasserbrötchenkauend die Straße zwischen Filmhallen entlang – denke immer wieder: hier bin ich zu Hause, das ist mein Zuhause. Morgens um halb acht fangen wir an: Ballett, eine Stunde, Fechten bei Frau Gerresheim – sie soll bei der Olympiade dabeigewesen sein –, Gesang bei Frau Röseler: »Ach Kind, Sie sind so zart, und die Stimme paßt gar nicht zu Ihnen, wir müssen sie höher anlegen.« Ich zwitscherte, ich piepste, und nach einer Stunde krächzten wir beide. Um halb zwölf zur Kaminsky, wenn sie mich sah, zuckte sie zusammen, es ließ nicht nach, bis die Stunde vorüber war. Sie gab nicht auf, ich gab nicht auf, wir kämpften Silbe um Silbe, nur feine Sätze wurden's nie. Dann zur Inge Bartsch und dem holländischen Pianisten, knochig wie eine unterernährte Dogge mit Pferdegesicht. Gottergeben spielte er dasselbe Lied dreißigmal – Unterricht im Chansonsingen. Um eins

kam Meixner, die Ouvertüren waren vorüber. Ab sieben schleiche ich ums Bongers-Büro, nur so, vielleicht seh' ich sie, kann ihr sagen, daß ich heute *und* gestern nicht drangekommen bin, daß Meixner mit anderen arbeitet. Rachsüchtig, Verwünschungen murmelnd schleiche ich, sie sieht mich, klopft ans Fenster von innen nach außen, ich soll reinkommen. Steh' ich vorm Schreibtisch, sag' ich nichts, trau' mich nicht mehr, die Wut ist weg, bin wieder dankbare Schülerin. Sie lockt's aus mir heraus, und am nächsten Nachmittag sitzt sie in der Schule, spricht: »Was studiert Hilde Knef im Augenblick? Ich würde gern etwas sehen, Herr Meixner.« Er sieht mich an, feixt, kennt seine Pappenheimer. Ich gucke unschuldig, nur leicht errötend aufs Goebbels-Bild, Profil, schräge Fuchsohren, ausladender Hinterkopf – sehe harmlos auf unsern Schirmherrn.
Sonntage sind verhaßt, kein Babelsberg, keine Schule, keine Bongers, kein Meixner. Ich fahre nach Wilmersdorf zum Stiefvater, nagle Pappe, wo mal Fenster waren, hole Briefe von Mutter und Manfred, sitze stumm mit ihm im Keller, wir haben uns nicht so viel zu sagen. »Sag doch mal was auf aus so einem Stück, du studierst das doch« – er will teilhaben, aber ich lass' ihn nicht.
Es ist Dezember 1943 – Mutter schreibt, daß die Garage, in der sie wohnt, kalt sei, daß die Verwandten die geschobene Butter für sich behalten, daß sie morgens das Eis aufschlagen müsse, daß die Schulen geschlossen bis auf zwei Tage in der Woche, daß sie ein Nachthemd bei der Kartenstelle Uelzen beantragt habe, daß eine Maus in die Falle gerannt, sich freigemacht und weinend vor ihrem Bett gestorben sei ... »Und immer diese Bomber, Tag und Nacht fliegen sie Richtung Berlin. Im Nebendorf ist einer abgestürzt, die Bauern haben den Piloten erschlagen. Ich schicke Euch Zuckerrüben, hoffentlich kommen sie auch an – nach dem letzten Großangriff habe ich versucht, zu telefonieren, wollte wissen ob Ihr's überlebt habt. Nach zwölf Stunden meldete sich ein Bestattungsinstitut in Tegel. Ich bete jede Nacht, daß ER Dich beschützen möge. PS: Warst Du bei Großvater?«
Manfred ist verletzt, Bauchschuß, er liegt in einem Lazarett am Schwarzen Meer. »Es passierte bei dem Kampf um die Rollbahn Orscha«, schreibt er, »es geht mir schon besser, man muß nur aufpassen, daß man nicht zu einem fremden Truppenteil kommt, später, wenn man aus dem Lazarett entlassen wird. Es ist seltsam hier am südöstlichen Rand Europas, Griechen waren da, Römer, Goten, Venezianer und nun wir. Ein weißes Bett, eine Wanne, der Pfiff einer Lokomotive sind letzte Offenbarungen einer Zivilisation geworden. Wo sind die Opern von Gluck, Mozart und Flotow? Ich erinnere mich an Abende im Odenwald mit meinen Eltern, an die Bergstraße, an Fachwerkhäuser meiner Kindheit.« Schreibt Manfred.

»PS: Am Kleinen Wannsee ist ein Bootshaus, der Verwalter heißt Kupke, geh hin und nimm dir mein Kanu, sobald es warm wird.«
Wenn am Montagmorgen kurz nach sechs der S-Bahn-Zug mit dem Endstationsschild »Potsdam« am Bahnhof Westkreuz einlief, ging's mir schon besser. Vom Bahnhof Babelsberg lief man durch den Wald zum Ufa-Studio. Rechts, in einer Lichtung, war ein Kriegsgefangenenlager. Engländer, die uns ansahen, die wir ansahen.
Kurz nach Silvester war Großangriff. Die Bombe, die Endgültige, fiel auf Bernhardstraße. Auf Bahnhof Wilmersdorf. An einem Sonntagmorgen landete ich am Teltower Damm in Zehlendorf bei Wilfried Frass, einem Regieassistenten der Ufa. Ein fröhlicher Wiener, der Berlin bedingungslos mit und ohne Häuser liebte. Die Bongers hätte ich nicht anrufen können und wollen – jeder wurde irgendwann ausgebombt, es war verpönt, Hilfe zu erwarten; ein ungeschriebenes Gesetz, an das man sich hielt. Mit Fremden oder Halbfremden war das anders, warum, weiß ich nicht. Jener Berlin-Süchtige hatte heißes Wasser, und ich durfte baden; zu essen hatte er nichts. Er nahm mich in eine Atelierwohnung zwei Stock höher. »Dippert« stand auf dem Schild. Sie war klein und rund, bewegte sich rasch, sprach ebenso, ein Gummiball – Vollgummi. Und sie hieß Alike. Wilfried berichtete vom Silvesterschicksal, sie umarmte mich gerührt, sagte: »Ach, Sie armes Kind, wie betrügt man Sie um Ihre Jugend.« So viel Mitgefühl war ich gar nicht gewöhnt, es übermannte mich, überfraute mich. Sie schleppte mich in einen Raum, in dem ein riesiger Zeichentisch stand, auf ihm zahllose Tuscheflaschen, Federn, Pinsel, Becher, Büchsen, sehr geordnet, sehr genau, wie beim Klemke. Hinter allem saß ein dürrer Mann, der sich trostlos und mühselig erhob, das war Fritz aus München. Er wedelte mit seinem langen Arm, bis er meine Hand gefunden, schüttelte sie wortlos, kondolierend. Alike sagte atemlos: »Man muß den Menschen helfen, morgen kann uns dasselbe passieren, nicht wahr? Wir haben noch einen Raum, den wir eigentlich gar nicht brauchen.« Fritz schoß einen eisernen Blick auf Alike, den sie nicht wahrzunehmen gedachte. Sie goß Wasser in den Mittagessen-Eintopf und rief: »Nun reicht's für uns alle.« Fritz hatte nichts gesagt, nur einsam geblickt. Alike bezog ein Bett. Da ich keine Kleider hatte, fiel das Schrankproblem weg, sie zeigte mir die Toilette, die Badewanne, sprach pausenlos. »Sie werden sich zu Hause fühlen bei uns, wir haben im Hof einen Splittergraben und natürlich den Keller, aber wegen der Heißwasserrohre – manchmal gibt's ja noch welches – gehn wir nicht rein. Ich hab' mir schon immer eine Tochter gewünscht, und da hab' ich sie nun, auf den Fritz müssen Sie nicht hören« – er hatte noch immer nichts ge-

sagt – »er ist ein bißchen schwerfällig – na ja, ist eben kein Berliner, aber gut ist er, und im Grunde will er ja auch helfen, er kann's eben nicht so ausdrücken.«
Nachts wurde ich der Hausgemeinde vorgestellt – während einer Flakpause, im Splittergraben. Die Nachbarin verkaufte Billetts im Eva-Kino in Wilmersdorf. Sie nahm Alike nach der Entwarnung beiseite und murmelte: »Ich würde keine Schauspielerin in die Wohnung nehmen, ich weiß schließlich Bescheid, arbeite in der Branche. Sind alle unsolide, Männergeschichten und so.« Alike erzählte es freudestrahlend, während wir unsere blaugefrorenen Füße massierten.
Alle drei Monate war Studioaufführung, Szenen aus den Klassikern. Lampenfiebergerötet rannten wir um Meixner rum, wie Hennen um den Hahn. Der rauchte, beantwortete alle Anliegen mit »Ja, ja«, setzte sich, rief: »Anfangen.«
Da saßen sie, die Chefs der Ufa, Tobis, Terra, Berlin-Film, Prag-Film und manchmal ein Theaterintendant. Sie saßen freundlich-jovial oder gelangweilt-arrogant mit dem »Auch-das-geht-vorüber«-Gesicht. Hinter ihnen die Lehrer. Vor ihnen die Bongers. Ich war die fünfte. Ein Blonder mit Stupsnase war Ferdinand, ich seine Luise. Wir spielten die »Gift in der Limonade«-Szene aus »Kabale«. Und da geschah's, dasselbe warme Gefühl in der Magengegend wie bei Armgarden Anno Weise. Ich hörte Schnauben, ich hörte Hüsteln, dann fiel ich um, weil ich tot zu sein hatte. Merkte, daß das Kleid verrutschte, spürte Kühle an Schenkeln und anderswo, zog als Verblichene schamhaft Kleid dahin, wo es hingehörte. Sie lachten immer noch nicht, sie klatschten sogar. Nur Liebeneiner sagte später: »Wenn man tot ist, ist das *Stück* noch nicht vorbei, meine Liebe.«
Kaminsky schlich gealtert um mich rum. »Mein liebes Kind, es war sehr schön und sehr ergreifend, nur werden Sie die Klassiker niemals spielen können, niiiemals mit diesem grauenvollen Berliner S und diesen Endsilben« – sie brach ab, sah sich um, sah mich an, putzte Nase, putzte Augen, schöpfte Kraft. »Wir müssen arbeiten, viel, viel arbeiten.« Hinterließ Hoffnung, wo Hoffnung hoffnungslos.
Röseler schloß mich fest und ernst in beide Arme, summte, sang: »Mein liebes Kind, es war zu Herzen gehend, ich muß es gestehen, es hat mich berührt – aber die Stimme, mein Gott, die Stimme. Sie ist zu tief, sitzt falsch, ist heiser. Wir müssen an dieser Stimme, dieser grauenvollen Stimme arbeiten, arbeiten und nochmals arbeiten!«
Meixner rauchte, grinste, sagte nichts.
Bongers sah mich an mit ihren Blitzeblauen (»Meine Augen sind

klein, aber sie sehen alles«, pflegte sie zu sagen): »Liebeneiner hat geweint, Jahn und Jonen haben geweint, ich auch. Das genügt. Übrigens, das ›Deutsche Theater‹ interessierte sich.« Ich hatte zum zweitenmal das Gefühl, mich freuen zu müssen.

Ein Mittwoch war's, es war kalt, die Sonne schien, beleuchtete Ruinen und Gleise, die wie erhobene Zeigefinger aus ihren Fugen ragten. Es dauerte Stunden, bis ich endlich am Bahnhof Friedrichstraße landete. Ich rannte ins »Deutsche Theater«, suchte Herrn Karchow, dem ich vorsprechen sollte. Ich hatte Hunger, wie immer, und Angst, wie immer.

Auf der Probebühne fuhrwerkten alle Reinemachefrauen der Umgebung, schepperten mit Eimern, knallten mit Türen, putzten lautstark ihre Nasen, hatten was gegen Neulinge. Karchow sagte: »Bitte fangen Sie an.« Ich starrte auf die Frauen, er sagte, die stören nicht. Die »Heilige Johanna« auf dem Güterbahnhof, Verladerampe eins, hätte nicht unbemerkter stattfinden können. Ich blieb hängen, begann von neuem, um an gleicher Stelle, mit dem gleichen Klirren eines Wassereimerhenkels, den gläsernen Blick, die trockene Zunge, das tonlose Würgen zu kriegen. Gretchens Kerkerszene war eine Stummfilmdarbietung – daß Karchow mich dennoch engagierte, ließ mich so lange fassungslos umherirren, bis ich die mir zugedachte Rolle im nächsten Premierenstück der Kammerspiele des »Deutschen Theaters« gelesen hatte. Ich trat ungefähr sechsmal auf, ohne etwas zu sagen, einmal kam ich mit Revolver, hatte ängstliches »Hände hoch« zu flüstern. Zur Premiere kam Bongers, ich brüllte meinen Satz, tat mir und dem Stück nichts Gutes. Karlheinz Schroth spielte die Hauptrolle, auf der Treppe zum Bühneneingang sah er mich allabendlich überrascht an, sagte »Na, Kleine«, lächelte und vergaß mich bis zum nächstenmal. Auf der Bühne nahm er mich nicht wahr – ich trug für meine einzige Szene mit ihm eine Gesichtsmaske, eben für das täglich ersehnte »Hände hoch«.

Nach der Vorstellung raste ich zum Bahnhof. Am Friedrichstraßenbunker lungern sie mit Kind und Kegel, mit Taschen und Flaschen, warten auf Bomben, auf Alarm, warten geduldig vor verschlossenen Toren. Ich rase in der Hoffnung, Zug und Zehlendorf vorm Angriff, dem unausbleiblichen, zu erreichen, knalle auf einen nicht sehr jungen, nicht sehr großen, recht unauffälligen, recht unwirsch blickenden Herrn, bringe geordnetes Haar, bringe geordnete Erscheinung in Unordnung. Murmle »Entschuldigung« – galoppiere weiter.

Hilde Jansen, mit der ich Garderobe und Schminktisch teile, kichert am nächsten Abend, sagt: »Du hast gestern den Demandowsky übern Haufen gerannt.« – »Wen?« – »Na, den Demandowsky,

den Tobis-Chef.« Die Hilde war verheiratet, der Mann in Rußland, und der war ein Freund vom Umgerannten. »Kommst du mit? Er zeigt einen Film, einen ganz neuen, am Sonnabendabend, er holt uns ab nach der Vorstellung.«
Die Tobis-Büros waren auf der anderen Seite vom Bahnhof Friedrichstraße, zwischen S-Bahn-Station und Admirals-Palast, die Studios draußen am Bahnhof Grunewald. Mehr wußte ich nicht, wollt' ich auch nicht – war schließlich bei der Ufa, der Großen, sah herunter auf Tobis, die Kleinere.
Das Auto stand vorm Bühnenausgang, Marke »Holzkocher«, etwas Koksangetriebenes, Rußiges. Neben ihm ein Dünner in Schornsteinfegerfarbe. Hilde und ich stiegen ein, er auch. Ich freu' mich, seit der vermasselten Ballnacht in Lichterfelde war ich nicht mehr Auto gefahren. Er dreht am Zündschlüssel, steigt aus, rührt im Ofen, der aus dem Kofferraum ragt, steigt ein, dreht, steigt aus, rührt. Nach dreißig Minuten sagt unser Heizer-Fahrer: »Der jeht nich.« Der Film wurde in Demandowskys Haus vorgeführt, das war in Dahlem, wir nahmen S-Bahn, nahmen U-Bahn, liefen durch Parks, kamen zur Gelfertstraße, der Film hatte angefangen, der Hausherr war verärgert. Hans Albers spielte gerade Trompete und sang was von Paloma, Ilse Werner trat auf, hatte mein Kleid an – die Ufa hatte sich an meiner Trainings-Luftschutzhose übergesehen, schenkte Kleid aus Fundus an bombengeschädigten Nachwuchs. Sie da oben, ich da unten im selben, dann kam die Hildebrand, sang »Beim erstenmal, da tut's noch weh«, anschließend war Alarm. Er hatte einen Unterstand im Garten, balkengestützt, mit Licht und zwei Bänken. Die Flak ließ entferntes Meckern hören, dann ein Gurgeln, ein Summen, die Balken knirschen, liegen schräg, richten sich auf, Licht blinzelt, wird trübe, geht aus. Eine Taschenlampe sucht Decke ab, aus der rieselt's, wieder ein Gurgeln, wieder Summen, diesmal ein langer Ton, Kinderpfeife, Balken knirschen, liegen schräg, bleiben schräg, einer schreit: »Raus.« Wir bleiben an der Treppe, Hockstellung, Mund auf, Ohren zu. Oben zwitschern die Flaksplitter, machen gurr, gurr, machen tschip tschip, sägen Baumäste ab. Das geht so ein, zwei Stunden, ich denke, was suchen die in Dahlem, zwischen Kiefern, Villen, Ententeichen – da wird's heiß, das kenn' ich, das hab' ich nicht gern, ich sag': Brandbombe, vielleicht Phosphor – nachts kamen die Engländer, und die schmissen Phosphor, das wußte jedes Kind. Kopf in Luftschutzeimer, den vorschriftsmäßig wassergefüllten, Decke auch, umlegen, nicht stolpern, raus. Der Rasen brennt, wir schlagen mit Decken um uns, gegenüber brennt's und über der Innenstadt ist Tag, rosa-rot-qualmig, Tatütata der Feuerwehr. Entwarnung – die ersten sind weg. Alarm – die zweiten kommen.

Gegen Morgen räumen wir Glassplitter, der Schornsteinfeger-Fahrer-Heizer erscheint, muffig-traurig, meldet Automobilverlust. Demandowsky sitzt im Wohnzimmer, dem fensterlosen, und lacht – der kann ja lachen, denke ich. »Der macht ein Gesicht wie damals«, sagt er. Damals war eine Filmpremiere, der Muffig-Traurige sollte ihn abholen, aber er holt nicht. Nach Stunden taucht er auf, Bierdunst, Zitterhände. »Wo ist der Wagen, wo waren Sie?« schreit der Sitzengelassene. Er steht, er wankt, holt Luft, läßt sie wieder raus, sagt: »Also es passierte an der Ecke – der kommt rüber, sieht nischt, is blau, also dann Bums und sonstdergleichen, war ne ganz einfache Person, hatte gar keine Verwandte.« Telefon klingelt, Tobis-Friedrichstraße steht noch, ich rufe: Fragen Sie doch mal, ob Nollendorfplatz, ob Wilmersdorf, habe plötzlich Angst um Großvater, um Stiefvater, nein, es war Gleisdreieck und Tiergarten und Kudamm und Zoo und Potsdamer. Sag' danke, ich muß jetzt gehen – sag' es, als wäre zulässige Besuchszeit abgelaufen.

Wo wohnen Sie?

In Zehlendorf.

Ich bringe Sie, mit dem Rad.

Er strampelt los, ich auf Gepäckständer. Vorm Haus Teltower Damm Nummer 5 steigt er ab, nimmt meine Hand, zieht sie rauf, ich runter, küßt sie, sagt: Wie schade, daß ich morgen nach Prag muß. Alike und Fritz sind wach, besorgt, fragen. Alike kocht Muckefuck, setzt sich ans Bett, spricht betrübt: Mägdelein, Mägdelein, das ist kein guter Umgang.

Sie hatten Vertrauen zu mir. Erzählten von Brecht, von Mann, von Wedekind und Schnitzler. Erzählten von denen, deren Bücher es nicht mehr gab, weihten mich ein in verbotene Astrologie, Numerologie, erzählten von der Bergner, der Massary, von Pallenberg und Reinhardt. Nachts hörten sie BBC. Es quakte, es quietschte, wurde unverständlich, aber es gab ihnen Freiheitsgefühl, Hoffnung, Protest in protestloser Zeit. Sie hatten großes Vertrauen. Stiefvater erzählte, daß Hannelore aus der Varziner Straße ihre Mutter angezeigt hätte. Der Vater war in Rußland in Gefangenschaft – Mutter wurde abgeholt, war in Deutschland in Gefangenschaft. Hannelore im nationalsozialistischen Jugendheim, befördert, geehrt. Und Stiefvater sagte: »Weißt du noch – sechsunddreißig?« Wir waren mit der Schulklasse zum Olympiastadion gefahren, draußen in Westend – Hitler hielt eine Rede. Es war heiß – »Hitler-Wetter« nannten sie es, weil seine Kundgebungen stets sonnenbeschienen –, Kakao gab's in Flaschen mit Strohhalm. Klebehände, Flecken: Kakaobraun auf Führerbraun. Ich sah Fahnen und Hinterköpfe, war meilenweit weg. Beim Abendbrot sagte ich:

»Es war ein großer Tag, ich habe den Führer gesehen.« Meine Mutter starrte mich an, rief: »Du bist wohl übergeschnappt?« Stiefvater warf warnenden Blick, sagte sanft: »Aber das ist doch sehr schön für so ein Kind, nicht wahr?«

Er sah jetzt elend aus, war mager, klapprig, sehnte sich nach Frau und Sohn, wohnte in Untermiete beim Fleischermeister, lief regelmäßig zur Polizei, um eine Reisegenehmigung nach Uelzen zu bekommen, für drei Tage wenigstens. Wenn ich ihn hastig besuchte, blieb er hinter seinem Ladentisch, flüsterte: »Komm nicht ran, ich spucke nachts immer Blut.«

Die Bongers platzte in den Unterricht, sprach: »Kind, Sie bleiben heute abend hier – für Probeaufnahmen.« Für was, für wen, fragte man nicht. Man blieb. Ich drehte bis Mitternacht, schlief in einer Filmgarderobe, dachte nicht darüber nach, warum ich die stummen Köpfe, die armselige Szene wieder und wieder gedreht hatte.

Goebbels, Schirmherr der Filmindustrie, Schirmherr des Nachwuchses, hatte mich eingeladen, privat, zum Essen, zum »persönlichen Kennenlernen«. Für Bongers war das Alarmstufe 1, Gefahr in allen Richtungen, voraussehend, wissend, ahnend – Katastrophen meiden in einer Katastrophenwelt, auch die kleinen, um jeden Preis. Sie sagte dem Ministerium, daß das gewünschte Fräulein Probeaufnahmen hätte, sei schließlich kriegswichtig, neuer Film, sei leider, leider ausgeschlossen, den Nachwuchs vorzuführen, außer auf der Leinwand, der Filmleinwand. Ich erfuhr es später, wesentlich später. Ich schlief in meiner Filmgarderobe und freute mich, daß kein Alarm war.

Am nächsten Abend hing ich zwischen zerknautschten S-Bahn-Fahrern auf der Strecke Babelsberg–Zehlendorf. Jemand brabbelte neben mir: »Ich bin Herstellungsgruppenleiter Ufa, habe Sie in der Schule gesehen und einmal in der Kantine – planen einen großen Film, wäre schöne Rolle für Sie drin, könnten wir das nicht mal morgen abend besprechen?« Ich erzählte der Bongers vom Herstellungsgruppenleiter – der keiner war, wie sie sagte. In der Aufnahmeleitung hatte er zu tun, dritter oder vierter, die, die immer »Komparserie auf die Plätze!« brüllen. Bongers ließ ihn zu sich kommen, sprach streng: »Soviel ich weiß, sind Sie uk-gestellt, soviel ich außerdem weiß, sind nicht viele Männer Ihres Alters in der glücklichen Position. Die Mädchen in unserer Schule werden nicht ausgebildet, um Nutten zu werden. Merken Sie sich das und verbreiten Sie es!«

Zu mir: »Du bist in einem Beruf oder wirst eines Tages in einem sein, den Männer und solche, die's gern wären, mißverstehen. Lerne: Du suchst die Männer aus, nicht umgekehrt. Und noch eins: Sage nie vor Erschöpfung ja.« Ich wurde rot, röter, fürchtete zu platzen. Sehr beschämt war ich damals, dankbar war ich später.

Sonntags fahre ich mit Alike und Fritz zum Kleinen Wannsee. Wir drehen uns so lange im Kreis, bis ich lerne, mit Manfreds Kanupaddel umzugehen, dann gondeln wir zum Griebnitz- und Stölpchensee, hocken unter Trauerweiden, Fritz mit Hut und Weste, Alike im Kostüm, dem einzigen, grauen, mit zerfranster Bluse.

Eine Nacht bleib' ich allein auf dem Wasser, liege im Kanu, gucke auf Sterne, schaukle, hab' mich festgemacht an einer Boje im Griebnitzsee. Frösche quaken, Sirenen heulen, weiße Finger tasten am Himmel rum, grabbeln Sterne weg. Ein Flugzeug kommt ins Scheinwerferkreuz, versucht zu fliehen, fällt auseinander, brennt. Es orgelt, es pfeift, ich liege im Wasser, japse, suche das Boot, das kopfsteht – eine – zwei – drei Bomben schlagen in den See, ich schreie Hilfe, Fontänen sausen hoch, das Wasser bebt, das Kanu hopst, klettre rein. Höre die nächsten Verbände einfliegen, sie summen, brummen, hören sich freundlich an. Im Morgengrauen komme ich zum Bootshaus, schlotternd, Abenteuerlust einer Sommernacht ein für allemal beendend.

Das Stück im Deutschen Theater klappert mühselig seinem Ende entgegen, wir spielten es sowieso kaum noch über die Pause hinweg, meist tönte die Sirene, bevor mein »Hände hoch« gefallen war. Der Inspizient bekam telefonisch seinen Vorwarnungsbericht, konnte ausrechnen, wann der Vorhang fallen, das Publikum stumm-ergeben in den nächsten Keller eilen würde.

Ende Juli soll das Stück abgesetzt werden. Am zwanzigsten sitze ich in überraschend leerer Stadtbahn, am Bahnhof Friedrichstraße steht SS, Panzer, Militärpolizei, schlicht »Kettenhunde« genannt, fragen barsch nach Ausweis, wohin, warum, wohnhaft und das übliche. Sie sagen, ich soll ins Theater gehen. Ich schlängle mich durch Panzer und grimmig blickende SS-Menschen. Die Garderobiere steht am Eingang, bibbert, ich frag' sie, sie sagt nichts. Bibbert weiter. »Wo sind die anderen?« – »Nicht da«, klappert sie. Ein Polizist kommt, sagt: »Gehn Sie in den Keller.« Wir sitzen im Keller, wissen nicht, warum. Nach drei Stunden guck' ich mal raus, die SS ist weg, ein Panzer schleicht herum. Ich lauf' zum Bahnhof, kein Zug weit und breit, kein Stationsvorsteher, keine Drängler – Mondlandschaft. Ein SS-Mann rennt auf mich zu, brüllt: »Gehn Sie gefälligst in den Keller!« Ich denke an Giftgase oder ähnliches, suche den nächsten Keller. Stumm sitzen sie, sehen sich nicht an, sitzen nur. »War Alarm?« flüstre ich ins Halbdunkle, keiner antwortet. Stunden vergehen, die Tür wird aufgerissen, jemand brüllt: »Ausweise!« Ich zeig meinen, hoffe auf ein Wort, eine Erklärung. Der Mann sagt: »Dableiben!« Die Tür knallt zu, wieder

Stille. Morgens komme ich in Babelsberg an, für Zehlendorf hat's nicht gereicht. Auch da scheint jedermann verstummt, nicht bereit, Näheres zu sagen. Meixner grinst: »Wißt ihr schon, das Telefon heißt ab jetzt ›Selb‹ – die Fremdwörter müssen ausgemerzt werden, ausradiert, hat der Führer gesagt! – Wie die Städte«, murmelt er selbstmörderisch hintennach. Erst abends bei Alike, der BBC-Gebildeten, höre ich von den Generälen und vom Attentat, das nicht stattfand.
»Was wird mit der Schule, wenn der Krieg vorbei ist?« frag' ich. Der Meixner guckt die Bongers an, die Bongers guckt den Meixner an. Ich kann mir nichts vorstellen unter »vorbei«. »Wir sind zu Hinkel bestellt, morgen um neun«, sagt sie. Da sitzen wir aufgereiht, Lehrer, Schüler, Bongers – im Vorführraum der Reichsfilmkammer, Kurfürstendamm Ecke Uhland. Goebbels' Untertan steht in Ornat und Orden – ich höre Fetzen: Endsieg, brauchen jeden Volksgenossen, Einsatz, totaler Krieg, die Stunde hat geschlagen, werden ihnen zeigen, den imperialistischen Kriegshetzern, einer für alle – alle für einen, Volk steht auf, Sturm bricht los, Heil Hitler.
»Darf ich Sie mal besuchen, Frau Bongers?« – Sie antwortet nicht, hört nicht.

7

Die Schule ist »fabrik-erfaßt«, Leuchtziffern malen mit Phosphorfarbe für Nachtjäger-Armaturenbrett. Meixner eingezogen. Sonntags werden wir abkommandiert zum Truppenübungsplatz Gardelegen oder Rathenow. Wir singen die bei Bartsch gelernten Liedchen, singen sie fürchterlich, machen ihr keine Ehre. Einmal kommt ein Star, der will dann nicht auftreten nach uns, aber die Soldaten sind dankbar-taub, klatschen, freun sich, nicht draußen zu sein an der Front. Montags wieder Leuchtziffern.
Ein »Fräulein Knef, Telefon!« unterbricht Leuchtziffergekleckse. Die Bongers ist dran, sagt: »Der Engel will dich. Ich habe ihm Probeaufnahmen gezeigt, du drehst ab morgen. Sechs Uhr Maske, Babelsberg.«
Erich Engel sitzt im Regiestuhl, nagt an einer Schinkensemmel, der Schinken hängt über den Rand, Semmel mit Schleppe. Käthe Dorsch steht neben ihm, Rudolf Forster hinter ihm, sie sehen mich an. Ich seh' die Semmel, die Entschwindende, schlucke Spucke, sehe Schinken, sehe Butter. Teilnahmslos kaut er, teilnahmslos guckt er. Die Semmel ist weg, er nimmt Zigarette, Assistent gibt Feuer, er nippt am Kaffee, streicht über schmalen, kahlen Kopf, sagt: »Bitte.« Die Hallenhupe macht dreimal quak quak quak, »Zweihundertdreißig zum ersten Mal«, brüllt der Klappenschläger, die Dorsch gibt Stichwort, der Forster gibt Stichwort, ich sag meinen Satz, sag »Mama« zur Dorsch. »Kopieren«, spricht Engel, steht auf, geht weg. Ich werd' zum Fragezeichen. War's gut? fragt das Fragezeichen – aber die sind schon bei der nächsten Einstellung. Der Aufnahmeleiter kommt, sagt: »Sie haben Zeit bis zur Mittagspause.« Ich habe eine Garderobe, eine mit Sofa, ich hab' ein Drehbuch. »Fahrt ins Glück« steht drauf, und mit der Hand: Rolle Tochter. 6 Wochen Drehzeit – 4 in Babelsberg, 2 in Österreich. Ich bin mißtrauisch. Vor einem Jahr hatte ich einen Drehtag beim Harald Braun, »Träumerei« hieß der Film. Hilde Krahl spielte Klavier, war Clara Schumann, ich mußte zuhören, war schwedische Prinzessin am Hofe – der Braun hatte mich umarmt, gerufen: »Bezaubernd, ganz bezaubernd« –, und nach drei Monaten stand er am

Bahnhof Babelsberg: »Da sind Sie ja, mein Kind« – das kam bedrückt – »tja, wir mußten den schwedischen Komplex rausschneiden, Film war zu lang, nun sei'n Sie man nicht traurig, Ihr Leben fängt erst an.«
Ich hatte wie immer weder Fleisch-, Brot- noch sonstwelche Marken, lief während Mittagspause um Hallen, um verlassene Filmschule, fühl' mich verlassen, fühl' mich ausgebombt vor Unausgebombten. Meixners Klassiker waren Heimat, die erste seit Zossen, seit Großvater, seit Apfeldiät.
Gemeinschaft, Freundschaft, Brüderlichkeit, Schwesterlichkeit, Einheit, Einigkeit – ich brauchte sie nicht, wollte sie nicht. Kindheitspanik, Kindheitsangst, vergessen, vergraben – entfallen seit Meixner, seit Bongers, seit Gretchen, Luise, seit Ophelia, Viola und Hero. Ich teilte nicht, teilte nicht mit, war Einzelgänger, treuloser, unabhängiger – bis auf die Nachmittage, die Nachmittage, an denen ich laut Ausbildungsvertrag »Liebhaberin mit Charaktereinschlag« war.
Ich schmeckte, ahnte, wollte Schönheit –
Haßte Verbranntes, haßte süßlich-fetten Gestank der Verschütteten, nicht Ausgegrabenen, haßte Vertraulichkeit – Kundenvertraulichkeit hinter Stiefvaters Ladentisch, Biergeruch, Kleistertopf, die mit den Goldzähnen, die immer brüllte: »Nu wird se'n Mächen, kiek mal untern Pullova, wie abjeschnittne Sitronen!«, haßte Hinterhof mit Mülleimerratten, Klosett auf der Treppe, haßte Lebensangst-Todesangst-Fratzen in Kellern, die Bibbermäuler, Faltehändchen, die »Womit-haben-wir-das-verdient«-Kreischer, die gestern noch das Maul so voll nahmen, die sagten: »Mir kann keener«, die auf Frauchen trampelten, weil's brannte, weil die Decke runterkam und mit ihr zwölf bis vierzehn Wohnungen; haßte die Neidischen, Schadenfrohen, die Rumbrüller, die Gierig-Jovialen, die »Onkels« mit behaarten Pfoten, die dir als Kind untern Rock fassen und sabbertropfend zischen: »Wehe, du sagst es der Mutter, du hast meine Brille kaputtgemacht, kann sie gar nicht bezahlen mit ihrem Schusterladen.« Draufgelatscht waren sie auf den Blechzwicker-Kneifer, hielten dich für dußlig, machten angst, drohten, die Sabberer mit Frau und sechs Enkeln. Haßte die Krankenhäuser, die Säle, das Gestöhne in der Nacht, den Herrn Professor, der Kiefer aufschneidet, Betäubung vergißt, »Halt's Maul!« schreit, »Dumme Jöre, reiß dich zusammen!« brüllt, die Kotze, in der du liegst, die Schwester, die grinst, Eisbeutel ins Gesicht knallt, grinst, wenn das Blut aus der Nase in die Kotze läuft. Hasse die Wanzen im Sommer, die abgerissenen Tapeten, verklebten Türen, die Wanzenausräucherei. Hasse den Blick, den schmierseifigen aus »Ein-Kerl-wie-ich«-Visagen, die an Heimatfront so Unabkömm-

lichen, die mit Feuerpatsche und Helm – Blick rauf, Blick runter: Mal sehn, was sich da machen läßt, nach Alarm sind sie weich, die Mädels – die bei erster Luftmine die Hosen vollscheißen, Keller verpesten, lieben Gott um höchsteigenen Beistand befragen, wollen ihr »Kerl-wie-ich«-Leben verlängert haben, wollen nicht verzichten auf Fressen, Scheißen, Schmierseifeblick.
Ich hasse, ich haßte, ich hasse.
Ich schmeckte, ahnte, wollte Schönheit.

Ich stehe im Gang, halte meinen Koffer; im Koffer sind Filmkleider. Der Zug ist voll – am vollsten – voller geht's nicht mehr. Soldaten, Polizisten, Offiziere, ein paar Zivile. Fenster kaputt, es zieht, Ruß in die Augen. Die Lokomotive kriecht zwischen Bäume, bleibt stehen, Lindwurm sucht Kopfschutz, steckt Kopf in Sand, wird nicht gesehen, weil nicht sieht. Über uns Bomber, Jagdflieger. Zwei Jäger kommen, spielen Mäusebussard, gucken mal rein, machen brr brrr, sind weg – holen Verstärkung, kommen wieder. Der neben mir sagt Himmel, Arsch und Zwirn, springt durchs Fenster, springt auf Schienen und Schotter, reißt Beine nach hinten, reißt Arme nach vorn, brüllt. Aus der Jacke quillt Rotes. Sie wühlen zur Tür, lassen sich fallen, zwischen Waggons, kriechen runter – ich lieg zwischen Puffern, denk: Wenn der Zug jetzt fährt, bin ich Matsch. Er fährt nicht, die Lok brennt. Bussardfamilie weg. Es weint und röchelt, es macht tatütata. Ich sitz' auf der Böschung, guck' anderslang. Laufe ein, zwei Stunden – komm' zum Bahnhof, frag', wo ich bin – nicht mal Nürnberg. Zwanzig Stunden unterwegs und nicht mal Nürnberg. Um vier Uhr morgens kommt Sonderzug, stottert weiter, verschnauft in Salzburg. Ich sehe Häuser, Häuser mit Dach, mit Fenster, Balkon mit Blumen, sage: Ist Österreich schön. Der mit der roten Mütze und Kelle dreht sich um, glotzt mich an, wird mützenrot petunienlila, brüllt: Sie meinen wohl Ostmark.
Die Dorfstraße in Schörfling riecht nach Stall, nach Kuh, nach Milch, gelber dicker, nicht blauer entrahmter entmilchter. Der Attersee planscht, hat nichts zu tun mit Krieg, lebt mit seinen Fischen und Fröschen und planscht. Wir drehen diesen Film, das Vorleben der Mutter (Dorsch) verdirbt das Leben des Kindes (ich). Sie hat in einer Bar gesungen, in einem Tingeltangel, das war das Vorleben. Aber zum Schluß werden wahre Worte entdeckt, aufgedeckt, Versöhnendes und Allgemeingültiges wird gesprochen, dann frühstückt man gepflegt auf sonnenbeschienenen Terrassen (im Film), und die gestrenge Großmutter sagt verschmitzt Heiter-Gütiges. Ich hatte Fieber und wußte nicht warum, im Rücken tat's weh, aber ich sagte keinem was, die Fabrik lauerte in Berlin.

Alike schreibt in Alikesprache: Fitti (Fritz) sei zermermelt (unglücklich), da Augenentzündung, sie hat Schlül (Schlüssel) verloren, sie kocht zwischen Angriffen Marma (Marmelade), E. v. D. (Demandowsky) hat zweimal angerufen, nach Martl (Fräulein Knef) gefragt, Adresse gefordert. Ich sehe ihn stehen neben seinem Fahrrad, vor der Haustür, im Mondlicht. Kühle tiefliegende Augen, gerade Nase, schöner, weicher, beherrschter ärgerlicher Mund, helles glattes Haar; lächelnd stand er, sagte: »Sie sind elbisch, ja, elbisch«, ich verstand es nicht, wagte nicht zu fragen, dachte an Elbe, sah keine Verbindung, fragte nicht, weil so gelernt, weil Angst vor Lächerlichkeit, weil Bildung, Allgemeinbildung das Gütezeichen, die Erkennungsmarke, weil Lücken nicht preisgegeben werden, geschlossen sein müssen ab fünfzehn oder so, man vergibt sich was, also man fragt nicht mehr, hat nie gefragt: was wann wer warum. Ich sehe ihn vor mir, unlächerlich neben lächerlichem Rad. Ist Herr, ist einer, der Autorität hat, einer, der keine Requisiten braucht, um Herr zu sein, einer, der Panik meistert, Ängste weglächelte, denkt, wo andere gedankenlos. Ein Beschützer, den ich vielleicht mal fragen kann, was elbisch heißt.
Nach drei Wochen sind sie vorbei, die Außenaufnahmen, der Aufnahmeleiter verteilt Reisegenehmigungen, Bestätigungen, Ufa-Pässe, Fahrkarten, Kennkarten, Anmelde-, Abmeldeformulare.
Berlin ist älter geworden, zerrütteter, zerstörter. Noch vierzehn Tage Drehzeit in Babelsberg, noch vierzehn Tage Frist, Fabrikfrist. Erich Engel raucht, trinkt Kaffee, ist karg, gleichgültig, nicht redebereit, streicht Stirn, streicht Glatze, gibt Anweisungen, höflich, leise. Die Filmmuster sehe ich nicht, das Betreten der Vorführung ist untersagt. Von Krieg wird nicht gesprochen, nicht in der Kantine, nicht im Maskenbildnerraum, nicht im Atelier.
Alike starrt allabendlich auf astrologische Hieroglyphen, rechnet hin, rechnet her, murmelt zermermelt: »Wir werden getrennt, Martlchen, du hast ein Marsquadrat, ein grauenvolles, ganz füchtervolle (furchtbare) Zeiten kommen, mein armes Kind.« Sie sieht mich an mit dem Frühzeitig-verschieden-Blick. »Nicht wahr, Fitti, füchtervolle Zeiten.« Fritz trug eine breite, schwarze Binde um Kopf und Augen, sah nicht, sagte nichts, ein stummer Cassanderich. Die Entzündung war schlimm geworden, er durfte die Binde nicht mehr abnehmen, wir führten ihn in den Keller, setzten ihn hin, führten ihn wieder rauf, legten ihn aufs Bett, er sagte nicht danke, nicht bitte, er war taub und blind, wollte taub-blind sein.
Mein Fieber kam wieder, der Arzt sagte Nierenentzündung, Mandelvereiterung, Sie brauchen Fett, Obst und so. Unterernährt sagte er nicht, das wäre defätistisch gewesen.
Manfred Edward kam, er hatte ein großes, unförmiges Paket un-

term Arm, brachte mir seinen Mumiendeckel, den aus der Grolmannstraße. »Er soll Sie schützen«, sagte er, »er soll Sie schützen vor dem, was kommen wird, was kommen muß. Ich habe Vertrauen zu Ihnen, morgen muß ich mich wieder melden, komme zurück zum alten Truppenteil, oder was davon übriggeblieben ist.« Er war dünn, die rauhe, graue Uniform schlabberte um ihn herum, war jung und alt zugleich. »Haben Sie noch Schmerzen von der Verwundung?« – »Na, es geht, man muß froh sein, daß es nicht die Augen ...« Er stockte, sah verstört auf Fritz. Im Flur sagte er: »Es ist gut, Sie wiederzusehen, Sie sind so positiv, so voller Pläne, das gibt einem den Glauben wieder, jedenfalls ein bißchen.«
»Was soll ich mit dem Mumiendeckel?« fragte ich Alike, »ist der was wert?« Sie sagte ja. Ich schleppte ihn in den Keller Nacht für Nacht und ärgerte mich. Einmal packte ich ihn aus. Ein lächelndes, friedliches Gesicht; es sah mich an, sah weg, schien ernst zu werden, schien wieder zu lächeln.
Nur Berufstätige dürfen noch mit der S-Bahn fahren, wir werden kontrolliert, die Ausweise geprüft, am Schalter, im Zug, auf den Bahnhöfen, doch abends steht Großvater vor der Tür, er ist gelaufen, vom Nollendorfplatz nach Zehlendorf. Morgens um fünf gleich nach dem Alarm ist er losgegangen. Er steht da, staubigweiß, gerade, lächelnd, hat eine Tüte in der Hand, sagt: »Tag, mein Kind.« Er geht mit seinen knarrenden Schuhen die Treppe rauf, schüttelt lange Alikes Hand, setzt sich auf den Küchenstuhl, macht seine Tüte auf und sagt: »Nun iß man erst.« Schmalz hat er und Brötchen, woher, sagt er nicht, sagt nur: »Iß jetzt.« Er will gleich wieder weg, will nicht zur Last fallen. Alike überredet ihn, er schläft auf zusammengerückten Sesseln, will weder meins noch Alikes, noch Fritzens Bett übernehmen, klopft mit dem Zeh dreimal gegen die Lehne, will aufstehen um drei, will sich nicht aufdrängen. »Hast du von Mutter gehört?« fragt er. »Ja.« Ich zeige ihm den letzten Brief: »Es klopft morgens laut an meine Garagentür, ich ging hinaus und rief in die Dunkelheit, niemand antwortete, ich denke, dir ist etwas passiert.« Er sieht mich an, als wolle er sagen: Phantastereien, sagt's aber nicht, seufzt, liest weiter: »... beinahe stündlich fliegen die Bomber über Uelzen hinweg, Richtung Berlin. Ein Tiefflieger hat Heinz auf dem Schulweg beschossen. In der Schule haben sie den Karnickellauf gelernt, das hat ihn gerettet. Das einzige, was sie heute lernen, ist zu überleben. Mach dich aus dem Staube, bevor die Russen kommen. In Ostpreußen wird gekämpft, Hamburg und Münster sind zerstört. Tante Herta hat mir Lorbeerblätter geschenkt, wenn ich nur wüßte, in was ich sie hineinkochen soll.«
»Ich mache einen Film«, sage ich.

»Ja, mein Kind.«
»Mit der Dorsch und dem Forster.«
»Aber ja.«
Er wußte es schon immer, ist verärgert, daß es noch nicht geschehen ist mit dem großen Ruhm, der Anerkennung, ist verärgert, daß ein Krieg mich aufhält. Nachts sitzt er neben mir im Keller, er hält meine Hand, ist ruhig, sitzt andächtig wie bei einem Kurkonzert, blickt verächtlich auf Geduckte. »Bleib doch noch hier bei Alike, du kannst doch nicht zurücklaufen.« »Doch, ich kann, ich schlafe auch besser in meinem Bett.« Ich küsse ihn morgens, bevor ich ins Studio fahre, umarme ihn plötzlich mit Schuldbewußtsein, mit dem Gefühl, ihn verraten zu haben, ihn allein zu lassen, ihn beschützen zu müssen. Ich umarme ihn, küsse ihn, sage Opa. Er schiebt mich ein bißchen weg, sieht mich an, sagt: »Gott sei mit dir, mein Kind!« Geht ruhig weg mit seinen knarrenden Schuhen, seinem aufrechten, gleichmäßigen Gang.
Am Abend stehe ich in der Apotheke am Teltower Damm, will Augentropfen für Fritz kaufen. Die Frau hört nicht zu, ich sage: »Bitte die Augentropfen für Dippert.« Sie geht in das Hinterzimmer, ich höre Schnauben und Schnurren, sie kommt wieder, hat rote Nase, schnüffelt noch ein bißchen. »Ach ja, die Augentropfen.« Ich frage nichts, einer weint immer. Der Sohn ist gefallen oder die Tochter beim Angriff umgekommen, der Sohn – der Mann – der Enkel; die Tochter – die Mutter – die Schwester. Sie gibt mir die Tropfen, ich mach' die Tür auf, will gehen, die Glocke über mir klimpert ein blödes Plinplingpling, da ruft sie: »Die Russen sind in Warschau seit heute früh.« Ich denke: ist die verrückt, mir das zu sagen, die hört doch BBC, die hat so viel Angst vor den Russen, daß sie die Angst vor den Deutschen vergessen hat.
Am Bahnhof Babelsberg stehen die Stars, die nicht so Großen, die Großen: die Rökk, die Werner, die Krahl, warten geduldig. Die Bahn ist nicht voll, man drängt, stößt, wühlt nicht mehr. Vor mir schaukelt ein Mann mit zu Berge stehendem Kraushaar, von unsichtbarem Föhn hochgeblasen, emporgehalten, dort verharrend, verknautschten Antennen gleich, er rollt Augen, große komische Augen, er rollt sie melodramatisch, und schwingt einen langstieligen Kochlöffel. »Ick bin ausjebombt – und wat jeben mir die Idioten, die jeben mirn Kochlöffel, wat sachste nu.« Er dreht sich um, erwartet Reaktion, spricht zur Allgemeinheit, bezieht S-Bahn-Fahrer, Volk, Partei, Vorhandene und Nichtvorhandene ein. »Die jeben mir doch tatsächlich einen Kochlöffel.« Er hält ihn hoch, wie bei einer Auktion. »Wat soll ick mitn Kochlöffel, in de Scheiße rührn?« Die Vorhandenen erstarren, sehen so vor sich hin oder auch geradeaus, sind nicht anwesend, haben auf gar keinen Fall

vernommen, da geistesabwesend. Er lacht ein fröhliches Mecker-Lachen. Sein Zeigefinger nagelt mich an die Tür. »Wie heißen Sie?« fragt er laut. Das »heißen« läßt einen Lispler erzischen, ein Zisch, einer in Sommersonne geöffneten Seltersflasche gleich. Ich flüsterte: »Hilde Knef.« – »Sind Se Schauspielerin, ick brauch Mädchen wie Sie, ja jenau wie Sie, ick heiße« – wieder sprudelt die Flasche – »Barlog ... Boleslav, ick machn Film für die Terra, ›Der jrüne Salong‹, jrüüne Salong, schön unverfänglich, aber kriegswichtig, enorm kriegswichtig.« Der redet sich um Kopf und Kragen, denk' ich. Denk an Bongers – wie ein Könnten-wir-das-mal-nach-Drehschluß-besprechen-Regisseur sieht der nicht aus. Ich stotterte was von Ufa-Nachwuchs. »Na denn wer ick die Bongers mal frajen, fährste immer mit dem Zuch? Denn seh ich Sie ja morjen Abend. Wenn der Scheißkrieg, diese ganze Scheißzeit« – dabei detonierte ein Siphon – »vorbei is, denn mach ick Theata, und wenn du was aufn Kasten hast, kannste bei mir spieln, da kommste einfach vorbei, und denn machn wa endlich anständjes Theata.«
In Westkreuz stiegen wir aus und um. »Ick laß von ma hörn«, brüllte er. Wennde noch lebst, dachte ich, mit der Schnauze wirste wohl nicht mehr lange hören lassen können.
Am nächsten Tag waren letzte Aufnahmen für die »Fahrt ins Glück«, am Bahnhof Zehlendorf sangen die Sirenen, ich rannte den Teltower Damm runter, traf Alike, den verbundenen Fritz im Splittergraben. »Der E. v. D. hat angerufen, wollte dich nachher abholen, führt einen Film vor«, sagte Alike verachtungsvoll.
»Was hast du eigentlich gegen ihn, du kennst ihn doch gar nicht?«
»Er ist ein Nazi.«
»Wieso?«
»Na, sonst wär' er nicht Chef der Tobis.«
»Liebeneiner ist auch Chef und ist keiner.«
»Der ist eine Ausnahme.«
»Woher willst du das wissen?«
»Man hat so seine Informationen«, sagte sie grandios.
Die Kassiererin vom EVA-Kino saß uns gegenüber, stierte beleidigt auf ihre Koffer, saß ordentlich mit Kopftuch und Handschuhen, blickte beleidigt. »Von der vielleicht«, murmelte ich. Auf dem Weg nach oben sprach Fritz: »Alike hat recht.«
Wir blieben stehen, starrten ihn an, sie von rechts, ich von links, er hatte Gewicht, der Satz, wurde aufgenommen, bekam Bedeutung, weil der erste seit Wochen. Es klingelte, E. v. D. stand vor der Tür, sagte: »Ich hoffe, man hat Ihnen ausgerichtet.« Ich sagte: »Ja.« Ging mit. Die fangen an, sich wie sture Eltern zu benehmen, das wollen wir doch mal sehen, wer hier was zu sagen hat. Trot-

zig-froh ging ich mit. Duwe war da, mit Holzkocherauto, wir fuhren die Straße nach Dahlem.
Ich wachte auf, sah auf wippende Zweige, hellgrauen Himmel, es war Sonntag früh, er sagte: »Wie spät wird's wohl sein?«
»Zehn vor neun«, platzte so raus.
Er drehte sich um, angelte umständlich seine Uhr vom Nachttisch: »Tatsächlich.«
»Ich hab' ein eingebautes Zeitgefühl.« Ich grinste stolz.
»Du bist ein Kind.« Er zieht an meinem Mittelfinger, sagt: »Du bist ein Kind, schöne Hände hast du, aber deine Nägel, wie ein Junge.« Er lächelt nachsichtig, steht auf, Türen klappen, Wasser platscht.
Ich sehe Kleiderschränke, eingebaute, ordentliche, eine ganze Wand lang, eine Tür halb offen, an der Innenseite ein säuberlich getippter Zettel, oben und unten mit Reißnagel gehalten: 16 Kleider (Sommer), 10 Blusen (weiß). Mit Hand darunter: Eine Bluse (blau), eine Bluse (grün). Gehört wohl Lena, der Frau. Sie hatte einen Film gedreht, den hatte ich gesehen, sie war schön, sie war berühmt, sie hatte Kinder, sie war evakuiert. Es war mir egal. Verheiratet war Bankrotterklärung. Ich hatte Alike gefragt: Muß ich heiraten oder mach' ich Karriere? Sie sah angestrengt auf ihr Sternenrad, sagte bedächtig: Du mußt nicht heiraten, wenn du nicht willst. Gott sei Dank, hatte ich gesagt. Komisch, daß ich wußte, wie spät es war. Er stand in der Tür, sagte: »Rollst du mir eine Zigarette aus den Kippen im Topf da.« Ich rollte, aber sie fiel auseinander, die Krümel auf Kissen und Teppich, er sah mich strafend an, ich wurde rot, war unordentlich im ordentlichen Haus, ich ging ins Bad, sah das Bidet, hatte keine Ahnung, daß es eins war, drehte am Hahn, war klatschnaß, die Decke auch. »Was machst du so lange?« rief er von unten. »Ich hab' mir die Haare gewaschen.« »Großer Gott«, murmelte es.
Er saß am Tisch, auf Worpsweder Stuhl vor Worpsweder Schrank, rührte in der Tasse, stand auf, als ich die Treppe runterkam, sah verzweifelt auf die tropfenden Haare, sah auf den gläserklappernden Duwe, setzte meinen Stuhl zurecht, setzte sich, sagte: »Großer Gott, was wäschst du dir die Haare?« Ich muß was sagen, dachte ich. Mir fiel nichts ein. Es gab Butter, es gab Marmelade. Er aß eilig, tropfte Marmelade geschickt auf Brot, kleckerte nicht, aß hübsch, etwas scheu, etwas emsig sah er umher, über mich hinweg, durch mich durch, mit seinem Tag beschäftigt, unsicher, unklar, wie er mich einordnen könnte in seinen Tag. Bleifarbene Augen, und dieser schöne, ärgerliche, spöttische Mund.
Mein Löffel fällt runter, ich frag': »Wo sind Löffel?« Ich zieh' am Besteckkasten, er knallt auf den Boden, Messer, Gabeln, groß und

klein, Tortenheber, Bratenmesser, Geflügelschere, sie donnern, springen, klirren um mich rum. Es klingelt, Duwe geht zur Haustür, meldet: »Die gnädige Frau.« Da ist sie schon, russische Großfürstin, trägt Muff, trägt Hut und Schleier, hat schiefe, schwarze Augen, nimmt beringte Hand aus Muff, streckt sie aus, sagt: »Grüß dich, mein Junge.« Er wischt Mund mit Serviette, küßt die ausgestreckte. Sagt: »Mama, ich möchte dir Fräulein Knef vorstellen.« Ich steh' auf, weiß nicht, ob ich nun die Hand schütteln, reichen, geben soll, steh' vorsichtshalber da, eingeklemmt zwischen Stuhl und Tisch. »Laßt euch nicht stören«, tönt es, »Gott, sind die Züge unpünktlich, unerträglich, und voll waren sie auch, ich versteh' das nicht, kein Mensch hat eine Fahrgenehmigung und die Züge sind voll, und das am Sonntag. Unglaublich. Schwester Amalia wurde ganz elend.« Hinter ihr taucht Schwester Amalia auf, mit weißem Häubchen, weißem Haar, um Vergebung lächelnd, sie hat eine Rotkreuzbrosche unterm Kinn, weißen Kragen, weiße Manschetten. Die Großfürstin sieht die Besteckbescherung, ruft: »Was ist denn hier passiert?« Er blinzelt, sagt: »Ist mir heruntergefallen.« Sie klatscht in die Hände: »Ach Duwe, würden Sie das wegräumen, und bitte noch zwei Gedecke.«

»Ich muß jetzt gehen«, sage ich. Ich hatte die Strümpfe, die einzigen, gestopften, genähten, reparierten, einzigen seidenen an. Wie komm' ich hier raus, ohne daß sie die Strümpfe sieht? denk' ich, falte Füße unterm Tisch zusammen. »Das geht doch nicht, mein Kind, Sie werden sich erkälten mit dem nassen Haar, nicht wahr, Ewald?« Ewald sagt »Ja«. Ich seh' ihm an, daß er »Ewald« nicht leiden kann.

Ich nehme sein Rad, fahre weg, trample um den Grunewaldsee, die Argentinische rauf und runter, zur Krummen Lanke. Ich will nicht teilhaben, will nicht teilhaben lassen, will nicht die Mutter, die Rotkreuztante, will nicht Frühstück mit Butter, will kein Zuzweit-Leben, will allein, will allein Haus Butter Frühstück Marmelade, will Gastgeber, nicht Gast sein. Ich fahr zum Teltower Damm, es ist Abend. Alike mault. Ich habe Fieber, habe Halsschmerzen, geh' ins Bett, morgen Fabrik. Ich such' Vaters Bild, das vergilbte mit Eselsohren. Ich seh' ihn an – was ist los? frage ich. Nichts, sagte das Bild, stolz bist du, recht hast du, ich paß auf dich auf, sagt es. Er hat denselben Mund, ja, genau denselben Mund, und die Augen sind ähnlich, tiefliegend. Ja, sie sind sich ähnlich.

Zwei Tage später ist er da. »Komm mit«, sagte er. »Ich habe mir Muster angesehen von deinem Film, du bist eminent begabt.« Eminent, denk' ich – muß ich mir merken. Schönes Wort: eminent. »Wir fangen einen Film an, wir haben keine Besetzung für

die weibliche Hauptrolle, ein Bauernmädchen, sehr jung, Jahrhundertwendestoff. Du machst morgen Probeaufnahmen.«
Er kommt ins Atelier, alles springt auf, knallt Hacken, verneigt sich, sagt: Herr von Demandowsky – möchte mir erlauben, rücken Stühle, machen Kratzfüße. Er winkt den Maskenbildner: »Warum ist sie geschminkt?« Der stottert, hat Angst, maßlose. »Kennen Sie ihn?« fragen sie später. »Nein«, sag' ich. Abends leiert er am Grammophon, spielt Bach, ist einsilbig. Nach dem Alarm: »Ich war im Ministerium, sie haben den Film gestrichen. Die Front kommt näher.«

Der Halsarzt Dr. Rode wohnt am Lehniner Platz. Am Bahnhof Zoo rennen sie aufgeregt kopflos panisch, einer steht auf Zehenspitzen, reckt sich über andere weg, ruft heiser: Voralarm.
Es ist immer Voralarm, was regt der sich auf. 3000 sollen's sein im Anflug auf Berlin, 3000 Amerikaner, da heult's aus allen Sirenenhälsen, ich drängle schubse zum Bunker, der ist zu, wegen Überfüllung geschlossen. Sie brummen am blitzblauen Herbsthimmel, sauberes Dreieck folgt sauberem Dreieck, in Pulks fliegen sie, sehr hoch, sehr unerreichbar, sie machen Kleckse, kleine schwarze Kleckse, die größer werden. Ich krieg einen Tritt, schlage hin, schlag Kinn schlag Ohr auf Kies – »Da runter«, schreit einer in Uniform – unter den Sanitätswagen, meint er. Ich roll runter, er nach. Es bebt, es quetscht die Lunge, versengt die Hände, wölbt den Boden, gräbt um, wühlt, der neben mir bäumt sich auf, schlägt mit dem Kopf gegen das Rad, seine Faust holt aus, trifft meine Schulter, er sieht mich an, erstaunt, bleibt erstaunt, ist tot. Es fetzt, faucht, hab Sand, hab Blut in Mund, in Nase, kralle versengte Hände in Boden, ertrinke, ersticke. Der Brandsturm kommt, Hurrikan, Windhose, ich krieche weg vom Wagen, es fegt mich gegen die Bunkermauer, oben fliegen die Dreiecke, machen neue Kleckse, bekleckern das Blau. Ich hämmere gegen Bunkertür, krieche in Nische, will eins werden mit Mauer, mit Steinen, mit Bunkerwand. Es tobt, macht taub, macht blind, macht endlich gefühllos. »Die is dot«, ruft einer. Ich dreh mich, hab blutige Arme, seh Himmel, der nicht mehr blau, spür Hitze, beißende, will sprechen, kann nicht, getrocknetes Blut, muß kotzen, würgen. Steh auf fall hin steh auf. Sie schreien am Kurfürstendamm, sie buddeln, scharren in brennenden Trümmern, eine Frau singt: »Meine Augen, meine Augen«, ein Mann kniet hinter ihr, nimmt Stein für Stein vom brennenden Haufen, sieht mich: »Haben Sie mein Kind gesehen, sie ist sechs, blond, haben Sie mein Kind gesehen, sie ist sechs, haben Sie mein Kind gesehen.«
Seine Nichte hält mich fest, Dr. Rode sitzt, blickt gramvoll, nimmt

Pinzette, sagt mit seinem dicken russischen Akzent: »Es tut jetzt weh, ein bißchen.« Er zupft was aus der Lippe, »da haben wir Splitter, und nun Hand.« Er tupft und zupft, kramt im Mund, sammelt sie ein, die kleinen amerikanischen Metallteilchen, guckt mit Bernhardinerblick rauf und runter, sucht bedächtig, wie Affenmutter bei Affenkind, findet was im Knie, im Schienbein, putzt, klebt, träufelt. »Ich muß operieren, Mandeln schlimm, ganz schlimm.« Ich kriege ein Bett in seiner Klinik, neben mir liegt eine blondgefärbte Alte, die stöhnt: »Mein Darm, mein Darm«, die Schwester blickt strafend, zischt: »Machen Sie diesen Lippenstift weg, ich denke jedesmal, Sie bluten«, die hört nicht, stöhnt weiter. Ich hab Feuer geschluckt, mein Hals faucht, die Sirenen heulen, die Schwester nimmt mich, brüllt: »Fallen Sie nicht«, stellt mich in den Flur, zu ebener Erde, da klatscht's mich an die Wand, da krieg ich Wut, da hab ich genug vom Rumgeblasenwerden, knall mit dem Kopf an die Steine, bleib liegen, die Decke spuckt Kalk, mir in den Mund, in den Feuerhals, den frisch operierten, sie zerren an mir, holen mich raus aus Dunkelheit, Klamotten und Kalk. Der Nebentrakt brennt, Station A ist nicht mehr, Entbindungsstation war mal. Rode sagte: »Es tut jetzt weh, ein bißchen«, gibt Spritze heimlich, schnell unter Laken, Morphium ist rar, wird gebraucht für Schlimmeres, neben mir amputieren sie einen Arm, der Junge brüllt: »Mutter, Mutter.« Rode näht in meinem Hals herum, ich seh die Decke, Blutspritzer formen Landkarte, Fluß, See, gerade Straße, warm wird's, warm vom Blut, Morphium, schlafen will ich, schlafen schlafen in der Wärme, in dem Blut. Ich seh einen Arm für sich allein, kleine Hand, blonde Haare. Ulkig, denk ich, so'n Arm ohne was dran, einfach nur Arm.

Ein Stimmchen flüstert: »Sie haben Besuch.« Ich seh ein Abzeichen auf grauem Revers, Parteiabzeichen, eine Hand greift hinters Revers, greift nach dem Goldnen, läßt es verschwinden in der Jackentasche, sein Gesicht da, wo vorher das Revers: Wie geht's dir. Du bist in der Partei, will ich sagen, aber es kommt nichts, stumm, geschwollen, stimmlos, ich seh bleifarbene Augen, einen Mund wie Vaters Mund, denke: Du hast das Goldene, wieso hast du das. Er sagt: »Ich war im Ministerium. Ich komm morgen wieder.« Die Blondgefärbte krächzt: »Doller Mann war das, guten Kopp, den sollten Sie heiraten, man muß vorsorgen, lassen Sie sich was schenken. Juwelen, viel Juwelen, die kann man immer gebrauchen, hören Sie auf eine alte Frau.« Ich will schlafen, weg vom Puffmuttergefasel, vom Parteiabzeichen.

Ewald von Demandowsky ist kein Gleichgültiger, kein Mitläufer. Er ist ein Ehrgeiziger, ein Fähiger, ein Beweglicher, der Wurzeln braucht, Wurzeln findet. Ewald von Demandowsky glaubt. Er

glaubt an die Herrenrasse, an die Mission, glaubt an die, die berufen zu regieren, zu befehlen, glaubt an Deutschlands Berufung in einer bequemen, gelangweilten Welt, Welt der Kleinmütigen, der Gierigen, die sich Demokraten, die sich Kommunisten nennen. Er ist kein Eiferer, kein Ausrufer. Er macht deutlich, er erklärt, er überzeugt, ist souverän. Ein souveräner Sieger, dem der Sieg selbstverständlich, beinahe uninteressant. Er zitiert Marx, Lenin, Kant, Nietzsche, Jaspers, widerlegt, stimmt zu. Geld interessiert ihn nicht, sein Tod nur am Rande. Drei Ärgernisse machen ihn erreichbar: Er ist klein. Er wäre gern Schauspieler geworden. Er kann Schauspieler nicht leiden.
Da er einen Großteil seines Lebens mit Schauspielern verbringen muß, hat er Magengeschwüre. Er ist 36 Jahre alt. Er plant. Er beeinflußt, bildet Meinungen, führt. Er hat keinen Vorgesetzten, Goebbels ausgenommen. Er verehrt ihn, hat eine Schüler-Lehrer-Beziehung. Übersieht überhört Schreier, Anbiederer, Mitläufer, Sieg-Heil-Brüller, die Komparserie der Auserwählten. Wer siegt, muß nicht schreien.
Ich habe ihm nichts entgegenzusetzen.
Es sind die Worte der Schule, der Weise, der Geschichtsstunde, des Radios, der Wochenschauen, des Blockwarts. Ich habe ihm nichts entgegenzusetzen, weil die Gegner verschwiegen, weil ihre Sätze verschlüsselt, Geheimsprachen gleich, weil sie vorsichtig mit uns, den Jungen, die das Vorher nicht erlebt.
Artikuliert sind die Gläubigen.

Die Armee Wenk wird die Russen zurückschlagen, die Wlassow-Armee wartet auf Befehl, sich anzuschließen an Waffen-SS, an sich sammelnde Elitetruppen. Der große Schachzug steht bevor. An Niederlage sei nicht zu denken. Der Führer läßt uns nicht im Stich.
Sagt er.

8

Alike und Fritz haben das Zimmer an eine Finnin vermietet, sie spricht Russisch. Emmert, der sanfte fliegende Schwabe, war bei ihnen, wollte mich zur Flucht überreden, die Russen stünden 100 Kilometer vor Berlin. Stiefvater sagt dasselbe. Er hat noch ein großes Stück Leder, er macht mir Stiefel, sagt: »Flieh in den Westen, nach Uelzen. In Berlin werden sie sich treffen, die Amerikaner, die Russen, aber geh trotzdem.«
»Ich hab keine Reisegenehmigung, werd auch keine bekommen.«
»Versuch's mit dem Rad, nachts.«
»Vielleicht kommt Wenk, vielleicht kommt Wlassow.«
»Wenn es sie gäbe, wärn sie schon da«, sagt Stiefvater.
Im Februar meldet der Sonderbericht 300 Tote in Uelzen. Keine Post, kein Telefon, ich weiß nicht, ob Mutter unter den 300 ist. Die Tobis ist beim letzten Nachtangriff abgebrannt. Er ist zu Haus, hört Nachrichten, geht in den Keller, hört Nachrichten. Duwe wird eingezogen, zum Volkssturm. Ich will zur Bongers, komm nicht hin, nahtlos werden wir bombardiert, von den Amerikanern, den Engländern und manchmal von den Russen – mit alten hilflosen Krähen kommen sie, ratternde, fette Krähen, die keuchend über Baumspitzen hopsen.
In Dahlem-Dorf soll's Vierfruchtmarmelade geben. Ich stell mich an. Sie stehen in langer Reihe, flüchten in Hausflure, stellen sich wieder an, reihen sich ein. Lastwagen klappern vorbei, oben Frauen mit Kindern, Flüchtlinge aus Frankfurt an der Oder, aus Strausberg, aus Spindlersfeld. Sie rufen: »Haut ab, die Russen vergewaltigen euch, schlagen euch tot!« Eine kreischt: »Meinen Mann haben sie gekreuzigt, an die Tür genagelt, meiner Schwester haben sie die Brust abgeschnitten, haut ab!« Ein russisches Flugzeug kommt, langsam, gelangweilt, wirft zwei Bomben, sie explodieren neben dem Laster, reißen ihn auseinander.
»Ist das wahr, was sie über die Russen sagen?«
»Ja, es ist wahr.« Auf dem Schreibtisch liegt ein Gewehr. »Ich bin eingezogen zum Volkssturm«, sagt er.
Im Radio röhrt Lisztsches Prélude, Goebbels spricht, schreit von

Vorsehung, Gerechtigkeit, vom Endsieg, der Wende, der großen Wende, Roosevelt ist tot, die russischen Kannibalen, die bolschewistischen Untermenschen – jetzt werden wir sie besiegen, die amerikanischen Kriegshetzer aus dem Lande treiben.

»Ich kann's nicht mehr hören, er soll die Schnauze halten«, sag ich, fang an zu weinen.

»Glaub mir doch, es wird alles gut.«

»Laß uns fliehen, vielleicht kommen wir bis Uelzen.«

»Sie würden mich erschießen, wegen Fahnenflucht.«

»So erschießen dich die Russen oder die Amerikaner oder was weiß ich.« Ich weine, ich tobe, ich bin verzweifelt, hab Angst, Panik, wie früher, ganz früher. Er muß zum Übungsschießen, sagt er, geht weg, seine Skistiefel kratzen im Kies, die Gartentür schlägt zu, ich bin allein, denke: wenn doch bloß eine Bombe auf dieses gottverdammte Haus fällt, ich geh nicht mehr in den Keller, ich will, daß sie mich trifft.

Es murmelt in der Ferne, ein fremdes, unbekanntes, niegehörtes Murmeln, wie heiseres Hundegebell oder Gewitter oder Lastwagen oder Züge – ich weiß es nicht. Es klopft. Ein Uniformierter steht da, irgendeiner vom Volkssturm, sagt Frau von Demandowsky zu mir, sagt, ich soll mich ruhig verhalten, im Keller bleiben. Ich frage, was ist das Murmeln – die Artillerie, sagt er, russische Artillerie.

Am 18. April wird Uelzen von englischen Truppen besetzt, das Radio meldet: Nach heldenhaftem Kampf hat sich die Stadt ergeben.

»Morgen muß ich mich im Hauptquartier Schmargendorf melden.«

»Nimm mich mit«, sage ich.

»Das geht nicht.«

»Dann erschieß mich. Ich bleib nicht hier, ich warte nicht, bis sie kommen, mich vergewaltigen, mich erschlagen.«

»Das geht nicht«, sagt er.

Es muß, sag ich. Ich fülle Slibowitz in zwei Feldflaschen ab, grabe ein Loch neben dem Zaun, lege den umwickelten Mumiendeckel rein, setze Baskenmütze auf, Stahlhelm drüber, zieh seinen Rollkragenpullover, meine Luftschutzkellerhose, Stiefvaters neue Stiefel an. Wir nehmen die Räder, fahren nach Schmargendorf. Die Straßen sind still, sind leer, ausgestorben, vergessen, sie sitzen in Kellern, sie warten. Das Murmeln ist deutlicher, ist näher. Die Bomber sind weg, sie überlassen's den Panzern, der Artillerie, der Infanterie. Es ist still, bis auf das Murmeln. Ich hab Magenschmerzen, Bauchschmerzen, das Rad stuckert und springt, verklemmt die Lenkstange, ist eselbockig, ich kann nichts denken, nichts fühlen – habe Magen-, habe Bauchschmerzen.

Wir fahren zum Stab, zum Hauptquartier. Sie geben mir eine Jacke, eine ausgebeulte italienische Mütze, Koppel, Maschinengewehr, Munition, Handgranaten, Pistole. Ein schwammiger Schwabbliger brüllt mich an: Name, Alter – bei 19 stockt er, guckt mich an aus zusammengekniffenen Augen, die sagen, was machst du hier, warum nicht draußen an der Front, du Schwein. Nimm das Ding ab, brüllt er. Ich nehm den Stahlhelm runter, Mütze, er grinst, sein Gesicht wird breit, zerläuft, er schlägt auf Schenkel, heult vor Lachen: Ein Meechen, brüllt er – willste mitmachen? Jawohl, melde ich. Tapfer, tapfer, die Kleene, wiehert er. Ein paar Leutnants stehn rum, dürr, müde, lächeln mir zu, wollen sagen, gehörst zu uns, könntest in meiner Klasse gewesen sein, laß den Dicken wiehern. E. v. D. steht straff stramm, sagt: Meine Braut. Blöde hört sich das an, meine Braut, mitten im Hauptquartier stellt er mich vor wie beim Verlobungsessen – seine Braut.

Sie schnallen mir die Munition um, zeigen mir, wie man Pistole sichert – entsichert, sagen: Schieß mal da raus auf die Kanne. Ich treff sie. Sie rufen Bravo, sind begeistert, glitzern mich an. Zwei Soldaten und zwei Volkssturm-Alte, er und ich werden eingewiesen, Parterrewohnung Schmargendorf, Fenster raus, Läden geschlossen, umgeworfner Kleiderschrank, Bett ohne Matratze. Sie lehnen die Karabiner an die Wand, legen sich auf den Boden, sagen: Wer schiebt Wache? Schlafen, schnarchen, stieren vor sich hin. Es poltert an der Tür, zwei kommen, schleppen Topf mit Pellkartoffeln, sagen: Der is euch zujeteilt. Hinter ihnen steht einer, klein, spillrig, picklig, nicht älter als fünfzehn, behangen mit Maschinengewehr, Handgranaten, Pistole. Der Schnarcher wird wach, glotzt verdöst, zieht hoch, rülpst, bellt: Dazu bin ick nu aus Stalinjrad raus, damit ick hier mit Säuchlingen und Weibern ... den Rest schenkt er sich. Steht auf, geht pinkeln. Der Kleine guckt böse, rachsüchtig.

Ich krieg ein Klappmesser, pelle an den Kartoffeln herum, sie glitschen aus der Hand, es knallt an die Fensterläden, der Junge zieht die Pistole, die Sicherung macht klick, der Stalingrader haut ihm auf die Pfote, brüllt: Det fehlt noch, daß de hier rumballerst, möchste wohl. Draußen blökt einer: Stellungswechsel, Bunker gegenüber. Der Junge sagt kleinlaut: Na, dies hätt ja auch der Feind sein könn'. – Ach, halt's Maul, sagt unser Frontkämpfer, polkt in Zähnen, guckt angewidert.

Wir rennen über die Straße, die tote, stille, leere, machen Krach, scheppern wie fünfzig Gäule. Das Murmeln hat aufgehört. Wir stehen vorm Bunkereingang, horchen, ja, das Murmeln hat aufgehört. Wir sehn uns an: vielleicht sind sie abgezogen, sind weg, sind zurück, zurück nach Moskau, haben sich's überlegt, sind uner-

gründlich. Der Stalingrader vernichtet heimlich, leise, warme Hoffnung: Det ham die so an sich, Funkstille, bevor's richtig losjeht.
Im Keller wimmelt's: Landser, alte, junge, ganz junge, Volkssturm, SS, Uniformen zusammengestückelt wie Faschingskostüme. Es riecht nach Schweiß, nach Kohl, nach Nichtgewaschen. Keiner spricht, sie deuten mit Daumen auf eine Bank, wir sitzen da, pellen Kartoffeln. Ich stoß ihn an, sein Messer fällt runter, er zischt: Paß doch auf. Ich beiß auf die Unterlippe, will nicht heulen, hier vor allen. Ich beiß, bis es vergeht, denke: das muß ich mir abgewöhnen, aber schnell, die Plärrerei. Ein Leutnant, ein junger, lümmelt an der Wand, besieht seine Hände, murmelt: Schnauze. E. v. D. sieht hoch, wird rot, wird schmallippig, wird weiß, ist es nicht gewöhnt, daß einer Schnauze sagt – vom Generaldirektor zum Schnauzehaltensoldaten – er schluckt, schnauft, pellt weiter.
Die Bunkertür dröhnt, ein SS-Offizier kommt rein, Stahlhelm, Schaftstiefel, blitzend blinkend, ruft: Wache einteilen! Der Leutnant sagt: He du da – winkt E. v. D. Er steht auf, geht mit drei andern raus. Ich sitz auf der Bank, horche, horche über das Atmen hinweg, über das leise Klirren der Munitionsgurte, der Stahlhelme, über das Schnarchen. Draußen bleibt's still.
Nach zwei Stunden ist er wieder da. Er legt den Kopf auf den Tisch, schläft ein. Um vier Uhr wird die Tür aufgerissen: Alarm – Raus mit Waffen – Licht aus. Ich nehme die Handgranaten, das MG, lauf hinter ihm her. Fünfzig Meter weiter ist ein Ruinenkeller, zwei Ratten sitzen auf den Stufen, pfeifen, gucken rotäugig, scharren vorbei. Im Keller ist Wasser, wir hocken uns auf die Stufen, legen die MGs auf die Mauer, warten. Ich sortiere die Handgranaten säuberlich, vorsichtig – sie liegen wie Taubeneier. Er flüstert: Vergiß nicht – abziehn, zählen, weg. Stille. Nach zwei Stunden robbt einer ran, zischt: Kommt mit.
Wir kriechen ihm nach, zurück in den Bunker, sie stehen in den Gängen, in den Nischen, eine Lampe macht Rußringe, flackert, blakt, sie stehen hilflos ergeben verwundert verärgert verängstigt kühl müde tapfer gleichgültig, sehen auf die Tür, sehen auf uns, erwarten Erlösung aus der Stille. Um zehn wird die Wache eingeteilt, er muß raus, ich will mitgehen, der Leutnant sagt: Du bleibst hier. Mittags fängt's an zu murmeln, gleichmäßiges Murmeln – plötzliches Ratatata eines Maschinengewehrs. Dann Stille – vier Stunden Stille. Um sechs renn ich raus, an dem Leutnant vorbei, renn raus, bevor er mich halten kann. Ich suche ihn in der Ruine, auf der Straße, höre ratatata, keuche zurück, lieg vorm Bunker. Bei den Füßen fängt es an, das Zittern, das Schütteln schleicht rauf, den Körper rauf, rüttelt bis die Zähne klappern, bis mein Gesicht auf Grasbüschel auf Steine schlägt, ich weine ich schluchze weine

hemmungslos will nicht mehr leben will nicht mehr warten auf ratatata auf ihn auf das was ich nicht kenne auf das Namenlose – sie zerren mich rein, setzen mich auf die Bank, sind sanft, verstehen, kennen das; ich spucke, weine, schüttle. Sie sagen, jaja is jut, so is det eben, ham wa alle hinter uns. Geben mir Taschentücher, schwarze, verklebte, Rotzlappen, gucken weg, warten, bis es aufhört. Ein Schluchzer, ein gewaltiger, kommt aus dem Bauch, reißt mir den Mund auseinander, echot durch den Keller. Er kommt wieder, keiner sagt's ihm, er weiß es nicht, wird's nie wissen.
Um fünf Uhr früh kommt das Trommelfeuer, sie rufen, sie schreien, Hälse dick, Adern auf Stirn, auf Schläfen, ungehört verschluckt verschlungen vom Ahh Summ Ahh Summ Ahh Summ. Schlimmer als Bomben, als Luftminen, als Phosphor, schlimmer als alles, das Ahh Summ Ahh Summ Ahh Summ, sie fliegen nicht weg, wenn die Bäuche leer, sie bleiben, kommen näher, sind körperlich nah, sie fassen dich an. Ich nehm das Klappmesser, steck's in den Stiefel, werd ruhig, denk: wann's passiert, bestimmst du, schneid längs, nicht quer, längs vom Gelenk rauf. Die Eisentür rast aus der Füllung, schlägt gegen die Wand, erschlägt zwei Alte, bricht Beine, nagelt Arme an die Mauer. Wir jagen raus, sausen in Löcher, dampfende Löcher, rasen zur Ruine, fallen über MGs über Erdklumpen – die Handgranaten, Mensch die Handgranaten, wenn sie bloß nicht explodieren ...! Sie hängen am Gürtel, ich fall drauf: wenn sie bloß nicht explodieren. Wir liegen im Wasser auf Steinboden, halten uns umklammert, können nicht atmen, Luftdruck macht Wellen im Kellerwasser, klatscht um uns rum. Nach zwei Stunden hört's auf. Wir torkeln hoch, rutschen über glibbrige Stufen, sind oben, sind wieder unten, bleiben liegen, atmen keuchen zerren am Koppel reißen am Stahlhelm bleiben liegen. Der Bunker ist weg. Drei Tiefflieger kommen, mähen mühsam durch die Luft, schießen nicht, werfen nicht, scheppern über Kraterfeld; Geier, Friedhofsvögel, wollen sagen: so wird's gemacht.
Oben klirrt's. He du – ruft einer. Augen seh ich und Stahlhelm, Gesicht ist schwarz, verschmiert. Komm raus, ruft er. Einer von der SS.
Was ist mit den andern?
Die hat's erwischt, sagt er. Wir troddeln ihm nach, kommen an ein Haustor, der Stalingrader ist da, liegt in der Ecke und pennt. Ich hak die Feldflasche vom Gurt, der Slibowitz läuft übers Kinn in die Jacke, trink wie ein Huhn, krieg's in die Nase, spucke, trink die halbe Flasche aus. Schlaf ein. Ich werd wach, schrei, werd wach vom Schrei. Er liegt neben mir, hält mein Gesicht, sagt: Ist doch gut, ist schon gut. Es ist dunkel, es ist kalt, die Kälte sitzt in den

Knochen, in den Beinen, im Kopf. Ein Streichholz beleuchtet einen Arm, eine Uhr, Knobelbecher, Hosen, Stahlhelme. Geht aus.
Jesunden Schlaf hat se – hör ich – verschläft ne Stalinorjel.
Auf meinen Beinen liegt was glattes Helles: Was ist das?
Der Stalingrader hat ihn organisiert, ist ein Trenchcoat hier aus einer Wohnung.
Wie spät ist es?
Elf rum.
Um fünf geht's wieder los. Pünktlich wie die Maurer – brüllt einer, dann liegen wir flach, bleiben flach zwei bis drei Stunden lang, rennen an Hauswänden entlang, springen in Nischen, Tore, Bombenlöcher, ratatata macht's. – Sind das unsre? frag ich. – Nee. Ich will raus aus dem Loch, einer brüllt: Zieh den Mantel aus, biste verrückt? mit dem Mantel! Regt sich auf, läßt Luft ab, schnappt über: Mensch, mit dem Mantel latscht die los, mit nem hellen Mantel, läßt sich abknalln wie'n ... er sucht Vergleich, findet nicht. Er hält ein Nasenloch zu, rotzt auf den Boden, nimmt den Stahlhelm ab, hängt ihn aufs Gewehr, schiebt es nach oben, wartet, bssss macht es. Er zieht das Gewehr runter, sagt Scheiße. Wir liegen zu viert in dem Loch, gucken uns an. Schießen jut, die Russen, sagt er anerkennend, wie beim Schützenfest. Er versucht's noch zweimal. Bssss macht's. Aus den Schrebergärten kommt's. Wir schieben die MGs nach oben, legen sie auf den Rand, nehmen die Munitionsgurte von der Schulter, stecken Pistolen in Jackentaschen, ich mach klick klick mit der Sicherung, merk's nicht, sie gucken mich an, sind wütend. Kettengerassel, Dröhnen, Quietschen: Panzer. Ich halt's nicht aus, spring hoch, über mir macht's bssss, an der Ecke stehn sie. Wie sehn se'n aus? fragt der mit dem Gewehr.
Einer hat'n Holzkocher, und Kreuze haben sie drauf.
Mensch das sind unsre! Er brüllt, lacht, ist glücklich.
Wir warten, bis es dunkel wird. Springen in Abständen raus aus dem Loch. Die Panzer sind noch da, die Rohre auf die Gärten gerichtet.
Im Hauptquartier steht ein Kommandeur, ein neuer, schnauzt rum, läßt strammstehn, ich zieh den Stahlhelm tief ins Gesicht, will nicht, daß er was merkt, will nicht, daß er sagt, Weiber ham hier nischt zu suchen, will nicht im Keller sitzen, ohne ihn, will nicht ohne Pistole, ohne Handgranaten sitzen und warten, bis sie kommen. Sie stehen da zusammengedrängt, sind zwischen 14 und 70, machen Riesenschatten im Funzellicht. Zwei Leutnants schieben sich durch, sehen uns an, prüfen Waffen, prüfen Munition, teilen ein: Bahnstellung Schmargendorf – 10 Mann, wir gehörn dazu. Sie beschreiben den Weg, wir stehn stramm, machen Kehrtmarsch, haun ab. Da sind zwei, die schon in Rußland waren, zwei Pimpfe

in Hitlerjungenuniform, der Rest Volkssturm und SS. Wir halten Abstand, zehn bis zwanzig Meter, rennen, springen, robben, kommen an den Bahndamm, auf den Güterplatz, Schienen, freies Gelände, vergessene Güterzüge – sie haben uns entdeckt, die Scharfschützen. Wir springen wie Känguruhs, springen über Gleise, schmeißen uns unter Waggons, warten, bis der nächste drüben ist. Bssss macht's, bssss, bssss. Ein Junge stolpert über den Schotter, die Bohlen, springt auf, schreit, brüllt, ruft: Mutter – verdreht die Beine, zuckt, starrt in den Himmel, starrt endlos. Unter einem Waggon sitzen drei Landser, sitzen da, rauchen, gucken, begutachten. Ich sause auf einen drauf, hau mir den Stahlhelm runter, der glotzt mich an, offener Mund, Zigarettenstummel klebt an der Unterlippe, glotzt mich an, sagt: Mensch ... wat suchsten du hier? Die sitzen da wie beim Sonntagskaffee in der Laubenkolonie, fragen wat suchsten du hier. Ich schieb den Stahlhelm rauf, Haare drunter, sag: Ostereier. Sie grinsen, geben mir ne Zigarette, sehen rüber aufs nächste Gleis. Da stehen Tanker, Öltanker. Kacke, sagt einer. Noch 200 Meter bis zur Stellung, dazwischen die Öltanker. E. v. D. liegt drunter, versucht wegzukommen. Ich geb die Kippe zurück, duck mich, zieh mich zusammen, mach einen Satz, bin an der Böschung; hinter der Böschung – zwischen Tennisplatz und Bahngleisen – liegt die Stellung: zwanzig Erdlöcher, links eine Laube, rechts ein Schuppen mit Harken, Spaten, Gießkanne. Vor der Tür sitzt ein Leutnant, ein junger, mit Tarnzweigen um Helm, um Schultern, sitzt auf umgedrehtem Wassereimer, sieht aus wie was aus Sommernachtstraum; er hält ein Fernglas, stiert Richtung Tennisplatz. E. v. D. winkt, ich soll in die Laube. Es ist kalt, es regnet, es pladdert, der Boden ist aufgeweicht, die Löcher voll Wasser, ich kriech rüber, vorbei an den Löchern, an dem üblichen Mischmasch: Volkssturm HJ SS Militär. In der Laube hockt ein Oberleutnant, hat ein Karnickel zwischen den Knien, sticht ihm ein Messer hinters Ohr. Ich steh stramm, Blick geradeaus auf Regal, auf Handtuch, rotbesticktes: Eigener Herd ist Goldes wert. Der Oberleutnant guckt aus Hellen, Grellen, Farblosen, guckt und lächelt. Etwas Spitzes schlägt an meinen Hals, klirrt gegen den Helm, ich rutsch zusammen, will nicht Angst zeigen, versuch ein Grinsen. Feuertaufe, sagt er, schmeißt das Karnickel in die Ecke, geht raus.

Der Regen hämmert aufs Dach, kleckert durch, macht Pfützen. E. v. D. sieht Zigaretten, sie liegen auf dem Tisch, haben braune Flecken, werden feucht, werden naß, lösen sich auf, ich murmle: Nimm doch, eine merkt der nicht. Er schüttelt den Kopf, sieht weg. Es bumst an die Wand, der Oberleutnant ruft: Mitkommen. Draußen liegt einer von der SS, hat schwarzroten Punkt an der

Stirn, hat Augen auf. Der Oberleutnant drückt die Lider, winkt dem Leutnant, der robbt ran mit Spaten. Wir bücken uns, zerren an Beinen, an Armen. Zu dritt buddeln wir, legen ihn rein, in den Modder, in den Regen, schippen zu, rutschen ins Loch, ins leergewordene. Orrräää brüllt's drüben, weit hinten, hinter den Tennisplätzen. Die brüllen wie die Affen, sagt der Leutnant: Wenn sie angreifen, brüllen sie wie die Affen. Er hebt die Faust, schlägt sie runter, der Matsch spritzt hoch, dann faucht's und rattert's und wütet's aus zwanzig MGs, wir reißen unsers hoch, stecken den Munitionsgurt rein – es rast, macht sich selbständig, schlägt um sich, ist heiß, wird stumm, blockiert. E. v. D. nimmt es, kriecht raus, rennt zur Laube. Hinten brennen Häuser und zwei Holzbaracken. Das Wasser gluckert um mich rum, es reicht bis zu den Knien, der Leutnant springt rein, duckt sich, zündet eine Zigarette an, hält die Hand über die Glut, läßt mich ziehen. Wir stehen dicht zusammen wie in der Tanzstunde beim langsamen Walzer, er zuckt mit dem Kopf, deutet auf Tanker, sagt: Wenn da Öl drin ist, sind wir geliefert.
Es wird dunkel, es regnet, regnet ohne Pause, regnet Strippen regnet Schnüre. Weit hinten, hinter den brennenden Häusern, bullert's – das Bssss Bssss hat aufgehört. Unsere MGs sind Mist, sagt er. Wenn wir bloß eins vom Iwan hätten, dem macht der Matsch nichts aus. Ich zeig ihm die Handgranaten, er sagt: Bloß nich, die haun womöglich gegen den Zaun und kommen zurück.
Ich muß pinkeln, dringend, fürchterlich, es ist wie die Magenschmerzen, die Bauchschmerzen, ich kann nichts andres denken, nur: ich muß, muß pinkeln. Der Leutnant raucht, murmelt, bleibt. Ich hock mich tiefer, tiefer ins Wasser, nehm die Pistole, halt sie hoch, hock mich – lehn mich an, als sei ich müde, könnt nicht mehr stehen. Es läuft die Beine entlang, läuft ins Wasser, vielleicht merkt er's, vielleicht nicht, ist egal. In der Kälte wird's warm, wohlig warm, dankbar bin ich, zufrieden, hab Hunger, bin müde. E. v. D. kommt, hat das MG, hat eine Büchse mit Käse. Der Leutnant kriecht raus, verschwindet im Regen, in der Finsternis. Letzte Zuteilung, sagt E. v. D. – Der Oberleutnant ist weg, Lebensmittel organisieren, kommt morgen wieder. Wir essen den Käse. Ich bin müde, sagt er, mein Gott, bin ich müde. Ich sage: Ich schieb Wache, geh zurück in die Laube. Er sagt: Ja gut, ich lös dich ab, später. Er gibt mir ein Fernglas, eins vom Oberleutnant. Ich steh in dem Loch, in dem Wasser, halt das MG, die Pistole, seh auf den Platz, seh Schatten, kau restlichen Käse, hör Knacken, hör Knistern, hör plötzlich Schreie, grauenvolle, fürchterliche, spitzehoheschrille. Ich ruf rüber, ruf leise, ruf zum nächsten Schützenloch: Seid ihr da?

Ja.
Was is das?
Russen – sind in dem Haus da – nehmen sich die Frauen vor – Scheißegottverdammte.
Was läßt er mich hier in dem Loch, denk ich – denk: laß das, er ist müde, ist fertig, laß das, denk nicht so. – hast es ja angeboten.
Um fünf geht's los. Morgensegen, blökt einer. Es haut in den Güterzug, auf den Tennisplatz, das Erdloch reißt, wackelt, tanzt, klatscht zusammen, hält meine Füße, meine Beine. Es regnet, es gießt, es hagelt, hagelt Splitter, große kleine, bohren sich rein in den Matsch, zerteilen Regenwürmer, Erdklumpen, leere Käsedose. Nach zwei Stunden hört's auf. Ich faß vom Kopf runter, übers Gesicht, über Hals, Brust, Bauch, zieh an den Beinen, naßtauben Beinen, fühle, taste: noch alles da. Ich krieche hoch, bssss macht's. Der nebenan pöbelt: Die haun ihre eijen Iwans in die Pfanne mit ihrer Orjel – is denen scheißejal. Vom Bahndamm brüllt's: Hilfe Hilfe, ein Soldat liegt da, Bauch auf, Darm raus, quillt weg über Uniform, übers Gleis, brüllt Hilfe, wird leiser heiser atemlos. Ich sitz, ich starr, vergeß Scharfschützen. – Helft dem doch, brüll ich. Zwei sind drüben, versuchen ranzukommen. Am Ohr wird's heiß, zischt's, klack macht es, laß mich fallen ins Wasser, ins aufgewühlte, Kopf runter, nehm den Helm, schieb ihn aufs MG, halt's hoch – klack. Der hat sich eingeschossen, denk ich, ist ganz nah, wo ist der bloß, das Aas – bssss, klack. Der Leutnant ist tot, schreit einer. Wieder geht's los, Trommelfeuer Stalinorgel, hört nicht mehr auf, hört nie mehr auf.
Gesicht im Matsch, hab den Matsch im Mund, spucke, werd wach: Was is?
Lebst du, bist du in Ordnung – lebst du? Er liegt neben mir, weint, schluchzt, hält meine Schultern, wischt mein Gesicht. Es ist dunkel, es regnet, muß Stunden gedauert haben das letzte Mal, muß eingeschlafen, muß ohnmächtig geworden sein. Er ist still. Wir krabbeln, rollen auf die Laube zu, er sagt: Zwölf sind tot. Ich lieg in der Laube auf dem Boden, Pistole in der Hand, Koppel drückt, Stahlhelm drückt, Haut brennt vor Müdigkeit, Lippen dick vom Matsch, vom Durst. Einer schlingert rein, hat eine Feldflasche mit Wasser, E. v. D. findet Kaffeebohnen, sagt: Laß uns warten, bis es hell wird, dann machen wir Feuer. Ich nehme die Kanne, eine vom Regal mit dickem Bauch und abgeschlagener Tülle, Deckel hat sie auch nicht mehr, richtige alte Schrebergartenkanne, robbe raus, will was abgeben, an die, die in den Löchern liegen, halt sie hoch, bin vorsichtig, will's nicht verschwappen, klack macht's. Henkel in der Hand, Kanne weg, den Henkel hab ich noch, ich knall zurück, rein in die Laube, der mit der Wasser-

flasche hockt da, sagt: Allmächtiger, sagt: Den Oberleutnant sehn wa nich mehr wieda, den kenn ick, der hat n Klaps, den hat's erwischt in Frankreich am Kopp, seitdem hat er n Ding weg. Er steht auf, stöhnt, reibt den Rücken, ist Schrebergartenbesitzer, gehört dahin, sonntags mit offenem Hemd, Unkraut jäten, Stachelbeeren pflücken, grüne saure, dunkelrote, die platzen, wenn man reinbeißt, Stangenbohnen binden, Zeitung lesen im Klappstuhl, um sieben nach Hause, krempelt Ärmel runter, schließt Vorhängeschloß, geht weg, Bohnen unterm Arm, in Fortsetzungsroman gewickelt.
Laß uns heiraten, sagt E. v. D. Sieht auf mich runter, sagt laß uns heiraten.
Bist du verrückt, sag ich, du bist doch verheiratet.
Das weiß doch keiner, ich will heiraten will daß du meine Frau bist, bevor.
Bevor was.
Bevor wir vielleicht draufgehen.
Die Laube wackelt, schaukelt, das Regal kippt um, vom Tennisplatz kommt Quietschen, Klirren, gleichmäßiges hohes Klirren. Ein Panzer wälzt sich durch Krater, frißt Zäune, Büsche, Lauben, bleibt stehen, dreht das Rohr rechts, dreht es links, steht, denkt nach. Aus dem Loch hinten neben dem Schuppen springt ein Kleiner, einer in HJ-Uniform, springt, hüpft, hinkt, schleppt ein Rohr, springt auf den Platz auf den Panzer zu, verschwindet.
Das sind sie – schreit E. v. D. – Die Entsatzarmee, ich hab's doch gewußt, hab's immer gewußt, die lassen uns nicht im Stich.
Die Bretterwand klappt auseinander, Laubendach fliegt weg, heiß wird's, hellgelb, dann rot, dann weiß. Neben uns liegt einer, es ist der Oberleutnant, ist blutverschmiert, zischt: Das Arschloch, das gottverdammte Arschloch, hat doch den Panzer hochgehn lassen, hat ne Panzerfaust, läßt den eignen Panzer hochgehn. Er steht auf, zieht die Jacke runter, steht gerade, brüllt: Absetzen. E. v. D. dreht sich um, setzt sich auf, bssss macht's, wirft sich hin, sagt: Ich möchte, daß Sie uns trauen.
Der Oberleutnant guckt aus Blutverschmiertem: Was wolln Sie?
Ich möchte, daß Sie uns trauen – wir wollen heiraten.
Der steht, hört kein Bssss, steht im Licht vom brennenden Tank, sagt knapp: Ich hab keine Befugnisse, sagt Absetzen, sagt Aahhh, dreht sich, dreht sich, rollt, bleibt liegen, hat kein Gesicht, hat nur Helm über rotem Brei.
Dreißig waren wir vor drei Tagen, vor drei Nächten, fünf sind wir jetzt.
Über die Bahngleise zurück – ducken zusammenziehen springen, ducken zusammenziehen springen. Der Regen hat aufgehört.

Hinter den Gleisen: Ruinen. Aus den Fensterlöchern, den abgenagten: Gewehrläufe. Gehn mit uns, warten. Ein Stahlhelm kommt hoch, ist wieder weg.
Kamerad, brüllt der neben mir, Kamerad.
Die ham Schiß – denken, wir sind der Iwan.
Mensch, die sehn doch die Uniform.
Spielt kein Leierkasten, die ziehn ooch mal ne deutsche an, liejen ja jenuch rum.
Eine Hand kommt aus dem Fensterloch, winkt: wir sollen warten.
Die jeben uns Deckung, sagt der.
Sie knallen an uns vorbei, über die Köpfe weg, wir rasen los. Hände greifen, zerren uns hoch. Habt ihr noch mal Schwein jehabt, sagen sie. Es sind so 15 bis 20 Mann, Soldaten, kein Volkssturm, keine SS oder HJ – Alte, Junge, die Bescheid wissen, Eingeweihte, nicht erst seit Berlin. Wir liegen in der Ecke, E. v. D. sagt: Bloß nicht einschlafen, wir dürfen nicht einschlafen.
Wer hatn den Panzer abgeknallt? fragt einer – HJ – An das Jemüse verteiln die Panzerfäuste, sind doch plemplem. E. v. D. fragt: War das einer von Wenk oder von Wlassow? Sie gucken ihn an, mitleidig, mit dem Wer-hat-denn-dich-eingeladen-Blick, sagen: Schön wär's.
Einer sieht durchs Fernglas, die andern liegen hinter MGs. Die Tanker stehn noch, vielleicht war doch kein Öl drin, denk ich. Zwei Güterwagen sind umgekippt, Bauch nach oben, einer durchsiebt, Ulm/Donau steht rechts unten. Das ist ein Omen, ein gutes Omen, denk ich, stoß ihn an, zeig hin, flüstre – Ruhe, bellt einer.
Mensch das sind se – prustet der mit dem Fernglas – Orrrääää heult's hinten bei den Lauben, an den Gleisen, orrrääää, heiser langgezogen. Ich halt den Munitionsgurt, er das MG.
Rankommen lassen, murmelt's, rankommen lassen, nich schießen – Jetzt! brüllt er. Mää-äää-mää-äää macht's aus den Läufen, määäää. Einer holt aus, wartet, schmeißt Handgranaten. Mää-äää. Dann ist es still – Tak-tak, entferntes Tak-tak ... dann still. Sie nehmen Feldflaschen, halten sie hoch, halten sie in Bartstoppeln, halten sie geschickt mit klobigen, aufgesprungenen Händen, schneiden Kommißbrot mit Klappmesser, verteilen Ecken, Kanten, Stücke, sagen: Wir müssen hier raus – wenn's dunkel is, haun wa ab. Die Stalinorgel donnert los, bläst Mauersteine, Mauern, Türen, Decken, Stuck, tobt stundenlang.
Nachts kommen wir in einen Keller, da sitzen sie aufgereiht, starr, stumm, sitzen um Kerzenstummel zwischen Bündeln, Eimern, Kisten, sitzen auf Gartenstühlen, Küchenstühlen, sitzen andächtig. Haut ab, kreischen sie – Wir wolln kein Militär, die schlagen uns dot, wenn sie euch hier finden, haut ab.

Wir wolln Wasser, sagt einer.
Versteht doch, sagt eine Dicke – Versteht doch, wir haben hier Kinder.
Eine Zahnlose kriecht aus der Ecke, gibt uns eine Flasche, mümmelt: Der Herr sei uns gnädig. Ich denke: die sind irre, sitzen hier rum, warten aufs Ende wie Hammel im Schlachthof, irre sind die.
Draußen brennt's, im nächsten Haustor steht ein Trupp Soldaten, ein Leutnant: Wo kommt ihr her?
Schmargendorf – Bahndamm.
Offiziere?
Sind tot.
Kommt mit. Wir rennen ihnen nach bis zum Hohenzollerndamm, bis zum Friedhof. Es wird hell, glasig, wie beim Tauchen, wie im Stadtbad, wenn man vom Dreimeterbrett springt, langsam hochkommt. Wir buddeln, kratzen, hacken im harten unnachgiebigen Boden. Zwei Hitlerjungen kommen angerannt, weinen, bibbern: Dürfn wa hierbleibn, wir ham Pistoln.
Geht zu Muttern, ruft einer.
Wir sind aus Johannistal, da sind die Russen, kräht der Kleinere.
Buddelt euch ein, geschossen wird nich – Befehl. Sie stehen stramm. Der Große sagt Aua – Aua, als hätte er sich das Knie aufgeschlagen oder in den Finger geschnitten, fällt auf die Seite, liegt, sieht aus überraschten, aus glücklichen, neugierig-glücklichen Kinderaugen. Der andere heult: Helmut, Mensch Helmut!
Schmeiß dich hin, brülln sie: Schmeiß dich hin, halt die Schnauze. Bssss klack bssss klack. E. v. D. wühlt gräbt stößt den Boden, wir quetschen uns rein, stehen aneinandergepreßt, haben das MG, haben die Pistole, die Handgranaten.
Vielleicht ist es drüben schöner, sagt er, sieht auf die offenen Augen.
Hast du Angst? frag ich.
Ein Huhn gackert vorbei, flattert, tuckert, rennt hin, rennt her, Kopf vor, Kopf zurück, plustert sich, stolziert zum toten Jungen – Mensch die Augen, wenn das Aas an die Augen – ich nehm einen Stein, treff's am Hintern, es kreischt, läßt Federn, gackert weg. Hier gibt's Eier, sag ich, bin schon draußen. Bleib hier, brüllt er. Ich robbe an Grabsteinen vorbei, an Hecken, Bänken, dahinter eine Laube, neben der Laube drei Hühner, neben den Hühnern zwei Eier. Bssss klack bssss klack, ein Ast fliegt runter, mir auf die Hand, auf die linke, rechts sind die Eier. Ich robbe zurück, auf Ellenbogen, Eier hoch, rutsch neben ihn, bin stolz. Wir pieken sie auf, trinken sie aus. Aus dem Nebenloch rufen sie: Jibt's noch mehr, wo bleibtn der Morjensejen? Wir hacken an unserem Erdloch rum, hacken, schaufeln wie Maulwürfe.

Hilfe, ruft's hinter uns: Hilllfe – da torkelt ein Alter, ein Dürrer in Uniform, ist gelb, torkelt wie besoffen, läßt sich fallen, kriecht ran, brabbelt: Hilfe. Aus seinem Rücken läuft Blut, wir ziehn ihn ran, ich schneid die Jacke auf, bin ruhig, werd ruhig mit ruhigen Händen. Es strömt, es pulst aus dem Rücken, ich reiß das Hemd auf, reiß es in Fetzen, steck's in die Wunde, bind's um den mageren Rücken. Er stöhnt, schreit, sackt zusammen, kann nicht fallen, wird gehalten vom Erdloch, von uns. Orrrääää macht's. Da sind sie, da seh ich sie, seh ich zum erstenmal, MG in der Hüfte; rennen auf uns zu, Bajonett blitzt, blitzt auf in der Sonne – MG, Bajonett kommt auf mich zu, kommt näher, ist nah – Armlänge –, die Erde spritzt auf, verklebt die Augen, määä-äää macht's, kommt von nebenan, neben mir – Die Handgranate: ich zieh, duck mich – ahhhwumm, Splitter klingeln auf Stahlhelm, ich fall auf den Dürren – wo ist das Bajonett – ich wart drauf – gleich kommt's – muß doch – von oben – das Bajonett.
Es ist still. Wir sehn uns an über den Dürren, über den blutenden Rücken hinweg, sehn wir uns an, warten. Seine Augen sind hell, verzweifelt. Schweiß läuft über Augenbrauen, über Lider, über Backenknochen. Er schlägt mit der Faust aufs MG – haut es weg, sagt: O Gott, mein Gott. Drüben wimmert's, dann Bellen, trockenes Bellen aus Panzerkanonen. Ein Arm fliegt durch die Luft, Knochenarm, handloser, Friedhofsarm, wir sehen ihm nach, der Alte zwischen uns stöhnt, bäumt sich auf, röchelt gurgelt, ist tot. Steht zwischen uns, kann nicht fallen, wird gehalten, Kopf schräg auf der Schulter. Absetzen, ruft einer. Auf der Straße liegen die Russen, übereinander, nebeneinander mit verdrehten Beinen, verdrehten Köpfen. Sie rennen rüber, nehmen die MGs, reißen die Munitionsgurte ab, der Hitlerjunge krallt sich in unsre Jacken, jammert: Nehmt mich mit, nehmt mich doch mit.
Wir waren 40 oder so, als wir kamen, sechs Stunden später sind wir 17. Wir kriechen über den Friedhof, sehen ein Haus, eine Villa, kriechen drauf zu. E. v. D. stottert: Das ist ja Bobbys Haus, Bobby Lüdtkes Haus – stottert, ist sprachlos, hat vergessen, daß es seine Stadt, daß es Berlin, Stadt der Freunde, der Bekannten, nicht nur Schlachtfeld, anonymes. Der ist doch mein Freund, sagt er vorwurfsvoll, als sei der schuld am Dröhnen, am Sterben, am Einstürzenden.
Löcher, wo mal Türen, wo mal Fenster. Bobby, ruft er, Bobby. Die Decke hängt schräg, Kronleuchter schaukelt, Kalk rieselt leise regelmäßig, wie Sanduhr, macht Hügel auf Bücherregal, auf große kleine schwarze geschnitzte Elefanten mit Hängerüssel. E. v. D. nimmt den kleinsten, gibt ihn mir, sagt: Steck's ein, als Maskottchen.

Der Panzer bellt, die Decke knirscht, reißt Wand, reißt Regal, reißt Elefanten. Schwarz wird's, will schreien, hol Luft, hol Kalk, hol Schwarzes in Hals, in Lunge, hör Knirschen, hör meinen Namen, hör seine Stimme, er zerrt an Armen, an Schultern, schlägt ins Gesicht, brüllt: Lebst du? Sag daß du lebst – will sagen will atmen, muß husten muß spucken muß Zunge beißen, Kalkzunge, muß wieder atmen muß wieder leben.
Draußen liegt ein Pferd, aufgerissenes Maul, aufgerissenen Bauch, Riesenpferd mit Riesenbauch, Balken brennen, stürzen auf Köpfe auf Körper, auf Schreiende, Flüsternde, Verstummende. Der Panzer bellt, steht an der Ecke, bellt durch die gestorbene Straße. Die andern haben wir verloren, die vom Friedhof.
Laß mich nie liegen, sag ich, wenn ich verwundet bin, laß mich nicht liegen – schwör's –
Wenn einer von uns verwundet wird, muß der andre ihn erschießen – laß uns schwören.
Wie macht man das? frag ich – wenn man's an die Schläfe hält, kann man sich blind schießen.
Er zeigt mir die Stelle im Nacken, kleine Vertiefung unter Schädelknochen. Er nimmt die Pistole, sichert sie. Ich halt sie an sein Genick, er sagt: Ja, da mußt du schießen. Wir warten auf Dunkelheit, auf Nacht, haben Durst, quälenden klebrigen. Vielleicht kommen wir durch bis zum Kurfürstendamm, da wohnt eine Bekannte, oben in Halensee, vielleicht kriegen wir da Wasser, sagt er.
Am Fehrbelliner Platz Ecke Hohenzollerndamm bleib ich hängen, bin angehakt, verhakt in Stacheldraht, er dreht sich, windet sich um Beine um Knöchel, nagelt mich an, steh mitten auf dem brennenden Platz, komm nicht vor, komm nicht zurück, aus Fensterhöhlen macht's bssss klack bssss klack, es sticht in Hände, in Beine, durch Hosen, ich zieh ihn mit, falle laufe falle, bin drüben. Zwei rennen uns entgegen, haben Maschinenpistolen, russische mit Munitionstrommeln, halten sie in der Hüfte, rennen auf uns zu – Russen, brüll ich: Das sind Russen – ich fummle an Pistolentasche, die schrein: Kamerad – rennen vorbei. Schweiß macht Bäche auf Nacken auf Rücken.
Im Morgengrauen sind wir da, sitzen im Haustor. Bleib da, sagt er – sie wird im Keller sein. Drei Panzer kriechen vorbei, rumpeln, stocken, Holzkocherpanzer. Die Klappe hebt sich zaghaft, abwartend, Gesicht unter Helm, junges verschmiertes, fällt zurück, Oberkörper Hals Gesicht fällt nach hinten, liegt über Panzer, bleibt liegen, rumpelt weiter, ist weg.
Eine Frau sagt: Kommen Sie. Sie ist weißhaarig, trägt Kleid, trägt Jacke, Rüschkragen, Handschuhe, Stock mit Silbergriff – kommt nicht aus Keller, kommt aus Stallungen, hat Pferde, hat Felder be-

sichtigt, Verwalter gesprochen, wird Kaffee trinken, Mokka aus kleinen schmalen Tassen. Sie stößt die Wohnungstür auf, steht im Korridor, dem langen mit vielen Türen, lächelt, sagt: Ewald, mein Junge, wie siehst du nur aus. Fragt: Was braucht ihr, kann ich euch helfen?

Wir brauchen Wasser, sagt er, und Schlaf, nur ein paar Stunden Schlaf. Das Haus schaukelt wie ein Schiff, wie ein Fischkutter auf der Ostsee. Ich riech den Schweiß, den Dreck, seh getrocknetes Blut, aufgerissene Hände, seh einen Spiegel, seh ein Gesicht, ein unbekanntes.

Wir sitzen auf Biedermeierstühlen, da ist die Straße, die Ecke, der Kurfürstendamm, gegenüber ein Schild »Krankenbedarf«, es hängt schief. In einer Vitrine liegen zerschlagene Gläser. Meine Mutter hat sie ihr geschenkt, zum Geburtstag, sagt er betrübt, schläft ein. Die Panzer rollen zur Halensee-Brücke, gelbgrauer Qualm kriecht durch Fenster, durch Mauerlöcher.

Ich hatte noch etwas Kaffee, sagt sie, stellt ein Tablett auf den Boden. Ihr solltet in den Keller kommen, sie geht, lächelnd, kopfnickend.

Weiß sie nicht, was los ist?

Sie ist 82.

Ich möchte meiner Mutter schreiben, vielleicht kann ich den Brief hierlassen, vielleicht erreicht er sie eines Tages, vielleicht lebt sie noch. Ich schreibe, daß es vorbei ist, daß wir nicht mehr rauskommen, daß sie nicht traurig sein soll, daß ich dankbar bin für alles. Ich weine, verschmier die Tinte, schreib noch mal, schlaf ein, wach auf. Die Russen sind da – sie steht, ist atemlos, schwankt ein wenig – die Russen sind im Keller nebenan. Wir bleiben sitzen, sehn uns an, glauben's nicht, sehen uns an, glauben es nicht. Ihr müßt weg, die Hausbewohner sagen, ihr müßt weg, die Russen schießen das Haus zusammen, wenn sie Soldaten finden, es tut mir so leid, sagt sie, zittert ein bißchen, kniet vor der Truhe, findet ein Couvert, gibt es E. v. D.: Das sind noch Zigaretten.

Wir stehen auf der Treppe, stehen da mit Pistole in der Hand, wissen nicht wohin. Jemand ruft von unten: Haut ab, wir wollen keine Soldaten hier, die Russen sind nebenan.

An der Ecke quietschen die Panzer, kommen zurück, rollen Richtung Gedächtniskirche. Das sind unsre, die kommen zurück, das sind doch unsre, schrei ich. Wir rennen rüber, an den Panzern vorbei, rennen entgegengesetzt, sind dankbar, sind glücklich, glauben an Rettung.

Vor mir baumeln Beine, schwingen hin und her, Junge in Uniform, Zunge raus, blau, pendelt, Pappschild mit Kinderschrift: Ich war zu feige für das Vaterland ... den Rest seh ich nicht. Wir

drängen uns durch, vorbei an Panzern, an Soldaten. Einer hält uns an, einer mit Runen, fragt: Wo kommt ihr her?
Schmargendorf, haben die andern verloren.
Wann?
Gestern, gestern früh.
Kommt mit. In der Albrecht-Achillesstraße ist das Hauptquartier, sie stehen in der großen Halle, auf Parkettboden, stehen in Reihen mit aufgeklappten Mäulern, glotzen einen Hauptmann an, einer schubst uns in die Ecke vor einen Schreibtisch, Offizier sieht hoch: sagt: Ihr habt euch von eurem Truppenteil entfernt, zeigt auf die Reihe, sagt: Einreihen.
Ein Gefreiter, ein Alter, steht neben mir, flüstert: Die hängen uns auf.
Schnauze halten! brüllt einer mit Gewehr, geht an uns entlang, brüllt: Schnauze. Das Tor knackt, springt auf, Holzsplitter, Granatsplitter preschen in Boden, in Decke, in Wände – die an der Tür wälzen sich, schreien, ich schmeiß mich hin, neben den Schnauze-Brüller, sag: Ich bin ne Frau. E. v. D. liegt hinter mir, ich zieh ihm das Couvert mit den Zigaretten aus der Tasche, sag: Hier nimm sie, laß uns abhaun, der da ist mein Mann. Der Schnauze-Brüller stiert, sagt nichts, ich rüttle – Mensch, laß uns hier raus – der stiert, hört nicht, ist tot. Die Wand krächzt, neigt sich, ich seh sie kommen, auf uns zu, rolle, springe, trete auf Hände auf Beine, seh sie stürzen auf Liegende, Stehende, Brüllende. Ein Volkssturm-Alter hockt, Kopf zwischen Knien, spuckt Zähne, weint: Meine Frau, mein Gott, meine Frau, die ist in dem Haus da, da in dem Keller da – zeigt auf die Wand, die eingestürzte, auf den Hof, auf brennendes Haus, rutschendes, polterndes, auseinanderbrechendes Hinterhaus. E. v. D. zerrt mich hoch: Raus hier.
Halt – ruft's – Stehenbleiben. Ein Leutnant steht zwischen Mauerbrocken, hält Pistole, ruft: Wo wollt ihr hin?
Ich reiß am Stahlhelm, zieh verklebte Haare, sag: Laß mich raus.
Er grinst, greift in die Tasche, schmeißt einen Riegel Schokolade, winkt mit der Pistole, guckt weg. Draußen liegen drei Soldaten, sehn hoch. Setz det Ding auf, schrein sie. Ich hab den Stahlhelm in der Hand, halt ihn am Riemen, merk erst jetzt wie leicht Kopf, Nacken, Rücken ohne Druck, ohne Pressen vom Helm, von verschwitztem Leder. Setz det Ding auf, brülln sie. Bsss klack. Da drübn sind se, da in dem Haus da, sagt einer. E. v. D. verteilt die Zigaretten – Wollten die euch aufbaumeln? fragen sie.
Ja, sag ich.
Mensch, Mensch – Sorjen ham die.
Es wird dunkel, sie holen Strippen aus Brotbeuteln, binden Strippenenden an Koppel, seilen sich an wie Bergsteiger. An der Ecke:

Verkeilte Panzer; Soldaten sitzen drauf, stehen drumrum, rufen: Hitler ist tot. Sie rufen es weiter, nach hinten, nach vorn: Hitler ist tot, der Krieg ist aus.
Es röhrt durch die Straße, über die Brücke, durch die Ruinen, sie kommen aus Erdlöchern, aus Haustoren, werden zu trampelnder, stampfender, auflauernder Herde. Die Strippe zwischen uns reißt, wir schreien Namen, finden uns, werden weitergeschoben, weitergetrieben vom grauen, nicht enden wollenden Strom. Morgens sind wir in Spandau, in einem Mietshaus, sitzen dichtgedrängt auf den Stufen, sehen durch einsames übriggebliebenes Treppenhausfenster mit lila-grünen Jugendstilschnörkeln. Sie rauchen ihre Kippen, kauen letzte Rationen, sind ratlos. Gerüchte scheppern treppauf-treppab: Ein Panzergeneral wird die Armee den Amerikanern übergeben, aber wo sind sie die Amerikaner, keiner weiß es, hätten doch längst da sein sollen, werden doch den Russen nicht einfach Berlin überlassen. Sie sind verärgert, beleidigt, fühlen sich im Stich gelassen: Ja, aus der Luft, das können sie ... und der Hitler, der hat sich das Leben genommen, feiner Weg raus aus dem Schlamassel ... vielleicht können wir endlich nach Hause. Sie kommen aus Pommern, aus Schlesien, aus Berlin, aus dem Rheinland, aus Mecklenburg, aus Hannover, sie hoffen, sie murmeln, sie schlafen. E. v. D. sieht durch das Fenster auf die Panzer, auf die Brücke, sieht das brennende, stumme Spandau, sagt: Wir müssen uns zu den Amerikanern durchschlagen, wenn wir über die Brücke kommen und durch Spandau, haben wir es geschafft.
Es geht los – rufen sie von unten; sie stehen auf, klotzen die Treppe runter auf die Straße. Wir werden eingeteilt, 50 Mann pro Panzer, wir stehen neben ihnen, hinter ihnen, warten, bis sie losrollen. Es ist still, bis auf das Quietschen der Ketten, das Knarzen der Stiefel. Der erste Panzer ist drüben, der zweite setzt an, ist in der Mitte, wir laufen mit, halten Abstand. Da rast es los aus den Dächern, aus den Fensterhöhlen: Granatwerfer, Maschinengewehre, Flammenwerfer, der Panzer brennt, springt auseinander, es hebt mich hoch, trägt mich weg, läßt mich fliegen, schlägt mich gegen Eisenhartes, läßt mich liegen. Ich spür Blut, faß ins Gesicht, hab blutige Hand, denke: jetzt bin ich tot – bleib liegen, denke: so ist das also.
Ich seh sein Gesicht, es kommt näher, es blutet – sagt: Jetzt ist es soweit, gib mir die Pistole. Neben mir türmen sie sich, Körperberge, fallen übereinander, türmen sich höher und höher. Ich halt die Pistole, brülle: Nein – zieh ihn hinter mir her an dem brennenden Panzer vorbei, über die Körper hinweg.
Der Laden riecht wie Stiefvaters, nach Leder und Leim und Farbe. Die große Fräsmaschine ist umgeworfen, die Ledernähmaschine

mit der Dreikantnadel steht noch in der Ecke, die Regale sind aus der Wand gerissen, die Schuhe sind weg, ein paar gelbe Nummernzettel fliegen von Wand zu Wand. Wir sitzen zwischen den Glassplittern und Mauersteinen, wissen, daß die Russen im ersten, zweiten, dritten Stock, daß sie im Dachboden, sehen ihre Flammenwerfer, ihre Handgranaten, hören ihre Maschinengewehre, ihre Stimmen, ihr Poltern. Unsere Pistolen sind wie ein Versprechen, ein Geschenk, eine Gnade. Das Blut läuft aus dem Haaransatz, läuft gleichmäßig über das Gesicht, über die Jacke, der linke Ärmel ist ausgerissen, ist kratzig von getrocknetem Blut. Sein Kinn ist zerschnitten, klaffende Streifen zwischen Bartstoppeln. Ich seh seinen Mund, seh das Gesicht meines Vaters, trauriges Gesicht auf vergilbtem Papier mit Eselsohren. Nein, sage ich, nein, ein Versuch, ein einziger.

Bis zu den Parterrefenstern liegen sie, die Toten; ich laufe dem Gesicht nach, höre nichts, sehe nichts, nur das Gesicht, lauf ihm nach. Stürze nicht, stolpere nicht, laufe laufe, liege auf weicher Erde, auf Ackerboden, rote Flecken kommen heran, gehen weg, kommen heran, werden schwarz, schließen mich ein, fressen mich auf. Die Erde ist kalt, ist naß, ist dunkel, er hält meinen Kopf, sagt: Wir hatten einen Schutzengel. Wir liegen zwischen Baumwurzeln, es ist Nacht, es raschelt, ich spring auf, will weg, er hält mich, flüstert: Wir sind noch mehr, fünfzig oder sechzig, bleib liegen.

Der Marsch beginnt, Marsch der Versprengten. Wir laufen nachts, angeseilt zusammengehalten, laufen leise, gleichmäßig, sprechen nicht – sprechen nie zwei Wochen lang, teilen Brotreste, kauen sie langsam, bedächtig, essen Gras und Baumrinde. Laufen durch Wälder, sehen Burgen Schlösser Lichter Lüster, sehen Nichtvorhandenes, haben Halluzinationen vom Hunger, von Müdigkeit, haben Angst vor knackendem Ast, vor fallendem Zweig. Am Tag schnallen wir uns mit den Riemen an die Stämme, schlafen stehend, von Baumkronen geschützt. Die Tiefflieger suchen geduldig, schnattern wie Nähmaschinen, suchen Versprengte, suchen solche, wie wir es sind. Ein Vierzehnjähriger dreht durch, reißt sich vom Baum, rennt auf das Feld, hat Schulterschuß, hat Fieber. Sie fliegen weg, haben es eilig. Zwei Nächte später sehen wir sie, die Panzer, Geschütze, Kolonnen. Sie rufen sich zu, singen, grölen, fühlen sich sicher. Wir liegen hinter den Bäumen, sehen ihre Beine, ihre Stiefel, sie sind nah, zum Greifen nah, sie ziehen vorbei, machen halt auf freiem Feld, bleiben.

Am Morgen schießen sie in den Wald, schießen ihn zusammen, die Bäume stürzen knarren fallen übereinander ineinander, senken sich, klammern sich fest. Dem vor mir reißt es das Bein ab, es

fliegt weit, er merkt es nicht, läuft weiter, macht zwei Sprünge, stürzt, fällt mit den Bäumen. Sie zerren an Jacken an Hemden, nehmen die Hemdlappen in erhobene Hände, laufen zum Waldrand, schwenken die Lappen über den Köpfen, fallen nach vorn, fallen nach hinten, werden zusammengeschossen. Wir kriechen, bleiben unter Bäumen unter Moos unter Zweigen, atmen nicht atmen kaum, Ameisen krabbeln über die Hände übers Gesicht, Beine rauf und runter, wir liegen, warten. Links neben mir liegt ein Gefreiter, ein Alter, ein »Frontschwein«, er zischelt: Die ziehn ab.
Das Mahlen der Ketten wird leiser, die Rufe verscheppern über den Feldern, ein Bajonett stochert im Boden, im Moos. Sie springen hoch – der vor mir, der neben mir, schlagen Gewehre aus Händen, schlagen Kolben in Bäuche, halten Bajonette an die Kehlen, Fäuste in Münder, fragen: Wie viele, wie viele seid ihr, wo sind die andern, wo sind noch Panzer.
Sie haben semmelblondes Haar, helle Augen, sind Bauernjungen, ukrainische Bauernjungen. – Zehn.
Wo sind sie?
Sie zeigen: Da drüben rechts hinter dem Weg.
Wir rennen in den Wald, tiefer und tiefer – Nicht schießen, flüstern sie – Weitersagen, nicht schießen. In der Nacht verlaufen wir uns, kommen zum drittenmal an dieselbe Lichtung, an den gleichen Weg. Sie sehen nach oben in den schwarzen Himmel, suchen ihn ab nach Sternen, finden sie nicht, teilen Wachen ein, rutschen in eine Mulde, schlafen eingerollt in Moos Blätter Zweige, schlafen tief ausgestreckt, schlafen Totenschlaf. Werd wach im Morgengrauen, werd wach von Schüssen, kriech über Baumstamm, lieg mit dem Magen auf dem Stamm, seh hoch seh den Russen. Er steht vor mir sieht mich an hebt Pistole, seh den Lauf seh ihn klar seh ihn nicht, Hand Arm beschreiben Bogen, ziehen Körper nach, machen Drehung, brechen ab, rutschen zusammen, Hand Arm Körper Knie. Meine Hose ist naß, vom Waldboden von Blättern, vom Urin, lieg klamm, starr, Wasser läuft Schenkel lang läuft durch Hosenbeine in Stiefel, Stiefvaters Stiefel. Einer zieht meinen Arm, sagt: Komm schon.
Sind noch mehr da?
Glaub nich, warn so zehn.
Weißer Bart, Ziegenbart sprießt aus Backe, aus Kinn, aus Hals, Tannennadeln hängen daran und Moosstücke, er steckt die Zunge neben einsamen Vorderzahn, schnalzt, klopft sein Gewehr. Ich will danke sagen, kann es nicht, will sagen: Danke, daß du schneller warst. Geh neben ihm her, will immerzu danke sagen. E v. D. liegt hinter der Mulde, sieht vor sich hin, hat versagt, durchgedreht, versteht es nicht.

Wir haben Hunger, Hunger, der uns verrückt macht, wir reden, sind unvorsichtig, werden verrückt vom Hunger, sehen Bauernhäuser, traun uns nicht ran, laufen weiter an Nauen vorbei, nach Friesack. Sehen Kühe, brüllende mit dicken Eutern, liegen im Wald, sehen sie tanzen auf den Feldern, traun uns nicht, irgendwo müssen sie sein, die Amerikaner, vielleicht an der Elbe, ist nicht mehr weit, noch ein paar Nächte vielleicht. Wir sind noch zwanzig, zwanzig Brabbelnde, Stolpernde, vom Hunger verrückt Gewordene.

9

Mit ihren Gewehrläufen knufften sie uns wach, ich spürte sie im Rücken, zwischen den Rippen, dann im Nacken. Ich wollte mich drehen, das Gewehr hielt mich fest. Sie nahmen unsre Pistolen, MGs, Munitionsgurte. »Du auf!« riefen sie.
Vor mir stand ein Langer mit Achselklappen und bunter Ordensleiste, sah uns der Reihe nach an. Es waren achtzig oder hundert, sie trugen Uniformen, die ich nie gesehen, sprachen Sprache, die mir fremd, waren rasiert, gewaschen, ausgeruht, hatten zwei Pferdewagen und Handkarren.
»Das Klappmesser«, sagte E. v. D., »du mußt es abgeben, sie erschießen dich, wenn sie's finden.«
Ich fiel vornüber, ließ mich fallen, leistete keinen Widerstand, wollte fallen, wollte ohnmächtig werden, wurde nicht, markierte Ohnmacht.
»Was du sagen?« rief der Lange.
»Sie« – er stockte – »er ist krank.«
Ich stand auf, klopfte meine Hose, dachte: Sie werden es merken. Was passiert, wenn sie es merken? Sie nahmen uns in die Mitte, liefen über das Feld. Vor einer Scheune blieben sie stehen, zündeten Zigaretten an, debattierten. »Das sind Polen«, murmelte der Weißbärtige, »die wissen nicht wohin mit uns.«
»Sie werden uns erschießen«, flüsterte E. v. D.
Als es dunkel wurde, sperrten sie uns in die Scheune. Die Ratten liefen über uns weg, wir merkten's kaum, traten manchmal nach ihnen, schliefen ein. Morgens bullerte es an die Planken, sie machten das Tor auf, ließen uns antreten, zählten ab, marschierten los. Wir liefen über Landstraßen, durch Dörfer, stumme, leblose Dörfer. Auf der Landstraße kam eine Kolonne mit Kinderwagen, Rucksäcken, Bündeln, lief nach Westen, uns entgegen, an uns vorbei, sie hielten holländische, französische Fahnen, aus Lappen genähte, schwangen sie über den Köpfen, sangen, lachten, spuckten uns an, riefen: »Schweine, deutsche Schweine.«
Wir hatten Hunger, Durst, Blutblasen an den Füßen, durften nicht sprechen, wollten auch nicht. Die Polen machten einen Kreis, deu-

teten an, wir sollten pinkeln, ich stellte mich zwischen drei Landser, tat so, als ob. Abends sperrten sie uns in einen leeren Kuhstall. Zwei hatten Ruhr, sie lagen zusammengekrümmt und stöhnten.
»Wo latschen die bloß mit uns hin, der Krieg is doch aus, wat nehm die uns jefangen, hätten doch bloß die Knarren abnehm brauchen.« Er brabbelt so vor sich hin, erwartet keine Antwort, kriegt auch keine.
Morgens gab's Suppe. Ein paar hatten noch ihr Kochgeschirr, die andern nahmen ihren Helm, hielten ihn hin, die Polen sagten: »Nix Helm«, schubsten sie weg. Wir warteten, bis die andern fertig waren und uns die Blechschüsseln gaben. »Freßt langsam, wir kriegen sonst die Scheißerei«, sagte ein Alter; wir löffelten warmes Wasser, auf dem ein Klecks Margarine schwamm, löffelten dankbar, wurden wieder Menschen, hatten wieder Hoffnung.
Einer zog seine Stiefel aus, untersuchte seine blutigen Füße, sie riefen »Auf«, er zerrte an den Stiefeln, kriegte sie nicht mehr an, lief auf den zerrissnen Socken, dann barfuß. Er blutete, stolperte, fiel, konnte nicht mehr weiter. Die Polen standen, hielten unsre Pistolen, zögerten, wir nahmen ihn auf den Rücken, einer nach dem andern, als ich an der Reihe war, schob sich E. v. D. vor, trug ihn zum zweitenmal.
Der Lange mit den Achselklappen lief neben mir her, guckte auf mein Kinn, E. v. D. sagte: »Er jung, er krank.« Der Pole ging weiter, sah noch mal zurück, hatte Verdacht. Drei Tage später brachten sie uns an eine Kirche. Vor dem Tor standen fünf Russen, hielten ihre MGs, pulten in den Zähnen, leckten Zucker aus den Handkuhlen. Ein Offizier kam aus einem Bauernhaus, setzte seine Mütze auf, hakte seinen Kragen zu, sprach mit den Polen.
Die Kirche war voll, neben dem Altar brannte ein Kerzenstummel. Soldaten lagen auf den Bänken, auf dem Boden, auf der Empore, sie reckten sich hoch, riefen: »Wo kommt ihr her, habt ihr was zu essen? Oben ist noch Platz.« Wir gingen die enge Treppe rauf, legten uns unter Chorbänke, E. v. D. tastete nach meinem Arm, hielt ihn fest, flüsterte: »Wir müssen fliehen, sie haben uns an die Russen ausgeliefert.«
Es klirrte neben uns, ein Streichholz flammte auf, beleuchtete unsere Gesichter, unsere Hände, ging aus. »Sie haben auch keine Feldflaschen mehr, ich dachte, Sie hätten vielleicht Wasser.« Er stöhnte, schluckte, atmete flach, fiebrig. Der sagt noch »Sie«, dachte ich. »Sie haben noch eine Uhr, man wird sie Ihnen morgen abnehmen.« Draußen lachten die Russen, grölten, knallten mit den Gewehren in die Luft. »Hoffentlich besaufen die sich nicht wieder.«
Die großen Kirchenfenster zersprangen, regneten über die, die unten lagen. Sie rutschten an die Wände, fluchten, stöhnten, die

MGs rasten los, hallten durch das Kirchenschiff, vor dem Tor brüllte einer, dann war es still, bis auf das Stöhnen, einen hohen Schrei, der gurgelnd abbrach. Im Morgengrauen rissen sie das Tor auf: Abzählen. Ein paar blieben liegen, waren tot. Die andern nahmen ihre Stiefel, ihr Kochgeschirr, wühlten in den Taschen. Der neben mir zog sich am Geländer hoch, saß da, schüttelte den Kopf, flüsterte: »Ich weiß nicht, ob ich weiterkomme.« Er war jung, nicht älter als ich, hatte schwarzes Haar, ein blutunterlaufenes Auge, einen verkrusteten Riß vom Backenknochen zum Kinn, wir zogen ihn hoch, er taumelte die Treppe runter, blieb neben uns. Die Russen rannten um uns herum wie Hunde um die Herde, schubsten, brüllten, stießen mit Gewehrkolben. In Sechserreihen liefen wir los, einer rannte auf E. v. D. zu, schrie: »Du – Urri!«, nahm sie ihm ab, band sie sich um den Unterarm neben fünf andere, grinste, schlug ihm in den Rücken, röhrte: »Hitler kaputt, Germanski kaputt, du nach Sibir.« Der Schwarzhaarige stützte sich auf meine Schulter, sah mich an, wieder weg, sah zu E. v. D., flüsterte: »Wissen die Russen?«
»Nein, sei'n Sie still.«
»Sie muß verschwinden, bevor sie es merken.«
Nachts sperrten sie uns in einen Hühnerstall, ein paar Leutnants hockten auf dem Boden. Der Schwarzhaarige fiel auf das Gesicht, blieb liegen, sie drehten ihn um, ein Blonder schob ihm die Jacke unter den Kopf, untersuchte ihn langsam, methodisch, stand auf: »Ist der schon lange bei euch?«
»Seit gestern.«
»Er hat Diphtherie, wenn wir an ein Lager kämen, könnten wir ihn vielleicht durchbringen.«
»Was halten die uns gefangen?« blökte einer los. »Der Krieg ist doch vorbei, denk ich.«
»Wir haben's nicht anders gemacht,« sagte der Blonde. Er stand an dem verklebten Fenster, starrte auf den Hühnerdreck. Der andere trat gegen eine Kiste, brüllte: »Da war doch Krieg, Mensch, soll das so weitergehn?«
»Wir haben sie eingesperrt, als noch kein Krieg war.«
Der Kranke stöhnte, murmelte: »Wasser, gebt mir Wasser.«
Ein Kleiner mit dreckigem Kopfverband und Armschlinge sagte: »Vielleicht bringen sie uns in ein Auffanglager und entlassen uns, könnte doch sein.«
Der Zug war lang geworden, er wälzte sich über die staubig-heiße Landstraße, Mongolen galoppierten hin und her, schlugen mit Gewehrkolben auf Schultern, auf Köpfe, brüllten Dawai, suchten Uhren, begnügten sich mit Stiefeln. Die Barfüßigen kamen nicht mit, fielen zurück, blieben liegen, wurden erschossen. Nachts

schnitt ich in Stiefvaters Stiefel, machte Löcher ins Oberleder, hoffte, sie würden sie nicht wollen, steckte das Messer zwischen Kappe und Fuß.
Panzer rollten vorbei, überholten uns, der letzte machte einen Bogen, ich sah die Kette, warf mich in den Graben, sah Pferd, sah Mongolengesicht, spürte Schlag, spürte dumpf, lose Zähne, Zahnstücke auf Zunge, sah blutende Straße, hörte Dawai. Die ersten zehn Reihen waren weg, waren Blutklumpen, Dawai brüllten sie, stießen uns weiter über die Blutklumpen. Der Blonde war nicht mehr da, der Schwarzhaarige lag, Kopf aufgerissen, wir schleppten ihn mit, abends starb er.
Die Sonne verbrannte Gesichter, Augenlider, Lippen, sie schmissen ihre Helme weg, rissen die Jacken auf. Nachts regnete es, am Morgen warfen sie sich in die Pfützen, schlürften das stinkende Wasser. Sie liefen zusammengekrümmt, braune Brühe floß aus Hosenbeinen über Stiefel, platschte in den Sand, sie torkelten weiter, fielen hin, standen nicht mehr auf. E. v. D. hatte Fieber, der Schweiß sprang aus den Haaren, lief in Bächen über verquollene Haut, er hielt die Hände vor den Mund, wollte nicht schreien, hatte Krämpfe, seine Hose wurde blutig-braun, stank. Nachts starben sie, morgens zum Abzählen legten wir sie neben uns. Manchmal gab es Suppe. Wir standen in Reihen, hielten uns aneinander fest, einer stolperte, stieß gegen den Kessel, der Mongole lachte, kippte die kochende Lauge über ihn, rief: »Nix Suppe.«
Ein junger Russe stieß mich an, sagte: »Was du?«, zeigte auf den Helm. E. v. D. tippte gegen die Stirn, sagte: »Er krank.« Der Russe wieherte, freute sich, daß er verstanden hatte, ging weiter.
Tage später kamen wir an das Lager. Ein Feld, ein paar Baracken, Stacheldraht. Soldaten lagen an den Barackenwänden, betrachteten unsern Einzug. Wir waren nicht mehr viele. Sie brachten uns in einen leeren Raum, schlossen ab. Morgens kam ein Offizier, rief: »Haare schneiden.« Zwei russische Soldaten standen hinter ihm, klapperten mit den Scheren. Ich stöhnte, krümmte mich, jammerte, E. v. D. sagte wieder: »Er krank.« Ich rannte an ihnen vorbei, tat, als ob ich die Latrine suchte, rannte zur hintersten Baracke, setzte mich zwischen die Gefangenen, sagte: »Ich bin 'ne Frau.« Sie starrten mich an, hatten Angst, einige standen auf, gingen weg, andere blieben, rückten näher, schirmten mich ab.
Abends war Appell, wir standen in Viererreihen, einer machte Meldung. Zwei russische Offiziere liefen langsam an uns vorbei, hinter ihnen ein paar Polen mit Gewehren. Die Offiziere blieben stehen, begutachteten die Neuzugänge, sprachen miteinander, gingen weiter.
»Was machen die Polen hier?« fragten sie später in der Baracke.

»Die suchen Politische, die in Polen eingesetzt waren«, sagte ein Gefreiter, »die suchen Gestapoleute und so.« Es war zu voll, um zu liegen, wir hockten, rutschten übereinander, dösten, hörten Keuchen. Zwei schlugen sich um eine Blechschüssel, ein Alter schluchzte: »Der hat sie mir geklaut, Mensch, die Eignen klauen einem die Klamotten.« Der Jüngere schlug ihm ins Gesicht, sagte: »Du lügst, du Schwein.« Erschöpft brachen sie ab, dösten weiter. »Wir müssen hier raus«, flüsterte E. v. D., »sie werden dich verraten, um ihre eigne Haut zu retten.«

Im Morgengrauen schlossen sie die Tür auf, zwei junge Russen standen da, sagten: »Auf.« Wir drängten an ihnen vorbei; der Jüngere, er war sechzehn oder siebzehn, hielt mich fest, zeigte auf meinen silbernen Einsegnungsring. Ich zog, er rührte sich nicht, ich zog stärker, er saß fest, saß auf geschwollener Hand, bewegte sich nicht, ich zerrte, die Haut platzte, der Ring blieb. Der Junge nahm ein Taschenmesser, machte sich daran, den Finger abzuschneiden. Ich sah ihn an, sah sein pickliges Kindergesicht, glaubte es nicht, glaubte es doch, sah nichts mehr, drückte seinen Hals, drückte den Adamsapfel, hörte das Messer fallen, sah seine Augen mit weißblonden Wimpern. Sie rissen mich weg, der Junge rannte mit seiner Maschinenpistole und seinem Munitionsgurt über den Barackenweg auf das Tor zu. E. v. D. lag an der Tür, der Junge hatte ihn umgerannt. Wir saßen auf dem Boden, warteten. Er kam nicht wieder, auch am nächsten Morgen nicht.

Wir standen in Appellformation, standen seit Stunden, es regnete. »Ob ich mit dem Taschenmesser die Haare schneiden kann«, flüsterte ich. »Sei still«, zischte E. v. D. Ein russischer Offizier kam aus einer Baracke, ging rasch an uns vorbei, zwei Polen liefen hinter ihm her, stockten, sagten: »Du.« Ein Volkssturm-Alter in brauner Jacke, grauer Hose und italienischer Militärmütze reckte sich hoch, hielt Hände an verdreckte Hose.

»Wo du herkommen?«

»Berlin«, zitterte er, »Berlin-Neukölln.«

»Wo du gewesen?«

»Berlin, eingezogen bei Kriegsschluß.« Neben mir nuschelte einer: »Die halten ihn für Polizei, der hat die Jacke an.«

»Du in Polen.«

»Nein«, brüllte der Alte, »nein, war nicht . . .« Sie schlugen auf ihn ein, er taumelte noch einmal hoch, sie schlugen, bis er tot war. Sie führten uns weg, riefen: »Ihr Schweine, alle Schweine.« Mein Kiefer tat weh, die abgebrochenen Zähne jaulten. Zorn, Jähzorn hielt mich wach.

»Sie werden uns sieben, und wer nicht politisch war, den werden sie entlassen, das habe ich von einem Leutnant gehört.«

»Quatsch, die bringen uns nach Sibirien.«
»Die sind froh, wenn sie uns los sind, die wollen bloß die Politischen.« Sie rätselten, hofften, gaben auf.
Im Lager war Typhus, Ruhr – und über allem, zwischen allem, vor allem: Läuse. Wir knipsten Tag und Nacht, sie hatten Ersatz, wurden mehr, hatten Nachschub, waren Armee, Läusearmee.
Am Nachmittag kam ein polnischer Offizier, er ließ die Verwundeten und Kranken heraustreten. E. v. D. blieb stehen, flüsterte: »Sie werden sie umbringen, den Rest nehmen sie mit.« Der Pole stellte Fragen, machte Notizen, ließ sich Zeit. Mich sah er an, lange, bewegungslos. Um mich herum wurden sie unruhig, schnaubten, kratzten, er blieb stehen, sah mich nur an. Endlich sagte er: »Komm.« Ich trat vor, er nahm den Helm ab, die Baskenmütze. »Was du hier machen?« Ich antwortete nicht, dachte: schlag doch zu, schlag mich doch tot. Jähzorn kam hoch, überspülte, überflutete. »Was du hier machen?« Ich antwortete nicht, wartete auf den ersten Schlag. »Komm mit«, sagte der Pole. Die Russen glotzten mich an, wir gingen an ihnen vorbei, durch das Lagertor, auf ein Bauernhaus zu. Im ersten Stock war ein dunkles Zimmer, er nahm ein Streichholz, zündete eine Kerze an, setzte sich hinter einen Tisch, deutete auf eine Wäschetruhe, sagte: »Setz dich.« Er kaute an einem Zigarettenstummel, zog eine Brieftasche heraus, nahm ein kleines Bild, hielt es über den Tisch: »Kennst du sie?« Es war ein Mädchen, es saß auf einer Bank, Beine übereinandergeschlagen. Das Mädchen sah aus wie ich. Es war still im Zimmer, bis auf das leise Schmatzgeräusch, das er mit seiner Zigarette machte. Wir sahen uns an, nach einer Weile: »Wo kommst du her?«
»Aus Berlin, Wilmersdorf.«
»Wer sind deine Eltern?«
Ich sagte es.
»Deine Großeltern?«
Ich sagte es.
Sein Deutsch war besser geworden, seit wir allein waren. Er zeigte auf das Bild: »Das ist meine Tochter, sie ist umgekommen bei einem Angriff auf Warschau.«
Ich dachte an den toten Volkssturm-Alten, fragte: »Werde ich jetzt erschossen?«
»Vielleicht sind wir verwandt«, sagte er. Er fragte mich aus, wollte wissen, wo die Familie gelebt, wann Großvater nach Berlin, warum ich nicht Polnisch könne.
»Werde ich jetzt erschossen?« fragte ich.
»Ich bin Arzt«, sagte er, war verärgert, stand auf, ging weg. Zwei Russen standen in der Tür, grinsten mich an. Der Arzt kam wie-

der, sagte: »Sie wollen dich verhören, sag alles, was du weißt.« Sie brachten mich ins Erdgeschoß, stießen eine Tür auf, nahmen Haltung an.

Zwischen Rauchschwaden sah ich erhitzte Gesichter. Es waren fünf, sie saßen hinter einem großen Bauerntisch, vor einer Landkarte, drei trugen Offiziersuniform, zwei olivgrüne Jacken, die ich nicht kannte. Sie zeigten auf einen dreibeinigen Hocker, ich setzte mich, die Beine rutschten weg, ich lag auf dem Boden. Der Jähzorn flammte hoch, machte mich heiß, ließ die Läuse tanzen. Ich stand da, wackelte vor Wut, vor Durst, vor Hunger, vor Angst. Sie waren überrascht, hatten nicht gewußt, daß der Hocker weichbeinig, lachten ein bißchen. Ich dachte: sie werden mich erschießen, aber ich werde nicht kriechen. Ein Offizier mit schiefen grauen Augen sagte: »Hitler kaputt, Germanski kaputt.« Ich sah ihn an, dachte: das haben schon die Muschiks gesagt, könnte dir auch was Besseres einfallen. Er sah's mir an, maß seine Wut mit meiner Wut, sprang auf, brüllte: »Was du hier machen, was du in deutscher Armee, du Spion!« Sie werden Fragen stellen, aber sie selber beantworten, werden mich erschießen, was soll der Quatsch – dachte ich. »Was du in deutscher Armee?«

»Ich wollte nicht vergewaltigt werden«, sagte ich.

Er schlug mit der flachen Hand, es tat nicht besonders weh, es klatschte nur, ich ließ mich fallen, blieb liegen, dachte: mit mir nicht, wenn du mich schlagen willst, bin ich so lange ohnmächtig, bis dir die Zähne ausfallen. Ich blieb liegen, sie gossen mir was Kaltes ins Gesicht, klopften ein bißchen an mir herum, gossen Kaltes nach, sagten: »Was du in Armee?«

Ich stand auf, sagte: »Ich wollte nicht vergewaltigt werden.«

Er klatschte wieder, brüllte: »Russische Soldaten vergewaltigen nicht.«

Wie in der Schule dachte ich – wie bei der Weise – man darf nicht die Wahrheit sagen. Ich hatte keine Angst mehr, konnte nicht mehr zurück, wollte es kurz machen, es hinter mich bringen: »Ich habe es gesehen, die Frauen sind aus den Fenstern gesprungen an der Heerstraße, in der Nacht hab' ich es gesehen im Feuerschein, die Russen standen in den Fenstern.«

Sie guckten sich an, zeigten wieder auf den Stuhl, vergaßen, daß er zusammengebrochen war. Der Grauäugige brüllte noch mal: »Russische Soldaten vergewaltigen nicht, deutsche Schweine vergewaltigen«, setzte sich, sprach mit den anderen. Ein Olivgrüner redete auf ihn ein, der Brüller übersetzte. Er zog mich vor die Landkarte, sagte: »Wie ist deutsche Armee gekommen?«

Ich zeigte auf Spandau, Nauen, Friesack, sagte: »Da hinter Friesack haben uns die Polen gefunden.«

»Wo wolltest du hin?«
»Zu den Amerikanern.«
»Warum?«
»Ich wollte nicht vergewaltigt werden.«
Diesmal überhörte er es. Er trat kurz mit dem Fuß gegen die Wand, scharrte wie ein Pferd, kaute an seiner Papyrossi. »Wie hieß der General?«
»Das weiß ich nicht.«
»Wie hieß der General?«
»Ich weiß es doch nicht, es war ein Panzergeneral, haben die Soldaten gesagt.«
»Wie hieß er?«
»Ich weiß nicht, hab' ihn nie gesehen.«
»Wie heißt du?«
Ich sagte: »Martina Wulf.« In der Schule hatten sie mich manchmal Martina genannt, Martina-Albertina – Alike hatte ihr »Martl« daraus gemacht –, und Wulf sollte ich mal heißen, von Wulfestieg abgeleitet, weil sie Knef nicht schön genug fanden für den Film, für die Plakate.
»Wir haben deinen Mann gefunden, du heißt Demandowsky, ihr habt vor Kriegsschluß geheiratet.«
Einer hat ihn verpfiffen, dachte ich – wieso sagt er seinen Namen, den wußte doch keiner. »Das habe ich vergessen«, sagte ich lahm.
Er übersetzte, sie lachten, schlugen sich gegenseitig auf die Schultern, lachten, gaben mir Wodka. »Vergessen«, prustete er. Der Wodka brannte im leeren Magen, sie sagten: »Trink, trink Wodka.«
Ich wachte auf, es war schwarz, ich tastete, stieß gegen eine Wand, gegen Bettpfosten. Es stank, stank süßlich. Ich zog mich hoch, auf dem Bett lag etwas Weiches, meine Hände griffen in Klebriges, ich schrie: »Hilfe, Hilfe« – die Tür ging auf, ein russischer Soldat stand da, hielt Kerzenstummel, beleuchtete aufgeschnittenen Bauch, verzerrtes Greisinnengesicht, er machte das Fenster auf, sah runter, nahm den Körper, warf ihn raus, sagte: »Gutt«, strahlte mich an, schloß wieder ab. Ich legte mich auf den Boden, kotzte Wodka und anderes, schlief wieder ein.
Am Morgen holten sie mich raus, setzten mich auf einen Leiterwagen, fuhren los. Ein russischer Soldat hielt die Zügel, rief »Komm« – zog mich auf die Bank neben sich, griff in die Tasche, nahm losen Zucker, sagte: »Du.« Ich nahm vorsichtig, er hielt Riesenhand vor meinen Mund, schüttete ihn rein, schlug mir auf die Schulter, jauchzte: »Du Frau, du gutt.«
Im Dorf standen Frauen in polnischer, in russischer Uniform, sie liefen nebenher, brüllten zu den Soldaten rauf. Eine zerrte an

meinem Fuß, rief: »Schlag sie tot, schlag Deutsche tot.« Der neben mir spuckte auf den Boden, schlug die dürren Klepper, sagte: »Du gutt.« Sie zeterten, rannten hinter uns her, wollten mich haben.
Am Barackentor hielten wir, sie standen in Sechserreihen. E. v. D. griff nach seinem Stiefel, wollte mir damit sagen, ich soll das Messer wegwerfen. Am Abend kamen wir an ein Feld, um das Feld Stacheldraht; sie wurden durch das Tor getrieben, Wachen stellten sich auf, der Leiterwagen zoddelte weiter, hielt vor einem Bauernhaus. Ein Olivgrüner und die drei vom Tag zuvor waren schon da. Sie fragten mich wieder, fragten dasselbe, gaben mir Wodka, sperrten mich ein. Nach Stunden ging die Tür auf, sie schubsten jemanden rein, es war E. v. D.
Er sprach schnell: »Vielleicht lassen sie dich frei. Wenn du rauskommst, geh zu Viktor de Kowa, er ist ein Freund, unsere Ansichten sind nicht die gleichen, aber er ist anständig, er wird dir helfen, erzähl ihm alles. Du mußt sehen, daß du wegkommst. Denk dran, sie können kranke Frauen nicht leiden, fassen sie nicht an – hinke oder sonstwas, schmeiß das Messer endlich weg. Versteck dich am Tag.«
Er ist verrückt, denke ich, wieso sollen sie mich freilassen.
Er redete weiter: »Die Nazis haben uns verraten, vielleicht können mich die Russen gebrauchen, ich werde Kommunist, sie haben uns alle verraten.«
Drei Russen stehen in der Tür, sind betrunken, sehen mich an, bilden Halbkreis, sehen mich an, grinsen. »Frau, komm«, sagt einer. Ich schlag' in den Magen, er hält mein Handgelenk, lacht, ich trete zwischen Beine, sie halten mich fest. E. v. D. sagt: »Sei ruhig, du kannst nichts machen, sie schlagen dich tot.« Sie zerren an mir, ich brülle in die Dunkelheit, trete, die Hände sind weg. Kerze flackert, beleuchtet den Arzt. Ein Russe liegt auf dem Boden, die beiden anderen sind verschwunden. Der Arzt zieht mich in ein Zimmer, im Zimmer steht ein Bett, ich denke: wenigstens ein Arzt, er wird nicht krank sein.
Er setzt sich auf das Bett, sagt: »Sie müssen weg. Im Lager können Sie nicht bleiben.«
Ich muß an den Diphtheriekranken denken, er hatte auch »Sie« gesagt, wieso sagt der jetzt »Sie«?
Er geht weg, schließt ab, kommt wieder, bringt Brot und Speck und Wasser, abends verhören sie mich, dieselben Fragen wieder und wieder. Der Grauäugige sagt durch den Dunst: »Ich werde dich heiraten, du nach Moskau.«
»Ich bin verheiratet«, sag' ich.
»Nix du verheiratet, du nach Moskau.«
Sie sperrten mich wieder ein. In der Nacht kam der Pole, brachte

mich in den Keller, im Keller lagen Soldaten, Stalingrader, die die Laster, die Geschützkarren reparierten. Ich blieb bei ihnen, zwei Tage, zwei Nächte, sie hatten keine Wachen, hätten sowieso nicht fliehen können – wären nicht weit gekommen im russisch besetzten Gebiet –, blieben lieber, hofften auf Entlassung, eine mit Schein, wenn der Mist endlich vorbei, sagten sie. »Haben dich die Grünen verhört?« fragten sie.
»Ja, zwei hatten grüne Jacken an.«
»Das war der MWD.« Nachts rüttelten sie mich wach: »Du mußt weg, du brüllst im Schlaf.« Sie gaben mir Mohnkerne gegen die Ruhr, schmuggelten einen Zettel zu E. v. D. ins Lager, brachten einen Rock und ein Kopftuch, sagten: »Zwei Deutsche sind noch im Dorf, ein altes Ehepaar, ihre Tochter war zuletzt in Bernau, sie wollen versuchen, durchzukommen.«
Russische Soldaten kamen in den Keller, ich lag unter einem Sofa, die Sprungfedern hingen ins Gesicht, war sicher, daß sie mich finden würden. Nach einer Weile hörte ich sie auf dem Hof, hörte Pferde, dann war es still. Die Stalingrader brachten einen verknautschten Wisch: Geh zu Viktor, stand drauf.
Am nächsten Morgen vor Sonnenaufgang hinkte ich die Dorfstraße entlang. Hatte das Kopftuch über die Stirn gezogen, an den Schläfen gefaltet, unter dem Kinn verknotet, trug es wie die russischen Bauersfrauen, hatte den Rock mit Strippe gebunden, die Armeejacke im Keller gelassen, trug Läusepullover, Stiefvaters Stiefel, Klappmesser, hatte zerquetschte Mohnkerne auf die Backen geklebt. Am Ende der Straße hinter einem Schuppen standen zwei Alte mit einem Handwagen. Wir gingen los. »Sie müssen zur Kommandantur«, sagten sie, »ohne Papiere kommen Sie nicht weit.« Sie hatten Angst, wußten nicht, woher ich kam, sprachen immer nur von den Papieren. Ich sah ein Dorf, wollte einen Umweg machen, wollte Hauptstraßen meiden, aber sie zeterten wegen der Papiere, der Kommandantur. Ein russischer Offizier kam aus einer Scheune, rief: »Stoj!« Ich rannte los, rannte wie ein Kaninchen querfeldein, er kam hinterher, schoß um mich herum. Ich blieb stehen, hob die Hände, ließ sie wieder fallen, brauchte nicht mehr heben, war kein Soldat mehr. Er starrte mich an, sah in mein Mohngesicht, machte »Iiach«, schoß in die Luft, ging weg. Ich hatte Angst, vor der Nacht, vor dem Alleinsein, wäre am liebsten umgekehrt, zurück ins Lager, zurück zu E. v. D.
Nach zwei Tagen kam ich an ein Bauernhaus, ich wartete, bis es dunkel wurde, hoffte, daß keine Russen drin waren. Ich sah eine Frau mit Wassereimern, ich rannte auf sie zu, fragte, ob sie mir etwas zu trinken geben würde. Sie holte einen Becher, sagte: »Gehen Sie, nachts kommen die Russen, zu essen hab' ich nichts.«

Nach fünf Nächten sah ich wieder Schlösser, Burgen, Leuchter, Lüster. Ich starrte in den Himmel, lief nach den Sternen, verlief mich, versuchte mich zu erinnern, wie wir nach Friesack gekommen waren. Dann war es mir egal, ich ging auf ein Bauernhaus zu, klopfte, ein alter Mann machte auf, ich wollte sprechen, konnte nicht. Er brachte mich in die Küche, gab mir Wasser und eine Scheibe Brot mit Viehsalz. Eine Frau kam, sagte: »Bist du verrückt...« Meine Zunge war dick, die Lippen geschwollen, ich lallte: »Bitte, lassen Sie mich bleiben, eine Nacht nur.« Sie brachte mich in den Keller. Ich lag auf einem leeren Kartoffelsack zwischen Kohlebriketts und Holzspänen, knipste Läuse, hörte rascheln und piepsen, wollte weinen, konnte es nicht mehr.

10

Der Irre im verdreckten, vormals weißen, bis zu den Knöcheln reichenden Kittel lief unablässig meine Hand schüttelnd neben mir her, sah begeistert in den blaßblauen Frühsommerhimmel, sagte: »Meine Tante, ich werde meine Tante besuchen, sie hat wichtige Papiere, sie erwartet mich.« Ich muß in Wittenau sein, dachte ich, in Wittenau ist die Irrenanstalt, es ist nicht mehr weit bis Berlin. Der Irre blieb stehen, reckte seinen Hals, knallte mit seiner Stirn an meine Stirn, flüsterte beschwörend: »Meine Tante hat alle Papiere.« Er rannte hinter mir her, stolperte über seinen wehenden Kittel, fiel hin, rief: »Meine Tante, sie hat die Papiere.«
An der Ecke reparierten zwei russische Soldaten einen Telefonmast, ich hinkte auf die andere Straßenseite, sie legten Draht und Hammer auf den Boden, kamen auf mich zu, sagten: »Frau, komm.« Meine Mohnkerne hatte ich gegessen, ich schielte sie an, sabberte ein bißchen, es störte sie nicht, »Frau, komm«, sagten sie beharrlich. Ich rannte, sie schossen hinter mir her, brüllten »Stoj«, ich rannte, bis ich die ersten Hausstümpfe sah. Berlin, dachte ich, ich hab's geschafft. Ich setzte mich auf einen Rinnstein, sah Frauen mit Kopftüchern und Wassereimern, alte Männer mit schlotternden Hosen, sah sie zwischen Trümmern kramen, sah sie Steine abklopfen, warme Welle stieg hoch, umfing mich, umarmte. Vertraut war es, geborgen, wie in Großvaters Laube, wie warmes Bett mit Kuhle vor rotglühendem Herd, Wind klappert mit der Ziegenstalltür, Apfelbaumzweige streichen übers Dach.
Abends war ich in Wilmersdorf, Stiefvater stand hinter dem Ladentisch, klopfte krumme Nägel gerade, er starrte mich an, sein Kinn wackelte, sein Mund zog sich zusammen, seine schwieligen Hände wühlten in zerfranster Hosentasche. Er setzte sich neben die alte Ledernähmaschine, sagte immer nur: »Hildekind, mein Gott, Hildekind.« Er weinte, ich stand unter dem Bild von Hans Sachs, wollte ihn trösten, wußte nicht, wie. »Hast du von Mutter gehört?« Er schüttelte den Kopf, wischte mit einem dreckigen Lappen übers Gesicht, sagte: »Großvater wartet in Nummer acht.«
Nachts saßen wir auf dem Treppenabsatz vor der Korridortür,

hörten Großvater schnarchen, er sagte: »Meine Hände haben mich gerettet, ich hab' sie ihnen hingehalten, Raboti hab' ich gesagt, sie haben sie angefaßt, gesagt: Ja, du Raboti – ein paar Männer im Keller haben sie erschossen, Familie Bartsch, die mit der Tochter, haben Selbstmord gemacht, sie haben die Frau und die Tochter geholt, immer wieder, Mutter Blocken auch.« Er stand auf, tastete den halben Treppenabsatz hinunter, hustete qualvoll trocken, kam wieder herauf, setzte sich. Er schien nachzudenken, räusperte sich, fuhr mit dem Zeige- und Mittelfinger zwischen ausgefransten fleckigen Kragen und dürren Hals, sagte: »Sie sagen, die SS hätte bei ihnen auch so gehaust, aber wenn sie sich nun nicht so benommen hätten, ich meine, wenn die Russen nun nicht auf Rache und Aug um Auge gemacht hätten, Kind, ich sage dir, ganz Berlin wäre übergelaufen, die wären jetzt alle Kommunisten. Sieh mal, ich war einer, ich hab' richtig drauf gewartet, daß sie kommen, aber jetzt ...« Er rieb seine Nase, seinen kahlen knochigen Kopf, »ja, jetzt bin ich gar nichts mehr.« Er hustete wieder, sagte: »Weißt du, der olle Bismarck hat schon immer gesagt, Rußland und Deutschland, die gehören zusammen – na ja.« Er stand auf, schob die zerlöcherte Wohnungstür an den schiefen Rahmen, legte sich auf den Boden, sagte: »Ach, deine Schulfreundin, die Lange aus der Wexstraße, die in deiner Klasse war, die hat sich aus dem Fenster geschmissen. Sie kommen immer noch nachts, wenn sie betrunken sind. Bleiben kannst du nicht, Wasser haben wir auch nicht, nur den Brunnen in der Prinzregentenstraße, aber ich hab' noch Brot, ich geb' dir was ab, das Zimmer haben wir gekriegt, weil die Leute geflohen sind.« Er seufzte, drehte sich auf die Seite, murmelte im Einschlafen: »Wenn ich bloß wüßte, wo du hingehen kannst.« Am Morgen stand Großvater auf, setzte sich auf den Stuhl, sah durch das Fenster auf die Straße, sagte: »Jetzt ist alles gut, ich warte nur noch auf Mutter.«

Ich lief nach Dahlem, in der Gelfertstraße wohnten Russen, im Keller einer ausgebombten Villa fand ich E. v. D.s Mutter und die Schwester Amalia, ich zeigte ihnen den Zettel, auf dem »Geh zu Viktor« stand, seine Mutter sagte: »Ja, das ist Ewalds Schrift.« Sie legte ihn sorgfältig zusammen: »Wir sind vergewaltigt worden«, fügte sie verachtungsvoll hinzu.

Schwester Amalia zupfte an ihrer Haube, flüsterte: »Sagen Sie doch das nicht vor dem Kind.«

»Sie sind wie die Tiere«, sagte seine Mutter unbeirrt, »die ersten, die in den Keller kamen, waren noch annehmbar, das waren wohl die Elitetruppen, aber dann ...« Sie seufzte, sah an die Decke, »Tiere, anders kann man es nicht nennen, der jungen Frau im Nebenhaus haben sie die Hand zerschossen; sie wollten Kartoffeln waschen und warfen sie in die Toilette, dann zogen sie an der Spülung, die Kartoffeln waren natürlich weg – Sabotage, brüllten sie und schossen herum. Das lächerliche war, wir hatten kein Wasser mehr, nur in dem Spülbehälter hatte sich noch etwas angesammelt, Sabotage!! Es ist unglaublich, daß sie nicht einmal eine Toilette erkennen, schreien immer Kultura und sind gänzlich unzivilisiert.« Sie legte sich auf eine Matratze, Schwester Amalia deckte sie zu, flüsterte: »Sie dürfen sich nicht aufregen.« E. v. D.s Mutter nahm wieder den Zettel, sagte: »Oft hielt ich Ewalds Ansichten für übertrieben, aber mein Gott, wie recht er doch hatte.«

Am nächsten Mittag war ich am Branitzer Platz, rief: »Bongi!« Im ersten Stock wurde eine Balkontür geöffnet, ich sah rotes Haar, schwarzen Pudel, hörte »Kind«, sah Tränen in den Blitzeblauen, sah sie laufen über abgemagertes Gesicht. Sie kam auf die Straße, umarmte mich, ich sagte: »Was nu?« Sie fing an zu lachen, hörte nicht mehr auf, im Haus schlug eine Tür, sie sagte: »Im Erdgeschoß wohnen russische Offiziere, ich kann dich nicht hierbehalten!« Abends stand ich vor Viktor de Kowas Haus. Auf dem Dach wehte eine japanische Fahne, eine Grauhaarige mit Küchenschürze zupfte an einem Beet, kam über den Kiesweg zum Tor, fragte »Sie wünschen?« – »Ich möchte Herrn de Kowa sprechen«, murmelte ich zaghaft. Sie betrachtete mich mit Wellensittichaugen, blinkte neugierig. »Einen Augenblick, bitte«, flötete sie. Ich setzte mich auf den Boden, sah hoffnungsvoll auf das verschachtelte, achteckige Haus, knipste Läuse, hörte leise Schritte; eine sanfte Stimme zwitscherte fragendes, langgezogenes »Ja?«. Ich stand auf, sah in wunderschönes lächelndes, asiatisch unergründliches Gesicht. »Ich komme von Ewald von Demandowsky«, sagte ich, »ich habe Ruhr und Läuse und keine Papiere.« Zierliche Augenbrauen schnellten hoch, blieben hoch. Ich stand in der Diele, die Wände waren mit Stoff bespannt, Sesselchen standen auf Teppichen, sie brachte einen Kimono, nahm meine Sachen, warf sie in den Hof, ließ Wasser holen, ließ es wärmen, in eine Wanne gießen, es war das erste Bad seit drei Monaten.

Wir saßen in der Bibliothek, Viktor de Kowa betrachtete seine Hände, stocherte in einer Kerze, ließ Zunge hinter geschürzten Lippen von Mundwinkel zu Mundwinkel kreisen, hielt seinen schönen Kopf gesenkt, lauschte andächtig. Ich erzählte. Als ich fertig war, stand er auf, reckte sich, knöpfte seine Jacke, sprach ein säuberlich akzentuiertes »Potz Blitz«, schritt zur Tür, drehte sich, sah mich an aus großen grauen Ernsten, fügte hinzu: »Ich werde Sie Mechthild nennen, ich finde, Mechthild paßt zu Ihnen.« Michi de Kowa lächelte, schwarze schmale Augen sahen mich an, glaubten nichts. Zwanzig Jahre später saß sie in einem Berliner Nachtklub, eine Kerze flackerte zwischen uns, sie nippte Louis Roederer, rief über den Lärm einer Beatplatte: »Ich dachte damals, du seist ein Werwolf, ich hatte Angst, dich wegzuschicken.«

Im ovalen Eßzimmer am ovalen Tisch saßen Günther Lüders, Karl Schönböck, ein lettischer Schauspieler namens Dohnberg, aus finsterer Ecke keifte Frau Müller: »Frau Müller.« – »Der Papagei wünscht vorgestellt zu werden«, sagte Viktor. Es gab Gemüsesuppe und Brot. Sie nahmen mich auf, taten, als wäre ich schon immer bei ihnen gewesen.

Ich lag zwischen weißen, gebügelten, nach Sonne duftenden Tüchern, wollte nicht einschlafen, wollte Duft, Sauberkeit, stille Uneinsamkeit im großen schlafenden Haus einatmen und behalten. Wie weit alles ist, wenn man laufen muß, dachte ich noch. Gedanke, den ich nie mehr verlieren konnte.

Vor dem Frühstück stand ich an der Eßzimmertür, vernahm qualvolles Ächzen, öffnete zögernd, sah Frau Müller auf Hundenacken reitend, in Cockerspaniels Halsband verkrallt um ovalen Tisch preschend, obszöne Laute in wehendes Ohr stoßend, den quelläugig Gehetzten erbarmungslos anfeuernd. Nach zehn Runden hüpfte Frau Müller auf den Käfig, blinzelte träge aus übelblickendem Auge, krächzte: »Guten Morgen, Mechthild.« Karl, genannt Schampi, Schönböck trat niesend durch die Tür, sah entkräfteten Hund, schnüffelte nasal: »Ahh, die Turnstunde ist beendet.« Michi trippelte herein, zirpte: »Guten Morgen, meine Lieben«, und »Ja-ja, die Tiere.« Günther Lüders pendelte haareglättend auf den Tisch zu, fand meine Sprachlosigkeit ob Frau Müllers Gebaren erheiternd, prustete, ließ ein dröhnendes Hoh Hoh Hoh hören, welches von Frau Müller auf fatale Weise nachempfunden und wiedergegeben wurde. Günther verstummte, setzte sich, blickte indigniert in Richtung Käfig.

Michi machte mich befangen. Frauen machen mich befangen. Männer waren Freunde geworden. Meine Beziehung zu Männern wurde auf der Flucht, in der Gefangenschaft und durch Großvater geprägt. Die Selbstverständlichkeit und Vertrautheit, die aus gemeinsamer Angst, Erschöpfung, Hilflosigkeit, aus dem Zusammenleben resultierte, brachten mir später nicht enden wollende Schwierigkeiten und Mißverständnisse ein. Besonders in Amerika, wo Männer niemals Freunde der Frauen waren oder werden, wo das Mann-Frau-Problem, aus Pionierzeiten beibehalten und gezüchtet, zur unwiderruflichen Teilung führte, zu einer Begrenzung, an der die Frauen nicht unschuldig sind. Sprach ich mit amerikanischen Männern, überschritt ich im Gespräch das annehmbare Kichermaß, wurden sie mißtrauisch, ratlos-verängstigt, erwogen mögliche Frigidität, hielten mich für gefährliche, die Spielregeln mißachtende Blaustrümpfige, die aus war, Politisches oder gar Finanzielles zu erforschen. Die Vertrautheit verstärkte sich durch Filmarbeit, durch Atelierbelegschaften, die zu neunzig Prozent aus Männern zusammengesetzt sind. Doch entscheidend war die Gefangenschaft, in der der Mensch den Menschen suchte, nicht der Mann die Frau oder umgekehrt. Das Mann-Frau-Suchen blieb noch den Siegern überlassen.

»Guten Morgen, Viktor, guten Morgen, Viktor!« schrie Frau Müller, schlug begeistert mit ruckartigen Bewegungen Kralle an gebogenen Schnabel. Viktor schritt an seinen Stammplatz, sprach: »Ei der Daus, welch schöner Tag«, setzte sich, untersuchte ein Hühnerei. »Wie geht es unseren lieben Hühnern?« fragte er, Endsilben peinlichst prononcierend. »Gut gut«, schirpte Michi, »der Hund macht sie manchmal nervös.« Er klopfte die Schale auf, drehte sich zur Tür, rief, um auch in der Küche verständlich zu sein: »Nur weil wir besetzt sind, müssen Sie die Eier nicht russisch kochen.« Schampi schniefte, trommelte auf verstopften Nasengang, sagte: »Ich habe fabelhaft geschlafen, und wie geht es unserer Mechthild?« Ich sprudelte Dank der Nachfrage und Dank überhaupt und prächtig und gar nicht mehr gewußt, wie das ist in einem Bett schlafen und Frühstück essen und nochmals danke. Mein Wortschwall wurde beifallnickend aufgenommen, Viktor sagte in die darauf folgende Stille: »Mechthild darf den Garten nicht betreten, es wäre nicht gut, wenn die Russen sie sähen, außerdem müssen wir Papiere beschaffen.« Dohnberg, auch Donschi genannt, platzte Vergebung heischend in nachdenklich kauende Runde. Günther und Schampi erhoben sich, eröffneten im Chor: »Wir gehen jetzt Wasser holen!« Donschi sah vergrämt in die Tasse, sein Gesicht von Schlaf und Leben in Falten gelegt, murmelte er: »Rustikales Naturvolk die Russen, haben nur Interesse an Weibern, etwas Bezauberndes wie mich übersehen sie glatt, die Primitivlinge.« Viktor beugte sich zu Michi, sprach: »Herz meines Herzens, die freudlose Leere unserer Wände betrübt mich, was hieltest du davon, wenn wir den Monet aus dem Keller holten?« Er packte ihn liebevoll aus, hing ihn über die Anrichte, staunte ihn dankbar an. »Dürfte ich Sie einen Augenblick sprechen?« flüsterte ich, die Andacht unterbrechend. Wir gingen in die Bibliothek, ich sagte: »Wenn Sie mir Papiere besorgen könnten, möchte ich nach Biesenthal zurückgehen, ich kenne den Weg, vielleicht käme ich durch. Ich will Ewald von Demandowsky zur Flucht überreden, bevor es zu spät ist, bevor sie nach Sibirien kommen. Die Stalingrader könnten mir helfen.«

Viktor stand auf, legte Fingerspitzen aneinander, ging mit gleichmäßig knappen Schritten zum Schreibtisch, machte knappe Wendung, ging zum Kamin, von dort zum Fenster, wiederholte die Wanderung, schien meine Anwesenheit vergessen zu haben, setzte sich endlich, strich Augenbrauen, sagte: »Liebe Mechthild, Ihr Vorhaben ehrt Sie, ich werde es auf keinen Fall unterstützen, wie sehr ich auch Ewald als Freund schätze. Sie sind jung, Sie werden Ewald von Demandowsky vergessen, und zwar sehr bald. Schreiben Sie auf, was Sie erlebt haben, das versöhnt und beschäftigt, und versuchen Sie nicht heimlich wegzugehen.«

Schampi und Günther kamen mit vollen Eimern den Hügel heraufgekeucht, ich sah Viktor mit ihnen sprechen, sah Schampi vergnügt schniefend auf mich zukommen. Sie ließen mich nicht mehr aus den Augen, blieben in meiner Nähe, bewachten mich unauffällig, wie sie annahmen. Am Nachmittag bot ich Wasserträgerdienste an. Schampi besah das Gelände, sagte: »Ich seh' keine Russen, wir können es wagen.« Wir gingen über die große Straße. In einem Schrebergarten stand eine Pumpe, wir füllten die Eimer, kamen zurück. Viktor rief von der Terrasse: »Mechthild muß sofort in den Keller!« Sie schoben einen Schrank vor die Tür, ich hörte Dohnbergs aufgeregte Stimme, hörte schwere Schritte, Rufe und Schüsse. Dann war es still. Lange hörte ich nichts, dann ein Scharren. Michi stand in der Tür, sagte: »Komm, wir wollen Tee trinken.« Schampi saß in der Diele, raunte: »Sie haben uns gesehen, waren betrunken, wollten blonde Frau, haben auf Viktor geschossen, waren zu betrunken, um zu treffen.« Er brach ab, nieste herzzerreißend. Viktor zupfte an seinen Manschetten, trank Tee, die Wand hinter ihm war durchsiebt, der Monet-Rahmen zersplittert, er nahm Michis Hand, sagte: »Herz meines Lebens, ich werde jetzt meinen putzigen Körper zu einem kleinen Schläfchen niederlegen.«

Viktor zelebrierte alles, nur nicht seine Heldentaten, seine Güte, seine Hilfsbereitschaft.

Die Vorräte waren zu Ende, Günther und Schampi reparierten Fahrradschläuche, klopften Speichen, fuhren ausweisbeladen, in der Hoffnung, Tauschfreudige zu finden, zum Brandenburger Tor: Schuhe gegen Mehl, Bratpfanne gegen Rucksack, Eipulver gegen Fahrradpumpe, Teekanne gegen Trockenerbsen, Graupen gegen Perserbrücke ... Schampi kam allein mit magerer Beute, Günther war verschwunden. Wir saßen auf mondbeschienener Terrasse – die Sperrstunde war überschritten – und sahen ihn verschleppt, in Lagern, auf dem Weg nach Sibirien. Viktor sagte: »Morgen früh gehe ich zur Kommandantur.« Muh machte es hinter uns. Eine schwarz-weiß gefleckte Kuh sah uns an, kaute geistesabwesend, trug eine zerfledderte Strippe um den Hals, an deren Ende Günther hing. »Ich habe einen neuen Mieter mitgebracht«, sagte er.

Ein Trupp russischer Soldaten, der eine brüllende Kuh mit sich führte, hatte Interesse an Günthers Fahrrad gezeigt. Sie nahmen es ihm ab, überließen ihm erleichtert die Melkbedürftige. Im Melken ungeübt und auch ohne Eimer, blieb ihm nichts anderes übrig, als die Milch an mit Töpfen und Kannen Herbeieilende abzutreten. Wir glaubten an eine Fügung, sahen uns Milchsuppen kochen, Butter stampfen, Quark essen. Am nächsten Morgen betraten zwei russische Offiziere und drei Soldaten Viktors Grundstück, behaupteten, die Kuh sei gestohlen. Nach endloser Verhandlung, von Viktor geführt und von Donschi übersetzt, verzichteten sie auf militärgerichtliches Verfahren, verließen uns, die Liebgewonnene mit sich führend.
Michis akkubetriebenes Radio war die Verbindung zur Außenwelt; es wurde ängstlich gehütet, umsorgt und nur für Minuten angestellt. An einem Mittag im Juli hörten wir statt der üblichen russischen Militärmusik unverkennbar westlichen Swing. Entgeistert sahen wir auf den schwarzen Kasten. Zwei Stunden später hielt ein Jeep auf dem Kiesweg, ein Mann in einer mir nur aus Wochenschauen bekannten Uniform verlangte Frau de Kowa zu sprechen. Ich sah Michi die Treppe hinunterstürzen, sah sie den Mann umarmen, in Tränen ausbrechen, hörte sie »Percy, how wonderful, how absolutely wonderful!« sagen. Michi, aus berühmter japanischer Familie stammend und seit Jahren in Europa lebend, hatte zahllose Freunde in vielen Ländern, Freunde, die sie auch während der Kriegsjahre nicht vergessen hatten. Einer davon war General Montgomery. Er hatte jenen ebenfalls befreundeten Percy, der Korrespondent für das amerikanische LIFE-Magazin war, zu den de Kowas geschickt, mit der Frage, ob und wie er behilflich sein könnte.
Wenige Tage nach diesem Wiedersehen und dem Einmarsch der Engländer, Amerikaner und Franzosen, die sich mit den bereits anwesenden Russen die Stadt wie einen von Kinderhand geschnittenen Geburtstagskuchen teilen sollten, war Viktor Civilian Director der Army Welfare Services Berlin Showboat. Außerdem wurde ihm eine Lizenz erteilt, die »Tribüne am Knie« als erstes Theater zu eröffnen. Die Russen hatten unseren Sektor verlassen, die Offiziere kamen nur noch besuchsweise, so auch zu unserer Premiere. Wir hatten geputzt und gehämmert, russischen Kot aus dem klapprigen Bühnen-Bechstein entfernt, aus Laken Abendkleider genäht, von Viktor umgedichtete Wilhelm-Busch-Verse gelernt. Ich durfte ansagen. »Eins, zwei drei, im Sauseschritt läuft die Zeit, wir laufen mit ...« begann ich, und damit der Reigen der großen Stars, die mehr oder weniger verhungert bei Kerzenlicht Gedichte aufsagten, Klavier spielten, Lieder sangen oder tanzten.

Michi hatte einen Astrologen zu Rate gezogen, der nur Gutes zu melden wußte. »Ihre Mutter lebt«, sagte er zu mir, »Sie werden bald von ihr hören.«
Vor der Premiere kam eine Frau auf einem verrosteten Fahrrad, brachte mir einen Brief von meinem Großvater.
In Else Bongers' Haus wohnten jetzt Engländer, sie waren höflich und distanziert, ließen ihre Zigaretten herumliegen, zeterten, daß der Hauswart sie bestohlen. Sie benahmen sich wie irritierte Kindergärtner, die es aufgegeben hatten, ihren Zöglingen Manieren beizubringen. Die auf Militärbehörden und Straßen gezeigte Verachtung traf uns nicht, ihr bloßes Vorhandensein war einer Befreiung gleichgekommen. Bei Else Bongers meldeten sich wieder Schauspieler, Schauspielschüler, Schriftsteller, Regisseure, unter ihnen eine Journalistin namens Edith Hamann, die jeden Dazukommenden mit »Wer ist tot?« begrüßte, was niemanden verwunderte, da die Überlebenden in der Minderzahl. Mit der verspäteten und schon nicht mehr erwarteten Ankunft der westlichen Alliierten wurden die Ruinen nicht zu Häusern, die Verschollenen nicht gefunden, die Toten nicht lebendig, die Ängste nicht vergessen, die Hungerödeme nicht geheilt, die Rattenhorden nicht verbannt – aber für mich und für meine bis auf kümmerliche Reste reduzierte Generation öffnete sich, wenn auch zaghaft, das Buch mit sieben Siegeln –, es wurde erzählt, es wurden Schicksale aufgedeckt und Geheimnisse preisgegeben, ein unübersehbarer Wust von Fragen tauchte auf: Wer ist wer, wer war wer, wann war wer was und ist er und war er, was er sagt? Erlöst konzentrierte ich mich auf den neuen Ausbruch der Ruhr, beschäftigt mit der einzigen Tätigkeit, die ich gelernt hatte: das Überleben, und zum Überleben gehörte auch das Theater. Der Regisseur Karl Heinz Martin hatte mich in der »Tribüne« gesehen, bot mir zwei Rollen in geplanten Inszenierungen an, Viktor sagte: »Du nimmst das Angebot an, ich werde dich umbesetzen, zwei Rollen sind besser als eine Conférence.« Wieder hatte ich das Gefühl, mich freuen zu müssen, und konnte es nicht; zu Recht, wie sich herausstellte, denn ich wurde von den Militärbehörden verboten – Begründung: Bekanntschaft mit E. v. D. und die Flitterwochen zwischen Friesack und Biesenthal. Nach wenigen Tagen wurde ich ohne Begründung wieder zugelassen, der Wankelmut der unablässig wechselnden Herrscher war nicht neu, ich unterließ es, Näheres zu erforschen. Vier Jahre später, als ich aus demselben Grund einen amerikanischen Filmvertrag verlor – diesmal dank der Intervention von Kollegen, denen es gelungen, die alte Akte hervorzuzerren –, einen Vertrag, der mich für eine Rolle an der Seite des von mir so sehr verehrten Montgomery Clift verpflichtete, erfuhr ich, daß

Viktor de Kowa und Else Bongers die Militärbehörde heimgesucht, nachdrückliche Worte gesprochen und meine Zulassung bewirkt hatten. Ich erfuhr auch, daß Else Bongers verheiratet war, daß ihr politisch aktiver Mann 1933 geflohen, daß er in Shanghai lebte, daß sie bis 45 Deutschland nicht verlassen durfte, als Pfand sichergestellt, um den Ehemann von weiteren politischen Taten abzuhalten. Daß ihr Schwiegervater Regierungspräsident gewesen war und, von den Nazis halb blind geschlagen, viele Jahre in einem Konzentrationslager zugebracht hatte.

Mit dem Beginn der neuen Proben verließ ich das de Kowasche Haus. Sie hatten mich entlaust, gefüttert, bewahrt, gerettet, Papiere besorgt, Rollen verschafft, es war an der Zeit, meine Dankbarkeit zu zeigen, indem ich Bett und Tisch anderen Bedürftigen überließ. Das Haus in der Gelfertstraße war frei, ich hatte eine Bleibe, wenn auch keinen Schimmer, wie ich mich ernähren sollte, die Gage hatte Tapetenwert. Am letzten Abend drängte ich mich durch um Viktor gescharte Engländer, Amerikaner, Franzosen, ging auf die Terrasse, nahm Abschied, sagte ein Dankeschön in den finsteren Himmel hinauf. Jemand sagte: »Vous êtes très belle.« Mein Schulfranzösisch fühlte sich nicht angesprochen, ich schwieg. Ich erkannte eine russische Uniform, Orden und Ehrenzeichen, Generalsstreifen, ein freundliches Gesicht mit dunklen Augen. »Merci«, sagte ich nach heftigem Nachdenken und verschwand. Michi hielt mich fest, flüsterte: »Schneid uns ein paar Scheiben Brot, ich wollte es eigentlich für morgen früh aufheben, aber sie haben Alkohol mitgebracht, und auf den leeren Magen, na du weißt schon.« Ich nahm eine Kerze, ging in die Küche, setzte mich hin, schnitt Hauchdünne.

Hier ist doch jemand – denke ich, seh mich um, seh nichts, höre atmen, steh auf, nehm Küchenmesser in die Rechte, sehe meinen Vous-êtes-très-belle-Russen. Der steht an der Tür, sagt diesmal gar nichts, guckt nur so, den nationsverneinenden Blick, vom Muschik zum General. Ich knall das Küchenmesser in den Tisch, der Holzgriff wackelt, langsam kommt er auf mich zu, aufgehalten von Tisch und Messer, stehen wir, sehen uns an. Brüllen geht nicht, denke ich – Umbringen auch nicht – Vergewaltigen auch nicht – Ausreden kaum und mit Merci schon gar nicht. Er kommt um den Tisch herum, ich zieh am Messer, es steckt, er lächelt milde, greift nach Kopf und anderem. »Das ist eine Gemeinheit, eine niederträchtige Gemeinheit«, kreischt eine weinerliche Stimme, »du klaust mir diesen russischen Himmelsmenschen, das hätte ich nie von dir gedacht.« In der Tür steht Donschi, fährt über tränennasses Gesicht, sucht Halt, inneren und äußeren. Mein General verläßt Küche und Haus, ich gehe zu Donschi, will Hände schütteln,

sage: »Du hast mich gerettet.« Er schlägt auf die Dargebotene, zischt »Du Sau«, verläßt mich ebenfalls.
Ich grub den Mumiendeckel aus, eine Ecke seines Kopfschmucks hatte er eingebüßt, aber er lächelte nachsichtig-geheimnisvoll, nahm Geschehenes nicht übel. »Was du machen?« rief ein langbeiniger Kauender über den Zaun; zwei Amerikaner kamen durch die Gartentür, nahmen den Mumiendeckel, betrachteten ihn mißtrauisch. »Ich wohne hier«, sagte ich. Der andere war klein, dunkelhaarig, stampfte mürrisch eine halbgerauchte Zigarette in den Boden, sagte in überraschend akzentfreiem Deutsch: »Das Haus ist beschlagnahmt, Fräulein, Sie können einen Koffer mitnehmen, in zwei Stunden müssen Sie draußen sein.« – »Ich habe einen Onkel in Chikago«, sagte ich hoffnungsvoll, aber er hörte nicht hin. »Es ist doch schon Sperrstunde, ich darf gar nicht auf die Straße«, rief ich noch, er zuckte die Achseln, ging durch das Wohnzimmer in die Küche. E. v. D.s Mutter und Schwester Amalia nahmen ihre Bündel, zogen wieder in den Keller der ausgebombten Villa.
Wir spielten »Raub der Sabinerinnen« im Renaissance-Theater, probierten am Tag den »Kammersänger« mit Hubert von Meyerinck, zwischen Probe und Vorstellung kam ein Knabe, den »Roten Radlern« zugehörig, einer radfahrenden Vereinigung, die Bahn-, Post- und Telefonersatz war, sagte: »Der Herr Barlog sucht Sie, Sie sollen mal vorbeikommen, er wohnt jetzt in Lichterfelde.«
Er stand im Garten, biß in eine Tomate, eine Saftfontäne schoß kerngetränkt durch die Luft, ließ sich auf den emporragenden Haarantennen nieder. »Da biste ja«, schrie er, »Mensch die Kleene, willste ne Tomate, allet was wa ham sind Tomaten.« Er zeigte auf seinen Tomatengarten und stellte mich Herta, seiner Frau, vor. »Na, die Scheiße hättn wa hinta uns«, sagte er tomatenreichend. Herta lächelte milde, blinkte mit großen Katzenaugen. »Also ick mach Theata, ick krieg ne Lizenz« – dabei sprudelte es nachdrücklich – »fürs Schloßparktheata in Steglitz, wir können im November anfangen. Also Schauspieler jibt's ja, aber Näjel, Mensch, wir brauchen Näjel, für die Dekoration und überhaupt. Ick hab jedacht, du könnst n Prolog sprechen von Joethe, und denn spieln wa als erstes ›Hokuspokus‹ vom Joetz. Machste mit?« Ich nickte begeistert. »Wo wohnstn?« – »Gar nich, kann ich heute nacht vielleicht hier . . .?« Er schickte mich zu Hilde Körber, sagte: »Die hat bei den Amerikanern n Stein im Brett, die hat ne jroße Wohnung und wird auch nich beschlachnahmt.« Ich ging hin, sagte: »Ich komme von Barlog.« Es war wie Sesam öffne dich, ich durfte bleiben, vierzehn Tage lang, bekam Brot und Suppe und Bett und Zuhausegefühl.
Mutter hatte den auf Landstraßen hin und her Ziehenden Briefe

mitgegeben, einer war durchgekommen. Sie schrieb: »Ich stehe an Kreuzungen, frage, was war in Wilmersdorf, in Zehlendorf, sie sagen, viele sind tot, sind vergewaltigt, ich habe kaum noch Hoffnung, Euch wiederzusehen. Ich versuche Papiere zu bekommen, ich möchte nach Berlin zurück, alle sagen, ich sei verrückt, weil es in Berlin überhaupt nichts mehr zu essen gäbe und Typhus und Ruhr herrsche. Es ist mir egal, ich muß Euch finden. Uns ist nichts passiert, die Kämpfe waren zwar schlimm, aber wir haben sie überlebt.«

Hubert von Meyerinck kam in unsern Garderobenschlauch, schrie: »Gott, bin ich nervös, Premieren machen mich wahnsinnig, das ganze Parkett voller Amerikaner und Engländer und Franzosen, verstehen sowieso kein Wort, die Armen. Übrigens, heute sind wieder neue Amerikaner angekommen, standen am Roseneck, fummelten mit ihren Pistolen, standen auf der einen Seite, wir auf der andern, sie guckten uns an, drehten ihre Pistolen, Kinder, absolute Kinder, aber sie sehen aus: faaabelhaft, solche Schultern« – er streckte die Hände, Klavierbreiten andeutend – »und solche Hüften« – er führte sie zu Streichholzschachtelformat zusammen – »faaabelhaft, besonders der eine Blonde.« Der Inspizient brüllte: »Fünf Minuten«, Hubsi ging augenrollend hinaus. Meine Rolle verlangte laut Wedekind einen amerikanischen Akzent, ich mümmelte also, wie einstudiert, nach der Vorstellung wurde das Mümmeln verboten, ich hätte ohne Akzent zu spielen, es wäre eine Verhohnepiepelung der Besatzungsmacht. Ich übte den ganzen Tag ohne Akzent, kam hoffnungsvoll ins Theater, fand einen gebrochenen Meyerinck vor: »Was sagt ihr«, rief er, die Arme zum Himmel streckend, »was sagt ihr, ich komme nach Haus, da steht doch dieser herrliche Blonde vom Roseneck, ich denke, mich trifft der Schlag, also dieser Traum steht da, kaut Kaugummi, das ist ja nun weniger attraktiv, also er sagt: Ihr Haus ist beschlagnahmt.« Er sah uns an, stöhnte: »Ist das nicht grauenvoll?« Herr Raeck, der Theaterleiter, schritt durch geschlossenen Vorhang, hatte weiße Nase und grünlich Verfärbtes ringsrum, sagte: »Ich muß Ihnen mitteilen, daß das Theater soeben beschlagnahmt wurde, wir dürfen nicht mehr spielen.«

Ich hatte ein Fahrrad, eins von Hilde Körbers Sohn, und den Mumiendeckel. Mein Kiefer eiterte, die Ruhr kündigte neues Gastspiel an, ich suchte Dr. Rode, fand statt Haus Trümmerfeld, fand einen Zettel zwischen Steinen mit neuer Adresse.

Er sagte: »Es tut jetzt weh, ein bißchen«, in der Ecke stand ein junger Mann in Zivil – vergessener Anblick, die Jungen waren tot oder in Gefangenschaft –, aber der da stand, hatte eine leere Zigarettenspitze zwischen den Zähnen, sprach russisch mit Dr. Rode.

Aha, wollte ich denken, aber da tat's weh, und ich dachte gar nichts. Der Junge hieß Mischa Schewatowsky, er gab mir einen Kanten Brot und drei Zigaretten, fragte: »Haben Sie eine Bleibe?«
Meine Backe war dick, ich sah den Rode an, der lachte, sagte: »Nein nein, das ist ein Freund, der wohnt schon seit Jahren in Berlin.«
»Kurfürstendamm Ecke Leipnitzstraße soll eine Pension sein, mit ein paar Zigaretten bekommen Sie vielleicht ein Zimmer«, sagte der Schewatowsky. Auf dem Weg wurde ich ohnmächtig, als ich aufwachte, war es dunkel, ein magerer Jüngling mit sanften grauen Augen und abstehenden Ohren saß neben mir, hielt mir eine Tasse vor die Nase, sagte: »Nun trinken Sie erst mal was.« Er hieß Ricci Blum, besaß außer der Tasse und dem Sofa, auf dem ich lag, einen Fotoapparat und die Fähigkeit, in C-Dur Klavier zu spielen. Tagsüber fotografierte er Engländer und Amerikaner fürs heimatliche Familienalbum, abends spielte er in einer Kneipe – die sich »Don Juan« und »Club« nannte – von »It's a Long Way to Tipperary« bis »In the Mood« alles, was das Besatzerherz begehrte, dafür gab's Kaffee, Suppe und manchmal Zigaretten. Die Kneipe war »Off Limits«, was hieß, daß Deutsche unerwünscht, ausgenommen die dort emsig rotierenden Mixer, Klosettfrauen, der Alleinunterhalter Ricci und ein Wiener Trumm, der als Dame verkleidet die »Lustige Witwe« sang; sein Name war Marcel André, wie er außerdem hieß, wird keiner je erfahren. Ricci nahm mich mit, sagte: »Um elf kriege ich Suppe, da kann ich Ihnen was abgeben.« Den kontrollierenden englischen Sergeanten informierte er, daß ich seine Schwester sei, die die Noten umblättern müsse; daß er keine lesen konnte, behielt er für sich. Um zehn war es voll, um zwölf standen sie um das Klavier, sangen gläserschwenkend, die Amerikaner riefen: »Hallo Fraulein«, wobei das »Fraulein« große Schwierigkeiten zu bereiten schien, wiederkauende Mundbewegungen, Murmeln in der Kehle. Die Engländer lehnten verhalten mit indiengeschulten Sahib-Mienen an Bar und Wänden.
Morgens, nach der Sperrstunde, zog ich ins »Ida«, es war ein bis auf zwei Etagen abgebranntes ehemals vierstöckiges Mietshaus mit handtuchbreiten Zimmern, in denen je ein sprungfederkrankes Sofa stand; es gab keine Fenster, keine Bettdecken, keine Wäsche, kein Wasser, kein Licht, aber es gab eine Küche mit altersschwachem Kochherd, um den sich in den Vormittagsstunden die Augsburger-Straße-Nutten scharten. Auf der Platte lagen Brennscheren, Brotscheiben und Cornedbeefbüchsen. Nachdem meine Mitmieter festgestellt hatten, daß meine beruflichen Interessen nicht mit den ihren kollidierten, gaben sie mir vom nächtlich Erarbeiteten ab. Eine wogende Rothaarige feilte ihre Nägel und ver-

kündete in die morgendliche Eintracht: »Ick hab jestern ne Penicillinquelle uffjerissen.« Abgenagte Federn auf grünen, roten, violetten Morgenröcken flatterten, Stimmen überschlugen sich, Herdringe schepperten, die Ampullen wanderten von Hand zu Hand, die Aufregung machte weihevoller Rührung Platz. Die milchige Flüssigkeit, für rechtschaffen erschlafenes Geld erworben, erwies sich später als in Wasser aufgelöstes Mehl; um den Herd vereint, schworen sie Rache.

Von nun an hatte ich die Wahl zwischen Riccis Suppe plus schlafloser Nacht auf Klavierbank und »Idas« verbeultem Sofa minus Suppe. Eines Morgens traf ich Sonja Ziemann, wir kannten uns von der Ufa-Schule, und sie erzählte, daß sie in einem Stück mit dem zeitnahen Titel »Liebe auf den ersten Blick« mitwirken solle. Zwei weibliche Rollen waren zu vergeben, eine war noch unbesetzt, ich bekam sie, und wir probierten in einem Wohnzimmer mit einem armen alten Regisseur, der ruhrgeplagt zwischen Toilette und Regietisch hin und her rannte. Die Aufführungen sollten in einem Kino an der Schönhauser Allee im Norden Berlins stattfinden. Bei der trübsinnigen Premiere saßen russische Offiziere und Soldaten in den ersten zehn Reihen, in den verbleibenden einige verängstigte Berliner. Als der Vorhang fiel, sprangen zwei russische Soldaten auf die Bühne, der Regisseur, der gerade von der Toilette kam, schrie »Achtung«, und wir hopsten durch das Garderobenfenster auf den Hof, krallten unsere Räder, rasten Richtung Charlottenburg; das Stück wurde bald abgesetzt, und meine Tätigkeit beschränkte sich auf Sonntage, an denen ich zwischen neun und zehn Stormsche Gedichte im russisch geleiteten Sender an der Masurenallee las, da der Strom mehr ab- als angestellt war, wurden meine Bemühungen um Endsilben nur vom Tonmeister und einigen Eingeweihten wahrgenommen. Ricci schlief bei seinen C-Dur-Variationen zu »Sentimental Journey« fast ein, er verbrachte die Tage auf dem Fahrrad zwischen Lübars und Kurfürstendamm, tätigte Tauschgeschäfte mit Bauern. Einmal brachte er eine Wurst mit, sie lag auf der Klavierbank, und wir warteten auf den Abzug der Whiskyseligen, um sie zu verschlingen. Ein volltrunkenes Riesenkind fand Gefallen an dem Kratzer auf meiner Nase, den ich seit der Garderobenflucht aufzuweisen hatte, zog mich von der Bank, rief: »Now you tell me what happened to your nose.« Der Sprache nicht mächtig und auch nicht bereit, Genaues bekanntzugeben, blickte ich hilfesuchend zu Ricci; der sich dermaßen übergangen fühlende Riese sah sich veranlaßt, ein »You goddam Germans« zu bellen, was keinen Anwesenden sonderlich verärgerte, um seinem Ausruf Nachdruck zu verleihen, schaukelte er mich mit Mammuthand. Ricci, der Dürre, unterbrach seine Darbietung, stand auf und schlug ihn k. o., die darauf folgende Keilerei wurde durch die Ankunft knüppelschwingender englischer Militärpolizei beendet, Ricci und ich turnten durchs Klosettfenster, rannten über Ruinenfelder, entkamen der Verhaftung, hinterließen eine Wurst.

Vor dem amerikanischen Hauptquartier OMGUS in Dahlem standen straffe Soldaten mit prallen Hintern und aufgepflanzten Gewehren. Vermickerter denn je angesichts dieser gesundheitsstrotzenden Lebensbejahung, schlich ich zwischen Jeeps und ernstblikkenden Limousinen zum Eingang. Deutsche Sekretärinnen in der Unerreichbaren Diensten gaben karg und kaum noch des Deutschen gewärtig Auskunft. Hier wurde entnazifiziert, nazifiziert, erfaßt, beglaubigt, überführt, bekundet, Wirres entworren, Unbegreifliches begriffen.
Auf den Fluren standen Bänke, auf den Bänken saßen Abgeschabte, Ungebügelte, Hungerödemige mit zerknirschten »Ich-mußte-ja«- oder mit trotzigen »Ich-hatte-nichts-damit-zu-tun«-Gesichtern. Sie schielten, innere Einstellungen vergessend, auf herumliegende Kippen wie Spatzen auf Pferdeäpfel.
Aufgerufen, betrat man das von einer uniformtragenden amerikanischen Sekretärin bewachte Vorzimmer. Meine telefonierte, sagte »Just a moment«, wedelte leuchtendrote Fingernägel trokken. Da weitere Sitzgelegenheiten nicht vorhanden, blieb ich stehen, betrachtete Kaffeetassen, Zuckerdosen, Karteikästen, hielt gebührenden Abstand ein. Ein makellos geputzter, doch zerstreut und von Verantwortung in Anspruch genommener Offizier betrat den Raum. Sie legte den Hörer auf, ließ ein beseeltes Lächeln erblühen, benetzte Lippen mit Zungenspitze, zupfte an Strumpfnaht und Rocksaum, schlug Beine übereinander untereinander, tupfte pedantisch geordnetes Haar, kniff ein Oberlid auf Unterlid, besagte mit Gekniffenem: Ich bin bereit oder ich weiß was du willst oder wir kennen uns so gut seit gestern abend oder wir kennen uns nicht gut genug oder in feindlicher Fremde zusammengeschweißt wird uns nichts mehr trennen oder: draußen sitzen dreißig »Krauts«. Ich folgte dem Zerstreuten, der, meinen Fragebogen schwenkend, im Nebenraum Platz nahm.
Ich brauchte Genehmigungen, Zulassungen, Gesundheitskarten; das Schloßparktheater lag im amerikanischen Sektor, statt englischer Behörde war die amerikanische Behörde zuständig, und eigenwillig, wie Behörden nun einmal sind, bestand sie darauf, eigene Ermittlungen anzustellen. Der anfänglich Im-Deutsch-starkbehindert-Scheinende wurde mit andauernden Fragen flüssiger, zum Schluß vergaß er sogar den Akzent. Mit rührender Liebe

zum Detail widmete er sich meinem ausgefüllten Fragebogen; daß ich den Paragraphen »BDM-Zugehörigkeit« mit »Nein« beantwortet hatte, bewirkte Ungutes. Den Oberkörper zurückgelehnt, mit Bleistiftende auf den Tisch pochend, würdigte er mich eines Blickes, Geste und Miene ließen wissen, daß er ein Informierter, Eingeweihter und auf keinen Fall Irrezuführender sei. Durch Verhöre in Biesenthal und Umgebung geschult, gab ich mich gelassen, obwohl starke Herztöne hinderlich wurden.

Das aus der Reihe tanzende »Nein« machte ihn verdrießlich, die dazugewonnene Verdrießlichkeit verschmolz mit der bestehenden; die bestehende resultierte aus der Verachtung ob meiner Nachlässigkeit, die mich daran gehindert, im siebenten Lebensjahr zu emigrieren, die Lage zu überblicken, eine Revolution in die Wege zu leiten, Widerstandsgruppen zu formen und mich statt dessen, die Umwelt schnöde negierend, dem Wachstum hingegeben zu haben. Ich hatte ihm nichts entgegenzusetzen.

Dergestalt begann dic Serie meiner Behördenbesuche, die zwanzig Jahre nicht abreißen sollte. Als ich fünfeinhalb Jahre nach jenem tristen Verhör amerikanische Staatsbürgerin wurde, fragte mich der Richter im Los Angeles Courthouse, ob ich mit erhobener Rechten schwören könne, niemals Mitglied der kommunistischen Partei gewesen zu sein – sein würde. Der zukunftsbindende Schwur erschien mir verfänglich, aber als Staatenlose, die ich damals war, unterließ ich es, meine Bedenken zu formulieren. Die Staatenlosigkeit kam einer Seuchen nach sich ziehenden Krankheit gleich. Auf Flugplätzen wurde man in Räume gesperrt, die ansonsten nur für Frachtgut vorgesehen, gesundheitlichen Kontrollen unterworfen, die – so ließ ich mir berichten – bei Razzien in Dirnenvierteln des Vorderen Orients üblich, bei Steuerforderungen wurde das totale Chaos angestrebt und auch erreicht.

Nach vollzogener Prozedur reichte der Richter seine Hand und meine Papiere, entließ mich in dem Bewußtsein, ein geduldetes Mitglied eines wertvollen Staates zu sein. Ich schritt durch den Saal, was bei der Länge desselben einige Zeit in Anspruch nahm, an der Tür angelangt, hielt mich sein Ruf: »Ach, übrigens, waren Sie mal Mitglied der Nazipartei?« auf. Mein von keinem Eid belastetes »Nein« nahm er hin und ließ mich gehen. Da meine Filmarbeit mit Reisen verbunden war, überschritt ich häufig die für im Ausland gebürtige Amerikaner zugelassene Abwesenheitsperiode vom amerikanischen Kontinent. Rastloses Umhereilen von Konsulat zu Konsulat war die Folge, ich traf freundliche Konsuln, die freundlich »Nein« sagten und mich damit ins nächste Flugzeug und auf den Weg nach Washington brachten, oder unfreundliche, die unfreundlich dasselbe taten, oder die in kleineren Orten ansässigen, die, eine Abwechslung begrüßend, nach inständigem Bitten auf weitere drei Monate verlängerten und mir damit die Überquerung der Grenze zwischen Salzburg und Bad Reichenhall ermöglichten. In einer süddeutschen Stadt hatte eine Frau den Konsulposten inne, sie saß mit verbiestertem Rächerprofil, wartete auf die um Verlängerung Ansuchenden wie eine Vogelspinne auf die Beute. »Wenn Sie Amerikanerin sind, müßte es Ihnen eine Freude sein, dort zu leben und zu arbeiten, verdingen Sie sich als Serviererin, wenn Ihnen die gestellten Aufgaben nicht zusagen. Das müßte Ihnen Ihr neues Vaterland wert sein.« Ich kannte ihren Spruch Silbe für Silbe, hoffte dennoch auf eine variierende Abfassung desselben, die jedoch unterblieb. Als ich meinen der englischen Nation angehörenden Mann heiratete und einen britischen Paß erhielt, mußte ich mein mich zur Liebe zum Staat verpflichtendes Heft abgeben. Ich eilte in die gläserne Glocke, traf auf die jährlich besser genährte Vogelspinne, die entzückt »Diesmal wird Ihr Paß nicht verlängert« quietschte. Ich legte ihn auf den Tisch, zeigte den neuen, verließ im niederträchtigsten Lustgefühl die nach Worten ringende Geblähte.

Im OMGUS-Mekka Anno 45 wurden Schreibtischfächer verschlossen, Aschbecher geleert, mein Fragebogen verwahrt, Nichtbesprochenes auf den nächsten Tag verschoben. Vor der Tür wurden Hacken geknallt, ein General trabte vorüber, in letzter rettender Sekunde unterließ ich es, ein noch vor kurzer Zeit erforderliches Heil Hitler zu sagen.

II

Boleslav Barlog sprang vom Parkett auf die von einer schwächlichen Glühbirne angestrahlte nudelbrettgroße Bühne. Der Saal, einem engbrüstig-dürftigen Vorstadtkino ähnlich, schien für Theatervorstellungen hoffnungslos ungeeignet. Die Schauspieler standen im Halbkreis, ihre mageren Gestalten vornübergeneigt, als könnten sie die Last der Knochen nicht mehr tragen. Barlog erklärte, spielte vor, Erklärung und Spiel ineinander übergehend; er spielte grauenvoll, schamlos übertreibend, uneitel, machte Auffassung und Wunsch durch horrendes Überspielen deutlich, erweckte in den Tastenden das wärmende Überheblichkeitsgefühl, es besser zu können. Er verbreitete Enthusiasmus und Vertrauen, ließ Hunger und Krankheiten vergessen, freute sich spontan und armeschwenkend über Gelungenes, trauerte erschütternd über Nichtbegriffenes, Unbegabtes. Er sagte Bedeutendes nebenbei, war intellektuellen Ergüssen abhold, brauchte sie nicht als ehrfurchtverbreitende Lückenbüßer, löste scheinbar spielerisch einen klebrigen Satz, eine nicht zu streichende Szene, beatmete sie, ließ sie leben, diktierte, ohne Diktator zu sein, stichelte stachelte ohne Sadismus, dem viele seiner weniger begabten Regiekollegen so zugetan; ein Schöpferischer, Schöpfender, der sich an seiner Begabung erfreute. Mit Barlog begann für mich das Leben, das mit Meixners Einberufung beendet zu sein schien. Disziplin im Chaos, unmelodramatische Ernsthaftigkeit zwischen Zynismus, er schuf die glorreichste Theaterzeit, die sich ein Schauspieler, erfahren oder unerfahren, wünschen kann.

Vorerst saß ich noch hinter seiner Frau und Regieassistentin Herta, wartete auf meinen kurzen Auftritt in »Hokuspokus« und den Goethe-Prolog. Sie ordnete zerfledderte Textbuchseiten, schrieb Anweisungen zwischen Zeilen und auf Ränder, sprach bei Probenschluß ein zaghaftes, von erhobenem Zeigefinger unterstütztes: »Morgen früh um zehn mit gelerntem Text.«

Wir kamen zu Fuß oder auf tattrigen Fahrrädern, denen nach wenigen Metern die Luft auszugehen pflegte, oder – die Gefahr eingehend, zu spät zu kommen – mit der unregelmäßig fahrenden

Stadtbahn. Von Hans Söhnker, Biegel, Leibelt, Matthes, Bluhm, Marie Luise Ludwig, Winnie Markus bis zum uralten Stein waren alle auf ungeklärte Weise pünktlich um zehn zur Stelle. Söhnker, der in einer Zehlendorfer Garage lebte und dessen Fahrradschläuche mittlerweile an Lochstickerei gemahnten, hatte das Pech, eine S-Bahn zu besteigen, die auf freier Strecke stehenblieb und weder vor- noch rückwärts fuhr; er schnaufte Entschuldigungen hervorstoßend auf die Bühne, eisiges Schweigen begleitete seinen Auftritt, er versuchte ein charmantes, bezwingendes, in die Dunkelheit des Zuschauerraumes hineingeflüstertes: »Aber nun sieh mal, Bolli, du weißt doch...« Eine dröhnende, zischlautige Orgel trieb ihn an die Bühnenwand, brüllte: »Auch wennde n Schtar bist, brauchste hier ja nich mehr antanzen, vastehste.« Nach zehn Minuten war die Krise überwunden und vergessen.

Wenige Tage vor der Eröffnung des Schloßparktheaters lief ich im strömenden Regen über die Rheinstraße, ein Jeep hielt: »Hallo Fraulein«, rief einer, darauf reagierte man nicht, ich ging hochnäsig triefend weiter, der Jeep fuhr neben mir her, »ich nehme Sie ein Stück mit«, sagte derselbe mit vermurmelten Ls und Rs. Nach einer Weile: »Nun steigen Sie schon ein.« Das war akzentfrei. Ich nahm, durch Regenbäche in der Sicht behindert, einen grinsenden Jungen wahr. »Sie holen sich noch ne Erkältung«, sagte er, Besorgnis vortäuschend. Ich stieg ein, sprach ein kühlgehaltenes Danke. »Haben Sie heute abend Zeit?« – »Nein.« – »Morgen?« – »Nein.« – »Vielleicht nächste Woche?« – »Auch nicht.« Er latschte auf die Bremse, ich gondelte wie ein Jojo zwischen Windschutzscheibe und Sitz, stieg aus, hatte genug von Alliiertenhilfsbereitschaft.

Am Premierenabend war es kalt, das Publikum saß in Pferdedecken und alte Armeemäntel gewickelt, hatte – den Bitten einer im Foyer aufgestellten Tafel Folge leistend – Nägel bei der Kassiererin abgegeben, saß gespannt. Es wurde ein großer Erfolg, für Barlog, für seine Schauspieler, für den kümmerlichen Raum, der ein Theater geworden war. Allabendlich sagte ich vor geschlossenem Vorhang meinen Prolog auf, zog mich um, spielte die Rolle des Dienstmädchens. Die Platzanweiserin kicherte. »Da kommt doch jeden Tag ein Ami, der kauft 'ne Karte, hört sich den Prolog an, jeht wieder.« Das war der jähzornige Bornierte aus dem Jeep. Er hieß Kurt Hirsch, wurde später der Assistent von Erich Pommer, noch später ein mir Angetrauter und wesentlich später ein von mir Geschiedener.

Wir probierten »Ein Spiel von Liebe und Tod« von Rolland, spielten abends »Hokuspokus«, verbrachten die Zeit zwischen Pro-

be und Vorstellung magenknurrend in der Gemeinschaftsgarderobe. Um fünf kam die dicke Schulz, eine von allen Schauspielern geliebte Garderobiere, die bei Premieren Bluthundinstinkte entwickelnd vor der Tür stand, ungebetene Besucher die Treppe hinunterscheuchte, desinteressiert an Stand, Herkunft, Nationalität. »Schneewittchen«, dank ihrer Zierlichkeit und grenzenlosen Hingabe ans gesprochene Wort auf tragische Weise für den Souffleurkasten geboren, kam in die Garderobe gestürzt, rief: »Die Markus ist krank.« Barlog folgte auf dem Fuße, sprach: »Nu zeich ma, was de drauf hast, du wirst übernehm.« Gelernt hatte ich die Rolle, geprobt nie. Wir hatten gerade noch Zeit für eine eilige Absprache, dann war's soweit. Ich durfte spielen, bis Winnie Markus zur Silvestervorstellung zurückkam, was mir den Eintritt ins neue Jahr grundlegend vermasselte.
Die Kälte und der Hunger wurden schlimmer, der Morgenthau-Plan war bei uns noch unbekannt, seine Auswirkungen dafür um so mehr. Die Abstände zwischen Magenkrämpfen wurden kürzer, der Theaterarzt Dr. Schaake besorgte über gefahrvolle Umwege Vitaminampullen, riskierte Militärgefängnis, rettete uns über einige Tage hinweg. Ein Schauspieler gab mir eine halbe Zigarette, sagte: »Nimm einen Zug, dann hört der Magenkrampf auf.« Ich fing an zu rauchen, Zigaretten kosteten vierzehn Reichsmark pro Stück, aber sie waren im Gegensatz zu Brot oder gar Butter erreichbar.
Der amerikanische Soldatenkommandant lud Barlog und das Ensemble in seine Villa am Wannsee ein. Wir hielten, einem verhungerten Gefangenentransport ähnlich, im einzigen schwererkämpften Kleidungsstück unseren Einzug, standen leicht verschüchtert und in der Hoffnung, nicht von plötzlichen Krämpfen befallen zu werden, in der luxuriös geheizten Wohnhalle, verloren allmählich die zum festen Bestandteil unseres Lebens gehörende Taubheit in eisgekühlten Füßen, schielten sehnsüchtig-diskret auf Platten mit belegten Broten. Aufgereiht wie Zinnsoldaten stand der General mit Offizieren, reichte einem jeden jovial lächelnd die Hand. Vor ihm angelangt, verspürte ich einen Schlag im Rücken, meine Beine gaben nach, ich fiel, von nichts aufgehalten, auf den gebohnerten Boden, etwas Feuchtes, Schnüffelndes wühlte in Ohr und Nacken, nahm auf mir Platz, ließ Gelenke und Knochen knacken, die Sinne schwanden; zu mir gekommen, wurde ich hochgezogen, fand mich Auge in Auge mit einem zähnebleckenden Tier von Eselsgröße, sein Kopf hatte die Maße eines Kinderwagens, sein Körper schien in mehrere Pelzmäntel gehüllt. Er wurde entführt, ich von herbeieilenden Hilfspersonen gebürstet, bis das Schwarz meines Kleides wieder sichtbar, anschließend zum Generalsgruß

aufs neue vorgelassen. »Das ist unser Leonhardiner, er scheint Sie zu mögen«, sagte der Übersetzer des Generals. Eine tellertragende Mamsell kam durch die Tür, gefolgt vom Riesenhund, der meiner ansichtig in einen Freudenschrei ausbrach, sich nach einem raumdurchquerenden Sprung auf meine Schultern niederließ, mich somit auf den Rücken warf, um mit handtuchlanger Zunge mein Gesicht abzulecken. Nach schweren Kämpfen wurde er von fünf Tapferen der Besatzungsmacht entfernt. Er stand mit feuchten Augen Abschied nehmend, einen astgleichen Schwanz wedelnd; verzweifelte Rau Raus ausstoßend, wedelte er im Rückwärtsgang zur Tür, wedelte Teller, Brote, Tassen, Kannen von mehreren Tischen, vertat in seiner Leidenschaft eine Überlebenschance der geschwächten Schauspielertruppe.

Obwohl der »Umgang« mit Deutschen aufs strengste untersagt war, stand Kurt Hirsch vor dem Bühnenausgang, hielt seine Hände über ausgebeulte Jackentaschen, zog zögernd einen fetttropfenden »Hamburger« hervor. »Ich habe ihn aus der Officer's Mess«, sagte er, »ich dachte ...« Der Hunger kämpfte mit dem Stolz, der Hunger siegte. Ich verschlang die triefende Semmel, er fischte in der zweiten Tasche, ich fühlte ein befremdendes Ziehen zwischen Hals und Magen, dann kotzte ich auf seine gebügelte Hose; er hielt meinen Kopf wie eine Krankenschwester, sagte: »Jesus Christ.«

Er war ein tschechischer Jude, in Teplitz-Schönau geboren, in Prag aufgewachsen. Als er vierzehn war, flohen die Eltern mit ihm nach New York, er wurde amerikanischer Staatsbürger, landete mit den Fallschirmtruppen in Frankreich, kam schließlich nach Deutschland und Berlin. Er hatte ein gutmütiges Teddybärengesicht, lachte gern, geriet leicht in Wut, war jung und unkompliziert. Er war der erste Jude, den ich – Gorcellanceks, Kaufmanns und Margot Wiener ausgenommen – kennenlernte. Wenige Tage später lud er mich in eine Schwarzmarktkneipe ein. Wir aßen »Chinesisches«, aus Pferdefleisch Zusammengeschnippeltes, anschließend zahlte er mit einer Tüte Kakao. Im Überschwang der Gefühle schrieb er seinen Eltern, die mit einem seitenlangen markerschütternden Brief antworteten, in dem er der unglaublichsten Undankbarkeit, Untreue und der unverzeihlichen Unfähigkeit zu hassen bezichtigt wurde. Seine Misere hielt ihn nicht davon ab, Tropfen und Salben gegen Hungerödeme und Paradentose zu schmuggeln. Die Militärbehörden hatten Typhusimpfung angeordnet, das Ensemble des Schloßparktheaters spielte mehr oder weniger fiebergeschüttelt. Barlog probierte Pagnols »Goldenen Anker«, mein Herz brach, als ich erfuhr, daß die Hauptrolle an Gertie Soltau vergeben worden war.

»Die Russen führen morgen einen Film in Pankow vor, es sind nur Alliierte eingeladen, aber ich kenne den russischen Filmoffizier, er sagt, du könntest mitkommen – hast du Lust?« Kurt Hirsch und ich saßen in der zweiten Reihe, um uns herum englische, französische, amerikanische, russische Offiziere; sie rutschten auf den wackligen Stühlen, rauchten, redeten, das Kino war klein, die Leinwand fleckig, das Licht ging aus, russische Titel liefen, rissen ab, das Licht ging wieder an, es wurde gelacht, gewartet. Ein russischer Offizier lief hinaus, wir hörten ihn fluchen, mit Türen knallen, die Titel liefen noch einmal, dann Wachtturm, Stacheldraht, ein Bagger schob Knochenberge, warf sie in eine Grube; eine Baracke, vollgepfercht mit übereinander stehenden Pritschen, auf den Pritschen Skelette mit Totenköpfen und aufgerissenen Augen. Hirsch flüsterte: »Das ist das Konzentrationslager Auschwitz.« Nach Stunden ging das Licht an, sie drehten sich um, sahen mich an. Auf der Rückfahrt sagte Kurt Hirsch: »Ich habe sechzehn Verwandte verloren.«

Vor meiner Pension setzte er mich ab, fuhr weiter nach Heidelberg zum amerikanischen Oberkommando. Ich lag auf dem Sofa, wollte sprechen, mit Bongers, mit Meixner, wollte die Bilder wegsprechen, wollte hören, daß es nicht wahr war, dachte an den erschlagenen Volkssturm-Alten, an die vom Tank Überrollten.

Auf dem Flur klapperten Absätze, die Rothaarige kam, sagte: »Ick hab n bißchen Eis uffjekloppt, willste ne Wärmeflasche? Ick hab Jrippe, mach n faulen Nachmittach.«

»Hast du von Auschwitz gewußt?«

Sie dachte nach, sagte: »Ick kannte mal ein von de SS, der hat ma erzählt von die Judenlager, die solln ooch ma arbeetn, hat a jesacht.«

Zwei Tage nach der Premiere vom »Goldenen Anker« kam eine Theatersekretärin, sagte: »Die Soltau hat Diphtherie, Sie müssen einspringen.« Sie war eine junge Unansehnliche mit verbissenem Altweibermund; in der Bahn meckerte sie mich an: »Ich hab' Sie mit dem Amerikaner gesehen – der ist doch Jude, also ich hätte ja meinen Stolz, ich würde mich nicht mit denen abgeben.«

Am Bahnhof Steglitz stiegen wir aus. Ich hatte Angst vor der Rolle, die ich wie immer gelernt, aber nicht probiert hatte. Die neben mir quasselte weiter: »Ich versteh' das nicht, das hat man doch nicht nötig, ich würde lieber verhungern.«

»Halt's Maul, du Arschrieke!« brüllte ich, ärgerte mich, daß ich wegen der Gans ausfallend geworden war.

»Das sag ich Barlog«, blökte sie.

»Sag's ihm und allen andern, es ist mir scheißegal.« Dann wurde es schwarz, im Fallen fiel mir ein, daß ich zwei Tage nichts ge-

gessen hatte. Die Vorstellung wurde abgesagt, ich spielte am nächsten Abend. – Barlog rannte auf die Bühne, breitete die Arme aus, schrie: »Mädel, hast dir fabelhaft jeschlagen, wenn de jetzt noch n paar Proben hast, wirste richtig jut.« Er verschwand hinter einem Langen mit birnenförmigem Schädel, rief: »Kiek ma, wen ick dir mitjebracht habe, der will dich kennenlernen.«
»Das war ausgezeichnet, ich bin sicher, daß wir noch viel von Ihnen hören werden.« Wilhelm Furtwängler schüttelte meine Hand, überreichte eine Rose, die erste, die ich bekam und deren Herkunft im blumenlosen Berlin bis heute ungeklärt ist. Er lächelte mir zu, ließ mich sprachlos zurück. In der Philharmonie hatte ich ihn gesehen, er hatte Beethovens Fünfte dirigiert, die Sirenen hatten geheult, die Flak hatte geschossen, er hatte weiterdirigiert und das Publikum war sitzen geblieben.
Die dicke Schulz, die keine noch so nachhaltige Hungerkur dünner werden ließ, stand ehrfürchtig und ergriffen, schnüffelte: »Det is n jroßer Anfang, laß dir det sagn.«
Die Probe war auf den folgenden Nachmittag angesetzt, morgens fuhr ich zu Söhnker, der den »Marius« spielte, um unsere Szenen zu besprechen. Ich kam am Teltower Damm vorbei, ging zu Dipperts. Fritzens Augen waren besser, dafür war er dürrer, kaum mehr wahrzunehmen, Alikes Vollgummi hatte sich aufgelöst, sie trug ihren vormals in den Nähten stark bedrohten Rock wie ein leger gebundenes Badelaken. Wir umarmten uns, Alike weinte ein bißchen, von Krieg und Kriegsschluß wurde nicht gesprochen, hier nicht und im Theater nicht; daß man überlebt hatte, genügte.
»Willst du dein Zimmer wiederhaben?« fragte sie. Ich verdiente, und sie würden Zeit für den Schwarzmarkt haben, dankbar sagte ich ja.
»Biste schwanger?« fragte Söhnker an der Tür seiner möblierten Garage. »Nee, Suppe«, sagte ich schlicht, Hungerwasser war's, das tagelang aufplusterte, um dann ohne jeden ersichtlichen Grund zu verschwinden. Während der Plustertage wurde ich regelmäßig gefragt, ob ich gesegneten Leibes sei. Nach der Vorstellung lehnte ein Mittelgroßer mit verwaschenem Rollkragenpullover und verknautschtem Hut im Genick an der Garderobentür, sagte von wilden Hustern unterbrochen: »Staudte, von Ihnen möchte ich Probeaufnahmen machen, ich bereite den ersten Defa-Film vor.« Er zerrte einen alten Mantel von der Schulter, wühlte verärgert in sämtlichen Innen- und Außentaschen, fand endlich mehrere gefaltete Drehbuchseiten, sagte im Weggehen: »Lernen Sie das bis übermorgen.« Die Schulzen hatte mitgehört, murmelte: »Ick kenn een ollen Maskenbildner, der soll da arbeetn, die Defa

is russisch lißensiert, wenn der da wat machen soll, is a Kommunist.«
Morgens um sieben holte er mich ab, wir kauerten in seinem kleinen, aus seltsamen Teilen zusammengesetzten Auto, ich wunderte mich, daß er überhaupt eins hatte und Benzin dazu, fragte ihn während der auspuffumtosten Fahrt, die einem Ritt auf aufsässigem Pferd nicht unähnlich war: »Sind Sie Kommunist?« Er blickte mit kleinen blauen Augen, lachte anhaltend. Viel konnte ich mir unter einem Kommunisten nicht vorstellen, seine Heiterkeit brachte kein Licht in die Finsternis. An der Zonengrenze zwischen Berlin und Nowawes standen russische Posten, sie riefen »Stoj«, betrachteten unsere Ausweise. Ich fühlte leichtes Bibbern in den Kniekehlen, Schweißtropfen auf der Stirn, sie gingen in eine Hütte, besprachen sich, Staudte rief »Artista« und »Film«, das Zauberwort war gesprochen, wir durften passieren. Wir drehten zwei kurze Szenen, er war sanft, behutsam, strich nachdenklich über Augen und zerfurchtes Gesicht, kratzte Stirn, zog am Ohr, sagte: »Sie werden von mir hören.« Zehn Tage später sagte Herbert Uhlich: »Ich bin der Produktionsleiter, Sie haben die Rolle.« Ich hatte das Gefühl, mich freuen zu müssen, und freute mich. Ich fiel ihm um den Hals, drückte den Befremdeten, schüttelte ihn wie einen Kirschbaum, war außer mir. »Wie soll ick Theata machen, wenn alle zum Film jehn«, maulte Barlog.
Wie das Gerippe einer Riesenechse ragten die Reste des Stettiner Bahnhofs aus der Klamottenwüste, er war Vorder- und Hintergrund unseres ersten Drehtags für den ersten deutschen Nachkriegsfilm »Die Mörder sind unter uns«. Von hier waren die Züge nach Swinemünde, Stettin und Danzig gefahren, das einzige, was ihm geblieben war, war der Name; alles andere in seiner Umgebung – Plätze, Alleen, Sackgassen – war umbenannt worden, ein jeder setzte seiner Nation ein Mahnmal in Form eines Schildes, das häufig das einzig unversehrte in einer ansonst unauffindbaren Straße war.
Die Komparserie hing in Weintraubenformation an einer gewaltig schnaufenden Lokomotive, suchte Halt an vollbesetzten Trittbrettern und an von zahllosen Händen umklammerten Griffen – sie hatten darzustellen, was sie vor kurzem erlebt; den Hauptdarstellern, Wilhelm Borchert und mir, ging es nicht anders. So gesehen war die Einstellung manchen Jung-Filmern von heute nicht unähnlich, wenn man von der Tatsache absehen will, daß Herr Staudte kein gealterter Laie war und im Besitz eines ausgezeichneten Drehbuchs, daß er fähig, mit Schauspielern zu arbeiten und auf unpenetrante Weise eine Aussage zu machen, der sogar das hochtrabende Wort zustand.

Unser Kameramann Friedl Behn-Grund humpelte Frohsinn verbreitend über den zerklüfteten Bahnsteig, verschanzte sich hinter antiker Kamera, kämpfte mit Tränen, die über sein heiteres Cherubsgesicht liefen, massierte verstohlen seinen kaum verheilten, schmerztobenden Beinstumpf, auf den eine erbärmliche Holzprothese geschnallt war. »Am letzten Kriegstag is dem det passiert beim Wasserholn«, murmelte der Aufnahmeleiter, Staudtes giftsprühender Seitenblick gebot dem Mitteilsamen Einhalt.

Während der nächsten Monate pendelte ich zwischen amerikanisch lizenziertem Theater und russisch lizenziertem Film. Die »Mörder-unter-uns«-Mannschaft bekam einige Male russische »Freßpakete« mit Speck und Mehl, die Amerikaner hatten sich zu einer einmal wöchentlich stattfindenden Suppenspeisung für das Schloßtheater-Ensemble entschlossen. Wir nahmen die alliierte Rettungsaktion mit gebührender Demut entgegen, vermerkten beseligt ein Nachlassen der gewohnten Magenkrämpfe. Wir wurden eingeladen, nahmen an »Parties«, bis dahin als Wort und Institution unbekannt, teil, hörten AFN, lernten Jitterbug, genossen die wodka- und whiskygetränkten Kräche zwischen Weißrussen in amerikanischer Uniform und Rotrussen in russischer Uniform, bestaunten die Gewohnheiten der sich allmählich heimisch fühlenden Besatzer. Kurt Hirschs Militärzeit war abgelaufen, in acht Wochen hatte er sich auf einem Schiff einzufinden, das ihn zurück nach New York befördern sollte. Er schien betreten, die Berliner Trümmerwelt mit ihren emsigen, eiligen, hoffnungsvoll planenden Bewohnern war ihm, entgegen jeder Absicht, zur Heimat geworden. Abends holte er mich ab, brachte mich zu den Außenaufnahmen am zertrümmerten Alexanderplatz, probierte sein Russisch an den diskret herumstehenden Filmoffizieren aus. Wir verbrachten einen Großteil der Arbeitszeit im Lattengefecht gegen interessiert herbeieilende Rattenhorden oder im Kampf gegen verröchelnde Scheinwerfer, zusammenbrechende Kameras, versagende Mikrofone, reißende Filmperforation. Von keinem Geldgefasel entnervt und Imagegequassel verblödet, warteten wir geduldig, beglückt, den ersten Film drehen zu dürfen.

Mein neuerliches Wohnen bei Alike und Fritz beschränkte sich auf wenige Nachtstunden; unsere schlaftrunkenen Zusammenkünfte vor der Abfahrt ins Studio waren harmonisch und friedliebend bis zu jenem verhängnisvollen Abend, an dem Fritz von einer Schwarzmarktfahrt nicht zurückkehrte. Er hatte eine »Kartoffelquelle« entdeckt, war am Morgen losgezogen, um am Nachmittag heimzukommen; als er nach Eintritt der Dunkelheit noch immer nicht erschienen war, rannte Alike verzweifelt »Fitti« rufend über den Teltower Damm. In diesem gespannten Augenblick tauchte der Jeep des fröhlich hupenden Hirsch auf, der mich zum Alex bringen wollte. Wir berichteten vom Vermißten, erwogen einen Besuch bei der Militärpolizei, als ein blutüberströmter Fritz, an der Hausmauer Halt suchend, auf den Eingang zutaumelte, im Umsinken flüsterte: »Zwei besoffene Amis haben mich zusammengeschlagen.« Wir trugen ihn die Treppe hinauf, legten ihn aufs Bett, Alike schluchzte, holte Tücher, legte sie auf ein schwarzblaues Auge. Er öffnete das Unbeschädigte, sah die Hirschsche Uniform, stieß einen grauenvollen Schrei aus, fiel wieder in Ohnmacht; nach kurzer Zeit zu sich gekommen, schrie er im nur in Verdüsterungsmomenten angewandten Münchner Dialekt: »Zum Deifi nomoi Kruzifixsakrament i koa de Scheißamis nimmer segn, scher di zum Deifi, und du a!« Der verständliche Ausbruch wurde von Rufen wie »Ach Jotte doch« und »Du darfst dich nicht aufregen« begleitet. Seine von Alike oft gerügte Schwerfälligkeit machte es ihm unmöglich, das Ganze zu vergessen, unser Verhältnis blieb getrübt.

Ich fand eine Wohnung am Schlachtensee, beglich die Miete in Zigarettenwährung. Der Film war fast abgedreht, die Proben zu »Wie es euch gefällt« begannen, ich quälte mich mit der schnurrigen Celia, latschte bar jeder Leichtfüßigkeit durch den Pappwald, sprudelte mein Sprüchlein über Gargantuas Mund wie ein gelähmter Hofhund. Else Bongers lachte Tränen, sagte, sie hätte nie einen so überwältigenden Shakespeare-Trampel gesehen, die großen Kritiker Luft und Karsch waren milde, hatten sie mir doch in vorhergegangener Rolle Talent zugesprochen. Nach der Premiere saß Barlog in seinen Antennen wühlend auf dem Garderobensofa, ließ sich umarmen, zum Regieerfolg gratulieren, saß und blickte bedrückt. Nach einer Weile stieß er mich an, sagte: »Also weeßte, ick hab n neues Stück, ›Drei Mann auf einem Pferd‹, da is n Ziegfeldgirl drinne, die muß tanzen und n Sprachfehler hat se ooch, det wär wat für dich.«

Walter Bluhm spielte den renntipbegnadeten Buchhalter; Erwin Biegel, Otto Matthes, Axel Monje die Ganoven, ich des letzteren über alle Maßen dämliche Braut. Die Proben dauerten fünf Wochen, sie wurden zur schönsten, unvergeßlichsten Arbeit, den späteren »Film ohne Titel« ausgenommen, die ich erlebt habe, Barlogs geniale Inszenierung wurde ein Teil der Berliner Nachkriegs-Theatergeschichte. Aus unerfindlichen Gründen machte der vorgeschriebene Sprachfehler Schwierigkeiten: Stottern hielt auf, »Stäbchen im Mund« war unverständlich – zwei Wochen vor der Premiere verfiel Barlog in einen atemberaubenden Wutanfall, der seinen von uns längst nicht mehr wahrgenommenen Lispler zu

einem Sturzbach anschwellen ließ; wir verfolgten sein Wüten mit offenem Mund, der Orkan brach ab, Erleuchtung in den Augen, rief er: »Daß iß eß!«
Zur Generalprobe kamen die alliierten Theateroffiziere, um das Werk zu begutachten. Ein russischer Soldat, Fahrer seines Majors, verirrte sich auf die Bühne, stolperte durch den geschlossenen Vorhang, was den spannungsgeladenen Barlog veranlaßte, ihn zu schnappen und, jede Vorsicht außer acht lassend, »Nehmen Sie jefälligst Ihren russischen Arsch von meiner deutschen Bühne« zu brüllen. Betretenes Schweigen, verzweifelte Blicke, lähmendes Entsetzen. Herta rang die Hände, versuchte ein erschütterndes Lächeln, Barlog fauchte, seine Mitbürger nicht wahrnehmend: »Licht, Vorhang!«, ließ den Verblüfften keine Zeit, Maßnahmen zu ergreifen. Nach einiger Anlaufzeit kam ein vereinzeltes Wiehern und Juchzen, sie freuten sich, applaudierten, gaben einen Vorgeschmack auf die herrliche Premiere, an der der entlassene Hirsch nicht mehr teilnehmen konnte, da er auf einem dichtbesetzten Dampfer den Heimweg angetreten hatte.
Wenn Barlog in der Pause einer glücklich verlaufenden Premiere im Foyer hin und her rannte, sprühend an seiner Freude teilnehmen ließ, dann nannten ihn manche höhnisch einen »Striese«; unfähig, sein großes Können zu paradieren, es in den Mantel betulicher Künstelei zu hüllen, bemühten sie sich, Gebaren und Begabung unter einen Hut zu bringen, seine Erfolge zu schmälern. Die gleichen, immer wiederkehrenden verkannten Jünger der Musen, die Acht-Semester-Theaterwissenschaft-Studierten, die ihre Begegnung mit dem Geschriebenen wie ein Eigenprodukt vor sich her tragen, denen das Schwerwiegende in der Kunst die Existenzberechtigung derselben zu sein scheint, denen Heiteres würdelos, die eine flüchtige Bekanntschaft mit dem Großen zu Größenwahn verleitet – ich möchte ihnen immer zurufen: Genie steckt nicht an.
»Das ist doch Erich Pommer«, sagt Erwin Biegel beim Verneigen; in der ersten Reihe saß ein weißhaariger Mann, klatschte uns zu. »Mensch, der Pommer is wieda in Berlin«, rief der aufgeregte Inspizient, Barlog arrangierte wie ein Trockenschwimmer rudernd, wer wann auf die Bühne zu gehen hatte: »Der Pommer is heute anjekommen«, sagte er zwischen »Jetzt du – Raus – Nu mach schon – Auf – Jut – Zu – Mensch ZUU ha ick jesacht!«
Erich Pommer, großer Ufa-Boß einer Ufa, die ich nicht mehr kannte, lehnte an der eisernen Tür des Garderobenvorraums, sagte: »Können Sie morgen um elf im OMGUS sein?« Schwere Lider über klugen, aufmerksamen Augen, mokantes Lächeln, er spricht langsam zögernd mit hannoveranischem »Spitze-Stein-Deutsch«,

ungeduldig verbirgt er Ungeduld, die Hände halten, zerknüllen, glätten Zigarettenschachteln, spielen mit Zigaretten, streifen nichtvorhandene Asche in übervollen Aschenbecher, vergessen Aschenbögen an Halbgerauchter, wischen die Fallende ärgerlich beiseite. Einer kommt rein, sagt »Hey Eric«, merkt nicht, daß man zu ihm nicht Eric sagen kann. Desinteressiert aus dem Fenster sehend, mit hochgezogener Augenbraue salutierende Soldaten und parkende Jeeps betrachtend, sagt er: »Sie werden Karriere machen. Bis ich wieder produzieren kann, möchte ich Sie beraten, es wäre schade, wenn Sie jetzt falsche Entscheidungen träfen.«
Er wurde Freund, Trauzeuge, Scheidungsberater, Ansporner, Tröster, und vor allem mein Produzent, dessen einsilbige Kritik wegweisender war als sämtliche Monologe geschwätziger Wohlmeinender; den ich bis zu seinem Tod zwanzig Jahre später in Briefen mit »Sehr geehrter Herr Pommer« anredete, und heute noch an Herrn Pommer und nicht an Erich Pommer denke.

Mutter öffnete die notdürftig reparierte Korridortür, im Zimmer klapperte ein Fensterrahmen, die Tür knallte gegen die Wand, wir standen, sahen uns an. »Hilde«, sagte sie endlich, fragend, als hätte sie eine andere erwartet. Ein magerer, blasser Junge drängte sich an ihr vorbei: »Wir sind schwarz über die Grenze!« rief er stolz. Wir setzten uns an das Fenster, an dem Großvater gesessen hatte. Ihr Haar war strähnig, grau, das Gesicht eingefallen, sie wischte über den abgeblätterten Tisch, er wackelte, ein Bein bumste auf den Boden, sie rieb mit dem Daumen und Mittelfinger über die Schläfen, ihre Schultern zuckten, ich sah ihren dünnen Nacken, die Adern auf den Handrücken. Mein Bruder kam herein, fragte: »Kann ich runtergehen?«
»Daß du lebst ...« sagte sie leise. Sie nahm ihren Rocksaum, putzte eine Brille, setzte sie auf, ein Glas war herausgebrochen, sie tippte an die Fassung, sagte: »Ich werd' alt«, nahm sie wieder ab. »Dreimal habe ich versucht durchzukommen, aber nach ein paar Stunden mußten wir umdrehen, ich fand niemanden, der uns über die Zonengrenze bringen wollte. Vor drei Tagen hat es geklappt. Ich hatte noch etwas Mehl und Zucker, aber das hab' ich verloren.«
»Ich werde nicht mehr bei euch wohnen«, sagte ich.
Sie sah mich an, lächelte, es tat mir leid, es war herausgeplatzt; ich wollte sagen, saß sie sich meinetwegen keine Sorgen machen sollte, aber es war zu spät. »Willst du erzählen?« fragte sie.
Ich versuchte, aber es klang falsch, ich verschwieg viel, bauschte anderes auf.
Es klopfte, Stiefvater stand schweratmend auf dem Treppenabsatz; er trug seinen braunen Arbeitskittel, hatte ein Brot un-

term Arm. Er legte es auf den schiefen Tisch, strich meiner Mutter über den Rücken und sagte: »Das hat mir ein Kunde geschenkt.« Er sah sie an, scheu, als wüßte er nicht, wie er mit ihr sprechen sollte.

»Ich hätte in Berlin bleiben sollen«, sagte meine Mutter plötzlich.

»Der Junge hätte es nicht überlebt«, sagte mein Stiefvater, »und wir wahrscheinlich auch nicht, allein konnte man sich besser durchschlagen, nicht wahr?« Er zwinkerte mir zu.

»Vater hat recht«, sagte ich.

Mutter sah auf das Brot: »Sie waren alle so arrogant, schüttelten den Kopf, als sei ich verrückt geworden, wenn ich versuchte, euch anzurufen, oder später, wenn ich an den Kreuzungen stand; aber als die Kämpfe losgingen, da haben sie gebetet und gezittert, und die vielen Flüchtlinge aus Ostpreußen und Pommern, die haben sie gleich weggeschickt, bloß nichts abgeben, nur zwei in der Siedlung waren anständig, aber der Rest ...« Sie stand auf, ging in die Küche. »Ich hätte Großvater überreden sollen, mitzukommen.«

»Großvater konnte man nicht überreden«, sagte ich.

Sie lächelte ein bißchen, murmelte: »Ja, da hast du recht, überreden konnte ihn keiner.«

»Kommst du ins Theater?« fragte ich.

»Ich weiß nicht, was ich anziehen soll, das ist alles, was ich habe.« Sie zeigte auf ihre graue Jacke und den ausgeleierten Rock.

»Die andern sehn nicht anders aus«, sagte Stiefvater.

Die Schulzen umarmte sie, dicke Tränen kullerten über dicke Backen: »Mein Jott, es is, als ob ick Sie gekannt hätte, die Kleene hat ma doch von Ihnen erzählt, wenn ick doch mein Jungen noch ma wiedasehn könnte, seit zwei Jahrn is a vermißt.« Sie schnaubte, rückte ihren Dutt gerade, sagte: »Wir kriegn anderes Wetta, meine Beene tun ma weh.«

Mutter lächelte etwas befangen, als Barlog sie begrüßte: »Sieht man gleich, das det die Mutta is«, rief er. Er stellte einen Stuhl ins ausverkaufte Parkett, flüsterte noch: »Erschrecken Se nich, wenn Se Ihre Tochter halbnackt rumhüppen sehn!«

In der Pause sah sie aus wie früher, sagte: »Ich bin noch ganz benommen. Daß du Theater spielst ... daß es überhaupt schon wieder Theater gibt, ich fühl mich ganz fremd, ich erkenne auch gar nichts mehr in Berlin ...«

Kurt Hirsch schrieb aus New York, er hätte sich für ein weiteres Jahr verpflichtet und käme im Herbst zurück. Ich schrieb: Ich weiß nicht, wie ich mit dem deutschen Schuldgefühl, das ich haben sollte und doch nicht haben kann, fertig werden soll. Sein Vater fing den Brief ab, schickte ihn zurück, am Rand stand mit

Blei, daß dies die größte Unverschämtheit sei und typisch für eine Deutsche.
Im Admirals-Palast neben dem früheren Tobis-Hotel fand am Nachmittag des 15. Oktober 1946 die Premiere des Films »Die Mörder sind unter uns« statt. Die Engländer hatten die Einladung nicht angenommen, Begründung ihrer Absage: ein mitwirkender Schauspieler sei Parteimitglied gewesen. Die anderen Alliierten waren entweder nicht eingeweiht, oder es schien sie nicht zu interessieren. Ich saß zwischen Erich Pommer und Wolfgang Staudte, wünschte eineinhalb Stunden lang, unter dem ausgefransten Teppich liegen zu dürfen, um nie mehr hervorzukommen, erhielt meine erste Lektion in Sachen Filmpremiere und ihre an Inquisition gemahnende Foltermöglichkeiten. Einmal hatte der Ton ausgesetzt, ein anderes Mal war der Film zu langsam gelaufen, das Bild wurde dunkler, die Stimmen verquakten, versanken griesgrämig im Keller, zu guter Letzt war er gerissen; Szenen, die ich für erträglich gehalten hatte, waren geschnitten, andere, gütig in Vergessenheit geratene schienen zweimal zu laufen, auf dem Balkon saßen ausschließlich Grippebehaftete, die wahre Niesorgien feierten, einer war rausgegangen, ein anderer eingeschlafen, in der ersten Reihe hatte eine Frau die Handtasche fallen lassen und zwischen den Füßen der Zuschauer gewühlt. Zum Schluß applaudierten sie, ein Fotograf sagte: »Walter Sanders, LIFE-Magazin.« Er sprang um mich herum, knipste pausenlos. Ich fuhr in Erich Pommers Wagen zum Schloßparktheater, war froh, als um 19.30 Uhr der Vorhang aufging und ich wieder lispelnd über die enge Bühne hopsen durfte.
Als der amerikanische Militärzug »Berliner Two« um acht Uhr morgens in den Münchner Hauptbahnhof einfuhr, stand ich auf der Klosettbrille. Der Aufnahmeleiter lehnte verdöst an der Bahnsteigsperre, richtete seinen schlafumflorten Blick auf den Herannahenden, erwachte unsanft durch einen auf den Perron knallenden Koffer und den Schrei »Hilf mir hier raus«. Ich zwängte mich durch den Klosettfensterspalt, landete, den Verblüfften umreißend, auf dem Bahnhof. Wir rannten, weitere Begrüßungen unterlassend, zum Ausgang, fuhren mit dem klapprigen Filmproduktionswagen auf profillosen Reifen, dem ältlichen Automobil Höchstgeschwindigkeit entlockend, durch die zerstörte Innenstadt in Richtung Geiselgasteig. Hinter der Isarbrücke tat der Geschundene einen letzten Sprung, blieb röchelnd stehen. Dergestalt trat ich meine Arbeit im ersten amerikanisch lizenzierten Nachkriegsfilm in München an. Barlog hatte mich für acht Wochen freigegeben, damit ich neben Viktor de Kowa eine der vielen Rollen in »Zwischen Gestern und Morgen« spielen könnte. Der »Berliner Two« fuhr vom

Bahnhof Wannsee über Frankfurt am Main und München nach Salzburg, die Zonengrenze passierte er, von den Russen unkontrolliert, mit versiegelten Türen; nach einer Tagespause in Frankfurt fuhr er abends weiter. Am Ende des Zuges hing ein Waggon, der sich von den übrigen Erste-Klasse-Wagen durch spartanische Holzbänke, absolute Finsternis und gähnende Leere unterschied, er war für die wenigen Deutschen reserviert, die nach Eingabe neuer Fragebogen, Sichtvermerke und der schriftlichen Bestätigung, für amerikanisch lizenzierte Firmen zu arbeiten, die Erlaubnis erhalten hatten, den Zug zwecks Reise innerhalb Deutschlands zu benutzen. Das Betreten des Speisewagens sowie der anderen Waggons war den Auserwählten untersagt. Allein im nachtschwarzen Abteil zwischen Frankfurt und München vernahm ich die markigen Schritte eines Militärmenschen, sah eine auf mich gerichtete Taschenlampe, folgte dankbar der Einladung des Zugkommandanten, in einem leeren Schlafwagenabteil Platz zu nehmen. Zwei Stunden später schloß mein Gastgeber die Tür auf, wankte whiskydampfumhüllt an mein Lager, nuschelte »It's a long night«. Nach kurzem Gefecht verließ ich ihn, rannte, seine Flüche nur bedingt verstehend, in den verlassenen Deutschen-Waggon, erwartete in verriegelter Toilette sitzend den unvermeidlichen Racheakt. Kurz vor München trampelten Soldaten und der Befehle austeilende Kommandant durch den Gang: »Deutsche durchsuchen, drei Kartons Zigaretten gestohlen.« Ich überhörte ungeduldiges Hämmern, Drohungen, die Tür einzuschlagen, die Feststellung, daß ich irgendwann wieder herauskommen müßte. Durch Kriegsfahrten im Verlassen überfüllter Züge auf unübliche Weise geübt, hintertrieb ich seinen Plan, mich bis Salzburg festzuhalten und wegen unzulässiger Grenzüberschreitung zu verhaften.

Am Nachmittag fingen die Aufnahmen an, wir drehten in den Ruinen des Regina-Hotels. Jemand sagte leise: »Ich freue mich, daß Sie es geschafft haben.« Manfred Edward stand auf einen Stock gestützt, eine karierte Jacke schlotterte statt der feldgrauen, weiße Fäden im dunklen Haar, Haut spannte über Backenknochen und Nasenrücken, Gesicht schien kleiner, Schultern schmaler; schwerfällig machte er einem Kabel schleppenden Arbeiter Platz. »Ganz zum Schluß hat's mich noch erwischt an der Hüfte«, sagte er lächelnd, als sei's ihm peinlich, Vergangenes zu erwähnen. »Ich versuche wieder zu arbeiten, ich möchte Möbel bauen, einfache, nicht zu teure.«

»Ich hab' Ihren Mumiendeckel.«

Er sah mich überrascht an. »Bitte behalten Sie ihn«, sagte er schnell.

»Ich will ihn nicht.«
»Er hat Ihnen Glück gebracht, also behalten Sie ihn.«
Ein Amerikaner kletterte über die Schutthaufen, kam auf uns zu.
»Ich bin Percy Knaut, wir haben uns bei Viktor de Kowa kennengelernt, LIFE-Magazin will eine Story über Sie machen, deutsches Mädchen baut Karriere in den Ruinen von Berlin oder so ähnlich.«
Er grinste, kramte im Tabaksbeutel, stopfte eine Pfeife.
Manfred sagte: »Ich fahr' jetzt nach Darmstadt, ich melde mich, sobald ich wieder zurück bin.«
Ich lief ihm nach: »Wie sind Sie in den Westen gekommen?«
»In einem Rettungsboot von Ostpreußen bis Dänemark.«
»Sie sind in der nächsten Einstellung«, rief der Aufnahmeleiter.
Ich spielte ein Flüchtlingskind, das sich und seinen zehn Jahre jüngeren Bruder durch Schwarzmarkthandel am Leben erhält. Der sanfte Regisseur beugte bekümmert sein Haupt, flüsterte: »Seien Sie unbelasteter, jünger, lustiger.«
Erich Pommer kam, besuchte uns in den besenkammergroßen Garderoben, die wir während der Drehzeit bewohnten, beschränkte sich nach Ansicht der Filmmuster auf beiläufig hingeworfene Kritik, sagte vor der Abfahrt: »Die Engländer haben endlich eine Filmlizenz erteilt, Helmut Käutner hat das Buch geschrieben, ›Film ohne Titel‹ heißt es, man wird an Sie herantreten.« Er schlug mit seiner Armeemütze auf die Kühlerhaube, zog am Gürtel, druckste herum. »Kurt Hirsch ist seit drei Wochen mein Assistent«, sagte er diskret, wissend, daß ich wußte. Er öffnete die Wagentür, schloß sie wieder, nahm meinen Oberarm, schob mich vor sich her, blieb stehen, sah interessiert auf die Regenrinne der Halle A, gab mir eine Zigarette, zündete sie umständlich an, sagte plötzlich: »Er will Sie heiraten, das ist Wahnsinn, Sie müßten innerhalb von dreißig Tagen Deutschland verlassen, verlören Ihre Staatsangehörigkeit, Ihren Beruf ...« Er pellte einen Kaugummi aus der Stanniolpapierhülle, steckte ihn in den Mund, kaute verärgert. »Hollywood braucht keine Deutsche«, sagte er, zog wieder an seinem Gürtel, suchte eine Lasche, fand keine, zerrte mißmutig am Kragen. »Sie sehen schlecht aus, Sie müssen Ferien haben und anständiges Essen.« Ich konnte mir weder unter dem einen noch unter dem anderen etwas vorstellen, er sah's mir an, zeigte ein schiefes Grienen. »Ich denke an die Schweiz, aber im amerikanischen OMGUS ist keine Ausreise für Sie zu bekommen, vielleicht versuchen wir's mal über die Franzosen.« Er setzte sich neben den Chauffeur, drehte das plärrende Autoradio ab, murmelte: »Let's go.«
Fünf Wochen später goß der französische Filmoffizier in Berlin eine Flasche Champagner über abgelatschte Sandalen, rief eupho-

risch: »Laßt mich aus euren Schuhen trinken«, stierte wehmütig dem durch vielfach genähte Riemen Entplätschernden nach, überreichte bei Abschluß des trunkenen Festes eine gestempelte, beglaubigte, unterschriebene Ausreisegenehmigung.

Rot-weiße Markisen wippen über offenen Balkontüren, helle Gardinen umwedeln blinkendes Fensterkreuz, frisch gewaschenes Wasser schwappt gegen glänzende Bootswände, Glitzerautos schnurren, Leute federn auf Krepp, auf Ledersohlen, schwenken Handschuhe, Taschen, Schals, zeigen Ringe, rosa Haut, glänzende Haare, tragen Hütchen, Schleifen, Bänder, sind üppig, ausgeschlafen, gefrühstückt, gebadet, sind blank wie die Stadt, wie Zürichs Bahnhofstraße, wie der Himmel über mattroten, taubengrauen Dächern, wie die goldschimmernden Zeiger an der Kirchturmuhr, die funkelnden Straßenbahnschienen. Die Schaufenster prahlen, reflektieren, geben preis, zeigen vor, lassen wählen zwischen Schokoladentafeln, Kirschkonfitüren, Matratzen, Decken, Teppichen, Betten, Kissen, Stand- und Hängeuhren, Banken, Börsen, Kuchen, Wurst, Schinken, Eierlikören, Zigarren, Kochbüchern. Duft von Wohlgenährtem, Frischgebackenem, Brotgeruch, Parfumbrise. Im Laden sagte eine: »Der Krieg war schlimm, wir hatten keinen Reis und keinen Kakao.« Sie füllt bunte Bonbons in Tütchen, wiegt, wischt, ruft: »Merci vielmals.« In einem Café am Limmatquai sitzt eine Frau, ich seh' den Rücken, den Arm; die glatte gepflegte Hand führt Kuchengabel zum Mund, legt sie beiseite, nimmt Mokkatasse, stellt sie ab, sucht Geld in kleiner Tasche, bezahlt. Die Frau steht auf, geht vorbei an Blumenschalen, an Eisbechern und Obsttorten, legt leichten Mantel über Schultern, zupft Schleier, zieht ihn über Hütchenrand, geht sicher auf langen Beinen, blinzelt ins Sonnenlicht, sieht aus, wie Mutter aussehen könnte, wenn sie nicht so verhungert wäre.

»Was hast du?« fragt Kurt Hirsch. »Ich will weg.« Er sieht mich an, versteht nicht, ist fremd. Ich will zurück in eine Stadt ohne Häuser, ohne Scheiben, ohne Dächer; Löcher im Asphalt, Klamotten, Schutt, Ratten, arm sein zwischen Armen. Es war ein Weltkrieg, hatten sie gesagt. Ich steh' im Hauseingang, seh' Zufriedene, Selbstverständliche, Sichere, Lächelnde, Ausgeschlafene, Etagenbewohner, Kellerfreunde; fühl' ihn wegrutschen, den sauberen sicheren Boden, fühl' mich ausgelacht von den Heiteren, Gelösten; »Schlaraffenland war um die Ecke«, sagen sie, »Läuse gab's im Mittelalter«, »Blutruhr, was ist das?« Der Hotelportier sieht mich neugierig an, das Zimmer ist im vierten Stock, ich steh' am Fenster, seh' runter, denke, wenn ich springe, wird ein blutiger Fleck auf diesen sauberen Steinen sein, sie werden stehenbleiben, sich ansehen, fragen: »Was ist das Rote da?« Mitleid mit Mutter, mit Großvater, mit Stiefvater, Selbstmitleid strömt, schüttelt, macht mich weinen, zum erstenmal seit dem Bunker, den es nicht mehr gibt, in Schmargendorf.

Daß das Palace-Hotel in St. Moritz berühmt war, daß es den Ruf hatte, das Beste, Schönste, Gepflegteste und Feudalste zu sein, wußte ich nicht. Die Unterschiede, die Nuancen zwischen gut, besser, am besten waren unbegreiflich, geringfügig, nebensächlich, wurden von mir nicht erkannt, begriffen, erfaßt. Ein unbekannter Erdteil mit Badewannen, in die Tag und Nacht heißes Wasser floß, mit gedeckten Tischen, Speisekarten, betulichen Generälen, die besorgt dein Mahl bewachten, Beschützerbergen, die Tal, See, Hallen, Zimmer, Balkons, Türmchen einkuschelten, mit hellen Gardinen, düsteren Vorhängen, endlosen Teppichen, die das Ping eines Teelöffels auf Untertasse, Flüstern des Concierge, Klick des anfahrenden Fahrstuhls, Rascheln der Drehtür schluckten, Sanftes unhörbar machten. Traumbewegungen, tänzerische, lautlose vor unbewegten Schneebedeckten. Gestrandetes Schiff, das vor dem Meer geflüchtet war, das sich zurückgezogen hatte, sich ausgeruht und ausruhen läßt.

Als ich nach zwei Wochen abfuhr, hatte ich fünf Pfund zugenommen und das Gefühl, das erste Mal gesund zu sein. Auf der Fahrt über den Julierpaß wünschte ich mir, zurückkommen zu dürfen, irgendwann, einmal noch, in die schläfrige Rauheit, die unaufgeregte Schönheit, die gleichgültige Stille.

Auf einem toten Gleis in der Lüneburger Heide stand ein alter Zug mit vier Waggons, einem Speisewagen und keiner Lokomotive. Als ich über den Acker kam, sah ich als erstes der dort hausenden »Film-ohne-Titel«-Mannschaft ein angebundenes Schaf, ich streichelte es, es sah mich an und machte »Mäh«. Hans Söhnker schob seinen Kopf durch ein Abteilfenster und brüllte: »Laß das, du streichelst unser aller Abendbrot.« Dann sprang er aus dem Zug, umarmte mich und sagte: »Gut, daß du endlich da bist, wir drehen ab morgen früh.« Er trat einen Schritt zurück, begutachtete meine dazugewonnenen Pfunde, murmelte neidlos: »Mensch, in die Schweiz müßte man mal ...« Der Kameramann Igor Oberberg, der Regisseur Rudolf Jugert, Beleuchter und Tonmeister bestaunten mich wie eine Preiskuh. Ich stand wie ein Verräter, wie einer, der Proviant gehamstert hat und nicht willens ist zu teilen. Ich bezog ein Dritte-Klasse-Abteil, schlief auf der Holzbank, erwachte wanzenstichübersät, trank meinen Muckefuck, lief über die Felder zum Drehplatz.

Jugert, Söhnker und ich setzten uns auf eine Kiste und besprachen, das Geschnatter um uns vergessend, die erste Szene. Jugerts

Geduld, Söhnkers und meine Vertrautheit halfen über den gefürchteten ersten Drehtag hinweg. Im nur bedingt erlernbaren Beruf des Schauspielers fällt man in einen neuen Film, in eine neue Rolle wie in einen Gebirgssee zur Weihnachtszeit, man kann sich an Erfahrenem, an Bekanntem nur schwach orientieren, darf die Kenntnis um Gespieltes nicht in das Neue mitnehmen, ohne dem Neuen zu schaden, wird gezwungen, ohne die im Theater unerläßlichen Proben mit jedem gedrehten Filmmeter eine premierenreife Leistung zu offenbaren. Der erste Tag wird zum Ungeheuer, zum Alptraum, zum Aufeinanderprallen von Fremden, die in kürzester Zeit ihr Fremdsein überwinden müssen. An manche Filme erinnere ich mich wegen des guten oder schlechten Resultats, wegen der erfreulichen oder unerfreulichen Arbeit, an manche gar nicht. Der »Film ohne Titel« war vom ersten Tag an ein harmonisches Ganzes, er schuf eine Gemeinschaft, in der jeder jeden mochte, verstand, tolerierte, er wurde zum immer wieder erhofften und nie mehr erreichten Exempel der Einheit im Wirrwarr des Filmemachens.

Nach Wochen nächtlicher Wanzenbekämpfung und täglichen Drehens waren die Außenaufnahmen beendet, wir hatten einen Monat Pause, in der ich bei Barlog ein neues O'Neill-Stück und die nicht totzukriegende Lisplerin Mabel spielen sollte, bis die Atelieraufnahmen in München anfingen. Wir nahmen unsere Koffer aus den Gepäcknetzen, verabschiedeten uns von Raucher- und Nichtraucherabteilen, balancierten noch einmal auf den Gartenstühlen im Speisewagen, ohne zu speisen, hingen an Willi Fritschs Lippen, der von köstlichen Diners berichtete, Menüs zusammenstellte, flambierte Nachspeisen beschrieb. Bevor wir uns zum letzten Mal auf die engen Bänke klemmten, sahen wir Lichtkegel über den Acker wippen, sahen sie auf uns zukommen, hörten das gequälte Brummen eines für Geländefahrten ungeeigneten Autos, es hielt neben den verrosteten Rädern unseres Bewegungslosen, tat einen letzten Seufzer, legte sich auf die Seite. Ihm entstieg Kurt Hirsch, der eine Illustrierte schwenkte und mit der anderen Hand meine übernächtigte Mutter vom Sitz zog. Sie sah den gerammelt vollen Gang, flüsterte: »Ich muß dich allein sprechen.« Kurt wedelte noch immer das dicke Heft, leuchtete es mit einer Taschenlampe an, rief: »Du hast sechs Seiten im LIFE-Magazin, ich übersetz' es nachher.« Mutter klopfte ihren Rock ab, fuhr übers Haar, setzte sich auf die Holzbank, sagte: »Du darfst nicht nach Berlin zurück, die Russen waren bei uns, morgens um vier, sie kamen einfach in den amerikanischen Sektor mit ihrem Armeewagen, das dürfen sie doch gar nicht, denke ich.« Sie sah mich an, versuchte in der Dunkelheit mein Gesicht zu erkennen, räusperte sich, sprach weiter: »Sie hatten ein Telegramm und sagten: Wieso Tochter in Schweiz, wer Genehmigung, wer Paß gegeben, für wen arbeitet sie, was macht sie in Schweiz, deine Tochter Spion. Sie haben mit dem Telegramm herumgefuchtelt und gesagt, ich soll einen Zettel unterschreiben, einen russischen. Was steht drauf, hab' ich gefragt. Du nicht fragen, du unterschreiben. Ich dachte, sie hätten dich gefangengenommen oder dir wär was passiert in der Zone.« Sie sah in den finsteren Himmel. »Ich hab' einen Fehler gemacht, ich hätte nicht unterschreiben sollen, sie gaben mir das Telegramm, es war das aus Zürich mit ›Gut angekommen‹. Sie haben es abgefangen. Du darfst auf keinen Fall zurück.« An ihrem unregelmäßigen Atem merkte ich, daß sie weinte; sie putzte sich die Nase, sagte: »Der Kurt ist ein lieber Junge, aber er will dich in amerikanischer Uniform ...«

Die Abteiltür knarrte, Kurt Hirsch kam, stellte eine Tasse auf den Klapptisch, sagte: »Trink den Kaffee.« Er setzte sich, kaute an seinem Daumen, murmelte: »Ich hab' versucht, einen Ausweis für den ›Berliner Two‹-Zug für dich zu kriegen, sie haben's abgelehnt, weil du den Antrag in Berlin machen mußt«, er tippte gegen seine Stirn. »Ich hab' dir eine amerikanische Uniform mitgebracht, der Söhnker kommt morgen mit, vielleicht kann er sie ablenken mit Artista-Gerede.«

»Was ist mit Mosjakoff?«

»Wer ist das?« fragte meine Mutter hoffnungsvoll.

»Der russische Filmoffizier.«

»Mosjakoff haben sie abgeholt, er hatte eine deutsche Freundin.«

Ich mußte lachen, unterdrückte, weil Mutter da war, Anspielung auf Bekanntes und Anfrage, ob Notzucht erlaubt, Freiwilliges untersagt, beschränkte mich auf: »Und ihr, ich spiel doch in *eurem* Theater?«

»Die Ausreise kam von den Franzosen, und die war illegal, weil du im amerikanischen Sektor wohnst, und mit den Russen sind wir befreundet.«

»Amen.«

Er knipste mit der Taschenlampe, legte sein Kindergesicht in Falten, sagte: »Wir versuchen's einfach, Mutter bleibt für zwei Tage in Uelzen, ich hol' sie übermorgen ab.«

Um fünf fuhren wir los, Söhnker sah mich an, schwärmte zusammenhanglos: »Ich hab' mal n Film in London gedreht mit der Horney, warn das Zeiten, ich hab' im Savoy gewohnt und Englisch konnte ich auch. Lovely weather today, wonderful ...« Er ließ es auf der Zunge zergehen, rollte es, versuchte ein zweites »wonderful«, schlief ein. In Uelzen verabschiedeten wir uns von Mutter, sie stand steifbeinig verkrampft mit herunterhängenden

Armen neben säuerlich lächelnden Verwandten, die mit eiligen Blicken Ami-Wagen, Uniformen, Hirschs Alter, Söhnkers Aussehen, mein Verhalten, Gewicht, Frisur taxierten. Kurt Hirsch rief noch: »Ich ruf' heute nacht über die Armeeleitung an.« Sie nickten pikiert, Mutter beugte sich zum Fenster, wollte etwas sagen, sagte nichts, drehte sich um und ging ins Haus. Der AFN spielte Glenn Miller, wir pfiffen, wurden furchtlos, zuversichtlich, hundert Meter vorm russischen Kontrollpunkt in Helmstedt wurde das Pfeifen zum Pusten, hörte schließlich ganz auf. Söhnker sah auf die Uhr, Kurt Hirsch auf die Straße, ich auf die drei Soldaten, die am Schlagbaum standen. Es nieselte, die Scheibenwischer schnurrten, Kurt Hirsch tippte auf die Bremse, zischte: »Verdammt noch mal«, riß an der Handbremse, knallte mit der Stoßstange gegen den Grenzpfahl, zersplitterte Holz, blieb stehn. Die drei kamen angerannt, brüllten Russisches, Hirsch brüllte Tschechisches, stieg aus, verließ uns Tür knallend, verschwand in grauer Bretterbude neben Fahnenmast; sie standen verdutzt, im Wortschwall aufgehalten, im Ansturm unterbrochen, kamen zögernd zum Wagen, fingerten an Kühlerfigur und Reifen herum, preßten Gesicht an Fenster, machten Atemringe, schielten zum Armaturenbrett, entdeckten Söhnker, fühlten sich ertappt, blinzelten wie Katzen nach mißglücktem Sprung. Ein Offizier kam aus der Bude, gefolgt vom wütigen Hirsch. Ich versuchte Arrogantes zu zeigen, blickte gelangweilt auf die leere Autobahn, hatte Magenkrämpfe und nasse Hände, der Offizier sagte: »Komm.« Söhnker stieg aus. »Du«, er zeigte auf mich, ich lächelte müde, schloß die Augen, lehnte mich an. Er öffnete die Tür, wies mit Daumen über Schulter auf Bude. Ich reckte mich, stieg langsam aus, ging ihm nach, stolperte über die Stufe, stieß gegen ein zusammengebündeltes Ofenrohr, das geräuschvoll zusammenbrach. Ein Dicker mit Orden saß an einem Gartentisch und rauchte, hinter ihm hing Stalin streng am langen Nagel, rechts unten zwei Feuerhaken, ein Herdring. Kurt Hirsch lehnte breitbeinig am Türpfosten, knöpfte seine Armeejacke auf, ließ eine Pistole sehen. »Papiere«, sagte der am Gartentisch. Söhnker rief: »Wir Theater, wir Artista, heute abend Theater.« Der Russe legte seine Zigarette auf die Tischkante, wippte mit dem Stuhl, guckte verständnislos aus schmalen Rotgeränderten. »Papiere«, wiederholte er geduldig. Söhnker zeigte auf seinen Ausweis: »Da sind sie doch.« Der Russe öffnete ein dickes Buch, blätterte zwischen Fettfleckseiten, faltete den Zettel auseinander, gab ihn zurück, sagte: »Gut«, steckte seine Zigarette in den Mund, sah mich erwartungsvoll an.

»I don't need ...« – mir fiel das Wort für »Ausweis« nicht ein, ich sah zu Hirsch, der sprach tschechisch, der Russe schüttelte den Kopf, wippte mit dem Stuhl. Draußen hielt ein Lastwagen mit Soldaten, die Bude wackelte, das letzte Stück Ofenrohr fiel auf den Boden, tanzte wie ein Topfdeckel, er stand auf, nahm seine Mütze von kalter Ofenplatte, sagte: »Warten.«

»Zeig deinen Ausweis«, murmelte Hirsch. Der Dicke kam zurück, wischte Regentropfen vom Jackenärmel, setzte sich wieder, sah den Zettel, rief: »Du deutsch!« – »Das sag' ich doch, wir Artista, wir Theater«, schnaufte Söhnker. Der Russe legte schwere Arme über den Tisch, starrte auf den Militärmantel, rauf zum Schiffchen: »Amerikanski Uniform.« – »Mir war kalt, der Mantel lag im Wagen.« Er nahm den Ausweis, das verkleckste Buch, sein Zeigefinger rutschte über Listen, blätterte um, blätterte zurück. »Verboten!« brüllte er, zeigte auf den Mantel. Vor der Tür war Wachablösung, der Laster fuhr wieder an, ein Kopierstift rollte vom Gartentisch. »Verboten«, wiederholte er, schlug mit der flachen Hand auf das Buch. Ich zog den Mantel aus, nahm das Schiffchen ab. »Mir war kalt«, wollte ich sagen, aber die Stimme war weg. Kurt Hirsch sah auf die Uhr, rief was Unverständliches, der Dicke lachte, prustete Asche über den Tisch. »Gehn ma«, sagte Hirsch, schlenderte zum Wagen. Ein Soldat stemmte den Schlagbaum hoch, Söhnker krümmte sich, wurde grün, murmelte: »Du mußt anhalten, meine Ruhr geht wieder los.« – »Warte, bis wir um die nächste Kurve sind,« sagte Hirsch; er schlug auf das Lenkrad, fauchte: »Die Scheißbremse, jetzt können wir mit der Handbremse bis Berlin zoddeln.« Er hielt an, Söhnker schoß in den Wald, ich wollte rauchen, mein Kinn wackelte, die Zigarette fiel auf den Boden. »Auf der Liste stehst du jedenfalls nicht«, sagte Hirsch.

Am Sonntag war Doppelvorstellung, in der Pause kam Dr. Rode, reichte kleine weiche Kinderhand, klappte kurze Lider über dunkle Augen, sagte: »Gratuliere von Herzen zu schönnen Erfolg«, zeigte auf einen Schwarzgewellten, Lächelnden: »Viermal hat er's gesehen, Film auch, fährt jetzt nach Dresden, geht noch mal nächste Woche, wenn zurück und wenn Karten bekommt.«

»Ich bin Mischa Schewatowsky, Sie werden sich nicht erinnern, wie geht's Ihrer Backe?« Der Inspizient bellte »Fuffzehn Minuten!« Otto Matthes, der seine Rolle heiser hecheln mußte, weil einer, dem die Stimmbänder zertreten, der lebenslanger Pferderennplatzbrüller, flüsterte, den Bühnenkrächzer beibehaltend: »Hast du Kaffee, mir is mies!« Schulzen goß Kochendes über Nescafé, er löffelte eilig, ging magenreibend auf die Bühne, ich stand an der Feuerleiter, wartete aufs Stichwort, sprang über drei Stufen aufs Nudelbrett; Applaus stoppte Sprung, Satz, sagte: Wir

erwarten von dir – haben dich aufgenommen – sagen ja zu dir, laß uns vergessen Keller, Kälte, Kranksein; heilte, wärmte, entschädigte für nicht gehabten Schaden, verängstigte, verwöhnte, Proben unter Funzel auf kahler Bühne, Angst, Versagenspanik, drohte, hob mich hoch ins Luftleere.
Textgebüffel, Premierenalp, ab fünf das Getöse links unter der Rippe, letzter Schrei zur Souffleuse: »Laß mich nicht hängen an der Stelle da« – »Du hast nie gehangen« – »Heut werde ich – ich kann nicht raus, laß den Lappen unten, ich muß auf die Toilette« – zu spät. Applaus sagt: Du hast es geschafft, für den Moment hast du's geschafft, wir haben dich gern, lieben dich, bist nicht mehr »So was muß es auch geben«, »Knef, Ihre Versetzung steht in Frage«, »Malerei ist Firlefanz«. Ruhm ohne Titelblätter, Umfragen, Anfragen, Nachfragen, Geburtsjahr, Ort, Platz, Lieblingsfarbe, Lieblingsblume, Lieblingsessen, Sport, Hobby, Ferien wo und wann. Stehst am Anfang, auf erster Stufe, vertrauensselig, daß es nicht abreißt, das Glücksgefühl, die Dankbarkeit, Zustand der Verliebtheit in alle und jeden; das Geschenk des Erfolges, des Überlebthabens, des Davongekommenseins in totgesagter Stadt, die genesen wird, die auf dem Wege zur Besserung; des Berauschtseins vom Geruch zwischen Rampe und Rückwand. Die Welt wird greifbar, erhältlich, wartet, erobert zu werden. Erfolg ohne Geld, Agenten, Prozente, 30-Seiten-Verträge; Ehrgeiz ohne Ehr und ohne Geiz, ohne Abfall im Wort, geprägt von Spannungslosen, Lustlosen, Mürrisch-Bequemen, die der Freude mißtrauen, die der Suche einen abfälligen Namen gaben, um Unfähigkeit zu rechtfertigen, Ungetanes heiligzusprechen. Unrealisierbares hinter Selbstaufgabe und Milde zu verbergen. Wir hatten Ehrgeiz, im besten Sinne des üblen Wortes; ich hatte Ehrgeiz, habe Ehrgeiz, werde ihn behalten, er begleitet mich wie eine Liebe, die gute und schlechte Tage hat.
Sie applaudierten, als zur zerkratzten »Sing sing sing«-Benny-Goodman-Platte der Tanz losging, als ich mich aufs schwankende Fundusbett knallte, der Schnellfeuerdialog Matthes-Biegel-Bluhm begann. Matthes stierte mich an, verpaßte einen Satz, wurde spinat-resedafarben, klappte wie Klappmesser nach vorn, ich sprang, ihn zu decken, der Vorhang fiel. Barlog jaulte noch in letzter Reihe verständlich: »Der kotzt auf die Bretter, die die Welt bedeuten«, hielt ihn in alten Luftschutzeimer, Kopf ins Wasser, Blasen stiegen hoch: »Du ersäufst ihn«, schrie Biegel, er ließ los, sah nach, jetzt war er lila, stöhnte: »Jeht schon wieda.« Draußen sagte der Inspizient, um Hochdeutsches bemüht: »Meine Damen und Herren, wir bitten die kurze Unterbrechung entschuldigen zu wollen und die Plätze beizubehalten.« Mit meinem »Patsy, was

haste denn?« gingen wir weiter, angstvoll gepiepst, weil rasender Gangsterboß auf mich zurennt. Der Lacher war länger als sonst, ich spürte es kalt werden um Brust und Bauch, Träger waren gerissen, sechsmal getrennte Kriegsseide hatte fallen lassen. Sie brüllten vor Lachen, schrien, tobten – hatte nichts mehr zu tun mit uns, mit Stück, war Kriegsüberbleibsel, Erkennungszeichen, Nachkriegsgleichnis: der Kotzende und die Dünne. Vorhang fiel. »Ick schließe«, weinte Barlog, »der eene kotzt, die andre nackt, ick schließe.«
»Selznick interessiert sich für Sie«, sagte Erich Pommer, »William Dieterle war in Berlin, hat alte Ufa-Muster gesehen und ›Die Mörder sind unter uns‹, er hat wohl von Ihnen gesprochen, der LIFE-Artikel hat das Seinige getan.«
»Wer ist Selznick, wer ist Dieterle?« fragte ich aufgeregt, aber er hörte nicht, sah über das Gewimmel im Wohnzimmer hinweg, grüßte abwesend nach rechts und links, ging auf den Flur, zog eine verknautschte Zigarette aus der Tasche, steckte sie achtlos in den Mund, ließ sie hängen wie ein verkommenes Komma, sprach: »Es ist zu früh, Hollywood läuft nicht weg.« Und, als sei es ihm nachträglich eingefallen: »Lassen Sie sich nicht von Kurt Hirsch überreden.«
Warum eigentlich nicht, dachte ich, wär' doch schön als erste ...
»Wie ist das in Hollywood?« fragte ich die blondgefärbte amerikanische Sekretärin Berliner Herkunft, die Whiskys verteilte und mich entfernt an Alike erinnerte. »Na herrlich, Palmen und Studios und Meer und Weltkarrierebegründer, Selznick hat die Bergman nach Amerika gebracht.« Sie sagte »Emmerreka«, als hätte sie Angst, man könne sie für nicht zugehörig halten. »Und ›Vom Winde verweht‹ hat er produziert, na herrlich.«
Karl John saß am verstimmten Klavier, sang »Der Mensch hat einen Kopf ...« und »Siehst du den Mond über Soho ...« Erich Pommer schüttelte die Hand eines Mittelgroßen in Zivil, wartete bis er seinen Mantel losgeworden, sagte: »Das ist Carl Zuckmayer.« Große, tiefblaue Augen blickten gelassen-fröhlich aus großflächigem, großzügigem Gesicht, die Haut gerötet, einem Landmann ähnlicher als einem Dichter. »Hauptmann von Köpenick« fiel mir ein, und »Der fröhliche Weinberg«. Wo kommen sie alle her, dachte ich; wo waren sie früher, die Namen, die plötzlich lebendig werden. »Sie wär' ein fabelhaftes ›Pützchen‹ im ›Teufelsgeneral‹, nicht wahr, Barlog?« Barlog nickte, brubbelte abfällig: »Sie macht ja dauernd Filme, is jetzt beim Kintopp«, er zog das »Kin« von Kintopp in die Länge, wollte zeigen, was er davon hielt. Karl Heinz Stroux und Wolfgang Staudte sprachen gleichzeitig aufeinander ein, unterbrachen, begrüßten Zuckmayer;

ein magerer Filmproduzent, der noch immer auf eine Lizenz wartete, aß die letzten Salzkekse, versuchte dermaßen gestärkt einem amerikanischen Offizier aus Pommern die deutsche Braut auszuspannen, Karl John war bei »Und der Haifisch, der hat Zähne« angelangt, rief verklärt: »Ach Hildchen, daß du das nicht miterlebt hast.«
Erich Pommer sah auf die Uhr, murrte: »Es ist zwei!«, schwankte zwischen Nachsicht und Strenge, schob mich zur Tür: »Konzentrieren Sie sich auf Ihren Film und vergessen Sie Hollywood – und malen Sie sich nicht an, das steht Ihnen nicht.« Ich wurde rot, fühlte mich durchschaut, schämte mich der Verkleidungsfreude nach der Deutsche-Frau-schminkt-sich-nicht-Epoche, sagte »Auf Wiedersehn« und »Danke schön«; gefügiges Kleinkind, das Vater nach Mitternacht auf dem Treppenabsatz erwischt.
Zweimal spielte ich noch die »Mabel«, ärgerte mich, daß am letzten Abend die zurückgelegten Karten für Dr. Rodes Busenfreund, den Schwarzgewellten, nicht abgeholt wurden. Nach der Vorstellung kam ein Junge, sagte: »Ich komm' vom Doktor; sein Freund ist auf der Autobahn nach Dresden von den Russen hoppgenommen worden – den sehn wir nicht mehr wieder.«
»Bist du sicher, daß der Zug nicht doch mal kontrolliert wird?« fragte ich. »Sicher«, sagte Kurt Hirsch.
»Na, Sie brauchen doch keene Angst zu ham, Sie sind doch Defa-Schtar«, dröhnte der Berliner Fahrer in Ami-Diensten auf dem Weg nach Wannsee. »Wenn ick die Jejend seh'«, stöhnte er angesichts des Rangierbahnhofs, auf dem einsam der »Berliner Two« stand, »wird ma janz mewulwe. Hier ham se ma dreiunvierzich in n Jüterzuch valadn uffn Wech nach Rußland – du lieba Mann – die Fahrt hat schon jereicht, na und wat denn losjing, Prost Mahlzeit.« Er wischte einen Fingerabdruck von der Kühlerhaube, rief: »Allet Jute ooch«, stand verhutzelt neben Kurt Hirsch, der die Hand hob und etwas verlegen winkte.
Söhnker packte unseren Proviant aus, teilte ein, machte Plan; die Hälfte war weg, bevor wir an die Elbbrücke kamen. »Ist ein feiner Junge, der Kurt«, sagte er in die reuevolle Stille hinein.
»Er muß zurück.«
»Wann?«
»Januar.«
»Mensch, Mensch«, seufzte er, rollte seinen abgeschabten Mantel zum Kopfkissen, legte sich auf die Bank, sagte zur Notbremse rauf: »Jugert will nächstes Jahr wieder n Film mit dir machen. Wenn man bloß wüßte, was hier wird. Raten kann dir keiner.« Er drehte sich auf die Seite, nuschelte abschließend: »Ist ein feiner

Junge«, setzte sich wieder auf, sah mich an, fragte: »Kannst du kochen?«
»Mit was soll ich n das gelernt haben? Warum willst n das wissen auf einmal?«
»Weil wir uns in München selbst bekochen müssen, darum.«
In Frankfurt war es heiß, auf den Bahnsteigen drängelten seesackbeladene Amerikaner, bettelnde Kinder, Frauen mit Steppdecken und Rucksäcken, wieselten Schwarzmarkthändler und magere Huren in eingenähten Männerjacken mit Watteschultern; es roch nach Brand, Klosett und Keller, nach Mottenkugeln und Abgestandenem.
Am nächsten Abend waren wir in Geiselgasteig, wir bezogen unsere Garderoben, besorgten eine Heizplatte, legten restliche R-Mark-Gagen zusammen, schickten den schwarzmarktversierten Garderobier auf Organisationstour, verteilten Hausfrauenpflichten zwischen Jugert, Söhnker und mir. Wir drehten nachts, um den täglichen Stromsperren zu entgehen, unterbrachen Szenen, weil der Regisseur die Linsen aufsetzen mußte, dem Hauptdarsteller süßliche Frostkartoffeln anbrannten, der Hauptdarstellerin die kochende Suppe über den Fuß gekippt war oder der Requisiteur den Topf für die Aufnahme brauchte. In nächtlicher Mittagspause saßen wir auf Quietschbett und Wackelsofa, löffelten, lachten, waren glücklich. Colonel Rogers, der amerikanische Studiobewacher, kam abends aus beschlagnahmter Villa am Geländeeingang, stattete militärisch kurze Besuche ab, sah befremdet aus beträchtlicher Höhe auf die ihm unbegreifliche Heiterkeit hinunter. »Achtung, der Bohlenleger!« riefen die Beleuchter, wenn er durch die eiserne Ateliertür trabte. Der »Bohlenleger« hing ihm an, seit wir herausbekommen hatten, daß er im heimatlichen Texas als Eisenbahningenieur tätig gewesen war, den »Feuerwehrmann« zog er sich später zu, als das Filmarchiv brannte und er unverständliche Befehle austeilend und Feuerpatschen schwingend die Löscharbeiten beaufsichtigte und die Ateliersekretärin lachkrampfgeschüttelt auf der Bordschwelle saß und »Die sind doch alle jleich, n bißchen Uniform, n bißchen Gefahr, und schon sind se Feldherr oder Feuerwehrmann« kicherte.
Sonntags sahen wir amerikanische Filme, die uns mit ihrem Reichtum und Überfluß, ihren Farben und zelebrierten Stars, ihrer Perfektion und Glätte beeindruckten oder langweilten; oder wir fuhren mit der morschen Straßenbahn zur Oper, saßen kulturbeflissen und schließlich albern, wenn Othello seine Desdemona würgte und doch nicht vom Singen abhielt; oder liefen in letzter fahler Spätsommersonne an der Isar entlang bis nach Grünwald und zurück, teilten Zigaretten, redeten bis zum Morgengrauen,

freuten uns auf die nächste Drehnacht. Als über die Hälfte des Films fertig war, führte uns Jugert das bisher Gedrehte vor. Sie umarmten mich, sagten Gutes, Irene von Meyendorff rief: »Ich hab' eine Filmidee für Hilde, ich muß sie euch erzählen.« Erich Ponto blinzelte undurchsichtig, sagte: »Sehr begabt«, Minna, die Maskenbildnerin, raunte: »Na, an Ihrer Stelle würde ich nach Hollywood gehen, wer weiß, wann wir hier wieder mal n Film machen können.«

Zwei Tage später kam Kurt Hirsch. »Du könntest den Vertrag in London unterschreiben, Deutschland ist noch Kriegsgebiet, und sie dürfen keine Verträge mit Deutschen machen.«

»Das ist Wahnsinn«, sagte Jugert.

»Warum, was soll schon passieren, ich kann's doch wenigstens mal versuchen.« Ich wurde trotzig, maßlos, sah mich Großes tun in großer Welt, dachte, sie wollten mich aufhalten, wären betulich und ängstlich, hätten ihren Mut verbraucht.

Else Bongers saß auf der Kante ihres abgewetzten Sessels; sie sah verärgert in den kahlen Baum vor ihrem Fenster, inhalierte den Rauch ihrer Zigarette, schnippte den winzigen Rest in eine mit Wasser gefüllte Schale. Der Pudel lag eingequetscht zwischen ihrem Rücken und der Lehne, knurrte nach jedem fehlgeschlagenen Versuch, seine Lage zu ändern. Sie fischte in einer halbleeren Player's-Packung, öffnete den Deckel ihres goldenen Feuerzeugs, das sie, solange ich da war, nicht aus der Hand gelegt hatte. Sie stand auf und ging einige Male um den niedrigen Kaffeetisch herum, der Pudel streckte sich und gähnte. Sie blieb kurz vor ihm stehen und setzte ihre Wanderung in umgekehrter Richtung fort. Man sah ihr an, daß sie einmal getanzt hatte, ihre Bewegungen waren beherrscht, koordiniert, von großer Schönheit. Sie klickte Zeige- und Mittelfinger zusammen, der trockene scharfe Knall, den andere nur mit dem Daumen und Mittelfinger zustande bringen, schreckte mich auf. »Kind«, sagte sie, »ich werde von vielen aufgefordert, dir zu sagen, daß du hierbleiben sollst. Du bist am Anfang einer großen Karriere. Du hast Zeit.« Sie sprach akzentuierter, als es ohnehin ihre Gewohnheit war, als wollte sie Klarheit schaffen, indem sie klar und unmißverständlich sprach. »Du darfst nicht mit einem Jungen, der von der Schulbank in die Armee kam und der mit unserem Beruf nicht das geringste zu tun hat, nach Amerika gehen. War Kurt Hirsch je in Hollywood?«

»Nein, nur in New York und in Fort Worth im Ausbildungslager.«

»Na bitte.« Sie blitzte mich an, schob ihr rotes Haar aus der Stirn, drehte sich weg.

Sie liebte Erfolg, wie ihn Großvater geliebt hatte. Sie hatte keine Zeit für Unbegabte, Unsichere, Erfolglose. Ihre langen kräftigen Hände griffen zu, langten zielbewußt, tasteten nicht. Nichts an ihr war verträumt oder versponnen. Sie war fertig geworden mit ihrem Schicksal, machte niemanden verantwortlich, haßte Mitleid und Selbstmitleid, sagte nicht »hätte« und »wenn«, verlangte von anderen, überforderte alle. Ihre Freundschaft und ihr Interesse waren Auszeichnung.
Ich sagte: »Die blonde Armeesekretärin war in München, Zuckerberg heißt sie, glaube ich, sie sagt, daß sie nach London fahren würde und daß ich den Vertrag dort unterschreiben könnte und daß Selznick der beste Produzent sei.«
»Woher will sie das wissen?«
»Aber sie war doch früher bei der Ufa.«
»Ja und? Das waren viele.«
»Sie will Agentin werden und für mich verhandeln. Ich wäre ihre erste Klientin.«
»Mußt du deshalb nach Amerika gehen? Kind!« Ihre Stimme wurde schneidend, hell, wie damals am Telefon, als sie zu meiner Mutter sagte »Das müssen Sie schon uns überlassen«. Sie knipste am Schalter einer schiefen Stehlampe mit Papierschirm, vergaß, daß noch Stromsperre war.
»Sie sagen alle, daß man nicht wüßte, wie es hier weitergeht mit Film und Theater und überhaupt«, sagte ich.
»Nein, das weiß keiner, wir sind in einem besiegten und zerschlagenen Land und haben nichts zu bieten, gar nichts. Frau Zuckerberg war übrigens bei mir, um zu sagen, wie begabt sie dich fände. Wem sagt sie das? Es ist keine Tat, jemanden nach drei Filmen und etlichen Theatererfolgen begabt zu finden. ›Fräulein Knef ist bereits entdeckt‹, habe ich geantwortet, ›sie ist der erste Nachkriegsstar, den wir haben.‹« Der Pudel stand auf, reckte sich, bellte mich an, als hätte er mich erst jetzt bemerkt. Else Bongers rief: »Püti, mach dich nicht lächerlich.« Er kratzte sein Ohr und legte sich unter den Tisch. »Es werden dich viele ›entdecken‹. Ich mißtraue ihren Argumenten. Und was Kurt Hirsch angeht, so weiß ich mit Bestimmtheit, daß du ihn nicht heiraten solltest, weder ihn noch irgend jemand anderen. Es ist zu früh. Amerika, Ehe, alles.«
Vor dem Standesamt stand mein Trauzeuge Erich Pommer. Er sagte: »Sie nehmen jetzt Ihren Paß und fahren nach München, mein Fahrer weiß Bescheid. Ich werde mich um Kurt Hirsch kümmern.«
Meine Mutter sah ihn entgeistert an, sagte leise: »Das kann man doch nicht machen.«

Kurt Hirsch rief von der Treppe: »Worauf wartet ihr?«
»Gehen Sie schon«, sagte er ungeduldig.
»Nun gehen Sie doch«, wiederholte er.
»Nein«, sagte ich.
Erich Pommer warf seine Zigarette in den zusammengefegten Schnee, sagte: »Wie Sie wollen.«

12

Ich wollte raus aus der Maschine, die vom englischen Militärflugplatz in Gatow abhob, wollte zurück in den Schuppen, in dem sie im Halbkreis standen: Mutter, Stiefvater, Else Bongers, Erich Pommer. Ich wollte sagen: »Der Mann neben mir gehört nicht zu mir, es ist ein Irrtum, ich kenne ihn gar nicht.« Ich werde zum Bahnhof gehen, auf den Zug nach Steglitz warten, werde am S-Bahnhof Steglitz aussteigen, über das Kopfsteinpflaster gehen, vorbei an dem Eckhaus mit braunroten Ziegeln, werde links abbiegen, dann rechts in die Wrangelstraße rein, dann wieder links, vorbei am schwarzen Eisenzaun, drei Stufen runter zum Bühneneingang, der Portier wird »n Abend« sagen und »Saukälte wieder«, die Schulzen wird den Dutt zwirbeln, ihn oben und unten feststecken, wird die Schürzenbänder binden, die Beine reiben und Wasser aufsetzen.

Else Bongers hatte geweint, sie hatte alt ausgesehen, ihr rotes Haar hatte nicht gepaßt zu dem verfrorenen Gesicht, wie geliehen hatte es ausgesehen oder wie ein Hut. »Du wirst immer wissen, wo deine Handtasche liegt«, hatte sie gesagt, »komm zurück, wenn du nicht glücklich bist.« Ich kann nicht zurück, dachte ich, ich habe gar keinen Paß mehr, ich bin amerikanische *war-bride*, Kriegsbraut, Braut des Krieges, mit dem Krieg verheiratet. Erich Pommer hatte wie ein Steinadler, wie ein böser, zerrupfter, auf dem Fensterbrett gehockt, hatte die verknautschte Zigarette im Mundwinkel geschaukelt und »Good luck« gesagt, er hatte dabei auf die Pfützen mit Eisrändern gesehen, seine Hand ausgestreckt und mit der Innenseite seiner Hand über die Innenseite meiner Hand gewischt, beinahe angewidert, als hätte ich eine Hautkrankheit oder so was, dann hatte er sie wieder in die Manteltasche gesteckt, hatte den Ellenbogen durchgedrückt und mit der Faust die Tasche nach unten gezerrt. Und Stiefvater hatte »Hildekind« gesagt, und sein Kinn hatte gewackelt, und Mutter hatte mich in den Arm genommen, genauso wie ich es mir als Kind immer gewünscht hatte, daß sie es tun würde. Meinen Kopf zwischen ihrem Kinn und Brustansatz. Sie hatte gar nichts gesagt, mich nur so gehalten.

Kurt Hirsch stieß mich an, zeigte ein Foto, auf dem ein fleckiges Mietshaus zu sehen war, eins mit Feuerleitern von Stockwerk zu Stockwerk, mit Fenstern ohne Fensterkreuze und ohne Balkons, mit einem Stoffdach auf dünnen Stangen vom Eingang zum Fahrdamm. »Hier wohnen meine Eltern«, sagte er, »nur bessere Häuser haben eine Überdachung zur Straße!«
Wie eine fette Krähe lief der Schatten des Flugzeugs über grauweiße Felder und Kiefernkleckse, über einen See, ein paar flache Häuser, die weit auseinander lagen, als wären sie verfeindet, als wollten sie nichts miteinander zu tun haben; Häuser, in denen man sich nachts fürchten müßte. Die Ostsee werde ich nicht sehen, die liegt weiter oben, und die, die ich kenne, liegt überhaupt ganz woanders, die liegt nördlich von Berlin und nordöstlich. Sie hat den weißesten Sand und die weißesten Dünen, und wie sie im Winter ist, weiß ich gar nicht, ich kenne sie nur, wenn es heiß ist und trokken und wenn die Strandkörbe pappig sind von Sand und Sonnenöl und nassen Badeanzügen, und wenn die Kiefernwaldstreifen hinter den Dünen voller Blaubeeren sind und Mutter sagt: »Geht nicht barfuß, es gibt Kreuzottern.« Und wenn die Insel Rügen ein lila Schleier ist, da wo das Wasser und der Himmel zusammenstoßen, und die Insel Oie ein muschelgroßer Fleck; sie hat nur einen Leuchtturm, sonst gar nichts, nicht mal einen Baum, und wenn man in der Mitte steht, sieht man auf allen Seiten das Wasser. Mit dem Fischkutter fährt man hinaus, und wenn man sich über die Bordwand lehnt, kann man den weißen Sand unter dem Wasser sehen. Mutter war einmal allein ins Dorf gegangen, ich stand am Strand, da wo der Sand dunkler und körniger wird, wo er aufgeweicht ist und wo wir unsere Sandburgen bauten. Die Ostsee war glatt wie ein Laken im frischbezogenen Bett. Ich verstand nicht, warum sie gestern noch so getobt hatte, daß man gar nicht reingehen konnte, ohne in die tiefen Löcher zwischen den Sandbänken zu fallen, und warum sie heute so lahm und abgespannt aussah, vielleicht ist sie müde, dachte ich, vielleicht schläft sie jetzt. Ich drehte mich um und wollte zurück über die Dünen, aber die Dünen waren weg, waren verlorengegangen, waren ein Nebelberg geworden; ich sah auf das Wasser, dann wieder in den bleichen dicken Nebel, und ich dachte: So muß es Vater gehen, seit er tot ist. Und ich rannte, bis ich Mutter vor dem Fischladen neben der Dorfkirche sah und ihr im Laufen die Tüte mit Bücklingen aus der Hand schlug. »Ich habe Vater gesehen«, sagte ich, und ihre Nase wurde weiß, und sie sah komisch aus mit der weißen Nase im braunen Gesicht. Zwei Sommer später schickte sie mich ins Ferienheim nach Zinnowitz, sie brachte mich zum Stettiner Bahnhof, band mir ein Schild um den Hals mit Namen und Adresse drauf,

rieb meine Hände, die schon schwarz und schmierig waren, bevor ich in den Zug stieg. »Nun heul doch nicht«, sagte sie, »die andern Kinder freun sich alle, und du heulst.«
Ich hatte die Sandalen anziehen müssen, die ich nicht leiden konnte, die mit breitem Rand und eckiger Schnalle, in denen ich immer stolperte, um zu zeigen, wie unbequem sie waren, und einen Schlüpfer, der an den Beinen wie ein Rock bammelte und in der Taille drückte und den Magen einklemmte. Ihr Bauch war dick, das Gesicht groß und fremd. »Wenn du in sechs Wochen zurück bist, hast du ein Brüderchen oder Schwesterchen«, rief sie. In Stettin quetschte sich eine Blasse mit langen Ringelhaaren die Finger in der Schiebetür, sie schrie wie am Spieß, und die Aufseherin wühlte im Verbandskasten und ließ die Jodflasche fallen ... Wenn es regnete, saßen wir in der großen Halle und schrieben nach Hause oder mußten singen, und einmal brachten sie einen Plattenspieler, zupften an der dicken Nadel, wischten den Filzteller und spielten »Glühwürmchen, Glühwürmchen«. Die mit dem zerquetschten Finger durfte tanzen, auf Spitze im kurzen weißen Rüschenrock und in rosa Ballettschuhen, aber beim Abendessen plätscherte es unter ihrem Sitz und sie hielt die Hände vor das Gesicht, und die Schwester sagte: »Da gibt's nichts zu lachen, sie ist krank.« Ich hätte gern so getanzt wie sie, auch wenn ich dafür einen geschwollenen Finger und eine schwache Blase hätte haben müssen.
»Schade, daß man die weiße Küste nicht sieht«, sagte Kurt Hirsch, »die Engländer sind stolz auf ihre weiße Felsenküste.« Wieso sind sie stolz darauf, dachte ich, irgendwer ist immer stolz auf einen Fluß oder einen Berg oder Klima oder was weiß ich, sie sind immer alle stolz auf das, auf das sie keinen Einfluß haben.
Der Himmel war wie Mehl, und das Flugzeug bohrte in dem Mehl herum wie ein Wurm, hob sich, senkte sich, rutschte ab, hielt sich fest, bohrte weiter, zerteilte, rührte wie Großmutters Kelle in der Mehlschwitze. »Mehlschwitzen sind ungesund«, sagte Großvater jedesmal und knallte mit der Küchentür – ich hätte sein Grab besuchen sollen, einmal wenigstens, ich bin nie auf den Friedhof gegangen, was hätte ich tun sollen, gießen und beten, ich hätte hingehen sollen – morgens zog ich ihm immer die Lider auseinander, suchte seine Augen, hatte Angst vor den Geschlossenen, wollte sehen, ob er noch drin war in seiner Haut, ob sie nicht weg waren, reingerutscht wie bei der gräßlichen Puppe, die Hansi hieß und die unten im Kleiderschrank lag, hinter der Spiegeltür, die knarrte und nicht abzuschließen war und die manchmal aufklappte und gegen die Seitenfächer schlug, bis die Spiegelecken abfielen – nach Mottenkugeln roch es und nach Zeitungspapier, und oben rechts hing

mein weinroter Wintermantel, in dem ich immer fror, er war mir von Anfang an zu eng gewesen, und ich war froh, daß ich ihn nur sonntags tragen durfte, wenn ich mit Großvater im Stadtpark Enten fütterte – mein erstes Flugzeug hat er mir gezeigt, in Tempelhof, vor Aufregung bekam ich einen Wadenkrampf, er hat nie über mich gelacht und Witze gemacht wie Großmutter, als sie sich im Hausflur neben dem Fleischerladen in der Sedanstraße versteckte und ich sie suchte und nicht fand und mich fürchtete zwischen den vielen Beinen.

Eine Hochzeit war das nicht gewesen; nach dem Essen waren sie ins Büro gegangen, und ich hatte im Badezimmer gesessen und die Eisblumen am Fenster angesehen. Das Ja war wie ein Urteil, ein Schuldspruch. Nach Neujahr hatte er Kisten gepackt und organisiert und gekauft und verkauft und die Airedalehündin, die ihm jemand vorm OMGUS gegeben hatte – »Ich kann sie nicht mehr ernähren«, hatte der Mann gesagt und war weggegangen –, nach New York geschickt. Mich hatten sie durchleuchtet, geröntgt, untersucht, befragt, hatten mich pendeln lassen zwischen Siegern und Besiegten, zwischen geheizt und ungeheizt, zwischen sicher und unsicher, bekannt und unbekannt. Ich hatte im Zimmer gestanden, das leerer und leerer wurde, hatte mich entlassen gefühlt, aus- und eingesperrt zugleich, hatte zugesehen, wie mein Mut fadenscheiniger wurde, meine Freude kleinlaut.
»Welcome in England«, sagte Frau Zuckerberg, »du darfst jetzt nur noch englisch sprechen« und »You need a new coat.«
»Was hat sie gesagt?« fragte ich.
»In dem Sommermäntelchen kannst du unmöglich nach Emmereka«, sagte sie.
Ich versuchte Trümmerhaufen und verbrannte Hausmauern zu entdecken, dachte, sie würden mich an Berlin erinnern, mich nicht so fremd sein lassen zwischen links fahrenden Autos und unverständlichen Rufen; im Radio hatten sie immer damit angegeben, aber London war wie Zürich, nur düsterer, ungeputzter, griesgrämiger. »This is Hyde Park und Marble Arch«, sagte Frau Zukkerberg und setzte sich gerader, als gäbe es eine Absprache zwischen ihm und ihr, ein salutverpflichtendes Übereinkommen. »Da ist ein zerstörtes Haus.« Sie wies auf einen eingefallenen Dachstuhl. In Berlin zeigte man genauso eifrig auf ein stehengebliebenes.
Im Hotel waren zwei Fotografen und ein Reporter mit Block, Bleistift und dicker Brille. »Waren Sie in der Partei?« blaffte er, guckte besserwisserisch an mir vorbei; ein Fotograf tanzte herum, wollte wissen, wie man in Deutschland zu Christian Diors New Look

stünde. Als sie draußen waren, sagte Frau Zuckerberg: »Also die Agentur Lacey in New York wird den Vertrag aushandeln; wenn ihr drüben seid, kann Hilde unterschreiben.« Sie sprachen über Optionen und Geld und Klauseln und nahmen mich schließlich in eine Wohnung, in der eine Familie um einen großen Eßzimmertisch saß. Die Jüngeren sprachen englisch, die Älteren deutsch; sie sprachen von Churchill und Wetter, von Essen und Roosevelt, von Benzin und Zigaretten, sie sprachen über alles mögliche, nur nicht über Deutschland. »Sie sind dreiunddreißig rausgegangen«, sagte Frau Zuckerberg, »es war ein schwerer Schlag für sie, als ihr Sohn eingezogen wurde und nach Kriegsschluß eine Deutsche heiratete.«
Der Regen platschte wie aus Feuerwehrschläuchen, er säbelte und preßte, schob die Passagiere vor und zurück; sie legten sich schräg gegen Wasser und Sturm, als müßten sie ein Floß stromaufwärts rudern. In der Baracke schüttelten sie sich wie Bernhardiner, lächelten ein bißchen wichtigtuerisch, als hätten sie eine Bewährungsprobe bestanden. Wir waren in Shannon in Irland, das auf dem Schulatlas immer links außen gewesen war, graue Leinenfäden hatten aus der irischen Küste gehangen vom ewigen Auf- und Zurollen, die Weise hatte mit dem Stab draufgeschlagen und »Von den Engländern ausgebeutet« gesagt. Das Flugzeug stand mit Schläuchen in Bauch und Flügeln, in der Baracke tranken sie Kaffee mit Whisky, als der Lautsprecher knarrte, sprangen sie auf und bekamen das Luftschutzwart-dem-Schicksal-die-Stirn-bieten-Gesicht, zogen es über die Jetzt-geht's-über-den-Ozean-Angst.
Der Motor neben meinem Fenster spuckte Rotes in die Dunkelheit, glühte wie ein überheizter Kanonenofen, beleuchtete Wolkenfetzen, Regenfontänen, das Rund der rotierenden Propellersicheln. Der Sturm schien uns wegzuwischen, zurückzublasen, stehenzulassen. Nach sieben Stunden waren wir auf Ozeanmitte zwischen Irland und Neufundland; zur gleichen Zeit leierte ein dünner Bühnenarbeiter den Vorhang im Marmorhaus am Kurfürstendamm zusammen, die »Film ohne Titel«-Premiere war vorüber, Hans Söhnker kam mit einem Stuhl an die Rampe, stellte ihn ab, verneigte sich, zeigte auf den Regisseur Jugert, der bärtchenzupfend und leicht verlegen ins Publikum nickte. »Der Stuhl«, sagte Hans Söhnker, »soll den leer gewordenen Platz symbolisieren, den Hilde Knef zurückgelassen hat. Zu dieser Stunde fliegt sie über den Atlantik, und unsere guten Wünsche und Gedanken sind bei ihr.« Der Film wurde ein Erfolg; in einer zwei Wochen alten deutschen Tageszeitung fand ich ein Jahr später unter der Rubrik »Film« die Anmerkung: Hilde Knef gewann als erste deutsche Schauspielerin nach dem Krieg den Filmpreis in Locarno für ihre Leistung in dem Film »Film ohne Titel«. Ich rief meinen Agenten

an, sagte: »Ich hab' den Preis bei den Festspielen in Locarno gewonnen.« – »Wo ist Locarno?« fragte er. »In der Schweiz.« – »Ach so«, rief er wohlwollend, als spräche er mit einem Kind, das gerade seinen Fahrtenschwimmer bestanden hat, »das interessiert hier keinen.«

»Du betrittst jetzt amerikanischen Boden«, sagte Kurt Hirsch, während die Maschine bibbernd und torkelnd auf der vereisten Rollbahn in Gander aufsetzte. Die Kälte fegte durch die geöffnete Kabinentür, schnitt in die Hände und Lungen, wir schlitterten in eine nach Desinfektionsmitteln stinkende Bude, in der ein Grämlich-Verfrorener in Holzfällerjacke lauwarmen Kaffee, welke Pfannkuchenringe, Ansichtskarten und Briefmarken verkaufte. Die übernächtigten Passagiere drängten vor dem Waschraum, ein dikker Junge warf mit Klosettpapierrollen, bespritzte Hereinkommende mit Wasser, trat seiner »Darling, please« schreienden Mutter ans Schienbein. Nach sechs Stunden flogen wir weiter, landeten »im schlimmsten Schneesturm, den die Ostküste je erlebt hat«, wie ein auf seine Reiseerfahrung stolzer Fluggast genüßlich feststellte, in Boston. Die Immigrations- und Zollbeamten nahmen Haltung an, weckten durch Fragelawinen OMGUS-Erinnerung und Heimatgefühl, ließen die Feder treuherzig verfolgend auf vorgedrucktem Blatt Neins und Jas einsetzen, furchten bei Paragraph 21 c die Stirn und blickten ernsthafter als zuvor, hatte man doch zu beeiden, keiner Verschwörung anzugehören, die den Mord des amerikanischen Präsidenten beabsichtige. Sie wühlten in Koffern und Taschen, wollten wissen, wo Goldbarren, Rauschgift, Apfelsinen versteckt wären, schoben die Zerwühlten über lange Tische dem nächsten zu, in Tischmitte erreichten Mißtrauen und Verhör den Höhepunkt, die Fragen wurden bedrohlicher, Herablassung offensichtlicher: greisenhaft zittrig, bereit, alles einzugestehen, überzeugt, ein Rußfleck auf der glitzerndweißen Weste der Vereinigten Staaten zu sein, erreichte man die Coca-Cola-Maschine am Ende des Tisches. Neben ihr stand ein Fotograf; bevor er die Kamera heben konnte, zeigte ich ihm meine Papiere, er winkte ab, drückte mir eine eisgekühlte Flasche und einen Strohhalm in die Hand und sagte: »Trinken Sie und lächeln Sie.«

Ich tat beides, er schien unzufrieden, sagte: »Say cheese.«

»Was soll ich sagen?«

»Sag cheese wie Käse.«

»Warum soll ich Käse sagen?«

»Weil man bei cheese breit lächelt.«

»Wieso lächelt man bei Käse?« Der Fotograf verlor Interesse und ging weiter.

Ein Dicker klatschte in die Hände, rief in die gespannte Stille:

»Alle Flüge sind eingestellt, wer nach New York will, muß die Bahn nehmen.« Anschließend fuhr ein Bus durch finstere Straßen, setzte uns ab vor einem unterirdischen Bahnhof, in dem Zeitungsfetzen und Plakatecken hin und her wogten und ein paar Vermummte vor und zurück trampelten. Der Zug war breit, mit weiten Gängen und großen Fenstern, und raste selbstmörderisch und scheinbar unbemannt von Schienenseite zu Schienenseite. Nach Mitternacht waren wir im Grand-Central-Bahnhof in New York, bestiegen, wiederum ohne etwas anderes als Gleise, Plakate und Frierende zu sehen, eine U-Bahn, entstiegen der Kaugummiverklebten im Stadtteil Astoria, der weit außerhalb der Wolkenkratzerinsel Manhattan lag und nicht das geringste mit der Stadt zu tun hatte, die ich in Filmen, Wochenschauen, auf Postkarten und in Magazinen gesehen hatte. Auch ohne Schneesturm hätte ich das Haus in der tristen Straße nicht wiedererkannt; auf dem Foto war es, obwohl fleckig, feudaler und höher gewesen, hatte nichts preisgegeben von der Trostlosigkeit der abgeblätterten Vier- und Fünfstöckigen mit flachen Dächern, einheitlich wie Kartons, abweisend wie Bunker, Unterkünfte für Durcheilende, achtlos Zusammengesetzte, die man lustlos betritt und lustlos verläßt; sie standen, als erwarteten sie ein Erdbeben oder einen Bombenangriff, Belagerung oder Entvölkerung. Vor einer schmalen Tür im vierten Stock umarmten ein mittelgroßer kahlköpfiger Mann und eine untersetzte blonde Frau unter Tränenströmen und einer Flut tschechischer Worte ihren Sohn.
Ich schwimme zwischen Schnupfennebel und klebrigem Schlaf, versuche aufzuwachen in trockenheißer Heizungsluft, erkenne das Wohnzimmer, die Couch, höre ein Radio pfeifen, Tellergeklapper, Sprachfetzen, Wasserspülung. In der Küche sitzt seine Mutter, liest eine bettuchgroße Zeitung, sieht auf, sagt: »Sind Sie aber dünn« und »Sind Sie oft erkältet?« Ich setze mich auf den Stuhl zwischen surrenden Eiskasten und vollgepackten Küchentisch, weiß nicht wie anzugehen gegen Spannung, Ablehnung, Mißbilligung. Schwiegermutter-Schwiegertochter-Mißbehagen, Argwohn der Jüdin auf die Christin, der Tschechin auf die Deutsche, der Emigrantin auf die Daheimgebliebene, der Verfolgten auf die Verfolger. Umständlich faltet sie die Zeitung zusammen, geht ins Schlafzimmer, schüttelt Kissen, öffnet Fenster, macht sich zu schaffen an Staubsauger und Bohnerbesen; eine Nachbarin kommt mit Lockenwicklern und wildbunter Schürze, will den heimgekehrten Sohn begrüßen, aber der ist schon weg, am Hafen, zieht Erkundigungen ein über Kisten und Hund; enttäuscht starrt sie mich an, verschwindet wieder, eine weitere folgt mit dickem Gesicht und Ketten an Hals und Armen, klimpert wie eine Torglocke, dann

eine Tante mit wehendem Grauschopf und vielen Taschen. Sie umarmt mich, drückt und schüttelt, sagt: »Herzele welcome, mein Jungele hat jetzt ein Herzele.« Sie flattert in den Flur, sammelt die Taschen ein, rennt wieder fort, die Mutter sagt: »Sie ist meschugge, seit ihr Mann sie verlassen hat, ist sie total meschugge.« Ihr Gesicht kann ich nicht sehen, sie steht mit dem Rücken zum Küchenfenster, hält die Arme verschränkt – sie erwartet etwas, denke ich. Ich versuche einen mageren Witz, einen berlinischen, dann Theatergeschichten, Kulissengeschwätz, schmück es aus, mach es liebenswert. Sie dreht sich zum Spültisch, läßt das Wasser laufen. Ich sprech vom Vertrag, den ich unterschreiben werde. »Kennen Sie California?« frag' ich. »Nein«, sagt sie, zieht die Schultern hoch, als wär's ihr gleichgültig.
Der Vater kommt, stampft mit den Schuhen auf den Türvorleger, reibt den Mantel, wischt mit dem Jackenärmel über den Hutrand, sagt: »War wieder viel los im Hotel.« Er zündet eine Zigarette an, legte den Kopf in den Nacken. »Ich arbeite im Waldorf Astoria in der Park Avenue.« Der Name machte ihn stolz.
Am nächsten Morgen fahren wir nach Manhattan, in der Bahn sitzen graugesichtige Mädchen, die alle so aussehen wollen wie die übermütig Lachenden oder lockend Dämonischen auf zerknitterten Plakaten an rußigen Stationswänden; die Frauen tragen Blumennester und rosa Schleierchen, lila Rougekleckse und wütendrote Münder, die Männer hängen in labbrigen Hosen, sehen teilnahmslos auf Frauenbeine und Busen. Am Times Square schieben Soldaten, Matrosen, Mädchen, bläst ein metergroßer Mund Rauchwolken aus einer Hauswand, hält eine Riesenfaust Camelpackung, hopsen Lichtstreifen und Laufschriften, fegen gelbe Taxis an Fußspitzen und Bordkanten vorbei, brüllen Zeitungsverkäufer, johlen Plattenspieler, liegen Betrunkene an U-Bahn-Treppen, sind auf schmierigen Scheiben rotgemalte Preise durchgekreuzt, durch niedrigere ersetzt, ist weit oben ein Viereck Himmel, im Himmel die Spitzen der Wolkenkratzer, ist schon Licht in den fingernagelgroßen Fenstern weit oben, blinken wie Weihnachtsbäume. Zwei Behaarte mit Kochmütze und offenem Hemd werfen Bouletten in aufgerissene Semmelmäuler, schleudern sie über Theken, daneben ein Fotoladen mit Pappaufstellern: Großwildjäger mit Stiefel auf verendeter Bestie, Kapitän auf hoher See, Indianer mit Pfeil und Federn, Mexikaner auf Esel, Sombrero, Gitarre. Kreisrundes Loch unter Hut, zwei Soldaten stecken die Köpfe durch, grinsen, sind jetzt Mexikaner und Kapitän, werden fotografiert. Jahrmarkt am Morgen wie Jahrmarkt am Abend, mit Buden aus Stein.
Das Kino ist überfüllt, ist eine Mischung aus Operndekoration

und Schwimmhalle, Tempel und Baumkuchen, auf den Balkons knutschen sie oder rauchen oder kauen weißbraune Wattebäusche aus Pappbechern, sie rennen rein und raus, während des Films, während der Bühnenschau, sie pfeifen wie verrückt, wenn die Ballettkette die Beine schmeißt, sie tanzen Jitterbug in den Gängen; Mädchen mit pflaumenblauen Frostwaden über Tennisschuhen und kurzen Socken quietschen, werden ohnmächtig, baumeln zwischen den Blumenkästen an der Rampe, weinen mit dem Sänger, der was Spanisches singt. Dann Vorschau aufs nächste Programm, ein Bulldoggengesicht über deutscher Offiziersuniform bellt Befehle in schnarrendem Englisch, hinter ihm ein schief eingesetztes Hakenkreuz, einer in SS-Jacke und SA-Mütze knallt Hacken, brüllt »Donner and Blitzen«, »Jawoll« und »Heil die Fuhrer«, die Knutschenden fahren auseinander, schreien mit denen im Parkett »Buuhhh«.
Weiter oben, im Central Park, laufen sie Schlittschuh, am Teichrand stehen die Kindermädchen mit gestärkten Häubchen, tragen die Frauen lange Nerzmäntel und kleine weiße Handschuhe – wir sind in einer anderen Stadt, einer reichen mit blanken Scheiben, diskreten Auslagen ohne Preisschilder, drohenden Portiers mit Goldschnüren. Auf der breiten Park Avenue führen livrierte Diener artige Windhunde, Möpse und sorgfältig gekämmte Pudel an kostbaren Kettchen, die Mädchen sind schön und hochmütig, gelangweilt besteigen sie blocklange Autos; auf der gegenüberliegenden Straßenseite lese ich »Waldorf Astoria«. »Wir könnten deinen Vater besuchen«, sage ich. Am Hinterausgang sitzt er in einem Gepäckfahrstuhl, auf einem Klapphocker, Hände zwischen den Knien. Er springt auf, knöpft seine Weste, ruft: »Was macht ihr hier?« Ein Mann kommt mit einer Karre, schiebt die Koffer in den Aufzug, zischt: »Sechzehnter, worauf warten wir.« Der Vater zieht die Gittertür zusammen, preßt die Lippen aufeinander, schwebt nach oben.
Hinter einem Schreibtisch mit drei Telefonen zwischen übervollen Aschenbechern, Briefstößen und Fotos steht die New Yorker Agentin der Arthur-Lacey-Büros. Sie spricht schnell, Kurt Hirsch übersetzt, sie raucht unablässig, sagt nach »Wie gefällt dir New York?« und »Wie war der Flug?«: »Selznick ist morgen in New York, er will dich kennenlernen, sei um fünf Uhr im Hampshire House, wir haben Schwierigkeiten, er will die in London ausgemachte Gage nicht zahlen; ich hab' eine Probeszene für dich, du sollst vormittags dem Vertreter der Fox vorlesen, vielleicht verzichten wir auf Selznick.« Sie schiebt die Brille über den Haaransatz, reibt ihr Kinn wie ein Mann, der seine Rasur kontrolliert, setzt sich auf die Schreibtischkante, zündet eine neue Zigarette an,

blinzelt einem Rauchring nach, sagt: »Wer braucht schon Selznick? Es wird alles fabelhaft werden. Kannst du überhaupt Englisch? Mach dir keine Gedanken, du bist die neue Garbo.« Sie schiebt Briefe und Fotos hin und her, läßt sie auf den Boden fallen, ruft durch die geschlossene Tür, ein Mädchen bringt ein Kuvert. »Das ist die Szene? und vergiß nicht, es wird alles fabelhaft.« Ich will noch danke sagen, aber sie telefoniert, guckt überrascht hoch, als sei ich gerade hereingekommen, ohne anzuklopfen.
In der Bahn übersetzt er. Die Probeszene:

Irene hält ein Buch, ohne darin zu lesen. Sie sieht auf die Uhr, dann zur Tür. Es klopft, erwartungsvoll springt sie auf.

IRENE:

Herein.

Harry kommt herein.

Harry, Liebling, wie schön, daß du da bist, wie geht es dir?

HARRY:

Fein.

IRENE:

(zärtlich) Ich habe auf dich gewartet.

HARRY:

Ja?

IRENE:

(glücklich) Aber jetzt ist alles gut. Ich habe dein Lieblingsessen gekocht.

HARRY:

Ich muß gleich wieder weg, Geschäfte warten.

IRENE:

(enttäuscht) Oh, Harry. *(tapfer lächelnd)* Ich versteh' doch.

HARRY:

Ja, ich muß jetzt gehen.

IRENE:

(einschmeichelnd) Früher, weißt du noch, früher hast du mich immer mitgenommen. Erinnerst du dich an den Sonntag unter der Eiche? Da hast du mir Lieder vorgesungen, und abends haben wir Eis gegessen.

HARRY:

(zündet eine Zigarette an) Ja.

IRENE:

(ängstlich) Liebst du mich auch, Harry? Sag, daß du mich liebst.

HARRY:

Ich muß jetzt gehen.

IRENE:

(weich) Ich liebe dich, Harry.

HARRY:

Tut mir leid, Irene, aber Mary wartet auf mich.

IRENE:

(schreit) Mary!

HARRY:

Tut mir leid, Irene. Mary braucht mich.

IRENE:

(mit Tränen) Harry!

Harry geht.

IRENE:

(flüstert) Oh, Harry – warum Mary, warum nicht ich? *(Sie bricht schluchzend zusammen.)*

»Das mach' ich nicht«, sag' ich, »das ist blöder als alles, was ich an russischen Traktorenfilmen in Johannisthal synchronisiert habe, um die Miete im ›Ida‹ zu zahlen. Da geh ich nicht hin.«
Um zehn vor elf steh' ich vor dem Tor der 20th Century Fox, das Haus sieht aus wie ein Getreidesilo, die Treppe ist eng und muffig, in einem düsteren Zimmer sitzen zwei Männer, der eine telefoniert, der andere trinkt Milch. Sie lächeln jovial, studieren mich zentimeterweise wie einen Stadtplan, der Milchtrinker zieht eine Pillendose aus der Westentasche, nimmt eine gelbe, dann eine blaue Kapsel, rülpst verhalten, sagt: »Magengeschwüre, wie jeder in unserer Branche hab' ich Magengeschwüre.« Er lächelt zufrieden, als sei er auserwählt, klappt ein Etui auf, steckt eine Zigarette in den Mund, der andere gibt ihm Feuer, er schiebt die Hand weg, bellt: »Ich rauch' nicht, verdammt noch mal.« Sein Hals wird dick vor Wut, Adern tanzen auf der Schläfe. Ich muß niesen. Seine Augen weiten sich. »Bist du erkältet?« ruft er alarmiert. Ich nicke. Er reißt die Schubladen auf, findet einen Glasbehälter mit Gummiblase und Schlauch, pustet sich Öliges in Hals und Nase, glättet das Haar, sagt: »Fang an.« Der neben ihm streicht über Manuskriptseiten, wischt Schweißperlen von der Oberlippe, stützt den Kopf auf zwei Finger, sagt: »Ich lese den Harry.« Die Tür geht auf, eine Dünne mit Mausgesicht huscht zum Schreibtisch, stellt ein Glas Milch ab, verschwindet wieder. Das Telefon klingelt, der Milchtrinker nimmt den Hörer, brüllt fünf Minuten Unverständliches, knallt den Hörer auf die Gabel, sagt: »London.« Ich muß grinsen, muß an den alten Ufa-Witz denken: Was brüllt der so? – Er spricht mit Danzig. – Warum telefoniert er nicht? Mein Grinsen wird wahrgenommen, die Augenbrauen heben sich, der Blick wird eisig, er legt die Hände auf den Tisch, Finger gespreizt,

als wolle er sich maniküren lassen, sagt: »Was ist so komisch?« – »Nichts«, sage ich. Er lehnt sich zurück, nickt beruhigt, sieht an die Decke, sagt: »Bevor du anfängst, laß mich noch etwas über den Charakter des Mädchens sagen: also diese Irene da, sie ist anständig, sauber, Harry ist ihr erster Mann, verstehst du, aber Harry ist nicht, was sie glaubt; Harry ist einer, der's nicht ernst nimmt, er kommt aus einem zerrütteten Elternhaus ...« Großer Gott, der wollte Regisseur werden, und es hat nicht gereicht, denk' ich, jetzt tobt er sich hinterm Schreibtisch aus mit den Vorleseopfern. Barlog müßte das hören, oder Jugert. Endlich kommt er zum Ende, er lauscht in den Raum, als erwarte er ein Echo, sagt ergriffen: »Jetzt kannst du anfangen.« Nach der Szene murmelte der Harryleser: »Great.« Der Milchtrinker nickt, sagt: »Great.« Hinter mir hängen die Hochglanzfotos der Fox-Stars: Jeanne Crain, Betty Grable, Linda Darnell. Die Köpfe sind in strahlendes Hinterlicht getaucht, gebügelt, gestriegelt, gelackt, unmenschlich geordnet. »Wir lassen von uns hören. Wer ist dein Agent?« fragt er und trinkt noch etwas Milch.

Mitten im Autogewühl hinterm Rockefeller Center gondeln vier Polizisten auf vier Pferden, sie gondeln vorbei am Fußvolk, am Kreuzungskollegen, der mit Daumen und Trillerpfeife Knäuel entwirrt, zwischen Wagendächern auftaucht und versinkt, mit Daumen quer die Meute zum Stehen bringt, mit Daumen in Fahrtrichtung weitertreibt. Die vier ziehen einher wie blasierte Giraffen inmitten aufgeschreckter Zebraherde. Im Drugstore, neben Lippenstiften, Pillen, Salben, Zeitungen, Büchern, Haarnadeln, Gratulationskarten, Gummibändern, essen wir in Löschpapierbrötchen geklemmte Würstchen; daß sie »Heißer Hund« genannt werden, scheint niemanden zu stören. Viel Geld haben wir nicht, Kurt Hirsch hat etwas gespart, hat es den Eltern zur Aufbewahrung gegeben. Die Schuhe, die ich mir kaufen möchte, sind Luxus; sie sind schaurig grün, aber zu Hause war vieles grau – die gewendeten Wehrmachtsstoffe, aus denen Mäntel, Jacken und Kleider gemacht wurden, die ausgelatschten Schuhe – ich will die grünen, seh' aus wie ein Storch in der Wiese, ein Kakadu, fühl' mich wohl im neuen Gefieder, hab' die Milchtrinker fast vergessen vor Freude. Aus den Gullylöchern dampft es, als gäbe es eine unterirdische Hexenküche, als wüchsen sie weiter, die Wolkenkratzer, nach unten. Wir fahren nach Greenwich Village ins Malerviertel, mit braven Häusern und einem Platz mit kahlen Bäumen und leeren Bänken, der an viele in London erinnert, deren Namen ich nicht kenne und die ich nur im Vorbeifahren sah; der hier heißt Washington Square. Er ist still wie ein Sonntagmorgen in der Provinz. Europa ist nicht mehr so weit, nicht so weit wie vom Times Square oder »Astoria«, wie von den 90er- oder 100er-Straßen auf der entgegengesetzten Seite der Insel, da, wo Harlem anfängt, wo blauschwarze, braunschwarze Kinder zwischen Mülleimerketten toben, mißtrauisch-neugierig aufsehen, wo zwischen gepflegter Feudalstraße der Weißen und schäbig baufälliger der Schwarzen die unsichtbare Grenze verläuft. In Berlin fuhren sie die Lastwagen, trugen amerikanische oder französische Uniform, wenige waren es gewesen, die vielen erschrecken mich, Berlin ist unerreichbar, der Atlantik unendlich; hier am Washington Square schrumpft er wieder zusammen, die Entfernung wird erträglich und faßbar. Weit unten, zum Zipfel der Insel hin, wo die Straßen Namen haben und nicht nur Nummern, betteln sie uns an, die Besoffenen der Stadt, gesichtslos Aufgedunsene mit verquollenen Augen und stinkendem Atem, sie betteln um die nächste Flasche, um ein Glas, um einen Tropfen, kriechen scharenweise aus ihren Zeitungsdekken hervor, torkeln mit ausgestreckten Händen auf uns zu. Vor den brodelnden Waschkellern im Chinesenviertel werden die Knie weich, der Schweiß läuft über Nacken und Stirn, meine Zunge befühlt Löcher, wo mal Zähne waren; wie wahllos zusammengesetzte, sprunghaft auf Asphalt und Scheiben projektierte Fotos flackern sie auf, Erinnerungsfetzen, Mongolenangst; werden größer, klarer als die Straße, die Treppen und Kellerfenster. Mit den hochhackigen Schauriggrünen renn' ich zur U-Bahn-Station, werde ruhiger, als der Zug in den naßkalt schwarzen Bahnhof donnert. An der 55ten Straße und der 5ten Avenue gleiten sie ahnungslos, als wüßten sie nichts voneinander, als wäre die Insel unterteilt, die Stämme verfehdet, ihre Lagerplätze unbekannt. Im schalldichten Salon vor gnädig matten Spiegeln unter sanftrosa Licht werden sie frisiert, manikürt, pedikürt, in samtausgeschlagenen Fahrstuhlsänften durch erhabene Warenhäuser getragen; verhaltenes Kastagnettengeklapper signalisiert Abfahrt und Halt, Distinguierte mit blauweißem Haar und Nachtschwesternstimme weisen den Weg. Sie eilen zum Lunch, zum Tee, zum ersten Martini, sie zahlen nicht, sie unterschreiben, ihr Gang sagt: mein Tag ist eingeteilt, meine Verabredung getroffen, soziale Stellung unantastbar, Leben übersichtlich, Schritt gedämpft, Temperatur geregelt.

Um fünf flüstert der Portier im Hampshire House: »Du wirst erwartet.«

Starnberg/Obb.,
den 21. Juli 1969

»Was soll der Blödsinn?« sagt Tonio, mein Mann, als um sechs Uhr früh der Wecker klingelt.
»Um sieben steigen die Mondfahrer aus.«
»Na und?« sagt er und gähnt.
Eine halbe Stunde später kommen zwei Ausgeschlafene von einer Tageszeitung, um uns während der ersten Mondlandung vor dem Bildschirm zu fotografieren. »Toll, was?« sagt der eine. »Falls was schiefgeht da oben, haben wir eine schwarze Umrandung für die Titelseite vorbereitet«, sagt der andere.
Tonio schluckt griesgrämig seinen Tee und zündet eine Zigarette an. Ich steh' auf, um die Balkontür zu schließen, denn der Nachbar zu unserer Rechten mäht seinen Rasen und der zur Linken baut seit drei Jahren an einem Fertighaus, so auch heute. Unsere Tochter wird wach, Tonio räkelt seine zwei Meter aus dem Sessel und trägt sie ins Wohnzimmer. »Ich glaube, du bist naß«, sagt er und sieht sie fragend an. Sie starrt auf den Bildschirm, ruft: »Gaga.« – »Du hast recht«, sagt er und gibt einen Schmatzkuß.
Der Kommentator im Fernsehstudio spricht aufgeregt mit seinem Kollegen in Houston, zwischendurch hören wir die Stimmen der Astronauten, gleichgültig-kühl wie Piloten, die bei besten Wetterverhältnissen zur Landung in München-Riem ansetzen. »Soeben wird die amerikanische Flagge in den Mondboden gestoßen«, ruft jemand bewegt, »dies ist ein großer und erhebender Augenblick, er wird in die Geschichte der Menschheit eingehen, vielleicht sollten wir darüber nachdenken . . .«
»Allmächtiger«, sagt Tonio und geht, um seine Geranien zu betrachten. Da kommt auch schon der Staatsmann, spricht breiig Eingekochtes, spuckt Friedensworte wie Kirschkerne, bläst sie zum Mond. Da ist sie, die schwüle Inbrunst der Heldengesänge, zittrige Rede des Vereinsvorstehers, Gefühlswert vergangener Jahrhunderte; Gedanken und Sprachkonglomerat aus Tausenden von Jahren, Gulasch, das bereitgehalten, erhitzt und serviert, das träge gelöffelt, ob Fußball ob Weihnacht ob Protest ob Trauer ob Freude ob Mond. Boris Vian hätte den breiten Mund breiter gezogen. »Auseinandernehmen muß man sie, die Sprache«, hätte er gesagt, »man muß sie zerstören; sie vergewaltigt, zwingt zu Gefühlen, die wir nicht haben und nicht brauchen ... sie

erpreßt mit Wort gleich Gedanke gleich Gefühl.« Er hätte gelacht und Tabletten gefressen, um sein krankes Herz vom unmäßigen Gehämmer abzuhalten. Seine Wohnung war verrückt, gleich hinter dem alten Moulin Rouge, unter ihm hatte Prévert gewohnt. Wenn er nicht schrieb, malte er die Wände seiner Wohnung um, oder produzierte Schallplatten, oder spielte Trompete. Die Schallplatte, die wir damals in Paris machten, hat keiner gekauft; die Texte, die Stücke, die er schrieb, wurden nicht verstanden. Seiner Zeit voraus nennt man das – sie sind alle ihrer Zeit voraus, die so begnadet sind wie er, so begnadet waren. Ein Brief kam aus der Bretagne: »Ich hab' das Filmmanuskript fertig, ich versuche jetzt Ferien zu machen, es geht mir nicht gut.« Kurz darauf starb er. Die Zeitungen sagten, er wäre 39 Jahre alt gewesen.

Ich rufe Else Bongers an. Nach der Berliner Vorwahl emsiges Klick klick klick, dann leises Geschnatter, wieder klick. »Ja«, sagt sie aggressiv-gestört, als käme sie aus der Wanne.

»Ich ruf' später an.«

»Nein.«

»Wie geht's dir?«

»Frag nicht.«

»Ich hab' schon.«

Im großen Zimmer wird sie stehen: Bücherregal links, Kamin in der Mitte, auf der Fensterbank Telefonbuch und ungeöffnete Briefe ... komisch, daß sie nie schreibt – doch, einmal, als Christina geboren wurde: Mein Kind hat jetzt ein Kind ... ein Segen, daß der Cockerspaniel weg ist, der Knöchelnager. Über ein Jahr war ich nicht bei ihr, im Konzert war sie, der Portier hat sie nicht in die Garderobe gelassen, der Trottel: Habe meine Anweisungen ... ich war nervöser als sonst, ist mir wichtig, was sie sagt. Ich sollte Wasser in den Aschenbecher tun, damit die Kippen nicht qualmen, ich sollte aufhören zu rauchen ... in den Ferien will sie kommen, wie hält sie das aus, diese Horde in der Schauspielschule, was sollen die bloß mal spielen, Hedda Gabler vielleicht, Egmont, Hero und Leander? oder die Neuen, Pferd auf der Bühne, Tonbänder, Beischlaf ...

»Hast du's verfolgt?« frag' ich.

»Ja, ich bin aufgeblieben.« Klick.

»War das dein Feuerzeug?«

»Ja.«

»Du rauchst wieder?«

»Aber ja. Ich war allein und ich war überwältigt von der Tatsache. Allein kann man das nicht verkraften. Es ist nicht zu benennen.« Ich höre es klingeln. »Bleib dran«, sagt sie. Tür klappt, Hund kläfft. »Eine Schülerin, sie hilft mir.«
»Bei was?«
»Kochen und so. Meine Putzfrau hat gekündigt, eine Wirtschafterin hat kein Mensch mehr, und seit der Operation...«
»Welcher Operation?«
»Nun hör schon auf, wenn man alt wird, beginnen die Reparaturen. Kind!«
Das ist die Stimme, die mich weckt, aufschreckt, die sagt: wenn ich gewollt hätte, daß du es wüßtest, hättest du es gewußt.
»Es gibt nur eine Frage«, sagt sie, »kann es und wird es die Welt verändern, nur das interessiert. Ich bin nicht beteiligt am Massenrausch, aber verkraften kann ich es nicht, wie ich eben vieles nicht mehr verkraften kann; meine Schüler, die endlosen Reden, Vorwürfe, Borniertheit. Einen ganzen Tag lang diskutieren sie über Bauhaus und Gropius – was wollen sie mir erzählen – Dessau, Bauhaus, das alles war mein Zuhause. Na ja, es langt. Ich bin bereit abzutreten... Kind?«
»Ja?«
»Ich erwäge Selbstmord. Meine Altersgenossen sind für mich uninteressant geworden, und ich für sie. Sie haben nie Stellung beziehen müssen. Als ich neunundvierzig gegen die Aufrüstung in Deutschland sprach, wurde ich attackiert für das, was fünfundvierzig geehrt und belobigt wurde, attakkiert, weil der Osten ähnliche Argumente aufführte und weil man Liberale und Kommunisten gleichstellte, weil ich Einfluß auf junge Menschen hatte. Viele haben mir geraten zu widerrufen. Was soll's. Die Morgenröte nach der Diktatur ist schnell zur Nacht geworden.«
»Tu's nicht.«
»Ich will schlafen.«
»Vielleicht schläfst du gar nicht.«
»Ich werde schlafen, das versprech' ich dir.«
Wieso meine Angst, wieso will ich sie unbedingt aufhalten? Meinetwegen, ihretwegen? Warum sag ich »Bitte tu es nicht«? Weil es verpönt ist, weil wir erzogen wurden mit: Anfang und Ende liegt nicht in deinen Händen? Asiatische Religionen erlauben ihn, den Selbstmord, wenn es unerträglich wird, das Leben für sich und andere. Über Groß-

vaters Tod wurde nie gesprochen, als hätte er kein Recht dazu gehabt.
»Ich komme nach Berlin.«
»Nein, du bleibst, wo du bist.«
»Wenn du Brahmanin wärst ...«
»Wenn ich was wäre?«
»Brahma, Brahmanin. Dann finge es jetzt erst an, nach der Pflichterfüllung die Kontemplation, die Meditation, nach innen gerichtetes Interesse, das blanke Blatt als Anfang, als Krönung des Vorhergegangenen. Wir erröten doch, wenn wir vom Fließband springen, wenn wir nicht rotieren wie Außenbordmotoren über dem Wasserspiegel.«
»Ich erröte überhaupt nicht. Ich habe nur kein Geld, und mit einer Reisschüssel pro Tag kann ich nicht auskommen. Schluß jetzt, das wird zu teuer.«
»Dasselbe hat Henry gestern gesagt.«
»Was für ein Henry?«
»Miller, er ist in Paris.« Henry der Zähe, Unnachgiebige, ich vergesse immer, wie schmal er ist, zierlich – grotesk, wie ihn die Kamera aufbläht. Seine Ordnungsliebe, als er bei uns wohnte ... Zimmer aufgeräumt, Bett, als hätte er nie darin geschlafen. Einmal brachte er Astern mit – oder waren es Dahlien? – es war heiß, die Köpfe hingen wie Strünke an Kohlrabiknollen. »I'll be damned«, gluckste er. Sie könnten aus dem Ural sein, die Urväter, aus Minden kommen sie, Heinrich Müllers Sexus, Plexus, Wendekreis. Augen wie Else, nicht so blau, Gesicht manchmal Pferd, manchmal Gepard, Stimme kanadischer Bär. 78 ist er, vor vier Jahren hat er uns noch im Tischtennis geschlagen, Gauloise im Mundwinkel. Er brummt, wenn er zuhört, am Anfang hab' ich mich immer umgesehen, dachte, es wäre der Hund oder die Wasserleitung oder eine eingeklemmte Autohupe, irgendwo weit weg. Gestern auch: tiefes, gelassenes Summ, besagt: ich höre zu, verstehe, weiß schon, was du sagen willst. Ob er noch wütet oder steht er vor den Playboyclubs wie Einstein vor der Bombe? Vor zehn Jahren, als es uns schlechtging, kurz vorm Kuckuck unterm Teppich, hatte einer in der Bank gesagt: »Ich dachte, Sie hätten in Amerika reüssiert?« Ich dachte, ich werde verrückt, der putzt den Kneifer und sagt »reüssiert«, aber geliehen haben sie doch was, hundert Mark haben wir davon genommen und sind mit Henry ins beste Restaurant gegangen. Auf dem Nachhauseweg sagte er: »Die schönste Geisha Tokios wurde eines Nachts von einem Irren überfallen. Er hackte ihr den

rechten Arm ab und zerschnitt ihr Gesicht. Drei Jahre später war sie die Begehrteste von allen.« Wie ein Buddha hatte er gegrinst und sich den kahlen Schädel gerieben.

»Übernächstes Wochenende komm' ich zu euch, ich will dein Kind sehen«, sagte Else.

»Mach es wahr.«

»Ja doch.« Klick.

Der Salon ist beige, heimgesucht von Beige, es quillt über Kamin Decke Boden Tisch Couch Wand, kommt aus Spiegeln, aus Lampen und Türen, keimfrei, unbewohnbar, unbetretbar, semmelblaß wie Sehmischs Vorkriegssemmel, zuklappen wird er, mich schlukken, kauen, beige verdauen. Ein Sessel wie Pudding; er öffnet sich, gibt nach, läßt Platz nehmen, scheint über mir zusammenzuschlagen. Theaterdekoration für Gesellschaftskomödie: Hausherrin im Negligé wird hereingleiten, frisch geschnittene Osterglocken in Händen, sie werden rascheln, weil sie aus dem Fundus sind, graziös werden sie über Vasen verteilt, dabei ein Liedchen gesummt, der Auftrittsapplaus wird verebben, das Telefon unglaubwürdig krächzen, weil der Inspizient wie immer seinen Ärger mit dem Klingelbrett haben wird. »Hallo«, wird sie flüstern und sogleich ein silberhelles glockenreines Lachen perlen lassen. Jemand im Tennisdreß wird durch die Terrassentür schlendern, Schläger lässig unterm Arm, er wird der Telefonierenden die Hand, das Gelenk, den Unterarm küssen, sie wird hochnäsig und doch geschmeichelt sein; »Sie sind unverbesserlich, Percy«, wird sie sagen – aber einen Flügel braucht die Dekoration, einen kleinen weißen, weil darauf gespielt werden muß, in der nächsten oder übernächsten Szene. Ein Dienstmädchen, ein älteres, wird anschlurren mit Silbertablett und Brief – die sagt später die trefflichen Sachen, so Abfällig-Lustiges, kriegt jedesmal Szenenapplaus, was die anderen ärgert. »Der Gouverneur wird zum Lunch erwartet«, wird die im Negligé sagen und »Pünktlich sein, Percy« rufen und mit dem kleinen rosa Zeigefinger wackeln.

»Wenn du was nicht verstehst, laß es nicht merken«, sagt Kurt Hirsch. Ein gebräunter Schwarzhaariger steckt den Kopf ins Beige, sagt, an uns vorbeisehend: »Mister Selznick wird in wenigen Minuten eintreffen.« Auf dem Kaminsims macht eine Gläserne ping ping. Im Spiegel sehe ich Verknautschtes, Verkrampftes mit feuchten Haaren und Schnupfennase, mit Schauriggrünen in Teppichbeigem. Rauchen möcht' ich, aber Asche in die kristallenen Niebenutzten, Lippenstiftreste auf Kippen? Um dreiviertel sechs kommt er: ein Massiger, Raumfüllender. »Hallo«, sagt er und sinkt erschöpft ins Weiche, als wäre er seit Stunden gelaufen. Braune

Augen funkeln, oder ist es die Brille? Weißes Haar, Schädel breit, Nase flach. »Wie gefällt dir New York?« fragt er und »Wo wohnst du?« – »Astoria«, sage ich. Er lächelt, schiebt den Brillenbügel hoch, wischt mit dem Blick über Kurt Hirsch. Ich hab' was Falsches gesagt, denk' ich. »Netter Film, den du gemacht hast, wie heißt er noch?« – »Film ohne Titel?« Die große Hand winkt ab, der schwere Körper rutscht tiefer. »Etwas mit Trümmern«, sagt er. »Trümmer haben sie alle«, sage ich. Er blinkt aus dem Kissen – gleich wird er fragen: »Was ist so komisch?« – »Mörder unter uns«, versuche ich. »Jaja«, sagt er, schließt die Funkelnden, verschränkt die Hände hinter dem Kopf, als nähme er ein Sonnenbad. »Dein Englisch muß besser werden«, murmelt er abschließend. Was mach' ich, wenn er einschläft? denke ich. Mir wird heiß, ich sehe ihn kleiner werden, schrumpfen, seh' ihn im Beige versinken, sehe Raum, Couch, ihn durch umgedrehtes Fernglas. Ich habe Fieber, denk' ich. Er setzt sich auf, rasch, behende, sieht mich an, forschend-interessiert, als hätte ich etwas kundgetan. »Wann geht ihr nach California?« fragt er. »Ich weiß nicht.« – »Mein Assistent wird sich mit deiner Agentur unterhalten«, sagt er und steht auf.
»Du hättest Astoria nicht erwähnen sollen«, sagt Kurt Hirsch.
»Warum nicht?«
Er zuckt die Achseln. »Naja, es gibt bessere Adressen.«
Wir fahren zum Hafen: die Hündin ist da. Sie bellt und schreit, zerrt an der Strippe, rennt im Kreis, heult wie ein Wolf. Blondie heißt die Klapprige, Kriegsverängstigte, Halbverhungerte.
Mein Gesicht hämmert und pocht, Blitze von Kiefer zu Ohr, unter den Haarwurzeln krampft's, Kopf löst sich, steigt hoch, balanciert zwischen Plakaten und Feuerleitern, springt zurück, preßt auf Nacken und Hals. »Hast du Fieber?« fragt Kurt Hirsch.
Muffig-trocken ist der Hausflur, nie gelüftet, Haus ohne Sommer; nach Zeitungen riecht er, und Milchresten. Ich hab' Angst vor dem ES: ES sind die Eltern, sind die Blicke, die Pausen, die Ablehnung. ES ist Lauern wie Riesenschlange im Einweckglas. ES ist, was in Kellern sitzt, wenn man im Winter die Kartoffeln holen mußte, ES ist in den drei Schritten zwischen Haustor und Lichtschalter, ES sind die Blicke wie damals in Pankow, als der Film zu Ende war. Ich bilde es mir ein, denke ich, als Kurt Hirsch die Tür aufschließt – aber wieso sprechen sie tschechisch, wenn ich da bin? Sie könnten genausogut deutsch ... zwischen Englisch und Tschechisch bin ich amputiert, bin Fisch im Bassin, bin wie die Forellen in Zürich, gleich neben der Garderobe, die schwimmen und glotzen und warten, bis das Netz kommt.
Im Flur ist es dunkel, auf dem Tisch in der Küche steht ein Leuchter, die Kerzen sind angezündet. »Habt ihr Stromsperre?« frage

ich. Der Vater sieht hoch, die Mutter sagt etwas und wischt Krümel von der Decke in die Handkuhle. Der Vater hat den Stuhl in der Hand, seine Augen werden rund und glasig, die Lippen formen ovales Loch, Nasenflügel wächsern bibbrig, er hebt den Stuhl weit über den Kopf, ein Bein zerschlägt die Lampe, Splitter klettern über Tisch und Eiskasten. Die Hündin jault – Zeitlupenballett – taumelnd träge, dann rascher rasanter, der Haß fuchtelt und strampelt, bricht auf, platzt wie praller Sack, wie Wasserbauch, pfeift durch Barrakudamäuler, Piranhazähne. Kurts Rücken zwischen Stuhl und mir. »Nimm den Koffer«, schreit er. Der Vater sticht mit Brotmesser durch den Deckel, tritt und schleudert, ich renn' zum Fahrstuhl, dann zur Treppe, Türen fliegen auf, vorbei an Cremeverschmierten, Lockenwicklern, Morgenröcken, Schürzen, ausgestreckten Händen mit Zahnbürsten, auf der Straße ein Taxi: »Wenn ihr besoffen seid, sucht euch einen andern«, sagt der Fahrer und will weg. Kurt fällt über meine Beine, der Vater trommelt gegen das Fenster, schüttelt Fäuste, stummes rasendes Gesicht, vom Haß zerteilt, gespalten in Dreiecke, Vierecke, schwarzer Fleck vor schwarzem Fenster: »Ich verfluche dich«, schreit der Fleck.
»Was war das? Ich hab' doch nichts verstanden.«
»Sabbat war, Schabbes, jüdischer Feiertag und alles – nicht Stromsperre«, sagt Hirsch.
Im achten oder neunten Hotel haben sie ein Zimmer für vier Dollar fünfzig, der Hund ist nicht erlaubt. Wir schmuggeln ihn über die Hintertreppe, mit Pflasterstreifen um die Schnauze, er kratzt an dem Band, pinkelt auf den Boden, ich lieg auf dem Bett und friere. »Morgen suchen wir einen Arzt; hoffentlich finden wir einen, bei dem wir nicht gleich zahlen müssen«, sagt Hirsch.
»Soso, aus Deutschland bist du«, sagt die Ärztin ins dunkelrote Dunkel hinein. »Hattest du mal was an der Lunge?«
»Nein.«
»Ich seh' da was, aber Durchleuchten genügt nicht, du mußt zum Röntgen, ich gebe dir eine Adresse.« Ihre Praxis ist ein Hinterzimmer mit zerschlissenem Ledersofa, Küchentisch, Durchleuchtungsapparat, zwei Stühlen und Kochplatte. Sie zieht eine Spritze auf, sagt: »Mach den Schenkel frei.«
»Was ist das?«
Sie sieht hoch, ist wütend, ist nicht gewohnt, gefragt zu werden. »Penicillin«, sagt sie widerwillig. Die Nadel ist dick, die Spritze schlägt gegen den Schenkelknochen, ich zucke. »Na na, stell dich nicht so an, die Deutschen sind doch sonst nicht so zimperlich, oder?«

Sie gibt mir einen Zettel mit Namen und Adresse. »Montag früh um neun«, sagt sie.
»Kann ich nicht gleich? Ich möchte doch wissen ...«
»Am Wochenende arbeiten wir nicht.«
»Es ist doch erst Freitag.«
»Fünfunddreißig Dollar.«
»Könnte ich wohl später zahlen?«
»Hast du eine Adresse?«
»Hotel.«
»Dann mußt du gleich zahlen.«
»Wenn ich Tb habe, ist alles aus«, sage ich im Drugstore, in dem Kurt Hirsch gewartet hat. »Ich rufe zu Hause an, sie müssen mir das Geld rausgeben«, sagt er.
»Solange du mit der Schickse lebst, kriegst du keinen Pfennig«, schreit der Vater, daß ich es hören kann.
»Es ist mein Geld.«
»Jungele, wir meinen es gut mit dir.«
Ich liege im Bett, sehe auf die Brandmauer, die Hündin jammert, die Heizung röchelt, zwischen den Rippen habe ich Nadelkissen, vollbesetzte, gespickte.
»Ich fahre zu Tante Anna, sie wird mir Geld borgen«, sagt Hirsch und geht weg.
Montag früh fahren wir zum Arzt. »Komm morgen wieder«, sagt er, nachdem er geröngt hat. Vor dem Hotel steht sein Vater, schlägt mit einem Brief um sich: »Das hat sie geschrieben, die Mutter, die Deutsche – Sorgen macht sie sich, geträumt hat sie, um die Juden hat sie sich keine Sorgen gemacht, was?« Er rennt mir nach, schreit und geifert, hat neues Beweismaterial.
»Die Nazis nannten das Sippenhaftung«, sage ich. Er hebt die Hand, will mich schlagen. »Verrecken sollst du!« brüllt er.
Abends fahre ich zum Flugplatz, zum La Guardia; ich stehe einfach da, sehe den Maschinen zu, wie sie wenden, zur Startbahn tuckern, in den Sprühregen fliegen, wie ihre Blinklichter verschwinden, über dem Atlantik.
»Tb hast du nicht«, sagt der Arzt, »fünfzig Dollar, bitte.«
»Das war ein mieser Trick«, faucht Kurt Hirsch auf der Treppe, »ein ausgemachter mieser Trick, die spielen sich die Patienten zu, die beiden.«

»Ich weiß nicht, ob es gut ist, wenn Sie jetzt schon nach Amerika gehen«, hatte Michi de Kowas Astrologe gesagt; aber vier Wochen später hatte er angerufen: »Sie sollten fahren, unbedingt, die Aspekte sind ausgezeichnet.« Und der OMGUS-Fahrer, der Alte, der das Gras wachsen hörte, sagte: »Sie kennen doch ooch den

Sterngucker, zu den alle jehn – fragen Se doch mal, ick bin im Juli jeborn. Neulich ha ick ihm Freßpakete jebracht vom Hirsch, und eenmal is a ooch dajewesen.«
»Warst du beim Astrologen in Berlin?« frage ich.
»Wieso, ja doch, einmal, ist alles Quatsch«, sagt er und ist nervös.
Ich muß Erfolg haben, ich muß es zwingen, denke ich: Erfolg ist Schutz, Asbest, Sauerstoffzelt, Zauberwort wie Artista bei den Muschiks; Erfolg ist Ballon, Regenbogen, Tarnanzug, Schutzblech, Burggraben.
Ich kaufe zehn Saftbüchsen: Apfelsine und Pampelmuse, schicke sie nach Berlin, schreibe zwei Jubelbriefe. »Du bist doch ein Kind«, sagt Mutter drei Jahre später, »schickst Saftbüchsen, wo wir Fett brauchten.« – »Saft war das billigste.« – »Aber du hast doch immer geschrieben ...?« – »Angegeben hab' ich, wie alle Emigranten.«
Die Agentin ruft an: »Einfach war es nicht«, sagt sie, »die wissen, daß ihr kein Geld habt und keinen Paß, aber ich habe es geschafft: Siebenjahresvertrag, mit Optionen natürlich, aber das ist üblich. Freu dich, es wird alles großartig, am ersten April mußt du in Hollywood sein.«
»Sieben Jahre, warum sieben Jahre? Das ist doch viel zu lang, so lang wollte ich doch gar nicht ...«
»Standardvertrag, das braucht man, um dich hier aufzubauen«, sagt sie beleidigt, verweist mich auf meinen Platz.
Im März fahren wir los, mit dem Auto, das er in Berlin hatte und das die Armee kostenlos übers Meer brachte. Alle zwei Tage bricht es zusammen, aber eindrucksvoll ist es, mit viel Chrom und schwarzem Lack, und Kurt Hirsch ist stolz auf sein Auto. Es ist Sonntag. Zur verhutzelten St.-Patricks-Kirche klettern sorgsam Geputzte die Stufen empor, die Avenues sind leer, der Dinosaurier holt Luft, räkelt sich, schläft. Auf den Brücken zwischen Insel und Festland drängen die Sonntagsfahrer, Ellenbogen auf Fensterrahmen, Finger auf Wagendächern, trommelnd, pfeifend, kauend, rauchend, sie überschwemmen die Brücken, strömen, als sei ein Gitter geöffnet, eine Falle aufgeschnappt, ein Fluchtweg entdeckt, ergießen sich wie Paste aus der Tube. Der Himmel wird breit, zwischen Telegrafenmasten, Reklameschildern, Auspuffgasen, Speicherhallen eine Ahnung von Frühling und Wiesen, von Butterblumen und Zitronenfaltern. Durch dösende Kleinstädte fahren wir, durch Mainstreets, die nichts als Drugstores, Tankstellen, Woolworthläden sind, vorbei an trübsinnig flachem Gemansche von Häusern, Feuerleitern, Radioantennen. Häuser im Unterrock, schmucklose, halbfertige Häuser, die kein Zuhause sind, Häuser, in denen man nicht geboren wird und lebt und stirbt,

Häuser, in denen man wartet, kurzfristig, zufällig, Vorzimmer, Rastplatz, Durchgangslager auf dem Weg zum Wartesaal New York.
Die Motelzimmerbetten beben neben den Rädern der Laster und Busse. Niemand hat gefragt nach Paß und Ausweis, nach Herkunft und Religion: bezahlen, Schlüssel, schlafen, weiterfahren. Wir essen an den Theken der Drugstores mit ihren prahlerischen Schildern, Streudosen voll Zucker, pappig-feuchtem Weißbrot, zerlaufenem Apfelkuchen, brandroten Ketchupflaschen. Ich fühle mich gerettet, befreit, entkommen, ausgebrochen aus brandmauerbedrohten Löchern, mißgelaunter Eile und Haß. Durch Harrisburgs und Pittsburgs qualmig-rußige Straßen mit Kinos wie Kirchen und Kirchen wie Kinos, Popcorn, Blue jeans, Lockenwicklern, Jukeboxen. Vorstädte, Kleinstädte, Kleinststädte, keine Dörfer. Land ohne Dörfer, ohne Scheunen, Hühnerhof, Fachwerk, Strohdach, Balkons mit Buntem, Federbett im Fenster, Laken zum Trocknen zwischen Schafen und Hofhund.
Nach vier Tagen sind wir in Chicago. Mutters Bruder, Schwägerin, Großtante, Neffen, Cousins wohnen im Vorort, sie haben sich im Wohnzimmer versammelt, umarmen uns, kochen Deutsches, sprechen Mischmasch aus Englisch und Deutsch, geben Ratschläge, wissen Bescheid, sind Pioniere. Die Großtante drückt meine Hand, klopft auf Hirschens Schulter, sagt: »Ich bin noch mit einem Segelschiff nach Amerika gekommen, sechs Wochen hat es gedauert, Zwischendeck, aber was hält man nicht aus, wenn man jung ist und einen guten Mann hat. Meiner war zwölf Jahre jünger als ich und Italiener obendrein, im alten spießigen Deutschland haben sie sich aufgeregt, aber hier konnten wir neu anfangen, hier gibt's keine Vorurteile. Ich habe es nie bereut. Nur manchmal habe ich Sehnsucht nach Pommern, nach Westpreußen, nach Schneidemühl, aber das kommt, wenn man alt wird, da wird man tränensusig. Das Land ist hart hier – ›tough‹ sagen die Amerikaner und ›time is money‹, aber du wirst es schon schaffen. Im Film will ich dich wiedersehen, nicht hier.« Sie fordert Erfolg, wie Else, wie Pommer, wie ich.
»Wo soll's hingehn?« fragt der Tankstellenwart an der Route 66.
»California.«
Anerkennend pfeift er durch die Zähne, schiebt die Kappe in den Nacken, nickt zustimmend. »Wünschte, ich könnte mitkommen.«
Alle sagen das auf der Route 66, von St. Louis bis Needles. In Richtung Westen sehen sie, als zeichne es sich ab hinter den Telegrafenmasten, als warte es hinterm Hügel: das Meer, die Wärme; Palmen, Orangenhain, Hollywoods Reichtum, eine unentdeckte Goldmine. »Good luck«, rufen sie, bevor sie im Rückspiegel

schrumpfen, Coca-Cola-Flaschen am Mund, Zigarette zwischen ölverschmierten Fingern, hoffnungsvoll, resigniert, oder beides zugleich, bereit mitzugehen; nichts hält sie, der Platz nicht, die Stadt, Gewohntes oder Vergangenes. Sie scheinen darauf zu warten, daß einer sagt: Nun steig schon ein.
Schild: Missouri; Schild: Oklahoma; Schild: New Mexico – Staaten, immer neue, ohne Kontrollen, ohne Schlagbäume, das Schild nicht größer, nicht kleiner als »Parken verboten«, als »Achtung, Bahnübergang« vor den Schrankenlosen. Gelbocker wird das Land, der Himmel ist näher, Sterne aufgeplustert, leinölfarben, ein Mond wie Honigmelone. Unter verändertem Himmel die gleichen Tankstellen, die gleichen Fragen, gleichmäßig-freudvolle Plakatversprechungen, Orangen-, Tomatensaft trinkend, genüßlich qualmend, rauchfädenumwoben; die gleichen Radioprogramme, gesungene, geswungene Wettermeldungen, Pillen, Pastillen, Lotionen gegen und für. Carter's little liver pills vor und nach Glenn Miller, Darmträgheit und Mundgeruch behandelt und behoben zwischen »Stardust« und »Holiday for Strings«, Plattfußeinlagen, beglückendes Deodorant, das aus Mauerblümchen Vamps macht nach »Melancholy Baby« und Fünf-Minuten-Nachrichten. Der Swing swingt, kribbelt in Magen und Waden, krabbelt durch Augen und Müdigkeit, betäubt, eint, erleichtert, täuscht hinweg, wird zur Droge, hämmert Euphorie. Überheblich werden wir, nehmen Besitz von dem Land, durch das wir eilen, beurteilen Halbwahrgenommenes, passieren die Mit-dem-Alltag-Beschäftigten mit ihren Einkaufsbeuteln, Rasenmähern und Kinderwagen; haben Hollywood vor Augen, Hollywood, mit ausgestreckten Armen, Paradiesisches offerierend. Unsere Anreise ist der Garantieschein, der Vertrag eine Versicherung. In Amarillo bricht der Wagen zusammen. Drei Tage zwischen Reparaturwerkstatt und Hotel; es ist heiß. »Du mußt mal im Sommer herkommen«, sagt die Kellnerin im Drugstore und sieht kopfschüttelnd auf die Schweißperlen. Das »Du« verbindet, verbrüdert, verkumpelt, führt irre, läßt Freundschaft wittern. Das »Sie«-lose Englisch verführt die »Sie«-Gewohnte, kaum Verstehende, an die große Familie zu glauben, die bereit ist, sie aufzunehmen. Vernuschelt und langgezogen sprechen sie, ihre Stimmen verzerren die Vokale wie ein schadhaftes Telefon. Mein Englisch reicht gerade für die Überschriften der Filmillustrierten, der »Silver Screens« und »Movielands«, in denen Seite um Seite gelächelt wird. Sie winken vor Kinos, auf Parties, vor sonnenumfluteten Häusern, in nie zuvor gesichteten Swimming-pools. Sie sind gütig und erfolgreich, schön und ausgeglichen, sind wie der unbekannte Nachbar, der Mann nebenan, der noch wartet, so reich, so berühmt zu werden, wie sie

es sind. Sie sind glückliche Kinder, die glückliche Ehen führen und glückliche Babies haben. Oft wird der liebe Gott erwähnt, der es gut mit ihnen meinte, der sie erhört, der ihnen den Mann, die Frau, den Erfolg zuführte. ER wird zum gigantischen Ohr am Himmelszelt, zum aufnahmebereiten, auf die Westküste gerichteten, das Erfolgswünsche registriert und verarbeitet. In Berlin erschien er beängstigender, gefürchteter, in schwankenden Kellern angerufen, verschüchtert um Weiterleben gebeten, hier wird er ausposaunt, erfolgsverbunden, hier wimmelt er durch Filme, in denen Nonnen und Pfarrer, von Stars dargestellt, Gutes tun, Moralisches sagen, Probleme beseitigen. Und lächeln. Auf dem brühheißen Balkon seiner New Yorker Altbauwohnung kramte drei Jahre später Friedrich Torberg in Pappkartons. Er zeigte Zeitungsfotos vor, verdeckte die Unterschriften, ließ raten, was die Fotografierten so fröhlich stimmte.

»Sie wurden gerade getraut? Gewannen Preise?«

»Nein«, feixte er und gab die Beschriftung frei. »Zum Tode verurteilt wurden sie. Und der da?«

»Erbschaft gemacht – unbekannte Tante verstorben.«

»Seine Frau hat er erschlagen.« Gesammelt hatte er sie, die Zeitungslächler, die »Keep-Smilinger«, denen das BE HAPPY ein in jede Zelle ihres Seins gedrungener und unter welchen Umständen auch immer auszuführender Befehl war. Vorläufig nahm ich es noch ernst: das Lächeln, das »Du«, das »Hallo Freunde«.

Am Sonntagmorgen fahren wir weiter, klettern mit der Route 66 den Rocky Mountains entgegen. Vor Tucumcari hocken Indianer, abgründig-unverbindlich hocken sie am Straßenrand vor ausgebreiteten Teppichen. »Vielleicht sollten wir einen Teppich kaufen, kann man immer gebrauchen«, versuche ich.

»Wir sind keine Heilsarmee«, sagt Kurt Hirsch, »und einen Teppich brauchen wir wie ein Loch am Kopf.«

»Wenn schon, *im* Kopf.«

»In Teplitz-Schönau sagt man *am*«, sagt er unnachgiebig und sieht besorgt in den Dampf, der aus der Kühlerhaube quillt. Einen letzten Hopser tut der soeben Reparierte und bleibt stehen. Ein Indianer erhebt sich, kommt langsam auf uns zu, zeigt seinen Teppich, murmelt. »I don't understand«, sag' ich. »Fuck you«, sagt er. »Thank you«, sag' ich, nicht verstanden habend. Hirsch blickt aus Nebeln, knallt mit der Stirn gegen die geöffnete Haube, brüllt Fürchterliches. Der Indianer schweigt, setzt sich, starrt unbeweglich über Bergketten, als sähe er Rauchzeichen, sähe, was kein anderer sieht.

Autos werden seltener, Tankstellen spärlicher, und eine jede sagt: Dies ist die letzte bis Albuquerque. Sie bieten Wasser fürs Auto

und Wasser für Fahrer, sind besorgt, zur Vorsicht gemahnend, reden wie alte Landser mit den Neuzugängen. Die Sonne rutscht weg, übergangslos, hinterläßt Kellerschwarzes, Feindliches, das Klapperschlangen schützt, Schakale behütet, Menschen haßt. Die Hündin scharrt und schnieft, sucht Vertrautes, sucht Bäume, stürmt auf stachelige Yukkatrees zu, kniehohe, mit Spitzen wie abgenagte Hechtgräten; sie schlagen in ihr Fell, krallen sich fest, sie jault und kämpft gegen den Feind, den Stummen, und heult es an, das Land, die Felsen, das Unbekannte, das sie zurückweist, verhöhnt und ängstigt. Tagesfahrten, Nachtfahrten, endlos die Strekken zwischen Städten, von Amarillo nach Tucumcari, von Tucumcari nach Albuquerque, sie liegen auseinander wie Berlin und Warschau, wie Prag und Wien, und hinter ihren Hauptstraßen die nächste Wüste, das nächste Nichts. Felsen, Sand, Yukkas. Die Weite macht Platzangst. Wenn man es laufen müßte, fliehen – in der Sonne erblinden, verdursten würde man – und hinter den Felsen warten Indianer, stumm, sich rüstend, sie werden hervorquellen aus dem Ödland, aus dem leeren Bauch des Westens, sie werden ausschwärmen, den Küsten entgegen und sie ins Meer stoßen, die Fremden.
Hinter Flagstaff nehme ich die Landkarte, halte sie auf den Knien, fahre jede Meile mit dem Finger mit, erwarte das California-Schild wie das Tor zum Elysium, wie eine Verheißung, eine Rechtfertigung. Zwei Polizisten stehen auf der Straße, gucken auf die Sitze, in den Kofferraum, fragen nach Apfelsinen. Eine verschrumpelte kullert im Handschuhfach, sie nehmen sie mir ab, entschuldigen sich, wünschen »Good luck«.
»Was soll das?«
»Angst, daß man Käfer einschleppt oder was weiß ich«, sagt Kurt Hirsch.
Wie eine Goldgräberstadt ohne Gold ist Needles, California, von Abenteuerlustigen, von Hoffnungsvollen verlassen, mit Häusern zum Wegwerfen, wie Pappbecher, aus denen man Milch, Kaffee und Tee trinkt. Vor dem Hotelzimmerfenster stehen Mülltonnen, eine schadhafte Neonschrift, deren erste und letzte Buchstaben abgefallen sind, flackert Undefinierbares über gelbbraune Wand, eine Wand wie in der Gasse zwischen Prinzregenten- und Bernhardstraße, zwischen S-Bahn-Gleisen und Seifengeschäft mit Wäschemangel, in der Mutter unsere Laken und Bezüge rollte – an Schokoladenpudding mit Vanillesauce erinnerte mich die Gelbbraune, und jedesmal lief mir das Wasser im Mund zusammen.
Kurt Hirsch geht, um eine Reparaturwerkstatt ausfindig zu machen. Die Angst fällt mich an, hinterrücks – ich seh' mich ausgesetzt, verlorengegangen, ohne Geld, Sprache, Paß, ich steh' an

dem Fenster, bin wieder Flüchtling, treibe dem Meeresboden entgegen, auf dem Kraken, Seeschlangen, haarige Vielbeinige warten.
»Ich hab' die Agentur angerufen, sie haben ein Zimmer im Hollywood-Roosevelt-Hotel reserviert, und eine Wohnung ist auch schon in Aussicht«, sagt Kurt Hirsch und zieht mich wieder an Land.
Ein Paradies hat Palmen. Daß die am Pershing Square in Los Angeles wie staubig verblichene Überbleibsel einer nicht mehr benötigten Theaterdekoration aussehen, daß ihre Blätter wie nasse Scheuertücher hängen, ist mir egal. Palmen sind Palmen und Hollywood ist nah. Die Straßen kleben in Hitze und Dunst, die untergehende Sonne zerläuft wie Eiweiß, Gesichter sind grau und schlaff, als sei kein Meer weit und breit. Wie New Yorks ärmliche Verwandte sieht sie aus; die Stadt; kleiner, matter, malariakrank. An der Kreuzung Hollywood Boulevard und Vine Street straffen wir uns, kämmen Haare, putzen Nasen, erkennen sie wieder, die Kinos, die wir in Wochenschauen sahen. Vor einem stauen sich Limousinen, Scheinwerfer fingern den Himmel ab, als suchten sie feindliche Flugzeuge, ein Lautsprecher blökt, die Menge kreischt: Filmpremiere mit rotem Teppich, Spalieren, dicken Kordeln, die Begeisterte zurückhalten, das Fußvolk von den Glitzernden trennen. Einer mit Trillerpfeife und Gummiknüppel wedelt uns weg, unwirsch, als hätten wir uns eingeschlichen, unterm Ladentisch geschnüffelt, einen Zug ohne Fahrkarte bestiegen.
Vom achten Stock des Roosevelt-Hotels liegt mir Hollywood zu Füßen. Über Boulevards, Lichterschnüre, über Hügel und da, wo das Meer sein könnte, hinweg sag' ich: Ich muß es schaffen. Was, weiß ich nicht genau, außer berühmt zu werden, anerkannt, geliebt. Der Rückert, Friedrich, hat es geschrieben; der, nach dem die Mittelschule Schöneberg benannt war: »Ich will; das Wort ist mächtig, spricht's einer ernst und still, die Sterne reißt's vom Himmel, dies eine Wort: Ich will.« Sind doch zwei, denk' ich und muß lachen, muß an Weise denken und Lerche und Turnlehrerin und an »Wir sind noch einmal davongekommen«, an die Premiere zwischen Granatlöcherwänden des Hebbeltheaters, gleich hinter dem Anhalter Bahnhof. Betäubt hatten wir dagesessen, betroffen, unfähig zu klatschen, zu reagieren. Für uns war es geschrieben, das Stück, für Berlin, für die Verhungerten, die sich wiedererkannt hatten, zwei Stunden lang.
Morgens kommt Miss Patterson. Sie ist braungebrannt und ungeschminkt, ihr Haar ist kurz, die Beine lang, knabenhaft fröhlich, sachlich; sie sagt weder »great« noch »Garbo«. Sie nimmt mich in ein Warenhaus, kauft ein weißes Leinenkleid, sagt: »Zieh es an« und fährt mit mir nach Culver City ins Selznick-Studio. Im Auto

stottere ich herum. »Du hast jetzt nichts anderes zu tun, als Englisch zu lernen«, sagt sie, »die Lehrerin heißt Miss Cunningham, wird von Selznick bezahlt.« Am Studioeingang steht ein Polizist, fragt und telefoniert, hebt endlich den Schlagbaum, sieht auf die Wagennummer, als gälte es einen Flüchtigen zu fassen. Verschwörungsfieber, das beim Pförtner beginnt, das über Korridore und Vorzimmer schleicht. Sekretärinnen wie Austern: »Mr. Wilson erwartet euch«, sagt eine Festgeschlossene. »Laß mich reden«, flüstert Miss Patterson, »Wilson ist die rechte Hand von Selznick.«

Im weißen Holzhaus ein düsteres Büro, aus gleißender Sonne in Finster-Kühles hinter heruntergelassener Jalousie. Ledersessel, Ledersofas, ehemalige Petroleumlampen mit grünen Glasschirmen, unbeschriebene Blocks, unberührte Aschenbecher. Mr. Wilson trägt einen dunklen Anzug, weißes Hemd, Krawatte, ist schmal und jung und sieht mich an, als könne er sich nicht erinnern, mich bestellt zu haben. Miss Patterson sagt meinen Namen und anderes. Der Blick bleibt abwesend, uneingeweiht. Vielleicht ist das gar nicht das Studio, vielleicht haben wir eine falsche Einfahrt erwischt, vielleicht ist das eine Versicherung oder eine Anwaltskanzlei? Er setzt sich, zeigt auf einen Stuhl, tippt auf seine Schneidezähne. Ich sehe die Patterson an, sie nickt, ich soll die Zähne zeigen. Ich zeige wie ein Pferd, komm mir blöd vor, wie ich die Oberlippe hochschiebe. Er hebt den Hörer ab, eine Sekretärin kommt mit Stenogrammblock, geht, kommt wieder, bringt einen getippten Zettel mit einer Adresse. Dr. Marcus steht drauf. Wir sind entlassen. »Was ist? Meine Zähne sind o. k.«, sag' ich. Miss Patterson hebt die Schultern: »Irgendwas müssen die immer ändern«, sagt sie, »morgen um neun bei Miss Cunningham, das Büro ist in Halle zwei, anschließend Presseabteilung für Biographie undsoweiter.« Sie spricht langsam, nachdrücklich, hoffend, daß ich verstehe. »Danke«, sag' ich, halt' mich an ihrem Jackenärmel fest wie ein Kind auf dem Rummelplatz.

»Von einem Hund war nicht die Rede«, sagte die Besitzerin der Zweizimmerwohnung am South Doheny Drive. Sie stand in der Tür, massiv, uneinnehmbar, schien aus mehreren Autoreifen zusammengesetzt, die in himbeerfarbenen Sweater und veilchenblaue Hosen gepreßt waren. »Er ist winzig und stubenrein und bellt nie«, sagte Kurt Hirsch. Sie schüttelte Goldlöckchen, Ohrringe, Ketten, Broschen. »Er steigt auf keinen Stuhl, ist alt und ...« Er beschrieb ihn, als sei er ein ausgestopftes Eichhörnchen, hoffend, daß der Schäferhundgroße nicht durch das offene Autofenster steigen und uns nachjagen würde. Die Beleibte lauschte mit schräggehaltenem Kopf, holte plötzlich aus und schlug Kurt Hirsch mannbar auf die Schulter, rief: »Okay, you win, honey. Ich bin Rosie.« Sie gab den Weg ins Wohnzimmer frei, zeigte auf ungefähr zwanzig Keramikpapageien, zahllose rosa Schnörkelleuchter, geblümte Tapeten, buntscheckige Sessel, lila Bodenvasen mit Girlandenbemalung und künstlichen Kaktusblüten; wies auf goldgerahmte Ölgemälde, auf denen blasse Mädchen vor aufgehenden Sonnen und unter hängenden Zweigen unschuldig lächelten, sagte ergriffen: »Jetzt wißt ihr, warum ich Angst hatte, einen Hund aufzunehmen.« Sie wogte durch Küche, Bad und Schlafzimmer, verharrte vor zwei schmalen Betten mit kolibribedruckten Dekken, legte die Hände übereinander, sprach erstickt: »Hier war ich glücklich mit meinem seligen Dick.« Schweigend standen wir, versuchten nicht daran zu denken, wie sie auf einem der Schmalen hätte liegen können, ohne hinunterzurollen.

Um elf Uhr abends klopfte es das erste Mal. »Rosie, honey, ich bin's«, tönte ein Baß. Die Hündin kläffte, Kurt Hirsch rief: »Wer ist da?«

»Rosie, ich bin's.«

»Rosie wohnt nicht mehr hier.«

»Wo ist Rosie?« maulte es weinerlich, entfernte sich schlappfüßig.

Um ein Uhr kam der nächste. Verängstigt zischelte es am Türschlitz: »Rosie, mach doch auf.« Der dritte kam um zwei, um halb drei klingelte das Telefon: »In fünf Minuten bin ich bei dir, Rosie«, röhrte es betrunken. Zwei schlaflose Wochen vergingen, bis es sich herumgesprochen hatte, das Rosies Liegeplatz ein anderer war.

Nach vergeblichen Versuchen, die Kaffeemaschine in Gang zu bringen, fuhren wir ins Studio. Bis auf einen Eiscremewagen, der kinderliederklimpernd um den Block kroch, und ein lautlos an der Bordschwelle entlanggleitendes Postauto, aus dessen Fenster Briefbündel in brotbüchsenähnliche Briefkästen geschoben wurden, war der Doheny Drive leer. Niemand ging spazieren, niemand ging einkaufen, Wassersprinkler kreisten über kurzgeschorenen Rasenflächen, Jalousien und Fenster blieben geschlossen. Am Olympic Boulevard fuhren Buicks, Cadillacs, Pontiacs, Oldmobiles, Chevrolets; sie fuhren rasch, Abstand haltend, nicht überholend, nicht einschwenkend, fuhren wie auf Schienen.

Selznicks Baracken und Hallen waren wenig imposant im Vergleich zum Ufa-Gelände in Babelsberg, und Miss Cunnighams Zimmerchen war nicht größer als die Garderoben in Geiselgasteig. Sie saß hinter einem kleinen Tisch und sah aus, als ob sie ständig fröre, als sei Hitze und kalifornische Sonne nicht für sie bestimmt. Ihre Augen waren sanft und leicht gerötet, als hätte sie gerade geweint. Zu einer weißen langärmeligen Bluse trug sie eine graue Wolljacke und einen winterlich schweren Rock; die Schuhe waren solide, gerade recht für lange Fußmärsche über aufgeweichte Feldwege. Sie war wie viele Sprachlehrerinnen: wie Madame Henriette in der Pariser Rue Mont Tabor, wie Miss Ross in New York, Miss Blythe in London. Kleidung und Frisur haben sich der Ordnung und Genauigkeit jeder leise geformten Silbe angepaßt. Sie sind einsam und führen ein geregeltes Leben, mit geregelten Ferien an gleichbleibendem Ort, sie lieben Bleistiftzeichnungen, Gesundheitstees und manchmal Katzen und Kanarienvögel. Sie tragen eine korrekt gehende Uhr am Handgelenk, sind überaus pünktlich und auf eine unpersönliche Art stets freundlich und hilfsbereit. Ihre Bücher sind alt und gepflegt, sorgsam eingeschlagen und numeriert. Die Eigenschaft, während des Unterrichts kleine Buchstaben in kleine Hefte zu malen, ist für den Schüler oft irritierend, weiß er doch nach kürzester Zeit, daß auf nämliche Weise sämtliche Fehler vermerkt und alles zu Korrigierende peinlichst genau festgehalten wird. Neben Miss Cunningham stand ein Mann wie ein Schrank; er war jung und hübsch, und seine Glieder schienen nicht zusammenzugehören, so als seien sie nur lose vernietet und in den Gelenken unbequem. »Mr. Hudson«, sagte Miss Cunningham leise. Er sagte »Hi« und strahlte verlegen, dann angelte er nach dem Türknopf, sagte »So long«, ging den Barackengang entlang, der unter seinem Schritt bebte. »Er wurde vor zwei Wochen unter Vertrag genommen, Mister Wilson gab ihm den Namen Rock Hudson«, sagte Miss Cunningham und zog ein kleines Tüchlein aus dem Jackenärmel, mit dem sie sich vorsichtig die Nasenlöcher betupft. »Er war Lastwagenfahrer und hat große Sprachschwierigkeiten. Verstehst du mich überhaupt?« fragte sie besorgt. Nach eineinhalb Stunden klappte sie ihre Bücher zu, sagte: »Morgen früh um halb neun; wir müssen vor allem an den th's arbeiten, und bitte lerne diese Vokabeln.« Sie gab mir ein Blatt – ich war entlassen. Auf dem Weg zum Pressebüro traf ich Mr. Wilson. »Eine Lady rennt nicht«, sagte er mißbilligend und verschwand im Verwaltungsgebäude. Ich stand verdattert, unklar, was von mir erwartet wurde. Dunkel erinnerte ich mich an die ersten englischen Filme, die in Berlin gezeigt worden waren. »Ladies« saßen auf Divans, tranken Tee, ertrugen Schicksalsschläge, die keine waren, ohne mit der Wimper zu zucken, hatten vom ersten bis zum letzten Filmmeter den gleichen, nie variierenden Ausdruck des Hochmuts und der Langeweile. Und rannten natürlich nie.

Der Pressechef saß über einen Kaffeetisch geneigt, kaute angestrengt an einem Dreideckersandwich, aus dem Tomatenecken,

Eierscheiben und Speckstreifen hingen und Mayonnaise tropfte, das Gemansche war von zwei Zahnstochern zusammengehalten. Er versuchte seine fettglänzenden Finger an einer aufgeweichten Papierserviette abzuwischen, würgte unglücklich an einem Riesenbissen, der seine Backen auseinanderzog, schluckte erleichtert, sagte »Sorry« und »Sit down«. Ohne das Paket im Mund war sein Gesicht traurig und dünn. Vom Schreibtisch angelte er eine Pappmappe, aus der Zeitungsausschnitte glitschten und zu Boden schwebten, er sah ihnen bekümmert nach, wie jemand, der einen ständigen, aber hoffnungslosen Kampf gegen Unaufgeräumtheit führt. Er sammelte sie auf, nahm einen großen Block, rieb an dem Fettfleck herum, den sein Daumen auf der weißen Seite hinterlassen hatte, bot mir eine Zigarette an, die, bevor ich sie greifen konnte, aus dem Päckchen rutschte und in die restliche Mayonnaise fiel. Er lächelte ergeben, als hätte er nichts anderes erwartet, als wären Heinzelmännchen am Werke, die seinen Lebensweg mit Fettflecken und eingeweichten Zigaretten pflasterten. »Willkommen in Hollywood«, sagte er leise und zog einen Bleistift hervor. »Ich muß jetzt deine Lebensgeschichte aufschreiben für die Zeitungen und so.« Entschuldigend sah er sich um. »Wie schreibt man Knef?« Er sagte »Kaneff«.

»K–N–E–F.«

»Ich habe eine Anweisung von Mr. Selznick, daß der Name geändert werden soll.«

»Nein«, sagte ich.

Erstaunt sah er hoch, bewundernd, als hätte ich gesagt: Erschießen ja, Augenbinde nein. »Aber hier ist doch schon die Liste mit den Vorschlägen«, sagte er endlich. Er gab mir einen Zettel mit vielen Namen, »Gilda Christian« war der erste.

Ich schüttelte den Kopf, sagte noch einmal »Nein«.

»Aber Kaneff kann hier niemand aussprechen.« Beschwörend lehnte er sich vor, als wollte er mich vor einer grauenvollen Zukunft bewahren.

»Bitte«, sagte ich, »ich möchte meinen Namen behalten.«

»Na ja«, sagte er lahm, »das hat ja auch noch Zeit.« Er sah wieder auf seinen Block, fragte: »Wo geboren und wo aufgewachsen?« Er fragte es, als sei niemals irgend jemand am selben Platz geboren und auch aufgewachsen, als sei es selbstverständlich, den Ort nach der Geburt zu wechseln.

»Geboren in Ulm.«

»Wie schreibt man das?«

»U–L–M. An der Donau.«

»Donau?«

»Der Fluß.«

»Fluß?« murmelte er beunruhigt. »Rhein? Danube? – Blue Danube!« rief er. »Vienna!«
»Vienna?«
»Vienna, Österreich!«
»Wien?«
»Ja.« Wir nickten uns zu, wie zwei, die eine Erfindung gemacht hatten.
Er setzte sich auf, hielt die Bleistiftspitze auf mich gerichtet, sagte: »Moment mal, da ist doch noch jemand, der aus Ulm kommt, wer war das gleich ...? Einstein! Natürlich – Einstein!« Enttäuscht nahm er wahr, daß der Name mir nichts sagte. »Ja, aber das ist ein guter Aufhänger, Hildegarde und Einstein kamen beide aus dem romantischen kleinen Städtchen an der blauen Donau ...« Er rutschte wieder zusammen. »Nein, das geht nicht.« Er nahm ein langes Streichholz, rieb es an der Schuhsohle, es brach ab. »Hast du Verwandte in Österreich?« fragte er.
»Nein.«
Wieder hatte er den ergebenen Mann-soll-sich-nicht-zu-früh-freuen-Ausdruck. »Aber wir könnten doch sagen, daß deine Eltern aus Österreich kommen.«
»Warum?«
Er stützte sein Gesicht in die Hände, preßte es zusammen, daß es aussah, als sei es in eine Fahrstuhltür geraten. »Weil Deutschland nicht geht«, sagte er gequetscht.
»Aber ich bin doch Deutsche.« Er stieß einen Grunzer aus, einen kläglichen, tragischen; fast hätte ich ihm den Kopf gestreichelt. »Selznick weiß das doch«, sagte ich in sein Zusammengedrücktes hinein.
»Aber die Eltern, die könnten doch wenigstens aus Österreich sein«, sagte er bittend.
Ich wurde aufgeregt, mein Englisch verließ mich vollends: »Ich komm' doch aus Berlin!« brachte ich endlich heraus, lauter als beabsichtigt, als sei er schwerhörig und unsere Verständigungsmöglichkeit einem Wackelkontakt unterworfen.
Er stand auf, schloß das Fenster, setzte sich wieder. »Warum nicht Österreich?« fragte er gutmütig.
»Weil es nicht wahr ist.« Er lächelte. »Und Österreich hatte doch auch Nazis, und Hitler kam aus Österreich«, sagte ich.
»Ich glaube es ja, aber das weiß hier keiner.« Er nahm ein neues Streichholz, rieb es unter der Tischplatte, sah erstaunt, daß es brannte, und blies es wieder aus. »Aber vielleicht warst du ein Naziopfer, oder deine Eltern – waren die wenigstens verfolgt oder in einem Lager?«
»Ich war in einem Lager.«

»Erzähl!« Er rutschte an den Rand des Sessels.
»Bei den Russen.«
Sein Mund zog sich zusammen, als hätte er Rizinusöl geschluckt. Langsam stand er auf, sah auf eine klobig-praktische Armbanduhr. »Ich bringe dich jetzt zum Maskenbildner, du mußt noch Fotos machen«, sagte er.
Schweigend lief er neben mir her, nur einmal murmelte er ein schlaftrunkenes, kopfgeschütteltes »Hildi Hildi«. Die Mittagssonne war kreidig weiß, gefiltert, schattenlos, wie das Licht in Krankenhauskorridoren, die Luft schwer und feucht. Wetter zum Dösen, zum Eisessen, zum Ins-Wasser-Starren und doch nicht baden; ein zu Ferien verpflichtendes, aufdringliches, eins, über das man spricht und Postkarten schreibt. Die Friseuse legte ihre Zigarette auf den Rand des Waschbeckens, sagte »Hi« und »Wie gefällt dir Hollywood?« und steckte mich unter die Brause, bevor ich antworten konnte; sie wusch, kämmte, wickelte, brachte mich in einen anderen Raum, in dem ein Mann mit Bärtchen »Hi« und »Wie gefällt dir Hollywood?« sagte, mich auf einen Barbierstuhl zog, ihn nach hinten klappte und in meinem Gesicht herumfuhrwerkte. Als er fertig war, reichte er einen Spiegel. Was ich darin sah, war mir unbekannt. Die Nase war dünn und edel, mit Braunem abgedeckt, die Oberlippe herzförmig putzig, fiebrig gerötet die Backenknochen, dünnrasiert die Brauen. Nachdenklich betrachtete er mich, als hätte er alles getan, was nur menschenmöglich sei. Im Fotoatelier stand schon die fürs Haar Zuständige und lackte meine neuen Locken, die wie Ösen um mich standen. Eine zweite wuselte herum, bürstete Kragen und Rücken, unterzog mich einer Kontrolle wie ein Entlausungskomitee. Der Maskenbildner tupfte noch einmal auf Kinn und Stirn, dann trat das Trio zurück, blickte prüfend auf die verschiedenen Aufgabengebiete: die Friseuse aufs Haar, der Maskenbildner aufs Gesicht, die Garderobiere auf Kleid und Schuhe. Ich stand aufgeteilt und eingeteilt und fühlte mich verpflichtet, irgend etwas zu tun, das ihre Mühen belohnte. Mir fiel nichts ein. Ich versuchte ein Studiowitzchen, eins im Filmjargon. »Negerkampf im Tunnel« nannten es die Beleuchter in Berlin, wenn das Atelier noch dunkel oder ein Film unterbelichtet war. Ich übersetzte: »Niggerfight in the tunnel.« Drei vereisende Augenpaare starrten mich an, verschwanden abrupt. Der Fotograf kam, sagte: »Lächeln, bitte Mund auf, Zähne, mehr Zähne zeigen.« In den Ecken standen Scheinwerfer, große kleine geputzte unbenutzte. Plötzlich hatte ich Heimweh, Sehnsucht nach denen zu Hause, die ihre Lampen mit Strippen zusammenhielten, die wenigen wie rohe Eier umhertrugen; hatte Sehnsucht nach Jugert und Söhnker, nach Minna, die frisierte und schminkte, Knöpfe an-

nähte und immer Hunger hatte, nach dem Produktionsleiter, der jede Hiobsbotschaft mit »Is alles ne Nervensache« entgegennahm, nach dem Gekichere und der Spannung und Vertrautheit einer Filmfamilie.
Miss Patterson holte mich ab, fuhr zum Sunset Boulevard. Gleich neben einem Beerdigungsinstitut, das eine würdevolle und unvergeßliche Beerdigung für 60 Dollar anbot, war das Arthur-Lacey-Büro. Mr. Lacey lag in einem liegestuhlähnlichen Sessel und telefonierte. Vor ihm stand ein Schreibtisch mit tischtennisgroßer, leergefegter Platte. Er strahlte, winkte, zeigte auf das Telefon, beendete das Gespräch mit »Great« und sprang auf, das heißt er versank hinter dem Schreibtisch – es war, als wäre er in die Knie gegangen oder in ein Loch getreten. Klein und rund und aufgeregt trippelte er in Sicht, streckte seine kurzen Ärmchen aus und rief: »Sie ist eine neue Garbo, sie wird die Größte, die Allergrößte, sie wird die größte Karriere machen, die Hollywood je gesehen hat.« Er blinzelte zu Miss Patterson hinüber, die sich eine Zigarette anzündete und nicht reagierte. »Ich wette, daß sie die Größte wird«, sagte er noch einmal, zog ein Taschentuch und trompetete hinein. Als er wieder auf dem Sessel lag, sagte er: »Ich hab' mit Dave gesprochen, Dave Selznick, er läßt den letzten Film aus Deutschland kommen. Wir werden eine große Schau machen, in der Filmakademie; werden alle einladen, ganz Hollywood wird kommen, und du wirst vorher erklären, worum's geht.«
»Ich kann doch nicht genug Englisch.«
»Relax! Kein Problem. Lernst du spielend. Den Wilder brauchen wir nicht. Der hat doch damals den Film übersetzt, wie hieß er noch, irgendwas mit Mörder und Trümmern . . .«
»Mörder unter uns?« Ich hatte nicht gewußt, daß der Film in Hollywood gezeigt worden war; ich schurrte auf meinem Stuhl herum – »Schurr nicht so«, hätte Else Bongers gesagt, »du bist so intensiv, daß du noch mal platzen wirst.«
»Der Film war hier?« fragte ich.
»Ja, in der Akademie, nur für Mitglieder. Sie haben sehr gelacht, weil Wilders Kommentare so komisch waren.«
Ich hatte Billy Wilder in Berlin gesehen. Sein »Lost Weekend« hatte er vorgeführt und sich anschließend zur Diskussion gestellt. Wir wußten nicht, was das war, eine Diskussion über eben Gesehenes; befangen saßen wir, wußten nichts zu fragen, wagten nichts zu sagen, versteinert vor Ehrfurcht, einen in Amerika erfolgreichen Regisseur zu sehen. Einer hatte sich aufgerafft, nach minutenlangem Schweigen. »Bitte, Mister Wilder, wieviel hat die Dekoration gekostet?« – »Die Dekoration war die teuerste der Welt – sie war New York. Sonst noch Fragen?« Wir

waren aufgestanden und beschämt aus den Reihen gekrochen.
Diskret schnurrte das Telefon. »Wer?« schrie Arthur Lacey, »o. k., stell schon durch ... Hi, honey, wie geht's? Great ... great, sie haben sich gestern abend deinen Test angesehn ... great talent haben sie gesagt, genau richtig für die Rolle – könnte nicht besser sein – leider ist sie schon besetzt, mit einem ihrer Vertragsschauspieler ... die werden noch weinen, daß sie dich nicht ... ich verhandle gerade mit Paramount, große Rolle ... relax ... relax ... Relax, sag ich! Nein, ruf uns nicht an, wir rufen zurück, sobald wir was haben ... wird alles großartig – be happy!« Er rutschte wieder von seinem Stuhl, rannte um den Tisch herum, sagte: »Komm vorbei, wann immer du willst, kannst mich Tag und Nacht anrufen – du wirst die Größte in ganz Hollywood ...«
Abends gingen wir spazieren, Kurt Hirsch, die Hündin und ich. Ein Wagen hielt neben uns, zwei Polizisten sprangen raus: »Hat er dich belästigt?« fragten sie, warfen drohende Blicke auf Hirsch. »Was macht ihr hier? Wo geht ihr hin? Warum? Wie lange?«
»Wir führen den Hund aus.« Irritiert stiegen sie ein, kurvten den Doheny Drive entlang, bis wir im Haus waren. In Hollywood, in Beverly Hills, in Bel Air and Westwood, Vororte, die alle auf der Suche nach einer Hauptstadt zu sein schienen und in denen ein jeder auf mehr oder weniger glückliche oder unglückliche Weise von der Filmindustrie abhängig war, schlenderte man nicht. Man fuhr, parkte und ging zielstrebig auf seine Behausung zu. Planlos Umherirrende waren verdächtig, wurden für Einbrecher, Neugierige mit Sexualanliegen oder Autogrammjäger gehalten.
Vor unserer Tür saß eine Katze und jammerte; nachdem sie etwas Milch getrunken hatte, entschloß sie sich zu bleiben. Drei Wochen später gebar sie sechs gesunde Junge, und die Vermieterin Rosie sprach die Kündigung aus. »Ich hab' ein paar Adressen von Emigranten«, sagte Kurt Hirsch, »vielleicht wissen die was von einer Wohnung.«
Herr Bamberger war Schauspieler gewesen, bevor er fliehen mußte. Jetzt lebten seine Frau und er von Hühnern und deren Eiern und von den erfolgreicheren Emigranten, die sie ihnen abkauften. »Sieht mein Mann nicht wie Roosevelt aus?« fragte die schöne, sanfte Frau. »Sie wollen jetzt einen Roosevelt-Film drehen, aber glauben Sie, er bekäme die Rolle? Dabei spricht er ein so gutes Englisch.« Ihr Gesicht war ohne Lächeln, ohne Hoffnung. Selbst in seinem eigelbverschmierten Kittel und mit einem nach Hühnerkacke stinkenden Besen in verarbeiteten Händen war die Ähnlichkeit nicht zu übersehen. Stumm stand er gegen Säcke mit Hühnerfutter gelehnt, ein tragischer Roosevelt, einer, der den Krieg ver-

loren hatte. Sie gaben uns die Adresse eines deutschen Regisseurs, der sein Haus im Benedict Canyon vermieten wollte. Es lag an einen Hügel geklebt, von wildem Gestrüpp umwachsen, war groß und billig. Daß es Klapperschlangen hatte, merkten wir erst, als wir eingezogen waren. Sie lugten aus Felslöchern hinter der Küchentür, sonnenbadeten auf Schwellen und Fensterrahmen, soffen den Katzen die Milch weg und akzeptierten mich nach kurzer Gewöhnungsperiode als eine ihnen gewogene Ernährerin. Daß ich allnächtlich die Laken herunterreißen mußte, um manche sanft Schlummernde zu verscheuchen, daß eine offenbar Nichtinformierte ihren Kopf aufstellte und mich beim Mülleimerentleeren anrattelte, so daß ich bewegungslos, den tödlichen Angriff vor Augen, meine Wäsche benetzte, daß ich am Ende doch nicht zur Kundin der würdevollen Hollywoodbestatter wurde, da sie in der Häutung begriffen und somit nicht aktionsfähig war, daß ihre Kinder im Briefkasten lebten und jedes Herausnehmen der Post zum täglich neuen Abenteuer gestalteten, hätte ich noch ertragen, daß jedoch die Katzen, die inzwischen ihre Zahl auf vierzehn erhöht hatten, nähmaschinengroße Eidechsen apportierten, die in Sesseln, Sofas und Heizung verschwanden, ließ mich in unbeherrschten Augenblicken in Tränen ausbrechen. Selbst ein für wenige, kostspielige Stunden herbeigerufener japanischer Gärtner, von Nachbarn als unerschrocken bezeichnet, weigerte sich, die Wildnis zu zivilisieren. Abgerundet wurde das subtropische Landleben durch einen wilden Berglöwen, der nachts auf das Dach sprang, zwischen Milchschüsseln tobte, gegen wacklige Glastüren donnerte und Einlaß begehrte. Mit angehaltenem Atem meinem eine entsicherte Armeepistole haltenden Angetrauten folgend, erwartete ich das Eintreffen der Polizei. Für die Leiche des tobsüchtigen Tieres waren fünfzig Dollar ausgesetzt, die wir jedoch nie kassierten. Sirene und vielfältiges Gejaule von Hund und Katzen weckten Bewohner umliegender Häuser und machten uns auf die Dauer unbeliebt. Die Garage, von Klapperschlangen frei, war von »Black Widows« bevölkert – kleinen, im Finstern hausenden Spinnen, deren Biß meist tödlich und die man erst bemerkte, wenn sie gebissen, und dann nur für kurze Zeit. Meine Kurzsichtigkeit bewahrte mich vor vielen Schrecksekunden, jedoch die nur allmählich gewonnenen Freunde mieden es, uns zu besuchen.

Schräg gegenüber wohnte das Ehepaar Lustig. Sie luden uns ein, und Frau Lustig, die entsetzt meine Magerkeit zur Kenntnis genommen hatte, zwang mich im Laufe des Abends, Unmengen von selbstgebackenem Apfelstrudel zu essen. Herr Lustig, der sich seinem Namen in keiner Weise verpflichtet zu fühlen schien, nahm nach abwesend scheuer Begrüßung in der dämmerigen Ecke seines

Wohnzimmers Platz und sah mich unverwandt und mit dem Ausdruck unsagbarer Traurigkeit an. Beim Abschied überraschte er mich mit zwei Büchern: Prousts »Auf der Suche nach der verlorenen Zeit« und Thomas Manns »Faustus«. »Das müssen Sie lesen, mein Kind«, sagte er und schloß blinzelnd und nickend die Tür zu seiner Bibliothek. Es war der Anfang des großen Nachhilfeunterrichts, der mir von nun an zuteil werden sollte und für den ich nie die gebührende Dankbarkeit zeigte, weil mir die Bedeutung erst später, als ich manche meiner Lehrer schon aus den Augen verloren hatte, erkannte. Zwanzig Jahre danach traf ich ihn auf der Münchener Maximilianstraße. Sein hageres Gelehrtengesicht war unverändert. »Mein Gott, wenn ich daran denke, wie lange das schon her ist – damals, gleich nach dem Krieg, als Sie bei uns waren«, sagte er, »die erste waren Sie, die aus Deutschland kam, und so ganz anders, als wir uns die Deutschen vorstellen wollten, die Jungen, die einer Generation angehörten, die nur Hitler kannte. Und Ihr Berlinerisch – es war wie ein frischer Wind, es brachte alles wieder zurück. Vielleicht sehen wir uns einmal? Ich wohne hier gleich um die Ecke.« In den zwanziger Jahren war er Theaterkritiker gewesen, beim »Tempo« in Berlin, und wie so viele hatte er einen Lebensrettervertrag mit einer amerikanischen Filmfirma unterschrieben, der ihn als Drehbuchautor verpflichtete, und wie so viele fuhr er nun morgens ins Studio, setzte sich in das ihm zugeteilte Büro und schrieb in der neuen und mühsam erlernten Sprache. Wenige waren so erfolgreich wie er, dessen Manuskripte hin und wieder sogar verfilmt wurden. Die meisten, im Riesenrad der Industrie vergessen, erhielten dank einer säuberlich arbeitenden Rechnungsstelle und auf Grund der am Studioeingang Ankunft und Weggang registrierenden Lochkarte ihren Wochenscheck, ohne je einen Produzenten gesehen zu haben. Blieben auch ihre Ideen ungenutzt und welkten die Begabungen dahin, bewahrten sie den vertragsspendenden Mogulen eine stille, fast demütige Dankbarkeit, denn ohne ihre Kontrakte und die Zusicherung, dem Land nicht finanziell zur Last zu fallen, hätten die Vereinigten Staaten sie nicht aufgenommen, wäre das ersehnte Visum nicht ausgestellt worden. Sie nahmen es hin, daß die Toiletten mit den schwächsten Glühbirnen, die die amerikanische Osramkonkurrenz produzierte, ausgestattet waren, um sie von Zeitungs- oder anderer filmfremder Lektüre abzuhalten, wie sie während der Kriegsjahre das Verbot, ein Radio zu besitzen oder nach Einbruch der Dunkelheit das Haus zu verlassen, hingenommen hatten. Sie lebten ein europäisches Leben ohne Whisky und ohne Dauermusik, ohne Karten- und Pfänderspiele, ohne Swimming-pools und übervölkerte Parties. Sie alle sagten: »Amerika war gut zu mir«, als sprächen sie von einer geliebten Erbtante, von einer sich bis zur Selbstaufgabe steigernden personifizierten Nächstenliebe, und schienen allesamt vergessen zu haben, daß ohne Bürgschaft ihr weiteres Leben ein kurzes gewesen wäre.

Der mit einem »Oscar« ausgezeichnete Billy Wilder lebte fern von Demut, Wehmut und Erinnerung. Er war arriviert und verdankte Hollywood seine ersten Erfolge. Er war das geworden, was ich damals für anstrebenswert hielt: ein Neulanderoberer. Als wir das erste Mal vor seinem Haus standen, war ich aufgeregt, als hätte ich einen Test zu bestehen, eine Mutprobe. Eingeladen zu »Drinks« und »Dinner«, hatte ich mich den ganzen Tag geputzt und frisiert und nicht gewußt, was anzuziehen. Die Türglocke löste ein zartfühlendes Geklimper aus, das in keiner Beziehung zu dem spannungsgeladenen, immer auf dem Sprung scheinenden Hausherrn stand. Er öffnete die Tür. Sein kugelrunder Kopf mit kurzgeschorenen Haaren, das straff-blanke Gesicht mit Augen, denen nichts entging und die viel verurteilten, der zynisch spottbereite Mund, die scharfe nasale Stimme und Schnellfeuermonologe – sie ergaben das Bild eines Souveränen, der sich nicht ausruht; eines Siegers, der dem Eroberten mißtraut. Er lähmte mich und spornte mich an, machte mich unsicher und prahlerisch zugleich.

Sein Haus war schön auf unpingelige Weise, mit bis zur Decke reichenden Bücherregalen, afrikanischen Holzplastiken, Toulouse-Lautrecs und einer eingebauten Bar mit zahlreichen Flaschen. Hinter ihr stand mixend ein dunkelhaariges Traumwesen, das Audrey hieß und aussah wie die betörend Makellosen in den Filmmagazinen. Sie war so selbstsicher, wie nur eine Frau sein kann, die weiß, daß sie jung und schön ist. »Speak German!« befahl Billy Wilder und sah sie an wie ein zufriedener Dompteur. Sie reckte das Kinn vor, stülpte die Lippen, stemmte die Hände in die Taille und nahm Haltung und Gebaren eines wutschnaubenden Mussolini an. Dann gurgelte sie Gutturales, das an die heiseren Laute der seltsam gekleideten Offiziere in den antideutschen Filmen erinnerte – »Verbooden« und »Schtillgeschtanden« und »Sieg Heil« konnte ich ausmachen. Ich bemühte mich um ein Pflichtlächeln, fühlte mich schuldig und verantwortlich, genierte mich für sie, für mich, für alle, die darüber lachten. Ihr Gesicht entspannte sich, lächelte spitzbübisch-kindlich, ohne Böswilligkeit.

Die Terrassentür wurde lautlos geöffnet und ein untersetzter Mann kam herein. Seine melancholischen Augen, die lange Nase und großen Ohren gaben ihm das Aussehen eines mißhandelten Stofftieres, selbst das fröhlich gerufene »Hi« änderte nichts an der gramvollen Miene, die mich auf Anhieb ein schlechtes Gewissen haben ließ. Er schüttelte meine Hand und sah mich mitfühlend an;

es war, als wären wir uns schon einmal begegnet und könnten nicht mehr einordnen, wo. »Das ist Max«, sagte Billy Wilder und machte sich an einem neumodischen Plattenspieler zu schaffen, der die Schellackplatten automatisch umdrehen konnte und sie bei der Gelegenheit zumeist zerkaute. Max wohnte in der ausgebauten Garage. Er hatte den Krieg in französischen und Schweizer Internierungslagern zugebracht, und die Jahre hatten ihn zu jenem Dauerflüchtling geprägt, von dem man sich nicht vorstellen konnte, daß er je eine eigene Wohnung besitzen, geschweige eine Heimat finden würde. Als die anderen Emigranten bereits zögernd ihre Fühler nach Europa ausstreckten und sich manche sogar mit den ersten zaghaften Gedanken einer Rückkehr befaßten, begann Max seine fünfjährige Wartezeit, um einen Staatenlosen-Ausweis gegen einen US-Paß einzutauschen. Max wurde ein Freund, der auf alles eine Antwort und für jedes einen Rat wußte und dessen Pessimismus derart niederschmetternd war, daß man stets hoffte, es könne nur besser und kaum noch schlechter werden. Die aufwühlendste Freudenbotschaft nahm er mit schmerzlich verzogenen Lippen auf, wie jemand, der das dicke Ende bereits vor Augen hat und dessen Ratschläge letztlich nichts anderes als Umwege zur ausweglosen Tragödie bleiben. Seine Schlagfertigkeit und die endlos gemurmelten Kalauer wurden zu Vorboten des Unabwendbaren. Man sorgte sich um Max, während man von ihm umsorgt wurde. Er löste eine nie abreißende Kette von Bedenken aus.

»Marlene kommt morgen«, sagte Max, voraussetzend, daß unter »Marlene« eben nur die Dietrich verstanden werden konnte; »sie möchte Sie kennenlernen.«

Aus dem Dunkel des teuersten und finstersten Restaurants in Hollywood, dem philippinischen »Beachcomber«, leuchtete ein weißes, hellumrandetes Dreieck. »Hallo«, hauchte es über das Gesäge der Hawaiigitarren hinweg und lächelte amüsiert. Das Gesicht schien vom Körper losgelöst, schien zu schweben, thronte über Tischen, verdrängte alles, machte jedes andere zur Entourage, zum Hofstaat. Geräumig weit war es, war eins, das sich zur Schau stellt, gelassen vorzeigt: »Seht mich nur an, wenn es euch Freude macht«, schien es zu sagen. Erich Maria Remarque erzählte einige Jahre später und über den vierten Calvados hinweg: »Ich konnte das Gesicht nicht vergessen, ich ging spazieren, tage- und nächtelang. Durch das Fenster eines jüdischen Delikatessengeschäfts sah ich Sprotten, die ersten Sprotten in New York, und gerade als ich mich auf sie zu freuen begann und den Laden betreten wollte, sah ich wieder dieses Gesicht über den Sprotten; es lächelte, und ich vergaß in den Laden zu gehen. Und davor in Hollywood hatte mich die Garbo eingeladen; als ich wegging, stand sie am

Zaun und winkte mir nach, überirdisch war sie. Und zu Hause wartete Marlene: sie hatte Bouletten gebraten, und ihr Gesicht, im Küchendampf über Bouletten geneigt, wischte das Überirdische, das an den Zaun gelehnt war, einfach weg.«
Sie bestellte Rumdrinks und süßsaure Rippchen und entließ den beflissen dienernden Oberkellner, ohne ihn eines Lächelns oder Blickes gewürdigt zu haben. Reis wurde serviert und chinesische Eßstäbchen neben die Schalen gelegt. Vor Aufregung und Befangenheit sagte ich: »Wenn ick damit essen muß, wer' ick vahungern.« Sie lehnte sich über den Tisch, als hätte sie nicht verstanden, dann fing sie an zu lachen, ein leises langes Lachen, das größer wurde, nach Luft rang, sich auffing und wieder begann. Sie nahm eine Zigarette, Max gab ihr Feuer, aber ihr Dunhill war schon geschlossen, bevor er ihre Zigarette erreichen konnte. Über das verlöschende Streichholz hinweg sagte sie: »Sie ist wie ich, als ich jung war.« Sie sagte es, als sei ich nicht anwesend; feststellend, keine Widerrede duldend – die preußische Offizierstochter Magdalena von Losch hatte ein Urteil gefällt, ein unwiderrufliches, undiskutierbares. Der Vergleich machte mich atemlos. »Erzählen Sie von Berlin«, sagte sie. Sie sprach sehr leise, so als berühre der Atem kaum die Stimmbänder, als forme er irgendwo unterm Brustbein einen weichen Ton. Sie konnte zuhören; sie gab mir das Gefühl, daß alles, was ich zu sagen wußte, von unglaublicher Bedeutung für sie wäre. »Wann sind Sie geboren?« fragte sie und zündete sich eine neue Zigarette an.
»Im Dezember.«
»Wann im Dezember?« Sie lächelte, als kenne sie schon die Antwort.
»Am achtundzwanzigsten.«
Sie drehte sich zu Max, als sei das Kennwort gefallen. »Marlene ist am siebenundzwanzigsten geboren«, sagte er und ließ seinen Kopf pendeln.
»Ich muß Carroll ihre Daten geben«, sagte sie wieder, als sei ich schon weggegangen, als unterhielten sich Chefarzt und Assistent am Bett eines schwierigen Falles. Ich wagte nicht zu fragen, wer Carroll sei.
»Carroll ist Marlenes Astrologe«, sagte Max mit nur mäßig unterdrückten Anzeichen von Widerwillen.
»Die Meere bewegen sich nach dem Rhythmus des Mondes, natürlich beeinflussen die Gestirne das Schicksal der Menschen«, sagte sie gelangweilt.
Ein Mann kam an den Tisch. Hinter ihm stand ein dickbusiges Mädchen, das geziert seinen Ausschnitt vorzeigte und dessen Wangen wie ein polierter kalifornischer Apfel glänzten. Nur für Sekun-

den gelang es ihr, über Marlene hinwegzublicken, dann verrutschte der arrogant-tumbe Blick angestrengten Selbstbewußtseins und wich lammäugiger Bewunderung. Bedenkenlos hätte sie entscheidende Zentimeter ihres Brustumfanges geopfert, um nur einmal so auszusehen wie jenes blasse Dreieck. Der Mann redete auf Marlene ein. Er gab sich gelockert und selbstsicher, obwohl sie ihn nicht wahrzunehmen schien, als plaudere ein rüder Page in das königlich taube Ohr. Ein fast unmerkliches Nicken verabschiedete ihn.

»Carroll riet mir, in den Krieg zu ziehen«, sagte sie, als wäre der Mann nie dagewesen; »›Was soll ich in einem Krieg?‹ fragte ich ihn.« Das »ich« hatte sie zu einem Hauch werden lassen, zu einer Seifenblase, die weiterschwebte. »›Singen Sie für die Soldaten!‹ sagte er.« Sie zuckte mit einer schmalen Schulter. »Zuerst nahm ich's nicht ernst ...« Wieder lächelte sie dieses spöttische Lächeln, wie jemand, der sich gern hat und seine kleinen Fehler in Kauf nimmt; dann riß sie die Augen auf und gab dem Gesicht den Ausdruck mokanter Sprachlosigkeit: »Damals, nach Sternbergs letztem Film, sagten sie in Hollywood, ich sei Kassengift ...«

Max grinste ein »Wer zuletzt lacht« und sah umher, als hätte er die Armee Ungläubiger geschlagen, dann blieb sein Blick an dem winzigen Band hängen, das auf ihr dunkles Kleid geheftet war.

»Darf ich wissen, was das Band bedeutet?« fragte ich.

»Legion d'honneur«, sagte Max prompt.

Sie zog drei der vielen kleinen mit Saucen gefüllten Näpfchen zu sich heran und begann den Inhalt zu vermischen. Aufgescheucht nahte der Oberkellner, klatschte zwei Knaben mit flaschen- und schalenbeladenen Tabletts herbei. Sie wählte rasch und zielsicher, tröpfelte und rührte und ließ durch eine schwache Bewegung der Hand wissen, daß die drei sich entfernen mögen. Sie verteilte die Sauce über unsere Teller, nahm ein Rippchen und tauchte es ein. Keiner von uns hatte gesprochen. Ihre Tätigkeit war von einer Entweder-oder-Konsequenz gewesen, konzentriert wie die Arbeit eines Kochs oder das Spiel eines Kindes. Nachdem sie ihre Fingerspitzen abgetupft hatte, zündete sie eine Zigarette an. Mir war heiß geworden vom Rum, von der scharfen Sauce, von allem. Marlene saß kühl, und nichts deutete auf die leiseste Erhitzung hin. Außerdem wäre ich gern zur Toilette gegangen, aber auch da schien sie fern aller menschlichen Nöte.

»Ich möchte jetzt Badois trinken«, sagte sie. »Badois ist das Beste an Frankreich. Gabin wollte Kisten davon nach Hollywood mitnehmen – hier kennen sie ja kein Mineralwasser«, fügte sie geringschätzig hinzu.

Sie nahm ihre Eßstäbchen und legte sie neben eine Bambusschatulle, auf der »Miss Dietrich« geschrieben stand, sog noch einmal an den Strohhalmen, die aus der ausgehöhlten Kokosnuß ragten, und stand auf. Sie verließ den Tisch, ohne daß jemand nach einer Rechnung gefragt hätte und ohne nach Feuerzeug, Zigaretten oder Döschen zu suchen; gleich einem Taschenspieler hatte sie alles an sich genommen und verschwinden lassen. Augen folgten ihr, fraßen sie, löcherten, neideten, wollten an sich reißen und einbrechen in die majestätische Aura, in das Desinteresse an Umgebung und Aufsehen. Sie federte auf Beinen, die zu lang schienen, um irgendeinen anderen Zweck zu erfüllen, als schön zu sein; bei jedem Schritt die Knie durchdrückend, weit ausholend – sie ging, wie sie aß oder Saucen rührte: mit vollkommener Konzentration. Gleich einer knochigen Dogge schurrte ich hinterdrein, die Füße fielen, als führten sie ein Eigenleben, und meine Hände schienen in Wadenhöhe zu baumeln. Die Garderobenfrau schob verschüchtert und um Luft ringend einen weißen Zettel über den Tisch. Marlene nahm den Stift, schrieb ein fast leserliches »Marlene« und ein ordentliches »D«, dem eine lange geschwungene Linie folgte, die über den Rand des Blattes hinweglief. Ohne sich umzusehen, fragte sie in die Nacht hinein: »Hast du Kaffee im Haus?«

»Ja«, sagte Max.

»Es ist nicht aufgeräumt«, nuschelte er, während er die Tür zu seiner Garage aufschloß. Sie ging durch den Wohnraum, stieg drei Stufen empor und verschwand hinter einer Tapetentür. Wir hörten Töpfe klappern und Wasser laufen. Max stand verloren auf dem Bastläufer und sagte trübe: »Sie schläft nie. Wenn sie in Hollywood ist, wohnt sie bei Billy drüben. Morgens, bevor irgendeiner die Augen aufkriegt, hat sie schon alle Zeitungen gelesen und Brühen aufgesetzt, Zimmer gelüftet, Aschbecher gereinigt und dem Mädchen gesagt, mit welcher Seife sie Türrahmen und Wannen scheuern sollte – dabei qualmt sie wie ein Industriegebiet und hat den ganzen Tag Anproben und Besprechungen.« Er zuckte mit den Schultern, als stünde er vor einem täglich neuen und nicht zu enträtselnden Rätsel, dann nahm er seine goldene Armbanduhr ab, zog sie auf, sah lange auf das Zifferblatt und sagte tadelnd: »Ein Geschenk von Marlene.« Sie kam mit Tassen und Kanne, streifte ihre Schuhe ab und setzte sich auf ein klappriges Couchgestell. »Morgen backe ich einen Kuchen«, sagte sie. Als ich um vier ein Gähnen zerquetschte, rief sie besorgt: »Wenn man so jung ist, kann man doch nicht müde sein.« Um fünf standen wir unter dem grellen Licht einer Straßenlaterne, atmeten die dumpf-seichte Luft, und sie sah aus, als käme sie von einem erfrischenden Morgenspaziergang an märkischen Seen. Um acht kam ein Bote mit einem Korb voller Pilze, einer Flasche Vitamintabletten und einem Gu-

laschrezept, dann rief Max an: »Marlene will ins Kino, sie holt dich abends ab.«
Wie immer während der letzten Wochen verbrachte ich den Vormittag bei Miss Cunningham, nachmittags war ich frei. Das Einerlei meiner dürftigen Betätigung war bisher nur zweimal unterbrochen worden: das erste Mal, als ich auf dem engen Sofa der Miss Cunningham sitzend mit Rock Hudson »Liliom« lesen durfte und die innere Bewegung, die mich während der lang entbehrten Darstellungsmöglichkeiten erfaßte, mein Englisch total unverständlich werden ließ, was wiederum bewirkte, daß der samtäugige Hudson, mich gelähmt betrachtend, die ihm zugedachten Sätze vergaß; das zweite Mal, als mich ein Mann vom Pressebüro wissen ließ, daß ein Frauenverein in Los Angeles tage, der es begrüßen würde, eine junge Schauspielerin in seiner Mitte zu haben. Das Treffen fand in einem Kino statt, in dem mehrere Hausfrauen Küchenerfahrungen austauschten. Nachdem mir der Pressebetreuer einen Zettel übergeben hatte, auf dem die Herstellung von Pflaumenknödeln beschrieben war, präparierte er sich auf die Ansage der jungen Schauspielerin, die gerade aus Österreich angekommen sei und somit den Mehlspeisen besonders nahestehe. Die höflich klatschenden Damen unter wippenden Hüten hatten mir gespannt entgegengesehen und sich nach meinem »Ich komme aus Deutschland und soll ein Rezept für Pflaumenknödel verlesen« ihren Kuchentellern zugewandt. Vor dem Ausgang war ich noch fotografiert worden, jedoch waren die Bilder nirgendwo erschienen.
Nachmittags rief ich Marlene an, um mich zu bedanken. »Hallo«, hauchte es so leise, daß ich fürchtete, sie sei krank, nur ein mattes »Ja« verriet, daß sie noch am Apparat war, und ein Klick ließ mich wissen, daß sie wieder eingehängt hatte. Ich sah den Hörer an und überlegte, was ich falsch gemacht haben könnte. Abends kam sie mit Tablettennachschub, den sie wie eine staatlich geprüfte Apothekerin ausbreitete, zwei Tüten Bonbonproviant und einem Kopftuch, das sie vor dem Kino umband. Nichts gemahnte mehr an die Frau, deren Schweigen terrorisieren konnte. Auf dem fast leeren Rang lümmelten einige Matrosen, auf der Leinwand lief bereits ein gewaltig bunter Film, dessen Hauptdarstellerin eines der ersten Busenphänomene Hollywoods war. Die Exorbitanten sprengten den Rahmen, füllten das Bild, preßten die Bluse, drängten seitwärts und vorwärts, schufen ein V zwei Handbreit unterm Kinn und legten sich schützend in einer von Chören begleiteten Szene über das Haupt eines im Kampf um Freiheit verwundeten Knaben. »The one in the middle is the head!« brüllte ein Matrose. Marlene lachte ihr leises langes Lachen; es faltete sie zusammen,

zog das Haar über die Knie, machte das Dreieck quadratisch, ließ endlich nach.

»In New York könnten wir jetzt Pastramisandwiches und saure Gurken essen«, sagte sie, als das Saallicht rosa-gelb erstrahlte und das nachempfundene Chinesisch der Innendekoration beleuchtete. Auf dem Vorplatz standen Gruppen ehrfürchtig Schweigender, die zu Boden blickten. Sie sahen auf Steine, in die Fuß- und Handabdrücke der Stars eingelassen waren; Haltung und Nachdenklichkeit erinnerten an einen übervollen Friedhof, der von sämtlichen Hinterbliebenen gleichzeitig besucht wird. »Und laufen könnte man auch in New York«, sagte sie und sah wehmutsvoll auf den sich leerenden Boulevard. Obwohl mich der Gedanke an New York verängstigte, glaubte ich ihre Sehnsucht teilen zu müssen, nicht ahnend, daß Gegenüberstellung und Sichwegwünschen selbstverständlicher Bestandteil des Emigrantenlebens war. Sie liebten New York in Paris und priesen London in Rom, suchten in der Schweiz das Klima Kaliforniens und träumten am pazifischen Strand vom Schnee der Alpen; sie gedachten der New Yorker Warenhäuser in Mailänder Boutiquen und besprachen die Vorzüge amerikanischen Waffelsirups bei Palatschinken in Wien. Sie waren zu Atlantikbewohnern geworden, die Molnars »Es ist überall ein bisselach mies« zitierten und deren vielfältige Vergleichsmöglichkeiten einem noch so flüchtigen Zuhausegefühl im Wege standen. Die Ausnahme, der Garten Eden, aus dem man vertrieben, das Unvergleichliche, das man verloren, war und blieb Berlin: das Berlin der zwanziger Jahre, von dem ich Wunder erfuhr, das ich kennenlernte, ohne es je gesehen zu haben, und das wie eine Fata Morgana, ein Astralleib über dem zertrümmerten lag.

»Kümmer dich um das Kind«, sagte Marlene zu Max, als wir am nächsten Abend auf dem Hauptbahnhof in Los Angeles standen. Die Türen wurden zugeschlagen, die Kofferträger lehnten sich zurück, Pfiffe gellten – nur Marlene schien von den offensichtlichen Vorbereitungen zur Abfahrt keine Notiz zu nehmen. Ich reckte mich, um einen Stationsvorsteher zu entdecken. »Den Mann mit der Kelle gibt's hier nicht«, sagte Max wie jemand, der wegen dieser fremdländischen Absonderlichkeit viele Züge verpaßt hatte. Bevor der Silbrig-Saubere geräuschlos aus der Halle fegte, stand sie am Fenster, sah zu Max, dann zu mir, drehte sich ohne Lächeln und Gewinke weg und ging ins Abteil. »Vier Tage Zug«, stöhnte Max, »und nur, weil Carroll Righter gesagt hat, sie sollte in dieser Woche nicht fliegen.«

Mr. Fry war stets braungebrannt und frisch rasiert, und seine Kleidung ließ darauf schließen, daß er den größten Teil seiner wachen

Stunden auf dem Tennisplatz verbrachte. Er besaß ein im spanischen Stil gebautes Haus mit Swimming-pool, einen Cadillac, eine Farm bei Palm Springs und war zwischenzeitlich für die Agentur Lacey tätig. Für Sonntag hatte er Kurt Hirsch und mich eingeladen: zu Brunch – einer Kombination aus Frühstück und Mittagessen –, Drinks und Barbecue; letzteres versprach, daß der Hausherr die Steaks mit eigenen Händen und unter großer Rauchentwicklung zubereiten würde. Als wir um zwölf eintrafen, war das enthusiastische Blau seiner Augen von rötlich Bewölktem umgeben, und das Umherirren in Haus und Garten gab den Eindruck, daß ein Hollywooder Wochenende weitaus enervierender sein müsse als alle christlichen Arbeitstage der Woche zusammen. Nach »Great« und »Hi« wurden uns zwei vasengroße mit Milch gefüllte Gläser in die Hände gedrückt. Auf den ersten entspannten und auf Milch ausgerichteten Schluck folgte namenloses Würgen, Sterne sprangen gleich einem Feuerwerk und ein Hühnerbein schien in der Luftröhre verfangen. Als Sicht und Gehör zurückgekehrt, vernahm ich »Das weckt die Lebensgeister« und herzhaftes Gelächter. Dann ging er und goß aus fünf verschiedenen Rum- und anderen Flaschen nach. Um den Pool lagen eingeölte, der Sonne zugewandte Profile, andere hockten gesichtslos hinter den Seiten des »Hollywood Reporters«, eines Blattes, das nicht größer oder aufwendiger als eine Schiffszeitung war und das sämtliche geplanten und in Dreharbeit befindlichen Filme in seltsam kurzgefaßtem Englisch beschrieb und das alle lasen und behaupteten, es nicht zu lesen. Wiederum andere hatten sich um eine mit Sonnendach versehene Schaukel gruppiert und lauschten den Ausführungen eines unansehnlichen Zweizentnermenschen in Polohemd und Kapitänsmütze. Als sie unsere Schritte vernahmen, blickten sie freudig auf, als sie jedoch erkannten, daß wir einer Kaste angehörig, die ihnen weder Jobs noch Ruhm, noch Zeitungsmeldungen verschaffen konnte, kehrten sie in die gehabte Position zurück. Nur der Dicke hatte sich nicht stören lassen. Er war Produzent.
Nach dem ersten Glas begann ich meine Umgebung unter »liebenswert« einzustufen, zog meinen Badeanzug an und ließ mich ins Wasser fallen; ich versuchte einige Schwimmstöße in der im Stadtbad Schöneberg erlernten Frau-Kommerzienrat-Froschhaltung, die in peinlichem Gegensatz zu einem Kraulmeister standen, der mich platschend überholte. Kurt Hirsch saß auf ausgebreitetem Badelaken, betrachtete zwei schweißüberströmte Federballspieler, sagte zwischen den Zähnen: »Goyim Naches.«
Nach weiteren Drinks in kleineren Vasen strömten neue Gäste herbei, während sich andere verabschiedeten. Es war ein fortwährendes Kommen und Gehen, Hallo und Goodbye, stürmisches Be-

grüßen, erregtes Abschiednehmen, »Sooo thrilled to meet you«-Vorgestelltwerden, das den abwägenden Blick tarnte, das Schon-vergessen-haben-bevor-wahrgenommen. Die Weiterziehenden wurden dringendst von ausschließlich prominenten Gastgebern erwartet, deren Namen unüberhörbar und wie beim Appell ausgerufen wurden. Sie klapperten die Sonntagsparties ab wie sie die Agenturen oder Produzentenbüros abklapperten, auf der Suche nach dem Fingerzeig, dem Glückswürfel, dem Film oder Vertrag, der sie an die Spitze katapultieren würde. Sie alle sahen über die Schulter ihres Gesprächspartners hinweg, als könnten sie einen Wichtigeren verpassen, die Schicksalsminute zerreden. Den Studiobossen wurde Reverenz erwiesen, indem sie nur nach vorsichtigem Umsehen und Abschätzen der Hörweiten erwähnt wurden. Ein konstant laufender Plattenspieler sorgte für die dem Dauerblau des Himmels angemessene Beschwingtheit. Um sechs wurde er ab- und das Radio angestellt. Nachdem sie einen Halbkreis geformt hatten, lauschten sie den stakkatogespuckten Rasereien eines New Yorker Film- und Theaterreporters namens Winchell; er sprach, als wäre die Station von Panzern umstellt, als gelte es letzte Meldungen in den Äther zu jagen, eine Armee aufzurufen, ein Volk zu mobilisieren. Der Sinn des von mir noch nicht Verstandenen blieb auch nach präziser Übersetzung verborgen, ging es doch ausschließlich um Scheidungsgerüchte, Verlobungsmeldungen und Wer-mit-wem-im-Nachtklub-Tratsch. Nach Beendigung der Sturzflut brach der Halbkreis auseinander und rannte zur Bar. Neue Scharen trafen ein, andere gingen, die Damen kamen jetzt in Cocktailkleidern und Nerzcapes, gefolgt von abwesend blickenden Pfeifekauern, die zumeist als vielversprechende Filmautoren annonciert wurden, oder strahlenden Knaben, die mit den Damen um allgemeine Aufmerksamkeit wetteiferten. Eine Ungarin, von allen mit Zsa Zsa juchzend begrüßt, segelte schleierumweht und brillantengeschmückt von Küßchen zu Küßchen und Darling zu Darling und kam erst wenige Zentimeter vor dem Butler zum Stehen. Meiner angesichtig, rief sie: »Was für ein hübsches Kleid – und so billig!« Sie befummelte den Stoff wie die Marktfrau am Wäschestand hinterm Bahnhof Wilmersdorf. Bereits schwachsinnig vom vielen Alkohol, sah ich ihrem Treiben tatenlos zu und wußte nichts zu sagen, vernebelt stieg der Wunsch auf, auch einmal so überschäumend, schwatzhaft und selbstsicher sein zu können.

Nach dem Essen schritten die Herren in einen Raum und kamen nicht mehr wieder. Die Damen lockerten Mieder, puderten Näschen, zogen Lippen nach und besprachen die soeben Verschwundenen. »George liebt mich wahnsinnig«, gurrte eine, »was bleibt ihm auch anderes übrig? Nach drei Scheidungen kann er sich eine vierte gar nicht leisten.« Sie kicherten und glucksten, und ich sehnte mich nach den Landsern, die mit einem »Scheiße« die Welt geradegerückt hatten, deren Obszönität Lebensrettung gewesen war, sehnte mich nach einer Welt ohne Spitzfindigkeit, nach Schönheit, die ich nicht beschreiben konnte, nicht vergleichen konnte, nach der Unabhängigkeit und Freude am Alleinsein, die mich nachts auf den Griebnitzsee getrieben hatte.

»Wo kommst du her?« fragte mich eine mit rosa Löckchen und Fingernägeln wie Stichwaffen.

»Deutschland«, sagte ich, kleinlaut geworden.

»Bei welchem Studio bist du?«

»Selznick.«

»Selznick?« wiederholte sie ungläubig. »Der läßt sich doch scheiden, da ist er doch die Hälfte von allem los, wie will er denn da noch Filme machen, he?« Sie beugte sich vor und sah mich mitleidig an: »Selznick, ha!« rief sie und beförderte ihn mit dem »ha« in die Abgründe Hollywoods, »von dem würde ich mir nicht mal die Schlüpfer waschen lassen.«

Einer der Pfeifenraucher rempelte durch die Tür, blieb mit milden Anzeichen von Trunkenheit stehen und betrachtete genüßlich die Versammlung Girrender und Gurrender wie ein Hahn den ihm rechtmäßig zustehenden Hühnerhof. »Jimmy ist so glücklich, seit Baby da ist«, piepste ein pfirsichhäutiges Kind; »ich hab' mir auch gleich von dem Arzt die Vagina enger nähen lassen, er sagt, ich sei jetzt wieder wie eine Jungfrau, nicht wahr, Darling?« Er bohrte mit einem Finger im erkalteten Pfeifenkopf und drehte sich grollend einem Kasten zu, an dem ein Butler seit längerem herumstöpselte, nach weiteren Bemühungen konnte man ein verschwommenes Bild ausmachen, das zwei Ringkämpfer in Aktion zeigte. »Das ist Gorgeous George!« kreischten sie und wiesen auf einen stöhnenden Muskelberg. »Ist er nicht herrlich?« Sie gerieten außer Rand und Band. Als es klingelte und neue Gruppen kamen, verloren die Damen Interesse an Gorgeous George, wandten sich dem frischen Herrenzugang entgegen und nahmen nicht mehr voneinander Notiz.

Unter den Nachzüglern war ein Graumelierter, der, von vielen umringt, nach allen Seiten lächelte und dabei ein seltsam weiches Gesicht mit nicht dazu passender Narbenhaut leicht maliziös verzog. Seine Kleidung und Blässe standen in auffallendem Gegensatz zu den Sommerballkostümen und Kurortteints der anderen. »Hallo Widder«, sagte er, und: »Hallo Skorpion«, und: »Wie geht's, Miss Wassermann?«

»Carroll, ich mach' morgen Probeaufnahmen – krieg' ich die Rolle?«

»Sag' mir, wann soll ich das nächste Baby haben?«
»Ich muß mit dir über die Aktien sprechen.«
Er stand wie ein Wachtturm zwischen anrennenden Truppen, hob begütigend eine Hand, glättete die Wellen, sprach: »Aber aber, ich bin doch kein Hellseher.« Er steuerte auf das Bücherregal zu, in dem ich gekramt hatte und das außer in Leder gebundenen Filmmanuskripten, LIFE- und LOOK-Magazinen eine Reihe Dickens-Bände aufwies, die von schöner Unberührtheit waren, und fragte:
»Darf ich deine Geburtsdaten, Namen und Adresse haben?« Er zog ein Blatt aus der Tasche und sah mich väterlich an. Ein Mädchen in Haube und Schürze brachte ihm einen Kaffee. »Trink den Whisky!« befahl ein Trunkener und hielt ihm ein Glas unter die Nase. »Nein, danke«, sagte der Mann, den sie Carroll nannten, würdevoll und mit freundlicher Überlegenheit: »Ich trinke keinen Alkohol.« Der Trunkene versuchte seiner Order Überzeugungskraft zu geben, indem er ihn strafend ansah und die Lippen zusammenkniff. Als dies nicht den gewünschten Erfolg brachte, rutschte er gegen die Wand und schrie: »Ein Antialkoholiker, ich werd' verrückt!« Dann klappte er zusammen und lachte, den Whisky verschwappend, vor sich hin.
»Miss Dietrich wollte mich anmelden«, sagte ich, um anzugeben, und überdachte gleichzeitig meine bisherigen Erfahrungen mit Astrologen.
»Miss Dietrich?«
»Ja.«
»Soso.«
»Sie sagte mir, sie sei Klientin.«
»Nun ja, ich darf meine Klienten nicht nennen, du verstehst?« Ich verstand nicht, aber ich nickte einsichtig.
»Ich werde dein Horoskop stellen.«
»Ich hab' nicht genug Geld dafür.«
Er sprach undeutlich und leise, ich mußte mich vorbeugen, um ihn zu hören. Seine schräggestellten Augen paßten nicht zu Kopf und Körper, wie die Haut nicht paßte – Augen wie manche Russen sie hatten –, glatte hohe Stirn, übergroße flachanliegende Ohren, wegrutschendes Kinn, weichen Mund; ein beherrschtes Gesicht, ein empfindliches.
»Ich hab' nicht genug Geld«, sagte ich noch einmal.
Das Gesicht nahm Haltung an, wurde kühl und bestimmt: »Es ist mir eine Freude, behilflich sein zu dürfen.«
Ich vergaß meine Bedenken, platzte heraus: »Was wird mit Berlin? Meine Mutter ist da und sie haben jetzt den Airlift und sind eingeschlossen.«

»Wir reden in drei Tagen darüber, ich lasse von mir hören«, sagte er, winkte noch einmal in den Tumult und verschwand.
Am Swimming-pool saßen drei Mexikaner und klimperten auf Gitarren, ein blonder Hüne griff den mittleren beim Kragen, hielt ihn wie eine Jagdtrophäe und brüllte: »Das ist der beste gottverdammte Gitarrenspieler in ganz Mexiko«, ließ ihn fallen und sagte: »Spiel!« Der Mexikaner lächelte verschüchtert und setzte sich in Positur, bevor er beginnen konnte, legte der Hüne die Hände an den Mund und posaunte: »Ruhe, verdammt noch mal! Ich will, daß jeder zuhört, und wer nicht findet, daß das der beste gottverdammte Gitarrenspieler in Mexiko ist, dem schlag' ich die Zähne ein.«
Ich schlich, meinen Badeanzug zu suchen, traf auf der Diele den freundlichen kleinen Herrn, der vor zwei Stunden meine Englischkenntnisse und die Farbe meiner Augen gelobt hatte und der mich nun wutentbrannt anstierte und »Du willst mir doch nicht einreden, daß du jetzt erst Englisch gelernt hast« entgegenzischte. »Alles Lügner, alle Weiber sind Lügner«, sagte er noch und drückte seinen Zeigefinger in meine Schulter. Eine Dickliche im zu engen Flitterkleid und mit geschwollenen Füßen, die in mörderischen Stöckelschuhen steckten, trippelte auf ihn zu, raunzte ein weinerliches: »Henry, bitte Henry.«
»Halt's Maul«, sagte jener.
Ihr Mund öffnete sich, ließ stoßweise den Atem heraus, die Stimme, zur Kreissäge geworden, quietschte: »Was soll das heißen?«
»Daß du das Maul halten sollst.«
»Ich gehe!« rief sie und knallte mit der Eingangstür, daß die Glokke schepperte.
Er wischte durch die Luft, als sei er auf Insektenfang. »Was ich sagen wollte – du bist aus Deutschland, he? Die Deutschen sind Schweine, aber die Juden ...« Er ließ eine Pause, in der seine auseinanderrutschenden Augäpfel wieder zueinanderfanden. »Die Juden – die wollen jetzt in unsere Golfklubs. Was sagst du nun ... in unsere Golfklubs wollen die ... aber der Roosevelt, der Roosevelt ...« – Er hielt inne, hatte den Faden verloren, nahm neuen Anlauf: »Der Roosevelt, der ist schuld, der hat sie ja reingelassen, für die Wahlen hat er sie gebraucht, die Itzigs ... anständige Amerikaner hätten ihn nicht gewählt.« Er lehnte sich zurück, verlor die Balance, bekam im letzten Augenblick einen Kleiderhaken zu fassen, hing da wie ein U-Bahn-Fahrer. »Bist du Schauspielerin?«
»Ja.«
»Bist du gut?«
»Ja.«
»Klar bist du gut«, lallte er mit Auszieherblick. »Verheiratet?«

»Ja.«
Er zog die Achseln hoch, als wollte er sagen: Wer nimmt das schon ernst. »Wie war doch dein Name?«
»Hirsch.«
»Hirsch? Du bist doch kein Jid?«
»Mein Mann ist einer.«
Er glotzte mich an, als hätte er nicht verstanden, dann ließ er den Kleiderhaken los, zog die Jacke runter, war plötzlich nüchtern: »Du machst einen großen Fehler«, sagte er.
Am nächsten Morgen wachte ich mit meinem ersten Katzenjammer auf, nach Einnahme des amerikanischen Volksnahrungsmittels Alka-Seltzer fuhr ich zu Miss Cunningham. Sie saß in Hut und Mantel, sagte: »Es tut mir leid, aber ich werde dich nicht mehr unterrichten können. Man hat mich zu einem Film abberufen, um einer Neuentdeckung bei der ersten Rolle zu helfen.«
Obwohl der Unterricht langweilig gewesen war, kam das abrupte Ende einer Entlassung gleich; er war, den mageren Wochenscheck ausgenommen, die einzige Verbindung zum Studio gewesen. Nachdem sie ihre Heftchen und Bücher in eine Mappe gelegt und sich noch einmal prüfend umgesehen wie jemand, der ein Hotelzimmer verläßt und nicht sicher ist, ob er nicht doch seine Zahnbürste liegengelassen hat, sagte sie: »Es ist sehr schade, du hast gerade angefangen, recht nette Fortschritte zu machen.«
Abends kurz nach zehn rief das Sekretariat von Mr. Selznick an. »Mr. Selznick möchte dich in einer halben Stunde sehen«, sagte die Büroauster und hing ein. Schweigend fuhren Kurt Hirsch und ich nach Culver City. »Ich warte auf dem Parkplatz«, sagte er und kaute am Daumen. »Du kannst reingehen«, rief die gleiche, die mich angerufen hatte, ohne aufzublicken.
Das einzige, was in dem großen Raum an ein Büro erinnerte, war der Schreibtisch und die Tatsache, daß Mr. Selznick hinter ihm sitzend telefonierte. Nach geraumer Zeit sah er zu mir hinüber und wies auf einen Sessel. Im Kamin brannten Holzscheite und verbreiteten unerträgliche Hitze, zwei Stehlampen gaben dezentes Licht, durch eine geöffnete Tür konnte man das Badezimmer mit Duschecke sehen. Nachdem er weitere zehn Minuten telefoniert hatte und nichts darauf hindeutete, daß er je wieder aufhören würde, begann ich mich zu fragen, was sich in Amerika zutragen würde, sollte sich eines Tages herausstellen, daß Telefonieren ungesund, in jeder Beziehung krankheitsfördernd oder seucheverbreitend sei. Endlich legte er den Hörer auf, gleichzeitig klingelte ein zweites Telefon; bevor er das neue Gespräch annahm, meldete er ein weiteres nach Mexico City an. Ich saß, fühlte mich aufs Korn genommen, erforscht, freigelegt, geschält. Mit jeder vertelefonierten Mi-

nute war ich sicherer, daß er mich nur bestellt hatte, um zu sagen: Der Vertrag ist ungültig, die Arbeitsgenehmigung entzogen, die Option nicht aufgenommen.
Es war zwölf, als Mr. Selznick sich erhob. Er ging seine Brille putzend auf einen Spiegel zu, setzte die Brille wieder auf, glättete das Haar, sagte in sein Gesicht hinein: »Erzähl von dir.«
»Was soll ich erzählen?«
»Alles.« Ich fühlte mich wie jemand, dem man befohlen hat, einen Witz aufzusagen. Er rutschte in ein Sofa, streckte die Beine von sich, sagte: »Ich höre, du warst in Kriegsgeschichten verwickelt.« Ich glaubte etwas Feindliches, Lauerndes herauszuhören. Stotternd, ängstlich auf mein Englisch bedacht, begann ich. Sprach vom Theater, vom Film, von Berlin.
»Du warst in Gefangenschaft, höre ich.«
»Ja.«
»Erzähl.«
»Es war ein Mißverständnis, die Russen haben mich gleich wieder freigelassen.«
Er lächelte, sagte: »Ich hab' Zeit.«
Vieles behielt ich für mich, auch E. v. D.
»Du bist sicher, daß du nichts verheimlicht hast?« fragte er.
»Ich bin sicher«, sagte ich.
Er schrieb etwas auf einen der vielen Blocks, die herumlagen. »Könnte ein Filmstoff sein«, sagte er, stand auf und ging ins Bad. Ich hörte die Brause rauschen, hörte prusten und gurgeln. Als er wiederkam, war sein Haar feucht und sein Hemd frisch. »Du bist ein interessantes Mädchen«, sagte er und blieb vor mir stehen, »ein hübsches, interessantes Mädchen.« Sein Lächeln war jenes, das Männer für einladend halten. Vorsichtshalber stand ich auf, die Sitzfläche des Sessels in den Kniekehlen ließ mich wieder zurückplumpsen. Meine Bemühungen hatten seine Heiterkeit erregt. »Magst du mich ein wenig?« fragte er und zog mich hoch.
»Ich kenn dich doch gar nicht«, sagte ich vertrottelt und in Paniknähe und verwünschte das »Du«, das englische, distanzlose.
»Das ließe sich ändern.« Seine Haare standen wie Chrysanthemenblätter, wackelten um seine Stirn herum, vor mir der breite Hals, behäbiges Lächeln, Lächeln der Macht, Allmacht, Vollmacht, Kann-mit-dir-machen-was-ich-will-Macht. »Ich kenne gar keine deutschen Mädchen«, sagte er und zog an meiner Jacke. Zwei Knöpfe sprangen wie flache Steine, die man übers Wasser schnippt. Der Mann, der nach Lysterine und Rasierwasser roch, war bedrohlicher als die Russen, fremder als Marsmenschen, unberechenbar wie Mongolen, seine Rache unbekannt.

»Mir ist schlecht«, sagte ich, weil mir schlecht war, und rannte ins Bad.
Die Toilette konnte ich nicht finden, ich kotzte ins Waschbecken. Ich sah mich an, über Flaschen und Tiegel hinweg. Wutlos war ich, anders als früher, ohne Jähzorn. Zorn und Wut abhanden gekommen. Als ich zurückkam, telefonierte er. Ich ging zur Tür. Er rief: »Morgen um neun bei MGM. Sie wollen dich für einen neuen Film testen. Wenn du die Rolle bekommst, werde ich dich ausleihen.«

»Was heißt ausleihen?« fragte ich Miss Patterson.
»Das heißt, daß er die Gage kriegt und du deinen gleichen Wochenscheck. Spiel die Ängstliche, Brave, sie brauchen eine Naive für die Rolle, wenn's der Film ist, von dem ich glaube, daß er's ist.«
»Meine Option wird nicht mehr aufgenommen«, sagte ich.
»Woher willst du das wissen?«
»Ich bin sicher.«
»Wenn du die Rolle bekommst, hast du keine Sorgen um Optionen. Er wird sie aufnehmen, weil er mit dir Geld verdienen kann.«
Wir standen vor der Einfahrt der MGM-Studios. Die neuesten Sportwagen und Cadillacs rauschten an uns vorbei, gesteuert von den schönen Mädchen und Knaben, die alle hofften, vom Starlet zum Star aufzurücken. »Woher haben die das Geld, so zu leben?« fragte ich.
»Sie haben's nicht«, sagte Miss Patterson und buchstabierte dem ungnädig blickenden Studiobewacher unsere Namen. »Die Produzenten sehen's nur zu gern, wenn alle über ihre Verhältnisse leben, vor allem ihre Stars.« Sie lachte und riß mit den Zähnen eine Zigarettenpackung auf. »Dann können sie sich's nicht leisten, an Rollen rumzunörgeln und ihre Verträge suspendieren zu lassen, und an ihre Moralklausel müssen sie sich auch halten«, sagte sie und kontrollierte ihre Manschettenknöpfe. »Da ist der Butler und der Koch, der Swimming-pool und Cadillac, die Kredite und was weiß ich. Ja, das lieben die Studios.«

»Ich höre große Dinge von dir«, sagte der Produzent. »Du sollst eine fabelhafte Schauspielerin sein.« Er zermalmte eine Zigarre und sah an mir vorbei, als adressiere er eine andere. »Ich drehe einen Film, ›Rote Donau‹ heißt er, grandioser Titel.« Er ließ eine lange Pause, in der er von Einfällen übermannt zu sein schien. »Ein Film gegen den Kommunismus«, sagte er endlich und sah mich zum erstenmal an. »Weißt du, was Kommunismus heißt?« fragte er, ohne eine Antwort zu erwarten, und stand auf. »Spielt in Wien, viergeteilte Stadt, verstehst du?« Er rieb seinen Rücken, als hätte er gerade eine schwere Last abgesetzt. Zwei Männer kamen nach kurzem Anklopfen. »Komm rein, komm rein«, rief er, als sie sich schon hinter dem Schreibtisch aufgestellt hatten, und, mit Verkehrsschutzmanngeste auf mich weisend: »Hier ist sie.« Die beiden nickten. »Erzähl uns was«, sagte der eine und lehnte sich an die Wand. Sie standen wie drei gelangweilte Könige, die einen neuen Hofnarren zu engagieren gedachten. Ich redete und redete, als ginge es um Kopf und Kragen, als könne ein zustimmendes Lächeln das Todesurteil aufheben, den Freispruch erwirken. Ich warb und kämpfte, stand neben mir und sah mir zu, wie ich mich verriet. Meine Angst machte sie jovial und mißtrauisch. »Nach dem Lunch machen wir einen stummen Test«, sagte der eine zum anderen und rieb seinen Mund hin und her.

Lunch war in der Kantine. Im demokratischen Amerika saßen die Stars in einem anderen Raum als die Produzenten, die Kameramänner nicht da, wo die Regisseure saßen, und die Arbeiter waren nirgendwo zu sehen. Jeder hatte den seinem Status entsprechenden mehr oder weniger ungemütlichen Raum. Die Speisekarte wies großsprecherische Menüs auf, die die Namen irgendwelcher Stars trugen und die sich allesamt als Weißkäse auf Salat oder Spiegeleier auf triefendnasser Semmel herausstellten. Striktes Alkoholverbot zwang sie zur Einnahme von Milch oder Kaffee. Erst abends stürzten sie sich auf Martinis und Whiskys wie Verdurstende auf Oasen.

»Elizabeth Taylor«, raunte es, als eine schwarzhaarige Fee durch die Eingangstür trat und mit Veilcheniris über die Köpfe blickte. »Erste Klasse«, sagte einer neben mir und hielt den Daumen hoch, als wollte er testen, woher der Wind kam; »Jack der Maskenbildner sagt, sie hat einen neuen Freund.« Die Serviererin kam an den Tisch. »Siehst great aus, honey«, rief er und winkte jemandem am anderen Ende des Raumes zu. »Fühl mich nicht great«, murmelte die Serviererin, »mußte meine Mutter heute nacht in die Klinik bringen. Kannst du mir sagen, wovon ich das bezahlen soll?« Er klopfte ihre Schulter: »You're a great girl, great!« Dann schüttelte er den Kopf, als könne er die menschliche Größe, die ihn umgab, nicht erfassen, strahlte tapfer, trug das Strahlen zum nächsten und übernächsten Tisch. Die trügerische Vorstadtherzlichkeit, Nervosität und Eitelkeit, Selbstsicherheit und Versagensangst summte und brummte wie ein Insektenschwarm, rumorte vom Atelier zur Kantine und zurück. Sie gaben sich heiter, weil sie heitere Rollen spielten und »heiter« ihr Image war, oder damenhaft gediegen, weil »damenhaft« Vertragsbedingung, oder burschikos, weil sie der Sparte »gefallenes Mädchen« zugeteilt, das, soweit Hollywoods Selbstkontrolle die Strichbetätigung zuließ, vor Ende des

Films ein niederträchtiges Schicksal ereilen mußte. Der Produzenten Phantasielosigkeit hatte sie bestimmt, ihre Rolle weiterzuleben, was da auch komme; sie hatten ein Perfektionsartikel zu sein, der um 5 Uhr 30 morgens das Studiogelände zu betreten und durch nichts seine Börsennotierung zu gefährden hatte, sie waren Aktien, deren Marktwert mit geringfügiger Abweichung erlosch. Sie wurden nichts gefragt und hatten nichts zu sagen, ihre Ehen wurden arrangiert, ihre Liebschaften bewacht, ihre Kleidung vorgeschrieben. Sie trafen keine Entscheidungen und hatten eventuelle Fähigkeiten zu verleugnen, um das zu bleiben, was sie waren: Filmschauspieler in der Walhalla des Films. Ichbezogenheit, die in jeder Fensterscheibe Bestätigung suchte und die in jedem anderen nur die Reaktion auf das Ich ablas; Augen, die nur zum Zeigen und nicht zum Sehen erschaffen schienen, ließen sie oftmals glauben, was die Presseabteilung über sie verbreiten ließ. Ich beneidete sie glühend und sah nicht, daß man ihnen den Beruf, den ich in einer nicht vorhandenen deutschen Filmindustrie nur von der besten Seite kennengelernt hatte, absprach, daß aus dem freien Vagabunden- und Spielerberuf ein unfreier geworden war, daß sie kündbare Beamte ohne Altersversorgung waren, denen der Staat die Wochenschecks abgraste, wie er das Einkommen eines Reißverschluß- oder Selterswasserfabrikanten, dem selbst nach Herzattacke, Fettleibigkeit und Gefäßverengung die Weiterproduktion gewährleistet bleibt, abgraste, und daß ihnen ihr Verbleibendes in 10prozentiger Agentengebühr, 5prozentiger Geldmanagerabgabe dahinschmolz. Der entschädigende Idolstatus spielte sich fast ausschließlich am Rande ihrer Existenz ab, ihr Publikum war Regisseur, Kamera und eine Atelierbelegschaft, die sich nur aus tontechnischen Gründen zur Ruhehaltung veranlaßt sah und die alles in allem die Begeisterungsfähigkeit einer wohlgenährten Anakonda vermittelte. Später, als Fernsehkonkurrenz und Außenseiterproduktionen den Studiodespotismus demolierten und langfristige Verträge außer Mode kamen, wußten nur wenige mit der unerwarteten Freiheit umzugehen. Von der Studioamme verstoßen, erging es ihnen wie ausgesetzten Zooinsassen auf freier Wildbahn. Sie hatten sich daran gewöhnt wie Sanatoriumspatienten ans Sanatorium, wie Beherrschte an den Herrscher und hatten ihre Unsicherheit fürs Gegenteil gehalten.

Draußen schritten drei Produzenten über sonnenbeschienene Wege; sie ergaben das Bild von Diktatoren, die einen unwesentlichen Küstenstreifen besetzt hielten, auf dem sie Unwesentliches herstellten und mit wesentlichen Mitteln in die Welt sandten. So schritt der Größenwahn in seiner physisch unattraktivsten, saunagebadeten Form und verschwand in luftgekühlten Bungalows, um

sich einem Schläfchen oder Beischläfchen, einer Telefonierorgie oder Massage hinzugeben.
Um die Studios herum hatten sich jene Schwärme niedergelassen, die von den Ängsten der dort Agierenden lebten, allem voran, in sturmfest verankerten Nestern, eine Schar Psychiater; mit einigem Abstand, jedoch ebenso häufig frequentiert, nur seltener eingestanden, folgten zahlreiche Sekten, Magier und Astrologen. Ihre Klienten und Patienten suchten weniger Rat als Vergewisserung, suchten mehr den Freund, der gewillt war zuzuhören, als Behandlung. Sie wollten bestätigt haben, daß es aufwärts ginge, daß sie bleiben dürften, wo sie waren, und nicht zurück mußten, wo sie herkamen und nicht mehr hinwollten. Sie jagten dem Phantom Beständigkeit nach und wollten die Veränderlichkeit des Lebens aufgehalten wissen.

Voller Argwohn und Hoffnung saß ich in der Hotelhalle und erwartete Carroll Righter. Nachdem er zwei Kaffee bestellt hatte, kam er ohne das machtauskostende Vorgeschwätz, dem sich einige seiner Kollegen bedienten, zur Sache. Er sagte nicht »Es ist gut, nächstes Jahr werden wir weitersehen«, worauf »Was um Himmels willen ist nächstes Jahr?« erfolgen muß oder »Der Mensch reift an seinen Quadraten und Oppositionen«, worauf wiederum der Astrologieuneingeweihte Bedrohliches erahnend, auf Näheres drängend das nur leicht beherrschte Lächeln der Überheblichkeit auf die Lippen des Wissenden zaubert. Er sprach nicht nach sibyllinischem Blick auf furchterregende Tabellen von sechsten, siebten und anderen Häusern und folgerte nicht aus dem nunmehr einsetzenden Beben, daß eine neue Karteikarte auszufüllen sei. Nichts davon. Er sprach präzis formulierend, knapp, gleich einem Anwalt, dessen Zeit bemessen ist. Daß er tatsächlich Anwalt war, erfuhr ich später, und daß er in einem Prozeß unter anderem die Absurdität astrologischer Voraussagen beweisen wollte, erzählt er noch heute gern. Mit seinem Philadelphia-Akzent, der dem Englisch ein »Sie« mitzugeben schien, sagte er: »Ich möchte, daß du weißt, daß der Wille des Menschen entscheidet und daß die Astrologie ein Wegweiser sein kann, nichts weiter. Was Berlin angeht, so sind die Konstellationen, soweit meine Unterlagen für die Stadt stimmen, schwierig und werden auch schwierig bleiben, einen Krieg sehe ich nicht, und deine Mutter ist außerhalb dieser Gefahr. Du bist unter sehr kritischen Aspekten nach Amerika gekommen und du wirst hier keinen Erfolg haben, bis du nicht in ein anderes Land gegangen bist und dort wieder gearbeitet hast. Erst dann wirst du hier bessere und schließlich ausgezeichnete Arbeitsbedingungen vorfinden. Dein Grundhoroskop weist viele Spannungen auf, aber auch großen Erfolg. Du wirst immer kämpfen müssen und du wirst immer ungeduldig sein; letzteres mußt du versuchen zu bezähmen, denn erst später wirst du das entwickeln können, was du jetzt erzwingen möchtest. Du wirst dich mit Intrigen und Verleumdungen auseinandersetzen müssen, und deine mangelnde Beziehung zu Geld macht es manchen leicht, dich zu betrügen. Was war im Juni nach Kriegsschluß? Ich habe errechnet, daß diese Zeit außerordentlich gefahrvoll war.«

»Ich war in Gefangenschaft.«

Er nickte, sagte: »Kaum zu glauben, daß du es überlebt hast. Darf ich das Horoskop ohne Namensangabe für meine Schüler und Forschungen verwenden?«

»Ja, natürlich«, sagte ich geschmeichelt.

»Ich danke«, sagte er formell, »solltest du mich benötigen, hier ist meine Telefonnummer, ich bin jederzeit zu erreichen.«

Er ging, und weil vieles negativ gewesen war, glaubte ich ihm nicht.

Spätsommer 1949. Wenn's bloß nicht so idiotisch heiß wäre, und um die Zeit schon – ich bin auch lange nicht mehr so früh aufgestanden, die paar Probeaufnahmetage ausgenommen. Von Warner Brothers über Paramount und MGM, bei allen hab' ich diese Tests gemacht, an den Anruf von Lacey habe ich mich fast schon gewöhnt: Great, die werden's noch bereuen, haben ihre Vertragsmieze genommen, haben Angst, als erste in Hollywood eine Deutsche rauszustellen... Zuvor Audienz beim Studiobonzen Jack Warner: Kauert murklig am Ende seines Thronsaals, von »Oscars« flankiert, sieht einem zu, wie man den Hundertmeterlauf von Tür zu Schreibtisch übersteht. Seine Persönlichkeit würde kaum das Wandsafe eines Dorfnotars füllen, glatt übersehen würde man ihn, wenn man nicht von fünf Sekretärinnen angemeldet wäre und sein Herrschersitz nicht angestrahlt wie das Prunkstück eines Museums. Der Alte hat fraglos einen Kriegsfimmel – fünfzig oder mehr leder-silber-goldgerahmte Fotos hat er mir gezeigt, er in Colonelausgehuniform, Tarnanzug, Eisenhowerjacke, Stahlhelm, Schirmmütze; er war froh, jemanden gefunden zu haben, der seine Kriegsbilder noch nicht kannte. »Sieh mal, das bin ich in Afrika, 44.« Da stand er, den eisernen Kämpferblick auf Sahara geheftet, furchtlos die Haltung. »Und hier – ich in Italien.« Er neben Esel. Ob er mit dem den Krieg gewinnen wollte? Dann im Jeep, Windschutzscheibe auf Kühlerhaube geklappt, Fuß hochgestemmt. Bei einem Überbelichteten – er auf Benzinkanister sitzend, Bauernhausruine im Hintergrund – geriet er in Wallung, in Wonnerausch: »Große Kämpfer, unsere Jungens«, sagte er. Jetzt muß er sich mit Kriegsfilmen begnügen, steht breitbeinig im Widerschein der von Pyrotechnikern angelegten Brände, kommt in Fahrt, wenn die Minen hochgehen und die Komparsen »Hilfe« brüllen müssen. – Wenn die Nazis nur halb so blöd gewesen wären wie in seinen Filmen, hätte das Tausendjährige nicht eine Woche überdauert ... Daß das ausgerechnet bei der Fox geklappt hat – ich glaub's immer noch nicht; mein erster amerikanischer Film und Drehort Berlin, in achtundvierzig Stunden werde ich Mutter sehen und Stiefvater und Else Bongers. Der Righter hat doch recht gehabt, ich hätte ihn ruhig mal anrufen können – Geh erst mal weg, hat er gesagt – na bitte, bin schon unterwegs, noch dazu mit Filmvertrag ... Ob ich überhaupt noch spielen kann nach zwei Jahren? Überall waren wir eingeladen, nur gearbeitet habe ich nicht. Die etwas hätten tun können, wollten nicht, und die was tun wollten, konnten nicht, jeden Abend Parties und Drinks und nie etwas Richtiges gegessen, ich vergesse einfach zu essen, außer Weißkäse und Apfelsinen, bei der Probeaufnahme hat mein Magen so geknurrt, daß der Tonmeister das ganze Atelier abgesucht hat – ich vergesse zu essen, für mich allein koch' ich nicht ... Daß der Selznick sich scheiden läßt und das Studio auflöst ... Mit Kurts altem Cadillac zur Arbeitslosenunterstützung, Peter Berneis sagt immer: Er ist eben ein Lebenskünstler. Ich soll Peters Mutter besuchen, Gertrud Eysoldt heißt sie, hat noch bei Max Reinhardt gespielt – ich hab' vergessen, Peter die Bücher zurückzugeben, den Huxley und Mencken und Lewis und Joyce – rätselhaft, wie Scott Fitzgerald Hollywood ertragen konnte. Peter, das Lexikon; sei nicht so schusselig, sagt er immer, nichts zu tun und doch in Eile ... Solange ich auf dem Flugplatz in Los Angeles war, hatte ich keine Angst, da war der Fox-Mensch, Fotografen, Tamtam mit meinen Papieren, Impfscheinen – mein Gott, ist mir mies von der Choleraspritze ... Lampenfieber habe ich auch, ich werd' noch mein einziges Kostüm durchschwitzen, dankbar werde ich sein, wenn ich diesen blauen Himmel nicht mehr sehen muß, die Palmen, die immer gleich sind – Kiefern verändern sich auch nicht, aber sie haben wenigstens mal Schnee auf dem Kopf, oder Regentropfen an den Nadeln, Palmen sind Langweiler, tranfunzlige Langweiler. Mutter würde sagen: Du bist verwildert, liegst am Strand den lieben langen Tag – als ob pausenlose Ferien eine Erholung wären, da renn' ich lieber von Babelsberg nach Steglitz, spiele morgens, mittags, abends, mach sonntags Funk, als dieses Rumgesitze, brauner geht's nicht mehr. Ohne Dr. Jonas würde ich wohl keine Filme mehr drehen können. Am Strand muß ich einschlafen, wie ein Anfänger. Gesicht blutblasig, pepperonifarben. Behandlung, Vitaminspritzen, Salben, Verbände, und nie eine Rechnung. Zurück gehen sie nicht mehr, er und seine Frau. »Wir haben eine neue Heimat gefunden«, sagen sie. Fünf Jahre studiert, um das zu sein, was er in Deutschland längst war. Angina pectoris hat er sich dabei geholt. Warum die Amerikaner europäische Ärzte nicht anerkennen? – hätten Freud Jung Pasteur Koch auf die Schulbänke verwiesen ... Ich werde Heimweh nach den Emigranten haben, drei Stunden fliege ich erst, und sie fehlen mir schon. Hätt' ich nicht gedacht ... Ich krieg' Wadenkrämpfe, wenn ich an Berlin denke, ich muß aufpassen, daß ich keine englischen Worte benutze, das ist albern, und meine Witzchen muß ich mir abgewöhnen, die hab' ich doch früher nicht gemacht, aber die Berliner Emigranten lachen so gern über Berliner Witze – in Berlin ist man nicht so berlinerisch wie draußen ... In Chicago wird wieder einer von der Fox sein und Fotografen, und ich seh' aus wie Senf; Marlene ist immer kühl, in New York werd' ich sie sehen ... Ich muß Bobby Koster schreiben und Peggy, mich fürs Abschiedsessen bedanken und für den Talisman. Heinz Kosterlitz hieß er, berlinert sogar, wenn er englisch spricht, dabei ist er mit einer Amerikanerin verheiratet – kaum zu glauben, daß Peggy schon Ende Zwanzig sein soll. Ob es für die leichter ist, die Amerikanerinnen geheiratet haben? Am Wochenende führt er alte Filme vor: Hildchen muß doch sehen, was auf der Welt los war, sagt er. Garbo-Filme, Griffith-Filme, vom Lubitsch erzählt er mit einem Zutzler, wie ihn der Barlog hat, und vom Romanischen Café in Berlin; das muß da gewesen sein, wo jetzt nichts ist, gleich neben dem Marmorhaus ... Max hat sich gefreut, als ob er die Rolle gekriegt hätte. Komisch, daß ich mich vor Billy Wilder fürchte, vielleicht weil er das mit seiner Mutter gesagt hat, plötzlich, übergangslos, vor allen: Meine Mutter ist in Auschwitz umgekommen. Immer wieder hat er uns eingeladen, und amerikanischen Fußball hat er mir gezeigt, ein vertrotteltes Spiel, ich hab' nichts davon begriffen, den Ball hab' ich auch nie gesehen, einmal hab' ich Hurra geschrien, da war's an der falschen Stelle. Würdest du in Amerika bleiben, wenn du Erfolg hast? hat er auf der Rückfahrt gefragt. Ja, hab' ich gesagt, ich weiß nicht mal, ob ich gelogen habe. Nie mehr nach Europa? Was heißt Europa, ich kenn' Europa gar nicht, Berlin kenn' ich ... Montgomery Clift soll schon in Berlin sein, mein Gott, ist das ein Schauspieler. Der Regisseur heißt Seaton und der Produzent Perlberg, ich muß mir das endlich einpauken, ich darf die beiden nicht durcheinanderbringen ... Vor Robert Siodmak fürchte ich mich auch, er hat Augen wie eine Eule, sächsisch spricht er, daß der Thüringer Wald wackelt. Wieso hat er mir von dem Film erzählt, und von der Rolle, die genau für mich wäre, und zum Schluß sagt er: Ich habe da eine neue Amerikanerin entdeckt ... Lilli Palmer am

Swimming-pool, Zehe im Wasser: Sie werden es schon schaffen, ich hab' ein Gefühl dafür, es war für uns alle schwer am Anfang. Jedesmal wenn ihr Mann, der Harrison, betrunken ist, brüllt er: Scheißausländer – vergißt, daß er selber einer ist, der Engländer. Mutter hat geschrieben, die Engländer wollten den Zoobunker sprengen, wie eine Eins blieb er stehen, die Berliner hinter der Absperrung standen da, haben gegrinst ... Weihnachten war gräßlich, rosa Tannenbäume in Beverly Hills, wer kommt bloß auf so was? Die Weihnachtskarten, jeder schreibt jedem, wieso gibt's keinen Heiligabend? Neulich der Stripteaseschuppen – wie hieß das Nest? Gardenia City: gegrillte Hühner und Striptease – die Dunkle hat sich auf die Brust geschlagen wie ein Orang-Utan, unten saßen sie mit Lockenwicklern – wann nehmen die je die Wickler raus, wenn nicht abends? Ich hab' Durst, solange es so schaukelt, wird's nichts zu trinken geben ... Da unten müssen wir mit dem Auto gefahren sein, da hatte ich noch Flöhe im Kopf, Welt per Film erobern. Man fühlt sich wichtig, wenn man fliegt, aktiv, dabei könnte man ebensogut im Stuhl sitzen, auf ein beschlagenes Fenster sehen. Wieso ich Silvester in die Kirche gehen wollte? – Wie ein Fischweib hat der Pfarrer gebrüllt: Sündenbabel – Buße – Abrechnung, hinterher. »Denen habe ich es aber gegeben«-Gesicht. Komisch, daß ich bei Orgelmusik heulen muß. Ich kann das Kreuz nicht sehen, gekreuzigten Christus, Dornen, Folter ... Die Amerikaner werden mir immer fremder, vielleicht liegt's an Hollywood, Amerika ist wie Föhn, je länger man da ist, um so schlimmer wird's. Wer hat das gesagt? Weiß nicht. Schadenfreude haben sie nicht, das Wort gibt's gar nicht, und neidisch sind sie auch nicht. Aber fremd ... Vom Nürnberger Prozeß reden hier alle, Mutter hat nicht ein einziges Mal davon geschrieben ... Als Kurt Hirsch in dem Haus in der Zehlendorfer Sophie-Charlotte-Straße wohnte, in dem beschlagnahmten, mit Sommermöbeln und Flügel – zehn Töne, mittleres C bis E gingen noch – Mutter war da, ausgerechnet an dem Tag Militärpolizei. Sind Deutsche hier? Wir auf dem Dachboden. Jetzt drehen sie Filme über die Luftbrücke, amerikanische Rosinenbomber, schreibt Mutter. Wieso krieg' ich die Wut, wenn die Emigranten von Roosevelt sprechen? – »Als er starb, haben wir uns auf den Straßen umarmt und geweint.« ... oder von den Durchhaltereden – der Radioautor neulich – sitzt im neuesten Cadillac, schlägt aufs Steuerrad, daß die Hupe steckenbleibt: Solange wir solche Autos bauen, sind wir die Größten ... Curt Goetz im Vorgarten vom »Frascati« – müde sah er aus, faltig – »Gleich nach dem Krieg haben wir ›Hokuspokus‹ gespielt«, hab' ich gesagt. Genickt hat er, abwesend, als ob ihn das alles nichts mehr anginge. Axel hat's leichter, ist nicht so angewiesen auf Sprache, Produzentenwohlwollen, schneidet Filme bei »Warners«, trinkt chilenischen Wein, spielt Gustav Mahler. »Hör dir den zweiten Satz an«, brüllt er, springt aufs Sofa, fuchtelt, »ist alles Scheiße, nur Mahler ist keine.« Sie halten zusammen, die Ungarn; wo immer einer Erfolg hat, sind zwanzig andere beschäftigt. Von ihrer Vergangenheit sprechen sie selten. Gina Kaus: gerade glatte hohe Stirn, schwarze Augen, eng beieinanderstehend, Profil wie auf alten Medaillons — »Das war eine deiner Urgroßtanten, man sagt, sie war die Geliebte des Großfürsten«-Profil. Ihr türkischer Kaffee wird mich noch umbringen. Was hat sie gemacht, bevor sie Drehbücher für Hollywoods Gelackte schrieb? Lizzi Balla war Operettenstar in Budapest, hat Bobby Koster gesagt, und Verebes Ungarns Filmstar. Vor Kriegsausbruch sind sie geflüchtet. Nur Böszi aus der Marton-Familie nicht. In ungarischen Gefängnissen war sie und im Konzentrationslager. »Im Gefängnis hatte ich einen Kieferabszeß, die Schmerzen machten mich verrückt, die Wächter wollten sich totlachen«, sagt sie, mit angezogenen Beinen auf Ginas Couch sitzend. »Die eigenen Landsleute waren manchmal schlimmer als die Deutschen.« Wie werden sie fertig mit den Maulhelden in Studiobungalows, mit Bonzen wie Warner oder Cohn? Mit Zanuck? Zwischen Biberzähnen die Zigarre, an ihr nagend wie ein Hund am Knochen; Stimme Blech, Topfdeckel — Willst du meine schalldichte Schlafstube sehen? Nee danke. Trotzdem ist er mir lieber als die anderen — weil ich den Film für seine Firma drehe, darum. Mit den Zähnen kann er Tomaten durch einen Tennisschläger essen, sagt Hans Wilhelm; er und Mary fünf Jahre in San Domingo, bis sie die Einreise hatten und der Krieg vorbei war. Er berlinert, als sei er besuchsweise da — direkt von der Uhlandstraße oder vom Bayerischen Platz ... Vielleicht geben sie mir eine PX-Karte in Berlin, dann kann ich für Mutter einkaufen ... Jetzt hab' ich das Kostüm durchgeschwitzt.

Chicago ist ein Brutkasten; untertänig war ich, hätte noch Handstand gemacht, wenn sie's verlangt hätten ... Man hat Sie verändert, Kind, sagt Ludwig Marcuse. Ich hab' mich verändert. Alles was ich nicht leiden kann, bin ich geworden. Nicht ganz. Aber viel fehlt nicht. Marcuse lacht aus dem Bauch wie Großvater, schwenkt die Arme wie ein Seehund die Flossen. Er redet gern, bullert wie ein vollgestopfter Kanonenofen. Sagt »Neien«, wenn er »Nein« verstanden haben möchte, breites berlinerisches »Neien«. Ich kriege Hunger, wenn ich ihn essen sehe. Genüßlich ißt er, freudig, sieht auf den gefüllten Teller wie ein Kind aufs verpackte Weihnachtsgeschenk, seine großen Ohren werden rot, sein Körper wippt. Kurz bevor er den Löffel in die Suppe taucht, die Gabel das Fleisch aufspießt, sieht er seine Frau an, blinzelt, ihr Lächeln ist das Startzeichen zur Hingabe an Suppe Knödel Fleisch Kuchen Pudding Käse. Allein vor einem Schreibtisch sitzend kann ich ihn mir nicht vorstellen. Wenn ich an ihn denke, sehe ich Menschen um ihn herum, viele. Obwohl man nie zum Reden kommt, bildet man sich ein, das er einem zuhört, als wüßte er alles, was man denkt, hofft, sich wünscht. Belämmert kommt man sich vor mit seinen Filmproblemchen, Geldsorgen, Paßängsten. Manchmal sagt er, was ich lesen sollte, was nicht. Nie habe ich ihn englisch sprechen hören. Seine Vorlesungen an der Uni kann er unmöglich deutsch abhalten. Wie leben sie nur alle in dem Filmnest ohne Filmgagen? Als ich das erste Mal bei Feuchtwanger war, wußte ich so gut wie nichts von ihm, kannte kein einziges Buch – wie ein Rebell sieht er nicht aus. Welcher Rebell sieht schon wie ein Rebell aus? Nur die Nachzügler verkleiden sich. Sanft schrullig vor hohen Bücherregalen im altmodischen Haus, unkalifornischen ... Hier oben wird's auch nicht kühler, ich klebe wie eine Briefmarke. Drüben ist schon Nacht – übermorgen früh bin ich zu Hause.

Ich sah sie, als ich die Treppe hinunterkam: Mutter, Stiefvater, Halbbruder. Wie damals in Gatow, scheu, verschreckt, blasser, von keinem Frost gerötet, nicht ganz so hager. Halbbruder war gewachsen, Blondhaar mit Wasser gekämmt, zur Seite geklatscht, abgeschabt die Ärmel, Arme zu lang für den Rest. Mutters Augen hellgrau unter hellgrauem Himmel, unter schwarzem Hut, über Blumenstrauß; beim Friseur war sie gewesen. Stiefvaters saubere Glatze, Kinn zerkratzt von frischer Rasur, Kragen, Krawatte, die schweren Hände.
»Umarmt euch!« riefen die Fotografen. »Noch mal.« Der Regisseur kam auf uns zu, grüßte rasch, verärgert, küßte eine Frau, die seine war und die in derselben Maschine gewesen.
»Was haben Sie in Amerika gelernt?« fragte eine Zerzauste mit abgekauten Nägeln und fingerte an ihrem Drehbleistift.
»Können Sie überhaupt noch Deutsch?« fragte der Kollege.
»Na klar«, sagte ich, wollte Feindliches weglachen.
»Ich fragte, was Sie in Amerika gelernt haben?«
»Na Englisch und Büchsen öffnen und Geduld.«
Fünf oder sechs waren es; kühl sahen sie mich an, taxierend, spöttisch. »Wie lange wird die Filmarbeit dauern?«
»Lange, hoffe ich.«
»Wieso hoffen?«
»Ich freu' mich, wieder in Berlin zu sein.«
»Soso«, schnaubte einer mit Erzähl-uns-keine-Operetten-Blick.
»Wie du das kannst ...« sagte Mutter, als sie weg waren. »Dein Vater ...« Sie stockte, sah zu Stiefvater.

Draußen stand ein Wagen von der Fox. »Hi«, sagte der Amerikaner, »guten Flug gehabt? Mister Perlberg konnte nicht kommen, wird heute nachmittag anrufen.«
»Ick soll Se in de Wohnung fahrn«, sagte der Fahrer.
»Was für ne Wohnung?«
»Na, draußen in Zehlendorf, in ne Amivilla.« Wir stiegen ein. »Ja, ick weeß nich ...« Er guckte auf Mutter, Stiefvater, Halbbruder. »Det is doch n Ami-Produktionswagen.«
»Wir fahren mit der Bahn«, sagte Mutter verängstigt.
»Wir fahren alle mit der Bahn.«
»Det braucht ja keener wissen«, sagte der Fahrer und fuhr los.
Stiefvater hustete, hörte nicht mehr auf. »Vielleicht kann ich dir einen Paß für die Schweiz besorgen, müßte doch schon gehen ...«
»Laß man Kind, bin bloß erkältet.«
»Ich hoffte, du würdest etwas zunehmen«, sagte Mutter.
»Ich will auch mal fliegen«, rief Halbbruder, »Mutter dachte, du kommst erst mal zu uns, wir haben was zu essen.«
Dudenstraße, Kolonnenstraße, Hauptstraße, rechts die Kirche, in der ich eingesegnet worden war – Perrwitz hieß der Pfarrer – Kirche wie der Wasserturm draußen am Priesterweg gleich hinterm Friedhof, auf dem Vater und Großmutter liegen. Niedergeschlagener, verkniffener, das Zerbombte. Straßen gefegt, Bombenkrater gereinigt, Steine geschichtet. Zerlumptes, Zerschlissenes geordnet und geschrubbt. Gewaschene Reste, gebohnertes Brachland; bandagiert, gemaßregelt, großreinegemacht. Trostloser als damals, trostlos wie Soldatenfriedhof mit frischem Gedenktagskranz. Vom Staatsoberhaupt niedergelegt, »Ich hatt' einen Kameraden« leise und falsch geblasen, gesenkte Häupter, anschließend Abfahrt und Mittagessen. Der Wind blies Mörtelstaub von Mauersteinwürfeln, wirbelte ihn über die löchrige Fahrbahn.
Vor einem Jahrhundertwendehaus hielten wir. »Das ist die Wohnung«, sagte die Frau, ohne uns anzusehen, und öffnete eine Tür; zwei Zimmer, groß und dunkel, Tische mit Häkeldeckchen, Nußbaumschrank, Doppelbett. »Sollten Sie etwas wünschen, ich wohne auf dem Dachboden.«
»Das war wohl die Besitzerin«, sagte Stiefvater. Mutter setzte den Hut ab, drückte die Wellen zurecht, fast weiß waren sie. »Nicht leicht im eignen Haus ... und Geld kriegen die doch auch nicht.«
Wir standen, als erwarteten wir eine Aufforderung, uns zu setzen; bis auf Stiefvaters angestrengten, pfeifenden Atem war es vollkommen still. Gegenüber stand eine glattgeklopfte Ruine, Grashalme zwischen den Steinen; eine Ruine, die aussah, als hätte sie sich damit abgefunden, eine zu sein.
»Könnt ihr nicht heute nacht hierbleiben?« fragte ich, als es dunkel

wurde. »Ob wir das dürfen?« Mutter sah sich um, dachte wohl an die Militärpolizei und das Versteck in der Sophie-Charlotte-Straße. »Der Junge muß morgen früh zur Schule und Vater zum Arzt. Ich muß den Laden aufmachen.« Bis zum S-Bahnhof ging ich mit. »Wenn du doch bleiben könntest ...« sagte Mutter.
Als ich einschlief, wurde es grau zwischen den Kiefern, über der Ruine, auf der die Spatzen zeterten.
Der Aufnahmeleiter kam, war in Eile: »Hier ist die PX-Karte und Armeedollar. Mister Perlberg war aufgehalten, wird sich heute melden.«
»Ich möchte gern in eine Pension ziehen.«
Er starrte mich an. »Warum? Die Belegschaft, Ton, Kamera undsoweiter wohnen in einer Pension, nicht die Schauspieler.« Indigniert war er, hatte Standesunterschiede klarzumachen, Lektion zu erteilen.
»Könnte ich nicht trotzdem ...?«
»Wie du willst«, sagte er und verzog die Mundwinkel.

Sämtliche Türen im amerikanisch beschlagnahmten Eckhaus am Bahnhof Zehlendorf-West standen offen. Die Arbeiter saßen mit Baseballmützen im Genick auf ihren Betten, spielten Karten, tranken Bier, hörten AFN. Erstaunt sahen sie auf, sahen sich an und wieder weg. Mittags nahm mich ein Jeep nach Dahlem, vor dem PX standen amerikanische Soldaten, hinter dem Zaun ein paar Kinder, die »Chewing gum, Cigarettes« und »Kiek ma, n Buick« riefen.
»Wieviel Fleisch- und Obstbüchsen kann ich haben?« fragte ich die deutsche Verkäuferin. Sie lehnte sich auf die Theke, sagte: »What do you want?« Hoheitsvoll, zurechtweisend, wußte, was sie ihren Arbeitgebern schuldig war.
Der Jeepfahrer wedelte und winkte. »Muß ma beeilen, wer' erwartet, sind uff Motivsuche«, sagte er eingeweiht, dem Film zugehörig. Zu schnell fährt er, die Reifen quietschen, die Windschutzscheibe klappert, den Dackel sieht er zu spät, Vorderrad, Hinterrad springen hoch, rumpeln über ihn hinweg. Der Mann steht mit Leine und Halsband, hebt den Krückstock, schreit: »Scheißamis, ihr Scheißamis, habt meinen Kleenen umjebracht.« Er sitzt auf der Bordschwelle, hält den Hund. »Vielleicht ist hier ne Tierklinik ...« sag' ich. Er merkt nicht, daß ich deutsch spreche, sagt nur: »Scheißamis, allet nehmen se einem.«
Über das Geratter der alten Fräsmaschine hörten sie nichts, ich tippte ihn an. »Hildeken«, rief Stiefvater und war wieder Stiefvater, im braunen Kittel mit Leimklecksen und Absatzfarbe. Wir trugen die Kisten hinauf. Ein Fotograf stand an der Tür: »Kann

ich ein paar Fotos machen?« und knipste Mutters Freude über Büchsen. In der Kneipe gegenüber, in der ich für Stiefvater immer Bier holen mußte, ein Telefon, das einzige der Bernhardstraße. Ich rief Else Bongers an. »Kind«, sagte sie leise, »Kind, wo wohnst du? Ich komme morgen nachmittag.« Dann Barlog: »Mensch die Kleene, biste jetzt n Hollywoodschtar. Heute abend ist Furtwängler im Titania, erstes Konzert, Beethoven, ick hab noch Karten, bring Muttern mit.«

Der alte Kasten mit zu hoher Bühne, Rheinstraße, Steglitz, stand noch, stand wie das Finanzamt an der Ecke. »Hast n paar schöne Rollen verpaßt«, brüllte Barlog, um keine Sentimentalitäten aufkommen zu lassen. »Mußt ja nach Amerika ...« Die Augen rollten, wollten sagen: Mond, Hinterindien. »Hollywood, Mensch haste nötig, schöne Rollen verpaßt.« Wir saßen nebeneinander: Herta, Barlog, Mutter und ich. Vor uns, hinter uns Offiziere, ein paar kannte ich noch, Peter van Eyck, Salmony. »Wo ist Herr Pommer?« flüsterte ich in Barlogs Ohr. »Weeß nich, London oder so.« Alles, was außerhalb des Schloßparktheaters stattfindet, ist »oder so«. »Also jut siehste nich aus, bist so dünne, und denn die lackierten Fingernäjel...« Er schüttelt die Antennen. Dunkel wird's. Furtwängler schwankt oberkörperschwer auf die Bühne, reckt sich, senkt sich. Tatatataa, macht's. Die alte Philharmonie ist wieder da, die Sirenen, mir laufen Tränen runter, weiß nicht, warum. Hab wieder mal Sehnsucht – auch nach Berlin.

Am nächsten Nachmittag kamen Perlberg und Mister Seaton, nahmen Platz auf dem Pensionssofa, sahen auf ihre Schuhe. »Wir haben die Rolle umgeschrieben, umschreiben müssen. Tut uns leid, daß wir dich nach Berlin geholt haben. Sehen uns gezwungen, umzubesetzen. Du entsprichst nicht mehr der neuen Fassung.« Mister Perlberg zieht einen Flugschein hervor. »Wir möchten, daß du noch etwas in Berlin bleibst, paar Tage nur, wegen der Presse und so. Finanziell wird alles geregelt, nehmen wir an, dein Agent wird sich einigen, hast schließlich einen Vertrag.«

»Eine Deutsche will Sie sprechen«, sagt der Portier, der deutsch ist. Else Bongers steht in der Tür. Ahnt, weiß, sagt nichts. Wir beide sagen nichts. Sprechen vom Wetter, von den Theatern, sagen: Seh dich morgen oder übermorgen. Wir warten auf den Zug. Als er anschnauft, sagt sie: »Bleib hier, Kind. Bleib einfach hier.«

»Ich kann nicht, bis ich wieder einen Paß habe.«

Zu Mutter sage ich: »Sie wollen nicht, daß ich so lange hierbleibe, während sie andere Szenen drehen. In drei Wochen bin ich zurück.«

»Bist du sicher?«

»Ja.«

Stiefvater saß an der Ledernähmaschine. Zwei Kunden kamen herein. »Das ist doch die Tochter«, riefen sie gleichzeitig, »wir ham Sie doch im Schloßparktheater jesehn und in die Filme. Jetzt drehen Sie wieder, ham wa jelesen.« Sie schüttelten meine Hand, sahen mich dankbar an.
»Ich muß gehen, Mutter wird dir erklären«, rief ich noch. Es war das letzte Mal, daß ich ihn sah, er starb, bevor ich nach Berlin zurückkam.
In Frankfurt stand ein Journalist. »Ich höre, daß Sie umbesetzt wurden«, rief er freudig, machte Notizen, obwohl ich nichts gesagt hatte. »Na, stimmt das nun oder nicht?« In der Zeitung stand: »Die damenhafte und vormals medizinische Studentin XY wurde der Schusterstochter HK vorgezogen.«
Zwei Jahre hatte ich Zeit, darüber nachzudenken, warum es geschehen konnte. Dann hörte ich von der Akte Demandowsky. Nach der New Yorker Premiere des Luftbrückenfilms rief Marlene in Hollywood an. »Du hast nichts verpaßt«, sagte sie, »der Film ist schlecht«, und hing ein.

»Du kannst bei uns wohnen«, sagte Henry Koster, »sollte Kurt jetzt eingezogen werden, kannst du natürlich bei uns ...« Er sah durch die augenvergrößernde Brille der Weitsichtigen und war verlegen. Hilfsbereitschaft machte ihn verlegen, seine eigene besonders. Wir saßen unter dunkelbraun gerahmtem Stich eines übelnehmerisch dreinblickenden Shakespeare, der zum Mobiliar der Benedict Canyonschen Schlangengrube gehörte. »Und wat is, wenn se nu in die Fabrik muß und Granaten drehn?« blaffte Axel, der Gustav-Mahler-Besessene. »Wat mußte ooch Reserveoffizier bleib'n«, meckerte er zu Hirsch gewandt. »Besser als Offizier einen Krieg anzufangen, als wieder den Kartoffelschäler zu mimen«, sagte Kurt Hirsch. Axel baute sich vor dem Bild auf, fragte: »Wie groß is Korea überhaupt?« Als keine Antwort erfolgte, sagte er: »Kacke«, und setzte sich wieder. Max betrachtete einen Daumennagel, verhielt sich einsilbig, überließ es seinem Ausdruck, das kundzutun, was er schon immer gewußt. Nur einmal hatte er: »Kennt ihr den Witz vom pfeilgespickten Indianer? ›Tut's weh?‹ – ›Nur wenn ich lache‹« – und auf den um meinen Hals geschlungenen Kater weisend – »Seit Zille in die Luftheizung gepinkelt hat, stinkt es hier« gemurmelt. Es klingelte und Robert Thören stand, heftiges Schnaufen nur halbwegs unterdrückend, an der Tür. »Bin ich a Bergsteiger?« rief er verärgert auf die Stufen sehend und ließ eine Zigarettenspitze, die seit seinem Herzinfarkt leer geblieben, hinter einem makellosen Tuch in der Brusttasche verschwinden, nahm eine zweite aus der Jackentasche, ging durch die imaginäre Routine des Anzündens und Inhalierens wie ein Schauspieler, der ohne Requisiten probiert, und schritt erst dann aufrecht und sich stets dessen bewußt, ein schöner Mann zu sein, ins Wohnzimmer. Robert Thören, Autor und erdachte Filmgeschichten lieber erzählend als schreibend, zog die Brauen hoch, überflog die Versammlung, sagte nur: »Korea!« Enthalten war in diesem »Korea«: »Ein Zores kommt selten allein«, und/oder: »Alles, was es darüber zu sagen gibt, kenn' ich schon.« Walter Slezak rieb scheinbar sorglos seine rundliche Mitte, kicherte, ließ endlich teilhaben, worüber: »Ich hab' Oblo, meinen Astrologen, rausgeschmissen, hatte Hildchens Horoskop stellen lassen. Dies ist ein Bannerjahr, ein markierendes, hat der Pavian gesagt«, und mir zublinzelnd: »Ach, unsere Druse . . .« – »Druse?« rief Max aufgescheucht, einen neuen Kalauer witternd. »Drüse und Duse«, sagte Walter zufrieden und wuchtete sich seiner zierlichen holländischen Frau zu. Ursula, Gattin des Schweizer Schauspielers Paul Hubschmid, stand auf: »Ich mach' uns ein paar Brötchen«, sagte sie und riß in maßloser Kurzsichtigkeit ihr Glas um, wischte Trockenes trocken, ließ Nasses naß, ging in die Küche. Ich sah ihr zu, wie sie in Slalomwindungen durch dreizehn Katzen stelzte, setzte mich auf den Küchenhocker, um meine geschiente und verbundene Rechte, die ich an einem Sonntagmorgen in ein Glas gerammt hatte, zu befühlen. »Laß uns am Wochenende nach Lake Tahoe fahren«, sagte Ursula, während sie im schwächlich bestückten Eiskasten kramte.

»Wir haben kein Geld, glaube ich.«

Sie winkte ab. »Da gibt's die billigen Buden, und wir kommen mal hier raus. Bis dahin wird wohl auch Pauls epochemachender Abenteuerfilm abgedreht sein.«

Paul trat ein, knallte sein Glas heftig und unvermittelt auf den Tisch, schlug mit der flachen Hand im absoluten und totalen Gegensatz zu seinem ansonst still-friedliebenden Benehmen auf Klapperndes, rief zornbebend: »Wann krieg' ich endlich einmal Bircher Müsli?« In die darauf eintretende Pause, in der Ursula weiterhin auseinanderbrechendes Knäckebrot mit großer Sorgfalt beschmierte, peilte Sascha, ein mit dem Monte-Carlo-Ballett in Hollywood vor allzu langer Zeit gestrandeter russischer Tänzer, die Tür an, rankte sich um sich selbst, versuchte eine erlesene Drehung und schlug über zwei aufgebrachte Katzen. »Laß uns das Geld verprassen«, juchzte er liegend, »ich hatte heute einen Drehtag bei MGM. Ich werde euch Saucen kochen, Saucen, wie man sie nur in der Camargue kennt.«

»Wir brauchen keine Saucen zum Knäckebrot«, sprach Ursula streng und stieg über ihn hinweg.

»Was ist mit Minna geschehen?« fragte Peter, der selbsterkorene Lehrer, und sah auf eine meiner Katzen, deren Fell seltsam zerrupft aussah.
»Sie hat zwei Runden in der Waschmaschine gedreht«, beichtete ich bedrückt, »sie lag zwischen den Laken . . .«
»Schusselig, schusselig«, sagte Peter mißlaunig.
Peggy und Henry Koster gingen. »Muß morgen früh aufstehen«, sagte er etwas schuldbewußt angesichts der Menschen, die in Hollywood nirgends und schon gar nicht in einem der Studios erwartet wurden. »Laß uns morgen ins ›La Rue‹ gehen, wir holen euch um acht rum ab.« »La Rue« war ein Restaurant, und eins der besten am Sunset Strip. Das Gesetz war einzuhalten: Wenn man Sorgen hat, geht man aus, wenn man keine hat, auch. Sich nicht zu zeigen besagt: krank, erfolglos, abgeschrieben, sich selbst abschreibend. Von Schwierigkeiten zu sprechen bedeutet sich ihnen zu unterwerfen. Keiner hatte gefragt: Was war in Berlin? Keiner wollte sich weiden, bemitleiden, beklagen, bejammern und auf dem Nachhauseweg »Wie gut, daß es mir nicht so geht« denken. Schweigen über Naheliegendes bedeutete: Bin für neue Chancen gerüstet, präpariert, werde sie ergreifen und nutzen. Sie kannten Krisen, hatten Respekt vor denen, die sie dem Gesetz entsprechend ertrugen, lebten in einem Land, das die Einhaltung des Gesetzes abforderte. »A great girl«, hatte ein amerikanischer Autor im »Mocambo«-Nightclub gesagt, als ein Mädchen auf Krücken und mit bis zum Oberschenkel amputiertem Bein Einzug hielt. »Sie hat Krebs, vielleicht noch drei Wochen hat sie, aber sieh sie dir an . . .« Sie lächelte, war schön und wippte mit dem einsamen Bein zur Musik.
Von Miss Patterson eingeladen, aß ich einen freudlosen Lunch, apathisch versickerten erste Gesprächsbemühungen, selbst der anschließend aufgesuchte Lacey ließ nur mehr ein kaum wahrnehmbares »Great« hören, das mehr ein Reflex, ein Widerkäuen, ein nicht zu korrigierender Stimmbandschaden zu sein schien. Das verabschiedende »Ich ruf' dich an« bestätigte das Ende einer erfolglosen Beziehung.
Zwei Wochen später kam Erich Pommer: »Ich biete Ihnen einen Vertrag für zwei Filme an. Ich hoffe, den ersten Ende des nächsten Jahres produzieren zu können.«
»Wo?«
»In Deutschland.«
»Ich habe keinen Paß, nur eine amerikanische Produktion könnte mir die Ausreise beschaffen.«
»Sehen Sie zu, daß Sie einen bekommen.« Seinen Mantel hatte er anbehalten, einen Kaffee hatte er abgelehnt. In seiner Eile lag eine befehlsähnliche Aufforderung, Umgebung, Zustand, Lebensbedin-

gungen ab sofort zu ändern. Auf den überwucherten Steinstufen stehend, drehte er sich noch einmal um, visierte seiner Gewohnheit entsprechend Nebensächliches an, um ihm Wichtiges zu sagen. Die Langlidrigen auf einen ruhenden Salamander gerichtet, sagte er: »Frau Zuckerberg ist wieder in Deutschland, sie sagt, sie sei Ihre Agentin. Seien Sie vorsichtig. Sie können jederzeit wieder in Europa arbeiten, lassen Sie sich nicht einreden, daß sie Ihre Karriere retten wird. Agenten sind nichts wert, wenn es keine Rollen gibt, und Produktionen lassen sich nicht vergewaltigen.« Er ging, hinterließ Hoffnung und Unsicherheit, Vorfreude und Angst vor Vorfreude.

Untätigkeit 1950 beinhaltete keine Weltanschauung, keinen Protest und kein Glücksgefühl, bot weder Meditationsmöglichkeit noch Rauschgifteuphorie; die ungeschnittene Mähne und zerschlunzte Kleidung waren nicht Ausdruck der Freiheitsliebe und eine der inneren Notwendigkeit entsprechende Absonderung von Bestehendem, sie waren bedrückende Anzeichen des Versagens in einer Gesellschaft, die Pelze, Häuser, Diamanten, Autos, Konten zum Statussymbol erhob. Der selbstgewählte Außenseiter ist ein anderer als der gezwungene, der unfreiwillige und unbeachtete Revolutionär muß eingestehen, keiner zu sein. Eingestuft als Pleitegeier, Unglücksrabe, Pechvogel, von keinem Gesinnungsgenossen gestützt, verfällt er der Angst. Meine begann sich in seltsamen Formen zu manifestieren. Nachdem ich es aufgegeben hatte, gegen Gummiwände, die mich zurückschnellten, bevor erreicht, anzurennen, verfiel ich dumpfen Schlafperioden, die wiederum von hektischen Wachzeiten abgelöst wurden, in denen ich versuchte, mich selbst jenen Menschen anzupassen, die mir nichts sagten und die ich ablehnte. Ich warb, wollte mich als Frau bestätigt wissen, setzte mich in Szene, wo keine erwünscht, und begann mich schließlich der Gefühle zu bedienen, die in mir bekannten Stücken oder Filmen Ausdruck fanden. Ich begab mich auf die von vielen Schauspielern bevölkerte Rutschbahn, Charakterzüge mancher Rollen in tägliches Leben einzuflechten. J. D. Salingers Wegweiser, Henry Millers Flammenschwerter waren noch unbekannt, das bisher Gelesene war bildende, sprachfördernde, die Eitelkeit befriedigende Lektüre gewesen, nichts, was ich anzuwenden vermochte, was den Jahren dynamische Ruhe hätte geben können. Die Angst diktierte meine Reaktionen, und um eine Einheit mit anderen zu erreichen, wären mir viele Mittel recht gewesen. Ein jeder fand meine Zustimmung, was immer Thema und Ansicht, und es bedurfte keiner Anstrengung, die dermaßen Dämmernde auszunutzen, vorausgesetzt, daß er den Dämmerzustand aufzuheben vermochte. Ich habe mit jener Hildegard Albertina Hirsch, die in der zweiten Hälfte

des Jahres 1950 nach Europa flog, nicht das mindeste zu tun, nicht weil ich mich ihrer schäme, sondern weil sie abhanden gekommen. Was von ihr übrigblieb, ist eine leichte Anfälligkeit für Angstzustände, wie bei jemandem, der eine akute Lungenentzündung überstanden und sich vor Erkältungen in acht nehmen sollte. »Ich kenne mich, ich weiß, daß ich nicht ...« sagt André Gide. Umwege und Veränderungen, Entwicklungsphasen und Metamorphose sind ein gutes Fundament; sie klären die Nebel, die um den Begriff Standpunkt kreisen, um heldenhaft angestrebtes Stehenbleiben. Was ich gelernt hatte, war die Angst; was ich verlernen mußte war, daß ich sie kannte. Von dem Augenblick an, in dem ich den Frankfurter Flugplatz betrat, begannen fünf Jahre der sinnlosesten Hast, der nicht getroffenen Entscheidungen, der Abhängigkeit von anderen, der Furcht vor dem Alleinsein. Die Angst schrieb vor, daß das Nichts dem Nichts Platz zu machen hatte.
Ich hasse den Haß. Hasse, daß ich ihn empfinde, ihm unterliege, körnig-kratzig wie Teerpappe, brenneßlig, gallig, kurzatmig, als müsse er vom Fleck kommen, Tätigkeit entfalten. Mit der Angst, händchenhaltend mit dem Schuldgefühl vereint, die Deutsche im Ausland, die Emigrantin in Deutschland zu sein, begann es. »Haß ist eine gute Tinte«, schreibt ein Dichter mit vielen Standpunkten. Was wird er tun, wenn das Fäßchen seiner Ärgernisse ausgelaufen? Den Haß bemühen, um jenem Grandioses zu verleihen, wo Ungrandioses überfordert? Ich kenne Schönheit, hasse den Haß, der mir aus jener Zeit übrigblieb. Haß auf Parasiten, auf Zeitstehler, Lebensstehler, auf die Bilharziagleichen, die durch Poren in Blutbahn drängen. Hasse, die angreifen, was angeschlagen, und dienern, wo keine Wunden auffindbar. Hasse die ergebenen Anfänger, die nach ersten Erfolgen Tyrannisches enthüllen, vom Regenwurm zur Boa Constrictor avancieren, hasse die immer zur Feindschaft bereiten »Ich hab's gut gemeint«-Sager. Hasse, die nichts kennen als ein globales ICH und ein amöbenhaftes DU, die Kraft ihrer Kümmelspalterei, ihrer Habgier – ich fiel ihnen in die Hände wie eine Tontaube. Und ich hasse den Haß, den ich empfinde.
Doch zuvor bekam ich noch jenen gestempelten und briefmarkenlosen Brief, der versprach, Offizielles zu enthalten. In staatlichen Aufforderungen gemäßem, schlicht-brüskem Ton ließ er mich wissen, daß ich mich einer Prüfung zu unterziehen hätte, die meine mögliche Staatsbürgerschaft einleiten könnte. Die bis zum angegebenen Termin verbleibenden Wochen verbrachte ich bei schwarzem Kaffee, Alka-Seltzer und über arglos die Geschichte vereinfachenden Werken, die Furchterregendes lobenswert, Chaotisches überschaubar und Schlachten zu Ortschaft plus Jahreszahl mach-

ten. Als ich das Gerichtsgebäude, Abteilung »Einwanderung« in Los Angeles betrat, schwirrten, klirrten, sägten und klopften die Präsidenten und Gesetze, Senatoren und Kriege gleich einem epileptischen Bienenschwarm. Im Glaskasten Platz genommen, prasselten Fragen, achtzig oder mehr, verwirrten Geordnetes, lösten Befestigtes, brachten Gebüffeltes durcheinander: Wie hieß der neunzehnte – der fünfte – der erste Präsident; wer unterschrieb was, wann und vor allem warum; wieviel Senatoren – Staaten; könnten die Vereinigten Staaten Nordamerikas einen Propagandaminister ernennen? Ein Ja hätte mich von der Liste der Paßanwärter entfernt, mein Nein ließ mich amerikanische Staatsbürgerin werden. Ich war frei, zu gehen wohin ich wollte, ausgenommen kommunistisch besetzte Gebiete; und der Aufenthalt in meinem Geburtsland war auf fünf Jahre, ob zusammen- oder auseinanderliegend, befristet.
Zu Pesach, dem jüdischen Friedensfest, rief Kurt Hirsch seine Eltern an. In Anbetracht der Fernsprechgebühren war die Versöhnung knapp gehalten, die Frage des Wie und Wo eines in Erwägung gezogenen Wiedersehens offengelassen.
Ein neuer Agent hatte sich meiner angenommen, er hieß Kurt Frings, sprach ein köllsch gefärbtes Deutsch und ein ebensolches Englisch. Seine Visumwartezeit hatte er in Mexiko verbracht, sich als Boxer und anderes betätigt und war dank einer einflußreichen Gattin zu Büro, Klienten und Magengeschwüren gekommen. Behende-drahtig rannte er zwischen Gravuren englischer Reitpferde und Early-American-Möbeln einher; seinen Schreibtischsessel wie ein Trampolin benutzend, ihn übersteigend, Schnelligkeit gewinnend, rasanter im Marsch, las er das von mir überbrachte und von Willi Forst an mich gesandte Telegramm, das mich innerhalb von 48 Stunden zu einem Film nach Deutschland berief. Seine leicht verbeulten Boxeraugen zogen sich zusammen, wurden schlitzig, die Arme hoben sich, gingen in Deckungsposition, dann sprach er: »Tscha, Hildchen, ich hab' ein Anjebot für dich von einer Außenseiterproduktion, Amerikaner, jutes Buch, und dat in Deutschland kennste eben nich. Ich rat dir ab, da rüber zu fliegen, sie werden dich fertigmachen nach allem, was da in Berlin los war.«
Ich rief Carroll Righter an: »Ich brauche eine Stunde, um es zu berechnen«, sagte er, nachdem ich ihm von Angebot und Entschlußlosigkeit berichtet. Wieder in der Hotelhalle, in der wir uns schon einmal gesehen, nahm er Platz, saß gerade, korrekt gekleidet, bewegungslos, als bereite er sich auf eine schwer zu belichtende Aufnahme vor, sagte: »Der amerikanische Film wird nicht zustande kommen. Sofern die Daten des Produzenten stimmen, sehe ich

Schwierigkeiten, die den Beginn der Arbeit verzögern, wenn nicht ganz und gar unmöglich machen. Der europäische Film wird dir wieder zu einem großen Namen verhelfen, wenn auch mit Skandalaspekten, Angriffen, Intrigen, und auch nicht ganz deinen künstlerischen Ambitionen entsprechen. Ich würde trotzdem raten, ihn anzunehmen.«

»Die Produktion hat keine Flugkarte geschickt, ich hab' kein Geld, und Miete schulde ich hier auch noch, ganz abgesehen von dem Mietvertrag.«

Er unterbrach mein Gesprudeltes: »Ich werde das Haus übernehmen. Sieh zu, daß du morgen früh fliegen kannst.«

Es war der Anfang einer tiefen Freundschaft, die bis heute andauert und in der er oft der gebende und ich der nehmende Teil war. Und es kam, wie er vorausgesagt, der amerikanische Film wurde nicht gedreht.

»Is was passiert?« fragte Henry Koster besorgt, als ich in seinem Wohnzimmer stand und tiefatmend um Worte rang. Wie es in Berlin eine unausgesprochene Abmachung gewesen war, seine Freunde nur im äußersten Notfall mit dem Zustand des Ausgebombtseins zu belästigen, so galt das gleiche in Hollywood zu Zeiten des Geldmangels. »Ich bin nicht arm, sondern pleite«, pflegte Mike Todd, der erste von den Großfirmen unabhängige Filmproduzent, zu sagen, und mit dem Zustand der Pleite hatte man allein fertig zu werden. Bar jeden Besitzes hätte ich jedoch keine Bank zu überreden vermocht, mir auch nur die Summe eines Stadttelefonates vorzustrecken, und so blieb mir nichts anderes übrig, als mich gegen das Prinzip und für Henry Koster zu entscheiden. »Nu sag schon, was is'n los?« drängte er. »Ich brauch' Geld«, brachte ich endlich raus, »viel Geld, nach Europa muß ich, Film drehn bei Willi Forst, Kurt Hirsch will mitkommen. Geld für zwei Flugkarten, und ich weiß nich, wann ich's zurückzahlen kann.« Er gab mir den Scheck. »Schreib ma ne Postkarte«, rief er und schob mich zum Ausgang. Peter brachte uns zum Flugplatz, kam aus dem Kopfgeschüttel nicht heraus: »Mein Gott, diese Hast, muß denn immer alles so hastig sein?« sagte er noch und rieb seine übermüdeten Augen.

Die Stewardess wollte ich nicht fragen, aber ich war sicher, daß wir auf dem falschen Weg in der falschen Maschine; auf den Pazifischen Ozean flog sie hinaus, als wolle sie nach Hawaii, nach Tokio, Korea. Dann zog sie eine Schleife, eine behäbige, mit knarrenden Motoren, zittrigen Flügeln, kam zurück über weiße Wellenkanten, Strand, Würstchenbuden, Tankstellen, Kinotürme, Filmhallen, übers Preußisch-Blau der Swimming-pools, über Mullholland Drive auf Hügelkamm, brüchiggelbe Felder, Sepiafelsen;

Temperafarben stumpfer werdend, im Wüstenstaub vertrocknend. »Na also«, sagte Marlene, wie zum Patienten, dem der Gips abgenommen; und »ich hab' mit Carroll gesprochen, er sagt, es ist o. k. – daß du mit Forst einen Film machst . . .« Sie lächelt, als hüte sie ein schmuckes Geheimnis. Eine Hornbrille setzt sie auf, studiert eine Liste. »Ich muß einkaufen gehn, kommst du mit?« fragte sie. Von der Backofenhitze der New Yorker Straßen ins Eisgekühlte der Warenhäuser, wir rennen vom ersten zum zweiten, vom dritten zum vierten Stock, sie kauft Gürtel, Kleid, Schal und Kostüm. »Schuhgröße, was ist deine Schuhgröße?« – »Marlene, das geht doch nicht.« Schweigend straft sie, zieht Wangenhaut zwischen Backenzähne, sieht nicht rechts, sieht nicht links, unberührt von Klima, gaffenden Passanten, uns um Millimeter verfehlenden Bussen geht sie, nur mit dem Gehen beschäftigt. Ich keuche, glaub' mich in feuchtheiße Handtücher gewickelt. »Hier, nimm eine Salztablette«, sagt sie und reicht Parates. Im Hotel wohnt sie: nichts Luxuriöses, Üppiges. »Meine Tochter erwartet ein Kind, ich muß in der Nähe sein, da drüben ist ihr Haus.« Zwischen Hohen ein paar verschüchterte Zweistöckige, Brownstones mit Gärtchen, Messingknöpfen am Haustor. Sie mixt Drinks, packt Päckchen, Tüten und Pakete, packt sie voll mit Tabletten, Pastillen, Tropfen, Ölen, bin gerüstet für Expedition in Kopfjägergebiet, gefeit gegen Cholera und Fischvergiftung, Wundstarrkrampf und Kreislaufversagen, Schnupfen, Nagelbettentzündung, Schlaflosigkeit, Hexenschuß, Leberschaden, Magenkatarrh, Obstipation, Neuralgie, Allergie, Zahnschmerzen, Seekrankheit, Bronchitis, Haarausfall, Ohrensausen. Prophylaktisches: »Das nimmst du morgens, das mittags, das abends, das dreimal täglich, das zweimal, das im Notfall.« – »Ich bring's durcheinander«, sag' ich, »werd' nachts im Bett stehen, tagsüber schlafend zusammenbrechen.« Sie überhört, ist gerade Arzt, hat Sprechstunde, keine Zeit für Witzchen. Sie diktiert die Namen der von ihr konsultierten und für passabel befundenen Internisten, Chirurgen und Spezialisten in Paris, Zürich, London, Amsterdam. »Wenn etwas ist, ruf sie an«, sagt sie und schließt die Praxis. Schön ist sie, im schmierigen Tageslicht, unter greller Fahrstuhlglühbirne, bei Hitze, bei Kälte – wo sind die Männer, die sich scharen, ihr jeden Wunsch von Wimpernspitzen ablesen? »Das ist mein Mann«, sagt sie. Rudi Siebert steht im Tohuwabohu der Fünften Avenue, werdender Großvater werdende Großmutter tauschen harmlos Freundliches aus, entschuldigend ruft er: »Muß heute zurück zu den Hühnern«, winkt, taucht unter. »Er hat eine Farm in California«, sagt Marlene. Auf ihre Hände sieht sie, praktische, nicht zu Kopf, Schultern, Schönheit gehörige Hände. »Seit Maria schwanger ist, mach' ich den Hausputz, die Zugehfrau kann das nicht, Amerikanerinnen verstehen sowieso nichts von Haushalt. Wann geht eure Maschine?«

»Morgen früh um sieben.«

»Ich schick' dir den Wagen. Wo übernachtet ihr?«

»Bei den Eltern im Astoria.« Frageblick. »Pesach war Versöhnung.«

Nach Mitternacht kommen Kurt Hirsch und ich in die verschwitzte Straße, ins abgeblätterte Haus, das noch immer nach Zeitung und Milchresten riecht. Der Vater zetert von großem Leben, von Geld, von Marlenes Limousine, die uns brachte. Wahrscheinlich Schilddrüsenstörung, konstatiere ich für mich, marlenegeschult, erweitere die Diagnose: hoher Blutdruck, Schlaganfallgefahr. Die Mutter führt Kleenex an die Augen, schnuffelt: »Mein Jungele entführen zu den Deutschen, den Nazis, sind alles Nazis, die Dietrich auch und eine Hure noch dazu.« Sie ergreift die Hand ihres Sohnes, neigt den Kopf, schnuffelt weiter, es hat was vom Bauerntheater, das ohne Textbuch agiert; schon schreit der Heldenvater: »Du wirst noch sehen, was du davon hast, wenn du zu den Deutschen gehst.« – »Der Krieg ist in Korea, nicht in Deutschland«, sag' ich. Jäh gerät die Darstellung aus den Fugen, wird vollends unverständlich, weicht ins Tschechische ab, klammert mich aus, bezieht mich durch Fingerzeigen ein, droht mit Fäusten. Ich ruf' Marlene an: »Verzeih, ich muß hier raus, hab' kein Geld für Taxi oder Bahn ...« – »Der Wagen ist gleich da. Massel Toff für Deutschland«, sagt sie. Es ist, wie es war, nur diesmal bin ich schneller, und die Nachbarn brauchen länger, um Spalier zu bilden. Chauffeur in Livree, taub für Gezeter, Geschrei, Hinterhoftumulte, packt Schachteln und Koffer, drängt vorbei und durch, nimmt Platz, surrt weg. Es langt, denk' ich, was immer passiert, du bleibst in Europa.

Im Pan-American-Flugzeug liegt ein Karton, Seidenpapier bauscht sich über unter Kappen und Kleidern; ein Zettel: »Für Ankunft trag Leinenmantel, schwarze Samtmütze.« Darunter ein huschiges M. Nach Boston kommt Gander, dann Atlantik, dann Shannon. Kurz davor murrt es rechts außen, singt und gluckert, wird still, steif stehen die Sicheln nach oben und unten und quer. So tuckern wir bis Irland, sind dankbar für Landebahn und Hütte und irischen Whisky, bleiben dankbar geduldig, obwohl die Maschine nach Frankfurt längst verpaßt. In London wartet Erich Pommer: »Ich hätte Ihnen sowieso geraten, heute nacht hierzubleiben. Ich habe mit Ihnen zu reden.« Er bringt Windstille in Sturm, Drang und Freude. »Sie sollen wissen, daß ich gegen diese Rolle bin.«

»Ich kenne sie gar nicht«, will ich sagen, komm' nicht dazu.

»Sie sind kein Vamp und sollten keiner werden; man wird Sie abstempeln, und Sie werden in eine falsche Richtung gedrängt. Auf keinen Fall wird es leicht sein, die Presse ist gegen Sie. Man wird Sie angreifen.«

»Warum?«

»Weil man Ihre ersten Erfolge im Ausland bestätigt sehen wollte und weil man seinem eigenen Urteil nicht mehr traut, abgesehen davon, daß es zur Zeit ein Zeichen von Charakter, wenn man Deutsche angreift, Ausländer bewundert.« Seine Bedenken nehme ich kaum auf. Ich werde arbeiten, alles andere wird sich finden. »Und hüten Sie sich vor den Beratern. Sie haben eine große Begabung, zerstören Sie sie nicht.« Das Lob höre ich, die Warnung ist schon vergessen, bevor wir auf dem Rhein-Main-Flughafen in Frankfurt landen.

Die Fotografen und Reporter schubsen und boxen, scheuchen mich zurück auf die Flugzeugtreppe, verlangen nochmaliges Winkewinke, Lächeln, Lachen, Bein vor, Bein zurück – den Amerikanern angepaßt, ihnen ähnlicher geworden als manche Emigranten in New York und Hollywood, mit sich einschleichenden Dus und Schulterklopfe-Nachbarton, nicht ganz so lässig, nicht ganz so unbeteiligt; ein dazwischen verirrtes »Gnädige Frau« oder verjährt anmutendes »Darf ich bitten« lassen mich an zwei übereinanderkopierte Fotos denken, an zwei auf gleicher Welle sendende Radiostationen, wohnhaft: Besuchsritze. »Was ist das für ein Film, den der Forst dreht?« »Was ist das Sujet?« »Erzähl die Geschichte.« »Warum gerade dieser?« »Ist es, weil's drüben nicht geklappt hat?« Ich lächle herum, versuch es mit »Herr Forst hat mich gebeten, nicht über das Thema zu sprechen . . .«

In der Innenstadt ein deutsches Hotel mit Betten und Laken, Gardinen und Handtüchern, Läufern, Warmwasser und Telefon. Draußen zieht ein Alter eine Karre mit Bananen, an der Ecke ein Blumenstand, drei Autos mit deutschen Nummernschildern, Essen ohne Marken. In der Bernhardstraßenkneipe rufe ich an.

»Können Sie meine Mutter ans Telefon . . .«

»Det is doch det Hildchen, ja Moment mal, bleib dranne.«

Atemlos dünn Mutters Stimme: »Was ist passiert?«

»Ich bin in Frankfurt.«

»Wo?«

»In Frankfurt, muß morgen weiter nach Hamburg, kannst du kommen?«

»Ja Kind ja, gelesen hab' ich was, aber ich trau' den Zeitungen nicht mehr.«

Einer von der Filmfirma wartet vor der Kabine. »Wir müssen morgen in Bendesdorf sein. Herr Forst wird aus Wien erwartet.« – »Bendestorf?« – »Da sind die Ateliers und da werden Sie auch wohnen.« Abends ist eine Filmpremiere, das Kino ist neu, der Besitzer aufgeregt. Er führt uns ins Büro, Sekt gibt's und Salzstangen, Cocktailnüsse und Orangensaft. Der Film zeigt das Berlin, das ich kenne, Menschen, die ich kenne. Otto Normalverbraucher heißt der dürre Heimkehrer, der durch Trümmerhaufen stakt. »Ob das die Leute noch sehn wollen?« sagt einer hinterher; »Was wir jetzt brauchen, sind Operetten, was zum Lachen oder was für die Seele, fürs Gemüt.« – »Gemüt« hör' ich noch oft, »Seele« auch, Tuchfühlung, Absatzgebiet, Wiedergutmachung, Comeback, umstritten, unterschwellig, dramaturgische Notwendigkeit, Besatzungskosten, Entmilitarisierung, Berlinhilfe ebenfalls.

Südlich von Hamburg, über die von Panzerketten verknitterte Autobahn bis Hittfeld, dann Landstraße, Dorfstraße, schläft Bendestorf, Luftkurort am Klecker Wald, Lüneburger-Heide-Rand; Hünengräber sonntags zu besuchen. »Meinsbur« heißt die Pension, ist ein altes Bauernhaus, niedersächsisch, mit Zinn und Kamin, Schlenkerschlössern, Bauernbetten, Kopfsteinpflaster im Flur. Eine etwas nasal-heiser-hohe Stimme sagt: »Na so was von pünktlich, um die halbe Welt gereist und kommen fast gleichzeitig hier an.« Seine Filme hatte ich gesehen; als »Bel Ami« hatte er den einen Arm so nebenbei um die Taille der Schönen gelegt, verrucht hatte ich das gefunden, als ich dreizehn oder vierzehn war.

13

Willi Forst streckt die Hände aus, geht mir entgegen, lächelt. Sein Gang ist rhythmisch musikalisch, als folge er einem etwas altmodischen Swing, laufe vor dem Beat. Sein Sommerfrischlergesicht scheint nichts zu wissen von Krieg und Hunger, Besatzung und Flucht, unzuständig für Tragisches, nicht aufnahmebereit für Chaos und Untergang; ein heiterer Monarch, aus dem Exil heimgekehrt, selbstsicher, energiegeladen und bereit zu regieren. Er stülpt sein Lächeln über andere wie einen Kaffeewärmer, wie Scheuklappen: Wenn's was zu sehen gibt, bin ich es, befiehlt das Lächeln. Ich werde ruhig, die Warnantennen rutschen zusammen, Igliges wird samten, Krakeeliges schnurrig, hier gibt's keine Absagen, Nachfragen, Umbesetzungen, Irrtümer. Blindlings werde ich folgen und verteidigen und keine Fragen stellen. Allmählich finden sie sich ein: Kameramann Venda Vich, der seine Umgebung auch außerhalb des Ateliers nur durch einen Bildsucher wahrzunehmen scheint; Maskenbildner Jupp Paschke, der jede Tätigkeit mit einem berlinerisch langgezogenen mißbilligenden »Das war wohl nichts« krönt, so auch sein beiläufig erwähntes Zusammentreffen mit russischen Soldaten in einem Hain bei Frankfurt an der Oder; Regieassistent Schurli Marischka, einer der wenigen, die nicht zu verstehen geben, daß sie es besser könnten als der Regisseur; Gustav Fröhlich, der mein Partner in dem Film sein soll, dessen Titel ich gerade erfahren habe; und der aus Berliner »Don Juan«-Kneipenzeiten bekannte Interpret der »Lustigen Witwe«, André, hier als Kostümschneider engagiert und sich genüßlich als »Fetzenjule« vorstellend; Tonmeister; Beleuchter; Filmcutter; Aufnahmeleiter. Ich kenne sie alle, selbst das hundert Meter weit entfernt zwischen grünen Bäumen des Klecker Walds liegende Studio; nur das Buch kenne ich nicht. Es bleibt das Forstsche Mysterium, die nur ihm zur Verfügung stehende Partitur.

Zwei Wochen nach meiner Ankunft und nur wenige Tage vor dem Drehbeginn nahm er mich in »Meinsburs« gute Stube, legte einen Wälzer auf seine Knie, entzündete eine Zigarette, klappte den Deckel auf, las: »Die Sünderin.« Die öden Anmerkungen eines

Drehbuchs wie: Einblenden, Kamera erfaßt, überblenden, Totale, Halbtotale, nah, übergehend las er ohne Unterbrechung und nur selten dem Schauspieler Forst die Zügel überlassend bis zum breitgetippten »Ende«. Nach kurzer Pause, in der ich bewegungslos gesessen und nichts anderes als das schwerfällige Ticken einer wurmstichigen Standuhr wahrgenommen hatte, erhob er sich, entkorkte eine Steinhägerflasche, trank zwei fingerhutgroße Gläschen, sagte: »Ist das eine Rolle oder nicht?« Überwältigt konnte ich mein Ja nur nickend bestätigen. Erich Pommers Mahnung schien übereilt, Carroll Righters Hinweis auf Skandalaspekte übertrieben, handelte es doch von einer durch Krieg, Flucht und Familie auf schiefe Bahn Geratenen, die durch die Liebe zu einem todkranken Maler vom Lotterleben geheilt, schließlich mittels Gift dem Sterbenden in den Tod folgt. Daß sie dem Geliebten während eines glückseligen Jahres unter anderem Modell steht und daß dieses mit dem Ablegen sämtlicher Garderobe verbunden, schien mir dank meiner kurzfristigen Tätigkeit als Zeichenschülerin unter Klemkes strenger Anleitung weder verwunderlich noch erwähnenswert.
»Wie aus der Lade genommen« oder »Wie aus dem Ei gepellt« hätte Mutter Blocken aus der Bernhardstraße das gepflegte Äußere lobend beschrieben, das Willi Forst allmorgendlich nach brisantem Marsch durch die Ausläufer des Klecker Walds in den Maskenbildnerraum trug, um die Arbeit des zartgliedrigen Paschke zu überwachen. Er verfolgte jeden Pinselstrich, jede Wölbung der Braue, Schattierung der Lider mit der Konzentration eines Diplomingenieurs, der seine ersten statischen Berechnungen in die Praxis übertragen sieht. Ein derart emphatisches Interesse an mir und meinem Aussehen hatte ich noch nie erlebt; die Kenntnis um die albernen Geheimnisse des Schminkens, die Schauspielerinnen nur mit Maskenbildner und Spiegel teilen, legte mich brach, unterband jedes weibliche Versteckspiel, gab mir anfänglich das Gefühl, mit einem Loch im Strumpf erwischt worden zu sein. Mit letztem Anflug von Widerstand und schüchternem Spott nannte ich ihn den »Meister«.
Im Atelier gab es nichts Familiäres, gesittet blieb der Ton, verstummt oder verwiesen waren die kaffeeschlürfenden »Auf die Plätze«-Brüller, verbannt die Presse. Zeitraubende Diskussionen, wie eine Szene zu spielen sei, fanden nicht statt, der Meister beherrschte die Halle von der Beleuchterbrücke bis zum Feuerwehrmann, vom Schauspieler bis zum Kamerateam; er dirigierte, führte, zwang, ohne daß die Bezwungenen auf die Idee kamen, mit ihrem Bezwinger zu hadern. Selbstsicherheit und Charme des leisen Diktators ließen an keiner seiner detaillierten Anweisungen zweifeln und luden auf gar keinen Fall zu eigenwilligen Interpretationen

ein. Mit begriffsstutzigen Darstellern oder Komparsen verfuhr er heftig, oft unbeherrscht; war er mitleidlos, furchterregend; brodelte der Jähzorn, kochte über, ergoß seine Lava auf zittrige Häupter. Makellos, fehlerlos blieb er für mich, sein Zorn gerecht, seine Absicht erhaben. Ein Ersatzvater, der Verantwortung ab- und übernahm und dem ich die undargelegte Anbetung einer hormongestörten Fünfzehnjährigen auflud. Die wortkarg spröde Verherrlichung blieb nicht unbeachtet, der um vieles Ältere nahm sie auf, lenkte Spannungen, ließ sie in der Arbeit jungfräulich fristen.
Im Spätherbst rief ein schnöseliger Wichtigtuer aus München an, behauptete von der Fox zu sein, forderte mich auf, für einen amerikanischen Film mit dem Titel »Entscheidung vor Morgengrauen« Probeaufnahmen zu machen. »Nein«, sagte ich und war überrascht, daß das Nein so selbstverständlich und ohne Zögern gesagt worden war. Ein späteres Telefongespräch mit dem Regisseur Anatole Litvak beunruhigte mich nur mäßig und nur insoweit, als mein porös gewordener Ehrgeiz die amerikanische Niederlage nicht ertragen konnte und ich den boshaften Anspielungen der deutschen Presse nicht gewachsen war. Als der Meister sich bereit erklärte, Herrn Litvak einige Filmmuster der bis dahin streng gehüteten und selbst vom Verleiher noch nicht begutachteten »Sünderin« vorzuführen, sagte ich Dankbares, fühlte mich verstoßen und weitergereicht. Von einem unübersehbaren Schnupfen befallen, der meine Ms zu Bs und mein Gesicht quelläugig und rotnasig gestaltete, begrüßte ich den aus München angereisten Regisseur. Noch immer besaß ich nichts anderes als Marlenes Sommermantel, und bei etlichen Graden unter Null folgte ich niesend dem pelzverbrämten und für Tundrafahrten eingekleideten Litvak in die ungeheizte Filmvorführung, um zum ersten Male einige Szenen des Films zu sehen, an dem ich seit Wochen arbeitete. Die Begrüßung zwischen europäischem und amerikanischem Starregisseur war von jener ausgesuchten Herzlichkeit, die an das Aufeinanderprallen zweier Botschafter verfeindeter Nationen gemahnte. Sie kannten sich aus Berliner Zeiten, die mir als golden geschildert worden waren und als der Amerikaner Litvak noch ein Russe aus Kiew mit Staatenlosenausweis gewesen war. Ich glaubte eine sachte Überheblichkeit des letzteren festzustellen, führte sie darauf zurück, daß er die anstrebenswertere Karriere auf siegreicher Seite gemacht habe, eilte zu des Meisters Fahne und war bereit, einen filmischen Treueid abzulegen. Die Muster, die stockend und ungeschnitten über die kleine Leinwand liefen, sagten mir wenig, eine eigene Meinung hatte ich nicht, die Freude auf des Meisters Gesicht nahm mir eine Stellungnahme, nach der mich sowieso niemand gefragt hätte, ab. Eine melodramatische Szene, während der

ich in einer Bar schreiend zusammenzubrechen hatte, im Schauspielerjargon »großer Ausbruch« genannt, schien Herrn Litvak von meinen schauspielerischen Fähigkeiten zu überzeugen; wie markerschütterndes Schluchzen, selbstmitleidige Tränenbäche, Ausgeweidetes und exzessiv Gefühlsverquastes manche Regisseure mehr beeindruckt als Verhaltenes. Nur am Rande hatte ich das kühle, etwas humorlos arrogante Gesicht bemerkt, das weiße Haar, die hellen Augen, die knarrig angestrengte Stimme. Bevor er ins englisch beschlagnahmte Hamburger Hotel »Vier Jahreszeiten« zurückfuhr, schenkte er mir ein freundliches Lächeln, das mich mit einer neuerlichen Heimtücke der Fox rechnen ließ. Der kurz darauf eintreffende Vertrag beschwichtigte meine Ängste nicht im mindesten. Verwirrung, Zweifel, Mißtrauen und der Wunsch, bedingungslos und kritiklos vertrauen zu können, waren Restbestand meiner Fehlentscheidung, meines Starrsinns, meiner Voreiligkeit, die mich nach Amerika getrieben hatte. Ohne Selbstbewußtsein und Selbstsicherheit wähnte ich hinter jeder glücklichen Wendung und beruflichen Anerkennung ungeahnte Schicksalsschläge, als müsse ich für jeden freundlich gesonnenen Tag mit Wochen und Monaten der Ratlosigkeit und Verzweiflung zahlen. Mein hoffnungsloses Unvermögen, mit Geld umzugehen, mein Desinteresse an Höhe oder Tiefe der Gagen, meine Unfähigkeit, einen Vertrag zu lesen, ein Geschäft zu betreten, ohne beklemmende Unruhe zu empfinden, Ungeduld, die nur Ausrede für Angst vor Menschen, Fragen, Entscheidungen war und die ich auf die währungslose Tauschzeit zurückführte, ließen mich ständig auf der Suche nach demjenigen sein, der mir das Unbegreifliche des Materiellen, und des Lebens überhaupt, abnahm. Hinter allem bohrte die Angst vor Amerika, vor dem Zurückgehenmüssen, vor dem Brachland; Angst, keinen Film mehr zu bekommen, nicht mehr spielen zu dürfen. Die einzige Therapie gegen Panik und Lebensangst waren die Arbeitstage im Studio, das versöhnlich Wärmende eines Regisseurs, der an mich glaubte. Sonntage waren Zementblöcke der Langeweile, zogen sich hin wie zu Meixners Zeiten, nur der verregnete schien Schutz und Versicherung, nachdrücklicher Hinweis, weit entfernt von Kaliforniens blauem Himmel zu sein. Bis auf wenige Drehtage in Italien und die Aufnahme eines Monologs, der die fast stumme Handlung begleiten sollte, war die Arbeit mit Willi Forst beendet. Von einem weiteren gemeinsamen Film war gesprochen worden, aber es gab kein Buch, nur vage Vorstellungen, mehr eine lose Verabredung zu einem Treffen irgendwann irgendwo. Die bevorstehende Italienreise war ein Aufschub, auf den ich mich konzentrierte und über den ich nicht hinwegzudenken wagte.

Kurt Hirsch hatte eine Stellung als Assistent und Dolmetscher bei

der Fox angenommen und fuhr mit einem neuerstandenen Wagen nach München. Ich vermißte ihn nicht, dachte nur selten und mit der traurigen Mischung aus Mitleid und Hilflosigkeit an ihn.
Als wir in Positano ankamen, saß eine tomatenrote Sonne auf dem Meer, färbte übereinandergeschachtelte Häuser rauscheengelgold, malte Flammen auf Fensterscheiben, ließ Chagallkinder aus fetten Wolken schweben. Ein stecknadelgroßer Punkt, der kreisend den gleichen Nerv zu treffen schien, sagte, es wäre gut, sich von dem Felsen zu stürzen, auf dem ich saß; gut, weil die immer gesuchte, endlich gefundene Schönheit vielleicht erhalten bliebe.
Am nächsten Morgen regnete es. Nach vierzehn Tagen ergebenen Wartens geriet das winterverschlafene Hotel in Aufruhr: ein Gespräch aus München war angesagt worden. Nach zahllosen Unterbrechungen, Neuanmeldungen, erregten Rufen und Prontos fand ich heraus, daß Kurt Hirsch der Anmelder war. »Ich spreche in beruflicher Angelegenheit und für die Fox«, brüllte er. »Du mußt übermorgen früh in München sein, Litvak braucht dich für die ersten Einstellungen.«
»Ich kann nicht weg, wir hatten schlechtes Wetter und haben noch nicht mal gedreht.«
»Der amerikanische Film ist wichtiger.«
»Ich kann die Produktion nicht auffliegen lassen, nur weil mich die Amerikaner plötzlich brauchen.«
Es wurde ein Krach, der sich auf Filmdispositionen konzentrierte und anderes meinte.

St. Moritz, 27. Dezember 1969.
Nie mochte ich die Clowns, die Trapezkünstler, den Trommelwirbel, bevor die Körper durch die Kuppel schleuderten, die Blicke derer unten, Weißes zwischen Lidrand und Iris, Finger verkrampft in Bonbontüte, Seufzer der Erleichterung, der Enttäuschung, wenn die Beine die Plattform erreichten. Die Tiere: im Kreis geführt vorgeführt, gedrillt, durch Reifen springend; Geruch des Zirkus; Gloriole des Muts, der Tapferkeit, dem Tod die Stirn zu bieten. Als Kind fürchtete ich mich, weinte lauthals, wurde in der Pause entfernt von fassungsloser Mutter, sprachlos ob des Kindes, das Lustiges traurig machte, das nicht lachen wollte über geschlagenen, fallenden, stolpernden Clown. Wie in der Schule war es, als sie die Riesenschlangen anschleppten: »Stell dich nicht so an«, sagten die Lehrer, als ich vor der Meterlangen stand, nicht wagte, die Hand auszustrecken. Die Schlange freute es nicht, gestreichelt zu werden, mich freute es nicht, sie zu streicheln, Gier in Lehrergesichtern, zu un-

terwerfen, zu bezwingen. Bezwingergier, den Tiger durch brennenden Kreis springen zu lassen, Messerwerferklingen neben Frauengesicht zu schlagen; Elefantenbeine hochgereckt, Bär auf Rad, Affe mit Krawatte, über allem Marschmusik, ratternd freudig, Musik, die Soldaten begleitet. Ich sah keine Schönheit, empfand nichts Reales im Häßlichen, sah Willkür und Versagen. Unsere einzige Aufgabe scheint mir das Streben nach Schönheit zu sein, nach Affinität, nach dem Frieden, von dem Henry Miller in seiner Passage über Epidaurus spricht. Daß ich ihn so selten empfinde, liegt an mir, an meiner Ungeduld; einer Ungeduld, die Ludwig Marcuse im »Nachruf« beschreibt – zu spät hatten wir unsere Nachbarschaft entdeckt; bei einer Lesung der Schriftstellerin Anais Nin in München. Tonio und ich gingen hin, weil Miller von ihr gesprochen hatte und weil wir glaubten, eine Freundin von Miller anzutreffen.
Der Saal war voll gewesen, ein Junger betrat das Podium, stellte einen Alten, mit Bronchitis Ringenden vor, der stellte Frau Nin vor, diese stellte die Übersetzerin vor, und als jeder jeden vorgestellt hatte, fiel die Mikrofonanlage aus. Alle lächelten milde, als sei der Technik Niedertracht nichts, woran sich der geistige Mensch reiben könne. Ludwig Marcuse aß Vanilleeis. Weder nahm er das Ausfallen noch die Instandsetzung des Lautsprechers zur Kenntnis, noch mich, seine Nachbarin, noch das nun oben einsetzende herablassende Herumgerede um den Schriftsteller Miller – Galionsfigur, ausgesetzt den gönnerhaften Ausführungen, wie und wann man ihm ein Mahl bereitet, seinen Hunger gestillt, ihm Mut gemacht, dem unberechenbar begabten Kind, das man streng und doch nachsichtig zum Erfolg geführt. (»Ein Mensch sollte weder gelobt noch getadelt werden«, sagte Henry Miller.) Ein junger Mann mit ausgefranster Samthose kämpfte sich zum Podium vor, sagte: »Warum können wir nicht miteinander reden, uns einfach unterhalten? Ich habe Miller in einer Kneipe in Paris gesprochen, er war klar, unprätentiös. Man sprach, bis man sich langweilte oder müde war. Warum nicht auch hier?« Käthe Dorsch konnte so aussehen, wenn sie Elisabeth die Erste von England spielte oder Dürrenmatts »Besuch der alten Dame« – so auch Frau Nin. Mit jener Prise Grundschulenverweis, der die Dorschsche Darstellung auf mittlere Bühnen beschränkt hätte, sprach sie: »Vielleicht ist dies der falsche Platz für Sie, junger Mann.« Ludwig Marcuse kratzte den suppigen Rest aus der Schale, blickte um sich wie jemand, der aus einer

Narkose erwacht, seine Umgebung wahrnimmt, sie unliebenswert empfindet, wieder einschläft. In der Pause ging er, Frau Nin wechselte Worte mit mir, über Henrys Alter, seine Schwächen, über Menschen, die ihn umgeben und die falsch für ihn seien.

Wo sind die richtigen für jemanden wie Miller, und braucht er sie überhaupt? Vielleicht braucht er sie sowenig wie der Berg, der mir gegenübersteht und den ich seit meiner ersten Reise nach St. Moritz liebe, wie ich die Ostsee, Großvaters Laube, die Ufer des Griebnitzsees liebe. Dick ist er, unförmig, ungefügig, nichts hat er von der Attraktion seiner Nachbarn, deren zackige Kämme Wolken auffädeln; klobig wie der Rücken eines ruhenden Nilpferdes, unbrauchbar für Skifahrt, jauchzende Rodler, Spaziergang, Hausbau, Bergsteiger. Seine Ungefügigkeit scheint zu sagen: »Der Erde Parasiten seid ihr. Ohne unsere Bäume, Pflanzen, Algen, Tiere, Meere könnt ihr nicht leben, aber wir ohne euch.« Er müßte sich umdrehen, seinen Namen abschütteln wie das Pferd den Reiter, Schwachsinn zerquetschen, der sich auf seinen Fußspitzen niedergelassen, die Parade stören, Vorstellung beenden, Zirkusfanfare begraben. Das Tal, in dem man seine Wunden leckte, in dem man gesund wurde und beschützt, wäre wieder still, der Berg ohne Namen würde sich aufrichten, eine Lawine auslösen und weiterschlafen.

Nach Anais Nins Abend der Schwatzhaftigkeit kam das Telegramm von Ludwig Marcuse. Ich rief ihn an. »Sie müssen mich für verrückt halten«, sagte er, seine Stimme nasal brubbelnd, Stimme aus der Rumpelkammer durch Decken und alte Kartons dringend. »Ich lebe allein, gehe nie aus, es erschreckt mich. Nichts habe ich aufgenommen.« Mitten in unseren Umzug von Starnberg nach St. Moritz kam er, um Paprikaschoten zu essen, zu reden, Christina, unsere Tochter, zu sehen. »Das Mädchen mit der blonden Zunge«, schreibt er über sie und ihre Koketterie, die vor ihm nicht haltmachte. »Früher ging ich gern aus, abends nach der Arbeit. In Hollywood machten wir alberne Ratespiele mit Werfel und Thomas Mann, aber heute... Tonnen von Langeweile sind auf mich ausgeschüttet worden.« Seine leise Trauer, uns wegziehen zu sehen, berührte mich; »Zuviel Ehr'«, wollte ich sagen. Am nächsten Morgen in der Münchner Zeitung: »Knef verläßt Deutschland«. Und in Berlin: »Deutschland nicht fein genug?« Im Ausland hatte ich mich immer für die Deutschen geschämt, die sich für die Deutschen schämten. Es rodelte durch den Blätterwald, Vorwurf im Unterton, geeintes Europa, gestern noch im Fernsehen gepriesen, Studenten sargtragend, weil Nationalhymnen erklungen. Anonyme Morddrohung kommt per Post, Beschimpfung. Seit der Premiere der »Sünderin« kenne ich sie, gewöhnt habe ich mich nie. Das mit dem Wohnen ist überhaupt so eine Sache. Wir zigeunern und suchen die festgefügte Bleibe, bis uns einfällt, daß wir kein Geld haben, sie zu kaufen, und Hypotheken sind für mich Schulden, und Schulden kann ich nicht ertragen, seit ich zu viele hatte.

»Nicht mal Hitler hatte so schlechte Kritiken«, sagte ein Freund am 10. November 1959. Für den Preis einer Kinokarte fühlten sich alle verpflichtet, mir die Leviten zu lesen. Und das Zusammenleben mit Tonio hatte mir ein fettgedrucktes »Ehebrecherin« eingebracht. Die Filmzeitung unter der Leitung eines Kunze Just schrieb sogar einen öffentlichen Brief, auf erster Seite, so sehr war das sittliche Empfinden gestört, denn Tonio war noch nicht geschieden. »In flagranti müßt ihr ertappt werden, dann haben wir einen Scheidungsgrund«, hatte der Londoner Anwalt gesagt. Wir waren in das Hotel gefahren, hatten uns in dasselbe schmale Bett gesetzt und nach dem Kellner geklingelt. Doch als die Detektive kamen, sagten die Feinfühligen: »Nein, gesehen haben wir sie nicht«, und dabei blieb's, und an Scheidung war nicht zu denken, und obwohl ich einen Bundesfilmpreis bekam, wurden Verträge zurückgezogen, und ein Produzent sprach: »Du stehst auf der schwarzen Liste, mein Kind, wenn ich dir eine halbe Million zahlen müßte, würde ich keinen Film mehr mit dir machen, die Kirche wettert gegen dich, und in sechzig Kleinstädten sind deine Filme verboten.« In London lag das längliche Kuvert aus Amerika und war nicht zu übersehen. »65 000 Dollar Steuerschulden für die Jahre 1955/56, zuzüglich Zinsen, sofort zu zahlen ...« lasen wir, bevor das Feuer lieblich loderte, den Schrieb vertilgte, die Schulden nicht. Ein Anwaltsbüro hatte sie abgezogen, die Steuer, doch wohin weitergeleitet? Mit der Bemühung um Gleichgewicht sagte Tonio: »Aufregen müssen wir uns erst, wenn die Engländer kleinlich werden.« Am nächsten Morgen der Anruf: »Sie haben einige Filme in London gedreht, würden Sie bitte heute nachmittag bei der zuständigen Steuerbehörde vorsprechen.« Der Nachmittag fand uns auf dem Flugplatz:

»Wohin geht die nächste Maschine?«

»Tanger.«

»Warum nicht«, sagte Tonio. Sechs Wochen lebten wir von

der Spielbank, die er erfolgreich heimgesucht. In Berlin fanden wir eine bleiche Mutter vor. Der letzte Stand meines einzigen Kontos wies 30 Rappen auf. »War es Selbstmord?« überschrieb eine Tageszeitung ihren Artikel, der von meiner Einlieferung ins Krankenhaus berichtete. Meningitis war's. Seitdem ist das mit dem Geld und dem Wohnen so eine Sache. – Doch, einmal taten wir den Sprung, kauften eine Wiese, eine ohne Baugenehmigung. Der Bauantrag wurde abgelehnt, bei der Abstimmung hatte einer gesagt: »Die Knef soll judenfreundlich sein, das wollen wir hier nicht.«

Und Frau Landstorfer sprach, vor noch nicht sechs Wochen: »Also grad wie ich meine Schmalznudeln auszieh, san die Mondfahrer gelandet, aber auf die Sekunde sans ankumma.« Dann legte sie die Karten auf, die Schellen und Ober, Eicheln und Unter, ihre verarbeiteten Hände griffen nach Aufgeblätterten, zählten, mischten, teilten aus. »Tja mei, im Ausland seh' ich euch, und Aufregungen gibt's ...« Im Sommer 1961 hatten wir sie kennengelernt, während einer Theatertournee, kurz nach dem Abend, an dem der Kurfürstendamm-Theaterportier »Da soll wat los sein am Brandenburjer Tor, n Zaun baun se oder so wat« gebrüllt hatte. Westberliner Polizisten an der Siegessäule: »Ruhe bewahren – zurücktreten«, riefen sie wie der Stationsvorsteher in Wilmersdorf. »Nu nehm Se doch Vernunft an!« Mahnend kam's, als wäre ein Verkehrsunfall abzuschirmen, Bremsspuren zu sichern, Glassplitter zu fegen. Auf englischen Panzern saßen Soldaten, rauchten, sahen aus, als hätten sie das Kennwort vergessen, Manöverpläne verloren, Teepause versäumt. »Schießt doch!« schrie ein Junge, zeigte auf die russischen gegenüber; bewegungslose, an Land gespülte Wale. Sprechchöre nörgelten von Butter, Milch und Ulbricht, verplätscherten, formten sich mit neuem Reim, vermurmelten, zogen einzeln die Meckerer, lahm gewordenen, machten sich Luft im Obszönen, im Gejohle, traten gegen Bordstein wie Kinder gegen Stühle, zuckten Achseln, gingen nach Hause. Zwei Tage später stand im Daily Express: »Schadet den Deutschen gar nichts, daß sie eine Mauer haben.«

Mutter weinte, mager war sie, grau, gläsern die Haut.

»Nichts als Gastritis«, hatten drei Ärzte gesagt, »Kreislauf, Nerven, kein Grund zur Beunruhigung.«

Sie hielt sich an der Küchentischkante fest, sagte: »Ich bleib' hier, wir gehören hierher, auch wenn dich die Zeitungen immer angreifen, daß ich mich schon geniere, meine Freunde zu besuchen, von nichts anderem reden die mehr als von den Artikeln. Aber wir sind doch Berliner.«

»Du hast einen deutschen, Tonio einen englischen, ich bald gar keinen Paß mehr.« Auf dem Amt war ich gewesen: »Wohin muß ich mich wenden, um meine deutsche Staatszugehörigkeit zurückzubekommen?«

»Tja«, der stramme Beamte schraubte seine Thermosflasche zu, »bei uns werden Sie als Staatenlose geführt. Gehen Sie doch mal drei Zimmer weiter, erkundigen Sie sich da. Ach, wo Sie schon mal da sind – meine Frau, die hätte gern ein Autogramm, die schwärmt doch von unsrer Hilde.« Drei Zimmer weiter war die Abteilung für Displaced persons.

Im Herbst brachten wir Mutter in die Münchner Klinik. Dann fuhr ich zur Dankwartstraße, Parterre rechts, Schild Landstorfer. »Also ich seh' Schlechts, die Mutter ist krank, sehr krank, schleppen Sie sie nicht von Arzt zu Arzt, das Weihnachtsfest wird sie kaum erleben. Leid tut's mir, gefragt ham S' mich.« Morgens wurde meine Mutter operiert, zwanzig Minuten später kam der Professor. »Ich bedaure, vor einem Jahr, einem halben ...«

»Wie lange?«

»Drei Monate, höchstens vier.« Schräg gegenüber stand eine Kirche, dunkelrot abweisend. »Sie hilft nichts«, dachte ich, »damals im Krieg nicht, jetzt nicht.«

Jemand zupfte an meinem Ärmel, eine Nonne stand neben mir, sah mich an. Wenn sie jetzt von Gott spricht, schlage ich ihr die Haube vom Kopf, dachte ich. »Sie sind jetzt allein, niemand kann Ihnen helfen«, sagte sie.

Weihnachten starb Mutter. Am Nachmittag hatte ich wie so oft um Morphium gekämpft. Die Schwester, vorwurfsvoll: »Es ist unsere Pflicht, das Leben zu verlängern.« Ich blieb bei ihr, bis sie die Ampulle aufgezogen und injiziert hatte, bis ich Erlösung im Gesicht meiner Mutter sah, die nasse Stirn glatt wurde. Nachts kam der Anruf. Sie war tot, als ich in die Klinik kam, ihr Gesicht gezeichnet von Schmerz und Verzweiflung.

Drei Tage danach rief einer von der Steuer an: »Kessler hier, ich höre vom Ableben Ihrer Mutter, der Mietvertrag läuft jetzt auf Ihren Namen, Sie sind voll steuerpflichtig, Vorauszahlung sofort.«

»Ich habe kein Geld mehr, das Krankenhaus ...«

»Sie haben sich morgen früh hier einzufinden.«

»Stolz kann ER auf uns sein, der Schöpfer«, sagte Else Bongers, »stell die Möbel auf den Speicher und komm her.«

Der Pfarrer sprach: »So ist das, ich sehe die Menschen nur noch bei Taufen und Beerdigungen.« Vor der Halle stand der Verwalter: »Sie müssen das Geld für die Musik hinterlegen.«
Als die Orgel ausklang, kam der Aufseher: »Sie müssen hier raus, die nächsten warten.«
Eine Woche später flogen wir nach Los Angeles. Ich war ausersehen, den Senat und Berlins Bürgermeister Willy Brandt ehrenamtlich zu vertreten. Ausstellung zu eröffnen, Reden zu halten, Interviews zu geben, Grüße zu übermitteln, Bescheid zu sagen, Uneingeweihte einzuweihen über die Geteilte und ihre Wasserwege, Luftkorridore, Bevölkerung: über eine Mauer. In Tempelhof brabbelte eine: »Kiek ma, det is doch die Knef, n weißen Hut hat se uff, und dabei ist die Mutta jrade jestorbn.« Das mit der Farbe als Trauerbarometer ist auch so eine Sache. Frau Dunke, Hedwig, Bernhardstraße, fiel mir ein. Zwei Töchter hatte sie und einen Mann, der Klarinette spielte. Tonleitern spielte er, nichts als Tonleitern, im Sommer bei geöffnetem Fenster; da nudelte es durch Oktaven, leierte quetschig über Abhang an S-Bahn-Geleisen, quäkte durch Fahrradgeklingel und »Mutta schmeiß ma n Groschen runter«. Die Töchter heirateten, zogen weg. Im August vor dem Krieg starb der Mann, ein Jahr später eine Tochter, dann die zweite. Hedwig stand in der Haustür, sah auf der Nachbarn Köpfe, rief: »Kann denn keener ma im Winter sterbn, imma muß ick mit die schwarzen Klamotten rumloofen.«
Mayor Yorty von Los Angeles hielt meine Hand, bis Blitzlichter ausgeblitzt, Fernsehkameras zusammengelegt, sagte: »Hier ist die berühmte Schauspielerin, die uns über die heldenhafte Haltung aller Berliner berichten wird.« Nach Verlesung vorgeschriebener Reden fand ich mich weitergereicht von Fernsehstudios zu Radiostationen, von Frauenvereinen zu unbekannter Innung und zurück. Bei mitternächtlicher Sendung von Westküste zur Ostküste traf ich auf einen Vergnatzten. Der sprach: »Ist es nicht lächerlich oder gar verbohrt von den Berlinern, in Berlin bleiben zu wollen?« Das Warum schenkte ich mir, ließ das Mikrofon ungenutzt, genoß Pause, landweite Funkstille, fieberte flugser Ergänzung entgegen. »Ich meine, sitzen die Berliner nicht wie jene Pompejer, die am Fuße des Vesuvs verweilten?« »Wenn die Russen von den Amerikanern als Naturkatastrophe angesehen werden, haben Sie recht.« Froh war ich, daß es mir eingefallen, daß Vergnatzter Farbe wechselte, chamäleonisch

schillerte. Zu Hause wußte man wenig von meiner Mission, noch immer als nationale Schande registriert, betrat ich deutschen Boden, meldete mich nach zehntägigem Gefecht am Rudolph-Wilde-Platz zur Stelle. Später kam ein Brief, in dem man mir mitteilte, daß meine ehrenamtliche Arbeit freundlich aufgenommen worden sei. Ich legte ihn zu der Karte von Heinrich von Brentano, die mir einige Jahre zuvor in das Imperialtheater am Broadway geschickt worden war und die handgeschrieben: »Sie tun hier mehr für Deutschland, als wir es können« sagte und zu Professor Hallsteins Brief, der Ähnliches aufführte, zum von Theodor Heuss unterzeichneten Bild, das mich aufs neue freute, zu Otto Suhrs Berliner Stichen plus Widmung und zu jener Bekanntgabe des bayrischen Landtagspräsidenten Dr. Hundhammer, der anläßlich der Premiere eines Films folgendes zu sagen wußte: »Wenn solche Filme wie die ›Sünderin‹ auf Staatskosten durch eine Bürgschaft gedreht und gezeigt werden können, dann ist es höchste Zeit, etwas gegen die sittliche und moralische Zerstörung unserer Jugend zu unternehmen.« Es scheint mir nicht unwesentlich, daß solches sechs Jahre nach dem Krieg, den Konzentrationslagern und Vergewaltigungen in Deutschland gesagt, geschrieben und gedruckt worden war.

Brief an Else Bongers
30. Dezember 1969
Liebe Else,
Bassethund Albert, von in Bayern Einheimischen der ›Niederne‹ genannt und dank seiner Bauweise fähig, um mehrere Ecken gleichzeitig zu gehen, jener mit Ohren wie Flügeldecken, hutzligen Schweinefüßchen, Baßbeller und, wenn unwirsch, penetrantem Pfeifton einer Fabriksirene – jener Albert ist blöd. Du sagst: es mangelt an Erziehung; zugegeben, das auch; aber insbesondere und hauptsächlich ist er blöd. Also er, der ohne Erziehung und nicht allzu schlau, nahm den Auszug zum Anlaß, ergriff Gelegenheit beim Schopfe, schlich sich nieder und trächtig vorbei an Möbel und Wagen, legte sich von einer Bordschwelle zur anderen reichend auf die Hauptstraße, die Berg, Leoni, Percha und anderes verbindet, betrachtete Landschaft Umgebung Panorama, nahm sozusagen Abschied von Beschnüffeltem, übersah mit dem ihm eigenen und nach innen gerichteten Bernsteinblick das herannahende Gefährt des Starnberger Buchhändlers, das bremsend auf Frischverschneitem ins Taumeln geriet,

schließlich mit den Vorderreifen auf dem vom Kopf glücklicherweise weit entfernten Hinterteil des ›Niedernen‹ zum Stillstand kam. Wir hingegen nur mit dem Packen und Sortieren beschäftigt, stets bemüht, ordnend und besänftigend auf das im Heime ausgebrochene Chaos einzuwirken, ahnten nichts. Unter der freundlichen Leitung des Transportunternehmers Rindfleisch arbeiteten zwei kräftige Packer, ließen all das verschwinden, was mir erst dann ans Herz gewachsen schien. Da wurde ein jedes, von der Wäscheleine bis zu Deinem Hochzeitsgeschenk, in Papierkartons und Kisten versenkt, um ein unnützes Speicherjahr anzutreten, da hieß es sich ein für allemal trennen von einarmigen Kleiderbügeln, leeren Pflasterrollen, breitgepreßten Besenstümpfen, henkelloser Pfanne, vormals viereckigen Malzbonbons, Skischuh, den wir nicht kennen, weil keiner bei uns so sportlich, Reste eines Autoreifens, von rechten oder linken Handschuhen, Staubsaugerteilen eines Staubsaugers, den wir beim vorletzten Umzug verloren; – als jedoch der Mumiendeckel in eine der Kisten glitt, fühlte ich ein Nagen Stechen Ziehen in der Herzgegend, fragte mich, ob Föhn, knarrende Treppen und Dielen, sich senkende Türen, umliegende Dauerbaustellen, abgesehen von den zahlreichen Siebenschläfern auf dem Dachboden – der für uns unerreichbar, da nicht mitgemietet –, die zwischen drei und fünf Uhr morgens freßsüchtig und munter, Kind und alle anderen im Hause Ruhenden weckten – ob das nicht alles besser wäre, inklusive der beträchtlichen Miete, als Mumiendeckel wieder einmal verpackt, verfrachtet und abgestellt zu sehen. Packer haben einen ähnlichen Blick wie Zollbeamte an großen Flugplätzen, wenn die Überseemaschinen landen und ein jeder übernächtigt und von Schmuggelschuld gequält die Koffer öffnet, Vertrauliches entblößt. Sie kennen Deine Wäsche und Pullover, die in die Reinigung gehören, und das leichte Zittern Deiner Oberlippe. Packer halten inne, heben den zweimal geklebten Aschenbecher ans Licht, fragen: »Soll der etwa auch mit?« Dein Ja ist verschüchtert, fürchtend, daß Herbes sie aufsässig machen könnte und sie fallen lassen, woran Dir gelegen. Besitz macht abhängig, unwürdig, charakterlos. Armut ebenfalls. Dem Sicherheitskinderstuhl trat ich noch einmal ins Sicherheitsbein, jenem, mit dem Christina vor zwei Monaten umgekippt und schlimme Brüschen schlug. Damals, im Krankenhaus, als man sie geröntgt und der Chefarzt sagte: »Alles in Ordnung«, verließ mich die Fassung, und heulend saß ich, hörte borniertes »Na na, Verehrteste, beruhigen Sie sich« – Ton, mit dem verängstigte Mütter gemaßregelt werden. Übrigens: der Kinderarzt, den ich angerufen, hatte Theaterkarten. »Ich bin gerade auf dem Weg zur Vorstellung«, sagte er und hing ein. Zweimal lebenslänglich für mich, wenn ich hätte können, wie ich gewollt. Also gerade wie ich dem Sicherheitsstuhl einen letzten Tritt verpaßt, hörten wir den Schrei. Albert lag mit Beckenbruch, versäumte die letzten Stadien des Umzugs in der Starnberger Tierklinik. Schäferhund Nehru hingegen, älter und auch weiser, fuhr mit dem Lastwagen, auf breiter Lederbank ruhend, hinter ihm unsere Geschirrspüle Töpfe Kinderbett Wäscherolle Kasperltheater, ins Engadin. Oskar, den Goldfisch, den wir letzte Weihnacht von der Lufthansa zum Geschenk erhielten – was Dich vielleicht interessieren wird, weil doch Dein Bruder mal Chef derselben war –, also Oskar gaben wir in Pflege. Er hat ein gutes, katzenloses Heim gefunden. Hinter Landeck bat ich Tonio, den Unmitteilsamen, Näheres über das Haus, das er für fünf Monate gemietet und das ich nie gesehen, kundzutun. »Alter Kasten, aber ganz gemütlich.« Mehr war nicht in Erfahrung zu bringen. So rutschten wir durch Scuol Tarasp, verfehlten Postbusse und Abhänge, bekam Christina Durst und wollte Windeln gewechselt sehen, wagte ich nicht auf helvetischen Boden kindliche Exkremente abzuwerfen, schnüffelten wir von Heizungsluft Erwärmtes, erreichten Samaden – dort wo ein Golfplatz im Sommer, auf dem ich vor zwölf Jahren zwei einzige Schläge getan: der erste zerhackte den kargen Rasen, bohrte tiefes Loch, zerfetzte mühsam gezüchtete, täglich gezählte Halme, der zweite traf das Euter einer entfernt weidenden Kuh. Sportliches ist mir feindlich gesonnen, was augenblicklich besonders verärgernd, da wir doch in einem Wintersportort sind. In den Hügeln des Grunewalds lief ich Ski, nachdem Großvater Karl der inständigen Bitte nach einem Akkordeon nicht nachgekommen und mit dem Vermerk: »Akkordeon macht eine schlechte Brust!« ein Paar Skier an den Weihnachtsbaum gelehnt hatte. Später hatte ich anderes zu tun, und die Skier waren auch verbrannt. Fechten, das wir in der Filmschule halbwegs erlernten, faszinierte für kurze Zeit, aber doch nicht genügend, um wahrhaft sportlichen Geist zu entwickeln. Schwimmend könnte ich mich über die schmalste Stelle der Krummen Lanke retten, beim Segeln traf mich der Mast, der das Segel hält, und schlug mich besinnungslos, beim Eislaufen kriege ich kalte Füße, und der Tennisunterricht wurde abgebrochen, weil ich dem Trainer das Rakett ans Schienbein schmiß und auch deshalb, weil ich einen Film begann, der im Freihafen Hamburgs gedreht wurde. Das meiste war mir von seiten der Versicherungen ohnehin untersagt. Und Pferde mögen mich nun überhaupt nicht, verhalten sich, gelinde gesagt, gegnerisch und streitsüchtig. Im Pariser »Medrano«, als ich eine Zirkusreiterin darzustellen hatte, knallte mich ein fetter Schimmel in ungepolsterte Bestuhlung, im Damensattel als »Alraune« wurde das schläfrige, mit Beruhigungsmitteln gefütterte Tier tobsüchtig und lief Bestzeiten, während des Films »Katharina die Große« hatten Produzenten um mein Leben bangend ein ponygroßes Tier, das bei der jugoslawischen Kavallerie in Gnadenbrot stand, unter Vertrag genommen, halbblind und siech war es auf die herbstliche Wiese bei Zagreb geführt worden, brach, nachdem ich ihm zuckerreichend entgegengetreten, viele Rekorde und verstarb. Selbst der in London für Bühnenzwecke ausgewählte Hengst, der die Darbietung einer Kollegin während einer »Nacht der tausend Stars« unterstützen sollte, riß sich, meiner angesichtig, los, stürmte den gewundenen Garderobengang entlang, verließ das »Palladium« in Richtung Piccadilly und ward nicht mehr gesehen. Alle Nachforschungen blieben ergebnislos und spätere Gespräche mit Herrenreitern brachten kein Licht in das Dunkel, das meine Beziehung zu Pferden und ihre zu mir umgibt. Ich gestehe, daß mich der Stachel des Neids noch immer piekt, sehe ich Fett- und Dünnleibige jeden Alters über Skipisten fliegen, verfolge ich als Spaziergänger, zur Grübelei neigend, süffisant lächelnd rasante Fahrt und Sprünge, und habe tröstend Knochenbrüche, Gips und Geschientes vor Augen, befällt mich die ekelhafte Mißgunst wie beim Betrachten der Wasserskiläufer auf sommerwarmen Seen, die schön, elegant, vogelfrei und nachtwandlerisch aussehen. Ich versage häufig selbst als Zuschauer. Der geschätzte Uwe Seeler sagte einmal liebenswürdig: »Gratuliere, Berlin hat gewonnen.« Und ich, ahnungslos und noch immer beschämt, fragte: »Was?« Selbst an Boxkämpfe erinnere ich mich nur wegen der Randbemerkungen. Es war im Sportpalast, und der Boxer Alain X. wurde wegen kontinuierlichen Sprechens während des Kampfes disqualifiziert. Das »Was hat er 'n jesagt?« aus hinterster Reihe freute mich über viele Runden und aufgeschlagene Nasen hinweg. Kugelstoßen, Hochsprung, Stafettenlauf und Rudern bringt nichts zum Klingen. Die massive Keilerei zwischen Eishockeymannschaft Detroit gegen

Eishockeymannschaft New York im alten Madison Square Garden bleibt mir deshalb unvergessen, weil sie in keinem Verhältnis zu dem knackwurstscheibengroßen Plättchen stand, dem sie nachjagten. Jagd: Da bin ich feige, weil schließlich Fleischesser, will friedlich Grasendes nicht blutig sehen, kann Schießen und Gewehren nichts abgewinnen, und die Tracht finde ich albern.

Im nächtlichen St. Moritz angekommen, erfragten wir nach mehreren Fehlfahrten über Steilhänge den Pfad, erhielten »Ick bin ooch nich von hier« zur Antwort. Vor dem Haus, von außen manierlich, von innen nicht zu erforschen, da die Bügelmaschine vor der Tür verklemmt, verbrachten wir längere Zeit, bis wir sie freigekriegt und uns in den Vorraum gekämpft. Christinas Bett stand im Keller, die Wäschemangel auf der Treppe, der Wohnraum, soweit erkennbar, war von bedrohlichen Kolossalschränken, einem Tisch und 16 Bauernstühlen verstellt. Das Zimmer, das durch hellgestrichene Wände Hoffnung aufkommen ließ, war nicht betretbar, da der Besitzer, offensichtlich passionierter Anhänger elektrischer Kindereisenbahnen, dasselbe mit Gleisen, Tunnels, Steckdosen und Schaltwerken ausgefüllt. Die Bettdekken, zierliche Plumeaus, waren geschaffen, entweder Schienbein, Magen oder Brust zu bedecken. In der tablettgroßen Küche lief aus neumontiertem Waschbecken Wasser auf den Boden, in ihm schwammen mehrere Tüten Kinderkakao, Erbsen, Linsen, ein Eierkarton. Die Heizplatten waren nicht angeschlossen. Ein zentnerschwerer Kocher älteren Jahrgangs, im Keller angebracht, glühte einmal auf, legte das kärglich beleuchtete Haus in Finsternis. Die Toilette spülte kochendheiß, in einer von Rodelschlitten besetzten Wanne lief es hingegen nur kalt. Als ich verzagt mit schlafendem Kind auf dem Arm nach Flüchtlingsart auf einer Kiste Platz genommen und das rege Hin und Her der Erbsen und Linsen verfolgte, dem zittrigen Licht eines Kerzenstummels nachblickte, das Tonio über die schmale Treppe leuchtete, sah ich das furchterregende Bild eines untergehenden Schiffs auf hoher See in feinstem Öl gemalt. Um meine trüben Gedanken aufzuheitern, drehte ich das mitgebrachte Kofferradio auf leiseste Lautstärke, suchte heimatlichen Sender, erfuhr durch Nachrichtensprecher, daß in Deutschland eine angespannte Lage bei Koks sei. Mit schwindender Kraft suchte ich ein Bett, legte das Kind hinein, erwartete den Tag. In diesem Augenblick traf Isolde mit Albert ein, er hinkte, war aber auf seltsame Weise fröhlich und mitteilsam. Der Arzt hatte gesagt, es heile von allein. Isolde aus Linz, wie Du weißt, eher eine Frohnatur, brach in Tränen aus, hatte doch Albert im Überschwang der Reiselust einen Sprung getan, der sie die Herrschaft über den Kleinwagen verlieren ließ. Nach dreimaliger Drehung auf schmalem Gebirgspfad, von keinem Geländer aufgehalten, war er auf wundersame Art doch zum Stehen gekommen. Morgens fand Tonio eine Sicherung, machte sich an das Studium der 110, 220 und anderen Volt und an die Bereitung eines Tees, brachte Kindernahrung, Kanne, zwei Kantinenbecher, nahm schweigend Platz am Fußende, lag auf dem Boden, unter ihm Bettreste, über ihm Kanne, sich entleerende Zuckertüte, nachkleckernder Kinderhonig, zwei Löffel und ich. Albert pfiff miserabel, weil er ins Freie wollte, Nehru bellte, Christina schrie, die Hausglocke krächzte eingefroren. Ein bärtiger Jüngling von kräftigem Wuchs stellte sich als Klempner vor, machte sich daran, die Flut aufzuhalten, die den unteren Flur durchspülte, watete gleichmütig von Hahn zu Hahn, konnte den Fehler nicht finden, ging gedankenvoll von dannen, versprach wiederzukommen. Ein herzlicher Mann gesetzten Alters in der Uniform eines Briefträgers kreuzte seinen Weg, auf dem Arm Albert von Eiszapfen umhangen, die ihm bei längerem Liegen im Fluß unter benachbarter Brücke gewachsen. Wir bedankten uns überschwenglich, rieben ihn, soweit wir etwas zum Reiben fanden, trocken, immer Rücksicht nehmend auf das verletzte hintere Drittel, legten ihn an die Heizung, stellten fest, daß diese erkaltet, riefen den Vermittler an, der auch keinen Rat wußte, hofften auf Alberts eiserne Konstitution. Nachmittags kam der Klempner wie versprochen, schritt ums Haus, kam zu der Überzeugung, daß das Wasser getauter Schnee sei, der durch die Wand dränge. Er ging, versprach wiederzukommen. Nachdem unser gesamtes Schuhwerk durchnäßt und auch keine Socke mehr trocken, fanden wir die Schraube, die lose, den Hebel, der falsch montiert. Der Klempner, dessen Gutmütigkeit, Interesse und Entgegenkommen wir schätzengelernt hatten, klingelte zu später Stunde und war stumm vor Freude, die Quelle des ständig steigenden Wassers beseitigt zu sehen. Mutig geworden, traf er die spontane Entscheidung, die Geschirrspüle anzuschließen. Er ging nach Stunden, von unseren Segenswünschen begleitet. Beim erstmaligen Ausprobieren schoß Wasser aus der Wand, sprudelte aus Leisten und Verschalungen, riß Kartoffelsack, Hundefleisch und Plastikeimer mit sich, flutete aus der dem Waschbecken gegenüberliegenden Seite der Kleinküche, rann durch Türritzen und über Stufen. Da klingelte das Telefon, und der Verleger teilte mir mit, daß das Buch Mitte April fertig sein müsse. Ich weinte bitterlich, was jedoch in der allseitigen Benässung unterging. Heiligabend, just als wir uns entschlossen, auf Lametta zu verzichten, weil Kugeln und Kerzen, Kettchen und Sterne den Mickrigen zu erdrücken drohten, pochte es zaghaft an der Haustür, und wer glaubst Du pochte da draußen? Der Klempner. Er hatte sich zu dem Entschluß durchgerungen, die Geschirrspüle sozusagen als Weihnachtsgeschenk abzustellen und mit einer neuen Inangriffnahme bis zum Januar zu warten. Wir teilten eine Flasche Champagner mit ihm, wünschten ein glückliches Fest, zogen uns warm an und gingen ins Bett.

Albert hat ein Loch im Ohr, zum Jahreswechsel hat er sich mit einem Riesenschnauzer angelegt. Ich sage Dir, Albert ist blöd. Seit gestern ist das Telefon kaputt, ich bemerkte es, als ich Dich anrufen wollte.

Komm bald. Das Klima ist gut, die Menschen sind freundlich, und das Kino spielt unsynchronisierte Filme. H.

Lächerlich hatte es angefangen. Im Dezember 1950. Auf dem Innsbrucker Bahnhof vor beschlagenem Fenster des Schlafwagenabteils stand der Mann mit Frostnase, pochte und rief meinen Namen. Der Ruf sickerte durch Schlafwatte. »Ein Telegramm«, zeterte er, »Sie müssen's abholen, da drüben.« Er zeigte auf die Bahnhofshalle. Die Kälte an nackten Beinen weckte mich. Ein dicker Beamter rührte im Kaffee, nippte, pustete, trank, stand auf, suchte in Fächern und Kartons, gab mir das Kuvert. Auf Gleis 1, wo der »Verona–München« stand, knatterte der Lautsprecher. »Z'erst unterschreiben, bitt' schön, und ausweisen müssen S' sich schon, auch wenn S' a Schauspül'rin san.«

»Mein Paß ist im Zug.«

»Den kriegen's eh net mehr«, sagte er fröhlich.

Ich rannte los. »Aufspringen verboooten!« brüllte der Frostnasige, als ich im Gang lag, Absatz gebrochen, Fuß verstaucht. Das Telegramm war von Anatole Litvak: »Ich freue mich, daß Sie in meinem Film spielen werden. Wünsche eine gute Reise.« Sein Assistent holte mich ab. »Herr Litvak möchte, daß ich mit Ihnen die Szenen durchgehe, wegen der Aussprache. Es ist schließlich Ihr erster englischer Film.« Kurt Hirsch kam. »Litvak erwartet uns zum Dinner.«

»Ich bin müde.«

»Es ist wichtig.«

Klavier und Geige mühten sich mit Kreisler. An der schmalen Seite des einzig besetzten Tisches im Münchner Vierjahreszeiten-Restaurant saß Anatole Litvak. Er schob einen Stuhl zwischen sich und die lange Reihe seiner Mitarbeiter, stellte vor, rief nach dem Kellner. »Sie werden Hunger haben«, sagte er und plötzlich wußte ich, wo ich das Gesicht schon einmal gesehen, wo es mich irregeführt, wo ich es für ein anderes gehalten, so daß ich glaubte, es nicht vergessen zu können, und es doch vergaß, nicht wiedererkannte, später in Bendestorf. Im Beverly Drive, gleich hinter dem Postamt, dem Monströsen, in der Straße mit Geschäften, die immer aussahen, als wären sie geschlossen, als brauche man eine Mitgliedskarte, um sie zu betreten, hatte er gestanden: rechte Hand hielt einen Laternenpfahl (oder war es einer der dürren Palmenstämme?) umklammert, Arm ausgestreckt, Fuß gegen Baum oder Pfahl gestemmt; so schaukelte er mehr, als er stand, selbstvergessen, verspielt, jemand, der sich nicht entschließen konnte weiterzugehen, jemand, der nichts plante und auf niemanden wartete, der sich am Morgen noch sorgfältig rasiert und angezogen, der Verabredungen getroffen und nun nicht mehr wußte, welche. Und eine wahnsinnige Sekunde lang hatte ich ihn für E. v. D. gehalten. »Das ist Litvak, der Regisseur«, hatte die Patterson gesagt und das Wagenfenster runtergekurbelt. »Hallo«, hatte sie gerufen. Das Gesicht schnappte zu, wurde erwachsen, mißtrauisch, ablehnend. »Unsere neue Klientin, sie ist gerade aus Europa angekommen.« Er hatte genickt und »Freut mich« gesagt.
»Warum sind Sie gekommen?« sagte die gleiche Stimme. »Ich sehe Ihnen an, daß Sie krank sind.« Er nahm meinen Puls, zählte. »Sie haben Fieber, ich werde einen Arzt holen.« Er brachte mich zum Fahrstuhl, kniestete über den Rauch seiner Zigarette hinweg, drückte ungeduldig auf den Knopf. Neben der Rezeption stand eine Frau. Ihr blondes, kurzgeschnittenes Haar lag wie eine Kappe um das Gesicht. Es war E. v. D.s Frau. Wir sahen uns an. »Nun steigen Sie doch ein«, sagte er und wartete, bis die Gittertür einklickte.
Am nächsten Morgen: Kühl, arrogant und etwas spöttisch, den Eifer der anderen genießend, stand er wie das Zentrum eines Hurrikans, umwieselt von Aufnahmeleitern, Kostümberatern, Maskenbildnern, Schauspielern und Journalisten. Die zerkaute Zigarette von Mundwinkel zu Mundwinkel schiebend, den hellen Blick auf die Stirnen seiner mehr und mehr auf Zehenspitzen balancierenden Umzingler gerichtet, schien er keiner Störung bewußt und in Gedanken versunken. War die Arbeit mit Willi Forst in der Isolierung eines Heidedorfes vor sich gegangen, so war das von der Fox für Anatole Litvaks Kriegsfilm belegte Studio

nur mehr mit einem unter Beschuß liegenden Hauptquartier der Fremdenlegion vergleichbar. Nachdem er die Zerkaute durch eine Frische ersetzt, machte er sich an die Untersuchung meiner Blitzmädchenuniform, Stiefel, Tasche, Frisur; überhörte die Vorschläge des Assistentenschwarms und begann die Probe. Wie Forst bestand er auf genaue Einhaltung seiner Anweisungen, konnte sie jedoch nicht präzis wie jener formulieren, stand ihm im Wege, daß er nie Schauspieler gewesen. Die Aufnahme unterbrach die Erregung, die alle am Rande dieses Films Arbeitenden in einen drogenartigen Zustand versetzt, und denen die Aufzeichnung der Szenen eine unwillkommene Unterbrechung in dem Aktionsrausch schien, der sie täglich aufs neue befiel. Litvaks Persönlichkeit, für das Getümmel eines Mammutfilms geschaffen, in ihm aufblühend, sich verjüngend, gefahrsuchend. Mauern und schwindelerregende Schornsteine erklimmend, dem Hofstaat oft Selbstmörderisches abverlangend, ließ jungenhaft Idealistisches wittern – absolute Hingabe an das, was er tat –, Rücksichtslosigkeit gegen sich und Mitarbeiter.

Am Abend nach Drehschluß war er ein anderer, war, als hätte er mit der Ablage der pelzgefütterten Armeejacke und Baseballmütze sich selbst abgelegt, war unbemühter Gastgeber, der vorgab, nichts außer dem Wohl seiner Freunde im Kopf zu haben. Nur die Stimme, vom Asthma sperrig und quetschig, blieb irritiert und mißvergnügt, machte Geplaudertes angestrengt, Heiteres aggressiv, erweckte Mitgefühl. Ein geöffnetes Telegramm lag auf meinem Platz. ›Filmmuster Knef ausgezeichnet. Zanuck.‹ Sein Lächeln und die Anerkennung waren gleich einer Transfusion, die mir Selbstvertrauen gab.

Am Tag arbeitete ich an Litvaks Film, nachts synchronisierte ich den Monolog für die »Sünderin«, zum Weihnachtsfest fuhr ich mit Kurt Hirsch in die Berge. Es war ein Fiasko. Letzte Hoffnungen, die belastete Kinderehe retten zu können, zerfielen. Eine alte Frau, im Restaurant des Hotels sitzend, sah von ihrer Häkelarbeit auf, drohte mit greisenhafter Hand, sagte mit bemerkenswertem Mangel an Menschenkenntnis: »Wenn ich Sie beide so ansehe, möchte ich meinen, daß Sie von zu Hause ausgerückt sind und den lieben Eltern große Sorgen machen.« Es war der Tag, an dem ich wußte, daß ich nie wieder mit Kurt Hirsch nach Amerika gehen würde. Die kommenden Wochen schienen all das nachholen zu wollen, was die vergangenen drei Jahre versäumt hatten, und sie setzten Hildegard Albertina Hirsch Entscheidungen und Attacken aus, die sie entweder nicht erkannte oder nicht erkennen wollte und denen sie auf gar keinen Fall gewachsen war. Dazu gehörte die Begegnung mit Anatole Litvak, letzte Arbeit an der »Sünderin«, ihre Premiere, und die Trennung von Kurt Hirsch.

Januar 1951
Münchner Bahnhof im Matsch: Kriegsbahnhof noch immer. Im Hotel: Rosen, viele Rosen, Bündel Rosen. Die Agentin sagt: »Einmal nur möchte ich so geliebt worden sein wie du, die größten Männer schlagen sich um dich.« Manchmal bin ich überrascht von meinem eigenen Spiegelbild – ich wäre wahrscheinlich weniger überrascht, wenn es gar nicht da wäre, wenn ich ins Bad käme und das Weiß der Wand hinter mir nicht durch meinen Kopf und meine Schultern geteilt, wenn es intakt bliebe, der Spiegel mich nicht registrierte. »Sei glücklich – genieße diese Zeit, es ist die schönste einer Frau, sie kommt nicht wieder«, sagt sie, ihre Hände wie Vogelkrallen, ramschen-, an-sich-reißen-, haben-wollen-Hände. Es geht hier zu, als hätte der New Yorker Milchtrinker, der von der Fox, inszeniert, ohne Buch. Vielleicht ist Glück unmarkant, das, woran man sich nicht erinnert. Sprechen Schreiben Schweigen – Tucholskys Treppe. Glück hat er nicht gemeint. Absage an alle, an alles. Ich bin passiv – Ausrede; Worte wie Rettungsringe, denen die Luft ausgeht – Erinnerungsbilder stehen fest, bewegen sich ruckartig, ein zwei Rahmen weiter, stehen wieder; Augen Litvak – das eine Lid ist etwas länger – »Sie sind ein Kind, man muß auf Sie aufpassen.« Monologe Prologe Nekrologe – sie haben sich ein Bild von sich gemacht, es ist ihnen wichtig, so zu sein wie das Bild. Der eine will mich, weil der andere mich will, der Mann, mit dem ich verheiratet bin, will etwas erhalten, was es nicht gab, die Agentin will ordnen und befehlen, will Macht. »Sei erwachsen, stell Ansprüche, laß dir was schenken.« Erwachsenenlogik, Erwachsenenorganisation – Irrsinn Schwachsinn – Berechnung Verhärtung – falsche Rechnung falsche Bilanz – Lebenslänge lebenslänglich überschätzend. Erwachsene Kannibalen, laufen Hacke bis zur Zehenspitze abrollend, besitzergreifend, jeden Meter dieser Erde besitzen wollend. Spinnefeind mit sich und allem – Mülleimergucker, Häßlichkeitsfanatiker, glücklich nur, wenn's gilt, Schlechtes zu berichten: Nun werde ich dir mal die Wahrheit sagen – freie Bahn den Sadisten mit der Wahrheitsflagge, stolz getragen und immer auf Halbmast. Selbst die alte Putze im Studio morgens um sechs: »Haben Sie schon gehört? Der hat Krebs und in Italien war 'ne Flut, dreihundert Tote, und ein Flugzeug ist abgestürzt, verbrannt alle – na bitte – hab's doch gleich gesagt – siehste – wer zuletzt lacht, lacht am besten.« John Donne siebzehntes Jahrhundert, alles gehört alles gesehen alles weitergesagt, John Donne verschwiegen: »Kein Mensch ist eine Insel ... wenn bei der Beerdigung die Glocke schlägt, frag nicht, für wen sie schlägt, sie schlägt für dich ...« Mit meinem Ich-will-Traum, Bernhardstraßen-Traum war ich klug

oder clever, bis ich nach Amerika ging, clever wie Kleptomanen es sind, klug-clever bis die Männer einbrachen und Männer sein wollten – mit ihren Vorstellungen von Treue und Leid, wann was glücklich oder unglücklich zu machen hat. Wie schlechte Schauspieler: bei »froh« sehen sie in den Himmel, bei »traurig« auf den Boden, bei »Mephisto« verschränken sie die Arme, bei »Parsifal« breiten sie sie aus. Es wäre gut, auf einer Schulter einzuschlafen – aber auf wessen? Warum genieße ich es nicht? Männer waren mal Freunde. Ich muß erwachsen werden, wenn ich nur wüßte, was das ist, außer fressen bevor gefressen – entweder-oder-Axt. Haß verpufft, ist kurzatmig – ist er? Der Massenhaß nicht. Wenn einer nachläßt, schürt der nächste, sie schubsen ihren Haß wie wilde Hunde, die eine kranke Kuh verfolgen. Neulich der junge Fotograf – ich hätte ihn gern zum Bruder gehabt, zum Freund, zum Copain: »Ich hab' versucht, mich mit Gas zu vergiften. Ich dachte, nach dem Krieg wird's anders, besser. Im Grunde warten sie nur auf einen Neuen, und bis der kommt, träumen sie vom Alten, und zwischendurch beschlafen sie jemanden, von dem sie nichts halten – deshalb wollte ich Schluß machen. Ich werde noch oft auf diese Welt zurückkommen müssen, um vieles gutzumachen, was ich früher und jetzt versäumt habe. Ich glaube an Reinkarnation. Nur so ist Mozart zu erklären oder Shakespeare – letzte Stadien der Inkarnation. Und die Bösen sind nur so zu begreifen, sie erleben ihre erste und finden sich nicht zurecht, gehen den einfachsten Weg des Bösen, weil sie nichts haben, an das sie sich erinnern können, das sie wiedererkennen. Ich hab' an Hitler geglaubt, als ich Fünfzehn war, dann nicht mehr« – sie schämen sich, falsche Idole gehabt zu haben – Schuld heißt die Parole, heillose Schuld ... Begabte werden schön, ganz gleich, wie sie aussehen, die Begabung macht sie schön, und die Schönsten werden, wenn unbegabt, häßlich. Wie schön der dicke George aussehen konnte. Die wenigen ragen raus, fallen raus, wieso »ragen« und »fallen« und doch das gleiche bedeutend? Weil, was ragt, auch fällt und was weder-noch gar nichts tut, sich durchwindet schleicht krabbelt kriecht? Die ersten Amis bei Hilde Körber: »Wir waren alle freiwillig im Krieg.« Und wir haben das geglaubt. Ob sie in Korea auch so reden? Die Deutschen haben's jetzt mit der Ordnung, mit dem Greifbaren – haben Angst vor dem, das nicht auf D-Mark und Pfennig zu belegen – der junge Fotograf wird anecken mit seiner Theorie. Tabu das Übernatürliche. Was ist schon übernatürlich, paranormal? »›Phänomene kann man nicht erklären, und daß wir sie nicht erklären können, liegt nicht an den Phänomenen, sondern an uns‹, soll Hippokrates gesagt haben«, sagte der junge Fotograf. Erinnerung ist ein Zerrbild: Kurt Hirsch geht aus dem Zimmer, und fünf Minuten später weiß ich kaum noch, wie er geht oder lacht oder ißt. Es ist brüchig, spröde, unzuverlässig, das Zerrbild. Zu leben ist manchmal wie Sonntage in einer fremden Stadt. Man weiß nicht, an wen man sich wenden soll. Alle sind beschäftigt mit etwas, das man nicht kennt, und weil man es nicht kennt, ist es feindlich. Und wenn man es gut kennt, wird es wieder feindlich, das Dazwischen ist das Verbindende – ist das, wo man hofft. Es fällt mich an wie in Theaterpausen: Man hat sich verloren in der Dunkelheit, zwischen anderen, ist eins geworden mit denen da oben, und dann: Was-sagen-Sie-dazu? Orangensaft Sekt Zigaretten Urteile. Blümerant wird mir ... Litvak will mit mir verreisen. Ich reise gar nicht so gern, bin zu sehr mit mir beschäftigt, kann nichts aufnehmen, weil zu beschäftigt. Man muß sich aufgeben, um zu sehen – ich hab' nichts aufzugeben, wie ein Schüttelrohr, wie die Prismen komm ich mir vor, die immer anders zusammenfallen. Warum will ich einen Selbstmörder zum Bruder? Zum Freund? Else Bongers hat mich für selbstsicher gehalten – ich kann nicht allein sein, außer bei der Arbeit. Im Atelier ist man allein, auf der Bühne auch. Man ist auf sich angewiesen. Manchmal habe ich Angst, erkannt zu werden, und dann wieder habe ich Angst, nicht erkannt zu werden. Ich will den Erfolg und wehre mich. Wenn ich Auto fahren könnte, würde ich auf Gaspedal und Bremse gleichzeitig treten ... An dem Nachmittag mit Litvak in der Galerie: Ich hab' die Frau angestarrt, die an der Heizung stand, die ihre Hände wärmte, Frostbeulen kratzte. Bilder vergessen. »Was tust du?« fragt er; »immer guckst du dahin, wo es nichts zu sehen gibt.« Chirico kannte ich nicht. »Du hast doch gemalt – wieso kennst du ihn nicht?« Sie wissen nicht, wieviel es war, das wir nicht sehen, lesen, hören durften. Abends gehen wir essen. Die Leute, die in das Restaurant kommen – an der Tür drucksen sie so schofel herum, Hand an der Krawatte, an der Uhr, in der Tasche – bis der Ober kommt. Dann wachsen sie, gehen straff vom Vordermann geschützt. Hinterm Tisch kriegen sie Mut, sehen sich um; Blick: Ich kann's mir leisten, mal sehen, was hier geboten wird. Mit jedem Diener werden sie größer – Sitzriesen, nach dem ersten Gin gehört ihnen das Lokal, nach dem Essen und Cognac das Haus – angelehnt, Zigarette vom Kellner in Brand gesetzt, Frau pudert Nase, schnell, als wär's nicht so gemeint – dann Abgang, stolz, haben sich auf bequemste Weise ernährt, sind stolz. Litvak ißt schnell. Er bestellt für mich wie ein Diätchef – Mastkur. Wenn er zu viel Wodka getrunken hat, singt er das Lied von Stenka Rasin, der seine Geliebte in die Wolga schmeißt, damit die Revolution weitergehen kann.

Anfänglich freuten mich die Riesenplakate auf Kinowänden, Litfaßsäulen und Trümmerhaufen – längmähnig, naiv vampige, die den Titel »Sünderin« unterstreichen sollten –, beeindruckten mich die Premierenreisen von Hamburg bis Wien, erstaunten mich die Pressekonferenzen, das Gestottere der sich voreinander genierenden Journalisten, die zaudernd Fragen stellten, bewunderte ich die flammenden Ansprachen des Willi Forst, der seinen gut gemachten, aber artig melodramatischen Film verteidigte, und war überwältigt von den Jubelchören der Autogrammjäger.

Als ich mit Anatole Litvak München verließ, war aus dem Erfolg Verfolgung geworden, hatte ich Namen verloren, war er mit »Sünderin« ersetzt, waren Drohbriefe, Morddrohungen, im Detail aufgeführte Anliegen zahlloser Sexualverrückter tägliche Lektüre. Von Kanzeln angegriffen und von Pfarrern zerpflückt, von Tränengas und Stinkbomben verfolgt, von Protestkundgebungen und Umzügen begleitet, war der Film dennoch oder deswegen in seinen ersten drei Wochen von zwei Millionen Deutschen gesehen worden. Demonstrierende Geistliche wurden mit »Scheißpriester« und »schwarze Hunde« bedacht, andere in den Chor des Protests Einstimmende hatten Kinos verbarrikadiert, Absetzung gefordert, Vernichtung des Negativs beantragt; Ohnmächtige und Halbzertrampelte waren an jeder zweiten Theaterkasse vorzufinden. Wo immer ich hinkam, brüllte es: »Die Sünderin.« Rannte ich, hieß es: »Jetzt macht se auf Kind.« Ging ich langsam: »Da schleicht sie vampig.« Lachte ich: »Die hat Nerven.« Lachte ich nicht: »Die Reue kommt zu spät.« Sie pöbelten und spuckten, und der Film wanderte von Richtertisch zu Richtertisch; der Bischof von Luxembourg hatte, wie so viele andere seines Glaubens, die Bevölkerung aufgefordert, dem Film auf jeden Fall fernzubleiben. Da wurden Blätter ausgeteilt, die »Dieser Film spottet nicht nur der christlichen Moral, sondern auch des elementarsten menschlichen Anstandes, verhöhnt die Ehre unserer Frauen und Mädchen, gefährdet das gesunde Ehrbarkeitsgefühl unseres Volkes« wetterten, und Kardinal Frings, entfernt verwandt mit jenem behenden Exboxer und Agenten in Hollywood, trat als Zeuge gegen einen Ruhrkaplan an, der der Einmischung widersprochen. Landtagspräsident Gockeln sagte: »Ich warte auf weitere Demonstrationen gegen ›Die Sünderin‹«; blutig geschlagen fand sich der Bundestagsabgeordnete Heike in neuer Demonstrationswelle, und endlich ließ auch Dr. Hundhammer seine Ansicht hören.

Hinauskatapultiert und zur Rechenschaft gezogen, schien ich mitverantwortlich für alles, was das plötzliche Ärgernis »Sünderin« darstellte. Ich begriff nichts, hatte die Jahre der sittlichen Aufrichtung, der ersten wetterleuchtenden Zeichen eines Wirtschafts-

wunders und seiner nach Instandsetzung von Ordnung und Moral strebenden Gesellschaft verpaßt, verstand nicht, daß mit Währungsreform, regelmäßiger Nahrung, geheiztem Schlafzimmer eine auf Keuschheit bedachte Betulichkeit Einzug gehalten und das Unfaßliche des Vorhergegangenen ignoriert, abgeschrieben und verdrängt hatte. Die Reaktion auf ein nacktes Mädchen, auf der Leinwand kurzfristig gezeigt, ließ mich glauben, daß an einem Großteil der Empörten eine Lobotomie vorgenommen worden sei, die sie von der Erinnerung an eine diabolische Vergangenheit befreit hätte. »Sünderin lacht über Krieg«, war das Bild unterschrieben, das mich in Wehrmachtshelferinuniform zeigte und das während der Dreharbeiten zu Litvaks Film aufgenommen war. Und der Düsseldorfer »Mittag« zu einem Foto, auf dem Anatole Litvak von hinten, ich von der Seite zu sehen waren: »Dieser breite Rükken gehört Anatole Litvak, der die bescheiden neben ihm stehende Hildegard Knef nach Amerika entführen will. Hildes Roman komplettiert sich. Hat sie einem ›on dit‹ zufolge in der Intimität des Demandowskyschen Filmparadieses nicht weit von Goebbels begonnen, so fand der Umsturz sie in den Armen des amerikanischen Soldaten Hirsch. Nun endlich ist sie Widerstandskämpferin geworden, in einem Film, der wahrscheinlich nicht nach Deutschland kommen wird.«
Erich Pommer: »Bei einem Film starten sie Revolutionen, bei Gaskammern nicht. Im Herbst werde ich meinen Film anfangen, die Reklame kommt mir als Produzenten zugute, Ihnen nicht. Übrigens, Hirsch war bei mir, will Sie fertigmachen.«
»Wie und mit was?«
»Nach diesem Skandal hat jeder recht, nur Sie nicht. Eine Scheidung gießt Öl ins Feuer.« Entgegen seiner Angewohnheit, distanziert und zurechtweisend zu sein, klopfte er meine Schulter wie einem alten Kriegskameraden, der einem Strafbataillon zugeteilt wurde. »Sie unterschätzen die Scheidung, sie wird Ihnen zusetzen, nicht nur finanziell.«
»Litvak wird mir helfen«, sagte ich im glücklichen Bewußtsein, einen ungeduldigen Professor Higgins gefunden zu haben, der die Liebenswürdigkeiten seines ansonst eher borstigen Wesens für mich aufgespart zu haben schien.
Erich Pommer rutschte in seinen Sessel, war mürrischer Steinadler, sagte: »Seien Sie kein Kind. Mit dem, was auf Sie zukommt, können Sie sich das nicht mehr leisten. Bis zu unserem Film haben Sie viel Zeit. Fahren Sie irgendwo hin, aber allein.«
Ebensogut hätte er mir empfehlen können, mich umzubringen. »Allein« war nicht auszudenken, »allein« war totales Ausgeliefertsein, war Angst vor Drohbriefen, vor Irrem im Kleiderschrank,

vor Pfiffen, kreischenden Kindern, zwinkernden Knaben im Stimmbruch begriffen, zweideutigen Anspielungen rundlicher Herren mit Luftschutzwartgesichtern, vor dem »Komm Fritz wir gehen« säuerlicher Ehefrauen in Restaurants, vor Geschlechtsteilwedlern und »Nu ziern Sie sich mal nicht, haben Sie doch alle nackt gesehn«. Willi Forst, der einen neuen Film vorbereitete, nahm Erfolg, Aufruhr und Widersprüchliches gelassen hin, war erfreut über Protest und Besucherschlangen, schien glücklich, mich berühmt gemacht zu haben, ahnte wohl selbst nicht die Auswirkungen des Ruhms, der jahrelang auf alles, was ich tat oder unterließ zu tun, einen Großteil der Boulevardzeitungen zu »Die Sünderin sündigt« ... »wieder« ... »weiter« ... »immer noch« ... »hört nicht auf« ... »kann's nicht lassen« animierte. Mit dem Ruhm kamen die Vorwärts- und Rückwärtsverneiger, jene, die mir zu Munde redeten, und jene, die's immer besser wußten; die Anhimmelnden und die Maßregelnden, die Jajaja-Sager und die Neinneinnein-Zischer. In Deutschland »Die Sünderin«, im Ausland »die Deutsche«, wähnte ich mich auf wackliger Wippe, wurde zum Jojo, zur Zitterpappel, flog von euphorischem Optimismus und Geltungstrieb zu selbstzerstörerischer Depression und Tränensusigkeit.
»Sprich hier nicht deutsch«, sagte Litvak, als wir in Frankreich ankamen. »Warum?« stotterte ich, »mein Französisch ist miserabel.« Fräulein Weises »Les nuages sont gris« eingerastet, weil ich »gris« wie »Grieß« gesprochen und sie puterrot flamingoscharlach infarktnah geröchelt – also »Nuages sont gris« und »je suis Allemande« waren nicht vielversprechend, ließen mich berechtigterweise annehmen, daß die Sprache zwischen Nasenwurzel und Lippenrand geformt und, weil zu konträr dem Berlingenuschele, nicht für mich geschaffen. Aufgehalten von einem Blick, der eine Prinzessin in einen Frosch verwandelt sieht, spulten die Schleifen und Spiralen des Erinnerungsfilms weiter, verhakten bei Auschwitzfilmen und Dachaufotos.
»Die Friseuse hat dich für eine Amerikanerin gehalten«, sagte er zwei Tage später zufriedener, in Lobesnähe, mich zum Zentaur machend, dem man mittels eines ausgezeichneten Schneiders den Pferdefuß verkleidet.
»So muß man also leben«, dachte ich und beobachtete seine Leichtigkeit im Umgang mit strengen Concierges in plüschigen Hotels mit Zimmern wie Polofelder und Bädern wie Schwimmhallen, mit insolenten Maîtres d' in überfüllten Restaurants, mit »Rien ne va plus«-Rufern in Casinos, und versuchte, es ihm gleichzutun. Am Baccarattisch, Zeitgefühl und Vorsätze einbüßend, verbrachte er Nächte, wartete ich bis zum Sonnenaufgang auf einen graugesichtigen Verlierer, der keine Nachfragen ertrug. Er fuhr an die See

und ging nie ins Wasser, er fuhr in die Berge und ging nie spazieren, aber wo immer er war, gab's ein Casino. Im Sommer in Kapitänsuniform, im Winter in Skiausrüstungen, war er jedem Sport abhold, lief von Geschäft zu Geschäft, befand sich im Einkaufswahn bis zur nächsten Casinotragödie. Hatte der Tumult eines Studios ihn ruhig gestimmt, so stimmte die Muße ihn unruhig, machten Ferien ihn nervös; da wurde telefoniert und diktiert, kamen und gingen Sekretärinnen und Boten, waren, kaum ausgepackt, neue Reisen unerläßlich. Mehr und mehr war mir das eben entdeckte Europa verleidet, wurden Rhythmus und Maßstäbe des Luxuslebens unbegreiflich, langweilte ich mich in den En-vogue-Restaurants und -Bars, empfand keine Freude, jene anzutreffen, die man am Tag zuvor schon gesehen, um dasselbe zu sagen, das man gestern gesagt; mehr und mehr schien sich etwas eingeschlichen zu haben aus Hollywoods Pfründen in die ahnenstolzen, intakt gebliebenen Mauern des unzerstörten Europa. Plötzliche Wärme und Väterlichkeit versöhnten mit dem Barschen, wie die unvermutete Herzlichkeit eines zur Strenge neigenden Menschen oft gerührter zur Kenntnis genommen wird als die Freundlichkeit eines ohnedies Freundlichen.

Ein Großteil der Regisseure, die zu einer Zeit berühmt wurden, in der die Filmindustrie die Krone der Unterhaltung, befand sich ständig in Gefahr, der Selbstüberschätzung und Maßlosigkeit zu erliegen. Nicht jener Maßlosigkeit der Phantasie, von der Salinger spricht, der Maßlosigkeit, die Loslösung vom Materiellen ist, sondern der im Materiellen und im Erfolg verhafteten. Verschachtelung und Verknüpfung verschiedenster Berufe in einem Filmatelier verlangt nach dem Führenden, alles Übersehenden, der die Fäden der unchronologisch gedrehten Handlung zusammenhält; verlangt nach dem, dessen Wort gilt und dessen Ansprüche und Geschmack maßgebend sind. Über viele zu bestimmen gibt ihnen das Gefühl, Herrscher oder gar Schöpfer zu sein, und zwangsläufig tragen sie das Beiwerk ihrer Tätigkeit in das Privatleben. Der Regisseur kann, wie kein anderer, Menschen betrachten, beobachten, durchschauen, abtasten. Das Lampenfieber mancher Schauspieler, das sie verletzbar und kindlich macht, Erregung und Veränderung, die eine laufende Kamera bewirkt, Hineinhorchen in den Brachgelegten, stellt eine Beziehung her, die uneben, wie ein Interview; der eine beurteilt, der andere hat sich beurteilen zu lassen. Der Schauspieler, daran gewöhnt, beobachtet zu werden, muß auf der Hut sein, die Gabe der Beobachtung nicht gänzlich zu verlieren; der Beobachter vergißt oft, daß auch er beobachtet werden könnte. Und genau das erträgt der im alten und patriarchalischen System erzogene Regisseur nicht. Und obwohl ich einen Lehrer gesucht hatte, so lehnte ich den Demagogen ab, konnte mit dem Dauerregisseur nichts anfangen, und er nichts mit mir. Wir gingen uns auf die Nerven und fanden uns nach einiger Zeit nur noch liebenswert, wenn getrennt. Sein ehrliches Bemühen, mir beizubringen, was wann anzuziehen sei, seine Hoffnung, mir eines Tages ausgebeulte Hosen, Pullover und beharrlich getragenen Marlenemantel zu entreißen und Gefallen an Modezeitschriften zu wekken, hatte etwas von einem Hundezüchter, der seinen Afghanen in ein Korsett schnüren möchte. Mein Desinteresse an Geld und den »richtigen« Plätzen verärgerte ihn dermaßen, daß er mich mit Verflossenen und ihren Vorzügen aufzuwiegeln begann. Alles als bare Münze nehmend, wurde ich einsilbig, hartnäckig und trübsinnig. Maßlose Freude an Beethovens Neunter, von Furtwängler dirigiert, und, weil zu spät gekommen, nach verwarnendem, dann erkennendem und verzeihendem Blick des Großen begonnen, wurde mäßig, weil: »Das hat das deutsche Herz so wahrhaft aufgewühlt«, – spöttisch gesagt, Beethoven ins Rabaukige Weltschmerzliche Kriegsgebundene versenkend. Als der Chauffeur in Südfrankreich »Ich hab' gleich gesehen, daß Sie Deutsche sind«, sagte und den Satz mit: »Ich liebe die Deutschen, das waren noch Zeiten, als hier Zucht und Ordnung herrschte« beendete, war das Verärgernde offenbar und der Fall ein solcher: daß man von den Falschen für das Falsche verehrt wird.

Paris zum erstenmal: So wünscht man sich ihm vorgestellt zu werden, dem Arc de Triomphe, von der Avenue de la Grande Armée kommend, Mai und Kabriolet, Verdeck unten. »Ein Glück, daß das heil geblieben ist«, sagte ich. Bei »heil« fiel mir Hitler ein, das Foto nach Frankreichfeldzug, Bein angewinkelt, als wolle er einen Schuhplattler beginnen. Ergrimmt das Profil über Steuerrad, rief es mich zur Ordnung, besagte gleichzeitig: Ich hatte auch nicht erwartet, daß du dich an die Abmachung hältst. Ich, trotzig, erst gemurmelt, dann deutlicher: »Vor Hitler wurde auch schon deutsch gesprochen. Und vor Stalin russisch.« War das erste nicht geschaffen, mich beliebt zu machen, so grenzte das zweite an Blasphemie. Es war die Zeit, in der kein Sieger Kritik, Argument, Anfrage duldete. »Ihr wart doch alle begeistert«, sagte er, drei Generationen überblickend.
»Ja.«
In den Kinos an den Champs Elysées liefen amerikanische Filme. »Wenn ich auf Urlaub komme, gehen wir in den Ufa-Palast«, hatte Martin gesagt. Martin, mit dem ich radgefahren; der mit den langen schwarzen Mädchenwimpern. Am Sonntagmorgen beim Milchholen trafen wir uns, schwenkten zerbeulte Blechkan-

nen, schepperten mit lose sitzenden Deckeln, verbogenen Henkeln, schepperten die unschicken weg, taten, als wären sie belustigend, nicht etwas, was uns Eltern in die Hand gedrückt und gesagt: »Hol Milch und poussier nicht rum.« Martin mit der Wäßrigblauen in der Kanne, Atem weiß vom Frost, sagte: »Bin eingezogen.« – »Ihr Junge hat seine Schuhe nicht abgeholt«, hatte Stiefvater gesagt. Sie hatte den wollenen Schal vor das Gesicht gezogen, und ihr Weinen hatte man über den Maschinenlärm hinweg gehört. Stiefvater schickte mich in die Kneipe gegenüber: »Hol einen Klaren.« – »Martin ist am zweiten Tag gefallen«, sagte sie und saß auf dem Stuhl vor der Ledernähmaschine. Nachts war ein Vetter gekommen, einer, den ich nur vom Foto kannte. Dreiundzwanzig war er, seine Hände wackelten, wie bei dem Alten, der an der Bahnunterführung Zeitungen verkaufte. »Wieso bist du bei den Fliegern?« hatte Mutter gefragt. »Ich hab's mir nicht ausgesucht. Seit einem halben Jahr fliege ich Stukas.« Zwei Wochen später schrieb die Tante: »Er ist abgestürzt.« Nichts weiter. Fast alle aus der Treitschke-Schule waren tot, und alle aus der Bernhardstraße. Nur Mucke hatte es überlebt, aber der war fünf Jahre jünger als ich; und Helmuth Weidke, weil er's auf der Lunge hatte. Sein Bruder war bei Charkow mit einem Panzer hochgegangen. Nicht mal die Hundemarke hatten sie gefunden. Walzer und Foxtrott hatte ich mit ihm geübt, in der Tanzschule »Antoine« am Kurfürstendamm. »Heben Sie die Füße, Herr Weidke, Sie tanzen nicht, Sie bohnern«, hatte die Lehrerin gerufen.

Von nun an, ob auf Rennplatz oder Parties, in Bistros oder Bois de Boulogne, pirschte die Niedertracht der Erinnerung und ließ mich nicht froh sein. Sie thronte in Longchamps zwischen Sommerhüten und Balmains Feinsten und ließ mich an Biesenthal und Klepper vor Karren gespannt denken, saß im »Méditerranée« bei gedämpftem Licht und zartem Fisch und mahnte an erste Lagersuppe, sorgte für Läuse und Ratten zwischen »Maxims« rotem Samt, baute T 4s vor Louvre und Tuilerien, legte Tellerminen in Nachtklubeingänge. Zwischen Visionen vernahm ich trunkenes Geplauder um Krieg und Sieg und Einzug in Paris, wurde Krieg zur Safari, wurden Männer zu Helden, in deren Welt der Mann Probleme, die Frau Launen hat, schwätzten sie von der alabasterhäutigen Gattin jenes gichtkranken Lords, der man Pariser Seidenstrümpfe vom Bombereinsatz mitgebracht, war spanischer Bürgerkrieg gestern vorbei und Hamburg gerade in Brand gesetzt, wurden die Bomben für Dresden noch einmal verladen, schien Hiroshima unbekannt und Korea keiner Erwähnung würdig, wurde der Tod zum Mann der Tat, Karl-May-Eroberer, Haudegen, Indianerspiel. Und ich begegnete den snobistischen Liberalen, die

glaubten zu wissen, wie die Arbeiter leben sollten, ohne je einen gefragt zu haben, und sie im persönlichen Zusammentreffen mehr verachtend als schätzend, die Namen der verbliebenen Aristokratie und millionenträchtigen Gesellschaft häufiger erwähnend als Fabrikstreiks und Gewerkschaftsprobleme; und schon sah ich Stiefvater knochig und leimverschmiert, Absatzfarbe unter Fingernägeln, mit kurzem krummem Messer Leder schneidend, hörte ihn sagen: »An den Schuhen erkenne ich die Menschen«; verglich, wußte, daß es ihn nicht gefreut hätte, sich von ihnen sein Leben vorschreiben zu lassen.
Als ich im Zug nach Wien saß, wußte ich, wohin ich nicht gehörte. Doch wohin, wußte ich auch nicht.

Fred Adlmüller, Forst-Freund und beruflich der Mode verschrieben, stand vielfach und spiegelumgeben in seinem Salon. Die entsetzt geweiteten Augen, Fingerspitzen an den Mundwinkel gepreßt, seine Haltung vom Donner gerührt, ließen keinen Zweifel aufkommen, daß Fred außer sich war. Nach einer Pause, in der er mein derangiertes Äußere aufgenommen, rief er: »Sag um Gottes willen, was ist passiert?« Näherinnen und Zuschneiderinnen schlichen mit der zu probierenden Filmgarderobe einher, wagten nicht die Lider zu heben. »Ganz Wien liegt dir zu Füßen, und nun das. Ein Skandal, den ganzen Morgen hat man mir telefoniert.«
»Um fünf haben sie mich aus dem Zug geholt. An der Ennsbrücke.«
»Die Russen?« Die Stirn rötete sich, der Mund, leicht geöffnet, ließ Atem weder rein noch raus, nur das dichte schwarze Haar blieb, wie der Anzug, makellos.
»Die Amis.«
Hörbar floß der Seufzer an Nasenflügeln vorbei, sein Blick auf zerrissene Strümpfe, aufgeschlagenes Knie und zerknülltes Kleid gerichtet, setzten wir uns auf die Stufen des Vorführpodiums, entzündeten Zigaretten.
»Das Visum sei nicht leserlich, hat der Sergeant gesagt, damit käme ich nie durch die russische Zone. Es war dunkel, und als ich ausstieg, war der Bahnsteig nicht da, wo ich dachte, daß er sein würde, und ich knallte auf die Gleise, und bis der Diensttuende ausgeschlafen hatte, war der Zug eben weg.«
»Aber die ganze Presse und die Wochenschauen waren doch am Wiener Westbahnhof.« Er nahm einen Lutschbonbon gegen Magensäure, schluckte ihn, ohne gelutscht zu haben, murmelte »Katastrophal, katastrophal«.
Wie alle, die einen Lispler aufweisen, schien auch Fred ein Abon-

nement auf Worte mit S zu haben. Sie haben es sozusagen auf ihn abgesehen. Sein Mitarbeiter Herbert Schill, aus Schillschem Preußentum und aus Gardelegenscher Kaserne gut bekannt, als die Filmschule zwischen Leuchtziffermalerei für Soldaten gesungen und er noch in der schmucklosen Feldgrauen Vorhang zog und klatschend durch Kulissen eilte, trat durch die Tür, sagte, seiner Herkunft Ehre machend: »Fred, reg dich ab.«
Das regte Fred auf. »Herbert«, rief er mit Strenge, »wie immer verkennst du die Situation.«
Herbert hob die Brauen, lächelte mitleidsvoll und amüsiert, küßte mich freundschaftlich, sagte: »Was sagst du, er wird noch einen Nervenzusammenbruch haben.«
»Papperlapapp«, sagte Fred, »Hilde und Willi sind schließlich meine Freunde, und trotz des Skandals war die Presse doch immer entzückend zu ihnen, aber jetzt ... sie glauben doch, daß Hilde sie absichtlich hat warten lassen.«
»Warum sollte ich?«
»Du kennst die Wiener nicht«, sagte er voller Melancholie und nahm einen zweiten Lutschbonbon; »dabei war doch die ›Sünderin‹-Premiere unvergeßlich.« (Wie einen Rennfahrer hatten sie mich auf die Schultern gehoben und aus dem Kino getragen, und mir auch deshalb unvergeßlich, weil sich ein Furunkel unter weißem Kleid und auf linker Gesäßbacke befunden hatte.)
Mein Freund Fred, der äußerst unfreiwillig am Krieg teilgenommen und der wie manche in der Modebranche Tätigen leicht erregbar und sehr sensibel, war mit Helm und Gewehr ebenso unvorstellbar, wie es Noël Coward auf Bärenfang wäre oder Boleslaw Barlog beim Pas de deux, und er war mit dem Wien, das er und Forst mir gezeigt, insofern identisch, als er Krieg und Nachkrieg ignorierte. Hier waren, im Gegensatz zu Berlin, die Besatzer mehr oder weniger freundliche Touristen, die sich in das Bild der Stadt eingeblendet hatten. Fred und Willi Forst hatten mir ein untragisches, Sorglosigkeit vortäuschendes und unzerstörbares Wien vorgeführt, wo sie wie friedliebende Fürsten geachtet und geehrt wurden.
»Ich habe mich entschlossen, außer der Regie die Hauptrolle zu übernehmen.« Willi Forst stand in der Tür und schien die Reaktion, die seine Offenbarung ausgelöst, zu genießen. Die Freude war groß, das Glück vollkommen, der Film begann mit der Heiterkeit, die einer Komödie zusteht, und endete mit der Katastrophe, die eingangs von Fred vorausgeahnt. Er war nicht nur schlecht, er war auch eine Pleite, und wir beide als heiter vertroddeltes Liebespaar paßten in die Zeit der Heimatfilme und tränengebadeter Gemütswogen wie die Faust aufs Auge. Mein unerschütterli-

cher Glaube an Willi Forst und meine Dankbarkeit ließen mich die üble Premiere überstehen, nach der wir im trostlosen Hinterzimmer des Kinos standen, als hätten wir einem Eisenbahnunglück beigewohnt. Selbst der warmherzige Komponist Theo Mackeben, der für den Film die Musik geschrieben hatte, und der zum Spott neigende Textdichter Hans Fritz Beckmann blickten abwesend und unaufgelockert.

»Herr Albers, kann ich Sie einen Augenblick sprechen?«
»Komm rin, Kleene.« Er stand in Unterhemd, bügelfaltenloser Hose, Pantoffeln und Lastwagenfahrermütze, rührte mit einem Finger im Sektglas. »Wat kann Hänschen für dich tun?«
Seit zehn Tagen drehten wir an Erich Pommers »Nachts auf den Straßen«; er spielte den ehrbar gutmütigen Lastwagenfahrer, ich die Kanaille, der er auf den Leim gegangen.
»Herr Pommer sagt, die Entscheidung liegt bei Ihnen.«
Er ging zur Tür, rief in den Garderobengang: »Sukrow, mach 'ne Flasche auf.« Sukrow, der Garderobier, schoß mit Geöffneter um die Ecke, als hätte er seit Tagen auf den Ruf gewartet. »Was für 'ne Entscheidung?«
»Unser Film hat vier Wochen zu spät angefangen. Wir haben noch sechs Wochen zu drehen, aber ich muß in drei Wochen in Hollywood sein, hab' einen Vertrag für einen Tyrone-Power-Film unterschrieben – wenn ich nicht komme, muß ich eine Konventionalstrafe zahlen, die ich nie bezahlen kann.«
»Und nu willste, daß wir Tag und Nacht drehen? Was sagt der Regisseur?«
»Jugert sagt ja.«
»Weißte, da war mal ein Schauspieler, mit dem hab' ich angefangen, auf der Bühne in der Provinz – da warste noch nich mal ein Zwinkern in Vaters Auge –, und der Schauspieler, der war besser als ich. Aber den haben se nich in der Wiege geküßt, bei dem kam nischt rüber, und deshalb bin ich 'n Star geworden und der nich.« Er leerte sein Glas, stocherte mit der Nagelschere in einer Zigarre. »Du hast es vor dir, ich hab's bald hinter mir.«
Nach zwei Wochen hatten unsere Augen die Farbe bindehautkranker Kaninchen, rutschte die Schminke wie Schmierseife von brennender Haut, hatte Rudolf Jugert sein Kriegsgewicht zurückgewonnen, war der böhmische Kameramann Venda Vich der deutschen Sprache nicht mehr mächtig, war ich mit Magengrippe behaftet – nur Albers schien bis auf das leicht lädierte Äußere vom Schlaf unabhängig. Während letzter Nacht und drei Stunden vor Abflug fiel ich von fahrendem Lastwagen, drehte vier Saltos, hatte Hans Albers mich drehbuchgemäß zu ohrfeigen, fürchtete, mir

weh zu tun, trank noch einen Cognac, vergaß Siegelring abzusetzen. Ich erreichte das Flugzeug und später Hollywood, betrat kurz darauf mit dicker Backe und kürbisgroßem Knie das Fox-Studio und schlief unter den befremdeten Blicken des Regisseurs Hathaway und meines Partners Tyrone Power ein. Wachgerüttelt, versuchten sie mir auf gütige Weise klarzumachen, daß ich in einem im Atelier aufgestellten D-Zug-Abteil Platz zu nehmen und einige Sätze mit dem Hauptdarsteller auszutauschen hätte. Der von Arbeitern geschüttelte Waggon, der schnelle Fahrt über mangelhaft gefügte Schienen vortäuschen sollte, geriet ins Wanken und schleuderte zwei Koffer aus dem Gepäcknetz, der eine traf mein Haupt, versenkte mich in Tiefschlaf. Mit Eisbeuteln auf Knie und Backe fand ich mich zur Besinnung und zum Abschwellen gebracht, arbeitete wohl noch einige Stunden, ohne es wahrzunehmen, und lernte meinen Partner und Regisseur erst nach einem Wochenende des Dauerschlafes kennen und schätzen.
Das Hollywood 1951, das von einem Senator McCarthy der Kommunistenbeihilfe verdächtigt worden war und das nun seine politische Vergangenheit vorweisen sollte, dessen linksgerichtete Autoren, Regisseure und Schauspieler vor einem Komitee die Namen Gleichgesinnter preiszugeben hatten, war ein anderes als das Hochgemute, das ich vierzehn Monate zuvor verlassen. Die Deutsche war weniger suspekt, weil die Kommunisten suspekter, und die Fragen der herbeieilenden Reporter konzentrierten sich auf die jammervolle Behandlung der demokratischen Berliner durch die kommunistischen Horden und auf die »Sünderin«. Die eiserne Front der Frauenvereine lauerte gesichtslos hinter jeder Anspielung, und bevor ich wußte, wie mir geschah, fand ich mich als die »Sophisticated« und »Femme Fatalige« wieder. Die beiden feuerspeienden Presseerzengel Louella Parsons und Hedda Hopper, die täglich Kolumnen über Hollywoods Privatestes durch die USA vertrieben, ließen die Fox wissen, daß sie interviewbereit seien. Obwohl die beiden verfeindet, waren sie doch in einem geeint: Die in der Filmindustrie Beschäftigten hatten ihren moralischen Anforderungen zu entsprechen, und ein jeder, der auch nur den dürftigsten Anschein unpuritanischen und den Frauenvereinen kontradiktorischen Denkens ahnen ließ, konnte mit den Furien der Vergeltung rechnen. Sie hatten einige Karrieren unterstützt und andere beendet, und konnten sich anrechnen, daß Ingrid Bergman Amerika verlassen mußte, weil sie in Liebe zu einem Herrn entbrannt, dem sie nicht angetraut – von weniger Prominenten gar nicht zu reden, die waren bereits verscheucht, bevor der Name ein Name geworden.
Louella saß auf geblümter Couch, die beringten Hände gefaltet,

und gemahnte an eine großmütterliche Krötenkönigin. Den Kopf geneigt, Fragen in Mitleid und Verständnis gehüllt, erreichte sie, daß die zum Enkelstadium Reduzierten plauderten und plauderten und an Mißverständnisse und Verleumdung glaubten. »Mein liebes Kind, wie schön, dich zu sehen. Ich höre, du bist sehr begabt, der liebe Tyrone hat mir so glühend von dir berichtet – da spinnt sich doch nichts an, oder?« Sie drohte mit einem Fingerchen und lächelte, als hätte ich ein Weihnachtsgedicht aufgesagt.
»Nein«, sagte ich, der Wahrheit entsprechend.
»Nun nun, mir kann man nichts verbergen und ich werde es schon herausbekommen. Du weißt, der liebe Tyrone ist verheiratet?«
»Ja.«
»Ich mache mir Sorgen um ihn, ob die liebe Linda auch die Richtige für ihn ist. Die arme Lana Turner war so unglücklich, als er die liebe Linda heiratete.« Sie waren entweder »arm« oder »lieb«, und ich konnte noch nicht übersehen, wo sie mich einreihen, oder ob ein noch unbekanntes Adjektiv mich in den Hades Hollywoods verweisen würde. »Aber aber, ich höre, daß du mit Anatole Litvak befreundet warst?«
»Ja.«
»Und verheiratet bist du auch noch?«
»Ja.«
»Wie soll ich das verstehen?« Inquisition schimmerte durch Großmütterchens Behagliches.
»Das eine hatte mit dem anderen nichts zu tun.«
»So so, und willst du nicht wieder heiraten?«
»Nein.«
»Ja willst du denn keine Kinderchen?«
»Doch.«
»Wie willst du denn Kinderchen haben, wenn du nicht verheiratet bist?«
»Das ist wahr.«
»Siehst du. Und nun erzähl von dem Skandal, ich höre, du warst nackt?« (»Sei nicht schnippisch und zähl bis zehn, bevor du antwortest«, hatte Tyrone gesagt, der es nach lebenslangem Hollywood wissen mußte.)
»Wie lange mußtest du denn nackt drehen, und war etwa die Belegschaft im Studio?«
»Mehrere Tage, und mit Selbstauslöser kann man ja keine Filme machen.« Da war's passiert, und ich sagte mir: Reg dich nicht auf, du hast noch einen Vertrag mit Pommer.
»Ach wie lustig du sein kannst«, hörte ich durch meine Abreisegedanken. »Findest du nicht, daß du der Dietrich sehr ähnelst? Sie kommt ja auch aus Deutschland.«

»Alle Deutschen sehen sich nicht ähnlich, und die Dietrich ist schöner als ich.«
Das versöhnte sie. »Demut ist etwas Lobenswertes, mein Kind.« (»Mach dir nichts draus«, sagte Tyrone, »Hauptsache sie drucken deinen Namen richtig. Die Hopper ist schlimmer.«)
Die trug Hüte wie Wagenräder und war einmal Schauspielerin gewesen. Fünf Jahre später, als ich in New York Theater spielte, hielt sie anläßlich einer Preisverteilung eine blamable Rede, in der sie noch immer Kommunisten jagend und, mit dem Moralgehalt letzter Broadwayproduktionen abrechnend, unter wippendem Hut Giftiges zischte. Blamabel die Rede, blamabel die da saßen und andächtig lauschten. Die Boshaften starben vor »Hair« und »Oh Kalkutta«, vor Beatles und Rolling Stones, und ersparten sich einiges.

Das verschlafene Mädchen mit durchsichtiger Duschhaube auf weißblondem Haar und dicker Ölschicht auf blassem Gesicht setzt sich neben mich. Der schuldbewußte Blick sucht den strafenden der Friseuse.
»Ich hab' mich wieder verspätet«, flüstert sie und rutscht unter die Brause. Aus einem verwaschenen Frottébeutel angelt sie ein Brötchen, eine Pillendose, ein Buch. Im Spiegel lächelt sie mir zu: »Hi, ich heiße Marilyn Monroe. Und du?«
»Hildegarde Neff.« Über das »Neff« stolperte ich immer noch, es ist mir fremd, hat nichts mit mir zu tun, ist jedesmal Konfrontation mit einer Niederlage; einen Namen kann man berühmt machen, nicht zwei.
»Du bist die Neue aus Deutschland, nicht wahr?« Die großen blauen Augen sehen mich lange an, blanke verwunderte bewundernde neidlose, andere überschätzende. Kindergesicht. Bei Quäkern aufgewachsen, oder bei Gärtnerehepaar im Schloß, nur manchmal die Karossen der Herrschaft gesehen. »Ich lese Rilke«, sagt sie und zeigt auf das Buch. »Kannst du mir von Rilke erzählen, es ist mein erstes. Weißt du, wann er geboren wurde?«
Dankbar für Nachhilfeunterricht, sag' ich: »Im gleichen Jahr wie Thomas Mann, 1875.«
»Wer ist Thomas Mann? Kann ich ihn lesen? Kannst du mir Bücher mitbringen? Wie lange drehst du noch?«
»Vier Wochen ungefähr.«
»Dann sehen wir uns morgen, ja?« Sie steht auf, schlurrt mit alten Strandlatschen in den Schminkraum. Kind mit kurzen Beinen und dickem Popo. Eineinhalb Stunden später rempele ich im Korridor ein Mädchen an, nur an den Augen erkenne ich sie wieder. Mit der Schminke scheint sie gewachsen, scheinen die Beine länger, der Körper schmaler, ist das Gesicht schimmernd und scheint von

Kerzenlicht beleuchtet. »Bis morgen und Dank auch«, flüstert die kleine Stimme. Am gleichen Abend, ein Ball; Preise werden verliehen, Nachwuchs vorgestellt. Am gleichen Tisch sitzt Marilyn Monroe. Sie trägt ein zu enges rotes Kleid, eins, das ich im Fox-Fundus hängen sah. Es steht ihr nicht, und obwohl zu eng, sieht es aus, als wär's Mutters altes, aus der Mottenkiste geholt, und Rouge und Lippenstift dazu. Die Augen halbgeschlossen, der Mund halbgeöffnet, die Hände zittern ein bißchen. Ein Glas zuviel; Kind, das Bowlenreste probiert. Die Fotografen halten die Kameras über ihre Köpfe, fotografieren in den Ausschnitt hinein. Sie reckt und streckt sich, dehnt und lächelt, ist gefällig, bietet an. Jemand beugt sich hinunter, flüstert in ihr Ohr. »Bitte nicht«, sagt sie, »ich kann nicht.« Die Hand stößt ein Glas um, endlich steht sie auf, die Leute kichern, der enge Rock preßt die Knie zusammen, sie trippelt zum Mikrofon, der Weg endlos, der Gang lächerlich, sie starren auf das Kleid, warten, daß es platzt, den Busen freilegt, den Bauch, den Hintern. Der Ansager brüllt: »Marilyn Monroe!« Ein großer Scherz, ein toller Gag, glauben sie und lachen, als sie sich am Mikrofon festhält, die Augen schließt, Pause läßt, in der man nur den Atem hört, lautsprecherverstärkt, obszön, kurz, stöhnend: »Hi«, flüstert sie und trippelt weg. Einer neben mir sagt: »Die ist plemplem, döfer als doof.«
»Sie hat Angst«, sag' ich.
»Die hat doch jetzt schon Starallüren, kommt jeden Morgen zu spät ins Studio.«

»Du hast Theater gespielt, nicht wahr?« fragt sie mich morgens.
»Ja.«
»Ich würde so gern Theater spielen, aber ich hab' Angst, ich hab' Angst vor den Leuten, verstehst du?«
»Wir warten, Marilyn«, sagt der Aufnahmeleiter.
»Bitte, mein Haar ist noch nicht fertig, die Schminke, das Kleid ... nur einen Augenblick noch.«
»Komm schon.«
Sie dreht sich um, sagt: »Morgen, ja?«
Die Kamera liebte sie. Die Kamera registrierte ihre Wahrheit, Arglosigkeit und Naivität, mit der sie die Menschen berührte, und machte sie mit wenigen Filmen, von denen die meisten dürftig waren, zum Star. Sie registrierte die gleiche Naivität, die sie später zerstörte. Das Absurde an dem Beruf ist, daß ein jeder, der sich für einen guten Lügner hält, auch glaubt, ein guter Schauspieler zu sein. Die großen Filmschauspieler nahmen bewußt oder unbewußt ihre Rolle zum Vorwand, zur Vorlage, um ihre eigene Wahrheit ausdrücken zu können. Sie vergewaltigten die Rollen, machten sie

zu ihrem Eigentum und waren, ob »Kameliendame« oder »Anna Karenina«: »Die Garbo«, oder ob Bandsängerin, Tänzerin, Sekretärin: »Die Monroe«. Sie berührten die Menschen mit ihrer Kraft oder Verletzbarkeit, mit dem Außergewöhnlichen ihrer Wahrheit. Sie waren die »Monstres sacrés«, die heiligen Kühe, die Unantastbaren, die keine Verkleidung, kein Kostüm, keine Rolle ändern konnte und deren Mysterium auf der Wahrheit beruhte, auf der Unsterblichkeit, die nur die Kamera vollkommen erfaßte und die auf einer Bühne verlorengegangen wäre. Mehr als jeder andere Schauspieler waren sie abhängig vom Regisseur, von dem, der sie führte und sich dennoch, ihren Persönlichkeiten dienend, unterordnete. Wie Greta Garbos Maurice Stiller oder Marlene Dietrichs Josef von Sternberg; sie starben aus, weil es den dienenden Regisseur nicht mehr gibt, weil er selbst zum Star geworden, dessen Stil eklatant und dessen Stars auswechselbar, oft anonym.
Ich habe mit großen Schauspielern gearbeitet und mit solchen, die glaubten, groß zu sein. Mit fanatischen und passionierten, mit müden oder müde gewordenen; mit jenen, die ihre Abendvorstellungen herunterölten und nur noch die Premieren ernst zu nehmen pflegten, und mit denen, die vor jeder Vorstellung einmal starben. Mit Schauspielern, die im Atelier bedeutungslos schienen und auf der Leinwand atemberaubend, und umgekehrt. Mit Präzisen, die ihr Handwerk verstanden und denen die Technik des Films vertraut war wie einem Cutter oder Kameramann, und mit einigen, denen der Beruf die Psychiatercouch ersetzte oder das politische Forum; aber ich habe mit nur sehr wenigen Stars gearbeitet, Stars, deren Persönlichkeiten vergewaltigten und die mit Reklame und Imagebemühungen nicht zu produzieren sind. Ob es anstrebenswert ist, ein Star im fast schon musealen Sinne zu sein, weiß ich nicht. Manche, die jene Gaben hatten, versandeten in der wirren Industrie und tragikomischen Verleihermacht, in schwachsinnigen Nebenrollen und Geldsorgen. Der Bühnen- und Verwandlungsschauspieler muß kein Filmschauspieler sein, und der Filmschauspieler kein Bühnenschauspieler, nur selten sind sie beides. Einige Filmschauspieler, die während der letzten Jahre weltbekannt wurden, scheinen aus Sport- und nicht aus Schauspielerschulen gekommen und wirken in Szenen, in denen nichts Sportliches abverlangt, oft hilflos und einschläfernd. Die blutigen Filmgemetzel sind so einheitlich wie der kinomatografisch festgehaltene Akt des Beischlafs. Brustwarzen und Schenkelumfang des interessanten Schauspielers unterscheiden sich kaum von denen des uninteressanten, der Begabte wird im sexuellen Akt dem Unbegabten ähnlich, die persönliche Ausstrahlung geht mit dem von der Kamera abgetasteten Lenden- und Rückenwirbel, Bauch- und

Wadenmuskel verloren. Die Liebesszene wird zum Turnfest, und beide Filmarten scheinen nur eines aussagen zu wollen, daß in Beischlaf und Grausamkeit die Menschen gleich. Und Else Bongers' »Begabung ist Voraussetzung, die Frage muß lauten: Was kann er?« bekommt hier andere Dimensionen, als ursprünglich angenommen. Schauspielschulen, ob törichte oder nicht, ob jene, die gerade Stanislawski entdeckt oder nur auf den Wohlklang der Stimme ausgerichtet, sind gute oder schlechte Sprungbretter, nichts weiter. Der vor einigen Jahren am Broadway grassierende Wahn, daß nur der sich in Trance versetzende Verklausulierende und Verkomplizierende der wahre Künstler sei, hat nachgelassen. Man konnte die Jünger dieser Lehre daran erkennen, daß sie fast immer, von psychologischer Einsicht überfordert, den Text vergaßen und sich dennoch als Genie fühlten, wo ungehobeltes Talent den Zuschauer langweilte. In Europa gab es während jener Dekade einige Schauspieler, die das Studio wiederum zum Lehrsaal machten, wozu historische Filme besonders geeignet waren. Ich hatte die Unfreude, mit einem dieser Abiturunglücklichen zu arbeiten. Er untermauerte vor versammelter Atelierbelegschaft eine Szene, in der nichts anderes zu geschehen hatte, als daß eine Tür zu öffnen und zu schließen war, mit den Ausführungen, daß bei Langensalza und Leuthen die Preußen gesiegt, daß gleichzeitig in Nymphenburg Porzellan hergestellt wurde, daß Mirabeau und Voltaire eben da folgendes zu sagen hatten und daß ohne die polnischen Erbfolgekriege die Welt eine andere wäre und er deshalb die Tür nur so und nicht anders schließen könne. Auf der Leinwand waren diese Überlegungen nicht wahrzunehmen. Zu gleicher Zeit traf ich auf eine Schauspielerin, die, wie sie sagte, ihre Rolle auf das »Ende zu« spielte. Die Heiterkeit, die sie damit bei mir auslöste, stufte mich in die Gruppe der Banausen ein. Sie konnte nicht ahnen, daß Else Bongers zu Faustens Gretchen stets gesagt: »Spiel nicht den Osterspaziergang, als seist du schon im Kerker, sonst sagt Heinrich: ›Pfoten weg, die Sache wird fürchterlich‹, und wir haben kein Stück.« Eine weitere Gruppe war emotionsbetont und glaubte, nur dann Großes zu leisten, wenn sie in einer Szene, die Jähzorniges vorschrieb, die Dekoration zerschlugen. Sie hielten es für unanständig, wenn man sich trotz leidenschaftlichen Engagements noch immer an die choreographischen Anordnungen des Regisseurs hielt. Aber gepriesen sei's, es waren nur wenige, mit denen ich die Unfreude hatte; mit den meisten war's schön, ob mit Oskar Werner in »Entscheidung vor Morgengrauen«, oder Hardy Krüger in einem weniger guten Film, mit Söhnker oder James Mason, Viktor de Kowa oder O. E. Hasse, mit Gerd Fröbe, Daniel Gelin, Don Ameche oder Tyrone Power.

Des Kardinals entfernter Verwandter war erregter als ohnehin. Er tigerte, von den Wänden des transportablen Garderobenwagens beengt, von Tisch- und Stuhlbeinen behindert, drei Meter hin und drei Meter her. »So wahr ich Frings heiße«, rief er, »dat is noch nich passiert! Der Zanuck hat 'n Brief jeschriebn und jesagt, dat et sich jelohnt hat, den Drehplan umzustelln und auf de Hilde zu warten. Und noch wat: für ›Entscheidung vor Morjenjraun‹ sollte se fürn ›Oskar‹ vorjeschlagn werden.« Er sah sich um, als hätte er durch K. o. gesiegt.

»Was heißt ›sollte‹?« fragte Tyrone.

»Nu denk ma nach, der Krieg is jrade sechs Jahre vorbei, und ob jut oder nich, se is und bleibt ne ›Kraut‹.«

Tyrone fummelte am Plattenspieler, ließ den gleichen Schlager abdudeln, mit dem er jeden Morgen den Drehtag begann. »Enjoy yourself, it's later than you think«, jubelte es über die Rufe der Beleuchter hinweg.

»Aber sie haben ne jute Idee, sie wollen de Hilde vorm ›Grauman‹ verewigen, mit Hand- und Fußabdruck. Und 'n neuen Film ham se anjeboten, die Hemingway-Geschichte mit Peck. Ne Jräfin sollste spielen, kommste endlich mal aus de Flüchtlingsklamotten raus, und singen sollste auch.«

»Ich kann nicht singen.«

»Dann wirstes lernen. Übrigens, ist det dein Auto vor der Tür, dat ohne Kotflüjel?«

»Ja.«

»Was warn wieder los?«

»Was soll los sein, fahren kann sie nicht«, sagte Tyrone. (»Wenn du den Schlüssel umdrehst und den Motor anläßt, hast du eine entsicherte Maschinenpistole in der Hand«, hatte der Fahrlehrer in der ersten Unterrichtsstunde gesagt.) »Es ist nicht aufzuhalten, sie wird ein Weltstar; Sonnabend gebe ich eine Party für dich«, sagte Tyrone und ging strahlend auf eine Gruppe schnatternder Tanten zu, die irgendein Preisausschreiben gewonnen hatten und ihren Lieblingsstar bei der Arbeit besuchen durften.

Marlene Dietrich und der französische Schauspieler Jean Pierre Aumont saßen gekrümmt und hielten ihre Hände schützend vor ihre Gesichter. »Das ist ja grauenvoll«, stöhnte Jean Pierre.

»Ich hab' noch nie solche Angst gehabt«, seufzte Marlene, als wir auf dem Parkplatz zum Stehen kamen.

»Ich hab' deinetwegen die Bremsen nachziehen lassen.«

»Ab jetzt fährst du Taxi«, sagte sie, weißer denn je.

Tyrone und Linda standen neben ihrem von römischen Putten umgebenen Swimming-pool und waren zwischen Schönen das schönste Paar. Sie vertraten das Hollywood der Reichen, der Berühmten, der leichtsinnig Heiteren, und ihre Gäste schienen einem der letzten Filmkalender entnommen zu sein. Nichts deutete darauf hin, daß die Industrie in großer Krise, daß die langjährigen Verträge ihrem Ende entgegengingen, daß Tyrones Scheidung von Linda bevorstand und daß sein Weckruf »It's later than you think« in wenigen Jahren für alle, die ihn kannten, makaber sein würde.

»Garfield ist fertig«, hörte ich jemand bedauernd sagen. John Garfield war einer der besten Schauspieler Hollywoods, das aggressiv melancholische Gesicht unvergeßlich; vom Broadway war er gekommen, aus der linksgerichteten Gruppe, die unter dem Regisseur Kazan gearbeitet hatte. Marlene sah über ihre rechte, dann über ihre linke Schulter, sagte: »Er hat sich geweigert, Namen zu nennen.« Sie stockte, sagte laut: »Wir drehen uns schon um, als wären wir bei Hitler.« Ihr Satz ging unter in Rumbamusik und Gelächter, im Gebrumm der anfahrenden Wagen.

»Hier ist Mr. Zanucks Sekretärin. Mister Zanuck und Mrs. Zanuck würden sich freuen, wenn du das Wochenende mit ihnen in Palm Springs verbringen würdest. Heute abend um acht zum Dinner.«

»Aber das schaff' ich doch gar nicht«, sagte ich, aber sie hatte schon eingehängt.

Tyrone, der in einem Atelierstuhl saß und mitgehört hatte, sagte: »Natürlich schaffst du's. Das ist keine Einladung, das ist ein Befehl, und was Besseres kann dir in Hollywood gar nicht passieren.«

Palm Springs, Wüstennest, Kurort, mehrere Autostunden von Hollywood entfernt, war um neun noch nicht in Sicht. Seit Kriegsende nachtblind und auf die Schlußlichter anderer Automobile angewiesen, folgte ich einem, das ich in gleicher Richtung wähnte. Es hielt in wegloser Wüste. Der Fahrer entstieg und nach bösartigem Blick auf seinen Verfolger, entschloß er sich, hinter einem Yukkabaum Wasser zu lassen. Die Gelegenheit, den Weg zu erfragen, schien ungeeignet. Einsam in der Finsternis irrte ich über Landstraßen, fand endlich Tankstelle und Wärter und später das Haus, in dem Gastgeber und Hausgäste bereits beim Kaffee angelangt waren. Die Herzlichkeit der Begrüßung nahm anfängliche Beklemmung, und dankbar schlürfte ich den vom Hausherrn gereichten Whisky. Sein Monolog, der offensichtlich durch mein Eintreffen unterbrochen worden war, wurde wiederaufgenommen, weitergeführt, und ich versuchte mich den anderen anzugleichen, die in verschiedenen Rhythmen Zustimmung nickten. Eine plötzlich eintretende Pause schreckte uns auf. Zanucks Gesicht, dicht vor meinem, Vorderzähne in Zigarre ver-

bissen, funkensprühend: »Du weißt, was Kommunismus heißt?«
»Was?«
»Kommunismus!«
»Nein«, sagte ich.
Er: »Doch. Du hast unter den Kommunisten gelitten.«
»Nein, es war Krieg . . .«
»Krieg oder nicht. Die Kommunisten sind die Feinde unserer Zivilisation, unseres freien Landes.« Sein Gesicht zog sich zusammen, nur die Zigarre schien übrigzubleiben, geschmolzen schien es, kopfjägerpräpariert, abrakadabra weggezaubert. Aus dem Grotesken: »Ich hoffe nur, daß Leute wie Garfield in einem Gefängnis an Krebs verrecken. Und jeder hier von meinen Freunden wird mir recht geben, oder?« Hinkel, Reichsfilmkammer, Endsieg, Goebbels, das letzte Mal, am Radio. Ich muß etwas sagen. »Oder?« hörte ich wieder. Seine Frau stand auf, klatschte in die Hände: »Zeit für unser Spielchen!« rief sie.
»C.«
»Tier, Pflanze, Mineral?« – Quizangst, Fräulein Weise hohnlachend über mir, kräht: »Du weißt es ja doch nicht.«
Um zwölf gingen alle in ihre Zimmer. Um sieben kam ein Masseur, walkte meinen Rücken, als ich mich umdrehte, schlug der Ältliche die Augen nieder, sagte: »Bei Damen darf ich nur den Rücken massieren, sonst verliere ich meine Lizenz.«
Mr. Zanuck stand wassertretend in der Mitte seines Pools und kaute an einer durchnäßten Zigarre. »Hi, gut geschlafen?« rief er und lächelte mit dem Ungeschrumpften. »Du brauchst heute abend nicht zurückfahren, hab' meine Maschine hier, fliegen morgen früh, Fahrer bringt den Wagen nach.«
»Danke, Mr. Zanuck.«
»Gute Beine hat sie«, rief er zu seiner zeitunglesenden Frau hinüber. Sie sah auf, sagte »Ja«, las weiter. »Der Lehrer sagt, daß du singen kannst. Zwei oder drei Cole-Porter-Lieder kriegst du.« Er schien glücklich, mir eine Freude zu machen. Sein Kopf schaukelte auf und ab, arglos freundlich. Eine zierliche, zufriedene Robbe. Die Zigarre nach oben kippend, eine Rinne Tabakspuren hinter sich lassend, schwamm er zum Beckenrand.
Vier Monate später flog ich nach New York. Ich hatte drei Filme gedreht, vor Grauman's Chinesischem meine Hand- und Schuhgröße einzementiert, kannte Stars und Clubs und Parties, war geschieden.
Man vergißt das Meer, das vor Hollywood lebt, das grau ist wie ein Novemberhimmel im Norden, das in Santa Monica alte Paläste mürbe wäscht und über Malibus breiten Strand schlurft. Strand ohne Strandkörbe, ohne Sandburgen. Ungeliebter Strand,

ungeliebtes Meer, geruchlos, selbst der Tang. »Wenn man kein Heimweh hat, kriegt man's hier«, hatte Jean Pierre gesagt. Er drehte Filme bei MGM und lebte für ein Mädchen, das seine Tochter war und das aussah wie die Frau, die er vor wenigen Monaten verloren. Er verzweifelt, ich wuselig, zogen wir nach Drehschluß durch Hollywoods Da-muß-man-hin-Einladungen. Tagsüber ließ ich mich aufweichen im Chlorwasser der Tauchschule eines lammgeduldigen Tarzanmenschen, denn so sollte es sein laut des von Fox-Autoren nachempfundenen Hemingway-Romans: Nach endlosem Unterwasserweg hatte ich nixengleich aus den Fluten zu gleiten und dem Helden die Sinne zu verwirren, der da auf dem Segelboot lungerte und an Krieg und Gerechtigkeit denkt. Farbkameras folgten, verloren mich, suchten, fanden die Sirene dem Ersticken nahe im Bootsrand verkrallt, Bäche aus Mund und Nase, Sinn verworren, nur der eigene. Oder in Gesanglehrers Bungalow Cole Porters immergrüne »It was just one of those things« und »You do something to me« so lang, bis der Morgen genaht, an dem ich im goldgelben Abendlangen, dreißig Zentimeter Zigarettenspitze lässig wedelnd, dem Gregory Peck ins Ohr gesungen.

Sie hatten mich aufgenommen in das akzentfreie, gesicherte Hollywood, zeichneten mich aus mit Abenden in Merle Oberons Haus bei kerzenbeleuchteten Diners und englischem Silber, wenn Charlie Chaplin über Kaffee und weitere Stunden hinweg seine Anekdoten tänzerisch untermalte; auf Bällen unter weißrotem Zelt in lauer Nacht, Orchester hinter Büschen verborgen, bei Kammermusikabenden des Autors Harry Kurnitz – Ava Gardner auf Teppich liegend, Schuhe in der Hand, Kammermusik nichts abgewinnend. Bei Gary Coopers kühler Geschiedenen, Cooper zugegen, scheuer, einsilbiger, immer erstaunter Gast. Beim großen Agenten, dessen Agentur wie Warenhaus: erster Stock Hauptdarsteller männlich, zweiter Stock Hauptdarsteller weiblich, Dachboden: Restaurant und Nachwuchs. Sein Haus zwischen Hügeln und künstlichen Wasserfällen, in der Diele Klee und Miró, daneben Montgomery Clift ins Glas starrend, fünf Stunden lang, stehend schweigend trinkend. Judy Garland: Strähnen über Augen, auf der Suche, durchdrängend von Raum zu Raum. Joan Crawford, immer in Weiß, bereit, jederzeit der Kamera ins Einäugige zu blicken, herzlich bis zehn – dann ab ins Bett. Die Amerikanerin mit italienischem Mann: »Weiß gar nicht, was der dauernd von Rom faselt, sind unsre Kirchen etwa nichts?« Der Produzent, der mich zur Party geladen, die keine war, am Swimming-pool, für zwei gedeckt. Auf dem Weg zum Ausgang: ein Schlafzimmer, Bett wie Rollfeld. »Warum willst du nicht? Es ist gesund.«

Abschiedsparty in Max' Garage, voll wie ein Bunker bei Großangriff. Gary Coopers Sauerkraut vom Teller in den Merle Oberonschen Silberlamé rutschend, zwischen Brüsten hängenbleibend; Marlene in langem Samtenen am Kleinklavier stehend, Friedrich Holländer in Tasten wühlend, nachdenklich glückselig Marlenes gehauchtes »Ich bin von Kopf bis Fuß« mitmurmelnd. Tyrone im Rüschenhemd, hübscher heiterer als alle Filmplakate, Carroll Righters leise Warnung: »Ich möchte dir raten, dich um deine Gagen zu kümmern. Und sobald die Filme in Europa fertiggestellt sind, solltest du zurückkommen.«

Dann zehn Tage New York: New York des »21« und »Sardi's«, der Premieren und Fox-überwachten Interviews und Fototermine.

In der Hotelhalle sitzt ein Regisseur aus Italien. Er will einen Film mit mir machen. Neben ihm ein Kettenraucher, Anzug wie ungemachtes Bett. »Garfield«, nuschelt er, »ich hab' ›Entscheidung vor Morgengrauen‹ gesehen, hat mir gefallen.«

Das rasche Lächeln zieht sich zurück, kriecht hinter Rauchwolken und Gin-Tonic-Glas. Der Regisseur geht. Garfield bleibt.

»Hast du Zeit? Ich möchte reden. Ich hab' eine Zeitlang nicht gearbeitet und bin allein. Weißt du, was hier los ist?«

»Ja.«

»Es ist nicht gut, mit mir gesehen zu werden.«

(»Wovor haben sie Angst?« hatte ich Jean Pierre in Hollywood gefragt, als manche abfuhren, McCarthy ausweichend, aus der Schußlinie eilend, Entwicklung abwartend. Jean Pierre, der in der Resistance gewesen war, hatte Schultern hochgezogen und »Anfänger« gesagt.)

Garfields tiefliegende Augen, über Streichholzflamme: »Wie lange bleibst du?«

»Bis morgen früh. Ich muß nach Deutschland.«

»Ich möchte mitfliegen. Ich hab' keinen Paß . . .«

»Nach Deutschland?«

»Habt Ihr noch viele Nazis? Ich bin Jude.«

»Ich weiß nicht, sie schweigen.«

»Dafür sind unsere um so lauter. Kannst du nicht ein paar Tage in New York bleiben?«

»Nein.«

»Komm, gehen wir einen trinken.«

»Um neun gibt Skouras ein Essen für mich im ›21‹.«

Er reibt sein Stoppelkinn: »Du bist auf dem Weg nach oben, was? Wie lange mußt du dir seinen Blödsinn anhören?«

»Komm doch mit.«

»Ich? Die Gesichter möchte ich sehen.«

»Dann hinterher.«

»Ich ruf dich an. Wir treffen uns irgendwo. Ich muß reden.«
Champagner Kaviar Lachs weißer Wein roter Wein Fisch Fleisch Cognac. Skouras erhebt sich. Gedrungen bullig, Stimme wie Kinderrassel. »Hier haben wir eine ›great‹ Schauspielerin, mit einer ›great‹ Zukunft in unserem ›great‹ Land wird alles ›great‹ werden, ›greater‹ als es schon ›great‹ ist. Ich bin ein kleiner Grieche, mit nichts habe ich in diesem ›great‹ Land angefangen, und seht mich an.« Er plumpst auf seinen Stuhl zurück, Tränen in den Augen. Der Ober kommt, flüstert: »Dringendes Gespräch« in mein Ohr.
»Kannst du weg? Mir fällt die Decke auf den Kopf.«
»Noch ein bis zwei Stunden.«
»Großer Gott. Ich ruf' an.«
»Wenn du einen Freund hast, hol ihn her«, ruft Skouras und zwinkert.
Um ein Uhr, Garfields Stimme ist schwer, die Worte rollen langsam. »Ich muß dich sehen. Muß reden, laufen, sprechen. Beeil dich.«
»In einer Stunde.«
Um zwei ruf' ich an. Hörer wird aufgehoben, dann eingehängt. Ich versuch es wieder, laß es klingeln. Keine Antwort. Um sieben fliegt die Pan Am nach London. Ich schreibe einen Zettel an ihn. Hab' die Adresse nicht, nur eine Telefonnummer. Ruf' noch mal an. Keine Antwort. In Boston Zwischenlandung, Tanken, Morgenzeitungen. Die Überschrift: »John Garfield tot! Heute früh wurde der bekannte Schauspieler in seiner Wohnung ...«

Im Kleiderschrank des »George V«-Hotelzimmers in Paris steht der Fotograf Hubmann. »Warum klopfst du nicht an?« ruft er aufgeregt, »ich muß Filme einlegen.«
»Woher soll ich wissen, in welchem Schrank du stehst?«
Er sieht mich verständnislos an und schließt die Tür von innen.
Seit Wochen ist er da, wo ich bin, arbeitet für eine deutsche Illustrierte, die sechs aufeinanderfolgende Titel plus Berichte bringt. Von der ersten Begegnung mit Erich von Stroheim verspricht er sich etwas.
Zuerst kommen Blumen, dann ein Anruf, dann seine Frau, dann er. Unsichtbar und doch vorhanden das Monokel, linealgerade der Rücken, als säße er zu Pferd; Uniformträger, obwohl in Zivil, Kommando und doch kein lautes Wort. Mundwinkel unter Monokelauge zuckt ironisch, Nacken hartnäckig, als sei er eingegipst. »Das ist also meine ›Alraune‹«, sagt er, rollt das R in »Alraune«, läßt es genüßlich in »aune« hinübergurgeln. Wir setzen uns auf den Balkon, lassen uns fotografieren. »Haben Sie heute nachmittag

Zeit? Ich möchte, daß Sie einen meiner Filme sehen«, sagt er. Die Vorführung des Pariser Filmmuseums riecht schimmlig feucht, wie ein Bootshaus im Winter. Er schlägt auf den ausgeleierten Klappsitz, wartet bis seine Frau und ich uns gesetzt haben, sieht in den leeren Saal, ruft: »Anfangen.« Der Titel »Greed« springt bläßlich auf die Leinwand. Von da an vergesse ich, daß es ein Stummfilm ist, daß das Bild zuckt, reißt, weiterwackelt, vier Stunden lang. Als es hell wird, nimmt er eine Zigarette aus dem Etui, klopft das Ende auf den Deckel. Klopft und klopft, als sei es verantwortlich für etwas, was ihn verletzt und verbittert. »Sie haben die Kurzfassung gesehen«, schnarrt er, »man hat mich gezwungen zu schneiden! Bei der Premiere in New York war er 24 Stunden lang.« Der Vorführer pfeift, schmeißt Filmblechdosen auf den Boden. »Warum führen Sie nicht mehr Regie?« frage ich. »Warum warum?« Die R's grollen, die Augen ziehen sich zusammen, als hielten beide ein Monokel. »Weil ich einen Streit hatte. Mit MGM. Mit Louis B. Meyer. Mit Louis B. Meyer streitet man nicht. Man muß sich den Ansprüchen der Industrie beugen.« Er sagt »beugen«, als präsentiere er ihnen den Hintern, unbekleidet. »Beugen«, wiederholt er und marschiert aus der Vorführungsgruft in den warmen Frühsommerabend.

»Warum hat die Produktion den alten k.-u.-k.-Fritzen für die Rolle geholt?« fragt ein junger Reporter am ersten Drehtag in Geiselgasteig, »im Archiv hab' ich gelesen, daß er aus Österreich kommt. Scheint ein Abonnement auf Offizierschargen zu haben.«

Jupp Paschke nuschelt: »Das war wohl nichts«, und Ilse Müller zischt zwischen unbewegten Lippen Sächsisches, das mit »Nu mach's ma halblang« endet. Wir ziehen von Studio zu Studio, Ilse, Jupp und ich. Jupp schminkt, Ilse garderobiert. Nur nach Amerika und England dürfen sie nicht, wegen der Gewerkschaften. Wir treffen uns morgens um fünf, kennen uns verschlafen und ausgeschlafen, froh und vermeckert, verständigen uns mit Halbsätzen und Jargonfetzen.

Ilse hat im Ballett der Berliner Scala getanzt, sie kann noch immer mit gestrecktem Bein in den Spagat knallen. Seit einiger Zeit trinkt sie, ihr schönes Gesicht mit den hohen Backenknochen ist verquollen. Sie bemuttert mich wie eine strenge Henne, nur wenn ich wie Großvater auf nüchternen Magen Leinöl esse, dreht sie mir den Rücken zu, kämpft mit zunehmender Übelkeit, sagt stets das gleiche, von stoßweißem Atem begleitet: »Nur die Polacken hab'n e Magen wie Krokodile. Du wirst noch an mich denken, das Zeuch macht fett.« Abends legt sie Karten, anschließend ist sie verärgert, sagt: »Nu mach ma ins Bette. Morjen is ooch noch 'n Tag.« Der junge Arbeiter, mit dem sie lebt, betrügt sie. Einmal kommt ein hochschwangeres Mädchen, schluchzt: »Sie müssen mir helfen, Ihr Freund, der hat mir ein Kind jemacht.«

»Nu schlächt's dreizehn«, sagt Ilse und genehmigt sich einen Klaren.

»Alraune« und der französische Film »La fête d' Henriette« beginnen gleichzeitig. Von Montag bis Donnerstag drehe ich in München, von Freitag bis Sonntag in Paris. Der Regisseur Julien Duvivier stellt mich der Presse vor. »Erste Deutsche nach dem Krieg in französischen Studios.« Eine Schauspielerin macht einen Hofknicks vor mir, kichert etwas, das ich nur halb verstehe, etwas von »Vedette allemande« und wie glücklich alle seien, daß die Deutschen wieder da. Man trinkt Champagner, Duvivier übersetzt nur das, was höflich und belanglos. Fragen liegen in der Luft, ich glaube ein »boche« gehört zu haben. Schließlich kapitulieren sie vor Duvivier, dem Noblen, der Tee trinkt und seine »crise de foie« bedauert, und gehen nach Hause.

Wir arbeiten im Cirque Medrano. Duvivier und ich stehen an ein Gitter gelehnt, rauchen, warten, bis das Licht für die nächste Szene eingerichtet. Ich im goldenen Leopard und Stiefeln, Zirkusreiterinnenaufzug, er im grauen Anzug mit bravem Schlips, Sparkassenbeamten ähnlicher als Filmregisseur. Der Schimmel kommt angetrampelt, beäugt, scharrt, kratzt, entleert sich. Heißer Dampf bläst leidenschaftlich auf meine nackte Schulter. Duvivier murmelt: »Bleiben Sie gelassen, wir lehnen am Tigerkäfig.« Aus linkem Augenwinkel sehe ich Jadefarbenes funkeln, von Gestreiftem umgeben, etwas wie Drahtlappen, mit dem man Töpfe scheuert, wischt über Rücken, Holzstangen zwischen uns, die er zermanschen könnte wie Spaghetti. Ich mache einen Satz, liege zwischen Pferdeäpfeln, der Schimmel schreit und scheint eine Leiter empor zu steigen. Duvivier zieht Zigarettenrest aus Zigarettenspitze, nimmt eine neue, wechselt den Filter, zündet an, geht, ohne den Tiger beachtet zu haben, auf mich zu, sagt: »Sie sind zu jung, um nervös zu sein.«

Wenn ich französisch spreche, zieht sich sein Gesicht zusammen, als hätte er eine Trigeminusneuralgie, aber er ist sanft und geduldig, und am letzten Drehtag umarmt er mich und spricht Lobendes. Als beide Filme fertig sind, beginnt ein neuer. Ich lese die von Agenten befürworteten Drehbücher während der Mittagspausen, in Zügen oder Flugzeugen. Ich laß mich beraten, beeinflussen, lausche den Eingebungen der mich Umwieselnden. Ich bin leichtsinnig, leichtfertig, ständig in Zeitnot. Ich drehe mit bedeutenden Regisseuren unbedeutende Filme, die oft bedeutendes Geld einspielen, an dem ich nicht beteiligt bin. Die Gagen kommen auf Sperrkonten, später werden sie transferiert an Dr. Brom, einen Anwalt

in Los Angeles. Verwalten tun andere, die »Laß mich nur machen, du hast nichts als deine Rollen im Kopf zu haben« sagen.
Vor jeder Hoteltür lungern Filmfanatische und kreischen, wenn meiner angesichtig. Sie stürmen mit gezückten Füllfederhaltern die Hallen, zertrümmern Scheiben, reißen mir Haarbüschel aus, Knöpfe ab. Ich komme in Städte, die ich nicht kenne und in denen mich ein jeder zu kennen scheint. Ich bekomme Preise und werde wie siegreicher General auf heruntergelassenem Verdeck thronend durch Straßen gefahren. Ich besinge erste Schallplatten, synchronisiere meine deutschen Filme ins Englische und umgekehrt, Knef-Doppelgänger-Preisausschreiben werden veranstaltet, Mädchen tragen meine Frisur, Fetischisten klauen meine Wäsche aus Garderoben und Hotelzimmern, eine New Yorker Modellagentur wählt mich zur Frau, die in den USA Europa am besten vertritt, und Zeitungen hängen mir eine Familienglück zerstörende Liebesaffäre mit Gregory Peck an, den ich seit »Kilimanjaro« nicht mehr gesehen, und selbst zu jener Zeit nur dann, wenn es der Drehplan befahl. An drehfreien Tagen fahre ich von Premiere zu Premiere, von Karl Klär, dem Pressechef einer Filmfirma, begleitet. Karl hat Asthma, ist kurzsichtig und zu gescheit für sein Amt. Wenn der Film abgelaufen, klettern wir auf die Bühne. Karl bleibt hinter dem Vorhang, und wenn ich ihn frage: »Wo sind wir eigentlich?«, antwortet er: »Sag ›in Ihrer schönen Stadt‹, det reicht.«
»Ich freue mich, in Ihrer schönen Stadt zu sein . . .« beginne ich; einer Stadt, von der ich zumeist nur den Bahnhof und ein Hotelzimmer kenne. Anschließend gibt's Handkuß und Sekt beim Kinobesitzer, der »was glauben Sie wohl, wie alt ich bin« fragt und selbstgefällig über Beleibtes streicht. »Sag imma zehn Jahre wenjer, als er aussieht, denn läßt er den Film länger loofen«, sagt Karl. Dann werden die Kinotüren verriegelt, und wir bleiben dem Ansturm überlassen, Karl und ich. Eines Abends fliegt er von den Galoppierenden hochgeschmissen wie ein Sektkorken aus der Flasche, findet Halt an Balkongitter, hängt da ohne Brille, mit abgerissenem Hosenbein, sein »Hilfe« bleibt ungehört. Drei Stämmige der Ortschaft schützen mich vor Füllhalterdolchen, unter ihren verschränkten Armen taucht ein Männlein auf, öffnet Sommermäntelchen im Winter, ist nackt, greint: »Bitte bitte, fassen Sie einmal an, ich hab' heut Geburtstag.«
Karl fällt vom Balkon, bricht den Fuß, beendet die Reise in Gips, sagt: »Und in Ulm empfängt dich der Bürjermeista nich, weil de die ›Sünderin‹ jedreht hast. Aber wat verlangste von eenem Land, das heute noch vom Westfälischen Frieden faselt.«
Nach weiteren sechs Wochen liege ich im Krankenhaus. »Sie haben Glück, daß Sie bei mir gelandet sind«, sagt der junge freundliche

Arzt, der jede Vene auf Anhieb findet. »Mit Nervenentzündungen weiß ich Bescheid.« Nach acht Tagen bin ich gesund. »Ich muß in dem Kaff bleiben«, flüstert er beim Abschied, »ich war in der SS. Tierversuche sind Quatsch, die Medizin wird uns noch mal recht geben.« Er winkt und lächelt, ruft: »Und vergessen Sie nicht Ihre Tropfen zu nehmen.«

Es ist Februar 53. In Berlin beginnen die Außenaufnahmen für einen englischen Film, den Carol Reed inszeniert. Ruinen sind beliebte Kulisse für ausländische Filme geworden. Deutsche Produktionen gehen den Trümmerfeldern aus dem Weg, sie siedeln ihre Geschichten in lauschigen Wäldern und Marktflecken an, oder in der Villa eines in feinnervige Probleme verstrickten Konsuls/Chirurgen/Dirigenten, der den Krieg über kerzenbeleuchteten Hauskonzerten verpaßt zu haben scheint.

Sir Carol, vom englischen König in den Adelsstand erhoben, sieht aus wie jemand, der aus einem ordentlich gepackten Koffer Hemd und Hose hervorgezerrt, sie in Windeseile angezogen hat und ungefrühstückt losgerannt ist; halbnasses Haar und Zahnpastareste auf Kinn unterstreichen den Eindruck dringenden Aufbruchs. Er läuft, wie ein Haifisch schwimmt, seine Hände bleiben fast immer in der Stellung, als wollten sie einen Ball auffangen. Wenn er nachdenkt, reibt er kurz die Stirn mit abgewinkeltem Daumen. Er trinkt Gin und wird nie betrunken, er ißt selten und ohne Interesse, er schläft kaum.

Bei der Arbeit läßt er sich Zeit. Der Film dauert fünf Monate. Am ersten Tag drehen wir zwischen den Trümmern des Lützowufers; achtundfünfzigmal läßt er mich aus einem Taxi steigen und auf ein einsames Haus zugehen. Beim vierzigsten Mal fragt er: »Ist dir kalt?«

»Nein.«

»Bist du müde?«

»Nein.«

Nach dem achtundfünfzigsten Mal kommt er auf mich zu, grinst, sagt: »Gewonnen.« Von da an waren wir Freunde. Ich hatte seinen Durchhaltetest bestanden. Abends kommen wir zum Kurfürstendamm: Schaschlikbuden, wo mal Häuser waren, zaghafte Lichtreklamen, Nachtklubs, brave Auslagen, Schmuck, Kleider, Blumen. Über die wenigen Kinos verteilt laufen vier meiner Filme gleichzeitig. Er sieht die Plakate, schiebt die Hände in die Taschen des wehenden Mantels, sagt: »Selbst wenn alle gut wären, ist es zu viel.«

Mutter sieht sich in dem Hotelzimmer um. Ich folge ihrem Blick, nehme durch sie wahr, was vor sich geht: Ilse Müller hat ein Brett

über zwei Stuhlrücken gelegt und bügelt ein Filmkleid, Jupp Paschke räumt seinen Schminkkoffer aus, der Plattenspieler dudelt, die Agentin telefoniert, zwei Zimmermädchen bitten um Autogramme, Hubmann fotografiert noch immer, ein englischer Aufnahmeleiter bringt den Dispositionsplan für den nächsten Morgen, ein Versicherungsarzt der Firma schreibt ein Rezept. Mutter sagt leise: »In dem Irrenhaus kann man doch nicht leben.« Die Agentin legt den Hörer auf, strahlt. »Das verstehen Mütter eben nicht. Sie ist Weltstar.« Unter Mutters Blick zerkrümelt das Weltstardasein. Die Tapete geblümt und fleckig, Bett und Schrank sperrholzig, Fenster zum Hinterhof, Abschminkpapier zwischen Gläsern und Kaffeekannen. »Wenn du frei hast, komm in die Bernhardstraße. Da können wir reden.« Eine Stunde später ist Pressekonferenz. Vor dem Hotel rufen Sprechchöre: »Hilde Hilde.« Sir Carol, James Mason und ich lächeln in Blitzlichter. Ich übersetze Fragen und Antworten. Die Reporter sind freundlich zu mir. Auch die, die annehmen, daß ich sie nicht wiedererkenne oder vergessen habe in den fünf Jahren, seit ich das letzte Mal hier war.
Else Bongers wartet in meinem Zimmer. Sitzt ruhig und raucht. Ich stürze auf sie zu. Mein Wortschwall reißt nicht ab. »Setz dich. Atme durch, atme aus«, sagt sie. Die Tür wird aufgerissen, Agenten und Verleihangestellte sprudeln Ekstatisches. »Nun wirf mal alle hinaus. Ich hab mit dir zu reden.«
In die plötzliche Stille klickt das Feuerzeug. Sie sieht mich an, wie man ein Foto ansieht. »So geht es nicht weiter«, sagt sie, »du bist verhuscht, verändert, du muß dich wieder besinnen, wer du bist.« Die Stimme ist matt, belegt, die Blitzeblauen traurig. Sie steht auf, schließt eine Schranktür, dreht sich um. »Seit wann bist du nett?« fragt sie, peitscht mir das »nett« um die Ohren. Da ist sie wieder, die Aggressive, Klare. »Seit wann bist du verbindlich? Wird jeder, der durch diese Tür kommt, unterhalten und beköstigt? Seit wann beeindruckt dich Wohlwollen oder Tadel? Was ist geschehen?« Sie geht am Bett vorbei, die funzlige Nachttischlampe beleuchtet ihr Gesicht. Es ist mager. Nachkriegsgesicht zwischen Wohlstandsbacken. »Seit damals in Zehlendorf, in dem amerikanischen Hotel, zwischen der Abfuhr Hollywoods und deutscher Schadenfreude, wirbst du. Nie warst du hektisch. Als alle im Krieg herumschliefen, ›weil morgen ja doch alles zu Ende sein kann‹, machtest du nicht mit. Hast du gegessen?«
»In der Mittagspause.«
Sie nimmt den Hörer. Bestellt.
»Willst du nichts?«
Die Hand fegt durch die Luft. »Es leben genug von dir. Ich bin nicht gekommen, um zu essen.«

Sie nimmt einen vollen Aschenbecher, schüttet Kippen in die Toilette, stellt den Ausgewischten und mit Wasser Gefüllten auf den Tisch. »Was nennst du dein eigen? Ich will nicht, daß du einmal so leben mußt wie ich. Wir wollen nicht darüber sprechen, warum du dich nicht gemeldet hast. Du weißt, wenn du auf dem falschen Weg bist.« Sie schiebt das Haar zurück. Viel Grau neben Tizian. »Kind, du brauchst keinen Rummel. Wieso hetzt du von Film zu Film? Wer hat dir eingeredet, daß es notwendig ist, so zu leben?«
Der Kellner kommt, bringt eine Hühnersuppe. Sie öffnet das Fenster, sieht in den Hof, wartet, bis er gegangen ist. »Iß«, sagt sie. »Du bist kein Mannequin. Ich wünsche dich weniger schick, aber mit mehr Speck. Du lebst von deiner Substanz.«
»Und du?«
»Ich rede von dir. Ich bin uninteressant. Fett oder dünn bleibt sich gleich.«
Ich pruste in die Suppe, daß sie über den Tellerrand platscht. »Ich muß an das ›nett‹ denken.«
»Ja und?«
»Als ich dich einmal anrief und dir sagte, daß der junge Schauspieler in meinem Film spielen würde: ›Der ist doch unbegabt‹, hast du gesagt. ›Aber er ist so nett‹, sagte ich. ›Auch noch frech werden‹, sagtest du.«
Sie lacht nicht. »Ist doch wahr!« ruft sie und klickt mit dem Feuerzeug. »Ich urteile nicht, ich verurteile. Alles was hier vor sich geht.« Sie hebt den Terrinendeckel, sagt: »Iß das Fleisch. Du brauchst keine berühmten Regisseure, die Wesentliches übersehen. Du brauchst dich nicht vor ihnen zu verneigen.« Sie lehnt sich zurück, sieht vor sich hin, hat keine Freude daran, recht zu haben. »Du wirst immer auf Männer hören, weil du ihnen vertraust.«
Ich fummele mit Streichhölzern. »Wenn du schon rauchst, solltest du wenigstens ein Feuerzeug besitzen«, sagt sie und gibt mir ihr goldenes.
»Ich habe die Zeitung gelesen und das Foto von dir gesehen«, sage ich.
»Ja, man spioniert mir nach, und man fotografiert mich, wenn ich nur auf den Balkon gehe. Man behauptet, ich sei Kommunistin, weil ich mich gegen die Wiederaufrüstung ausgesprochen habe.«
»Wer sagt das?«
Sie zuckt mit der Schulter. »Zu mühsam, sich den Kopf darüber zu zerbrechen. Der Engländer, der in meinem Haus lebte, schickte mir den Zeitungsausschnitt mit der Bemerkung ›Ich dachte man kann sich auf seine Freunde verlassen‹. ›Ich auch‹, schrieb ich daneben und schickte es zurück. Schlaf jetzt«, sagt sie, umarmt mich

plötzlich und geht. Ihr Rücken der eines jungen Mädchens, das vom Ballettunterricht kommt.
Ich sitze auf dem Bett, muß an die Engländer denken, die im Café neben dem Funkturm Margarine schoben. Erst gaben wir ihnen das Geld, dann gaben sie die Büchsen. Einmal kam die Militärpolizei. Der eine hatte mein Geld und ich keine Büchsen. Er ging und nahm meine Funkgage mit. Wär schön, so jemand in London wiederzusehen und zu sagen: »Könnten Sie mir meine Margarine geben?«
Es ist fast Mitternacht. Ich gehe über den Kurfürstendamm bis zur Wielandstraße und stehe vor dem »Don Juan«. Das »Off Limits«-Schild ist weg, die Tür hat eine neue Klinke, das Klavier steht da, wo es immer stand, und Ricci spielt in C-Dur Wienerlieder: »... denn er lebt in Mödling und sie in St. Veit, und sie kommen net z'samm und sie kommen net z'samm, denn der Weg war so weit...« Er singt vor sich hin. Ein Dicker lehnt schwankend an der Bar, einer im karierten Anzug und mit drei Ringen auf Bananenfingern tanzt mit einem langhaarigen Kind, drei Männer sitzen an einem Tisch neben der Toilettentür und trinken Sekt. Als die Töne verkleckern, sehen alle irritiert zu Ricci. »Hildchen«, sagt er, als hätte er mich erwartet. Der Barmixer wirbelt den Shaker, scheucht die Verdösten auf, tut, als sei's ein florierendes Geschäft. Ich setze mich auf die Klavierbank. »Schön, daß du da bist«, sagt Ricci und spielt die alten Kamellen von »Stardust« bis »Dream«. Um drei essen wir Erbsensuppe und sagen »Weißt du noch...« Die Fotografiererei hat er aufgegeben, die Amis haben jetzt ihre eigenen Kameras. Er will einen Laden aufmachen. Restaurant und Bar, »Bei Ricci« soll er heißen und ein Klavier muß er haben.
Um fünf Uhr früh treffe ich Ilse Müller und Jupp Paschke vor meiner Zimmertür. »Mahlzeit«, sagt Ilse, und Paschke spricht sein »Das war wohl nichts«. Wir drehen bis zum nächsten Morgen. An der Kantstraße, hinterm Savignyplatz und vor dem Schillertheater. Jemand zieht an meinen Haaren. »Machste imma noch Kintopp?« sagt Barlog und rollt die Augen. Dann sieht er zum langen Sir Carol hinauf, schüttelt dessen Hand, nickt halb beeindruckt, halb mißbilligend in Richtung Tonwagen, Lichtmaschinen, Kamerakran, weist mit dem Daumen über die Schulter, sagt: »Wat sagste nu, det is jetzt mein Theata.« Er schiebt mich zum Bühneneingang, über dunkle Treppen und Flure, ruft: »Bleib stehn.« Zwei Scheinwerfer blenden mich, ich steh' auf der Bühne, der Zuschauerraum ein schwarzes Nichts. Zahnloses Riesenmaul. »Kriegste keene Lust? Willste nich mal wieda spieln?« Wie ausgestopft, angenagelt, festgefroren bleibe ich. Schauspieleralptraum: Auf der

Bühne stehen, Stück nicht kennen, Text vergessen, nie gekonnt. Theater war Nudelbrett, Parkett erste Reihe gleich an der Rampe, dahinter schmales Handtuch, ohne Balkons und Ränge. »Na, Kleene, wie wär's?« Ich nicke, bin dankbar, hab' Tränen im Hals. Die Scheinwerfer gehen aus, eine Notlampe beleuchtet sein Antennenhaar, die gewölbte Stirn. »Hör auf mit der Scheißfilmerei, bist berühmt jenuch, mach ma wat Anständjes bei mir.«
»Ich hab' noch Verträge.«
»Verträje Verträje«, sagt er, »bei mir kannste wieda spieln.« Er sagt »spieln« wie »leben«. Bei mir kannste wieda lebn.
Nach vier Wochen Drehzeit fragt Carol Reed: »Hast du schon gehört?«
»Was?«
Er balanciert auf einer Bordkante, dreht den Faden um einen lose hängenden Mantelknopf und grient. Ein englischer und ein deutscher Aufnahmeleiter gehen mit zerfurchten Mienen neben ihm her. Die Arbeiter trinken Tee, Neugierige haben sich auf Feldstühlen niedergelassen, besprechen uns ungeniert.
»Hast du keine Nachrichten gehört?« Er legt die Hände auf den Rücken und tänzelt fröhlich weiter.
»Nein.«
Seine Nase zuckt, als müsse er niesen, dann sagt er: »Stalin ist tot.« Er sieht auf eine Litfaßsäule, die für unseren Film mit einem Plakat des Verblichenen beklebt ist. Er spielt eine stumme, aber wesentliche Rolle in der Ost-West-Spionagegeschichte, Schnauzbart und Väterchen-für-alle-Blick sind in jeder zweiten Szene vorzufinden. »Die Hälfte können wa wiederholn«, sagte der deutsche Aufnahmeleiter, »aba diesma mit Hammer und Sichel, sonst stirbt uns wieda eena unter de Hände weg.«
»Vielleicht werden die jetzt ne Demokratie«, sagt ein Berliner Komparse, »dann habt ihr ja keenen Film mehr.«
»Alex wird sich freuen«, sagt Carol Reed und kriegt einen Lachkrampf. Sir Alexander Korda ist unser Produzent. Er ist in Ungarn geboren und in England zum »Sir« avanciert. In seinem Penthouse auf dem Claridge-Hotel hat er eine der schönsten Gemäldesammlungen und einen erstklassigen französischen Koch. Aber vor allem hat er Charme. Und wie Erich Pommer kann er ohne Film nicht leben.
Als wir für die Studioaufnahmen nach London kommen, habe ich eine Blinddarmentzündung und drehe mit Eisbeuteln auf dem Bauch. Mit Eisbeutel stehe ich auch auf Alexander Kordas Bürobalkon am Marble Arch und sehe dem gigantischen Festzug zu, der der soeben gekrönten Elisabeth der Zweiten folgt. Es regnet in Champagnergläser und Karossen, auf die Häupter der Staats-

oberhäupter und Zuschauertribünen. Carol Reed flüstert: »Es ist wie Fabelland, wie ein Märchen, findest du nicht?« Ich finde nicht. Fühle mich abseits von Jubel und Verzückung, empfinde Widersprüchliches und schlappe Wutwelle, ein wenig Neid und sehr viel Mißtrauen. Pomp und Paraden, Flaggen und Aufmärsche, Fackelzug und Feuerwerk waren Präludium zu Krieg und Bomben, Trümmer und Gefangenschaft gewesen. Die Kolonne kommt ins Stocken. Churchills Wagen hält schräg unter der Brüstung. Er winkt nach rechts und nach links, er kaut auf seiner Unterlippe, als vermisse er etwas; seine Zigarre wahrscheinlich. Dann beschränkt er sich auf kurzes Nicken, wie jemand, der sagen will: »Es ist ja alles ganz hübsch und gut, aber nun laßt uns zu wichtigeren Dingen übergehen.« »Bravo«, murmle ich. Carol guckt verdutzt. »Er wollte über Griechenland nach Deutschland«, sage ich, »wenn nicht einige dazwischengeredet hätten, würde unser Film vielleicht in Frankfurt an der Oder spielen.«
»Oder auch gar nicht«, sagt Carol und grient.

(Obwohl die englische Sprache kein »Sie« kennt, scheint das britische Englisch die Distanz zu schaffen, die dem amerikanischen oft abgeht. Es scheint der Sprache ein »Sie« einzufügen. Deshalb glaube ich, Dialoge mit Engländern, denen ich nicht durch gemeinsame Arbeit verbunden bin, mit dem deutschen »Sie« schreiben zu müssen.)
»Haben Sie die Parade gesehen?« fragt am nächsten Morgen im Shepperton-Studio ein Journalist.
»Ja.«
»Was empfanden Sie als Deutsche?«
»Ich war beeindruckt.«
»Waren Sie in der Partei?«
»In welcher?« frage ich, um ihn zu ärgern.
»In der Nazipartei.«
Ich nicke.
»Sie waren Mitglied?«
»Nein.«
»Sie haben doch gerade ja gesagt.«
»Ich habe gar nichts gesagt, ich habe genickt.«
»Das kommt auf dasselbe heraus, oder nicht?«
»Nein. Ich habe nur genickt, weil ich die Frage erwartet hatte. Ihre Kollegen stellen sie mir seit acht Jahren.«
»Ist das verwunderlich?«
»Ja.«
»Und warum?«
»Weil, wenn ich Mitglied gewesen wäre, ich es Ihnen nicht sagen

würde, und wenn ich keins gewesen wäre, Sie mir sowieso nicht glauben. Wozu fragen Sie also? Abgesehen davon, daß Sie Ihren Behörden offensichtlich wenig Vertrauen schenken.«

Sein Ausdruck gibt mir zu verstehen, daß eines Interviewers aggressive Fragen den Interviewten nicht zu aggressiven Antworten berechtigen. »Was haben die englischen Behörden mit meiner Frage zu tun?«

»Weil sie mir eine Arbeitsgenehmigung erteilt haben.«

»Es sollen Unterlagen verlorengegangen sein.«

»Das haben sich manche gewünscht, nehme ich an.«

»Was ist so komisch?«

»Gar nichts ist komisch. Ich würde mich nur manchmal freuen, wenn ich statt politischer Verhöre Schauspielerinterviews hätte, wie alle anderen in diesem Atelier auch.«

Sein Blick versprach nichts Gutes, und der Artikel, den er schrieb, hielt, was der Blick versprochen.

Helen, meine Sprachlehrerin, die für den Reedschen Film mein amerikanisch gefärbtes Englisch in ein britisches umzufärben sich bemüht, sagt: »Kannst du nicht einmal braven Schnick-schnack machen, statt wie ein Stier in die Arena zu trampeln?«

»Ich werd's noch lernen.«

»Das glaube ich eben nicht«, sagt sie und gibt mir ihre Teetasse. »Jedesmal wenn ich einen Reporter sehe, werde ich dir einen Ätherbausch unter die Nase halten.« Sie zögert einen Augenblick, zündet eine Zigarette an, sagt: »Anwesende ausgenommen, aber ich mag die Deutschen auch nicht.«

»Das verlangt auch keiner.«

»Versteh mich recht, aber ich kann nicht einmal einen Schäferhund mehr sehen, seit die KZ-Filme gelaufen sind.«

»Warum machst du mit Anwesenden eine Ausnahme?«

»Weil ich außer dir keine Deutschen kenne.«

Nach der letzten Filmmustervorführung sitzen wir in der Studiobar, trinken Gin-Tonic. Carol Reed ist bedrückt. »Der Film ist zu Ende«, sagt er, »laßt uns beim Abschied volltrunken sein.«

In seinem Haus in Chelsea singt Ljuba Welitsch: »Ich habe seinen Mund geküßt ...« Sie singt es jetzt zum zwanzigsten oder dreißigsten Male, denn Carol Reed schiebt die Nadel immer wieder zurück zu der gleichen Rille. Er schwelgt in Erinnerungen an endlose Aufnahmenächte in der Berliner Oper, in der die »Salome« Hintergrund einer Fluchtszene war. Wir sitzen auf dem Boden, sehen schweigend in unsere Gläser, nur der Kakadu, den Carol während der Dreharbeiten erworben und der ihm zur Begrüßung den halben Zeigefinger abgehackt, bleibt unbeeindruckt und schreit an gegen Salomes Leid. Endlich wird der Randalierende zugedeckt, der Plattenspieler abgestellt. Den Kopf in beide Hände gestützt, sagt Carol: »Ich versteh', warum Maler ihre Bilder behalten wollen. Monatelange Arbeit, jahrelange Vorbereitung, plötzlich ist es vorbei. Was mach' ich als Nächstes, was mach' ich zwischen Filmen? Ich weiß es nicht.« Er sagt es halb amüsiert, als stünde er neben sich und sähe seiner Trauer zu; etwas verächtlich, etwas erstaunt, sich bei ungebührlicher Exaltation anzutreffen. Er denkt, lebt, atmet »Film« wie Barlog »Theater«. Weltauseinandersetzungen, Naturkatastrophen, Krankheit, Persönliches sind Hindernisse und Hürden am Rande einer Leidenschaft. Im Morgengrauen fahren wir zum Covent Garden. Die Gemüsekarren werden ausgeladen, die Arbeiter stehen vor einer Bude, stampfen ihre Füße warm, trinken Tee. Wir spielen Fußball mit einem Kohlkopf, treffen eine Fensterscheibe und anschließend zwei freundliche Polizisten, die uns von weiteren Spielen abraten. »Ich wünschte, ich könnte leben wie du«, sagt Carol, »nur ein Hotelzimmer, zwei Koffer, keinen Besitz.« Er steht vor dem Hotel, wartet bis das Taxi anfährt, das mich zum Flugplatz bringt. Im Rückfenster seh' ich ihn stehen: verloren, übernächtigt und immer noch amüsiert, als hätte er sich über alle und alles lustig gemacht.

Auf dem Flug nach Hamburg spüre ich Erleichterung in meiner rechten Seite. Der Blinddarm ist im Begriff, sich aufzulösen. Der befreundete Chirurg steht im Operationsornat, sagt: »Mach mir keine Faxen. Dies ist eine katholische Klinik, die Schwestern sind Nonnen, und ich operiere hier zum erstenmal.«

»Was sind Filzläuse und wie sehen sie aus?« frage ich, seit der Begegnung mit Marlene medizinisch interessiert und auch von der operationsvorbereitenden Injektion verblödet. Minuten später reicht mir eine Schwester einen Schokoladenkäfer von ungefähr vier Zentimeter Länge und in Goldpapier gewickelt, sagt: »Das soll ich Ihnen vom Herrn Doktor geben. Er meint, Sie wüßten schon Bescheid.« Ich habe gerade noch Zeit etwas Mastix aus dem Filmkoffer zu fischen, auf den Bauch zu träufeln und den Schokoladenen draufzudrücken und ein meinen Filmrollen gemäßes Vampnachthemd überzuzerren, dann entschlummere ich unter der Narkosespritze. Drei Stunden später erkenne ich das mauvefarbene Gesicht meines Freundes. Er scheint zu dampfen, der Atem ist unregelmäßig. Ich mache mir Sorgen um ihn und schlafe wieder ein. »Sehr witzig«, höre ich durch viele Bäusche Wolken Wogen. »Du warst fast aus der Narkose, bis wir den Kleister vom Bauch hatten. Und frag mich nicht, was die OP-Nonne von sich gab.« Ein Blitz zerteilt Nebelschleier und schläfriges Grinsen, läßt mich ein Stechen spüren und nachtschwarzes Würgen. Zwei als Wäscheträger verkleidete Reporter haben sich an die Zimmertür geschlichen und fotografiert. Das Bild, von ausgesuchter Schönheit, informiert meine Mutter in Berlin über Geheimgehaltenes. In Hamburg eingetroffen, vernimmt sie durch eine entnervte Aufnahmeschwester, daß sie bereits die zehnte Mutter sei, die bei ihr vorgesprochen und der Tochter Hilde beizustehen wünsche. Meine Tränengebadete steht zwischen zwei stämmigen Pflegern, der eine fragt: »Ist das nu Ihre Mutter oder nich?« – »Auguste«, sage ich. »Also doch nicht die Mutter.« – »Doch, ich sage nur manchmal Auguste.« Sie kommt ans Bett. Ich sag' ihr nicht, daß sie den Hut verkehrt herum trägt, daß sie zwei verschiedene Schuhe an den Füßen hat.

Ins Pensionszimmer bei Malente, im Holsteinischen, kommt das Angebot aus New York. Cole Porter und George Kaufmann haben ein Musical geschrieben, »Silk Stockings« soll es heißen. Sie wollen, daß ich die Hauptrolle spiele. »Was du brauchst, sind Ferien und keine Musicals«, sagt Mutter. Ich hinke noch immer, als sei zwischen Kniescheibe und Nabel ein Draht gespannt, die Narbe ist lang und tut weh. Wenn ich mit Mutter auf dem Pensionsbalkon sitze, vor uns drei Geranientöpfe rot, zwei Geranientöpfe weiß, untere Blätter trocken wie Insektenflügel über Petroleumlampe versengt, glaube ich das »Abfahrn« und »Zurückbleiben« des Stationsvorstehers am Bahnhof Wilmersdorf zu hören; das Pfeifen der Fräsmaschine, Pling der Kassenklingel, wenn man die Feder unter dem Griff drückt, um das Fach für Kleingeld aufzuziehen; glaube Lederstaub und Knochenleim zu riechen, grüne Regale und Zettel mit Büroklammer an Absatznaht zu sehen.
»Gib endlich den Laden auf«, sage ich, »verkauf ihn.«
Der rechte Daumennagel hat einen blutunterlaufenen Fleck, er klafft vom Halbmond bis zur Fingerspitze. Sie hat mit der Nadel der Ledernähmaschine durch den Daumen genäht. Sie sieht auf die Hand, sagt: »Laß man, Kind, ich hab' einen guten Meister gefunden, und der Laden ist eine Sicherheit. Er hätte es auch nicht gern gesehen, daß ich ihn so bald nach seinem Tod aufgebe.« Sie zupft an den Geranien herum, sagt nach einer Weile: »Erst als wir alt wurden, kamen wir gut miteinander aus. Früher gab's oft Streit, das weißt du ja noch.« Sie streicht über ihre langen Beine, beschreibt Kreise mit linkem Fuß. »Er fehlt mir sehr. Der Laden gibt mir das Gefühl, als sei er noch nicht ganz weg aus meinem Leben.«
Einmal hatte er mit der Faust auf den Teller geschlagen, daß das Blut auf die Tapete spritzte. Es war an einem Sonntagvormittag ge-

wesen, kurz nachdem sie geheiratet hatten. »Läßt du dich jetzt scheiden?« hatte ich Mutter hoffnungsvoll gefragt.
»Sie haben eine Lungen- oder Bronchienspiegelung gemacht, bevor er starb. Ohne Narkose. Er hat geweint wie ein Kind, als ich in die Klinik kam. Wenn man sich nicht mehr wehren kann, ist man verloren«, sagt sie und kneift die großen Augen zusammen.
»Ich muß nach Amerika, bevor der nächste Film anfängt. Mein Paß läuft ab. Warum kommst du nicht mit? Du könntest deinen Bruder wiedersehen.«
»Werd erst mal gesund«, sagt sie. »Vielleicht später einmal...«
Ihr Haar ist fast weiß. In der tiefstehenden Abendsonne sieht sie sehr jung aus. Die Bräune ist schön zu dem weißen Haar, den grünen Augen. »Amerika«, sagt sie plötzlich und gluckst, »da müßte ich aber meinen Mut zusammennehmen.«

In Los Angeles treffe ich Dr. Brom, den Anwalt. Väterlich hat er seinen Arm und meine Schulter gelegt. »Hildchen, sagt er, »wir tun alles, was in unseren Kräften steht. Dein Geld ist gut angelegt.«
»Ein Schauspieler in München sagte, ich solle Grund kaufen. Von einer Gage wenigstens, am Starnberger See, das sei noch billig.«
Tiefes Hohoho, Gelächter, das durch ihn durchzieht, Hände und Füße rüttelt. »Was verstehn denn Schauspieler von Geld. Zuckerbergchen in Europa, ich in Amerika – nein, besser kannst du's gar nicht getroffen haben.«
Ich treffe Carroll Righter. Unverändert, die Jackentaschen vollgepfropft mit Ephemeridenheftchen, entsteigt er einem Auto, das jeden Augenblick auseinanderzufallen droht. »Mit technischen Dingen kann ich mich nicht befassen«, sagt er gleichmütig, als der Parkwächter auf einen platten Reifen aufmerksam macht. Wir gehen in Carrolls Stammrestaurant, das mit seinen lederbezogenen Bänken und schwarzbeschirmten Lampen eher in eine windig verregnete Stadt zu passen scheint als in die subtropische Filmvortskolonie. Der Oberkellner flattert um uns herum. »Er ist Zwilling«, sagt Carroll.
»Ja«, sagt der und hält im Flattern inne, »ist das gut?«
»Wenn es einem gelingt, die Nervosität zu zügeln«, sagt Carroll wie ein gelangweilter Chefarzt, der im vorhinein weiß, daß seine Diätvorschriften nicht befolgt werden.
Der Oberkellner guckt enttäuscht, seinen Blick auf meinen Teller gerichtet: »Erinnern Sie sich an einen französischen Jeep, der Sie in der Schloßstraße mitgenommen hat? Sie hatten einen Verband am Bein.«
»Ja, ich war in einen Nagel getreten, auf der Bühne. Waren Sie der Fahrer?«

»Jawohl«, sagt er und reckt sich. »Bin Elsässer, war in der französischen Armee. In Zehlendorf sind Sie ausgestiegen. Gutes Gedächtnis, was?« Wir schütteln die Hände wie alte Kumpel.
Carrolls Räuspern drückt verhaltene Indignation aus, seiner philadelphianischen Würde mißfällt die Verbrüderung. »Ich habe bei einem Kongreß zu sprechen«, sagt er, »ich fliege mit dir nach New York. Auf dem Flug kann ich das Theaterangebot in Ruhe berechnen.«
»Es kommt sowieso nicht zustande. Auf einer Bühne kann ich nicht singen.«
»Wir werden sehen«, sagt Carroll.
Abends, auf dem Flugplatz, treffen wir Marlene. Sie steht zwischen Kofferbergen. »Wieso werde ich nicht informiert?« fragt sie strafend. »Mit welcher Linie fliegt ihr?«
»AA.«
»Dann werde ich umbuchen. Ich langweile mich bei Nachtflügen.«
»Warum schläfst du nicht?« fragt Carroll.
Sie sieht ihn an, als leide er unter Bewußtseinsspaltung: »Weil ich so gut wie nie schlafe«, sagt sie und hebt die Brauen bis zum Hutrand.
Um fünf Uhr früh kichert Carroll wie ein Kind, das Mutter bei einer Lüge ertappt hat: »Sie schläft wie ein Murmeltier.«
»Vor zwei Stunden hat es geschaukelt, und wir haben zehn Minuten Verspätung. Deine Flugberechnungen werden unpräzise«, sagt sie, ohne die Lider zu heben.
»Tüt tüt«, sagt Carroll und schwenkt die Hand, als dirigiere er ein Adagio, »und Steinböcke sind nie zufrieden.«

Ich sitze ihnen gegenüber. Der eine heißt Cy Feuer, der andere Ernie Martin. Sie sind Anfang oder Mitte Dreißig und seit vier Jahren das erfolgreichste Produzentengespann des Broadway. Cy Feuer schurrt auf seinem Stuhl herum, als säße er auf einem unbequemen Fahrradsattel, er pafft an einer Zigarette wie ein Nichtraucher, wie ein Junge, der im Keller heimlich und eilig die erste ausprobiert. Er atmet aus, bevor er spricht, und der durch seine Wortstürze bedingte Sauerstoffmangel würde weniger Deftige in Ohnmacht versenken. Angesichts seiner Energie fühle ich mich greisenhaft, invalid, gebrechlich. Der runde Kopf schnellt vor und die kurze breite Hand klopft den Oberschenkel, zerbricht die in Vergessenheit geratene Zigarette. Seine malträtierten Stimmbänder bringen heisere, wilde Töne zustande, die wie Schmetterbälle durch den Raum springen. Obwohl er Jargon spricht, ist er nicht ordinär. Die kampflustigen braunen Augen über kurzer Nase und breitem Mund bleiben auf meinem Gesicht, weichen nicht ab, blinken nicht, nehmen Maß. Ernie Martin hingegen, lang und schmal, scheint seinen Körper nur dann zu bewegen, wenn unbedingt erforderlich. Er sitzt in gleicher Stuhlreihe wie sein Partner, vermittelt dennoch den Eindruck, als warte er im Hintergrund. Das einzige, was Beteiligung und Interesse verrät, sind kluge dunkle Augen unter schwarzen Brauen, die fransig und wie Wollfäden herunterhängen. Selbst wenn er spricht, bleibt die lange Zigarre im rechten Mundwinkel feststehend, als würde sie von einem Bauchredner geraucht. Er spricht noch schneller als Cy Feuer. Fassungslos folge ich dem Tempo seiner Sätze, die aus unbewegtem Gesicht strömen, dann abbrechen, als wären sie nie gesprochen worden. Hinter Cy Feuer und Ernie Martin hockt Arthur, stets »der Arme« genannt. Er ist Produktionsassistent, Schlattenschammes, Mädchen für alles, und seine grauen Augen spähen in offensichtlich nur ihm zugängliche Abgründe, die von keinem Lichtstrahl erhellt ihr Entsetzen auf Arthurs Gesicht zurückwerfen und es zu jener Miene verknautschen, die besagt, daß alles fürchterlich ist, war und bleiben wird.

»Ich kann nicht singen«, sage ich zum drittenmal.

»Cole Porter sagt, du kannst.«

»Vielleicht im Film, aber nicht auf der Bühne, und ich habe noch nie in einer Fremdsprache Theater gespielt.«

»Ninotschka muß einen Akzent haben«, sagt Cy Feuer.

»Silk Stockings« ist die Geschichte der russischen Kommissarin Ninotschka, die, aus Moskau angereist, in Paris einem Kapitalisten in die Hände fällt und Lenin Lenin sein läßt. Bevor es ein Musical wurde, war es ein Theaterstück und später ein Garbo-Film.

»Wir werden dir einen Russen auf den Hals hetzen, damit du einen russischen Akzent kriegst. Du bist für heute nachmittag bei Herb angemeldet. Er ist Gesangslehrer und unser Dirigent. Übermorgen singst du auf der Bühne vom Imperial, dann wissen wir mehr«, sagt Cy Feuer.

»Ich habe drei Filme in Europa zu drehen.«

»Wie lange dauert das?«

»Bis Herbst nächsten Jahres.«

»Jesus Christ«, sagt Cy Feuer, »kann man dich auskaufen?«

»Ich glaube nicht.«

»Vielleicht sollten wir verschieben«, sagt Ernie Martin.

»Jesus«, brüllt Cy, »weißt du, was das heißt?«

Ernie Martin rupft die Zigarre aus dem Mundwinkel, hält sie wie einen Dolch in geballter Faust. »Sie ist Ninotschka. Vorausgesetzt, daß sie singen kann.«

Zutrauen und Einschränkung stacheln mich an. Mein Ehrgeiz geht ins Netz, verwirft Bedenken und Furcht vor zwei Möglichkeiten:

Erfolg bedeutet zwei Jahre ununterbrochen ferienlosen Spielens, Mißerfolg zwei Tage.

Herb Greenes Wohnung ist im siebenten Stock eines von Autolärm umtosten Hauses an der Ecke 58th Street und Eighth Avenue. In seinem Arbeitszimmer, in dem nichts außer einem Sofa und einem Flügel steht, muß man die Fenster schließen, um sich unterhalten zu können. Herb ist Ende Zwanzig, er ist klein, und seine Fettleibigkeit läßt ihn älter wirken als er ist. Ein Bein über das andere geschlagen, die Hacke des rechten Schuhs in linker Hand haltend, hin und wieder an einer zu kurzen Socke zoddelnd, sitzt er auf seinem Klavierhocker und grinst. »Cly und Ernie sagen, du hast Angst. Recht hast du. Ich würde mich auch nicht trauen.«

Er wendet Tricks an, die er seinem Psychiater abgelauscht. Auf der niedrigen Stirn, von schwarzem Kraushaar umgeben, das über Schläfen und Nasenwurzel weiterzuwachsen scheint, hat er mehrere Querfalten untergebracht, die wie Bleistiftstriche in seinem runden Gesicht stehen. Herb öffnet das Fenster, brüllt über den Lärm hinweg: »Sing den Ton, daß man ihn auf der anderen Straßenseite hören kann.« Er haut auf ein A, trommelt es, schreit: »Mach den Mund auf, Zunge runter. Laß den Ton raus. Du atmest falsch. Damit kommst du nicht über die Rampe. Zieh den Bauch ein, Luft raus, Bauch raus. Nicht den Nasalkram wie bei Opernsängern. Das Gegenteil.« Er knallt auf meinen Bauch. Ich brülle wie ein Stier. »Schon besser«, brüllt er zurück.

»Ich hab' eine frische Blinddarmnarbe.«

Er wirft das Fenster zu, ruft: »Sarah, bring einen Schnaps, ich hab' die ›Kraut‹ umgebracht.«

Zwischen jeweils zehn Minuten Mund-auf-Zunge-runter-über-andere-Straßenseite-Schreien muß ich mich setzen, darf nicht reden. Er grinst mich an. »Ich trimm' dich schon hin, daß man dich auf dem letzten Stehplatz hört.«

»Wieviel Plätze hat das Imperial?«

»So an die zweitausend.«

»Das schaffe ich nie.«

»Eben«, sagt er und spielt die »Pathétique«, daß die Wand wakkelt. »Wenn ich nicht alle drei Tage zu meinem Gehirnschrumpfer müßte, würde ich mal nach Bonn fahren, des ollen Beethoven Geburtshaus begucken. Aber so geht die ganze Penunze zu meinem Seelenschaber.« Er lacht, ist mit sich zufrieden. »Morgen singst du dem Porter vor«, redet er in meine Schweigepause, »und dem Kaufmann. Denen werden die Ohren klingeln.«

»Oder abfallen«, sage ich.

»Ein paar Komplexe weniger würden dir auch nicht schaden, mein deutsches Mädel«, wiehert er.

»Ich habe Zahnschmerzen«, sage ich morgens vor dem Theatereingang.

»Das ist gut, das befriedigt den Masochismus«, feixt Herb und klettert über eine Leiter in den Orchesterraum.

Auf der Bühne des Imperial pendelt eine Glühbirne. Der Bühnenboden ist grau und hart, löchrig wie alter Asphalt, ich wähne mich auf Flugzeugträger in sternloser Nacht, von feindlichen Gewässern umgeben.

»Ich bin der Inspizient«, sagt ein Grauhaariger und murmelt ein »Wird schon klappen« hintennach.

»Ich will gar nicht, daß es klappt«, sage ich.

»Sie kann nämlich nicht singen«, meckert Herb von unten und haut den Klavierdeckel auf. Ich rufe mehr, als ich singe, und das von Herb einstudierte Lied scheint mir von der Länge eines Opernaktes zu sein. Endlich komme ich zum Ende, bleibe mit dem Nasiehste-hab'-ja-gleich-gewußt-daß-es-nicht-geht-Geraune im Hinterkopf stehen.

»Okay«, ruft jemand aus der Finsternis. Ich höre Türen klappen, irgendwer geht über den obersten Rang. In vorderster Parkettreihe erkenne ich einen Mann, dessen spiegeleiergroße Iris in leicht vorgewölbten Augäpfeln auf mich gerichtet weder Freude noch Enttäuschung ausdrücken. Eine weiße Nelke im Knopfloch, einen Stock mit Silbergriff von zierlichen Händen gehalten, den Kopf leicht zur Seite geneigt, sieht er zu mir empor, sagt: »Willst du dich nicht zu uns setzen?«

»Ja, Mister Porter«, sage ich in der Hoffnung, daß er's auch ist.

Zwei Reihen hinter ihm sitzt jemand, den ich nicht kenne. Seine langen Beine sind ineinander verschlungen, verhakt und verwickelt wie ein Schiffsknoten. Langsam und doch ungeduldig faltet er seine Gliedmaßen auseinander, scheint immer wieder einen Fuß zu finden, der noch nicht gehbereit ist. Er zieht an einem Schal, der, mehrmals um den Hals gewunden, noch immer bis auf den Mantelsaum hinunterbaumelt, mit der einen Hand zerrt er an den Fingern der anderen, als müsse er ein eingerostetes Gelenk befreien, dann bückt er sich umständlich, um einen Krümel aufzuheben, den er sorgfältig in der Manteltasche verwahrt. Er streicht das dichte graue Haar, reibt vorsichtig den Nacken, als teste er das Vorhandensein und die Lage der Wirbel, greift an die dicken Gläser seiner Brille, läßt sie auf eine fleischige Nase fallen, die sich in dem schmalen Gesicht wie ein Irrtum ausnimmt. Er geht staksig und gedankenverloren auf die Abgrenzung des Orchestergrabens zu, reibt den Rand mit einem Schalende, als wolle er ihn auf Hochglanz polieren. »Tja«, sagt er und bückt sich, um ein ordentlich gebundenes Schuhband nochmals zu binden.

Auf dem Weg in den Zuschauerraum sagt Herb: »Das ist George Kaufmann, falls du es nicht wissen solltest. Er führt die Regie und hat's geschrieben.«

14

7. September 1954. New York
Erich Pommer war wie immer pessimistisch: »Sie setzen alles auf eine Karte, ein Mißerfolg am Broadway ist nicht zu verheimlichen; von Honolulu bis Bitterfeld wird jeder wissen, wie es ausgeht. Müssen Sie ein Stück wählen, das Sie dem Garbo-Vergleich aussetzt? Und müssen Sie als erste Deutsche in New York spielen? Ich glaube, in Israel würden Sie weniger Ressentiments antreffen als in New York.«
»Feuer, Martin und Kaufmann sind jüdisch ...« Bei »jüdisch« stockte ich, als hätte ich etwas Unbedachtes gesagt, etwas, das ihn verletzen könnte. Warum?
»Ich hoffe für Sie, daß die wissen, was sie tun.«
Else Bongers war unsicher. »Nach einer bestimmten Zeit wird man nicht mehr für seine Leistungen, sondern für seine Entscheidungen beurteilt. Ich kann dir nicht raten. Ich kenne den Broadway nicht.«
Heute mittag bin ich angekommen. Es ist fast ein Jahr her, seit ich im Imperial in die leeren Ränge schrie. Bis vor zwei Monaten glaubte-hoffte-fürchtete ich noch, daß sie eine andere Ninotschka finden und auf mich verzichten würden.

14. September
Heute morgen war ich bei Cole Porter im »Waldorf Astoria«. Hatte Angst, Kurt Hirschs Vater zu begegnen. Habe Don Ameche, meinen Partner, kennengelernt. Sehr höflich, sehr verbindlich. Kleines Bärtchen auf der Oberlippe. Er spielt mit einem Rosenkranz in der Hosentasche; als er sich bückte, rutschte er auf den Boden. Eine Stunde lang wurden wir fotografiert. Porter am Flügel sitzend, wir hinter oder neben ihm. Als er uns zur Tür brachte, sah ich, daß er hinkt. Vor über zehn Jahren soll er einen Autounfall gehabt haben. »Tut mir leid, daß es so ungemütlich war, aber wir werden uns während der kommenden Monate noch zur Genüge sehen«, sagte er. Dann, wie jeden Tag, von elf bis eins, von drei bis fünf bei Herb Green. Zwischendurch lerne ich Text. Ninotschkas Redefluß wird nur noch von dem Hamlets übertrof-

fen. Tagtäglich kommen neue Szenen hinzu. Wenn das so weitergeht, wird das Stück fünf Stunden dauern.

26. September
Gestern abend in George Kaufmanns Wohnung: Herb Green spielte die Musik von der Ouvertüre bis zum Finale. Kaufmanns Frau, Leueen, die am Buch mitgearbeitet hat, Feuer, Martin, Porter, Ameche, Yvonne Adair, die einen hysterischen Filmstar spielt, und ich saßen auf weißem Teppich und fühlten Ähnliches: tiefe Ratlosigkeit.

10. Oktober
Heute war erste Leseprobe. Alle Schauspieler im Halbkreis auf der Bühne, Manuskript in den Händen. Neben jedem Stuhl ein Pappbecher mit Kaffee. Nach und nach kippten die Becher um und kullerten an die Rampe. Uns gegenüber, mit dem Rücken zum Zuschauerraum, saßen Kaufmann, Feuer und Martin. Kaufmann sagte gar nichts. Hatte die Hände wie Ohrenschützer über die Ohren gelegt, als könne er es nicht ertragen, als sei das Ganze demütigend und aussichtslos. Einer der drei »Kommissare« ist Radioschauspieler. Er hat seinen Text geschnurrt, als spiele er das Stück seit Jahren. Anfänglich lachten wir über Wortspiele und Gags, aber unter Kaufmanns Blick wurden wir trüb und trüber, und während der ersten Zigarettenpause standen wir herum, als probten wir Strindbergs »Totentanz«. Keiner hatte einen Bleistift. Warum bei Leseproben alle ihre Bleistifte vergessen? Der vom Inspizienten Henry geborgte wanderte von Hand zu Hand, bis Cy Feuer der Faden riß. »Ich weiß, daß ihr bis zur Premiere kein Geld kriegt, aber ihr werdet euch doch noch einen Bleistift leisten können. Wir versitzen hier Stunden mit dem Hinundhergereiche.« Morgen ist erste Stellprobe.

16. Oktober
Die Proben wurden um eine Woche verschoben. Die Premiere in Philadelphia nicht. Kaufmann schreibt einen neuen Anfang und ändert Szenen im zweiten Akt.

27. Oktober
Lieder und Dialoge werden getrennt probiert. »Lied«, brüllt der Inspizient, wenn wir zu der Stelle kommen, an der Gesprochenes in Gesungenes übergeht. Nach dem »Lied« spielen wir weiter, als sei es ein Theaterstück. Das Ballett bleibt unsichtbar, probt in einem Lagerhaus am Hafen. Nachts stellen wir Duette und Chöre, unter rosa Lampions, in ausrangierten Tanzsälen, in denen man

vor Dreck nicht treten kann. Zwischen Proben: Radioshows, Interviews, Fotos, Anproben. Habe eine Nacht lang mit Richard Avedon fotografiert. Er hat meinen Kopf unter eine Brause gehalten, und als ich durchgeweicht war, fing er an. Um sieben Uhr früh war ich entlassen, er ging ins Bett und ich zur Probe.
Herb Green hatte Grippe. Wir haben einen Korrepetitor, der spielt, als wolle er Bühne plus Klavier plus Porter zerhacken. Tagtäglich neue Textseiten. Alte Szenen fliegen, neue kommen hinzu. Lieder aus dem ersten Akt kommen in den zweiten und umgekehrt. Ich beginne einen Satz und jemand brüllt: »Das ist seit gestern gestrichen, verdammt noch mal.« Kaufmann flüstert seine Regieanweisungen, als biete er Renntips an. Porter war nicht mehr im Theater. Es heißt, er schreibe neue Lieder und warte, bis die Aktdurchläufe mit Ballett und Chor beginnen.

5. November
Nach meinem »J'accuse«-Monolog stützte Kaufmann seinen Arm auf meine Schulter und flüsterte: »Schade, daß es ein Musical ist. Du bist zu gut für Musicals.« Ich muß ihn angesehen haben wie eine Kuh. Es war der erste längere Satz, den er gesprochen hat. Der den »Oberkommissar« spielt, kann keinen Text behalten. Er würde bei »Persil« nicht auf »sil« kommen. Er gibt ständig falsche Stichworte. Wie will er das durchstehen ohne Souffleur? Warum die Amerikaner den Souffleur ablehnen, ist mir rätselhaft. Vielleicht hat sie noch niemand auf Möglichkeit und Vorzug aufmerksam gemacht. Daß sie sich den Dramaturgen ersparen, ist schon begreiflicher. Wenn ich einmal hängen sollte, muß der Vorhang fallen. In einer Fremdsprache kann man nicht extemporieren, schon gar nicht, wenn die Musik weiterschmettert.
Heute früh um drei, nach der Probe, fuhren Ameche und ich in eine italienische Pinte im Village. Zu seinen Fettucine trank er in aller Stille eine Flasche »Jack Daniels«-Bourbon aus und ging noch immer, als hätte er Kakao getrunken. Vor und während der Arbeit rührt er keinen Alkohol an. Er ist ruhig und diszipliniert. Hat Humor. Nur samstags tritt er in Streik, keine Nachtproben, keine Besprechungen. Samstags, um Mitternacht, geht er in die Kirche. An seinem Kirchgang orientiere ich mich, welchen Tag wir haben. Sonntage, Wochentage schwimmen durcheinander.

9. November
Heute hat Ameche die Nerven verloren. Porter war in der Probe. Erster Durchlauf mit Liedern und Ballett. Es war ein Massaker. Die Dekoration ist zum Teil mit Lassobändern, die auf dem Boden kleben, angedeutet. Weißes Band ist Schrank, rotes Band hintere

Wand usw. Die Tür klemmte. Als ich gegentrat, fiel sie um und erschlug fast einen der »Kommissare«. Mein Koffer war nicht zu verschließen. Mitten im Auftrittssatz klappte der Deckel auf, und sämtliche Requisiten, die ich für die nächste Szene brauche, rollten über die Bühne. Dadurch verpaßten Ameche und ich den Einsatz für unser Duett. Die Pistole funktionierte nicht, die Kostüme sind nicht fertig, manche noch nicht einmal gezeichnet. Die Kostümberaterin scheint Schlafmittel zu nehmen. Sie wankt und döst. Wenn angesprochen, schreckt sie auf, sagt: »Es wird alles werden.« Zwei Schauspieler wurden entlassen. Sie gingen, ohne etwas zu sagen. Gesichter graugrün. Selbstmordkandidaten. Der eine hat drei Kinder. Morgen kommen neue, um vorzusprechen.

Sie wollten Ameches bestes Lied streichen. Er vereiste. »Warum sucht ihr euch nicht einen anderen Knaben?« Pause. »Sieh mal, Don, du mußt doch einsehen, es schleppt an der Stelle.« Palaver Palaver. Vorläufig bleibt's, wo es war.

Das Ballett – es sind dreißig oder vierzig – fand sich auf der Bühne nicht zurecht. Sie ist breit, aber hat keine Tiefe. Ein Junge knallte beim »high kick« einem Mädchen ins Kreuz, daß sie ohnmächtig wurde. Ein andrer hat den Fuß verstaucht, weil er nicht ahnte, daß während seiner Pirouette der Chor auf die Bühne springen würde. Das Liebeslied, das ich Ameche zu Füßen liegend singe, mußte abgebrochen werden, weil Ameches Sessel zusammenfiel. Cy brüllte Henry an. Henry ging zur Bühnenmitte, stellte sich auf wie ein Zinnsoldat, sagte: »Ich hole die Klamotten aus Kellern zusammen. Wann wird die Dekoration geliefert? Wann die Prospekte?«

Yvonne Adair hatte einen Weinkrampf. Der Notenschreiber hat ihr einziges Lied falsch kopiert. Der »Oberkommissar« geht in jeder freien Minute zum Telefon, wählt eine Nummer, legt den Hörer neben den Apparat, wartet zehn Klingelzeichen ab, hängt ein. Möchte wissen, was das soll.

10. November

Ameche hat es herausgefunden: Der »Oberkommissar« hat einen Schäferhund. Der steht nur auf, wenn das Telefon klingelt. Damit er nicht zu fett wird, ruft er so oft als möglich an.

Heute platzte mir der Kragen. Dreimal haben sie meine Kopfmaße genommen, und die Pelzmütze ist noch immer so groß, daß sie mir über die Augen rutscht. Der Ledermantel ist zu weit, die Uniform zu eng. Wenn ich den Arm ausstrecke, reißt die Naht. Zwei Durchläufe je 3½ Stunden. Nichts klappte. »Weiter, weiter«, brüllte Cy, »wir wollen die Länge stoppen.« Als es vorbei war, standen wir auf der Bühne. Von unten nichts. Cy Ernie Porter

Kaufmann hockten in den hinteren Reihen und tuschelten. Ich trat mit dem Fuß gegen einen Stuhl, daß er über die Bühne karrte. »Man blökt sich die Seele aus, und die sagen nicht mal pieps.« Don hat mir eine Zigarette in den Mund gesteckt und »Kraut, du kriegst doch nicht das Bibbern« gesagt. Julie, die Tänzerin, brachte mir eine Apfelsine. »Du mußt Obst essen, sonst hältst du's nicht durch«, sagte sie.
Habe 10 Pfund abgenommen. Mein Hotelzimmer könnte ich langsam aufgeben, komme sowieso kaum noch aus dem Theater heraus. Jemand hat von einer Wohnung gesprochen, einem Penthouse, das zu vermieten sei. Fifth Avenue, Ecke 10th Street. Wer sagt mir, wie lange ich in New York bleiben werde.

13. November
Heute hat Kaufmann seine Stimme erhoben. »Iß ein Steak. Du bist lahm und zu leise.« – »Wer, ich?« – »Ja, du!« Wollte ihn schon fragen, wann er glaubt, daß ich Zeit zum Essen hätte.
Workuta im Januar ist wärmer als das Theater, und die Probenfunzel baumelt noch immer wie am ersten Tag. Gefängnisbeleuchtung. Ninotschkas erstes Abendkleid, bei dem das Publikum in Ahs und Ohs ausbrechen soll, hängt wie ein Lappen. Wenn ich mich stolz vor Ameche drehe, schlabbert es wie ein altes Moskitonetz. Heute schlug ich lang hin, weil der Saum nur geheftet war. Dann riß beim schnellen Umzug, von Uniform in Abendkleid, der Reißverschluß. »Warum ist Hilde nicht auf der Bühne?« brüllte Cy. »Weil der Reißverschluß kaputt ist.« – »Komm wie du bist! Du hältst die Probe auf.«
Bei den besten Pointen sitzen Cy Ernie Porter Kaufmann, als wohnten sie ihrem Offenbarungseid bei. Nur der »lange« Arthur lacht verschämt. Das einsame Gemecker macht es noch schlimmer. Heute sollten die Dekorationen kommen. Nach dem zweiten Durchlauf sagt Ernie: »Ohne das Finale sind wir schon zu lang. Und wenn ich die Pause dazurechne, können wir gleich Wagners ›Ring‹ machen.«
Es würde sich lohnen, einen deutschen Studenten der Theaterwissenschaft einzuladen.
Der »Oberkommissar« ist Vivaldi-besessen und liest zwischen seinen Auftritten ein Buch über Klavierbau zu Bach-Zeiten. Die Tänzer vertreiben sich die Zeit mit Kreuzworträtseln. Einer steht ununterbrochen auf dem Kopf. Ein anderer sammelt Segelbootprospekte. Die hübscheste Tänzerin hat vier Kinder und keinen Mann. Sie strickt Tag und Nacht Pullover und Mützen. Einer der »Kommissare« hatte Fieber und Blinddarmentzündung. Er wurde entlassen. »Tut mir leid, können vor der Premiere kein Risiko

eingehen«, sagte Cy. Jedesmal wenn er in die Nähe der Schauspieler, Sänger oder Tänzer kommt, verfärben sie sich, erwarten »die Axt«.

14. November
Ameche hat des »Oberkommissars« Schäferhund kennengelernt. Während einer Pause klaute Don die Wohnungsschlüssel und rannte los. Wie immer hat unser »Oberkommissar« seine Telefonnummer gewählt, vernahm plötzlich das Klick des aufgehobenen Hörers, erstarrte, würgte: »Bodo, Bodo!« Auf der anderen Seite: Hecheln, Rau Rau, Hecheln. Erst nachts gestand Don, wer gehechelt hatte, und auch nur, weil der Oberkommissar nun gar keinen Text mehr wußte und Cy Feuer ihn einzukreisen begann.
Mittags kamen die Dekorationen. Es sind so viele, daß sich niemand mehr zurechtfindet. Die durch Lassobänder angegebenen Maße stimmten nicht im entferntesten. Die Prospekte rauschten, kaum angebracht, wieder hinunter, die russische Küchendekoration ist zu klein, und Chor, zwanzig Tänzer und ich drängeln wie in einer Telefonzelle und treten uns gegenseitig tot. Die Telefonzelle hingegen, von der aus Ninotschka das Abschiedsgespräch mit ihrem Kapitalisten führen soll, ist geräumig wie ein Gewächshaus im Botanischen Garten. Dafür war der Hörer nicht vom Wandtelefon zu heben, der Apparat brach in zwei Teile und die Rückwand fiel um. Tonbänder, die Flugplatzgeräusche und »Passagiere nach Moskau zum Ausgang 7«-Rufe vermitteln sollten, wurden verwechselt, und über meinem »Ich liebe dich, ich liebe dich« leierte das Band eine gesungene Haarschuppenreklame. Das erste Bild, »Pariser Hotelhalle«, sieht aus, als hätte es ein Erdbeben durchlitten, das Kanapee, auf dem Ameche das Titellied »Silk Stockings« singt, hatte nur drei Beine und kippte während des Refrains nach hinten, so daß Don mit den Füßen in der Luft liegen blieb. In der »Modesalon«-Dekoration paßten die Seitenteile nicht zusammen, und beim Finale rannten wir umher wie bei einer Straßenschlacht, schließlich verhedderte sich Yvonne in eine Schnur und lag umwickelt wie eine Jagdwurst auf der Bühne. Um 11 Uhr nachts sagte Kaufmann: »Laß uns wenigstens das Finale noch mal probieren.« – »Scheiß auf das Finale«, brüllte Cy, »beim Finale sind die Kritiker sowieso schon in der Redaktion. Um 12 Uhr nachts gehen die Verrisse in Druck.« Und Ernie sagte: »Wenn ich für drei Stunden und 47 Minuten acht Dollar hätte zahlen müssen, würde ich mein Geld zurückverlangen.«
Morgen ist Beleuchtungsprobe. Das Orchester kommt erst am Premierentag. 32 Mann und kein Mikrofon. Und bis jetzt nur mit Klavier gearbeitet.

16. November

Morgens sollten wir mit Herb die neuen Lieder einstudieren und um zwei mit den Durchläufen beginnen. »Plan geändert«, rief Arthur, der »Arme«. »Erster Akt, erstes Bild. Vorhang.«

Als der Vorhang unbewegt blieb, schrie Cy aus hinterster Parkettreihe: »Wo ist Henry?«

»Nicht da«, rief ich.

»Was heißt ›nicht da‹? Ist er krank? Ist er tot? Was heißt ›nicht da‹?«

Ernie Martin schaltete sich ein. »Also. Wo ist Henry?«

»Im Zoo.«

Selbst Cole Porter sah auf.

»Im Zoo?« wiederholten sie und starrten mich an.

»Was macht Henry sechs Tage vor der Premiere im Zoo?« brüllte Cy. Das »Zoo« bebte durchs Theater wie ein Urwaldschrei.

»Mit meiner Schildkröte ist er im Zoo.«

Cy und Ernie kamen langsam den Mittelgang entlang. Kaufmann erhob sich, Porter entzündete eine Zigarette; Cy legte die Arme auf die Orchesterraumwand, sagte zart: »Hildi, ich weiß, die letzten Wochen waren schwer, aber laß uns versuchen, normal zu bleiben. Wieso mußte Henry mit deiner Schildkröte in den Zoo gehen, *statt auf der Probe zu sein*???« Das letzte versetzte ihn wieder in Rage. Die Adern traten vor, er schnaubte. Ernie schob ihn beiseite, sagte: »Hildi, nun mal eins nach dem andern.«

»Zigarettenpause«, rief Arthur.

Ernie und Cy, Herb Green und der »arme« Arthur kamen auf die Bühne, Kaufmann nahm in der ersten Parkettreihe Platz.

»Ich mußte ihn doch irgendwo unterbringen«, sagte ich.

»Wen mußtest du irgendwo unterbringen?« Cy setzte sich in die Hocke, als wolle er Spargel stechen, und sah zu mir auf.

»Tino ist schließlich ein Talisman«, sagte ich, von seinem Blick in die Enge getrieben.

»Wer ist Tino?« fragte Ernie und nahm meine Hand.

»Die Schildkröte.«

»Liebst du Schildkröten?«

»Nicht besonders.«

»Warum sorgst du dich dann um sie?«

»Ich sagte doch schon, daß sie – er – ein Talisman ist.«

Cy gab mir eine Zigarette, Ernie ein Streichholz, dann sagte er: »Nun setz dich hin und erzähle, wir haben Zeit.« Cy stieß einen gurgelnden Laut aus. Ernie sah ihn strafend an.

»Ich bin nicht verrückt«, sagte ich.

»Das wissen wir, Hildi«, flüsterte Kaufmann. Ernie nickte und sagte: »Sprich.«

»Als ich aus Deutschland abflog, stellte ein Journalist einen Karton ins Flugzeug. Er sagte: ›Das soll Ihnen Glück bringen.‹ Ich dachte, es wären Blumen. Als ich den Karton anhob, fand ich, daß er für Blumen zu schwer sei, außerdem tropfte es durch den Boden und krabbelte von innen. Die Stewardeß wollte ihn aufs Eis stellen: ›Sie können die Orchideen doch nicht bis New York auf dem Schoß halten‹, sagte sie jedesmal, wenn sie an mir vorbeikam. Auf der Toilette machte ich den Karton auf, in ihm saß die Kröte, auf ihren Panzer war ein Zettel geklebt – ›Ich heiße Tino, esse Salatblätter und Bananen. Ich brauche feuchten Boden‹, stand drauf. Während der achtzehn oder zwanzig Stunden Flug habe ich den Karton nicht aus den Augen gelassen, und hatte nur noch keine Ahnung, wie ich ihn durch den Zoll und die Gesundheitskontrolle bringen sollte. Ich wußte, es ist verboten, Pflanzen oder Tiere einzuführen.«

»Und wie hast du ihn – sie – Tino reingebracht?« fragte Ernie.

»Auf dem Tarmac standen Fotografen. Einem habe ich den Karton gegeben. Ich hab' ihn gebeten, vor dem Flugplatz auf mich zu warten. Ich sagte ihm, es sei ein Kaktus, sonst wäre ich wahrscheinlich mit Tino in Quarantäne gekommen oder nach Shannon zurückgeschickt worden.«

Porter entzündete eine neue Zigarette, Kaufmann suchte den Teppich nach Krümeln ab, Cy lag jetzt auf dem Bühnenboden, die Arme hinter dem Kopf verschränkt; nur Ernie hatte seine Haltung nicht geändert. »Und nun?« fragte er.

»Im Hotel weigerten sich die Mädchen, mein Zimmer aufzuräumen – sie ekelten sich vor Tino. Baden konnte ich auch nicht, denn er saß fast immer in der Wanne, weil er ja feuchten Boden braucht – aus dem Central Park hatte ich etwas Erde geholt und sie über das Bad verteilt. Dann war es schwierig, die richtigen Salatblätter zu bekommen, er frißt nur sehr zarten Kopfsalat. Gerade als die Proben anfingen, sagte der Hotelmanager, daß ich Tino innerhalb von vierundzwanzig Stunden entfernen müsse. Auf der Seventh Avenue fand ich eine Tierhandlung. Der Besitzer war verreist. Sein einziger Angestellter heißt Mister Blau und kommt aus Wien. Er fragte mich: ›Ist die Schildkröte griechisch?‹ Ich wußte es nicht. Er sagte, daß es sehr gefährlich für ihn sei, eine griechische Schildkröte anzunehmen, sie wären in Amerika verboten. Ich schwor, daß sie aus Deutschland käme. Er nahm sie auf, aber ich mußte meine Adresse und Telefonnummer hinterlassen. Vor ein paar Tagen rief er mich an. Um sieben Uhr früh – es war der Tag, an dem ich zwanzig Minuten zu spät zur Probe kam. Er sagte: ›Mein Chef ist zurück. Sie müssen sofort herkommen.‹ Als ich an der Tierhandlung ankam, stand er vor der Tür und weinte. ›Sie ist griechisch‹, sagte er, ›ich hab' eine kranke Mutter, eine Frau und vier Kinder. Ich habe meinen Job verloren, weil Ihre Schildkröte griechisch ist.‹ Eine halbe Stunde habe ich auf seinen Chef eingeredet, dann hatte Mister Blau seinen Job zurück und ich meine Schildkröte. Henry bot sich an, mir zu helfen und sie im Central-Park-Zoo unterzubringen.«

»Er kann doch nicht zwei Stunden im Zoo sein!« rief Cy.

»Vielleicht haben sie ihn gleich dabehalten«, sagte der »arme« Arthur.

Cy stand auf, stöhnte: »Jesus Christ«, und ging auf die Toilette.

Ernie ließ meine Hand los, rief: »Alles auf die Plätze, Arthur wird die Zeichen geben.«

Der Durchlauf war katastrophaler denn je. Arthur brachte Klingelzeichen, Ballettauftritte, Vorhang- und Prospektanmerkungen durcheinander, und nachdem ein Prospekt, zu früh hinuntergelassen, auf die Hotelhallendekoration fiel, in der Mitte auseinanderriß und die Verstärkungsleisten einem Chormitglied den Nasenrücken aufgeschlagen hatten, brachen wir ab.

Abends um sechs kam Henry.

»Wo warst du?« brüllte Cy.

»Im Zoo.«

»Aber doch nicht zehn Stunden lang!!!«

Henry sah mich fragend an, ich nickte.

»Es war wegen der Schildkröte.«

»Das wissen wir.«

»Im Central-Park-Zoo fragten sie mich, ob die Schildkröte griechisch ist.« Er drehte sich zu mir. »Ist sie nun griechisch oder ist sie nicht griechisch?«

»Ich weiß es nicht.«

»Sie sagten: ›Wir können sie nicht aufnehmen, wenn wir keine Unterlagen über ihre Herkunft haben.‹ Ich rief bei dem anderen Zoo an, draußen in Long Island. Sie sagten, ich sollte mal rauskommen.«

»Warum hast du sie nicht in den Hudson geschmissen?« schrie Cy.

»Na hör mal, ich bin doch kein Mörder«, schrie Henry zurück. »Also nach Stunden kam ich da draußen an. Zweimal bin ich falsch umgestiegen, also wenn man auf unsere U-Bahn angewiesen ist ... Der Zoodirektor war natürlich nicht da. So ein Fatzke von einem Assistenten fragte: ›Ist die Schildkröte griechisch?‹«

»Hör auf«, brüllte Cy.

Porter klopfte mit dem Stock auf den Boden, Kaufmann blätterte in seinem Manuskript, Ernie hatte sich einen Whisky kommen lassen.

»Wollt ihr nun hören, warum ich so spät komme, oder nicht?« rief Henry.
»Bitte bitte«, sagte Cy und legte seinen Kopf in die Hände.
»Wußtet ihr zum Beispiel, daß griechische Schildkröten in Amerika verboten sind?«
Niemand antwortete.
»Ihr wußtet es eben nicht«, sagte Henry. »Also bis der Direktor kam, vergingen weitere drei Stunden. Er besah sich die Schildkröte und sagte zu dem hochnäsigen Assistenten, der mich beinahe wieder weggeschickt hätte, also zu dem sagt er: ›Sie sollten eigentlich wissen, daß diese Kröte nicht griechisch ist.‹«
Ernie trank sein Glas leer und fragte: »Und woran sieht man nun, ob sie griechisch, katholisch oder jüdisch ist?«
»Das weiß ich auch nicht«, sagte Henry.
»Vielleicht daran, daß sie beschnitten ist«, sagte Herb.

20. November
Marlene war in der Probe. Es machte uns alle nervös, jemanden im Zuschauerraum zu wissen, der nicht zum Stück gehört. Bis zur Pause kamen wir einigermaßen zu Rande; der zweite Teil war ein Debakel. Die Scheinwerferkegel trafen beharrlich denjenigen, der weder sprach noch sang, die Umbauten dauerten endlos, die überleitende Musik verkleckerte, bevor die nächste Szene begann, ein Arbeiter vergaß die Bühne zu fegen, und singend lehnte ich mich mit dem Ellbogen in einen Reißnagel. Ameche und ich werden mit jeder Probe heiserer, wir sind kaum noch über die zehnte Reihe hinaus zu hören; der Arzt sagt, unsere Stimmbänder hätten die Farbe reifer Tomaten, das Öl, das er uns während der Pause in den Hals goß, lief mir in den leeren Magen, und zur Heiserheit kam Brechreiz hinzu. Herb Green wird die Premiere mit nur zwei Orchesterproben dirigieren müssen. Drei Szenen, die gestern nacht umgeschrieben wurden, mußten wir ablesen; wann wir sie lernen sollen, bleibt Kaufmanns Geheimnis. Eine Negerin namens Lela ist meine Garderobiere. Sie sagt, die Kleider seien derart miserabel genäht, daß sie mir nach drei Vorstellungen vom Leib fallen würden. Marlene fand die russische Uniform indiskutabel und das Abendkleid lachhaft – »Kötschenbroda«, sagte sie, und »auf der Bühne herrscht ein derartiges Chaos, daß man sich kein Urteil bilden kann. Einige Momente sind vielversprechend.« Übermorgen soll die Premiere in Philadelphia sein.

21. November. Philadelphia
Cy schwört, daß keiner der New Yorker Kritiker kommen würde, das sei ein »Gentlemen's Agreement«. Aber ein Reinfall in Phila-

delphia ist das Ende. Während der letzten Wochen haben mehr Shows nach ihren »Out of town«-Premieren geschlossen als weitergespielt. Nachts, nach der letzten Probe in New York, fuhr ich mit dem Zug nach Philadelphia. Die Ostküste, von Boston bis Washington, hat Schneestürme, die Züge Verspätung, bis zum Probenbeginn hatte ich gerade noch Zeit, den neuen Text zu lernen und eine Stunde zu schlafen. Wir leben von Kaffee, Tee und weißem Gummibrot mit Erdnußbutter. Ich fühle mich, als ginge ich meiner Hinrichtung entgegen. Unentwegt murmele ich Liedertexte, Stichworte, Auftrittssätze. Von den drei Stunden und 45 Minuten bin ich fast ununterbrochen auf der Bühne. Ich weiß nicht, wie ich das durchstehen soll.

22. November
Im Foyer des Shubert Theatre proben wir einzelne Szenen. Es zieht. Yvonne ist erkältet. Ein »Kommissar« hat Fieber, ein anderer Mittelohrentzündung. Nichts klappt. Auf der Bühne werden die Dekorationen genagelt, im Orchesterraum der Flügel gestimmt, die Reinemachefrauen karjuckeln mit ihren Staubsaugern zwischen unseren Beinen herum. Man versteht sein eigenes Wort nicht mehr. An jeder Ecke kleben Plakate mit meinem mir fremden Namen: »Hildegarde Neff and Don Ameche in Silk Stockings«. Ich wünschte, ich wäre überall, nur nicht hier. Durch die Glastür seh' ich die breite Straße. Jeder, der vorüberläuft, sieht aus, als freue er sich auf unsere Niederlage, die ganze Stadt scheint sich auf unsere Vernichtung vorzubereiten. Eine Familie möchte ich haben, ein Zuhause, Kinder; meinetwegen einen Mann, der trinkt, alles, nur keine Premiere. Marlene ist heute früh angekommen, mit Noël Coward. Carroll Righter ist da. Kaufmann sitzt auf einem schmalen Logenstühlchen und blickt uns reaktionslos an, als könne er sich nicht erinnern, uns je gesehen zu haben. Arthur, der »Arme«, sagt: »In zehn Stunden wissen wir mehr.« Wir halten in was immer wir zu tun versuchen inne und betrachten ihn wie Kannibalen, die sich überlegen, wie er am besten zuzubereiten sei. Um zwei beginnt die Orchesterprobe. Sie übertrifft alles, was an Verhängnis möglich war. 32 Mann trompeten gegen uns an wie eine rasende Elefantenherde in Feuersbrunst. Wie Karpfen reißen wir die Mäuler auf und hören weder den Partner noch uns selbst. Cy steht im Rang, sein Gesicht ist das eines Einödbauern nach der Mißernte. Um sieben nimmt er Ameche und mich in eine Kneipe. Ernie und Arthur folgen. Sie wollen uns ein Steak einreden und einen Whisky einflößen. Ich kann weder essen noch trinken, mein Hals hat die Weite eines Nadelöhrs. Cy sagt mindestens zwanzigmal: »Es ist ja nicht New York.« Porter und Kaufmann setzen

sich zu uns. Ernie ist still, Porter auch, Kaufmann sowieso. Nach einer halben Stunde stehen wir auf und wanken vorüber an den Menschenschlangen, die vor der Theaterkasse stehen und auf zurückgegebene Karten warten. Wenigstens sind wir ausverkauft«, sagt Cy. Wir haben zwei Gemeinschaftsgarderoben, eine im Keller für Ballett und Chor, eine andere hinter der Bühne für die Schauspieler. Herren links, Damen rechts. Laken dazwischen. Im Gang stehen Wassereimer mit Blumensträußen: Friedhofsgärtnerei vor der Beisetzung einer hochgestellten Persönlichkeit. Henry testet die Lautsprecher: »Fünfzehn Minuten, fünfzehn Minuten«, quakt er. »Bis zur Ouvertüre fünfzehn Minuten!«
Herb Green sieht hinter dem Laken hervor, gelbgrün wie eine unreife Zitrone. Er will sprechen, aber in Ermangelung von Speichel unterläßt er es, preßt nach mehrmaligen Versuchen »Scheißberuf« heraus, formt mit Mittel- und Zeigefinger ein V für Victory und geht. Porter drückt meine Schulter und blinkt wie ein Uhu, Kaufmanns Fliege steht längs unterm Kinn, er reckt sich, trommelt auf meinen Schminktisch und stelzt langsam ins Trennungslaken.
Cy steht in der Tür, ruft: »Kinder, tut so, als wär's eine Probe, was immer passiert, spielt weiter. Laßt euch nicht stören, wenn die nicht lachen, Philadelphia ist berühmt dafür. Und klatschen tun sie nie, sitzen auf den Flossen. New York ist anders.« Seine Bemühung, Aufmunterndes zu sagen, gerät bei »New York« ins Wanken, die Stimme verrutscht, die Silben werden unordentlich, sein rechtes Auge zuckt. Arthur steht hinter ihm und hat einen Nicktick, sein Kopf hüpft auf und ab, als ob er von einer Sprungfeder gehalten wird.
Ernie tritt hinter meinen Stuhl. Durch den Schminkspiegel sehen wir uns an. Er legt seine Hände in meinen Nacken, als wolle er ihn massieren, sein Mund ist breitgezogen, die Schneidezähne schieben die Unterlippe hin und her. »Ninotschka«, sagt er, »Ninotschka« – abrupt dreht er sich weg, als gälte es einen Abschied zu verkürzen.
Wir hören Summen und Raunen, Hüsteln und Gurren, dazwischen den Lautsprecher, der »Fünf Minuten« plärrt. »Die Meute ist da«, murmelt Ameche. Meine Hände sind kalt steif erfroren. »Komm«, sagt er und zieht mich vom Stuhl. Ameche, Pferdenarr, Baseballbesessener, ehemaliger Filmstar, Italiener, Vater von sechs Kindern und Bourbontrinker, sagt: »Gute Pferde erkennt man daran, daß sie sich vor großen Rennen entspannen. Zeig's ihnen, Kraut.«
»Bühne frei, Saallicht aus, Ouvertüre!« brüllt Henry.
Sie spielen wie eine Feuerwehrkapelle. Wenn sie zu schnell bei mei-

nem Lied vom Kommissar Kamichev sind – »When the elctromagnetic of the hemale meets the elctromagnetic of the female . . .« –, bin ich erledigt. »Ich schaff's nicht«, sag' ich. Don gibt mir sein Taschentuch, meine Hände sind jetzt heiß, triefend.
Auftritt der drei Kommissare. Nach ihrem »Hail Bibinski«-Lied muß ich raus. Ich bin nicht ich, und ich, die nicht ich bin, höre Applaus, höre mich in den Applaus hineinsprechen, höre Lachen, hör' mich singen und wieder sprechen, sehe Ameche, erkenne Uniform des »Oberkommissars«, sehe Notlicht hoch oben im Rang, dann: Hinter der Dekoration, Lela: sie reißt Mantel herunter, zerrt Abendkleid hoch, ratsch, der Reißverschluß, kalter Lederlappen ins Gesicht, wieder raus. Kurz vor Aktschluß muß ein Sektkorken springen, muß »pop« machen, ein von Henry hinter der Bühne produziertes »Pop«. Es mißlingt, »popt« zu spät, »popt« Minuten nachdem die Flasche geöffnet, ins Liebesduett hinein. Das Publikum kichert nachsichtig, ist wieder still. Im »J'accuse«-Monolog, an der Rampe stehend, vom Scheinwerferlicht geblendet, Horizont verlierend, glaube ich zu schwingen, zu pendeln zwischen Schnürboden und Bühne. Der Vorhang rauscht zwei Zentimeter vor meinem Gesicht vorüber.
Cy ist schon da. »Jesus Christ«, bellt er, »das Publikum ist eine Wucht, wenn der zweite Teil so läuft . . .«
Er rennt hin, er rennt her. Ameche stößt mich an, sagt: »Na Kraut, was hab' ich gesagt.« Lela reibt mich ab wie einen Hund, der aus dem Regen kommt, gibt mir Tee, Marlenes Brausetabletten, Gurgelwaser, Halsbonbon. Zieht mich an, setzt Mütze auf. Die Klingeln scheppern im Saal, einmal zweimal dreimal. Henry brüllt: »Bühne frei, Saallicht aus, Vorhang!« Geteilt die Bühne: rechts Hotelzimmerdekoration, links Telefonzelle. Rechts Ameche, links ich. Der auf Telefonzelle gerichtete Scheinwerfer geht nach Beendigung meiner Szene aus. Ein anderer blendet auf, zeigt Ameche, der das »Silk Stockings«-Titellied singt. Nach erster Strophe zittert der Prospekt hinter ihm, schwebt hoch, bleibt hoch, gibt Bühnenarbeiter frei, der an eine Leiter gelehnt Bier trinkt. Das Publikum schreit, Ameche weiß nicht, warum, faßt an Hose, singt weiter, Prospekt knallt zurück, Henrys Stimme: »Wer war der Idiot?« Zwei Stunden später klatschen sie durchs Finale, das noch immer wie ein Scharmützel abläuft, rufen »Bravo«, rufen »Hildegarde«, rufen »Don«, klatschen rhythmisch, klatschen wie beim Gospelsinging, pfeifen die Lieder, rufen »Kaufmann« und »Porter«.
Der Eiserne knirscht herunter. Wir stehen auf der Bühne, jeder schüttelt jeden, küßt, ruft, lacht, weint. Die Ballettmädchen hängen wie ein Knäuel, wie Fußballmannschaft nach Tor vor Halbzeit. Cy strahlt, rennt auf mich zu, schreit: »Wenn man deine Lache nicht

bis unters Dach gehört hätte, wäre keinem die Sache mit dem Prospekt aufgefallen.« Alles wiehert. Lela schnüffelt: »Baby Baby, das war was«, und hält mir einen Whisky vors Gesicht.
Kaufmann kommt in die Garderobe. Er legt seine langen Arme um mich. Es dauert einige Zeit, bis ich begreife, daß er deutsch spricht. »Du warst ausgezeichnet, ganz ausgezeichnet«, sagt er.
»Sie können Deutsch?« murmele ich hirnrissig.
Er blinzelt, grinst, als geniere er sich, setzt sich auf die Tischkante, faltet Beine über- und untereinander, wickelt sie wie Gardinenschnüre. »Wir haben ein paar Längen, zwei Ballettnummern müssen raus, den Schluß muß ich umschreiben, das Finale neu stellen, aber wenn du in New York so bist wie heute, bin ich zufrieden.«
»Kennen Sie Fritz Kortner?«
»Den Namen gehört.«
»Ich habe es bis jetzt nicht gewagt, aber Kortner bat mich vor meiner Abreise aus Deutschland, mit Ihnen über die Freigabe eines Ihrer Stücke zu sprechen. Er möchte ›Man who came to dinner‹ inszenieren.«
Er sieht auf seine Schuhe, zerrt an Handgelenken, sagt: »Versteh mich recht. Ich will die Nazis nicht unterhalten, ich will nicht, daß sie lachen. Weder für Deutschland noch für Österreich gebe ich meine Stücke frei. Du verstehst das, nicht wahr?«
»Kortner war Emigrant«, sage ich.
»Das Publikum nicht«, sagt er.
Marlene kommt, flüstert: »Fabelhaft, fabelhaft!« Sie umarmt Kaufmann, der noch immer auf seine Schuhe blickend auf der Tischkante sitzt.
Carroll Righter steht im Gang. »Ich freue mich, daß du in meiner Heimatstadt deinen ersten großen Theatererfolg haben konntest.« Ich versuche in seinem Gesicht Unsicherheit zu entdecken, aber es bleibt gelassen, freudig. Er hatte abgeraten: »Verzögerungen, Schwierigkeiten. Keine Katastrophe. Nur bin ich dagegen, daß du zu lange an einem Platz bleibst. Gerade während der nächsten Jahre. Auch aus gesundheitlichen Gründen. Wenn du es unbedingt spielen möchtest, dann mußt du mit Widerständen und Enttäuschungen rechnen, nicht so sehr beruflich als privat und finanziell.«
Noël Coward küßt meine Stirn. Wir gehen in die Knie, bleiben da und weigern uns, den erstaunt Herabsehenden zu erklären, warum. Das hatte angefangen, nachdem ich ihm die Geschichte von der Duse und der Sandrock erzählt hatte:
Beide gastierten zu gleicher Zeit in Riga. So geht die Sage. Als die Sandrock nach Berlin heimkehrte, wurde sie von Kollegen umringt. »Hast du die Duse gesehen?«

»Ja.«
»Hat sie dich gesehen?«
»Ja.«
»Bist du nach der Vorstellung in ihre Garderobe gegangen?«
»Ja.«
»Was hat sie gesagt?«
»Nichts.«
»Nichts? Was hast du gesagt?«
»Nichts.«
»Nun sag schon, was war?«
»Wir haben stumm voreinander auf den Knien gelegen.«

Noël Coward und ich stehen auf, sehen befriedigt in die Gesichter der Unaufgeklärten. Noël sagt: »Guter Gott, ich war aufgeregt, als wäre es meine eigene Premiere. Der Monolog vor der Pause ist prächtig, einfach prächtig. Ich höre, die Show kostet eine halbe Million Dollar, wieso hast du dann Kostüme, die meine Putzfrau nicht tragen würde?« Die Kostümbildnerin lehnt an der Tür, sagt: »Es wird alles werden.« – »Das möchte ich auch hoffen«, schnippt Noël Coward. »Aber laß dir nichts einreden. Du warst bezaubernd. Dein erster Auftritt ist nicht genügend vorbereitet. Das muß geändert werden. Aber bevor du nach New York kommst, werden sie sowieso noch alles umschreiben. Guter Gott, wie ich das alles kenne.«

Um halb zwei sitzen wir in meinem Hotelzimmer. Marlene, Porter, Kaufmann, Ernie, Cy, Ameche und ich. Noël Coward ist mit dem letzten Zug nach New York zurückgefahren. Arthur, der »Arme«, kommt mit den ersten Zeitungen angerannt: »Seht euch das an«, schreit er. Cy liest vor: »Hildegarde Neff schlüpft in die Schuhe der Garbo und läuft mit ihnen davon«, beginnt die erste. »Großer Erfolg für Feuer und Martin, Kaufmann und Porter, Neff und Ameche«, endet die zweite.

»Die Arbeit kann beginnen«, sagt Cole Porter und lächelt wie jemand, dem sämtliche Höllenfahrten vertraut. Zierlich schmal sitzt er im Sessel, gerade und still, als erwarte er die Rüge einer Gouvernante, die Korrektur eines Haltungsfehlers. Cole Porter ist reich, ist erfolgreich. Er zeigt ihn nicht vor, er legt ihn nicht dar, weder den Reichtum noch den Erfolg. Er unterwirft sich den um vieles jüngeren Produzenten, ihren Forderungen, ihren Ansprüchen. Er arbeitet, als stünde täglich aufs neue seine Existenz auf dem Spiel, als müsse er sich beweisen als Komponist, als Textdichter, als zuverlässiger Mitarbeiter. Nichts deutet darauf hin, daß »Silk Stockings« seine fünfundzwanzigste Broadwayshow ist, daß fast jedes seiner Lieder ein Welterfolg. Man schwätzt, er reise nie ohne sein Personal, nie ohne seine seidenen Bettlaken, sein Geschirr,

seine Bestecke. Wir wissen, daß er Schmerzen hat, ständig, in dem verletzten, immer wieder operierten Bein. Ernie sagt es, und Cy. Porter nicht. Wir kennen nur den Disziplinierten, Diskreten, dessen einzige Koketterie eine im Knopfloch getragene Nelke zu sein scheint. Wie George Kaufmann, der einmal Redakteur der »New York Times« war und später einer der erfolgreichsten und besten Broadwayschriftsteller wurde, tarnt er seine Überlegenheit, seine Ironie, tarnt sie so gut, daß er sie offenbar nicht mehr wahrnimmt.
Ameche nippt an seinem Bourbon, sagt: »Besser konnte es doch nicht laufen . . . von einigen Unebenheiten abgesehen.«
»In New York warten sie auf unseren Skalp«, sagte Cy, »die Show braucht mehr Pep.«
»Es ist ein Theaterstück mit Musik, kein Musical«, sagt Marlene, »und gerade das ist der Reiz.«
Ernie, noch immer in die Kritiken vertieft, raunzt: »Wie dem auch sei, die viereinhalb Wochen bis New York brauchen wir dringendst.«
»Wann probieren wir eigentlich, wenn wir acht Vorstellungen in der Woche spielen? Ich meine, mittwochs und samstags haben wir Matineen – die fallen doch wahrscheinlich als Probetage aus«, sage ich.
Sie sehen auf; enttäuschte Lehrer, die ihren Musterschüler beim Abschreiben erwischt haben. »Kind«, sagt Porter, »du weißt offenbar nicht, daß der Tag ab jetzt achtundvierzig Stunden hat.«
Ernie reckt sich, sagt: »Laßt uns noch einmal schlafen, bevor es abgeschafft wird. Wann ist Probe?«
»Um neun«, sagt Kaufmann.
Marlene, Ameche und ich bleiben allein. »Was um alles in der Welt wollen die noch ändern?« frage ich.
»Alles«, sagt Ameche und trinkt das letzte Drittel seiner Bourbonflasche, in kleinem Glas, Schlückchen für Schlückchen, Leitungswasser nachschüttend.
Ich kann nicht schlafen, aus Kopfkissen und Decke quillt die Musik. Ich höre mich Einsätze verpassen, seh' mich stolpern. Um fünf glaube ich ein Klicken an meiner Tür zu hören. »Wer ist da?« schreie ich, als erwarte ich meinen Mörder, und schiebe einen Sessel zwischen Schrank und Tür. Elf Stockwerke unter mir springt eine braune Einkaufstüte von Straßenseite zu Straßenseite, bläht sich, steigt hoch, fällt auf ein Autodach, tanzt um einen Laternenpfahl. Die Straße ist leer, nichts bewegt sich, außer der Tüte und einer Negerin, die im fünften Stock eines Bürohauses Schreibtische wischt, Papierkörbe auf Drehstühle stellt, mit dem Handrücken über die Stirn fährt. Das Zimmer wird schwärzer, enger, wird zum

Korridor, zur Sackgasse. Der Lichtschalter versetzt mir einen Schlag, im Bad sehe ich ein verschwollenes, fleckiges Gesicht, entzündete Augen. Um halb sieben schlafe ich ein. Eine Stunde später ruft die Telefonistin: »Du wolltest geweckt werden.«

23. November
Sie stehen auf der Bühne: Cy, Ernie, Kaufmann, Porter. Gehörlos, gealtert, fixiert der Blick. Endlich bricht Cy Erstarrung und Schweigen, wirft sich ins Dekorationssofa, schlägt mit der flachen Hand auf die Stirn, krächzt: »Was mußte die auch einen Millionär mit Erbentick heiraten!«
»Yvonne kriegt ein Kind«, murmelt Arthur, als melde er einen Kriegsausbruch. »Ihr Mann ist da, mit Attest.«
Aus der Garderobe stürzt ein Ballettmädchen, flattrig niesend schweißgebadet. »Bist du erkältet?« brüllt Cy. »Aber nein, ganz bestimmt nicht«, ruft sie. Henry rennt mit dem Textbuch hinter ihr her, der Choreograph sagt: »Wir müssen zuerst die Tänze einbleuen.«
»Wir sind ausverkauft. Vier Wochen ausverkauft . . .« sagt Ernie.
»Und die muß ein Kind kriegen«, fügt Arthur hinzu, als hätte er alles vorausgesehen.
Abends steht Henry hinter dem Prospekt, tuschelt dem Mädchen die Anfangszeilen ihres Liedes zu. Sie hört nichts, sie sieht nichts, guckt, als versinke sie in Quicksand. In der Pause klopfen ihr alle auf die Schulter, sagen: »Bravo, machst es schon.« Ansonsten ist es die verrufene zweite Vorstellung: kraftlos, öde, abgespannt, acht Minuten länger als die Premiere, obwohl Applaus und Lacher kürzer und ein Lied gestrichen. Cy zischt: »Wenn ihr jetzt schon schlappmacht, was soll dann erst in vier Wochen sein? Morgen früh Durchlauf, wollen doch mal sehen, wer da anfängt zu ziehen. Anschließend Stellprobe für neue Szenen.«
Ernie sagt: »Die Kleine kann tanzen, aber die Stimme reicht nicht.« Sie suchen Ersatz.

25. November
Yvonnes Rolle am Broadway zu spielen war ihre große Chance. Jetzt sitzt sie im Zuschauerraum und sieht den Mädchen zu, die Cy und Ernie vorsingen und vortanzen. Keine Tränen, kein Gezeter. Abends spielt sie und wird mit jeder Vorstellung besser. Aber sie bleiben dabei: »Die Stimme reicht nicht aus.«
Wir proben von morgens bis abends, schminken uns, essen ein Sandwich, spielen die Vorstellung, anschließend wieder Probe, dann Textlernen.

28. November
In der Pause sagt Lela: »Du gefällst mir nicht, siehst schlecht aus. Auf dem Rücken hast du Flecken.« Wir proben bis ein Uhr, dann brechen wir ab, Kaufmann muß zwei neue Szenen schreiben. Ameche und ich laufen zum Hotel. Die Kälte ohrfeigt uns, wir haben fast vergessen, wie Winterluft schmeckt, riecht. Ameche springt von einem Fuß auf den anderen, klappert und bibbert, sagt: »Ich vertrag' keine Kälte, Kälte macht mich krank.«
Mir ist heiß. So heiß, daß ich meinen Mantel ausziehen möchte. Im Fahrstuhl treffen wir Cy und Ernie. »Du hast Flecken im Gesicht, was ist los, Nerven?« fragt Cy. Ameche legt seine Hand auf meine Stirn: »Du hast Fieber«, sagt er. Cy ruft die Klinik an, eine halbe Stunde später kommen zwei Ärzte. Im Bad untersuchen sie mich. Leuchten mit Stablampe in Augen, in Hals, klopfen, horchen, sehen sich an, gehen ins Zimmer.
Cy liegt zusammengerollt und von Lachkrämpfen geschüttelt, Ernie rennt, seinen Widerwillen gegen körperliche Verausgabung übersehend, mit langen Schritten von Fenster zu Tür, von Tür zu Fenster, Ameches rechte Hand klickt in der Tasche mit unsichtbarem Rosenkranz, die linke öffnet den oberen Knopf des Hemdkragens. Die Ärzte lehnen an der Kommode, der eine hält den Blutdruckmesser, der andere ein unberührtes Whiskyglas.
»Was ist los?« frage ich.
Niemand sieht mich an. Cy geht zum Telefon: »Gib mir Mister Kaufmann«, ruft er zwischen Röchlern. »Komm rüber, 412.«
»Macht's nicht so spannend, was habe ich?«
»Sag du ihr's«, murmelt Cy.
Ernie weist mit dem Kopf in Richtung Ärztepaar.
Der eine rollt das breite Band des Blutdruckmessers auf und zu, der andere schaukelt die Eiswürfel, sie sehen auf, sagen gleichzeitig: »Masern.«
»Das glaube ich nicht.«
»Das wirst du wohl müssen«, sagt Ernie, seinen Marsch verlangsamend.
»Ich hatte Masern. Als Kind.«
Ernie stellt sich vor den Ärzten auf, hoffnungsvoll vorwurfsvoll: »Keine Fehldiagnose?«
»Soweit wir es beurteilen können, sind es Masern«, sagt der mit Whiskyglas und blickt durchdringend.
George Kaufmann steht in der Tür.
»Jesus Christ«, schreit Cy, »du wirst es nicht glauben.«
»Ich glaube alles«, flüstert Kaufmann.
Ameche sagt: »Unsere Kraut hat die Masern.«
Ernie setzt seinen Dauerlauf fort, Kaufmann knöpft seine Weste

zu, hebt ein abgebranntes Streichholz auf, betrachtet es eingehend.
»Wie lange dauern Masern?« fragt Ernie.
»Mit ärztlicher Hilfe dreißig Tage, ohne ärztliche Hilfe einen Monat«, sagt der mit dem Blutdruckmesser.
Keiner scheint seine Bemerkung komisch zu finden.
»Bei Masern muß man doch im Dunkeln bleiben?« sagt Ameche.
»Wir können ja das Publikum beleuchten, dann kriegen wir den Avantgarde-Preis«, sagt Cy.
»Kann sie weiterspielen?« fragt Ernie.
»Nein«, sagt das Ärztepaar.
Cy rollt sich zusammen und stöhnt: »490.000 Dollar in der Grube, ein paar hundert Leute arbeitslos, weil sie ...«
»Okay«, sagt Ernie, »das wissen wir nun.«
»Ich möchte weiterspielen. Vielleicht kann man mir helfen, mit Spritzen oder so.«
»Es ist ansteckend«, sagt Ameche.
»Können wir nicht sagen, es sei eine Allergie?«
»Vier Wochen lang?« sagt Ernie. »Und zum Schluß haben dreihundert Leute die Masern?«
Das Ensemble ist »angetreten«; Julie verteilt Apfelsinenscheiben. Unter ihrem schwarzen Wintermantel trägt sie ein rotes Trikot. Die Ballettschuhe sind neu, sie geht wie auf Brettern. Die Tänzer haben Wollstutzen über die Waden gezogen, die Mädchen, mit Creme im Gesicht oder Wimperntuscheresten unter den Augen, Kopftücher über zusammengestecktem Haar, reiben Knöchel warm, legen das Bein langgestreckt auf erkaltete Heizungsrohre, federn auf Spitze, beugen Oberkörper über Oberschenkel. Die Schauspieler stehen Mantelkragen hochgeschlagen unter schäbigem Probelicht; ein Morgen vor langem Tag, der nicht vor dem Morgen des nächsten enden wird. Lela sucht den Haken an der Rückwand der Dekoration, findet ihn, hängt das Abendkleid auf, stellt Schuhe auf den Boden, legt Handtuch und Lederlappen über Stuhllehne, kontrolliert den Reißverschluß, zieht ihn auf zu auf zu, prüft den Saum, die Taschenlampe, bereitet für schnellen Umzug vor. Nimmt die Schuhe wieder auf, leuchtet die Sohlen an, zieht Schere aus Schürzentasche, reißt mit Scherenspitze dreimal quer dreimal längs über Sohlenmitte, kramt in abgeschabtem Wachstuchbeutel, reibt mit Metallfeile den Lederfleck unter Absatz. »Besser zehnmal geraspelt als einmal gefallen«, sagt sie vor jedem Durchlauf. Ihre Bewegungen sind weich und langsam, das schwarze, kurzgeschnittene Haar ist zurückgekämmt, umrahmt runde Kinderstirn und kleine Ohren. Haut und Augen von gleicher Farbe, gleichem Hellbraun. »Willst du einen Kaffee, bevor's losgeht?«

fragt sie. Sie geht auf die Garderobe zu, bleibt nach zwei Schritten stehen, als hätte sie etwas vergessen, dreht sich zu mir, sagt: »Die Flecken sind im Gesicht.«
Cy klatscht in die Hände, ruft: »Sind alle auf der Bühne? Ich habe euch etwas zu sagen.«
»Türen zu!« brüllt Arthur, der »Arme«.
Die Eiserne knallt ins Schloß. Niemand bewegt sich, räuspert sich, Apfelsinenscheiben liegen ungekaut zwischen Backenzähnen, auf dem Rang klappert's. Reinemachefrau mit Besen steht und glotzt.
»Mach daß du rauskommst«, ruft Henry.
Cy streckt das Kinn vor, sagt: »Hilde hat Masern.«
Die Köpfe gehen von Cy zu mir, von mir zu Cy, als beobachteten sie ein Ballspiel in Zeitlupe.
»Wir wissen alle, daß die Gewerkschaft die Show schließen würde. Ihr habt die Wahl: Masern oder keine Show.«
»Könnte doch Nesselfieber sein, oder nicht?« ruft ein Tänzer.
»Entscheidet euch. Ihr habt fünfzehn Minuten.«
Sie stehen in kleinen Gruppen, dann in großem Kreis, aus dem Kreis tritt einer der »Kommissare«, sagt: »Okay, Nesselfieber.«
Cy sagt: »Geht nicht an sie ran, wenn's nicht unbedingt notwendig ist.«
»Tut uns leid, Hilde«, ruft eine Tänzerin. »Wollten nur sagen, daß wir's zu schätzen wissen, daß du weiterspielst.«
»Genug geredet, Durchlauf!« brüllt Cy.
Abends: Mein Schminktisch gleicht einer Dorfapotheke. Zwischen Kleenex, Kämmen, Factor's Panstick, Rouge, Tusche: Obstsäfte Lotionen Augentropfen Flaschen Zettel mit Hausrezepten. Ein »Kopf hoch«-Aufruf mit Augenbrauenstift auf Spiegel gekritzelt. Wer nicht auf der Bühne beschäftigt, steht hinter dem Feuerwehrmann, umwölkt besorgt, bis meine Szene vorüber. Zusammengepfercht in russischer Kommuneküche, flüstern sie: »Wenn dir schwindlig wird, decken wir dich ab.« Ich schaukle und gondle durch freundliche und unfreundliche Wellentäler, über Gischtkämme, Ameche bleibt in meiner Nähe, fangbereit. Ein Arzt ist da, gibt mir zwischen Umzügen Injektionen.

20. Dezember.
Wenig weiß ich von den letzten Tagen und Nächten, erinnere mich kaum, weder an Proben noch Vorstellungen. Erinnere mich an Halsschmerzen, Jucken auf Rücken und Schultern, an Brennen in Augen. An Marlene, auf Toilettendeckel sitzend, mich bewachend, ich in Badewanne, in grüner Tunke liegend, einschlafend aufwachend, Marlene mit Tabletten: »Mund auf«, »Iß das«, »Trink das«. Erinnere mich an einen Mittwoch, nach Doppelvor-

stellung. Vom Stuhl rutschend, denkend: »Der Boden kann doch nicht so weit sein, ich falle schon lange«, und »Komisch, daß ich deutsch denke, wo ich immer englisch spreche«. Dann Lelas Gesicht, die Hellbraunen dunkler als die Haut; der Arzt trifft die Vene nicht, das Gepieke weckt mich. Ich blaffe ihn an. Lelas Augen heller, höre sie sagen: »Sie ist wieder okay.«
George Kaufmann weigert sich, die Show weiterhin umzuschreiben und ihr die grobknochigen Musicalwitzchen einzuverleiben, auf denen Cy und Ernie bestehen. Er ist einsilbiger denn je. Cole Porter verläßt sein Hotelzimmer nicht mehr. »Wir haben ihn eingeschlossen«, sagt Cy. Es hagelt neue Lieder.
Für den 30. Dezember war die New Yorker Premiere festgesetzt. Sie wurde verschoben, die Karten zurückgegeben. Die Zeitungen scheinen kein anderes Thema als »Silk Stockings« zu haben. In Deutschland veröffentlichte Unkenrufe erreichen mich per Luftpost, die Reaktionen auf Philadelphia-Premiere per Schiff. Das Maserngeheimnis blieb gewahrt. Bis jetzt hat sich niemand angesteckt. Cy hat ein Theater in Boston gemietet. Das bedeutet weitere vier Wochen der Proben, Änderungen, Vorstellungen. Ein »Playdoctor«, einer der Shows »repariert«, sie mit Gags und neuen Szenen broadwayreif machen soll, wurde engagiert.

7. Januar 1955. Boston
Die Premiere war schlecht. Ich war zerfahren, überstürzt, und der Ninotschka-Rolle sind die Änderungen nicht gut bekommen.
Der Choreograph wurde entlassen, Tänzer, Sänger, Schauspieler umbesetzt. Die Nervosität vor jeder Vorstellung artet in Panik aus. Mit verglastem Blick eilen wir durch unsere Szenen, angsterfüllt, Texte zu vergessen, Gestrichenes aufzunehmen, Hinzugefügtes wegzulassen. Jeder Abend gemahnt an mündliche Prüfungen.
Der »Playdoctor« ist eingetroffen. Wie ein Schneepflug fährt er durch das Stück, spickt es mit ranzigen Kommunisten-Kapitalisten-Späßchen, erstickt Ninotschka in Parteichinesisch. Heute früh kamen Kaufmann und seine Frau Leueen auf die Bühne. Leueen sagte: »Es tut uns sehr leid, euch mitteilen zu müssen, daß Mister Kaufmann aus gesundheitlichen Gründen die Show verlassen muß.« Dann drehte sie sich weg und rannte durch den Zuschauerraum auf die Straße. Kaufmann blieb regungslos stehen, flüsterte: »Glaubt mir, es fällt mir nicht leicht.«
Cy hat die Regie übernommen.
Mutter wollte am 1. Januar nach New York kommen, vorausgesetzt daß »Silk Stockings« die Premiere überlebt. Jetzt telegrafiert sie: »Ankomme Boston 9. Januar.«

8. Januar
Vor dem Hotel ist ein Park. Kinder mit roten grünen blauen Mützen rodeln kleine Hügel hinunter. Ihre Rufe höre ich nicht, auch nicht das Getrappel zweier Pferde, die, von einem dürren Jungen geführt, einen Seitenweg entlanglaufen. Grandma Moses' Bild an linkem Rand von Cys Kopf verdeckt, rechts oben von Ernies Ohr, Schläfe, schwarzem Haar.
Es ist frühmorgens, vor der Probe, mein Frühstückstablett steht auf dem Boden, die Milch aus umgekippter Kanne läuft auf kalte Toastscheiben. Blauweißes Licht aus Winterhimmel fällt in gelbes der Tischlampe, wird grünlich.
»Ich möchte euch bitten, mich aus meinem Vertrag zu entlassen«, sage ich. »Ninotschka ist nicht mehr die Rolle, für die ich unterzeichnet habe.«
Cy sagt: »Wir haben noch drei Wochen bis New York, vieles wird geändert.«
»Zu viel wurde geändert«, sage ich.
Ein Mädchen mit langen roten Haaren fällt vom Schlitten, rollt sich im Schnee, eine Frau kommt angelaufen, klopft Weißes von Rotem. Sie werden mich angreifen, die Presse wird sagen: Sie hatte Angst, war nicht fähig. Aber das wird später sein, nicht heute abend.
»Du kannst nicht aussteigen«, sagt Cy.
Ich werde mit Mutter nach Chicago fliegen. Sie wird ihren Bruder wiedersehen.
»Du bist müde, gib dir eine Chance«, sagt Ernie.
»Wir geben dir einen Tag probefrei«, sagt Cy.
Der Hügel im Schöneberger Stadtpark war steiler; wenn man sich mit dem Bauch auf den Schlitten legte, mußte man aufpassen, daß man nicht mit dem Kopf gegen das niedrige Gitter knallte.
»Schlaf noch ein paar Stunden. Brauchst erst um zwölf im Theater sein«, sagt Cy.
»Glaub mir«, sagt Ernie, »wir wollen alle das gleiche. Erfolg in New York.«

Die Agentin war in Boston. Ich sagte: »Ich brauche Geld für meine Mutter, für die Reise nach Chicago, fürs Hotelzimmer und so weiter.«
»Ich kann dir 100 Dollar dalassen, das wird wohl reichen für die Mama.«
Es war vor der Probe, ich hatte die Tasse am Mund, den Eierlöffel über Ei.
Ich schlag' mit der Hand auf stumpfweiße Kuppe, Weichgekochtes spritzt über Tisch und Teppich; ihren Kostümkragen in der Hand,

will sprechen, kann nicht, Zunge am Gaumen verklebt, Speicheldrüse eingetrocknet, zieh ich sie hoch, drücke sie an die Wand: »Ich arbeite seit Jahren. Wenn ich sage, ich brauche Geld, dann meine ich Geld von meinem Geld und keine Almosen.«
Ich ließ sie los. Mein Herz sprang im Hals herum.
»Das wird dir noch mal leid tun«, sagte sie, knallte mit der Tür.

10. Januar
Abends um 9 Uhr 30 sollte das Flugzeug landen. Arthur wollte Mutter abholen, sie ins Theater bringen; kurz vor dem Finale würde sie da sein. »Zwölf Stunden Verspätung«, flüsterte Arthur während des Umzugs von Uniform in Abendkleid. »Stürme überm Atlantik, sind noch nicht mal in Shannon gestartet.«
Morgens fuhr ich zum Flugplatz hinaus. Zum erstenmal sah ich die Stadt, sah mehr als den kurzen Weg zwischen Theater und Hotel. Vororte wie manche südwestlich von London oder zwischen Hilversum und Amsterdam. Häuser, die versichert aussehen, vererbt, von Ordnungsliebenden bewohnt, schneefrei der Weg zwischen Haustür und weißgestrichenem Zaun. Kinder ohne Ranzen, Schulbücher unterm Arm, Vater fährt ins Büro im Mittelklasseauto, nichts Aufdringliches, Cadillacsches, Leben mit überschaubaren Tagen, pünktlichen Jahreszeiten, Clubabenden, manchmal Bridge. Salzig-frostiger Ostwind schaufelt Schneekörner, macht hungrig auf Linsensuppe mit Speckscheiben, auf Kartoffelpuffer heiß von der Pfanne, Rollmops und saure Gurken, saftig-wabblige, über Finger tropfende.
Die Viermotorige stößt aus blauweißem Dunst, schwebt über Piste, die Räder schlagen auf, wippen, der Rumpf bebt, schüttelt sich wie schweißbedecktes Pferd, zuckt wie Kuhhaut fliegenverjagend, kommt zur Ruhe. Ein dicker Mann rennt die Treppe hinunter, Aktentasche, Zeitungen, Regenschirm ohne Schutzhülle in Händen. Der Wind kriecht in den Schirm, plustert ihn, biegt die Stäbe zurück; dann ein Junge mit rotem Feuerwehrauto an Brust gepreßt, von Stewardeß geführt; dann Mutter. Ihre graue Kappe fliegt hoch, als hätte sie sie in die Luft geworfen, trieselt zurück, läuft unter Flugzeugbauch durch, tanzt Krakowiak auf und nieder, verfrorener Flugplatzfotograf macht knips knips, bringt Mutters Kappe. Mutter sagt: »Thank you.« Sie blinzelt, macht ihr Wir-werden-den-Laden-schon-schmeißen-Gesicht. Sonnabends, bevor alle ihre Schuhe holten, die Laufkundschaft eine Naht genäht haben wollte, sagte sie: »Wir werden den Laden schon schmeißen.« Sonnabends spielten sie »Hopse« vor dem rechten Ladenfenster, mit Büroklammerketten, über quadratische Pflastersteine springend, letzter Stein war »Himmel«.

»Kind, wie siehst du aus?« sagt sie in der Halle. »Du hast furchtbar abgenommen.«
»Ich nehm' auch wieder zu«, sag' ich.
»Du bist doch auch das erste Mal in Boston gelandet«, sagt Mutter.
Das hatte ich vergessen. Die vom Zoll sind gutmütig wie Lawinenbernhardiner. Koffer bleiben geschlossen. »Good luck«, sagen sie noch.
»Auf dem Weg nach London ging ein Motor kaputt, stand plötzlich still. Viele haben umgebucht.« Mit ihrem Handschuh reibt sie das beschlagene Taxifenster. »Sieht noch gar nicht wie Amerika aus«, sagt sie und »Kümmere dich jetzt nicht um mich. Ich hab' ein Wörterbuch.«
»Willst du erst einmal schlafen?«
»Ich glaube, das kann ich jetzt gar nicht.«
»Dann komm mit zur Probe.«
Ameche umarmt sie, sagt: »Willkommen in Amerika.«
»How du you do?« sagt Mutter und blättert noch rasch im Wörterbuch.
Einige Ballettänzer staunen sie an, sagen: »Hi.«
Einer der »Kommissare« probiert sein Deutsch aus. »Das ist Mama, jawoll«, sagt er ein paarmal.
»Warum sagt er ›jawoll‹?« fragt Mutter.
»Das sagen die Deutschen in amerikanischen Filmen«, sage ich.
Nach der Vorstellung sitzt sie in meiner Garderobe. Sie dreht ihren schmalen Trauring hin und her, sagt nach einer Weile: »Du bist unglücklich. Seltsam, als du auf der Bühne warst, spürte ich es mehr als heute früh. Obwohl ich die Sprache nicht verstehe. Else Bongers läßt dir sagen, wenn du Ärger hast, laß die Show sausen, kümmere dich um das Geld, das du in den letzten Jahren verdient hast, und mach Ferien. Ja, das soll ich dir sagen.«
»Ich hab' einen Vertrag.«
»Wie lange?«
»›Run of the play‹. Das heißt, solange das Stück am Broadway läuft.«
»Ich weiß manchmal nicht, ob ich den Erfolg herbeiwünschen soll oder nicht«, sagt sie.

12. Januar
Yvonnes Rolle wurde zum drittenmal umbesetzt. Cy und Ernie haben Moss Hart aus New York geholt. Er hat mit George Kaufmann mehrere Stücke geschrieben – als Co-Autor. Er soll eine Vorstellung sehen, Meinung sagen, Kritik üben. »Ihr müßt die Show einspielen lassen«, sagt er und sieht auf die Uhr, will den Nachtzug nicht verpassen. »Alle spielen, als wären sie chlorofor-

miert, denken nur noch an Einsätze, Text, Änderungen. Wenn ihr die Show nicht mindestens zehn Tage ungeändert spielen laßt, braucht ihr euch nicht zu wundern, wenn sie wie Kraut und Rüben läuft. Und nach New York könnt ihr sowieso noch nicht.«

»Vielleicht sollten wir ›Silk Stockings‹ vergessen und ›Gräfin Maritza‹ in Alaska spielen«, wiehert der Playdoctor.

Er wiehert allein. Seit Kaufmann weg ist, sind wir reizbar und für die Witze des Playdoctors ganz und gar unzugänglich. Der Ton ist lauter geworden, streitsüchtiger. Als sie gestern Henry anblökten, weil ein Scheinwerfer zu spät aufgeblendet hatte, ging der auf die Bühne, brüllte: »Macht euren Dreck allein.« Cy und Ernie kläfften herum. Bis jetzt ist Henry noch da.

15. Januar

New York wurde wieder verschoben. Ende Januar gehen wir nach Detroit. »Da wirst du was erleben«, sagt Herb, »die sind stur wie die Stoßdämpfer, die sie bei ›General Motors‹ bauen, und statt zu lachen blinken sie mit Nebellampen.« Es ist die längste »Out of town«-vor-New-York-Spiel-und-Probezeit, die eine Broadwayproduktion erlebt hat.

Die Garderoben sind klein, kaum größer als Umkleidekabinen beim Röntgenarzt, links und rechts Trennwände von Wade bis zwei Handbreit über Kopf reichend, in die Wand eingelassen, Tischplatten, Spiegel, Glühbirnen unter Drahtkorb. Wir fühlen uns belauert, obwohl niemand lauert; wir rufen uns zu, ein bißchen forciert, beifallheischend, von allen gehört; zwanzig oder mehr Eau de Colognes paaren sich unter über Trennwände hinweg, mischen sich mit Pefferminzgeruch, Schwefel von abgebranntem Streichholz und Süßlichem aus Puderquasten. Henry meldet ledern über Lautsprecher seine Warnungen. Um acht: »Halbe Stunde, halbe Stunde.« Das kommt gelangweilt, sauertöpfisch, viel Zeit steckt dahinter, mehr Nachfrage, ob alle da, Tretmühleton. Der nächste Ruf ist klipp und klar: »Fünfzehn Minuten, fünfzehn Minuten.« Kategorisch, unbestechlich, Drohung: Wer jetzt noch nicht geschminkt rasiert eingesungen im Anziehen begriffen, wird mit Konsequenzen zu rechnen haben. Dann: »Fünf Minuten, ich wiederhole: Fünf Minuten!« Das ist kriegerisch, da lungert: Antreten im Kasernenhof, Kompanie stillgestanden, rechts um, Brükkensprengung, zum Gegenschlag ausholen. »Dann wollen wir mal«, murmelt ein Zellennachbar, »Helm ab zum Gebet.« Dann bleibt's still bis zum letzten Lautsprecher-Knack und Henrys furiosem: »Ouvertüre! Saallicht aus!« Nun scheppert's los, Trompeter lassen noch mal Dampf ab, bevor sie auf uns Rücksicht nehmen müssen,

der Schlagzeuger paukt wie im Stripteaseladen, die Geigen zwitschern das Blech weg, Töne soßig durch Lautsprecher gedreht, Musik im Fleischwolf.
Mutter sitzt auf Besuchshocker. »Willst du nicht ins Hotel fahren?« frage ich.
»Wenn ich nicht störe, bleib' ich lieber hier.«
In der Pause steht sie an die Trennwand gepreßt. Lela reibt mich ab, zieht Kleid über, föhnt feuchtes Haar trocken. »Ich bin froh, daß du Lela hast, sie ist so ruhig«, sagt Mutter. Lela hat »Lela« verstanden und lächelt ihr zu.
Kurz vor zwölf klurren wir den Gang entlang, gerettete Herde, lärmende, geschwätzige, Show hinter uns, Probe vor uns, New York gegenwärtig, unüberwindlich aus Eismeer ragend.
Ich schmiere Milchiges ins Gesicht, reibe Braunes Gerougetes weg. Es klopft. »Ja!« brülle ich in den Umzugslärm. Da steht eine Frau, runde blaue Augen, dunkelblondes Haar, ordentlich penibel, wie alle Amerikanerinnen, die etwas auf sich halten. Ich sehe sie im Spiegel, drehe mich um, stoße an Mutters Knie. Die Frau sagt: »Erinnerst du dich noch?«
»Ja.«
»Hilde Jansen«, sagt sie vorsichtshalber.
Sie schüttelt Mutters Hand, umarmt mich, ihre Diamantbrosche verhakt sich in meinem Bademantel, zieht Frottéfäden nach. »Ich lebe in Boston, seit ein paar Jahren schon, bin hier verheiratet«, sagt sie.
Duwes Holzkocherauto vor Deutschem Theater, Friedrichstraßenbunker, »La Paloma« in E. v. D.s Heimkino, Splittergraben; wir haben die gleiche Schuhgröße, einmal hatte sie mir braune Pumps geliehen, Wildleder.
»Ich gebe ein kleines Dinner für ein paar Freunde, jetzt nach der Show. Kommt doch mit«, sagt sie.
»Wir probieren noch. Manchmal wird's drei oder vier Uhr morgens.«
Im Gang sagt sie: »Hast du etwas von E. v. D. gehört?«
»Nein.«
»Ich hörte, er sei tot.«
»Ich weiß es nicht.«
»Warst du nicht mit ihm zusammen, als die Russen nach Berlin kamen?«
»Alles auf die Bühne«, ruft Arthur, der »Arme«.
»Toi toi für New York. Manchmal kriege ich wieder Lust zu spielen. Aber nur manchmal.« Sie lacht und winkt. Am Bühnenausgang dreht sie sich noch einmal um. Eine gepflegte, attraktive Amerikanerin im Nerzmantel.

Um drei Uhr früh kommen wir ins Hotel. Unter der Brause höre ich »... klönen.« – »Was sagst du?«

»Zum Klönen kommen wir gar nicht«, ruft Mutter.

»Laß uns klönen, halbe Stunde wenigstens.«

»Ich hab' dir noch gar nicht sagen können, daß ich eine neue Wohnung gefunden habe. Durchlacher Straße. Blick auf Stadtpark. Und Fräulein Klär hat geheiratet, was sagst du, mit achtundfünfzig heiratet sie, Witwer mit drei Kindern. Und Mutter Siebisch war bei mir, einen Tag bevor ich abflog.«

Mutter Siebisch wohnt in der Niedstraße in Friedenau. Sie wohnt Parterre, die drei Stockwerke über ihr sind abgebrannt. Montags früh kommt sie in den Laden, wischt den Boden und die Theke, Kasse und Regale. Fenster putzen kann sie nicht mehr, ihre Arme sind krumm vom Rheuma. Röcke trägt sie wie die Alten, die bei der Ernte helfen. Kartoffelernteröcke. Und kleine geschnürte Stiefel, immer geputzte. Ihre Haare sind so dünn, daß man die Kopfhaut sehen kann, zusammengezwirbelter Flaum, grauweißer, auf Hinterkopf mit Klammern verkeilt. Ihr Gebiß klappert, sie drückt es hin und her, als ob sie Mohrrüben kaut. »Ick muß ma wieda zum Zahnklempner«, sagt sie dann, »der muß det Jebiß vawechselt ham, det is zu jroß für meine Mundhöhle.« Sie redet gern von ihren falschen Zähnen, damit sie »Mundhöhle« sagen kann. (»Es zieht an, meine Liebe«, sagt Mutter. Wir gluckern und kichern.) »Es zieht an«, sagt Mutter Siebisch, wenn sie Karten legen will. Der Faltenkranz um ihren Mund wird breit, die Röcke rascheln ... Dann mischt sie, läßt fallen. »Was aufm Boden liecht, liecht zu Füßen, wolln wa ma sehn, wat uns da zu Füßen liecht.« Sie kauert zwischen ihren Röcken, wischt noch mal über Stiefelchen. »Ein großes Haus wartet, der Tag wird's wahr machen«, sagt sie geziert. Mit den Karten spricht sie hochdeutsch, gibt sich Mühe mit Silben und Gebiß. Sie schusselt herum, sagt: »Es zieht an.« Aber dafür, daß sie montags den Laden schrubbt, sagt Mutter: »Na, wenn's anzieht, dann machen Sie man, Mutter Siebisch.« Daß sie katholisch ist, steht ihr im Weg, in der Bernhardstraße ganz besonders, da ist keiner katholisch. »Ick war zur Beichte«, sagt sie, und die Kinder starren sie an, laufen weg, kreischen. Sie hat Fastenzeit und Feiertage wie Mariä Himmelfahrt, zur Messe geht sie und Oblaten ißt sie in der Kirche. Die mit den Goldzähnen sagt immer: »Da kannste sagen was de willst, die Katholen sind falsch.« Und Stiefvater sagt: »Nu mal langsam, ich kannte n paar in der Lehre, die warn nun gar nicht falsch, die waren in Ordnung.« – »Ausnahmen«, sagt die Goldzahnige, »Ausnahmen.« – »Wer alles über einen Leisten schustert, wird kein Meister«, sagt Stiefvater.

»Willst du, daß ich zur Premiere in New York bin?« fragt Mutter.
»Nein. Ich ruf dich nachts an.«
»Bevor ihr nach Detroit geht, fahre ich zu meinem Bruder. Ist schon ein komisches Gefühl. Seit 1928 haben wir uns nicht mehr gesehen.«

20. Januar
Jetzt fangen sie an, die Lieder auszutauschen. Ich mußte Ameches »Silk Stockings«-Lied singen. Ich stehe in der russischen Wohnküche und jaule meinen Seidenstrümpfen nach.
Ab morgen singt Ameche sein Lied, wie gehabt.
Cole Porter nimmt Austausch, Wechsel, Umstellung, nicht Wiederzuerkennendes mit der Reserve eines englischen Butlers hin.

5. Februar. Detroit
Nach der ersten Vorstellung in Detroit – von Premiere kann kaum noch die Rede sein – kam selbst der optimistische Ameche zu der Ansicht, daß wir New York nur mehr als Durchreisende wiedersehen werden. Aus Kaufmanns Soufflé wurde Volksküchenragout, stark versalzen. Ich kann mich des Eindrucks nicht erwehren, daß die Leute nur deshalb die dreieinhalb Stunden durchleiden, um später sagen zu können: »Wir haben die Show gesehen, bevor sie schließen mußte.«
Herb Green murmelte: »Cy und Ernie überlegen sich, welche Landstriche sie noch beglücken könnten. Ich hab' sie bei der Betrachtung eines Globus überrascht.«
Cy hingegen schwört, daß, komme was da wolle, Erdbeben, Sintflut, Seuche ausgenommen, die New Yorker Premiere am 24. Februar um 8 Uhr 30 abends beginnen würde.

9. Februar
Wir, die »Unausgetauschten«, nähern uns in Aussehen und Gewicht den Bemitleidenswerten auf Plakaten, die Wohltätigkeitszwecken dienen.
Tyrone Power rief aus Washington an. Er spielt Christopher Frys »The dark is light enough«. Sein erster Theaterversuch. Ab Mitte Februar wird er in New York sein. Er und eine infektiöse Hepatitis, die er sich, er weiß nicht wo, geholt hat. »Ich bin geschieden und blank wie eine Kirchenmaus«, sagt er, »wenn du mich auf den Kopf stellst, fällt höchstens ein Gallenstein raus.«
Sein Vertrag mit der Fox ist ausgelaufen.

16. Februar
Mehrere Szenen aus der Originalfassung wurden wieder aufgenommen. Cy sagt, die Show liefe entschieden besser und man merke uns eine zunehmende Spielfreude an. Wir betrachteten ihn mit jener Milde, die man eigensinnigen Greisen entgegenbringt.

17. Februar
Von meinem Hotelzimmer aus sehe ich den Huronfluß, die lange Brücke, Grenze zwischen Kanada und USA. Ich weiß, daß die Brücke die Brücke ist, der Huron ein Fluß, die Grenze da und nicht dort; ich weiß, daß ich das Steak im Warmhaltekasten, dem blechernen, essen sollte und grüne Bohnen dazu, aber ich stehe am Fenster und sehe auf Fluß Brücke Grenze, denke: Fluß Brücke Grenze. Es sind die Worte, an die ich mich erinnern kann, ich sage sie auf englisch: river bridge border. Die letzten Worte einer Sprache, die mir entfällt, Wort für Wort, Satz für Satz, Sprache, die ich verstand und nicht mehr verstehe.

18. Februar
Einer von der Agentur hat das Penthouse in der Fifth Avenue für mich gemietet. Für vier Wochen.
Mein Lampenfieber nimmt mit jeder Vorstellung zu. Während der Ouvertüre hoffe ich auf Theaterbrand, Flutwelle, Regierungssturz.
Arthur, der »Arme« meldete mit Das-hat-sie-davon-Gesicht: »Yvonne liegt im Krankenhaus, hatte 'ne Fehlgeburt.« Cy und Ernie haben sich inzwischen für eine dickliche Blondine mit Fanfarenstoßstimme entschieden.

22. Februar. New York
Heute früh kamen wir mit dem Schlafwagenzug aus Detroit an. Wir rechnen nach Stunden, sagen uns: 48 Stunden sind zweimal frühstücken, zwei Steaks, zwei Nächte Proben, zwei Abende ohne Publikum, sind einige Stunden Schlaf, sind Aufschub. Wochenlang hätte ich in dem Zug fahren können, in dem sauberen mit weichen breiten Betten, eigener Duschkabine; hätte mich schaukeln lassen können von Kanada bis Mexico, von San Francisco bis New Orleans, auf Schaumgummimatratze liegend in schwarzen grauen blauen Himmel sehend. Großzügiger Zug, nicht wie unsere in Europa, rußig, muffig, zu heiß oder zu kalt, wanzenverdächtig der braune Plüsch, Nachttopf unter tassengroßem Waschbecken, Grenzbeamte um drei Uhr früh im Koffer wühlend.
Das Taxi, das mich vom Bahnhof zur neuen Wohnung nahm, war das übliche gelblackierte zerbeulte ausgeleierte, Aschenbecher

abgerissen. Die Fahrerlizenz, über rechtem Fenster auf Sonnenblende geklebt, zeigte Paßfoto und in Versalien geschriebenes ›Isaak Loewenzahn‹. In der 41st Street standen wir eine Viertelstunde lang zwischen ›Greyhound‹-Bus und Müllschluckerwagen verkeilt. »Is' das a Leben?« sagte Isaak Loewenzahn, »ich frag' dich, is' das a Leben?« Zentimeter für Zentimeter schob sich der Müllfresser an uns heran, bis Isaak Loewenzahn sein Fenster herunterkurbelte und »Irgend jemand an einem hohen dünnen Chevrolet interessiert?« brüllte. In seinen Rückspiegel sehend, sagte er: »Na, dir is' auch nicht zum Kichern zumute, so zwei Tage vor der Premiere?«

»So ist es.«

»Hab' dich gleich erkannt von Fotos und dem Film ... wie hieß er noch? Wird die Show gut?«

»Keine Ahnung.«

»Hat der Peck nun O-Beine oder nicht?«

»Weiß nicht.«

Auf seiner rechten Ohrmuschel balancierte ein Bleistift, auf der linken eine Zigarette. Neben seinem Sitz lag eine Morgenzeitung, während der Fahrt blätterte er um, bei Rot las er, schaltete, gab Gas, ohne aufzusehen, wissend, wann Rot auf Grün schnappen würde. Zwischendurch sprach er in seinen Rückspiegel hinein. Vieles blieb unverständlich, denn er kaute an mehreren Kaugummischeiben, mahlte auf ihnen herum wie auf alten Brotkanten.

»Gestern hat wieder 'ne Show geschlossen«, ließ er zwischen Kauen, Lesen, Umblättern, Schalten, Aus-dem-Fenster-Meckern hören. »Und die eine, die gar nicht so doll sein soll, die hat gute Kritiken.« Er hob die Schultern, trommelte mit vier Fingern Pferdegaloppgeräusch auf Armaturenbrett. »Die Leute reden immer, wenn sie aus dem Theater kommen, da mach' ich mir mein Bild. Manchmal geh' ich zu 'ner Matinee. Das Stück mit der Bankhead is' Quatsch, aber sie is' Klasse. Und ›Can Can‹, das is' doch auch von Porter, anständig gemacht, kann man nicht anders sagen. Höre ich da ein Husten?« Das erste Mal drehte er sich um, sah mich direkt und ohne den verkleinernden Rückspiegel an. Seine Augen schienen im langen Gesicht zu hängen, die äußeren Winkel rutschten auf die Backen hinunter, zwei tiefe Falten liefen von unterem Lidrand bis zum Hals, die Ohren standen wie Henkel am geschorenen Kopf. Es war ein eilig zusammengesuchtes Gesicht, eins, das auf seltsame Weise zustande gekommen sein mußte. »Isaak Loewenzahn fertigmachen zur Geburt«, muß jemand gerufen haben, und hastig zusammengeklaubt war Isaaks Gesicht entstanden. Die Nase stand dem Mund im Weg, auf der Oberlippe wäre kein Platz für drei Haarwurzeln gewesen, das Kinn jedoch war von der

Größe einer Arbeiterfaust. »Ich höre doch da ein Husten«, sagte er bedrohlich, und seine Augen schienen weiter und weiter nach unten zu gleiten.
»Ein Räuspern«, sagte ich.
»Das war kein Räuspern, das war ein Husten«, sagte er querköpfig, »nur ein kleiner Umweg, mein Schwager hat 'ne Apotheke, die haben die besten Hustenbonbons in New York.«
»Ich hab' keine Zeit, ich muß in einer Stunde im Theater sein.«
»Macht nichts, von der 10ten bis zur 46ten brauche ich acht Minuten, liefere dich pünktlich im Imperial ab – ihr seid doch im Imperial?«
»Ja.«
Er trampelte auf Kupplung und Bremse, ich rutschte von der Bank, kniete auf nassem gerilltem Gummibodenbelag, dann knallte er den Schalthebel am Steuerrad auf Leerlauf, rannte in einen überfüllten Laden, wies mit einer Hand auf das Taxi, mit der anderen auf ein Regal, warf Geld über die Köpfe der Wartenden hinweg, fing eine Tüte auf, lief auf die Straße, stieß mit einem Polizisten zusammen, lächelte gequält in Richtung sich stauender Dauerhuper hinter nachlässig geparktem Taxi, zeigte auf mich, verdrehte die Augen, hielt Hand an Gurgel, versuchte Herzanfall plus Atemnot darstellend einen schwerkranken Fahrgast vorzuschieben, sprang hinter sein Steuerrad, schmiß die Tüte auf den Hintersitz, befahl: »Gleich in den Mund.«
»Wieviel macht's?« fragte ich, an Bitterem lutschend.
»Geschenkt«, rief er, winkte nach meinem »Danke« lässig mit der Rechten, nahm gleichzeitig mit der Linken eine scharfe Kurve.
Vor dem Hotel reckte er den Arm über seine Sitzlehne, stieß meine Tür auf, sagte: »In dreißig Minuten ist Loewenzahn zur Stelle.« Ich versuchte den Zähler abzulesen. »Gratis«, sagte er, »für Broadwayneulinge gratis.« Er legte die Seite mit den Cartoons aufs Steuerrad und fuhr, nur einmal kurz auf die Straße blickend, mit kreischenden Reifen bis zum nächsten Rotlicht an der 14th Street.

Der Hotelmanager mit silbergrauem Haar und ebensolcher Krawatte zeigte mir die Wohnung. Sie ist im 18. Stock, Terrasse ringsherum, Küche rostfreier Stahl, antiseptisch, Eiskasten, in dem drei Personen stehen könnten, zwei Schlafzimmer, Bäder. »Das Hotelpersonal steht zur Verfügung, wenn gewünscht, ansonsten ist dieses Penthouse unabhängig vom Hotelbetrieb, abgesehen vom Fahrstuhl natürlich. Wir vermieten diese Räume nur an seriöse Herrschaften«, fügte er sanft hinzu. »Du bist Deutsche, nicht wahr?«
»Ja.«

Er nickte befriedigt.
Ich stellte meinen Wecker, legte mich aufs Bett, schlief ein. Nach fünf Minuten klingelte es an der Wohnungstür. »Wer ist da?« brüllte ich.
Durch die Geschlossene hörte ich ein gedämpftes: »Mädel, mach auf.«
»Was machst du in New York?«
»Hand halten«, sagte Hardy Krüger, stand noch immer vor der Tür, sah aus, als sei er gerade volljährig geworden, Blondhaar widerspenstig. Vor zwei Jahren haben wir einen Film gedreht. »Illusion in Moll« hieß er, seit damals sind wir Freunde.
»Ich hab' 'ne Karte für übermorgen, Rang Mitte. Wie lange probierst du?«
»Weiß nicht, wird manchmal zwei oder drei oder vier.«
»Ich guck' mir mal die Gegend an, dann hol' ich dich ab und wir hörn ein bißchen Jazz. Wird juttun.« In Isaaks Taxi paukte er mir eine neue Szene ein. »Wenn's schiefgeht, kann ich mit dir zurückfliegen«, sagte ich am Bühneneingang. Hardy stand an der Bordschwelle, sah mich an, stand, wie er in Berlin oder Hamburg stehen würde, jemand rempelte ihn an, »Sorry«, sagte er, ohne nachzudenken, und »Mädel, du machst das schon«.

24. Februar
Um eins ist Generalprobe mit Stops, mit Wiederholungen. Es gibt keinen Krach. Schlechtes Zeichen. Ab heute haben wir einen Theaterfriseur, er heißt Ronnie. Um sechs lege ich mich auf eine Armeepritsche – die Garderobe ist so klein, daß ich aufstehen, sie an die Wand lehnen muß, wenn jemand hereinkommen will. Meinem Schminktisch gegenüber ist eine Tür, dahinter eine Toilette und eine zweite Tür, die in Ameches Garderobe führt. Lela hat mir ein Steak gebracht. In der Mitte ist es rot, blutig, das Blut läuft auf den Teller. »Du mußt es essen«, sagte Lela, weiß, daß ich es nicht essen werde, nimmt den Teller, geht auf den Gang. Das Licht ist aus. Ich versuche zu schlafen. »Entspanne linkes Bein, rechtes Bein, jeder Gedanke, der kommt, hat bis später Zeit ...« – bei »später« schnürt's den Magen zusammen, ein Nerv klopft im Oberkiefer, hinter den Augen wird's grell, groß und hohl der Bauch, drückt gegen das Herz, mit dem Daumennagel schabe ich auf Zeigefingernagel herum. Auf dem Schminktisch liegen Telegramme, haufenweise, Lela hat sie geöffnet. Das oberste ist von Käthe Dorsch. Daß sie sich an mich erinnert ... Lichtjahre, seit damals, am Attersee. Lela sagt, alle, die am Broadway spielen, haben telegrafiert, sogar die Bankhead.
Vom Gang fällt heller Streif auf Schranktür. Jetzt ist er weg, jetzt

wieder da. Don geht in seine Garderobe. Ich weiß, daß er Angst hat. Eine Zigarette werde ich noch rauchen, eine einzige. Man erstickt hier, nicht mal ein Fenster hat sie, die Garderobe. Ronnie kommt, kämmt meine Haare, fummelt mit dem Eisen. Wir sprechen nicht. Lela ist grau, sogar die Augen sind grau. Don singt sich ein: »O mia bella Napoli« – »Warum erwürgt ihn keiner?« murmelt Ronnie. »Halt die Klappe!« rufe ich. »Deutschland Deutschland über aahalles . . .« perlt's durch zwei Türen, dann steht er hinter mir, Zigarettenspitze im Mund, sagt: »Was immer passiert, Kraut . . .«
Auf der Toilette sehe ich ELBA, es steht in der Schüssel, die Fabrikanten haben ihr Klosettmodell ELBA genannt; Elba, da wo Napoleon . . . es hat größere Pleiten gegeben als deine . . .
Henry geht von Tür zu Tür, sagt: »Halbe Stunde.« Heute kein Lautsprecher. Cy ist da, im Smoking, Ernie auch. Cy sagt: »Das ist es also.« Ernie knöpft seine Jacke auf und zu. Sie gehen. Porter setzt sich auf Lelas Hocker, steht wieder auf, sagt: »Ja«, schließt behutsam die Tür. Es ist vollkommen still. Es ist, als läge ich in einem Operationssaal, angeschnallt, zur Operation vorbereitet, Ärzte, Schwestern weg. Meine Uniform habe ich an. Es gibt nichts mehr zu tun. Jemand reißt die Tür auf: »Bin von LIFE-Magazin, soll Titelfoto machen, Gesicht vor Premiere, Spannung.« – »Raus«, zischt Lela, »raus.« Einer ruft im Gang: »Die Trumans sind drin und Skouras. Im Foyer sieht's aus wie bei Tiffany.«
Ich fang an zu wackeln, von unten rauf, Füße Knie Wirbelsäule Kopf Kinn, wackele, kann nicht aufhören, Tränen wackeln mit. »Du schaffst es«, sagt Lela, nimmt ihre Taschenlampe, zieht mich hinter sich her. Wir stolpern zwischen Bühnen- und Dekorationswand entlang, zur linken Bühnenseite, da wo die Wendeltreppe zur Ballettgarderobe anfängt. Weit oben, zwischen den Prospekten schwache Notlichter wie Sterne hinter dünner Wolkendecke. Der Vorhang summt hoch, rasch, zieht die Haut ab, »Hilfe«, will ich sagen, »Hilfe«. Stichwort. Der Weg ist lang, länger, nimmt kein Ende. Am Schreibtisch des »Oberkommissars« bleib' ich stehen, salutiere. Er stiert mich an – weiß nichts, hat vergessen, Wort Platz, Anfang, Ende. Sie klatschen, klatschen immer noch. Der »Oberkommissar« öffnet den Mund, ich höre nichts. Ich spreche, höre nichts. Ich hab' einen Satz vergessen – welchen? Zu spät, der »Oberkommissar« gibt falsches Stichwort, ich überspringe zwei Sätze. Dann Ameche. Nach dem Duett Applaus. Umzug: Lederlappen, Reißverschluß, Lela reibt Handgelenke mit Eisstück. Drei Stunden später in russischer Wohnküchendekoration, ich auf Klavier sitzend, Tänzer Chor neben vor hinter mir – über ihre Köpfe hinweg sehe ich Ameche. Im Tumult, stumme Liebes-

szene: Ninotschka – Kapitalist, sie sinken sich in die Arme, Finale – Vorhang. Wir stehen in langer Reihe wie Olympiamannschaft, verneigen uns gruppenweise, einzeln. Haben es probiert, gestern nacht noch, für alle Fälle, Takt für Takt, Schritt für Schritt.
Don steckt mir eine angerauchte Zigarette in den Mund, der Feuerwehrmann geht vorbei, sagt nichts, Lela gibt mir ein Whiskyglas, wir stehen hinterm Vorhang; Fotografen stürmen die Bühne, blitzen in unsere schweißüberströmten Gesichter. Marlene umarmt mich, flüstert: »Lächle.« Meine verschmierten Hände hinterlassen Abdruck auf Marlenes weißem Schillernden. Der Garderobengang ist vollgestopft, die Wassereimer mit Sträußen umgekippt, das Wandtelefon neben der Bühnentür klingelt pausenlos, Marlene sagt: »Ich erwarte dich bei ›Sardi's‹, erster Stock, hab' kleine Party vorbereitet.« Otto Premingers Kahlkopf vor mir. Otto der Große, Filmregisseur, Wiener; »Bravo«, sagt er, »du hast es geschafft.« Cy turnt über Eimer, Ernie steht an Schrank gequetscht. Ich werde umarmt, geschüttelt, gedrückt. »Auf die Zeitungen kommt's an«, sagt Cy. »Aber daß es ein Erfolg war, müssen sie schreiben, und wenn sie platzen«, ruft Arthur über Abendfrisuren, Ohrringe, Pelzschultern, Smokingschultern hinweg.
Vor der Bühnentür stehen Autogrammjäger, sie klatschen und singen die Lieder aus der Show, Lela legt Blumenbündel ins Taxi. Hardy schiebt mich auf den Sitz, wir fahren zwei Blocks bis zur 44th Street. Vor »Sardi's« Restaurant stehen Autos in Dreierreihen, zwei Polizisten pusten wütig in Trillerpfeifen, Nerz Chinchilla drängt vor Eingang, der Portier steht mit verschränkten Armen, läßt weder rein noch raus. »Miss Neff?« flüstert er fragend, öffnet die Tür, hält Vorhang beiseite: Erfolgssignal. Im ersten Stock sitzen sie und lesen. Sehen nur einmal hoch, lesen weiter. Marlene sagt: »Atkinson schreibt gut.« Sie faltet die große »Times« zusammen, bestellt Champagner. Plötzlich ist es mir gleichgültig. Keine Freude, keine Aufregung. Stille, Leere, Müdigkeit. Marlene sagt: »In Philadelphia war es besser. Es war ein Theaterstück mit Musik.« Preminger sagt: »Genieße den Erfolg. Ich hab' Philadelphia nicht gesehen, mir hat's gefallen und allen anderen auch.« Er hebt sein Glas: »Auf zwei Jahre mindestens!« Der Champagner macht mich betrunken, wuselig, traurig betrunken. Ein Agent sagt: »Freu dich doch. Du bist jetzt die Größte.« Um vier bringt mich Hardy nach Haus. Der Hotelportier gratuliert mir, die Telefonistin, Kopfhörer um den Hals gelegt, sieht hinterm Schaltbrett hervor, sagt: »Great.« Die Wohnung gleicht einer Blumenhalle drei Tage vor Ostern. Auf dem Kaffeetisch liegt ein Päckchen. Cartieruhr, goldene, eingraviert: »To Hildegard with love. Leueen and George Kaufmann«. In der Premiere waren sie nicht.

Hardy sagt: »Penn dich erst mal aus. Ich ruf' morgen nachmittag an.«
Mutter ist noch wach. »Ich hab' die Nachrichten am TV gesehen«, sagt sie, »›great success‹ habe ich verstanden, den Rest hat mir mein Bruder übersetzt. Ich komme in einer Woche.«
Der Terrassenboden ist glitschig, über die Spitzen des Eisengitters sehe ich die Fifth Avenue hinunter, in die 10th Street hinein, sehe die flachen Dächer der Drei- und Vierstöckigen, rechts, weit über mir, das Chrysler Building und Empire State, unsichtbar der Hudson, der Hafen, die Schiffe. Ihre Sirenen wie Seehundgebell. Zwei Polizeiautos fegen am Washington Square vorbei, Heulton wie Luftschutzwarnung. Dazwischen, sekundenlang anschwellend, wieder verstummend: Thelonius-Monk-Klavier, Grunzen der Dreiklanghupen.
Heute Abend um 8 Uhr 30 geht der Vorhang hoch. Morgen um 2 Uhr 30. Morgen ist Sonnabend. Zwei Vorstellungen. Um zehn sagt die Überseevermittlung: »Gespräch aus Deutschland, Miss Neff, und Gratulation zum Erfolg.« Die Zeitungen rufen an, die Stimmen weit, krächzig wie alte Grammophonplatten: »Was empfinden Sie? Was haben Sie im Augenblick an? Feiert ihr noch? Wir sind stolz auf unsere Hilde.«
Erfolg. Broadwayerfolg.
Der Broadway ist nicht »Broadway«. Er hat alles, nur kein Theater. In den Seitenstraßen zusammengequetscht, Wand an Wand, zwischen Seventh Avenue und Eighth Avenue, von der 44th Street bis zur 53rd Street West sind die Theater, die »der Broadway« sind. Die tingeltangelige Hafenstadtstraße, mit Peepshows, Pornofilmen, braven Kinos, Kneipen, Stundenhotels heißt Broadway, läuft von der Mitte Manhattans diagonal über die Ordnung der parallel laufenden Straßen hinweg, überquert Seventh Avenue, wird zum Times Square, zieht willkürlichen Strich durch die Insel, versandet am Südzipfel zwischen Schutthalden und Battery Park.
New York verwöhnt mich, zeigt mir, daß Erfolg willkommen, neidet nicht, mäkelt nicht. Broadwaystar heißt: der immer parate Tisch im überfüllten Restaurant, Zahnarzt am spielfreien Sonntag, Taxi im Platzregen, mit Präsidenten Arm in Arm in Fotolinsen lächeln, Interviews, Radioshows, Fernsehshows, Gesangstunden, Tanztraining, Gesundbleiben, Pünktlichsein, Stimme schonen. Nie »Hilde«, immer »Miss Neff«, Einladungen schriftlich, gedruckt, vier Wochen zuvor; acht Vorstellungen in der Woche, ausverkauft, monatelang. Am Montag, Dienstag, Donnerstag, Freitag: 4 Uhr 30 Steak und Salat. 4 Uhr 45 bis 6 Uhr 15 Schlaf. 6 Uhr 30 Tee mit Honig. 7 Uhr 10 Taxi. 7 Uhr 20 Theater. Einsingen Schminken Anziehen. Mittwoch, Sonnabend das gleiche, dreiein-

halb Stunden vorverlegt. Erste Vorstellung um 6 Uhr beendet. Tee in Garderobe, Schlaf auf Armeepritsche. Eine halbe Stunde vor Beginn hat jeder im Theater zu sein, auch Tänzer, die 20 Minuten vor dem Finale auftreten. Bei erster Verspätung: Verwarnung, bei zweiter: Einbehaltung zwei Drittel der Wochengage, bei dritter: sofortige Entlassung. Für Ameche und mich wurden »Understudies« engagiert. Sie haben unsere Rollen probiert, hoffen und fürchten, daß wir ein Bein brechen. Sie sind pünktlich im Theater, warten bis der Vorhang fällt. Cy oder Ernie sind zweimal wöchentlich in der Vorstellung, verkriechen sich in hinteren Rängen, murmeln Kritik auf Tonband, setzen Vormittagsproben an, wenn die Show länger als bei der Premiere läuft. Mätzchen ausgeschlossen, Improvisationen undenkbar. Es gibt keinen Zank und keine Intrigen, keine Haupt-Neben-Kleindarsteller. Jeder besucht jeden und keiner ist pikiert, wenn Henry »Halts Maul, wenn der Lappen hoch ist« brüllt.
Nervös bin ich noch immer. Wenn der Lautsprecher klickt und »15 Minuten« quakt, sterben Fingerspitzen ab, winselt etwas zwischen Rippen, wird Memme genannt, winselt weiter, bis der Scheinwerfer mich trifft, ich dem »Oberkommissar« Meldung mache. »Wenn du keine Angst mehr hast, wirst du schlecht«, sagt Henry, »dem Frederic March kann man hinter der Bühne nicht mal ›Guten Abend‹ sagen, ohne daß er verrückt wird.«

Meine Koffer verstauben im Keller. Ich habe Wohnungs- statt Zimmerschlüssel, Kreditkarten, Telefonheft mit den Nummern der Ärzte, Feuerwehr, Zeitansage, Polizei; bekomme monatliche Rechnungen vom Fleischer, Drugstore, Supermarkt. Ich wohne. Wir wohnen. Mutter und ich. Sie geht über die Fifth Avenue, als sei es der Kurfürstendamm. In die deutsche 86th Street fährt sie nur noch, um Steinofenbrot, grobe Leberwurst, westfälischen Schinken oder Danziger Goldwasser zu kaufen. Abends nimmt sie Englischunterricht, oder geht in die Oper, ins Kino, Theater. Sie hat ungarische, deutsche, holländische, schwedische Freunde. Zwischen East River und Hudson, Central Park und Greenwich Village ging Wilmersdorf verloren.
Tyrone spielt Christopher Fry. Neun Wochen lang. Die Kritiken waren mäßig. Nach unseren Vorstellungen laufen Ameche, er und ich durch windige Straßen bis zur 51st, sitzen auf Holzbänken im verräucherten »Basin Street«, hören Mulligan und Chet Baker, gehen weiter zu »Ruben's«, essen Blintzes, oder fahren ins »Village Vanguard«. Auf lauten, leisen Straßen des nächtlichen New York schwingt Bakers Trompete nach, hallt wider, verschmilzt mit New York, mit Sirenen und Dreiklanghupen, gehört dazu wie S-Bahn-

gerumpel, Knarren der schweren Haustüren zum nächtlichen Berlin; Brubecks »Take the ›A‹ train«, Paul Desmonds Tonfäden, Erroll Garner, Peterson, Max Roachs Schlagzeug sterben mit dem Morgengrauen, den knatternden Wasserspuckern, die Rinnsteine waschen. Vorbei Mulligan, sandfarben im weißgelben Licht auf flacher Bühne, verloren stehend, wenn der Chorus vorüber, desinteressiert an Beifall – take it or leave it, hört zu oder nicht. Irgendeiner fummelt immer an Kabeln und Verstärkern, an Mikrofonen und Notenpulten, trödelt, spielt unnahbar trancenah, trödelt weiter. Sie scheinen Zeit zu haben, wie die Alten, die im Sommer auf den Bänken des Washington Square Schach spielen. Zwischen Alerten und Zielbewußten die Säumigen, Erdfernen, im Wirrsal Muße.

Ich lerne Menschen kennen, die auf der Durchreise sind und eben mal in die Garderobe kommen, und jene, die in New York leben und für die alles, was das Leben ausmacht, in Manhattan zu finden ist. Sie brauchen keine Autos und keine Wochenendhäuser, sie haben keine Ferienpläne oder Reisewünsche; sie schnüffeln wie Jagdhunde durch die Stadt, finden immer wieder Neues, das sehens- und hörenswert ist, entdecken Galerien, Restaurants, Bibliotheken, ein Kino, das nur Stummfilme spielt, einen Marktstand, der italienische Tomaten verkauft, einen Buchladen, der Henry Miller führt.

Dr. Manfred George kam aus Berlin, seine Vorfahren aus der Uckermark. Die hatten mit Schlagmessersäbel und Tschako in sämtlichen Kriegen des 19. Jahrhunderts freiwillig Deutschlands Ehre und anderes verteidigt, der Nachfahre Manfred hingegen nicht mehr freiwillig, aber dennoch von 14 bis 18 in Flandern und Rußland Mannesmut bewiesen. Später floh er vor Verhaftung gewarnt ohne Koffer und Geld übers Riesengebirge und landete nach längerer Wanderung in Prag. Dem Aufenthalt stand ein Einmarsch im Wege, und so eilte er weiter und fand sich schließlich in New York. Manfred George, zäh und eher klein als mittelgroß, oft zynisch und rational, oft dem Metaphysischen zugeneigt und gefühlsbetont, hatte listige Augen. Listig neugierig hinter randloser Brille. Das leis Gesprochene war von leichtem Räuspern begleitet, die überlangen Finger ruhelos. Dr. Manfred George war Herausgeber und Chefredakteur des »Aufbau«, und er hatte sich während der Proben für ein Interview angesagt. Und weil wir es blöd fanden, in einer Hotelhalle zu sitzen, gingen wir ins Museum of Modern Arts. Und im Museum of Modern Arts standen wir vor einem Rousseau und vergaßen das Interview. Auf das Sofa im Urwald und auf den Tigerkopf sehend, sagte er: »Kennen Sie Miller? Ich meine Henry, nicht Arthur.« – »Nein.« Ich hätte

ihm keinen größeren Gefallen tun können. Er brachte mich zur Probe, rief: »Sie hören von mir. Und lesen Sie zuerst die ›Wendekreise‹.«
Ninotschka stand dem Miller im Wege bis zur Premiere. Dann las ich ihn und rief George an. Miller brachte mich zu George und George zu Miller, und später durfte ich George vom Miller erzählen; später, als ich Miller kennengelernt hatte. Nach dem Telefonat bekam ich I. D. Salingers »Catcher in the Rye« und »Teddy« und »Esmé«, und einen Malkasten: »Ich weiß, daß Sie gemalt haben. Es ist gut, einen Ausgleich zu haben, während Sie spielen.« Dann eine Oroszo-Mappe, Kierkegaard, André Gide, alles von Shakespeare, Sonnette inbegriffen, mit dem Vermerk: »Seit Shakespeare braucht keiner mehr zu schreiben. Wer's trotzdem tut, schreibt umsonst.« Da ich nie ins Theater kam, außer in das, in dem ich spielte, suchte er Filme aus, die am frühen Nachmittag nach Gesangsunterricht und vor Schlafstunde Steak Honigtee und Abfahrt liefen. Nach Betrachtung meiner ersten Sonntagsversuche in Öl lobte er Farbensinn und Komposition, schickte sogleich größere Leinwand und ein umfangreiches Werk über die Mischmöglichkeiten der Öl-, Tempera- und Wasserfarben. Mit anderen Worten, er hielt mich in Trab. Dann kam der Nachmittag, an dem wir eine Fotoausstellung besuchten. Nach viel Kunstgewerblichem und Manieriertem im dritten Saal ein Kriegsbild: Amerikanischer Soldat in Korea seinen toten Kameraden haltend. Er hielt ihn wie eine Mutter ihr Junges. Sein Gesicht war verdreckt, Tränenbach durch Verschmiertes laufend, vorgeschobener Helm verdeckt die Augen. Ich wußte nicht, daß ich weinte, bis er meinen Arm berührte, mir ein Taschentuch zuschob. Dann stand er neben mir, hilflos, überrumpelt. Wir sprachen nicht, und als ich ein Taxi fand, das mich zur 10th Street nahm, vergaß ich ihm auf Wiedersehen zu sagen.
Nach der Vorstellung saß er in der Garderobe. »Darf ich hier rauchen?« fragte er, und seine langen Finger zerrten ungeschickt an Cellophanhülle und Verschlußstreifen. »Ich habe mir erlaubt, einen Tee anzunehmen.« Er sah zu Lela und lächelte dankbar. Er war wie jemand, der »Gestatten« und »Ich bin so frei« sagt, oder an eine bereits geöffnete Zimmertür klopft, und er wußte es. »Ich möchte Sie um etwas bitten«, sagte er lauter und bestimmt.
Ameche kam herein, sagte: »Hast du gemerkt, ich hatte einen Frosch im Hals.« Nach »Darf ich bekannt machen«, sagte er: »Du mußt das Schild abmachen, morgen kommen zwei von ›Herald Tribune‹ und ›Daily News‹.«
»Ich habe mich schon gewundert«, sagte George.
»Sie hat es angefangen«, sagte Ameche und sah über meinen Kopf hinweg in den Spiegel; »wenn wir weiter so abnehmen, werden sie

uns von Parkett Mitte aus nicht mehr sehen, vielleicht sollten wir uns für Radioshows verdingen.«

Ronnie, der Theaterfriseur, schoß durch die Tür, rief: »Warum müssen die Schilder weg?«

»Weil Presse kommt«, sagte Ameche.

»Ihr habt eben keinen Charakter«, sagte Ronnie.

»Was steht denn drauf?« fragte ein zierlicher schwarzhaariger Knabe, der als Ronnies neuer Gehilfe präsentiert wurde, und sah auf den Gang. Er stieß mit einer Riesenfrau zusammen, die mit winzigem Schleierhütchen und massivem Schlag auf Ameches Schulter Einzug hielt. »Ich stehe dem Komitee für die Pflege unserer Parkanlagen vor, wir geben am Sonnabendabend einen Ball, könntet ihr nicht für uns singen?«

»Wir spielen sonnabends.«

»Aber in der Pause, das sollte sich doch machen lassen.«

»Die Pause dauert fünfzehn Minuten.«

»Dann verlängert man sie eben.«

»Cy Feuer ist dafür zuständig.«

»Danke danke, ihr Lieben«, orgelte sie und rannte gegen die Tür. »Was soll denn das?« rief sie und starrte uns an.

»Na bitte«, sagte Ameche.

Wir hatten je ein erstklassig gemaltes Schild an unsere Türen geklebt, auf dem einen war zu lesen: »Italienern ist der Eintritt strengstens untersagt. Zuwiderhandlungen werden gesetzlich verfolgt.« Auf dem anderen: »Krauts go home.«

Im gleichen Moment erschien ein Mann in dezenter Chauffeurlivree und stellte eine mit rohem Sauerkraut gefüllte Suppenterrine auf den Schminktisch. »Mit besten Grüßen von Herrn Power«, flüsterte er. Die Riesendame stand noch immer, sah von einem zum anderen, der geöffnete Mund entblößte zwei Schneidezähne, auf denen dunkelroter Lippenstift glänzte.

»Es ist ihre tägliche Ration«, sagte Ameche, »wir alle am Broadway legen zusammen, denn ihre Gage geht an den Long Island Zoo zur Unterstützung eingewanderter Schildkröten.«

»Die kommt nicht mehr wieder«, gackerte Ronnie, als sie weg war.

»Mit irgendwas muß man sich schließlich die Zeit vertreiben, wenn man die Hälfte seiner Jugend mit ›Silk Stockings‹ verbringt«, sagte Ameche und schritt, die zwei Klosettüren mit dem Fuß aufstoßend, in seine Garderobe. Ein wütendes Grunzen sagte nur Lela und mir, daß er in den während der Pause zugenähten Ärmel seines Oberhemdes gefahren war.

Arthur, der »Arme«, sah durch den Türspalt, sagte: »Ihr wart vier Minuten zu lang.«

»Ich hatte einen Frosch im Hals«, sagte Ameche.
»Und Hilde hat beim Monolog geschleppt«, sagte Arthur. »Auf welches Pferd setzt du?« rief er in Richtung Ameche.
»Auf ›Nashua‹.«
»Viel?«
»Viel.«
Walter Slezak, der mit großem Erfolg die Musicalfassung eines Pagnol-Stückes spielte, wuchtete herein, sagte: »Wir hatten heute taubstumme Albanier im Theater, wie war's bei euch?« Er begrüßte George, der etwas fassungslos und doch genüßlich vor sich hin blinzelte, murmelte: »Sie haben alle noch Federn am Hintern.«
Tyrone Power drängte durch die nicht mehr zu schließende Tür; mehrere Tageszeitungen, die er unterm Arm trug, rutschten auf den Boden, er hob die Brauen, sagte: »Ich wollte euch nur aus Gründen der Fairneß mitteilen, daß eure Annonce von Erfolg gesegnet war. Es haben heute zweiundfünfzig entzückende Menschen angerufen, die mir Lachtauben verkaufen wollten.«
»Wir waren's nicht«, riefen Ameche und ich.
Lela hielt im Ausspülen der Teekanne inne, starrte auf den Boden. Ameche kam rein, sagte: »Ich muß zu einer Geburtstagsfeier. Bis ich ankomme, sind eh alle betrunken.« Er bückte sich, um einen Faden vom Hosenbein zu pflücken, blieb gebückt, starrte auf den Boden, George ebenfalls, Ronnie desgleichen. Nur Tyrone entnahm seinem Etui eine Zigarette, zündete sie gemächlich an, sagte: »Lela, würdest du mir einen Whisky zubereiten, das heißt, falls die Kraut nicht selbstgepantschten führt.«
Lela hörte nicht, starrte weiterhin auf den Boden, ihr Atem ging stoßweise. Slezak sagte: »Könntet ihr mir nicht berichten, warum ihr alle auf den Boden glotzt. Ich gehöre zum Spiegeleierclub und kann die meinigen nur im Spiegel . . .«
»Du mußt ein Dementi verlangen«, rief Lela. Sie gab mir eine der Zeitungen. Ich las in fettgedruckten Überschriftslettern: »Hildegarde Neff to sing at Met!«
»Das kann doch nicht wahr sein«, flüsterte Lela, einem Erstikkungsanfall nahe.
»Was?« fragte Tyrone und wühlte sich zur Toilette durch.
»Daß Hilde in der Met singen soll«, sagte Ronnie.
Tyrone stand mit gespreizten Fingern neben der Tür, sagte: »Wer von euch hat Honig auf die Klinken geschmiert?«
»Wir waren's nicht«, riefen Ameche und ich.
»Wann kommt ihr eigentlich zum Spielen?« fragte Tyrone und versuchte ein Taschentuch aus seiner Brusttasche zu ziehen.
»Und wo hast du die hübschen Zeitungen drucken lassen?« fragte ich Tyrone.

»Ich?« sagte er.
»Ihr seid alle verrückt«, murmelte George.
»Das ist erst der Anfang«, sagte Ronnie, »laß die erst bei der Fünfhundertsten angekommen sein. Cole Porter kriegte einmal sechs Konzertflügel in die Wohnung geliefert, gleichzeitig. Er mußte ausziehen.«
Tyrone und Ameche blickten nachdenklich.
Zwei Herren in dunklen Mänteln standen an der Tür, der eine sagte: »Könnten wir Miss Neff sprechen? – Allein.«
»Wenn ihr etwas zu sagen habt, sagt es hier.«
Sie holten Ausweise hervor, flippten sie, wie ich es in alten Filmen gesehen hatte, sagten: »FBI«.
Wir gingen in den Flur, das Schweigen in der Garderobe deutete darauf hin, daß alle versuchten mitzuhören. Der eine gab mir ein Foto: »Kennst du den Mann?« fragte er.
»Nein.«
»Bist du sicher?«
»Ja.«
»Nie gesehen?«
»Es kommen viele Leute in die Garderobe ... nein, ich bin sicher, ich habe ihn nie gesehen.«
Sie glaubten unmerkliche Blicke auszutauschen. »Der Mann beruft sich auf dich, er sagt, er kenne dich aus Deutschland.«
»Was heißt, er beruft sich auf mich?«
»Er behauptet, daß du dich bereit erklärt hättest, seinen Aufenthalt in den Vereinigten Staaten zu finanzieren.«
»Sagt Herrn Power einen schönen Gruß und er soll sich etwas Besseres einfallen lassen.«
Sie lehnten sich rechts und links von mir an die Wand des schmalen Garderobengangs, der eine sagte: »Und wer ist Herr Power?«
»Tyrone Power.«
»Und was hat Herr Power mit der Angelegenheit zu tun?«
»Feierabend«, sagte ich und drehte mich um.
»Einen Moment bitte«, riefen sie.
Tyrone stand hinter mir, sagte: »Es handelt sich um ein Mißverständnis. Wir haben so unsere kleinen Scherze, Miss Neff denkt wahrscheinlich, daß ich der Initiator dieser ...«
»Soso«, sagte der rechts von mir, und nach einer Pause: »Aber hier handelt es sich um keine kleinen Scherze.«
»Das verstehen wir natürlich. Miss Neff hat ja wohl auch alles ausgesagt.«
»Woher willst du das wissen?«
»Ich möchte nochmals betonen, daß ich den Mann auf dem Foto nie gesehen habe«, sagte ich.

»Nun ja«, sagte der eine und steckte das Foto ein.
»Da hast du's, die Kraut ist bei der Fünften Kolonne«, krähte Ronnie. Lela schüttelte den Kopf, sagte: »Baby Baby, das war was«, und machte sich auf den Weg zur U-Bahn-Station, Tyrone fuhr zu einer Radioshow, Walter Slezak in sein Haus, eine Stunde von Manhattan entfernt.
»Was ist die Bitte?« fragte ich Manfred George, als wir am Times Square standen. »Später«, sagte er. Wir aßen triefende Hamburger, liefen mit der Menge mit, standen eingezwängt zwischen Matrosen vor einem Laden, auf dessen breiter hoher Theke eine Dixielandband tobte, wurden weitergeschoben über zwei Kreuzungen hinweg. »Ich war noch nie im ›Basin Street‹«, sagte George, »würden Sie mit mir hingehen? Ich habe keine Beziehung zu Jazz, obwohl ich so lange in New York lebe.« Wir kletterten über wippende Beine und stampfende Füße, saßen unterhalb des Basses, der wie die Aufforderung zu einer Makumba dröhnte: »Ich habe mir zur Einführung eine Brubeck-Platte gekauft«, rief George. Nach einem ekstatischen Mulligan-Chorus, bei dem alle »Yeah man yeah« und »Go man go« brüllten, sagte George: »Meine Bitte ist, mich nicht auszulachen.« Die Musiker trollten von der Bühne, ein pickliger Jüngling nahm das Mikrofon, führte es an den Mund wie einen gefüllten Suppenlöffel, röchelte, den dürren Körper noch immer im Rhythmus des Vorhergegangenen schlenkernd: »Pause«.
George zündete eine Zigarette an, sagte: »Sind Sie gestern nacht um vier aufgewacht, haben Sie dann eine lange Zeit am Fenster Ihres Wohnzimmers gestanden und große Angst gehabt, ohne zu wissen, wovor? Haben Sie dann versucht, eine Dose zu öffnen und haben sich dabei geschnitten?«
»Ja«, sagte ich und sah auf das Pflaster, das auf meinem linken Daumen klebte, überlegte, von wo aus man in das Penthouse sehen konnte. Man konnte nicht, weder von der dem Wohnzimmer gegenüberliegenden Seite noch von der 10th Street und schon gar nicht vom Osten her, vom East River, denn da waren keine Fenster, nur der Fahrstuhl und eine Feuertreppe.
»Wichtige Artikel schreibe ich oft nachts«, sagte er, »und gestern sah ich Sie plötzlich in Ihrer Wohnung herumlaufen. Ich wollte Sie schon anrufen, wagte es dann aber doch nicht. Sind Sie nun aufgestanden oder nicht?«
»Ja, es stimmt«, sagte ich, »alles stimmt.«
»Es ist das erste Mal, daß ich diese Extra Sensory Perception oder wie man das nennt hatte. Ich dachte schon, daß Überarbeitung und auch eine gewisse Scheu, die ich vor Ihnen habe, zu seltsamen Kapriolen führte.«

»Scheu, wieso Scheu?«
Er löste die Zigarette vom Filter, rauchte mit Tabakkrümeln pusselnd weiter, zuckte die Achseln, strich über das dünne graue Haar, sagte: »Ich hatte nämlich mal eine tiefe Beziehung zu einem Feuerlöscher. Seitdem bin ich vorsichtig mit meinen nächtlichen Eingebungen.« Er sah auf seine Hand und gluckste. »Bis sechs Uhr früh brannte das Licht in einem Fenster meinem Arbeitszimmer gegenüber, es war ein gutes Gefühl, einen Schlaflosen wie mich in der Nähe zu wissen. Eines Tages faßte ich mir ein Herz, ging über die Straße und fuhr zum 12. Stockwerk hinauf. Aber da war keine Wohnung, da waren nur die Ablageräume einer Anwaltskanzlei und eine Glühbirne über einem Feuerlöscher.«
Als wir im Taxi saßen, sagte er: »Als Sie heute nachmittag weinten, war mir wie einem der Helden aus dem Kafka-Reich zumute. Einer, der in tausend Kreisen um ein verschlossenes Haus herumgeirrt ist und nie den Eingang finden konnte, und plötzlich vor einem Portal steht, eine Stimme hört, die fragt: ›Wo bist du so lange gewesen?‹«
Vor der Hoteltür rief der Taxichauffeur: »He du, wenn ich dich noch woanders hinfahren soll, ich mach in 'ner halben Stunde Schluß.«
»Komisch, daß im Englischen das ›ich‹ groß geschrieben wird. Dabei sind sie weiß Gott nicht egoistischer als wir«, sagte ich.
»Haben Sie den Irwin Shaw gelesen, die Kurzgeschichte?«
»Ja.«
»Und?«
»Ich mag ihn nicht.«
»Warum nicht?«
»Zu rachsüchtig.«
Er lachte, als sei mir eine auserlesene Pointe gelungen.
»Das sind alle«, sagte er endlich. »In dieser Welt des Wahnsinns muß man sich als Wahnsinniger verkleiden, gemäß dem Grundsatz ›If you cant't lick 'em, join 'em.‹ Zu deutsch: ›Mit den Hunden muß man heulen.‹ Man sollte heulen, bis ihnen die Trommelfelle platzen. Aber für uns, für die wenigen, sollten wir die leisen Lieder beibehalten.«
Er wartete, bis ich durch die Drehtür gegangen war, und stieg umständlich in das Taxi.

»Ißt du Zwiebeln?« brüllte Henry, als ich am nächsten Abend zum Pausenbeginn von der Bühne kam.
»Nein.«
»Dann sag's ihr.« Er zeigte auf den baumelnden Hörer des Wandtelefons.

»Ißt du Zwiebeln?« hauchte Marlene.
»Nein. Warum?« schrie ich über das Gezeter und Getrampel der Ballettänzer hinweg.
»Weil ich dein Essen koche«, sagte sie und hing ein.
Nach der Vorstellung fuhr ich in die Park Avenue. Die Tür ihrer Wohnung stand offen. In der Nische der kleinen Diele war der Eßtisch gedeckt. Marlene kniete auf dem Boden der winzigen Küche und sah in den Backofen. »Es ist bestimmt verdorben. Du kommst eine halbe Stunde zu spät«, sagte sie.
»Entschuldige, ich konnte nicht früher ...«
Sie stellte die Terrine auf den Tisch, nahm meinen Mantel, hing ihn neben zwei schwarze Stoffmäntel und einen hellen Regenmantel. »Wo sind die Nerze?« fragte ich.
»Ich brauche keine, jeder glaubt sowieso, ich hätte zehn«, sagte sie und schloß den Schrank. »Willst du Weißen oder Roten?«
»Weißen.« Sie ging in die Küche, kam mit Flasche und Korkenzieher zurück. »Kurt Hirsch war in der Garderobe.«
»Setz dich und fang an. Was wollte er?«
»Guten Tag sagen. Er hatte die Show gesehen. (»Ein Mann ist draußen, er will seinen Namen nicht sagen«, hatte Lela geflüstert. Er war grauhaarig geworden, dünn, das Jungenhafte weggewischt.) Seine Eltern sind vor kurzem gestorben.«
Marlene zog den Mund zusammen, als wollte sie sagen: Bitte keine Rührseligkeiten.
»Die Mutter war im Krankenhaus, nach der Operation sagten sie dem Vater, daß sie nicht mehr zu retten sei. Er ging nach Haus und hing sich auf. Ich habe ein schlechtes Gewissen.«
»Das hast du immer«, sagte sie und kostete die Sauce aus der Terrine. »Was hast du damit zu tun?«
»Vielleicht viel, vielleicht wenig, vielleicht nichts, ich weiß es nicht«, sagte ich.
»Gewöhn dir das ab. Du mußt aufhören, dich zu entschuldigen. Auch vor dir selbst. Das gilt für die Bühne, das gilt für alles.« Sie nippte am Wein, sagte: »Ich glaube, sie schießen hier Alkohol durch den Korken, für einen Mosel ist er zu süffig.« Sie setzte sich auf den gebrechlich wirkenden Stuhl, murmelte: »Iß endlich«, und, nachdem sie mir eine Weile interessiert zugesehen hatte, »eigentlich gehören Zwiebeln hinein.«
»Vielleicht geht's ihnen jetzt besser«, sagte ich, »schlechter kann's wohl kaum noch gehen.«
Marlene stand auf, ging in die Küche, kam mit einer angebrannten Zigarette zurück, sagte: »Die Elektrizität verläßt die Leber und pfft ...« – sie machte die Geste, die Franzosen machen, wenn sie »je m'en fous« sagen – »aus ist's.«

»Carroll denkt anders«, sagte ich.
»Carroll ist manchmal naiv. Von Ärzten und Astrologen sollte man nicht zu viel wissen, und vor allem sollte man nicht mit ihnen befreundet sein, sonst können sie einem nicht mehr helfen.« Dann setzte sie sich wieder, goß Wein nach, ließ wissen, daß Betrachtungen über »Was kommt hinter?« hiermit abgeschlossen wären.
»Wie war die Show?« fragte sie.
»Ameche hat auf der Bühne einen Lachkrampf gekriegt, Henry hat ihn dafür zusammengebrüllt. Während der Liebesszene habe ich ihm ›Nashua, mir graut vor dir‹ ins Ohr geflüstert.«
Sie zog die Wangenhaut zwischen die Zähne, sah mich an.
»Nashua ist das Pferd, auf das er gesetzt hatte. Es hat verloren. Vor der Vorstellung bat ich einen der Polizisten in der 46th, mir sein Pferd zu leihen, bis Ameche kommt. Wir haben es rückwärts in seine Garderobe geschoben und vor seinen Schminktisch rangiert, mit einem Zettel um den Hals: ›Bin untröstlich, Nashua.‹«
Langsam wurden die Kuhlen in den Wangen flach, sie beugte den Kopf über den Tisch, schüttelte ihn, als hätte sie eine Badekappe abgenommen.
»Warum ißt du nicht?« fragte ich.
»Wenn ich koche, habe ich keinen Hunger.« Sie ließ die Schuhe von den Füßen rutschen, lief ins Wohnzimmer, sah in einen der vielen goldgetönten Wandspiegel, strich das Haar zurück, sagte: »In der 86th gibt es frische Rettiche, ich schicke dir welche.« Sie nahm einen klobigen braunen Büroaschenbecher vom Tisch, leerte ihn aus.
»Von wem hast du das Biest?« fragte ich.
»Von dem Mann meines Herzens«, sagte sie und lächelte. »Das war sein Weihnachtsgeschenk, ich hatte ihm fünf Vietzum-Koffer gekauft.« Das Telefon klingelte. »Wir gehören zu denen, die sich ihre Geschenke selber kaufen müssen«, sagte sie und nahm beim fünften Klingeln den Hörer ab, ohne Hallo oder die Nummer oder irgend etwas zu sagen. Entfernt hörte ich eine Männerstimme brubbeln. »Hmhm«, hauchte sie und legte wieder auf. »Aber anrufen tun sie nach Mitternacht, um sicher zu sein, daß ich auch brav zu Hause bin.« Sie kuschelte sich in eine Sofaecke, sagte: »Maria ist erkältet, ich war mit den Kindern im Park. Niemand hat mich erkannt. Die Kinder nennen mich ›hübsche Mama‹, nie ›Großmama‹. Hast du die Kaufmanns besucht?«
»Nein.«
»Das solltest du. Alles, was an deiner Show gut ist, stammt von ihnen.«
Auf dem kleinen Schreibtisch stand ein Foto, Hemingway, ernst, Stirn zerfurcht gegen Sommerhimmel. »To Kraut with love, Pa-

pa« stand darunter. »Das ›Kraut‹ werden wir auch nicht mehr los«, sagte ich.
»Aber von ihm ist es eine Auszeichnung«, sagte sie und sah fast schwärmerisch auf den Silbergerahmten.
Als ich um halb drei in ein Taxi stieg, sah ich Manfred George an der Ecke stehen. Ich sah zurück, aber er war verschwunden. Morgens um zehn rief ich ihn an: »Waren Sie heute nacht an der Park Avenue?«
»Nein«, sagte er.
»Um halb drei muß etwas gewesen sein . . . Sind Sie noch dran?« fragte ich, weil die Pause so lang war.
»Ja«, sagte er endlich. »Um halb drei bin ich noch mal um meinen Block an der West End Avenue gegangen. Ein Mann hielt mich an, bat um Feuer. Er wollte meine Armbanduhr abnehmen, aber die habe ich in der Reparatur. Ich gab ihm zehn Dollar und war ihn los. Es war ein scheußliches Gefühl.«
Gleichzeitig sagten wir: »Ich glaube, es wäre ratsam . . .«
». . . niemanden in dieses Phänomen einzuweihen«, vervollständigte er den Satz. Wir sprachen noch darüber, daß es bald heiß werden würde und die Bühnen keine Luftkühlung hätten, daß man mit einem Streik der New Yorker Müllabfuhr rechnen müsse, daß Otto Hahn in wenigen Tagen ankommen würde und daß Faulkner ein neues Buch geschrieben hätte. Es dauerte einige Monate, bis wir uns daran gewöhnt hatten, durch seltsame Anzeichen über das Ergehen des anderen informiert zu werden. Drei Jahre lang hielt die telepathische Fähigkeit an, dann, nach einem Wendepunkt, brach sie ab. Der Wendepunkt kam, als ich mit vierzig Grad Fieber in einem Züricher Hotelzimmer lag. Es war vier Uhr nachmittags. Ich sah Manfred George, eine Hand ausgestreckt, neben dem Fenster stehen. Ich schickte ein Telegramm, er rief mich an. »Was war um vier, also zehn deiner Zeit?« fragte ich. »Ich stand im U-Bahnhof, las eine Zeitung, wartete auf den Zug, sah dich an der Sperre, ging auf dich zu. Hinter mir Lärm und Schreie. Die Decke war heruntergefallen. Dort wo ich gestanden hatte.«
Nach unserem Gespräch rief das Sekretariat des Herrn Skouras an: »Am kommenden Donnerstag gibt Herr Skouras ein Mittagessen für einige ausländische Verleiher, er würde sich freuen, wenn du ihm die Ehre erweisen würdest . . .« Es würde werden wie alle offiziellen Mittagessen, die ich absolviert hatte. Jemand würde ans Glas klopfen, gerade wenn die Suppe oder das Steak serviert worden war, die Kellner würden mit Karaffen umherschwirren und das Eiswasser über die Tischdecken planschen, anschließend würden die Herren noch ein paar freundliche Worte über den

neuen Broadwaystar sagen, und ich würde in dem Schuldbewußtsein nach Hause fahren, entschieden zuviel geraucht zu haben.
Dann kam ein Anruf von Dr. John Parente. (»Du mußt meinen Freund Johnny kennenlernern«, hatte Tyrone eines Abends gesagt, und Johnny hatte in der Tür gestanden, und ich hatte ihn angestarrt, bis Tyrone »Was ist los, kennt ihr euch?« rief. John Parente schien ein Zwillingsbruder von Garfield zu sein, ein glücklicher, selbstsicherer; schöner als Garfield, ebenmäßiger das Gesicht, kluge Augen, Gesicht, das alles aufnimmt und in dem nur das Positive zurückbleibt. »Er hat meine Hepatitis kuriert und einiges andere mehr. Es fällt nicht ganz in sein Gebiet, der Bub ist Gynäkologe«, sagte Tyrone.) Johnny, Millionärssohn aus Chicago, der sich mit seinen Millionen gelangweilt und Arzt geworden war, rief an: »Hilde, ich muß zu einer Operation nach Paris fliegen, bin am Wochenende zurück – hab' einen neuen Sportwagen, ich laß dich auf der Schnellstraße fahren, der Wetterbericht für Sonntag ist O. K. Ich hol' dich um elf ab, Freunde von mir haben ein Haus bei Bridgeport, da essen wir Abendbrot. Rauch nicht so viel.« Er hing ab, bevor ich »Ja« oder »Nein« oder »Guten Flug« sagen konnte. Eine halbe Minute später klingelte es wieder: »Wie geht's Mama?« fragte Johnny, wie ein braver Italiener, dem Mütter, wessen auch immer, wichtig sind. »Gut.« – »Sie soll nächste Woche zum Check-up kommen.« – »Sie geniert sich vor dir, du könntest ihr Sohn sein, sagt sie.« – »Ödipus, Schmödipus – ich erwarte sie nächsten Mittwoch. Hatte zwei Operationen heute früh. Beide sind zu spät gekommen, sag ihr das, verdammt noch mal. Und vergiß nicht, mein Bild fertig zu malen.« – »Ich kann ja die Matineen absagen.« – »Tu das«, rief er.
Die Sonnabendmatinee verlief wie eine Trauerfeier, selbst der »Oberkommissar« schielte ins Publikum, als wolle er sich vergewissern, daß jemand anwesend war. Sie klebten an ihren Sitzen, als hätten die Platzanweiserinnen Zwangsjacken und Schlafpulver verteilt. In der Pause wurde ein verwelkter Resedastrauß und ein Brief abgegeben: »Wir von der deutschen Gemeinde freuen uns, in Ihrer Vorstellung zu sein«, stand in schnörkeliger Schrift. »Ich hab' ja schon Wohltätigkeitsmatineen erlebt, in denen sie ihre 50 Dollar abgesessen haben, aber das übertrifft wohl alles«, sagte Ameche. Herb Green, durch die entnervende Stille in Agitation versetzt, dirigierte nach der Pause, als gälte es eine Treibjagd musikalisch zu untermalen. Ameche verschluckte sich, und das souverän zu singende »I love the looks of you« endete in einem an die Barmherzigkeit appellierenden Hustenanfall. Die Klarinetten pfiffen atemlos und mein Lied vom Kamichev enthielt Töne, die bis dahin unbekannt. Wir brüllten unsere Dialoge, als spielten wir auf einer

Freilichtbühne im Gegenwind, die Tänzer schossen ihre »high kicks«, daß ich meinte, sie müßten in zwei Hälften getrennt auseinanderfallen, und obgleich ein Ballettschuh in hohem Bogen in die zweite Loge segelte, war die Reaktion die eines Wachsfigurenkabinetts. Nach kurzem gramvollem Verneigen krochen wir in unsere Garderoben. »Du tust mir fast leid«, sagte Ameche, »daß das ausgerechnet Deutsche sein mußten, hat dir sehr geschadet.« Cy stand an der Bühnentür, fauchte: »Was habt ihr euch dabei gedacht, das waren die Ölfritzen aus dem ganzen Land! Die haben 200 Dollar pro Platz ausgegeben für irgendeine Wohltätigkeitssammlung. Aber das ist immer noch kein Grund, wie ein Sommertheater zu schlunzen – Montag früh Durchlauf!!« Lela hielt Ameche am Ärmel fest: »Wer hat den Brief geschrieben?« – »Laß«, sagte er gebrochen, »er hat mich viel Geld gekostet.«

Einschläfernd gleichmäßig wie Landregen drieselte der Lärm New Yorks in die weiten hohen Säle des Metropolitan Museum. Die Kühle tat gut nach gewittrig schwerer Luft des ersten heißen Tages. Manfred George überließ es mir, vor einem Bild stehenzubleiben oder weiterzugehen, sein leises Räuspern, der erwartungsvoll listige Blick forderten mich auf, Eindrücke und Empfindungen sofort zu formulieren. Erst zögernd, dann rascher, als sei es philiströs und doch unumgänglich, flüsterte er der Maler Lebensgeschichte, Epoche, Einflüsse. Meine Würdigung seines Wissens unterbrechend, sagte er: »Es ist leichtsinnig, einen Studierten für besonders klug oder für besonders dumm zu halten.« Er nahm die Brille ab, rieb die blanken Gläser, sah mich an, hilflos suchend, schob die Brille auf Nasenrücken, zog Metallbügel nachlässig hinter Ohrmuschel, war hinter Gläsern sicher, geschützt, ironisch. »Ich speichere Computerwissen, bezopft, rückständig, wie es meine Generation nun einmal ist. In dreißig Jahren werden Menschen wie ich in Wanderzirkussen auftreten müssen. Wir sind die falsch programmierten Computer«, sagte er und lächelte schadenfroh, als male er sich die erbärmliche Zukunft eines Feindes aus. »Was mich interessiert, sind die Jungen«, sagte er so laut, daß sich zwei geräuschlos umhergleitende Inderinnen erschrocken umsahen. »Die Modernen, die im Guggenheim ausstellen werden, wenn es endlich fertig ist.« Wir standen vor dem »Christus« des Salvador Dali. Mein Lehrer Klemke hätte Stoff und Faltenwurf über den grünen Klee gelobt. George zuckte die Achseln, sagte: »Sein Schnurrbart ist phantasievoller.«
Drei Tage später gingen wir ins Kino, um de Sicas »Umberto D.« zu sehen. Er lief vor wenigen, sülzig Matten, die aus der Bullenhitze ins luftgekühlte Dunkel geflohen waren und die entweder

schliefen oder Popcorn knatschten. Als wir im Foyer unsere Zigaretten anzündeten und ich hinter einer Sonnenbrille Rotgeändertes zu verstecken suchte, sagte ich: »Es scheint mein Los zu sein, in Ihrer Gegenwart in Tränen auszubrechen, aber die Geschichte des Alten hat mich berührt, die Einsamkeit alter Männer ...« – »Warum stocken Sie?« sagte er lächelnd, »kürzlich las ich ein Zitat von Emerson, es hat mich sehr aufgeregt: ›Das sicherste Gift ist Zeit.‹« Wir gingen über eine Madison-Avenue-Kreuzung, der leichte Wind schien aus einem Heizkessel zu quellen. »In meinem ganzen Leben hat die Zeit nie stillgestanden«, sagte George, »und doch habe ich immer sehr nah mit dem Tod zusammengelebt. Er war der ständige Begleiter, der die Süße des Lebens erhöht.« Ein dicker Mann rannte an uns vorbei, stieß Zeitungen und Taschenbücher aus Georges Hand. »Kannst du nicht aufpassen, wo du hinlatschst?« blökte der Dicke und sah drohend zurück. Georges Augen schmalschlitzig glitzernd, zornig, ein Finger wischt über Oberlippe, kampfbereit, kampfunfähig, plötzlich glucksend, Zustimmung nickend, als hätte der Mann Herzliches zugerufen. »Ich habe nur deshalb Angst vor dem Tod«, sagte er, als hätte es keine Unterbrechung gegeben, »daß er den bei meiner Geburt mit mir eingegangenen Pakt zu frühzeitig zu Erfüllung anfordern könnte.« Er strich über das dünne glatte Haar, ließ die Hand im Nacken liegen, als müsse er ihn schützen, grinste: »Bis jetzt hat er mich noch immer beiseite gewinkt, wenn ich in seine Bahn geriet. Ich habe so meine Bitten und Forderungen an Gott – nach alter jüdischer Sitte, die keinen Mittler zwischen Mensch und Gott für nötig hält.« Er nahm die Hand aus dem Nacken, sah auf seine Armbanduhr, schwenkte den Arm nach einem Taxi. »Ich hoffe, daß du nicht glaubst, bei mir sei etwas in Unordnung geraten«, sagte er, während er an dem Türgriff zerrte. Das »Sie« war eine sehr bewußte Trennung von unserer Umgebung gewesen, aber das »Du« war plötzlich da, wichtiger, als es in Europa hätte sein können. Mit »Gibt's nicht mal Freikarten für einen alten Taxifahrer?« eröffnete der junge rotgesichtige Ire hinterm Steuer seinen Monolog, der bis zur 10th Street anhielt.

»Ich bin lebenssüchtig«, murmelte George im Fahrstuhl, »ich stehe mit vielen in einer Reihe, weit hinten ist das Gebirge, vor dem Gebirge höre ich dumpfes Trommeln, langsam schiebt die Reihe vor, und weil ich klein bin, husche ich zwei drei Meter zurück, ohne daß es jemand bemerkt, und bleibe noch ein wenig an der gleichen Stelle.«

Wir saßen im Wohnzimmer, Mutter und ich, die Terrassentür stand offen, die gelben Kissen auf wackligen Sommerstühlen wa-

ren, obwohl dreimal täglich feucht- und trockengewischt, mit ölig-rußiger Schicht bedeckt. Über Jersey City und Hoboken grumpelte ein Gewitter, der Blitz hing im Nachthimmel, abwartend zaudernd, ein Windstoß beutelte Fernsehantennen und Fahnenmaste, zog die Markise zusammen, die Hitze blieb, sämig klebrig. Über die Mattscheibe lief tonlos eine Steve-Allen-Show, in der Küche schnarrte der Eiskasten, setzte zu viertelstündigem Gezeter an. Mutter stand auf, drehte den Fernseher ab, gerade als ein weißblondes Mädchen die Arme ausbreitete und den Mund aufriß. »Mein linkes Auge juckt«, sagte Mutter. Obwohl sie keinen Vorzeichen Glauben schenkte und meine Exkursionen in die Astrologie für Anzeichen von Schwäche und Humbug hielt, verließ sie sich auf ihr linkes Auge. Das juckte, wenn etwas gut war oder gut ausgehen würde. »Ich kann das nicht so hinnehmen, ich glaube es einfach nicht«, sagte sie. »Das glaubt wahrscheinlich niemand, wenn er es erfährt«, sagte ich.
Zwei Tage zuvor war ich zu einem Internisten gegangen: »Vielleicht ist es die Hitze, ich bin nicht daran gewöhnt, manchmal haben wir 47 Grad Celsius auf der Bühne. Seit Wochen bin ich matt, nehme ständig ab.« Eine Schwester hatte Blutproben aus Finger und Vene genommen.
Eine halbe Stunde vor der Vorstellung war er im Theater gewesen. Er hatte den Hahn des Waschbeckens auf- und zugedreht und gefragt: »Bist du verheiratet?«
»Nein.«
»Bist du für jemanden verantwortlich, finanziell oder so?«
»Ja.«
»Der Test hat eine Leukämie ergeben.«
»Wie lange habe ich?« hatte ich so rasch gefragt, daß er den Wasserhahn offen ließ und mich einfältig anstierte.
»Ist schon früher eine Untersuchung gemacht worden?«
»Nein.«
»Ungewiß«, sagte er schließlich. »Natürlich mußt du aufhören zu spielen. Aber wir haben heute schon Medikamente ...«
»Die auch nicht helfen«, sagte ich.
In der Pause hatte Ameche gesagt: »Was ist los, du spielst, als wolltest du sie allesamt niederzischen.«
»Ruf Carroll Righter an«, sagte meine Mutter plötzlich.
»Warum hast du mir nicht gesagt, daß ich früh sterben werde?«
»Bist du betrunken?«
»Nein, ich bin nicht betrunken«, brüllte ich.
»Was ist passiert?« Ich sagte es ihm. »Bleib dran.« Ich hörte Rascheln, dann die Fernvermittlung, die »Ist das Gespräch beendet?« flötete. »Ich bin überzeugt«, sagte Carroll Righter, von Husten

unterbrochen, »daß das Blutbild verwechselt wurde. Deine Aspekte sind seit letztem April schwierig, sie zeigen Irrungen, Intrigen und labilen Gesundheitszustand, aber auf gar keinen Fall eine Krankheit, wie sie diagnostiziert wurde. Bestehe auf neuen Tests und lasse sie an verschiedene Labors schicken.« Der Arzt reagierte auf meine Forderung mit jener Pikiertheit und Das-ist-der-Lohn-der-Welt-Gereiztheit, die man bei Bahnbrechern der Wissenschaften vermutet, die Nebensächlichem wertvolle Stunden der Forschung opfern müssen. Dennoch gingen drei Tests an verschiedene Untersuchungslabors.

Diesmal kam er nach der Vorstellung. Voller Wohlwollen ergriff er meine Hand, sagte: »Ich bin so glücklich, daß es keinen Grund mehr zur Beunruhigung gibt. Es war eine Verwechslung, tatsächlich.« Er schüttelte den Kopf, sein Lächeln war herzhaft: »Das erste Mal in meiner Praxis. Das Blutbild, von drei Labors bestätigt, weist keinerlei krankhafte Anzeichen vor, lediglich einen etwas zu niedrigen HB-Befund, der mit wenigen B 12-Injektionen behoben werden kann.« Er rieb seine Fingerspitzen aneinander, zupfte noch einmal an der Krawatte und entschwand.

»Wat sachste nu?« dröhnte es vor der Tür. Barlog stand unter seinen Antennen, Hertas Katzenaugen blinzelten im Hintergrund. »Wir warn drinne, janz stieke, wollten ma sehn, wat du so treibst.« Er zog an meinem Ohr, lächelte Lela zu, stumm-bedeutungsvoll, als wolle er sagen: »Ein Jammer, daß Sie nicht deutsch können«, dann umfaßte er meinen Unterarm mit Daumen und Zeigefinger, brabbelte: »Bei mir wärste nich so dürre, da hättste nämlich ooch ma Ferien.«

»Kommt ihr mit zu mir?« fragte ich.

»Wenn de ne Stulle für uns hast.«

Ich rief Mutter an. »Was ist?« fragte sie ängstlich. »War der Arzt da?« – »Ja, Carroll hatte recht.« Sie prustete wie jemand, der zu lange den Atem angehalten hat.

Cy stand neben mir: »Hast du einen Moment Zeit?« fragte er.

»Was ist?«

»Hör mal, das deutsche Konsulat wollte von uns Karten haben für einen deutschen Dirigenten und Anhang. Wie hieß er noch – Jahn irgendwas ...«

»Karajan?«

»Kann sein, ist auch egal. Der gibt sein erstes Konzert in New York, es wird Ärger geben, Protest – du verstehst schon. Du darfst dich nicht mit ihnen sehen lassen, keine Fotos, keine Einladungen, nichts. Es würde die Show gefährden. Wenn sie anrufen, laß dich verleugnen. Wir müssen darauf bestehen.«

»Ja, Cy.«

»Bis jetzt ist alles gut gegangen, nichts war gegen dich.« Er strich über meinen Rücken, knallte mit der anderen Hand auf seine Wange, als wolle er eine Mücke erschlagen, schob die Unterlippe vor, sagte: »Okay, Kraut. Tut mir leid.«
Barlog sah aus dem Taxifenster. Als wir in den Times Square einbogen, rief er: »Is das ein Jewuhre, und die Besoffenen ...« Er rutschte tiefer in den Sitz, versuchte die Spitzen der Wolkenkratzer auszumachen. »Mensch, Mensch«, murmelte er, offenlassend ob überwältigt oder enttäuscht.
»Na, Muttchen, wie jeht's mit m Englisch?« Fröhlich meckernd umarmte er sie, rannte auf die Terrasse, nickte zum Empire State, als begutachte er den ersten Entwurf zu einem Bühnenbild, sagte: »Nich übel«, setzte sich aufs Sofa, machte sein Regiegesicht: »Also, die Kraft kommt rüber, ooch uff Englisch, aber det Stück is n bißchen durch n Wind, als hätten zu viel Köche rumjerührt, und wat war denn mit dem Ballett los? Die ham jehüppt wie in Swinemünde.«
»Nervös warn sie, eine is geflogen, kam fünf Minuten nach acht. Sie wohnt draußen, hatte die Bahn verpaßt, ihr Kind hat Windpocken. Wie lange bleibt ihr in New York?«
»Wir sehn uns noch n paar Stücke an, aber hier wird ooch bloß mit Wasser jekocht.« Er sprang plötzlich auf: »Paß ma auf, in der eenen Szene, wenn er det Lied singt und du stur dasitzt, also da kiek nich jradeaus, kiek runter.« Er hielt den Kopf schräg, sah angewidert auf den Boden, als verfolge er den Weg einer Küchenschabe. »Und wenn de auftrittst, laß die Pause länger, bevor du redest. Dann, det Abendkleid, also wenn du det vorführst, sei noch unsicher, det darf nich elejant sein, vastehste.« Er drehte sich hin und her wie ein Robbe, die einen Wasserball balanciert: »Det muß ihr richtig peinlich sein – komm, steh ma uff ...« Um zwei sagte Herta: »Bolli, ich glaube, wir müssen so langsam ...« – »Also denk daran«, rief er noch, als stünde er im Schloßparktheater, bevor der Vorhang aufgeht.

Einem sonderbaren Zyklus folgend, schwoll der Strom der Besucher an, nahm wieder ab, schwoll wieder an. Da kam der alte zierliche Herr, unvergeßlich die sanften blauen Augen, stellte sich als Otto Hahn vor, kramte in brauner Plastiktasche, förderte zwei Weinflaschen zutage, fragte, ob ich Zeit und auch Lust, sie mit ihm zu leeren. Oder Charles Laughton: raumfüllend und seltsam scheu, Leibesfülle dem Verlangen nach Unentdecktbleiben im Wege. Oder Apfelbäckchen des Maurice Chevalier. Piaf: winzig, unterernährt, ihre Seemannslache wie Tarnkappe, »Sie-wird-den-kommenden-Tag-nicht-überleben«-Furcht einflößend. Da kam

Berlins Bürgermeister Otto Suhr, UN-Vertreter, Minister, Austauschstudenten, Quizsieger. John Steinbeck: mächtig und aufgeräumt, in Gestik einem Mimen ähnlich, dann wieder still-zurückgezogen, Anlauf nehmend zur nächsten Lebensfreude. Lena Horne und Shirley Booth und viele aus Hollywood, und endlich auch die Ehrengäste des ersten Lufthansa-Fluges. »Keine Bedenken«, hatte Cy gesagt, als das deutsche Konsulat um Karten angefragt. Wir trafen uns in meiner Wohnung nach der Vorstellung. Es war Anfang Juni 55, und es war heiß. Anfänglich standen sie wie Teilnehmer eines Betriebsausflugs, bevor die Bowle gereicht wird, Landpartieleutseligkeit. Da war Henri Nannen, Chefredakteur des »Stern«. Sein erstes Titelbild war ich gewesen – 48, im Heu liegendes Bauernmädchen aus »Film ohne Titel«. Nannen: aussehend wie Pilot, der Passagieren Vertrauen einflößt, wie Chefredakteur in Hollywoodfilm, wie jemand, der immer gewinnt, auch bei »Mensch ärgere dich nicht«; ich freute mich, ihn wiederzusehen. Dann Falk Volkhardt, Münchener Hotelier, Frohnatur, pfadfinderisch, Was-kostet-die-Welt-in-bayerischer-Währung; Konstantin Prinz von Bayern, der mich sprachlos, verblüfft machte, da er ein selbstverfaßtes Drehbuch überreichte und mit wohlklingender, jedem Wort Nachdruck verleihender Stimme »Nur Sie dürfen das spielen« sagte. Dann Hannes Obermaier, der eine Kolumne in einer süddeutschen Tageszeitung schrieb und der, dank eines etwas schläfrigen Aussehens und gutmütiger Teilnahmslosigkeit, mehr über der Bundesbürger Prominenz wußte, als er zu verwerten gewillt war. Es wurde ein hübscher Abend, obwohl einige der just Angereisten langatmige Reorganisationsvorschläge betreffs New York machten.

Die Hitze nahm zu, nistete in Asphalt und Steinen, blies Täglich-Aufgespeichertes nachts zurück, rührte in alter Tropenkrankheit, entfachte sie, ließ mich fiebrig und schmerzgekrümmt ins Theater wanken. Die Taumeligen in New Yorks Straßen waren von der Farbe des Auberginefleisches, das kurzfristige Aufblühen in luftgekühlten Räumen wich wütenden Neuralgien und Schnupfenepidemien. Wir hatten es aufgegeben, uns zu schminken, und in Pelzmütze und russischer Militärgarderobe zerfloß ich unter Scheinwerfern wie Butter unter Lötlampe. Meine Unfähigkeit, etwas anderes zu tun, als bis zur Vorstellung zu schlafen oder in lauwarmem Wasser zu liegen, hatte Postberge anwachsen lassen. Zwei vom Konsulat empfohlene Sekretärinnen hatten den Sommer kurzweilig gestaltet: die eine soff und lallte Anrufern Unflätiges ins Ohr, die andere fälschte Schecks. Einer der zahlreichen Agenten hatte mich zu einem Reklamefoto überredet und versuchte das entgeltende Sümmchen einzustreichen; als ich mich nicht begeistert zeigte, drohte er mit schwerwiegenden Folgen und ewiger Feindschaft. Eines Abends, nach stundenlangem und ohrenbetäubendem Gewitter, dem wenige Stunden der Abkühlung folgten, ging ich zu George Kaufmann.

Leueen öffnete die Tür, das schwarze Kleid gegen weißen Hintergrund hob das Gertenschlanke ihres Körpers hervor, überließ es dem Betrachter, gertenschlank oder spindeldürr, grazil oder spillerig zu sagen. Der rote breite Mund in blassem knabenhaftem Gesicht drängte das Bild eines böswillig übermalten El Greco auf. In der unvergleichlichen Makellosigkeit des Wohnraums stand George Kaufmann, als hätte er sich verirrt, als sehe er dem Beginn einer Fremdenführung entgegen. »Mein Gott, hast du abgenommen«, sagte er wie alle, die mich seit mehreren Wochen nicht gesehen. Erleichtert nahm ich auf, daß Leueens Zigarettenasche auf den weißen Teppich gefallen war und keine Anstrengungen gemacht wurden, sie zu entfernen; der graue Klecks gab dem Raum unerwartet Wohnliches. Kaufmann stützte einen Arm auf den Kaminsims, und obgleich seine Erscheinung von beeindruckender Eleganz war, fürchtete ich doch, er könne in Gedanken versunken den Ellbogen abrutschen lassen, den Inhalt seines Glases verschütten, den Fußknöchel am Blasebalg aufschlagen. »Macht die Show noch Freude?« fragte er mit milder Ironie und absoluter Unbefangenheit, als hätte er einen kurzen Urlaub verbracht. Er war nicht der Mann, dem ich sagen durfte, daß ich in Boston verzweifelt gewesen war und mich viele der hinzugefügten Albernheiten allabendlich störten. Er brauchte nicht die Verehrung anderer, um seinen Geschmack bestätigt zu wissen. Dennoch, als ich spät nachts ihn und Leueen verließ, fühlte ich mich entmutigt und verzagt, als hätte ich dem Sieg unsichtbarer Banausen über Ästhetik und Souveränität beigewohnt.

Jahre später, in Rhodesiens Busch, sah ich einen Kudu. Er stand, nur wenige Meter von mir entfernt, auf langen graziösen Beinen, stand hoheitsvoll und unerschrocken, seine sich nach oben verjüngenden Korkenzieherhörner endeten wie Ausrufezeichen. »Er ist alt, die Herde hat ihn verstoßen«, sagte der Landrover-Fahrer. Stolz, unzugänglich sah er uns an, nichts erwartend und durch nichts mehr zu enttäuschen.

Cole Porter war in Europa. Auf meinem Schminktisch häuften sich Postkarten, die der Alpen schneebedeckte Gipfel zeigten und die mit auf der Rückseite hastig geschriebenem »Hier ist es kühl« oder »Mir geht es gut – und Euch?« aus dankbaren Anhängern gallige Neidhammel machten.

Nachdem wir über 200 Vorstellungen gespielt hatten und die

Show weiterhin für Monate im voraus ausverkauft blieb, geschah zu ungefähr gleicher Zeit folgendes: Ich wurde von einer Gruppe junger amerikanischer Maler zum »ausdrucksvollsten Gesicht der New Yorker Theaterwelt« gewählt, das »American Journal« beschrieb mich als »Bereicherung der amerikanischen Bühne«; die »Silk Stockings«-Langspielplatte hatte einen erfolgreichen Start; die größte Berliner Tageszeitung widmete Deckblatt, Überschrift und zwei Innenseiten der unvorstellbaren Pleite der Hildegard Knef in New York.

Berlin war weit, und mit einem Anflug von Gönnerhaftigkeit und Altruismus wischte ich die Windmacherei beiseite. Als der Same des Zeitungsunkrauts jedoch auf zahllose deutsche Gazetten überzuspringen begann, empfand ich den Unmut der Verleumdeten.

»Was nagt an dir?« fragte Ameche in mein humorloses Schweigen hinein.

»Der deutsche Pressewurm«, maulte ich, gerade als Tyrone mit einem ledergerahmten Bild, auf dem ein breitgedrucktes »PLANE« und ein, in Ermangelung von Platz, zusammengequetschtes »im voraus« stand, um Hammer und Nagel ansuchend durch die Tür trat.

»Pack's wieder ein und versuche es morgen noch mal, die Kraut ist miesepetrig«, sagte Ameche.

»Erzähl Väterchen«, gurrte Tyrone.

Als ich einige Überschriften und Bildunterschriften übersetzt hatte, sahen sie sich an. »Das verstehe ich nicht«, sage Ameche, »jeder andere Ausländer hätte sämtliche Segenswünsche seiner Landsleute und nach dem Erfolg Hosiannahgeschrei.«

»Warum verklagst du sie nicht?« fragte Tyrone.

»Das deutsche Recht ist nicht so«, sagte ich, »das einzige, was ich erreichen würde, ist ein Dementi auf letzter Seite in Briefmarkengröße, so zwischen ›Wellensittich entflogen‹ und ›Fahrrad zu verkaufen‹.«

»Was macht's dir schon aus?« sagte Tyrone. »Willst du etwa wieder da leben?« Er fragte es, als hätte ich den Wunsch kundgetan, in die Äußere Mongolei zu übersiedeln. »Wir haben Methoden, dich zum Sprechen zu bringen ...«, feixte er, den Standardsatz eines jeden antideutschen Films zitierend.

Ameche verabschiedete sich, denn es war Samstag und er trat seinen nächtlichen Kirchgang an, Tyrone und ich fuhren in einen kleinen Club, in dem hauptsächlich Homosexuelle verkehrten, die uns nach »Wie schön, euch zu sehen«, im dunklen Eckchen bei Steak und Kerzenschein allein lassen würden.

»Weder hast du antideutsche Interviews gegeben noch hattest du irgendwelche Tratschereien hier, wieso sind sie gehässig?«

»Keine Ahnung.«
»Provinzkram«, sagte Tyrone und bestellte zwei doppelte Black Label.
»Schadenfreude«, sagte ich, »und wenn man keinen Schaden hat, dann muß man ihn zufügen, um schadenfreudig sein zu können.«
Es war schwer, »Schadenfreude« ins Englische zu übersetzen. Das Wort existiert nicht in der ansonst recht phantasievollen, präzisen, auch an Schimpfwörtern reichen Sprache.

2. September 1955
Ameche war krank. Sein Understudy gab sich große Mühe, die Chance zu nützen. Zusätzliche Proben und ungewohnter Partner machten die Vorstellungen noch anstrengender, als sie es ohnehin waren. Es gibt Abende, an denen ich völlig leer und marode in der Garderobe sitze und mich nicht einmal aufraffen kann, nach Hause zu fahren.

15. September
Seit es etwas kühler ist, male ich wieder. Quittegelber dottergelber Wurm aus dicker Tube, erster Klecks auf rauher Leinwand, noch sauberes Pinselhaar borstig hart, malt verbeultes Quadrat, wird flaches gelbes Dach, darunter Vermillon oder Karmin, vielleicht lachsrot, wird zur Wand, sienafarben die daumenbreite Straße. Mein New York ist himmellos, menschenleer, rot und gelb, Antennen wie Grabkreuze. Ein Selbstporträt steht an der Hintertreppe, sieht aus wie Revolutionsplakat, und doch ist etwas von Filmfotos dabei.

20. September
»3mal täglich eine Kapsel«, steht auf der Flasche. Seit Wochen nehme ich sie. Ein Arzt hat sie mir gegen die Tropenkrankheit verschrieben. Gestern in der Pause fiel ich um wie ein Brett. Es waren Antibiotics. Medikamente werden hier wie saure Drops verteilt. Ameche hat Lähmungserscheinungen in den Armen, monatelang haben wir zwischen Auftritten unsere Hände in mit Eisstücken gefüllte Eimer gehalten.

1. Oktober 1955
Mutter hat Abrechnungen von Dr. Brom angefordert. Sie sagt, vieles sei undurchsichtig. Meine wöchentlich ausgezahlte Theatergage geht über ein von Brom beauftragtes Anwaltsbüro in New York, sie ziehen die Steuern und ihre Prozente ab und überweisen den Rest an mich. Viel bleibt nicht übrig. Die Steuerabgaben sind immens.

29. Dezember
Gestern, während des Finales, brachten die Tänzer eine Riesentorte auf die Bühne, das Orchester spielte »Happy Birthday«, das Publikum sang mit. Es war wie ein Familienfest, eine Vereinsfeier. Zum Schluß stand ich allein an der Rampe, versuchte die Kerzen auszupusten.

1. Januar 1956
Das neue Jahr begann im Taxi des Igor Bernstein an der Ecke 46th Street und Times Square. »Happy New Year«, sagte er, als erwarte er nichts, das auch nur annähernd mit »happy« zu bezeichnen wäre.

15. Januar
Auf die Begegnung mit Danny Kaye hatte ich mich gefreut. Um so enttäuschender war der Abend im schmucken »21«. Über Steak tartar, Salat und Käse hinweg äffte er meinen Ninotschka-Akzent nach, bis er beim Konzentrationslagerkommandantenschnarrer angelangt war, und nachdem dieser Schwachsinn ein Ende gefunden, flüsterte sein Freund, ein Schriftsteller, Rodinsche »Denker«-Position einnehmend: »Ihr Europäerinnen seid großzügiger als unsere Amerikanerinnen. Ich habe ein Problem, das ich mit dir besprechen möchte.« Er ließ den Kopf sinken, daß ich nur mehr den akkurat gezogenen Scheitel sah, sagte: »Beim Geschlechtsverkehr bekomme ich regelmäßig einen Wadenkrampf im linken Bein, was soll ich nur tun?«
»Aufgeben.«
»Was aufgeben?« fragte er, die kontemplative Haltung beibehaltend.
»Den Geschlechtsverkehr.«
Ich mutmaße, daß er mir nicht wohlgesonnen, denn er ging stummverkniffen, überließ es mir, ein Taxi zu finden.

26. Februar
Wir hatten die »Silk Stockings«-Jahresparty auf gestern, Sonnabend den 25., verschoben. Ameche und ich mieteten ein Restaurant, und alle, die auf oder hinter der Bühne beschäftigt sind, sagten zu; nur Lela und ein Neger, der zweite Trompete spielt, brachten fadenscheinige Entschuldigungen hervor, die mit »Du wirst sehen, es ist besser, wenn wir nicht ...« endeten. Schließlich konnte ich sie überreden. Vor dem Restaurant stand ein Portier: »Neger sind nicht zugelassen«, bellte er. »Wir haben das Restaurant gemietet«, sagte ich lauter als notwendig, »ich werde die Zeitungen anrufen, es wird einen hübschen Skandal geben, wenn ausgerech-

net eine Deutsche Krach schlägt.« Nachdem er telefoniert hatte, öffnete er die Tür, zischte: »Der Boß läßt sagen, für heute machen wir eine Ausnahme«, dann ließ er den Türknauf los, daß er dem Trompeter ins Kreuz schlug.
Manfred George sagt: »Wer erfindet eine Revolution, die von hinten anfängt und die Gefräßigkeit der ›normalen‹ Revolution umgeht?« Und: »Unsere Generation hat alles falsch gemacht, und eure – das mußt du selbst beurteilen. Aber wie viele sind wir schon, die zusammengehören, und wie viele habe ich schon von meinen Listen abgestrichen, weil sie verraten oder erschlagen wurden – in jedem Sinne – oder einfach entflohen – auch in jedem Sinne.«

1. März 1956
»Freust du dich auf die Tournee?« fragte Cy.
»Welche Tournee?«
»Nächsten Winter, wenn die Show in New York ausgelaufen ist.«
»Ich habe einen Vertrag für New York, das ist alles.«
»Wie kommst du denn darauf?«
»Es war so abgemacht.«
»Aber nicht mit uns«, sagt er.
Ich habe meinen Vertrag kommen lassen. Cy hat recht. Kleinstdruck, letzte Seite.
Lilli Palmer ist in New York, sie gibt mir die Adresse ihres Anwalts. »Nichts zu machen«, sagt er, »außer Krankheit, eine langwierige. Und solange die Show läuft, ob in Denver oder Topeka, kannst du keine anderen Engagements annehmen.«
Ich habe zwanzig Pfund Untergewicht. Eine Tournee stehe ich nach zwei Jahren Broadway nicht durch. Ich weiß, was ich tun muß, um die Tropenkrankheit zu schüren. Aber wie lange werde ich Schmerzen und Fieber aushalten.

7. März
»Du mußt dich erholen«, sagt Manfred George, »ein halbes Jahr, besser noch ein ganzes.«
Ich frage: »Und womit soll ich das finanzieren? Ich zahle den Steuerhöchstsatz.«
Seine Ohren werden rot. »Wir haben nie über Geld gesprochen, ich möchte nicht in deinen Finanzen herumschnüffeln, aber du müßtest reich sein. Du hast jahrelang gearbeitet und fast ausschließlich Hauptrollen gespielt.«
»Als ich mich vor einem Jahr von der Agentin und ihrem Anwalt trennte, hatte ich 64 Mark auf dem Konto.«
»Hast du Häuser oder Schmuck? Grund?«

»Nichts.«
»Hast du so viel ausgegeben?«
»Sie sagen, ich hätte es verbraucht.«
»Kann ich Unterlagen sehen?«
»Ich habe keine. Diese Dinge überließ ich anderen. Wie auch den Broadwayvertrag.«

11. April 1956
Die Atteste habe ich. Zwei Ärzte betonen, daß die Tropenkrankheit bedenkliche Formen angenommen hat, daß sie während der Spielzeit nicht auszukurieren sei und ein Urlaub von mindestens einem Jahr unumgänglich. Cy und Ernie mußten das Urteil anerkennen.
Ich weiß nicht, wo ich hingehen werde. Ich weiß nur, daß ich erleichtert bin wie jemand, der einen Stellungsbefehl bekam und im letzten Augenblick, als wehruntüchtig eingestuft, eine Freiheit vor sich sieht, mit der er nicht mehr gerechnet hat. An den Abschied von Lela, von Ameche, Herb, Henry und der Truppe will ich nicht denken. Ich denke an Nebraska oder Colorado oder South Dakota, stelle mir vor, wie ich dem »Oberkommissar« zum 966sten Male Meldung mache. Ich wiege 44 Kilo, die meisten halten mich für schwindsüchtig, empfehlen diskret Schweizer Hochgebirge, ein stilles Sanatorium, Kuhmilch. Ungarische Freunde haben ungarische Verwandte in Paris, und die haben Freunde in Basel, und die haben Bekannte in St. Moritz, die von einem Haus wissen, das, maßvoll im Preis und am See gelegen, von Frühjahr bis Herbst zu vermieten sei. Ich kaufe mein erstes fabrikneues Auto, und Mutter sagt:
»Ein Dollar ist 4 Mark 30, und wenn wir keine zu großen Sprünge machen, können wir fast ein Jahr von der Broadwaygage leben.« Von Dr. Brom keine Nachricht.

12. April
»Du bist ein Kind. Naiv, vertrauensselig«, sagt Manfred George.
»Dann ist es vertrauensselig, ein Brot zu kaufen, ohne dem Bäcker beim Backen zugesehen zu haben, oder in ein Flugzeug zu steigen, ohne einen eigenen Pilotenschein zu besitzen und die Konstrukteure um genaue Unterlagen zu bitten. Für das Geld, das zu zahlst, vertraust du. Du gibst dich in die Hände jedes Taxichauffeurs, Fahrstuhlführers, Arztes, Chirurgen, Rechtsanwalts. Wenn wir die Arbeit der anderen ausüben könnten und wollten, müßte unsere Lebensspanne bedeutend länger sein. Ich finde Mißtrauen nichts Anstrebenswertes. Das Mißtrauen, das ich besaß, habe ich im Krieg verbraucht.«

»Du hast dein Mißtrauen nicht verbraucht. Du willst nur nicht wahrhaben, daß der Krieg nicht zu Ende ist.«

22. April
Bis zum Ende des Monats werde ich noch spielen. Am Ostersonntag wurde mir die Ehre zuteil, die Fifth Avenue Easter-Parade im offenen Wagen mitzumachen. Mein moosgrüner Hut wippte im Wind, flog voraus, ließ sich auf Kühlerhaube nieder, hüpfte vor den Schaufenstern von Bergdorf Goodman, verlor unter den Vorderrädern einer Pferdekutsche die Krempe und Moosgrün.
Manfred George sagt: »Ich kann mir New York ohne dich gar nicht mehr vorstellen.«
Die SS »Amerika« fährt Anfang Mai nach Le Havre.

3. Mai
Kisten sind gepackt. Die Freunde kommen, versprechen, irgendwann in Europa zu sein. Zwei Filme werden mir angeboten. »Ich gehe für ein Jahr nach Europa«, sage ich großspurig. Es ist eine Flucht, eine Flucht, die ich begrüße. Ich bin dreißig Jahre alt, und ich habe keine Angst. Wenn das Geld zu Ende sein wird, werde ich weitersehen. Ich habe keine Angst vor Hunger, vor dem Verlorengehen in panischer Herde, ich habe nur Angst, wieder so werden zu können, wie ich es einmal war. Bevor ich nach New York kam. Mein Ehrgeiz ist ausgelaufen, oder befriedigt, fett oder auch mager. Er ist wieder ohne Ehr' und ohne Geiz. Ich werde planlos leben, planloser noch als der mexikanische Junge bei Tijuana, der mir nur die Hälfte seiner Orangen verkaufen wollte, und auf meine Frage, warum nicht alle, mit einem zum Himmel gerichteten Blick ob meiner Dümmlichkeit. »Und was soll ich am Nachmittag machen?« antwortete. Ich werde den dicken Berg wiedersehen und die klirrkalten Nächte lieben, die Luft, die so klar ist, als hätte nie jemand in ihr geatmet. Carroll Righter sagt, daß ich einen Fehler mache, daß ich in Amerika bleiben sollte. Ich habe nicht einmal Angst, einen Fehler zu machen.

4. Mai
Manfred George gibt mir Briefe. Für Kurt Hirschfeld in Zürich, für Freunde in Paris und Ascona, in Genf und London. »Falls du mal hinkommst«, sagt er. »Und fahre nach Israel, ich möchte, daß du das Land kennenlernst. Ich schreibe dir, wen und was du sehen sollst. Mir sagen die jungen Israelis mehr als alle anderen. Vielleicht kommt es daher, daß ich irgendwie aus dem Nest meiner Generation gefallen bin und ihre Verkalkung und das Wachsen ihrer festgefrorenen Meinungen nicht mitgemacht habe. Ich kämpfe seit

Jahrzehnten für das Entstehen dieses Staates, dabei muß ich gestehen, daß ich nicht einmal Hebräisch spreche und daß ich notgedrungenerweise von den Einheimischen sehr weit entfernt bin – wenn man davon absieht, daß vielleicht vor mehreren tausend Jahren ihre und meine Großväter zusammen in der ägyptischen Wüste Sandflöhe gefangen haben und man dieses als eine grundlegende Gemeinsamkeit für heute anerkennt. Ich empfand vor Jahrzehnten schon, daß aus einem zerstreuten und selten irgendwo heimischen Volk wieder eine normale Gemeinschaft für kommende Generationen geschaffen werden müßte.«
Nie zuvor hatte er so ausgiebig über seine Gedanken zur jüdischen Vergangenheit Gegenwart Zukunft gesprochen. Er hatte mich manchmal attackiert oder gemaßregelt. »Wenn schon Kollektivschuld, dann auch Kollektivstolz«, hatte er einmal gesagt. »Und wo nehme ich den Stolz her?« – »Es gab wenige, aber sie waren wichtig, und es ist genauso dumm, sie zu vergessen wie die anderen.« Und irgendwann im Winter hatte er gesagt: »Hab keine Angst, einen Juden nicht zu mögen. Diejenigen, die behaupten, man müsse sie alle ausnahmslos lieben und nur so könne man beweisen, kein Antisemit zu sein, sind schon wieder Faschisten oder wahrscheinlich nur Hühner, und mit Hühnern kann man nicht argumentieren.«
»Warum erzähl' ich das alles?« fragt er und streckt die langen Finger. »Ich selbst bin kein so gutes Beispiel für das sogenannte Judenschicksal, ganz abgesehen davon, daß ich immer mit einem blauen Auge davongekommen bin und niemals an dem bei einer Minorität natürlichen Minderwertigkeitsbewußtsein gelitten habe. Aber bis dreiunddreißig war meine Familie fast dreihundert Jahre in Deutschland zu Hause. Ich bin schon sehr früh in meiner Jugend zu der Meinung gekommen, daß ich mir aus dem ›Auserwähltsein‹ nichts mache, das heißt dem Auserwähltsein zu ewigem Leid und fortgesetzter Wanderung, denn das ist praktisch das einzige Auserwähltsein der Juden gewesen; es hat sie allerdings Zeiten überdauern lassen, in denen zahlreiche andere Völker zugrunde gegangen sind. Aber ich dachte immer, daß es eigentlich ganz gut sein müßte, wenn man normal lebte, und ich dachte immer mit großem Schrecken an die Geschichte der Juden in Spanien. Wenn du dir vorstellst, daß sie dort fünfhundert Jahre völlig assimiliert waren und daß spanische Erzbischöfe und Könige jüdisches Blut in den Adern hatten, und daß dann plötzlich eines Tages alles aus war und die Erzbischöfe und Adligen auf die Kirchhöfe gingen, um heimlich die Grabsteine ihrer Vorfahren zu entfernen, damit sie nicht selbst vor die Inquisition kämen, dann kannst du dir denken, was ich von der Dauer menschlichen Glücks im allgemeinen

und von der jüdischen Glücks im besonderen halte. So weit ich in der Welt herumblicke, können Juden, so wie es jetzt aussieht, nur in zwei Ländern leben, nämlich in den Vereinigten Staaten, weil sie ein vollkommener Mischstaat sind, und eben in Israel. Das ist alles furchtbar simpel und primitiv von mir gesagt, aber wir wissen schon, daß das Problem als solches zahllose komplizierte Züge hat. Geh nach Israel. Ich will wissen, was du sagst.«

5. Mai 1956
»Du warst uns ein besonders lieber Gast«, sagen die im Hotel, »deinetwegen haben wir damals auch die Jüdin aufgenommen, wir legen sonst Wert darauf, keine ... nun, du verstehst.« Warum jeder annimmt, daß ich verstehe.
Das Schiff schlingert gutmütig, die Stewards stellen Deckstühle auf, verteilen Kissen, der Schreck ist noch da. Gesichter, Hände, Taschentücher, Wolkenkratzer verdunsten, versinken, gehen ihrer Wege, lassen dich zurück, schließen ihren Kreis, rücken auf. New York war ein Teil der Freundschaft.
Mutter richtet die Kabine ein, als stünde uns eine Weltreise bevor. »In vier Tagen sind wir da«, sage ich.
»Tatsächlich«, sagt sie, »Europa kommt mir so weit vor.« Sie stellt die Luftkühlung ab, sieht auf das Wasser, putzt die Nase, sagt: »Ich war sehr glücklich in New York.«
»Ja«, sage ich, »vielleicht werden wir es irgendwann mal wieder sein.«
»In meinem Alter macht man wenig neue Freunde. Ich hatte nie so viele und so gute wie in New York. Fast alle sind Emigranten. Sie wissen doch, daß gerade meine Generation, mehr als irgendeine andere, versagt hat. Ich geh' ein bißchen Luft schnappen«, sagt sie und setzt sich auf das Bett. »Es ist fürchterlich, aber ich muß es aussprechen. Mir graut vor Berlin, vor Deutschland, vor der Muffigkeit, der Kleinlichkeit, dem Neid, den Scheuklappen. Dein Vater hatte recht. ›Raus‹, sagte er immer, ›nichts wie raus.‹«

15

Im Hafen lassen sie sich Zeit. Um fünf Uhr früh waren wir in Le Havre, um acht gingen wir von Bord. Ich war dreimal bei dem Purser gewesen, der für die Autofracht zuständig, und bat um milde Behandlung meines Erstlings, den ich so spottbillig und mit den Worten »Es ist uns eine Freude, daß du den Wagen in Europa fahren möchtest« bekommen hatte. »Europa«, flüsterte ich am Kai angelangt und spürte eine warme Welle aufsteigen – die abrupt zum Stehen kam, in Kniekehlen Platz nahm, dort vereiste; denn da, aus dem Bauche des Schiffes, schwang, unter den Rädern nur kümmerlich gehalten, mein Auto, das wegen seines weißen Äußeren »Die Schneegans« getauft, hing hilflos und bejammernswert zwischen Himmel und Hafenwasser, ruckte einmal vor, verweilte bibbernd, ruckte höher, tat einen Hopser, sackte auf vier Greifer zurück, holte aus zu gewaltigem Satz, beschrieb einen Halbkreis, pendelte knarzend über Asphalt des Kais, zeigte Reifen und zweckmäßig Schwarzes des Untergestells, fand sich abgesetzt, von Ketten befreit, stand. Ungeachtet des freundlichen Herrn, der von einer deutschen Illustrierten ausgesandt, unsere Ankunft zu fotografieren, ging ich um die Schneegans herum, betastete mütterlich die unverletzten Kotflügel, vergewisserte mich ihres Zustandes überhaupt, versprach, daß Ähnliches nicht mehr vorkommen würde, setzte mich hinter das Steuer, drückte einen Knopf, der überraschenderweise das Verdeck öffnete, drückte einen zweiten, durch den Scheibenwischer plus Waschanlage in Aktion trat, fühlte eiskalte Dusche herabrieseln, die über Windschutzscheibe hinweg mitwusch, was erreichbar, und die durch kein Pressen oder Ziehen an diesem und anderen Knöpfen in ihrem Arbeitsprogramm aufzuhalten war. Nachdem ich mich abgetrocknet, gekämmt und gewinkt und wiederum Platz genommen, vertrat ein übellauniger Dickwanst unser Blickfeld, verdüsterte den blitzeblanken Maihimmel, knallte unsere vier Koffer auf den Boden, posaunte an einer aufgeweichten Zigarettenkippe und braunschwarzen Zahnstummeln vorbei: »Vingt Dollar!«

»Was will er?« fragte Mutter.

»Er will zwanzig Dollar.«
»Wofür?«
»Das frage ich mich auch.«
Er kratzte ausgiebig seinen Stiernacken, wiederholte krötig: »Vingt Dollar!«
»Ecoutez!« rief ich und ließ eine Pause, in der ich mich bemühte, Fräulein Weises und aus Filmrollen erlerntes Französisch zu verbinden. »Ecoutez«, sagte ich deshalb noch einmal, und dann: »Nous sommes Allemandes, pas des Américaines! Vingt Dollar!« Ich pochte mit dem Zeigefinger dorthin, wo ich meine Stirnmitte wähnte. Nun wurde unser Giftmichel cholerisch, nahm viele bunte Farben an, entschied sich schließlich für schweres Burgunderrot, röhrte: »Boche ...« und anderes, und tat etwas, das mich zutiefst verletzte – er schlug mit unsauberer Pratze auf die Schneegans. Mutter hielt mich am Faltenrock fest, der Fotograf, dem wiederum das »Boche« nahegegangen war, griff ein, der Tankwart, der die im Hafen New Yorks entleerte Schneegans wieder auffüllte, ließ den Benzinhahn los, der nun um die Reifen sprang, der Dickwanst schrie etwas von »SS«, der Tankwart warf seinen Vater und Verdun in die Diskussion, und bevor wir zu Großvaters Schmach 70/71 kommen konnten und auch um den in Benzin schwimmenden Boden zu verlassen, unterbrach ich die Aufzählung der Fronterlebnisse, gab fünf Dollar und Gas, brüllte mit von Herb Green erlernter Atemstütze: »Pas avec moi!«, welches »Nicht mit mir«, ausdrücken sollte und nicht ausdrückte, weil eben »Nicht mit mir«, wie immer übersetzt, von Franzosen unverstanden bleibt.
Die rasant begonnene Fahrt wurde nach Verlassen des Hafenviertels abgebremst und, da die Schneegans nicht eingefahren, im 20-km-Tempo fortgesetzt. Auch hielt ich sogleich an einer Tankstelle, ließ Reifen Öl Benzin Wasser Batterie prüfen, und als der Fotograf verzweifelt fragte, wann wir denn in Paris eintreffen würden, sollten wir bei dieser Geschwindigkeit verweilen, konnte ich ihn nur mitleidig ansehen, da er offenbar kein Gespür für die Schönheit eines neuen Autos hatte. Mittags war Rouen in Sicht, ich suchte ein schattiges Plätzchen für die Schneegans, da mir zu Ohren gekommen, daß Sonne dem Lack nicht dienlich, und erst dann war ich bereit und auch fähig, Kathedrale, Menschen und Frühling wahrzunehmen. Von Eselskarren, Fahrrädern, Jauchewagen überholt, erreichten wir Mantes und, in den späten Nachmittagsstunden, Paris. Und in Paris vergaß ich meine Leidenschaft für die Schneegans, sah rechts und sah links und wurde durch das bösartige Kreischen eines bremsenden Busses und den schrillen Pfiff eines sich haltlos gebärdenden Polizisten zur Ordnung gerufen.

Im Hotel warteten französische und deutsche Journalisten, und nachdem ich mein Auto einem zuverlässig aussehenden Garagenmeister anvertraut und ihm: Waschen Polieren Abschmieren wiederholt ans Herz gelegt hatte, ging ich in die Halle und beantwortete die Fragen, die sich auf New York und »Silk Stockings« konzentrierten, und versuchte jene nach weiteren Plänen und Vorhaben zu umgehen – wußte nicht, wie zu sagen, daß ich vorläufig weder spielen durfte noch konnte, noch wollte. Im Zimmer lagen französische, deutsche, italienische Drehbücher, Theaterstücke aus London und Wien, Blumen, Telegramme, Einladungen; Mutter sagte: »Ich begreife deine Freude, aber Ferien sind wichtiger.«
Abends fuhren wir zum Place du Tertre. Er war vollkommen leer bis auf ein zottiges schwarzes Tier, das eine Mischung aus Hirtenhund und Dogge hätte sein können, und die Schätzung seiner Ausmaße dadurch erschwerte, daß es mit dem rückwärtigen Teil seines Körpers in einem unübersichtlichen Haustor lag. Nachdem es uns einige Male angegähnt hatte und dabei einem Flußpferd nicht unähnlich gewesen, erhob es sich, das heißt es faltete sich auseinander, erreichte erstaunliche Höhe und Breite und ließ seinen Blick gelangweilt und doch jedes Detail aufnehmend über den Platz schweifen, erinnerte an einen alten Stationsvorsteher, der seinen Kleinstadtbahnhof überprüft, bevor er den Schalter schließt, die Schilder umhängt, das Licht löscht. Dann trottete es, ein angelehntes Fahrrad umreißend, auf die gegenüberliegende Straßenseite und verschwand in einer Kneipe. Nach weniger als drei Minuten stürmte der gleiche, doch im Verhalten kaum Wiederzuerkennende heraus, schnellte über den Platz, kam schliddernd zum Stehen, machte kehrt, schlingerte, von der hurtigen Wendung aus dem Gleichgewicht gebracht, wie jemand, der zu schnell mehrere Pernods gekippt, setzte sich, sah uns an, als erwarte er einen Vorschlag, der den Abend noch annehmbar gestalten könne. Nachdem er sich klar geworden, daß wir unkundig und lenkbar, übernahm er die Führung. Schon im ersten Lokal, das mit rotweißkarierten Tischtüchern und quakiger Akkordeonmusik auf Touristen und Nepp ausgerichtet, fanden wir den Schlüssel zu seiner Seele: Er war Biertrinker. Er hatte Nahrung und Wasser verweigert und, durch einen Satz hinter die Theke, seinen Alkoholismus dargelegt. Um Mitternacht saßen wir auf den Stufen des Sacre-Cœur, das Mammut über unsere Schöße verteilt, sahen auf das funkelnde Paris und lauschten dem hemmungslosen Schnarchen unseres Begleiters. Obwohl der Abschied schmerzlich war, verließen wir ihn um ein Uhr früh dort, wo wir ihn vorgefunden, sahen im Weggehen ihn neuerlich und im Zickzackkurs die erste Kneipe anpeilen.

Der Julierpaß war noch verschneit. Von Maloja herauf, über Corvatsch und Piz Nair, über Sils Maria und den dicken Ungefügigen hinweg wälzte sich eine Wolkendecke, hing in die Seen, Bäume und Häuser hinein, sprühte Regen und Eisstückchen, einen Tag und eine Nacht lang. Dann, am nächsten Morgen, begann der Sommer, heiß trocken spröde, der Himmel gletscherfarben, die Seen grün und blau und schwarz, und ich war glücklich, wie ich in Zossen und an der Ostsee und manchmal am Griebnitzsee glücklich gewesen war.

St. Moritz, den 7. April 1970
Seit vier Monaten sehe ich täglich sieben bis acht Stunden lang über den oberen Rand meiner Schreibmaschine hinweg ein gelbes Haus. Es steht auf der gegenüberliegenden Seite des Sees, gleich hinter der Meierei. Es sieht etwas vernachlässigt aus, und das Gelb ist ein schmutziges Gelb, wie eingetrockneter Senf. Weil es einmal Wilhelm Furtwängler gehörte, heißt es das »Furtwängler-Haus«. Damals, im Sommer 56, wohnte Kurt Hirschfeld dort. Und Gustaf Gründgens, der seine Ferien in Pontresina verbrachte, kam oft vorbei, und wir gingen um den Stazer See herum, anschließend tranken wir Kaffee und aßen den Apfelkuchen aus der Konditorei Hanselmann. Wir saßen in dem düsteren Wohnzimmer, und sie sprachen vom Theater, vom Berliner Theater; und daß keins mit dem, das es in Berlin gegeben, zu vergleichen sei. Sie sprachen von neuen Stücken und von neuen Inszenierungen, von der Premiere, die ... und von dem Abend, an dem ... Sie sind tot, wie Manfred George, wie Erich Pommer und Alexander Korda, wie Boris Vian und Tyrone Power. Wie meine Mutter. In Berlin starben die Häuser vor den Menschen oder mit den Menschen, hier bleiben sie, fast so stabil wie die Berge, und erinnern an die Menschen, die in ihnen gelebt haben.

Brief an Else Bongers.

St. Moritz, den 8. April 1970

Liebe Else,
Ich muß es Dir sagen: Albert, der Niederne, hat uns verlassen. Beate v. M. aus München traf ihn und uns vor der Kulm-Apotheke. Über Christinas Schlitten hinweg sahen sie sich an, er von unten, sie von oben, er bernsteiniger denn je, und ohne auf unsere Gefühle im entferntesten Rücksicht zu nehmen, ließen sie die Flammen ihrer Leidenschaft lodern und über sich zusammenschlagen. Wir gaben nach und ihn

auf. Nun lebt er ein menschenwürdiges Dasein, das ihm bis zu jenem Nachmittag versagt geblieben. Er schläft in einem breiten Bett, nimmt seine Mahlzeiten am Tisch sitzend ein, darf die Ohren in die Suppe hängen, die Pfoten ins Gemüse stemmen, bekommt Nachtisch und Sahnebonbons, sieht fern und geht an regnerischen Tagen ins Kino. Er wird verstanden. Beate v. M. behauptet, er könne seine letzte Inkarnation nicht verwinden; als Schoßhund – wahrscheinlich Pekinese – hätte er das vormalige Erdendasein bei einer Dame der Gesellschaft, pralineegefüttert und von Samtportieren umgeben, verbracht, und der nun schwere und auch ungelenke Bassetkörper stünde der federleichten Seele des ehemaligen Pekinesen im Wege. Wie dem auch sei, er ging von uns, und mit ihm die Rodler und Skiläufer, die Skeleton- und Bobfahrer, die Eisläufer und Nachteulen. Die Hotels haben ihre Fahnen abgenommen und ihre Türen verschlossen, die Betten abgezogen, die Teppiche geklopft und das Wasser aus den Schwimmbecken gelassen. Die Ärzte zählen ihre Gipsbestände, die Boutiquen sind wieder Dorfläden, die Diskotheken mucksmäuschenstille Keller, und die saisonmüden Hoteliers fahren in die Großstadt, um sich auszuschlafen.

Total ausgeschlossen fühlt man sich von der beängstigenden Vorausschau des Claude Levi-Strauss, der kürzlich sagte: »Ich studiere die primitiven Kulturen, weil ich das Jahrhundert, in dem wir leben, nicht mag. Die Menschen von 1970 erinnern mich an Mehlwürmer, die in einem mit Mehl gefüllten Sack hausen. Wenn die Bevölkerung der Mehlwürmer überhandzunehmen droht, sekretieren die Mehlwürmer ein Gift, das auf Entfernung tötet. Sie vergiften das Mehl, in dem sie leben. Das ist, was mit dem Menschen geschieht. Er verstreut psychologische und moralische Gifte, und ich fürchte, daß die Zeit kommen könnte, in der der Mensch sich derart bedrängt durch den anderen fühlt, daß er in eine Ära des Massakers eintreten wird.« Wie gesagt: Total ausgeschlossen fühlt man sich von seiner Vorausschau, aber das ist möglicherweise ein Trugschluß.

Die Züge verkehren weiterhin, und im Mai kann es hier sehr schön sein. Vielleicht hast Du Lust, Christina wiederzusehen ... h.

Als das Geld zu Ende war, unterschrieb ich den Vertrag. Er verpflichtete mich während mehrerer Jahre, mehrere Filme für die neugegründete Ufa zu drehen. Ein mir bekannter Verleiher war

Chef des Konzerns geworden, schied jedoch nach wenigen Wochen aus, und ein mir Unbekannter wurde mit der geschäftlichen und künstlerischen Leitung der Ufa betraut. Er hieß Arno Hauke. Das forsch-fröhliche Auftreten des Herrn Hauke, das von den kommenden und als selbstverständlich anzusehenden Erfolgen des Großunternehmens durchdrungen zu sein schien, das gesprächseinleitende »Wir machen das schon« oder »Seid nett zueinander« war geschaffen, Zauderer und Kleingläubige in einen Zustand der Festivität zu versetzen. Die in Bischofsviolett gehaltenen Empfangs-, Konferenz- und Filmvorführsäle des Ufa-Hauses in Düsseldorf ließen keinen Zweifel aufkommen, daß hier mit Geld und Zuversicht Neues geschaffen werden sollte, das sich dennoch an den Maßstäben des Bestehenden ausrichten würde: Eine deutsche Filmindustrie, die der amerikanischen den Kampf ansagt und dem Fernsehen keine Bedeutung beimißt. Man besaß Kinos und Ateliers, Verwaltungsbüros und Autos; alles, was es zu tun gab, war, den ersten Film zu drehen.
Nachdem mir in Berlin ein großer Empfang zuteil geworden – Hubschrauber kreisten überm Zehlendorfer Kleeblatt, warfen Ballons und Spruchbänder, auf denen »Willkommen an den Ufa'n der Spree« geschrieben stand, versetzten ostzonalen Kontrollpunkt in Aufruhr; Westberliner standen, schüttelten meine Hand, Bürgermeister Suhr hatte zum Kaffee geladen, Berlins weiße Mäuse fuhren neben der Schneegans, lieferten uns am Rudolph-Wilde-Platz ab –, sah ich mich als Ufa-Star Nr. 1 tituliert.
Kurz darauf nahm ich mit Verwunderung zur Kenntnis, daß meine neue Firma mir zum sechsten Male ein Drehbuch zusandte, das ich bereits fünfmal abgelehnt hatte. Die beginnende Eintönigkeit unseres jungen Verhältnisses wurde durch die Filmfestspiele in Berlin aufgelockert. Ich vertrat die Ufa als Nr. 1 auf sämtlichen Bällen, tanzend und lächelnd, und das beharrliche Schweigen über den in Aussicht stehenden Film ließ Erwartungen ins Unermeßliche steigen. Als zum achtenmal das gleiche Buch von Arno Haukes Fahrer überbracht worden war, begann ich um meine und der Ufa Zukunft zu fürchten. Die Geschichte war nämlich die: Eine französische Lehrerin in Algerien (ich) steht dem Freiheitskampf der Algerier feindlich gegenüber. Sie wird in die Flucht dreier Deserteure aus der Fremdenlegion verwickelt, und nachdem sie zu einem (ein Deutscher) in Liebe entbrannt, sieht sie die politische Lage mit anderen Augen.
Nach vergeblichen Bemühungen, Herrn Hauke für ein Thema zu gewinnen, das nicht die Kolonialprobleme unseres Nachbarlandes behandelt, wurde ich zu einem Essen gebeten, auf dem, neben Herrn Hauke, sämtliche Vorstandsmitglieder der Ufa und Herr

Wolfgang Staudte, mit dem ich »Die Mörder sind unter uns« gedreht hatte, vertreten waren. Wolfgang Staudte sagte: »Ich werde den Film inszenieren, das Buch natürlich umschreiben, und wir werden etwas Fabelhaftes machen. Vertraust du mir?« – »Ja«, sagte ich brav und auch überzeugt. »Auf einen guten Film«, riefen alle und tranken darauf. Da jedoch noch nie auf einen schlechten Film angestoßen wurde, blieb eine gewisse Unruhe bestehen.

Meine Mutter hatte ein Haus in Berlin gemietet. Mit einer Vorauszahlung der Ufa kaufte ich Möbel und mein erstes eigenes Bett. Ich war recht hoffnungsvoll, wenn ich nicht gerade daran dachte, daß noch immer kein neues Drehbuch oder auch nur der Entwurf zu einem solchen in Sicht war. Als der Tag des Arbeitsbeginns feststand, wußte ich, daß die Außenaufnahmen in Marokko, die Atelieraufnahmen in Berlin sein würden, und man sich auf den Titel »Madeleine und der Legionär« geeinigt hatte. Herr Staudte sagte mir, daß er einen Ensemblefilm zu drehen gedenke, weit entfernt von dem, was man gemeinhin nach Star-Nr.-1-Reklame erwarte, daß er eine Wochenschaufotografie bevorzuge und daß er es begrüßen würde, wenn ich meine Haare auf Streichholzlänge kürzen ließe. Dann flog ich mit ihm, Schauspielern, Kameramann, Aufnahmestab nach Tanger.

Inwieweit bedeutende Filme aus dem Stegreif entstanden sind, wird nicht mehr zu erforschen sein, weil der Regisseur nach Vollendung eines anerkannten und belobigten Werkes uns nur ungern in die Mühen der täglichen Arbeit einweihen und um so mehr von der genialen Schöpferkraft, die ihn stündlich aufs neue inspiriert und beflügelt, reden wird. Ausgeschlossen scheint es jedoch, inmitten eines Aufwands, der sogar einen Teil der marokkanischen Armee einbezog, als Schriftsteller und Regisseur gleichzeitig tätig sein zu können. Sollte es also meisterhafte Filme gegeben haben, die aus der Improvisation zustande kamen, so kann ich guten Gewissens sagen: Dieser gehörte nicht dazu. Solange wir in Marokko waren, herrschte eine gehobene, fast euphorische Stimmung, denn das Filmmaterial, zum Entwickeln nach Deutschland geschickt, war noch ungesichtet.

Vom sommerlichen Tanger ins winterliche Berlin gekommen, war die Abkühlung nicht nur eine klimatische. Drohungen, den Film zu verlassen, wenn man mir nicht endlich erzählen könne, wie die unklar begonnene Geschichte aus- beziehungsweise zumindest weitergehen würde, stießen auf taube Ohren oder auf das durable: »Seid nett zueinander.« Als das nichts half, verwies man auf meinen Vertrag und eventuelle Konventionalstrafen. Mein Regisseur hingegen schien an einem Dauerkatzenjammer zu leiden, dem ich mich allmählich anschloß. Wir drehten Szenen, in denen ich auf deutsch zu deutschsprechenden Legionären sagen mußte: »Gott sei Dank, ihr seid Franzosen!«, oder wir fanden uns morgens von einem Lied überrascht, das unser Regisseur während der Nachtstunden konzipiert und das vielstrophig die Niedertracht der Generäle beschrieb. Schließlich machte ich der Ufa den Vorschlag, einen weiteren vertraglich festgelegten Film mit mir zu drehen und ihn vor der Algeriengeschichte herauszubringen. Da der Einfluß eines Filmschauspielers auf einen Film äußerst beschränkt ist, wird der Filmschauspieler außerhalb seiner Tätigkeit für ebenso gehalten. Das Lächeln der Ufa-Bosse ließ es mich wissen. Außerdem klopften sie beruhigend meine Schulter und sprachen: »Dies wird einer der größten Filme in Deutschland überhaupt. Er wird Ihnen viele Preise eintragen.«

Im neuerbauten Ufa-Palast am Zoo fand die Premiere statt. Kolossal in Aufbietung und Gepränge, gemahnte sie dennoch in ihrer Auswirkung an jene »Liebe auf den ersten Blick«-Uraufführung in Pankow 1946. Nachdem ich mich einige Male bebend verneigt und die von Platzanweiserinnen überreichten Ufa-Blumen in Empfang genommen hatte, saß ich verlassen von Regisseur und Schauspielern in einem Büro hinter der Bühne und lauschte den Bemühungen der betretenen Journalisten, etwas Trostreiches zu sagen. Dann fuhr ich in ein russisches Lokal in der Kantstraße, das »Mazurka« hieß, und trank viel kalten Wodka und hörte viel warmblütige russische Musik. Als das Drei-Mann-Orchester die Mäntel anzog, bestieg ich meine Schneegans und fuhr laut weinend die Avus herauf und herunter, bis ich in meinem Rückspiegel die Lichter eines Wagens entdeckte, der in gleichbleibendem Abstand hinter mir her fuhr und auch meine Irrfahrten mitzumachen schien. Am Bahnhof Halensee bremste ich, der Wagen auch, ein Mann sprang heraus, lief auf mich zu, bevor er mich erreichen konnte, gab ich Gas und hing ihn ab. Zwei Tage später stand der gleiche Wagen vor meinem Haus. Freunde riefen an, sagten, wie leid es ihnen täte, daß in den Zeitungen, die ich, einem Selbsterhaltungstriebe gehorchend, nicht gelesen hatte, die Schuld an der Ufa-Katastrophe mir gegeben wurde und daß sie geschrieben, daß der arme Regisseur offenbar gegen den Star nicht ankonnte und daß das Drehbuch, die Kameraführung, Bauten, Beleuchtung und Schnitt auf mich und mein Versagen zurückzuführen seien.

Von der Ufa hörte ich nichts. Arno Haukes »Wir machen das schon« blieb mir fürderhin erspart. Da der Film seine Entstehungskosten nicht einspielte, ging die Ufa merklich lädiert in ihre nächsten Produktionen, die dann auch ihre letzten wurden.

Es waren viele Monate der Arbeit gewesen, denen viele der Ar-

beitslosigkeit folgten. Ich hatte Zeit, spazierenzugehen, meine Freunde zu besuchen und mir auszurechnen, wie lange das Geld reichen würde, das ich für den Film bekommen hatte. »Ein Schauspieler ist so gut wie sein letzter Film«, heißt es in der Filmindustrie, und demnach waren meine Aussichten unerquicklich, um nicht zu sagen erbärmlich. Die regelmäßigen Wanderungen um Grunewaldsee, Krumme Lanke und andere Gewässer waren, obwohl der Gesundheit zuträglich, keineswegs stimmungsfördernd, und sie fanden ein plötzliches Ende, als ich den Wagen wiedersah. Es war der gleiche dunkelblaue, vernachlässigte altmodische Opel, der mir auf der Avus nachgefahren und der häufig in der Nähe meines Hauses gestanden hatte. Er versetzte mich in Angst, denn ich gedachte all der Irren, die mir Morddrohungen zugesandt, und des einen, der sich nachts auf einem Parkplatz in die Schneegans geschlichen, zwischen Vorder- und Hintersitz verkrochen und gewartet, bis ich anfuhr, und vor dem ich mich nur durch einen Sprung auf die Straße hatte retten können.
Als meine Situation rundherum brenzlich geworden, kam mein Freund René angereist. Er kam wie gerufen, denn René, ein Russe, in der Schweiz geboren, hatte mehrere Berufe ausgeübt, von denen mir zwei außerordentlich zustatten kamen. In Paris war er Boxer gewesen, in New York Psychiater und Buchverleger, in Portugal Nichtstuer, in St. Moritz hatte ich ihn kennengelernt. Er lief Ski wie ein Olympiasieger, schien vor Energie und Lebensfreude zu bersten, und als ich ihn fragte: »Was tun Sie eigentlich?«, sagte er: »Nichts.« Erklärend fügte er hinzu: »Als Boxer wird man blöd, als Psychiater verrückt, und als Buchverleger fand ich mich eines Abends mit zwei Telefonhörern — an jedem Ohr einen —, zwei aufgeschlagenen Manuskripten vor mir, einer unglücklichen Frau hinter mir, einem vaterlosen Sohn schlaflos im Bett, und da ließ ich die Hörer fallen, klappte die Bücher zu, packte die Koffer und entschied mich fürs Nichtstun.« René trug stets blaue Anzüge, zu welcher Tageszeit immer, und er hatte einen Freund, der offensichtlich ein Restbestand aus der Psychiaterzeit war. Er hieß Baron Schniebel, war 80 Zentimeter groß und nur für seinen Freund René sichtbar. Für Schniebel wurde gedeckt, Wodka bestellt, und mit Schniebel wurde »geklärt«. Der ansonst einsame und langwierige Denkprozeß, der zu Erkenntnissen führen kann, wurde durch Schniebel beschleunigt. So sagte René. Das Überbleibsel aus der Pariser Karriere hingegen zeigte sich in kurzen Boxhieben, die er präzis an jene verteilte, die mich mutwillig oder auch zufällig anrempelten. René, heute in Genf ansässig und durch einen unvorhergesehenen Arbeitsrausch zu Reichtum gekommen, ist zu jeder Zeit und zu jedem Problem um Rat zu fragen: »Zu welchem Ver-

lag soll ich gehen?« – »Das bleibt sich gleich, zum Schluß verkehrt ihr sowieso nur per Anwalt.«
»Wir haben Steuersorgen.« – »Freu dich – wenn du keine hättest, wärst du mittellos.«
»Ich hab' kein Geld.« – »Freu dich – dann hast du keine Steuersorgen.«
»Welche Illustrierte sollte den Vorabdruck haben?« – »Das ist egal, sie sind alle schlecht«, und, da er vielsprachig ist: »They're gonna fuck it up anyway.«
René sprach also: »Such dir einen Agenten, der möglichst kriminell aussieht und bei dem du gar nicht erst in die Versuchung kommst, vertrauensvoll zu sein, und laß ihn einen Film in Frankreich finden.« Dann rief er Schniebel, und wir drei gingen in die »Mazurka«. Um fünf Uhr früh kam er mit einem Russen ins Handgemenge, und nachdem sie noch einen Wodka getrunken, baten sie sich gegenseitig vor die Tür. Der Austausch von Visitenkarten ließ auf ein Duell mit Pistolen schließen, ich eilte ihnen nach, fand sie jedoch durch die Berliner Morgenluft umgestimmt im Gespräch vertieft. In der Schneegans sitzend und den Ausgang der Verbrüderung abwartend, hörte ich jemanden flüstern: »Schreien Sie nicht, ich habe Ihnen etwas zu sagen. Wenn Sie wieder arbeiten wollen, dann rufen Sie die Defa an. Es tut mir leid, man hat Sie über die Klinge springen lassen. Einige sind kaputtgegangen, Sie auch. Es blieb nichts anderes übrig.« Die Defa war die Ostberliner Firma, für die ich »Die Mörder sind unter uns« gedreht hatte. »Wer hat Sie beauftragt, mir das zu sagen?« rief ich, aber er war schon verschwunden. René kam über die breite Kantstraße gelaufen, sagte: »War da nicht jemand am Wagen?« – »Ich habe einen schlechten Kriminalfilm erlebt«, sagte ich. »Ab nach Frankreich«, sagte René.

16

Sie leben in einem großen gläsernen Haus. Einem Haus, das vor zehn Jahren modern gewesen. Jetzt ist es abgetragen, aus der Mode gekommen, etwas verschlunzt. In jedem Stockwerk sind die Räume gleich groß, die Gänge gleich breit. Es gibt keine Vorhänge und keine Teppiche, keine Blumen und keine Bilder. Vor dem Haus ist die Straße, vor der Straße das Wasser des Ärmelkanals. Weiter nördlich, die Stadt Brighton.

In der Halle stehen der Anstaltsdirektor, ein Schauspieler, ein Fernsehregisseur und ich. »Kommen Sie herauf, die Männer werden sich freuen«, sagt der Anstaltsdirektor. Auf der Treppe kommen sie uns entgegen. Sie kommen auf uns zu, ich weiß nicht, wohin auszuweichen. Eine Hand berührt meine Schulter, eine andere mein Gesicht. »Wir haben Besuch«, sagen sie und drehen ihre Köpfe hin und her, »nicht wahr, wir haben Besuch?« Ihre Augäpfel sind weiß, ohne Iris, ohne Pupille, nur wenige tragen dunkle Brillen, sie haben Narben und verbrannte Haut, dunkelblaue Punkte, als hätte man sie mit Tinte bespritzt. Ein Junger mit schwarzem Haar steht am Fenster. Die Narbe beginnt bei den Brauen, unter den Brauen sind Löcher, hastig schiebt er die Brille hoch, greift die Hand des Direktors, tippt mit Fingerspitzen auf Handfläche. »Geben Sie ihm die Hand«, sagt der Direktor. Der Junge befühlt jeden meiner Finger, die Handgelenke, sucht mein Gesicht, tastet vorsichtig über Schläfen und Mund. Er sagt etwas, das wie ein Bellen klingt, rauh, schroff. Der Direktor sagt: »Er ist taub. Es hat ihm die Augen und das Trommelfell zerrissen. Er war Pianist, dann Bomberpilot. Er hat noch vor vier Wochen einen Flügel verfetzt, Saite für Saite.« Die Hand streicht über meinen Arm. »Er freut sich, eine Frau anfassen zu können«, sagt der Direktor. Der Junge lächelt. Man sieht, daß er sehr hübsch gewesen ist.

»Was ist das für ein Film, den Sie machen werden?« fragte der Direktor.

Der Regisseur sagt: »Ein Stück für das amerikanische Fernsehen.« Er zeigt auf den Schauspieler und mich: »Die beiden spielen Blinde.«

»Man ist hier so gar nicht auf dem laufenden«, sagt der Direktor.
»Sie sind Ausländerin, nicht wahr?«
»Ja.«
»Skandinavien?«
»Deutschland.«
»Ja«, sagt er und sieht auf das farblose Wasser, »wir haben nur Kriegsblinde, manche noch aus dem Ersten Weltkrieg.«
Großvater war in Zossen geblieben, Mutter hatte mich in die Stadt mitgenommen, in die Sedanstraße. Am Nachmittag ging sie weg, gab mich bei der Frau ab, die im Erdgeschoß wohnte. Sie trug dicke Gläser und einen gelben Stoffstreifen um den Arm mit drei schwarzen Klecksen drauf. Sie hatte das Licht nicht angemacht, als es dunkel wurde. Sie hatte nur ganz still auf ihrem Sofa gesessen. »Es ist dunkel«, hatte ich gesagt. »Laß man, Kind, das macht nichts.« Dann war sie aufgestanden und gegen meinen Stuhl gelaufen, daß er umkippte. Sie hatte noch eine Gaslampe, es dauerte lange, bis sie den Glühstrumpf angezündet hatte. Im Halbdunkel griff sie in mein Gesicht. Ich hatte geschrien und war auf die Straße gelaufen.
Der Schauspieler gibt mir eine Zigarette. Ich weiß nicht mal, wie er heißt. Heute früh saß er im Wagen, der uns nach Brighton brachte.

Das war am 8. Mai 1959

Du: »Nein, am neunten.«
Ich: »Am achten.«
Du: »Gut, am achten.«
Ich: »Heute ist der zwanzigste. Morgen fliege ich zurück. Nach Berlin.«
Du: »Wenn es nicht so heiß wäre, würde ich die Fenster schließen. Dein Nachbar wäscht seit drei Stunden Geschirr. Er wäscht alle Teller in London, scheint mir.«
Ich: »Die Wanne darf man nicht vollaufen lassen. Wenn das Wasser bis zum Sicherheitsablauf reicht, fließt es in den Hof und von da in den Friseurladen. Wie alt bist du?«
Du: »Sechsundzwanzig.«
Ich: »Ich bin dreiunddreißig. Hast du dir mal die Nase gebrochen?«
Du: »Wie kommst du darauf?«
Ich: »Sie hat einen Knubbel.«
Du: »Sie ist griechisch, klassisch griechisch. Meine Vorfahren väterlicherseits waren Griechen.«
Ich: »Ich dachte, sie sei gebrochen.«

Du: »Wieso hast du das Fernsehstück gemacht?«
Ich: »Ich weiß nicht. Roy sagte, ich könnte das Geld gebrauchen.«
Du: »Wer ist Roy?«
Ich: »Mein Agent.«
Du: »Ich spiele nicht mehr gern. Wie ist man wütend?«
Ich: »Was heißt, ›Wie ist man wütend?‹«
Du: »Ich soll einen Jähzornigen spielen.«
Ich: »Du weißt nicht, was Wut ist?«
Du: »Nein. Ich war nie wütend ... Du sahst schrecklich aus an dem Morgen, als wir nach Brighton fuhren. Ich war ganz enttäuscht.«
Ich: »Ich hatte nicht geschlafen. Ich war mit ein paar Schauspielern zusammen. Alles Supersäufer.«
Du: »Wohnst du in Berlin?«
Ich: »Ja. Was ist das für ein Hemd?«
Du: »Ich finde es schön.«
Ich: »Ich werde es das Klavierhemd nennen. Es sieht aus, als hättest du sämtliche Tasten um dich herumgewickelt.«
Du: »Kommst du wieder nach London?«
Ich: »Ich weiß nicht. Hast du Kinder?«
Du: »Nein. Nur eine Katze, die schielt.«

Als die Wohnungstür hinter dir zuschlug und die Sicherheitskette gegen den Türrahmen rasselte, nahm ich meinen Koffer, packte ihn langsam, ordentlich, dann warf ich die Wohnungsschlüssel in den Briefkasten des Friseurs und fuhr zum Flugplatz.

Drei Tage später borgte ich mir Renés Baron Schniebel aus und ging mit ihm zweimal um den Schlachtensee. Ich sagte: »Meine Selbstgespräche nehmen überhand, deshalb also bat ich dich, mir vier Stunden deiner Zeit zu widmen. Ich möchte, daß du mir zuhörst. Nichts weiter. Ich habe fünfzig Schlaftabletten gekauft, obwohl ich nie welche nehme – doch, vor einer Woche in London nahm ich eine. Also sind es nur noch neunundvierzig. Ich frage dich, was hat das zu bedeuten? Ich habe Sorgen, Kümmernisse, Ärgernisse, das liegt auf der Hand. Aber ich sage mir: Ich bin nicht dumm genug, um unglücklich zu sein, und das ist zu zehn Prozent wahr und zu neunzig Prozent gelogen. Da wir schon bei den Tabletten sind, laß mich noch sagen, daß ich schlecht schlafe, seit einem Jahr schon. Mein Hirn schnattert wie ein Fernschreiber, außerdem habe ich zwei Träume, die keine sind, weil ich beide erlebt habe. Da ist erstens der See im Englischen Garten in München: der war nicht groß und nicht tief, und sonntags schaukelten Kähne auf ihm herum mit Liebespaaren oder dicken Frauen mit krauser Dauerwelle oder Männern mit verknoteten Taschentüchern auf dem Kopf. An einem Montagmorgen kam ich den Weg entlang, der zu dem See führt. Es roch verwest und fette Fliegen brummten, und es machte blubs blak, wie mißlungenes Froschquaken. Ich fand weder Ufer noch See. Das Wasser war abgelassen, wie das Wasser aus einem Waschbecken. Aus dem Morast stiegen suppentellergroße Blasen auf, grünlich schimmernde, sie quollen, bis sie platzten. Der Boden war wie ein kranker Darm, ein gastritischer. Zwischen geharkten Wegen und gestutzten Sträuchern dieser geblähte, stinkende Darm. Das ist der eine Traum, oder Halbtraum. Den zweiten erzähle ich dir später. Meine Sorgen sind unter anderem die: Ich habe nichts, das ich versetzen könnte, und alles, was ich seit zwei Jahren anfasse, ist schlecht oder wird schlecht. Es ist, als ob ich in einem Paternoster fahre, der an keinem Stockwerk vorbeikommt. Irgendwann bin ich eingestiegen und weiß nicht mehr, wo. Ich übertreibe ein wenig. Und doch ist es die Geschichte mit der ersten Schwarzmarktbutter nach dem Krieg. Alike und Fritz, bei denen ich in Untermiete wohnte, hatten sie gekauft, von mehreren Theatergagen. Als ich nach der Vorstellung nach Hause kam, führten sie mich in die Küche. Wir waren sehr aufgeregt und eilten mit angehaltenem Atem an das Spülbecken, in dem sie lag, doch alles, was wir vorfanden, war ein Stück Papier und ein gelber, im Abflußrohr verlaufender Fettfleck. Am gleichen Tag hatte der Hausbesitzer Koks bekommen und zum erstenmal geheizt. – Aber abgesehen von den Sorgen, die auf der Hand liegen, geschehen Dinge, die gelinde gesagt nervös machen. Da war das Zimmer in dem Pariser Hotel. Jede Nacht von eins bis fünf marschierte jemand über mir, marschierte auf und ab, zuerst in der Mitte des Zimmers, dann an den Wänden entlang, dann wieder in der Mitte. Es klirrte, als wären Sporen an den Stiefeln. Der Portier behauptete, das könne nicht sein, der Herr über mir sei 75 und gehbehindert. Eines Nachts holte ich ihn herauf. ›Nun hören Sie sich das an‹, sagte ich. Der Portier hatte einen Schnauzbart, und er fing an zu wackeln: ›Ich versteh' das nicht‹, brabbelte er und rannte weg. – Dann in London hatte ich eine Wohnung. Eines Abends kam ich aus dem Studio, es war Winter und neblig, und als ich die Tür aufschloß, hörte ich das Telefon klingeln. Die Presseabteilung sagte, daß noch drei Journalisten von einer italienischen Zeitschrift vorbeikommen würden, es täte ihnen leid, man hätte vergessen, es mir zu sagen. Kurz darauf kamen die drei. Nach wenigen Minuten wußte ich, daß es keine Journalisten waren und schon gar nicht italienische. Sie sprachen Cockney-Englisch und sahen aus wie skandinavische Ringkämpfer – falls es so was gibt –, und der eine, der sich als Fotograf vorgestellt hatte, ließ seine Rolleiflex-Tasche fallen. Sie sprang hoch wie ein Tennisball. Sie sahen mich an, wollten sehen, ob ich es bemerkt hätte. In dem Moment rief der Aufnahmeleiter an, um den Dispositionsplan für den nächsten Tag durchzusagen. Ich ließ ihn gar nicht zu Wort kommen. Rief: ›Das ist ja furchtbar und die ganze Nacht müssen wir drehen und wie konnte denn das passieren?‹, aber der Idiot sagte nur: ›Was reden Sie da für einen Unsinn‹, und hing ein. Den dreien sagte ich, daß die Kamera einen Defekt gehabt hätte und daß wir heute nacht alles wiederholen müßten, was wir am Tag gedreht hatten, und daß wir uns erst am nächsten Abend wiedersehen könnten, ich hätte dann bestimmt viel Zeit für sie. Als sie gegangen waren, rief ich die Polizei an. Sie kamen, zehn Mann hoch und zwei Detektive. Ich beschrieb ihnen die Journalisten. Sie waren gesuchte Raubmörder. Bis zum Schluß des Films wohnten Detektive in meiner Wohnung, sagten, man müsse mit einem Racheakt rechnen. Die drei haben sich nicht mehr blicken lassen, hatten wohl das Polizeiaufgebot gesehen. Jedenfalls hatte ich Angst vor jedem Studiobesucher und vor jedem Geräusch. Die Detektive blieben in meiner Nähe, bis ich im Flugzeug nach Berlin saß, und selbst das hatten sie noch vor dem Abflug durchgekämmt. – Dann, in einer anderen Wohnung vor vier Wochen, wurde das Schloß ausgesägt, nachts hörte ich ratsch ratsch und rief wieder die Polizei an. Einen Tag später hatte man ein Hakenkreuz in meine Filmgarderobe gemalt und alle Kleider zerschnitten. Auf die Dauer ist das natürlich nicht beruhigend, das mußt du zugeben. Aber es ist auch kein Grund, neunundvierzig Schlaftabletten mit sich herumzutragen. Und was die Arbeit angeht ... Da war der Film in Frankreich, zu dem mir dein Freund René geraten, aber das ist über ein Jahr her. Das Drehbuch, die Schauspieler, der Regisseur waren gut. Wir waren versessen darauf, einen guten Film zu machen. Für meinen Partner war er wahrscheinlich wichtiger als für alle anderen – es war seine erste Arbeit nach der siebten Entziehungskur. Die Rauschgiftsucht hatte ihm ein Agent eingebrockt. Der hatte einige Jahre zuvor zwei Filme für ihn abgeschlossen, die gleichzeitig gedreht wurden. Als mein Partner nach vier oder fünf Wochen zusammenklappte, gab man ihm eine Injektion und dann noch eine und am nächsten Tag wieder eine. Erst war es Morphium, dann Heroin. Nach der vierten das Geld aus. Hoppheißa wurde der Rest zusammengeflickt. Mit dem Film wollte er beweisen, daß er wieder arbeiten kann. Bevor die letzten Szenen fertiggestellt waren, ging dem Produzenten das Geld aus. Hoppheißa wurde der Rest zusammengeflickt. Als ich nach Deutschland zurückkam, fand ich eine Verleumdungsklage vor: Ich hatte irgendwann irgendwem erzählt, daß irgendwer mit meinem Hab und Gut etwas ordnungswidrig umgegangen sei. Du siehst, ich neige zur Unbesonnenheit und Vertraulichkeit. Und meine Mutter war niedergedrückt, um nicht zu sagen schwermütig. Da war ein ganzer Karton voller schmähsüchtiger Artikel, die ihre Bekannten säuberlich ausgeschnitten und ihr überreicht. Es half nichts, ihr zu sagen, daß sie sich über das Dörrgemüse nicht erregen sollte. Und daß die vom Auflageolymp benommenen Buschtrommler doch eher erheiternd als beängstigend seien. ›Ich werde noch rammdösig‹, sagte sie nur. Du und ich wissen, wieviel Menschen zur Feindschaft bereit sind – da muß ich dir noch die Geschichte von dem Filmproduzenten erzählen, der hier im Grunewald wohnt. Ich hatte nie mit ihm gearbeitet, aber er rannte herum und sagte jedem: ›Die ist fertig, unten durch, am Ende.‹ Da fuhr ich zu ihm und sprach: ›Sie hatten keinen Gewinn an mir und keinen Verlust, warum reden Sie über mich?‹ Er scharrte wie eine Kupferwachtel. ›Mißverständnisse, glauben Sie mir doch, Mißverständnisse‹, zirpte er ziegelrot. – Und die Geschichte vom Berliner Schneider: Er hatte Filmkleider für mich gemacht, sogar für einen englischen Film. Obwohl die Gewerkschaften Zeter und Mordio schrien, setzte ich es durch, daß er den Auftrag bekam. ›Wir sind kein Abzahlungsgeschäft, merken Sie sich das‹, ließ er meiner Mutter durch eine Angestellte sagen, als sie ihm einen Restbetrag übersandte. – Aber ich komme von der Arbeit ab. Hör zu. Im Januar neunundfünfzig bot man mir eine kleine Rolle in einem deutschen Film an. So einen ›Wurzen‹. Ich nahm sie an. Ging dann mit dem Hauptdarsteller auf Verbeugungstournee, den Film vorzustellen undsoweiter. Da sah ich nun all die Theaterbesitzer wieder, die ich so gut kannte und die noch dicker geworden waren und die von den alten Kamellen, die ich mal gedreht, ihre Sommerhäuschen in Mallorca anzahlten. Die gaben mir kaum noch die Hand, schlichen um mich herum, als sei ich mit Flecktyphus behaftet – der eine in Osnabrück nahm vorsichtshalber meinen Namen vom Plakat und bat mich, nicht auf die Bühne zu gehen. Und kürzlich saß ich mit deinem Freund René in einem Restaurant. Da kam der Regisseur Kurt Hoffmann an den Tisch. ›Guten Tag‹ oder ›Guten Abend‹ wollte ich sagen, und ›Wie geht's Ihnen?‹, aber so weit kam ich gar nicht. ›Ich habe keine Zeit‹, sagte er und nahm einen leeren Stuhl, der neben mir stand, und trug ihn weg. Im Grunde ist das lächerlich, und es berührt mich auch nicht so sehr. Erfolg oder Mißerfolg sind überbewertet, nur vom Mißerfolg hat man mehr, er gibt mehr her als Gesprächsbasis. Else Bongers zum Beispiel haßt Mißerfolg: ›Warum bist du nicht auf den Filmfestspielen?‹ fragte sie letzten Sommer. ›Was soll ich da? Ich bin gar nicht eingeladen‹, sagte ich. ›Das geht zu weit‹, fauchte sie, daß der zahnlose Pudel einen Herzanfall bekam. – Das alles ist auf die Dauer nicht schlaffördernd, und ich bekenne, daß hin und wieder die kleistrige Wut den Weitblick umflort, denn selbst der einfältigste, strohdümmste Film rechtfertigt das Benehmen der anderen nicht. Das finde ich. Und du wahrscheinlich auch. Ich weiß, welche Frage jetzt kommen muß, logisch und doch kohlrabenschwarz: Warum spielst du nicht Theater? Und das ist ein wesentlicher Punkt, um den ich mich herumzureden bemüht. Soll ich dir nicht zuerst den zweiten Traum erzählen? Also, da ist das Lager bei Nürnberg. Ich drehte einmal dort, bevor ich nach New York ging. Morgens liefen die Kinder aus den Baracken, liefen neben den Wagen her, warteten bis sie geparkt waren, standen den ganzen Tag und staunten sie an. Es waren russische, polnische, rumänische, bulgarische Kinder. Ihre Eltern hatten keine Ausweise. Sie lebten seit Kriegsschluß in dem Lager. Ein Fahrer öffnete die Haube eines Wagens, und als er sie zuschlug, waren die Finger des Jungen eingeklemmt. Er zerrte, und keiner fand vor Aufregung den Hebel, der die Haube öffnete. Der Junge weinte nicht, sagte nichts, er riß nur an den Fingern. Mit der einen Hand zerrte er an den Fingern der eingeklemmten. Bis wir ihn befreit hatten, waren alle Finger und der Mittelhandknochen gebrochen. Wir wollten ihn in die Stadt bringen, in eine Klinik, aber die Frauen drohten mit Fäusten und der Lagersanitäter schlug uns die Tür vor der Nase zu. Der Junge hatte uns nur angesehen. Nachts sehe ich das Gesicht des Jungen, erst molkig und fleckig, dann klarer und schärfer, und je mehr ich mich wehre, um so deutlicher wird es. – Sieh dir die Schwäne an. Es ist natürlich nicht wahr, was man über sie erzählt. Man sagt, sie machen Selbstmord, wenn ihr Partner stirbt. Sie fliegen hoch, klappen die Flügel zusammen und lassen sich fallen. Wie ein Stein stürzen sie auf den Boden. Zuzutrauen wäre es ihnen. Außer ihrem Gefährten scheinen sie keine Freunde zu haben. Sieh sie dir an. Wenn man ihnen Brot gibt, schlenkern sie ihren Kopf, als sei es eine Unverschämtheit, sie mit Abfällen zu füttern. Mit ihren Flügeln könnten sie uns den Schädel zu Brei schlagen. Mein Großvater liebte Schwäne. ›Patzig und ruppig sind sie‹, sagte er und lachte, wenn die Enten vor ihnen flüchteten. Ich durfte mich nie über sie lustig machen, wenn sie so schwerfällig am Ufer entlangwatschelten. ›Das ist ihr wunder Punkt‹, sagte er dann, ›aber das ist kein Grund, sich über sie lustig zu machen.‹ Einmal fuhr er mit mir zum Müggelsee. Er hatte einen Rucksack voller Brotrinden, die hatte er vom Bäcker in der Sedanstraße. Die Schwäne schliefen im Schilf. Wie dicke Federbetten oder wie Sahnebaisers sahen sie aus. Wir aßen saure Boskopäpfel und warfen Brotrinden ins Wasser. Zwischendurch mußte ich immer auf eine Wiese sehen: ›Grün ist gut für die Augen‹, sagte Großvater. Die Schwäne erinnern mich an Boskop und rote Grütze, die Großvater manchmal kochte, mit Sago, durchsichtigen Sagokörnern, an Klatschmohn und Kichererbsen, an Primeln und Dill auf dem linken Beet, neben meiner Schaukel. Wir hatten alles im Garten, nur keine Tomaten. ›Nachtschattengewächse kann ich nicht verknusen‹, sagte Großvater. – Zum Thema: Wenn ich an eine Theaterpremiere denke, stehen mir die Haare zu Berge ... es ist, als hätte ich ein Himmelfahrtskommando überlebt und müsse nun alles daransetzen, keinem mehr zugeteilt zu werden. Vielleicht erholt sich mein Mut eines Tages. Im Augenblick jedenfalls ist er heruntergekommen, angegriffen, trocken wie Sägemehl.«

Wir liefen noch eine Stunde und sagten gar nichts. In der Goethestraße stiegen wir in die Schneegans, vor meinem Haus verabschiedeten wir uns. »Dein Freund René sagte einmal: ›Man muß sich seine Feinde aussuchen‹«, sagte ich noch.

Als David Anthony Palastanga nach Berlin kam, trug er das Klavierhemd.

Das war an einem Samstag.

Am Sonntag wurde mir der Bundesfilmpreis für eine Nebenrolle überreicht. Die Überraschung und Fassungslosigkeit im Publikum hätte nicht größer sein können, wenn einem, der Fahrerflucht begangen, die »Kavalier am Steuer«-Plakette verliehen worden wäre.

Am Montag wurden mir viele Filme angeboten.

Am Mittwoch war ich »Ehebrecherin« auf erster Seite.

Am Donnerstag waren die Angebote rückgängig gemacht.

Am Freitag sagte David Anthony: »Ich habe mich in Berlin verliebt. Ich möchte hier leben.«

Fünf Monate später nahmen wir den Film in Italien an.

Herr Tortini holte uns vom Flugplatz ab. Er war unser Agent. Herr Tortini hatte dunkle feuchte Augen; rund und traurig, wie manche Kinder sie haben. Er trug einen breitrandigen Hut und fuhr ein großes amerikanisches Auto, das scheinbar führerlos und ferngesteuert über die Straßen jagte, denn Herr Tortini war von überaus kleinem Wuchs, jedoch stämmig, abgerundet, drall. Er war so breit wie hoch. Er sprach sehr leise und ausschließlich italienisch, und nach »buon giorno« verlief das Gespräch im Sande. Ob er durch den Hut, oder die Unbequemlichkeit, zwischen oberem und unterem Rand des Steuerrads hindurchsehen zu müssen, oder durch eine verplierte Windschutzscheibe in der Sicht behindert – oder ob seine Fahrweise einer drollig schalkhaften

Wesensart entsprach, blieb ungeklärt; wie dem auch sei: er raste mit einschlägiger Neigung zum Linksverkehr auf entgegenkommende Busse, Personenwagen, Vespas und Fahrräder zu, entging den zahllosen und unvermeidlichen Frontalzusammenstößen dank einer göttlichen Fügung. Ein Halteschild, zwei Bäume und eine Cinzano-Reklame nur flüchtig streifend, verließ er die Landstraße und hielt auf Rom zu. Dort angelangt, fand er die schmalsten, bürgersteiglosen Gäßchen, in denen lahmende Großmütter mit Kinderwagen und hochschwangere Frauen mit Säuglingen auf dem Arm durch wundersame Weitsprünge ihr Leben vor Tortini zu retten vermochten. Schließlich parkte er das Automobil – das heißt, er hieb mit vorderer und rückwärtiger Stoßstange einen Platz zwischen Kleinwagen frei, beulte sie auf leicht abschüssiger Straße hinauf und hinunter – und trippelte, nachdem er den Motor krächzend abgewürgt, in ein kleines Restaurant, in dem ihm, kaum daß er sein Mäntelchen abgelegt, eine enorme Portion Spaghetti serviert wurde. Als er drei große Stücke Butter, fünf Löffel Tomatensoße und ein halbes Glas geriebenen Parmesan über sie verteilt und sorgsam verrührt, machte er sich daran, die zu faustgroßen Klumpen gewickelten Spaghetti in sich aufzunehmen; sie waren verschwunden, bevor wir noch unsere Servietten ausbreiten konnten. Nachdem er drei Schüsseln geleert, aß er zwei Fleischgerichte, einen Salat; dann hob er den Kopf, nickte dem Kellner, vertilgte die bereitgehaltene Zabaione, einige Kekse und Obst. Über einen Espresso gebeugt, sagte er, die rechte Hand hebend und seine fünf Finger spreizend: »Cinque percento.« Seine Augen, feuchter denn ohnehin, ließen uns fürchten, daß er alsogleich in Tränen ausbrechen würde, sollten wir nicht mit einem Gegenvorschlag aufwarten. Es war nämlich so: Mit einem deutschen Agenten hatte er die Zehn-Prozent-Provision zu teilen, und obwohl diese Übereinkommen zwischen Agenten üblich und auch außerhalb des Einflusses der Klienten, fühlte er sich offensichtlich mißhandelt. Als wir ihm klarzumachen versuchten, daß dies nicht unsere Sache sei, rupfte er seine Serviette aus dem Kragen und führte sie an die Augen, betupfte die Lider, erhob wiederum die gespreizte Rechte. Das Resultat war grauenerregend, denn die auf das Tuch verklekkerte Tomatensoße hinterließ blutrote Streifen, von Stirn über Nasenrücken verlaufend. Als ich ihm einen Taschenspiegel reichte, nahm er die Verunstaltung auf, als handle es sich um ein Stigma. Auch quollen die Tränen stärker als zuvor, und nur zögernd und widerwillig wischte er die Reste seines Mittagessens vom Gesicht und trippelte in sein Auto. Durch das Mahl gestärkt, fuhr er mutiger denn je, und in kürzester Zeit erreichten wir die Cinecittá.

In der Mitte der Halle stand ein junger Mann auf einem Stuhl und schrie eine nicht abreißen wollende Serie von Silenzios, denen ebenso viele Bastas folgten. Dann brach der Sitz durch. Im Stuhlrahmen verklemmt, sprang er auf und ab, von niemandem beachtet und von ohrenbetäubendem Lärm umbrandet, der, durch seine Rufe angefeuert, auf ein Fortissimo furioso zutrieb. Herr Tortini stellte ihn als Regisseur vor. Durch mehrere gellende Pfiffe auf sich aufmerksam gemacht, gelang es ihm, jemanden zu finden, der bereit war, mich einzukleiden. Da mein Regisseur nur des Italienischen kundig und auch kein Übersetzer zugegen, bedeutete er mir durch Fingerzeigen, wo ich was zu tun hätte. Der selbst während der Aufnahmen fortwährende Tumult brachte mich nach einigen Tagen an den Rand der Verzweiflung, und, nach einem hilfesuchenden Blick auf David Anthony, sprach jener: »Mein Vater war Italiener.«
»Ich denke Grieche.«
»Sein Vater. Meiner war Italiener, und wenn du was erreichen willst, mußt du brüllen – wohlgemerkt, ohne dich zu erregen.«
Inmitten eines langen Monologs, in dem ich als Herzogin verkleidet meine Ansprüche auf Parma geltend machte, fiel mein Auge auf einen kreischenden Atelierfotografen. Ich griff ihn beim Rollkragen und schrie, einige Minuten lang und mich des öfteren wiederholend, etwas, das in keinem Duden verankert. Anfänglich ungehört, doch allmählich mehr und mehr Beachtung findend, steigerte ich mich zu einer stimmlichen Höchstleistung; zum Ende gekommen, fand ich mich von ehrfürchtiger Stille umgeben. Der Regisseur küßte mich, Arbeiter schüttelten meine Hände, der Produzent brachte Blumen, ich erhielt eine eigene Garderobe.
Als die ersten Gagenzahlungen fällig und weder Herr Tortini noch die Produktion sie auch nur erwähnten, ging David Anthony zum Produzenten. Der blinzelte verständnislos, sagte: »Domani.« »Domani« war Samstag und die Banken geschlossen, Sonntag desgleichen, Montag ebenfalls, denn dieser war ein Feiertag. Da wir kein Geld mehr hatten, versprach das Wochenende problematisch zu werden.
Der noch verschlafene Kassierer wurde augenblicklich munter, als ihm David Anthony am Dienstag früh den Scheck übergab; er verschwand nach »Un momento« und prüfendem Blick in hinteren Räumen und kam nach unruhig verwarteten fünfzehn Minuten mit einem froh gestimmten Herrn zurück, der sich als Direktor vorstellte und »Woher, bitte, haben Sie diesen Scheck?« fragte.
»Vom Produzenten«, sagte David Anthony.
»Der ist gar nicht bevollmächtigt, das ist ein Firmenkonto und benötigt drei Unterschriften«, sagte der Frohgestimmte.

Drei Tage lang war der Produzent unauffindbar; dann, in seinem Büro zur Rede gestellt, schlug er die Hände über dem Kopf zusammen, rief: »Wie konnte ich das nur vergessen!« und schrieb einen weiteren Scheck für eine andere Bank. Dort angekommen, sah der Kassierer erbleichend auf David Anthony, verschwand nach »Un momento« und furchtsamem Blick in hinteren Räumen und kam nach bangen Minuten mit einem enthusiastischen Herrn zurück, der sich als Direktor vorstellte, David Anthony zu einem Grappa einlud und »Woher, bitte, haben Sie diesen Scheck?« fragte.
»Vom Produzenten«, sagte David Anthony.
»Der hat seit zehn Jahren kein Konto mehr bei uns«, rief der Direktor. »Das Scheckbuch muß er aufgehoben haben«, fügte er anerkennend hinzu.
David Anthonys Anruf unterbrach die Anweisungen meines Regisseurs, der »Sei happy mit den Zähnen«, brüllte, was nur bedeuten konnte, daß ich lachen sollte. »Höre sofort auf zu arbeiten und schließ dich in deine Garderobe ein«, hörte ich David Anthony sagen. »In vier Tagen ist der Film fertig, und alles, was sie dir geben, ist die Hand.«
Erst pochten sie, dann hämmerten sie, dann versuchten sie die Tür einzuschlagen. Als David Anthony eintraf, gllich der Korridor einem orientalischen Bazar, und der von der Produktion herbeigerufene Herr Tortini klammerte sich an David Anthonys Hosenbeine und jammerte, soweit verständlich, daß der Produzent ein nobler Mensch sei, dann fiel er in die Knie und verbarg sein Gesicht in einem Taschentuch. Der Aufnahmeleiter kam angerannt, wedelte einen Scheck.
»Bar«, sagte David Anthony.
»Bar?« riefen sie im Chor.
»Bar«, sagte er, »sonst keinen Meter Film mehr.« Und da sein Vater Italiener, rief er ein, wenn auch britisch unterkühltes Basta«.
In der Pension lag die Wochenrechnung, eine Übernachtung wurde uns noch gewährt. Morgens kam der Aufnahmeleiter: »Sie werden im Studio erwartet«, rief er durch die Tür. Wenig später der zweite Produktionsleiter: »Wenn Sie nicht kommen, werden Sie verklagt.« Dann der erste Produktionsleiter: »Wir werden die Polizei holen.« Kurz darauf der Produzent: »Wir werden dafür Sorge tragen, daß Sie nie wieder arbeiten.« Dann zwei Stunden Stille. Gegen Mittag zaghaftes Klopfen. Herr Tortini stand von einem Schüttelfrost befallen. »Ich habe das Geld. In bar«, brachte er endlich heraus und weinte beim Zählen. »Sie haben meiner Agentur sehr geschadet«, rief er aufschluchzend und verließ uns.

»Sie werden uns die Scheinwerfer auf den Kopf werfen«, sagte ich, als wir in die Studiohalle kamen.
»Sie sind da!« rief einer.
Die Belegschaft stand, lautlos, weihevoll, einem Staatsempfang angemessen. Dann stürzte der Regisseur auf uns zu. Er umarmte uns, küßte uns, der Produzent hielt unsere Hände, als vollziehe er eine Trauung, der Kameramann schlug sich auf die Schenkel, der Oberbeleuchter schrie: »Brava, brava.« Das Spiel war beendet, wir waren die Sieger, und den Siegern gebührt Anerkennung.
»Tonio«, sagte ich, »ich möchte dich Tonio nennen.«
»Warum?« fragte David Anthony.
»Wegen des italienischen Vaters.«
»Wenn du willst ... aber meine Mutter war Schottin.«
Das war auf dem Weg zum Flughafen. Du flogst nach London, für zwei Tage Nachaufnahmen zu drehen für einen Film, den du vor Wochen beendet, ich nach Berlin. Als du abends anriefst, war ich im Krankenhaus; es war das gleiche, in dem ich als Kind operiert worden war. Ich hatte 40,4 Fieber, und meine Wirbelsäule, mein Kopf, mein Nacken schmerzten, und die Frau mit dem Bohnerbesen haute morgens gegen das Bett, und ich schrie, und sie sagte: »Nu ham Se sich nich so.« Nach acht Tagen war ich entlassen. »Virus«, sagten sie. Das Fieber kam wieder. Nach zwei Monaten ging ich morgens aus unserem Haus und wußte abends nicht mehr, wie lange ich fort gewesen und wohin ich gegangen war und wie ich zurückgefunden hatte. Ich erinnerte mich an keine Namen und keine Gesichter, keine Jahreszahl und keinen Wochentag. »Sie hat Meningitis«, sagte ein Arzt, »es wird lange dauern, bis sie wieder arbeiten kann. Ihr müßt Geduld haben.« Nur einer deiner Freunde schrieb noch, die anderen waren nicht einverstanden mit deinem Umzug nach Deutschland. »Für die Engländer beginnt der Urwald in Calais«, sagtest du.
Im Frühjahr 1960 bekam ich ein Theaterangebot. Ich nahm es an. Ich konnte keinen Text behalten, nicht länger als vierundzwanzig Stunden. Jeden Tag lernte ich das Stück, als hätte ich es nie zuvor gelesen.
Auf den Straßen riefen sie uns nach, du hast das meiste nicht verstanden, weil du noch nicht Deutsch sprachst, und es war gut so. Als der Regisseur Franz Josef Wild nach Berlin kam und Cocteaus Einpersonenstück »Geliebte Stimme« mitbrachte, sagtest du: »Du mußt es spielen. Wenn du das schaffst, weißt du, daß du wieder gesund werden kannst.«
Nach der Fernsehsendung in München fuhren wir nach Berlin zurück. Auf einem Parkplatz wollte der Wächter Geld von dir. »Take it all«, sagtest du, zum erstenmal lauter, als es deiner Natur

entspricht, und drehtest die Hosentaschen nach außen. Der Mann rannte weg und wir lagen unter dem Wagen und sammelten das Geld wieder ein. Es war das letzte, das wir hatten, und die Gage für die Sendung war die letzte, die wir für lange Zeit verdienen sollten. Wir hatten Freunde, sie luden uns ein, aber sie konnten nicht helfen. Es war wie in Hollywood 1948. Nur: hier war ich zu Hause. Das einzige, was wir noch bekamen, waren Rechnungen und die Briefe von den Scheidungs- und Steueranwälten. Fritz Lang wollte einen Film mit mir machen, aber die Verleiher weigerten sich, ihm Geld zu geben. Es gab keine Brücken, die wir abbrechen konnten, es gab nichts, was in einer anderen Stadt neu aufzubauen gewesen wäre. Ich wollte Plakate malen, aber sie lachten, wenn ich meinen Namen sagte. Haushaltsname, Sünderin, Ufa-Star, Broadway-Star, Ehebrecherin.
Im Winter 1960 hatte ein Tourneeveranstalter den Mut, uns einen Vertrag anzubieten. Du schlugst Kanins »Born yesterday« vor, wir spielten ein dreiviertel Jahr lang. Zogen von Stadt zu Stadt, von Dorf zu Dorf. Im Sommer kamen wir nach Berlin, spielten einige Wochen am Kurfürstendamm-Theater.
An einem Vormittag – du repariertest die Schneegans – ging ich spazieren. Am Haustor stand Schniebel. Wir hatten uns zwei Jahre lang nicht gesehen. Wir liefen über die Clayallee bis zum Grunewaldsee, doch da quäkten Kofferradios, und zwischen leeren Coca-Cola-Flaschen, Konservenbüchsen, Bonbontüten, Zigarettenschachteln lagen sie auf Wolldecken oder Gummimatratzen, und manche planschten in dem graubraunen Wasser. Wir kletterten den Hügel hinauf, dann sagte ich: »Es war eine zähflüssige Zeit, und wenn das Wort Erniedrigung nicht so dumm wäre, würde ich es fast gebrauchen wollen. Du weißt von der Tournee. Seit der Premiere in Hamburg geht es uns etwas besser – nicht so sehr finanziell, denn wir haben zu viele Schulden, aber seit damals haben wir ein wenig Hoffnung. Als ich auf die Bühne kam, klatschten sie, als wollten sie sagen: Genug der Vorwürfe, nun spiel schon. Wir haben zwar keine Ahnung, wie es nach der Tournee weitergehen wird, aber wie gesagt, wir haben etwas Hoffnung. Am Tag fuhren wir, abends spielten wir, und nachts suchte Tonio die Landkarten nach der Stadt ab, in der wir am nächsten Abend sein mußten. Kurz vor Ostern saß er bis drei Uhr früh. Als ich ihn fragte, was so schwierig sei, rief er: ›Ich kann Karfreitag nicht finden.‹ Sein Deutsch ist viel besser geworden, nur manche Worte sind ihm nicht geläufig. Das sind so die Scherzchen am Rande, wie auch der, daß wir einen Teil der Gage in Hotelzimmer anlegen müssen – weil wir nicht verheiratet sind, brauchen wir eben zwei. Die Scheidung zieht sich hin. Die Meningitisschmerzen werden

seltener. Schmerzen machen selbstmitleidig, sie isolieren, ich kann dir nicht sagen, wie sehr ich sie hasse und wie sehr ich mich verachte, wenn ich jaule; sie sind wie ein Trommelfeuer, das alles zerstört, was schön ist. Und Erinnerungszusammenbrüche sind auch nur attraktiv, wenn man sie wünscht, nicht wenn sie einen ungefragt anfallen. Laß mich zuerst ein wenig herumreden. Um unsere Situation in der Öffenxlichkeit zu umreißen, muß ich dir die Geschichte vom Autobahnkontrollpunkt erzählen. Nachts kamen wir an, die Vopos hatten die Schneegans untersucht, dann ging Tonio mit unseren Pässen in die Hütte, ich wartete im Wagen. Plötzlich tauchte eine Frau neben dem Fenster auf und bat mich, ihr eine Zigarette zu schenken. Sie weinte, und endlich erzählte sie mir, daß sie ihre Tasche mit den Ausweisen in der Zone verloren hätte und daß sie seit acht Stunden weder vor noch zurück käme und daß ihre Tochter in Westberlin auf sie warte undsoweiter. Ich gab ihr den Rest unserer Zigaretten und bot an, die Tochter zu verständigen. Die Frau beugte sich in den Wagen und fragte mich, ob ich nicht ›die Schauspielerin‹ wäre. Ja, sagte ich. Da plärrt sie los und ruft: ›Auch das noch.‹ – Während der letzten Jahre habe ich gelernt, von Tag zu Tag zu leben. Jeder macht sich sein eigenes Zentimetermaß zurecht: der eine lebt nach Jahren, der andere nach Monaten oder Wochen, wir nach Tagen. Anfänglich aus der Not heraus, weil wir nie wußten, wie es weitergeht, ob wir ausziehen müssen oder das Wasser und Licht abgesperrt wird oder was weiß ich. Deshalb, wenn ich sage, wir haben keine Ahnung, wie es weitergeht, so ist es auch, weil wir gar nicht weiterdenken, weder wollen noch können. Wir haben einen neuen Kalender, mit dem man besser leben kann. Nur einmal machten wir Pläne, und auch nur, weil wir wußten, daß sie nicht realisierbar sind. Das war in Sievershausen; wir hatten am Abend zuvor in Einbeck in einem Kino gespielt, und am nächsten Morgen fuhren wir in das Dorf, um die Verwandten meines Stiefvaters zu besuchen. Das Land ist sehr schön um den Solling herum, ein paar Hügel, viele Felder und dann diese langen, unbequemen Landstraßen, die in der Mitte ansteigen, holprig wie Kamelrücken, mit unordentlich gepflanzten Bäumen zu beiden Seiten. Die Luft ist rauh im Solling, ›knackfrisch‹, hätte mein Großvater gesagt. ›Eines Tages kaufen wir uns einen Bauernhof‹, sagten wir, ›einen, der nicht automatisiert ist und von dem wir leben, als Vegetarier, denn wer kann schon das Huhn schlachten, das Elise oder Kunigunde heißt.‹ Wir saßen neben der Landstraße, und ich war glücklich wie nie zuvor. Tonio ist an Erfolg uninteressiert, er sagt ihm wenig. Er ist unabhängiger von Menschen, als ich es bin. Vor einem Jahr noch fing ich einen Krach an, weil bei einer Party ein Produzent herumredete. Da war ein Schauspieler, und der hatte seinen ersten Film als Regisseur gemacht, einen der besten Filme der Nachkriegszeit. Der Produzent sagte: ›Nun wollen wir erst mal abwarten, was er als nächstes macht.‹ Und plötzlich keifte ich: ›Es ist egal, was er als nächstes macht, er hat dieses eine gemacht, und das ist mehr, als Sie von sich sagen können.‹ Dann ging ich weg. Tonio kam erst viel später aus dem Haus und fragte: ›Was war?‹ – ›Ich hatte Krach‹, sagte ich. ›Für mich hört sich noch alles wie Krach an‹, sagte er, ›selbst wenn ihr übers Wetter redet.‹ Aber du siehst sie lungern herum und warten auf den Mißerfolg, der den Erfolg auslösen soll. Sie können das Gelungene ebensowenig ertragen, wie sie Schönheit ertragen können. Sie müssen einfach etwas dagegen unternehmen, und sei es nur, es in Frage zu stellen. Wenn sie nur wüßten, wie sehr sie sich zu erkennen geben, wie sehr ihre eigene Unsicherheit Herabsetzung und Zynismus diktiert; es ist das Rüstzeug der zum Versagen Prädestinierten. – In der Siedlungsstraße, in der meine Mutter lebte, während sie evakuiert war, wohnte eine dicke Frau. Sie hatte sechs oder sieben Kinder, der Mann war Vertreter, Schnapsvertreter, später war er eingezogen. Mit anderen Worten: er war nie zu Hause. ›Ach, der Hermann ...‹ sagte sie nur, wenn sie nach ihm gefragt wurde, als sei sie überrascht, sich noch an den Namen zu erinnern, und sah über ihre Kinderschar: ›Ja, der Hermann ist ein guter Mensch.‹ Es war das einzige Haus in der Siedlung, das nie abgeschlossen und in dem nie Hausputz abgehalten wurde. Hin und wieder kippte sie einen vollen Wassereimer in der Küche aus und schob mit einem Besen Hühner, Kinder, Kohlreste, Kartoffelschalen die Stufen hinunter. Abends stand sie am Küchentisch und rief: ›Erzählt mal Muttern, was ihr so essen wollt, und dann werden wir mal überlejen, wo wir's herkriegen.‹ Ihre Kinder waren alle weißblond und rotbäckig, und die Mädchen waren frühreif und knutschten mit den Soldaten vor der nahe gelegenen Kaserne herum. Sie liebten das zerwühlte Haus und ihre dicke Mutter, und keiner ihrer Jungens kam auf die Idee, sich freiwillig zu melden. In der Siedlung sagten sie, sie sei eine Schlampe und hätte ›Verhältnisse‹, und wenn sie die lange Straße entlangwuchtete, standen alle hinter ihren Gardinen und tuschelten. Sie sah aus wie ein großer glücklicher Hund, der das Gekläff der kleinen, an ihre Hundehütten festgebundenen gar nicht hören kann, weil er so beschäftigt damit ist, zu leben und glücklich zu sein. – Ich wollte dir eigentlich von Miller erzählen. Vielleicht das nächste Mal.«

Schniebel und ich standen noch am Tor, es fing an zu regnen, meine Mutter schloß eine Balkontür. »Ich habe sie gestern gemalt«, sagte ich, »ich habe das Bild zerrissen, bevor sie es sehen konnte.

Sie hat keine Farben mehr, es ist, als hätte man alle Grüns und Rots weggeschüttet, als brauche der Körper seine Kraft für anderes als für die Farben.«

Ende September 62 saß Schniebel neben dem Laubberg, den ich zusammengefegt hatte. Er sah auf die Harke, hinüber zum Starnberger See, dann auf meine verdreckten Hände. »Du brauchst mich nicht so anzusehen«, sagte ich, »mir macht das Spaß, und die Arbeit in Ateliers ist nur noch erträglich, weil ich an den Garten denke und mich darauf freue, hier herumzuwursteln. Also was guckst du so blöd?« Tonio kam, eine Laubkarre vor sich her schiebend. Schniebel sah auf unsere Eheringe. »Ich dachte, du würdest früher kommen«, sagte ich, »im Juni, zu unserer Hochzeit, hatte ich dich erwartet.«
Dann gingen wir den Mühlbach entlang, an dem Waschhaus des Nonnenklosters vorbei, liefen bis Harkirchen und zurück. Ich sagte: »Dein Vorwurf ist nicht zu übersehen. Aber es macht uns Freude, so zu leben. Ein Garten muß einem nicht gehören, um ihn zu bepflanzen. Man muß ihn nicht besitzen, um Freude daran zu haben, und man muß auch nicht unbedingt daran denken, wovon man in drei Monaten lebt. Wir hampeln uns durch Filme, einige waren nicht einmal so schlecht. Und der Redakteur einer Zeitschrift, Hans Weigt heißt er, brachte einen Schallplattenproduzenten ins Haus; die Platte, die ich machte, gefiel, wurde gekauft. Also was willst du? – Im Januar waren wir in Amerika, ich habe Erich Pommer wiedergesehen. Nichts ist ihm geblieben von diesem Beruf – sein Geld hat er verloren mit einem Film, den er in Deutschland drehte. Jetzt lebt er in der Wohnung seines Sohnes, ist abhängig, ist krank, lebt in einem Rollstuhl. Er würde mit allem fertig werden, nur nicht damit, nicht mehr zu arbeiten. Es ist die größte Abhängigkeit, die es gibt. Ich habe es nie so gehaßt, kein Geld zu haben, wie an dem Tag bei Erich Pommer; einem Mann, der mein Freund ist und dem ich nur mit sehr viel Geld helfen könnte. Und du wirst jetzt nicht sagen, daß es schlimmere Schicksale gibt, weil du weißt, daß ich diese Ausrede nicht gelten lasse, weil diese Ausrede das Versagen voraussetzt, weil unsere Unfähigkeit mit dem größeren Versagen entschuldigt werden möchte, weil sie unterstellt, daß Schönheit, Zufall und Häßlichkeit die Wahrheit sei.«
Und da Tonio durch nichts zu erkennen gab, daß er zuhörte, und auch seine Schweigestunde einhielt, redete ich weiter: »Soll ich jetzt Lichtenberg zitieren? – ›Ich kann freilich nicht sagen, ob es besser werden wird, wenn es anders wird? aber soviel kann ich sagen: es muß anders werden, wenn es gut werden soll.‹ – Oder

sagt dir meine unnötige Aggression, daß ich lüge; daß ich Gartenpflege benutze, um eine Ausrede zu haben, weil ich letztlich nicht stark genug für die Anfeindungen war, und weil, wie meine Freundin Else Bongers behauptet, ich alles tausendprozentig tun muß, auch das Nichtstun. ›Du steigst nicht nur aus‹, sagt sie, ›du attackierst auch das, was du verläßt.‹«

Wir setzten uns auf die enge Holzbrücke, die über den Mühlbach führt, und verfolgten den Weg eines Enterichs, der zur Wasserlandung ansetzte. Ich sagte: »Tonio und mich widern die Fallen an, die wir manchen Regisseuren stellen müssen, um einigermaßen unbehindert arbeiten zu können und um nicht auf den oft irreführenden Regiemumpitz wieder und wieder hereinzufallen. Mit Spiegelfechtereien und Kausalerklärungen weisen wir uns als Methodiker aus und verbreiten, bevor die erste Einstellung gedreht, so viel Unklarheit, daß die Bildungsschwangeren unsicher werden. Wir frohlocken keineswegs, wenn wir dem Regisseur der ›Dreigroschenoper‹ einreden, daß ›Jenny‹ im erweiterten Sinne ›Richard der Dritte‹ sei, und nicht, wie man meinen möchte, jener von Shakespeare, sondern der von Beowulf. Ich weiß, was du sagen willst: Wenn ihr schon so überschlau seid, dann stellt euch, allein und ohne Tricks. Aber ich frage dich: Wie und mit was? Die Abhängigkeit bleibt bestehen.«

Tonio stand auf, ging Grashalm kauend weiter. »Bis vor zwei Tagen war Henry Miller bei uns«, sagte ich. »Vor eineinhalb Jahren rief er uns zum erstenmal an. Er hatte einen Film von mir gesehen, oder richtiger, einen, in dem ich mitspielte. In einem Flohkino in San Francisco. Als er nach Deutschland kam, ließ er sich unsere Telefonnummer geben. Bis wir uns trafen, hatte er alles über uns ausgeforscht; er kannte unsere Horoskope und war sogar in Ulm gewesen, hatte heimlich eine Theatervorstellung besucht und Zeitungsausschnitte ausgraben und übersetzen lassen. Sein Interesse macht dich zum Giganten – es ist ein gigantisches Interesse, das jedes andere hinterlistig und heimtückisch erscheinen läßt. Es kommt aus der absoluten Unabhängigkeit und es erstreckt sich auf alle und es wird sich nie mit einer Bilanz zufriedengeben. Henry spricht nicht Deutsch, aber sein Interesse entlockte unserem ungesprächigen Briefträger eine Lebensbeichte, die gleichzeitig eine Wandlung in ihm vollzog: der bisher etwas grantige Mann ist neuerdings von gelassener Heiterkeit und fragt regelmäßig nach dem freundlichen Herrn, der nicht einmal seine Sprache spricht.«

Tonio räusperte sich, strich langsam mit der Rechten vom Haaransatz bis in den Nacken, suchte mit der Linken nach einer Zigarette in der Hemdtasche; ein Zeichen, daß er sprechen würde. Er sagte: »Schniebel hat recht. Laß uns allein arbeiten. Wir wer-

den ein Stück finden. Wir werden es produzieren, inszenieren, spielen. Laß uns anfangen.«
»Wie?«
»Wir werden anfangen. Und wenn wir flach auf die Nase fallen, dann wissen wir wenigstens, warum. Dann sind *wir* es, die versagt haben, nicht die anderen.«
Wir wollten Schniebel ins Haus bitten, aber er war schon verschwunden.

St. Moritz, den 1. Mai 1970
Ich habe ein Foto gefunden: Großmutter und ich in Zossen. Ich trage das Sonntagskleid, eine Wolljacke und einen Gänseblümchenkranz auf dem Kopf. Großmutter sieht auf mich hinunter, sie ist böse, ich verweint – Wurzel aller Ängste? – vieler Ängste – mancher Ängste? Ich weiß es nicht. Sie hatten gestritten, Großvater und Großmutter, sie hatte auf der Bank neben dem Herd gesessen und gesagt: »Ich bin krank, ich kann mich um das Kind nicht mehr kümmern. Mit einem alten Mann kann es nicht aufwachsen. Es ist besser, sie kommt in ein Heim.« Als die Nachbarin mit dem Fotoapparat kam, hatte ich mich unter dem Küchentisch versteckt. Sie hatten mich vorgezogen und den Gänseblümchenkranz geradegedrückt. Dann: Im Winter kam einmal ein Mann mit Blumen und Schokolade. Großmutter sagte, er wolle Mutter heiraten. Der Mann hatte mich angesehen und gesagt: »Wir werden ein hübsches Heim finden für die Kleine.« Er kam nie wieder, aber ich hatte Angst, daß er und Großmutter ein Heim finden würden.
Ich rufe Else an.
»Kind, was ist?«
»Nichts ist. Hier schneit's.«
»Wo nicht.«
»Ich lade dich nicht mehr ein.«
»Wenn die Schule Ferien hat, komme ich.«
»Tonio hat ein Haus für den Sommer gemietet. Es ist groß. Du brauchst mich nicht zu sehen, wenn du keine Lust hast – ich meine, man kann sich aus dem Weg gehen.«
»Ich werde zu euch kommen, um dich NICHT zu sehen. Wie geht's dem Kind?«
»Unter anderem kann sie ›danke‹ sagen. Ich frage mich: Ist das gut?«
»›Danke‹ hat keine Bedeutung mehr.«
»Ich habe gestern abend in Ratschläge-für-Eltern-Büchern geblättert; sie erinnern mich an Anleitungen für Meerschweinchenzucht. Da ist ›Das kleine Karlchen, das nicht einschlafen will‹, und

›Theolein, der die Nahrung verweigert‹ und ›Wie verhalten sich Papi und Mami, wenn Mariannchen lügt?‹ Vielleicht sollte man sie abwerfen, die Erwachsenen, über Nepal oder Neuseeland, da wo wilde Stämme lauern; Zentralaustralien bietet Möglichkeiten, da lägen sie mit Knöchelbruch – wie werden sie sich verständlich machen, was wird ein Lächeln auf die Riesenköpfe zaubern und was nicht? Wann werden sie rabiat und wann gehen sie schnöde von dannen? – So ungefähr muß es gewesen sein als Kleinkind.«

»Du wütest.«

»Ich wüte in Massen. Gewütet habe ich vor ein paar Wochen in Südfrankreich in einem Restaurant, das ›Tante Marie‹ heißt. Am Nebentisch saß ein Fettwanst und murmelte ›Boche‹. Ich sah mein Bochekind an und wurde zur Megäre.«

»Du hast randaliert?«

»Ich habe randaliert.«

»Boche sagen immer nur die Boches ihrer Länder.«

»Christina wird am Sechzehnten zwei Jahre alt.«

»Vielleicht erlebe ich es noch, daß du mich anrufst und heulst, weil sie dir etwas geboten hat, mit dem du nicht gerechnet. Dann werde ich dir sagen: ›Vergiß nicht, du warst genauso.‹ Wie wirst du die Menschen wieder los?«

»Welche?«

»Die sich während des letzten Jahres auf deinem Schreibtisch breitgemacht haben. Wie kriegst du sie wieder aus dem Haus?«

»Ich weiß es noch nicht.«

»Du konntest vergessen. Menschen, Filme, Einbrüche, Zusammenbrüche.«

»Vielleicht.«

»Bestimmt sogar.«

»Du hast recht.«

4. Mai 1970

Schniebel war hier. Ich traf ihn am Zeitungskiosk auf Bahnsteig 1. Es war 8 Uhr früh, und der Malojawind war kalt. »Der See sollte aufgetaut sein«, sagte ich, »bis zum Zehnten spätestens, aber ein gefrorener ist mir immer noch lieber als einer voller Krokodile. Wußtest du, daß Krokodile schnell sind? Am Sambesi, da wo er breit wie der Wannsee ist, riß mich ein Mann zurück, sagte, es seien die schnellsten Tiere, die es gebe. Im Zoo liegen sie so bestußt und brägenklittrig herum... Die Berge fressen mich, nach beinahe fünf Monaten fressen sie dich, da sehnst du dich nach Flachland und Weite, da werden sie hinderlich und unheilschwanger, erdrücken dich mit ihrer Schwerfälligkeit; ihr Schutz ist kein

Schutz mehr, er wird zur Ritterrüstung, zur Verschanzung, Augenbinde. Mit ihren Schneeresten sehen sie aus wie alte Männer in Unterhosen. Erholungsbedürftige Rentner. Du wirst sagen, daß ich übertreibe. Manchmal frage ich mich, ob Hugo noch lebt. Hugo war ein Hirsch, der allabendlich Punkt sechs mit dem Geweih gegen die Haustür pochte; dann trat er in die Diele und fraß fünf Pfund Mohrrüben und ebensoviel Kartoffeln, er konnte einen armessen. Ich hielt mich an seinem Geweih wie an einem Kaffeehauskleiderständer fest und stopfte ihm seine Rohkost ins Maul, wie man einen Wäscheautomaten füllt. Ich hatte eine tschechische Haushälterin, und die stand jedesmal schlotternd mit einem Beil hinter der Tür. Sie war überhaupt eine außerordentlich ängstliche Person, sie klurrte immer mit diesem Beil herum, ich weiß bis heute nicht, wie sie kochen konnte mit dem Beil in der Hand. Das war damals, als ich aus New York zurückgekommen war und in dem einsam gelegenen Haus an der Meierei lebte. – Dann frage ich mich, ob der Geist noch geistert, den gab's nämlich auch. Mit mir hatte er nichts im Sinn, aber meiner Mutter zog er nachts die Decke weg, schloß ihre Tür ab, öffnete Fenster, warf Stühle um. Aber du bist nicht gekommen, um von Krokodilen und Geistern zu hören. Dein Freund René ist etwas verärgert, weil ich ihn mißverstanden habe. Er sagt, er sei kein professioneller Boxer gewesen, nur einer, der als Student in Paris geboxt habe. Sag ihm, ich hätte es begriffen und würde es korrigieren. – Ich habe einen Freund, der heißt Pali, und mit dem habe ich mal versucht, einen Reim auf ›Alpen‹ zu finden; glaube mir, es gibt keinen. Wir schreiben uns Briefe, die unverbessert und ungeändert abgeschickt werden mußten, sich reimende, und bei ›Alpen‹ brach der Brief ab. Seit einem Jahr habe ich Pali nicht gesehen. Seltsam, man verliert Menschen, weil man zu weit auseinander wohnt oder weil man arbeitet oder was weiß ich. Pali ist noch jung, aber ich kenne ihn nur mit schneeweißem Haar. Ich glaube, sie waren immer schon weiß; bevor sie sich zu irgendeiner Farbe entschließen konnten, wurden sie weiß. Er ist in einem Konzentrationslager aufgewachsen. Sein Vater war Ungar, seine Mutter Indonesierin. Irgendwann hatte er mal eine Frau, jetzt hat er nur noch eine Tochter, von der ich immer annehme, sie bliebe konstant zwölf Jahre alt, nur weil ich sie nie sehe, oder eben sehr selten. Nach dem Krieg war Pali in einem Priesterseminar; er sollte, so wollte es sein Vormund, und du wirst es erraten, Priester werden. Vor den letzten Weihen ging er ins Dorf und von dort in die Stadt und kam nicht mehr wieder. Jetzt arbeitet er für eine Schallplattenfirma. Pali hat eine alberne Eigenheit. Er stellt seine Zigaretten aufrecht, läßt sie auf dem Filter balancierend verglühen. Ein Wunder, daß er noch nicht ganze Stadtteile abgebrannt hat. ›Wer hat bloß das Wort ‚Glück' erfunden?‹ sagte er, wenn seine Lebensfreude am Gefrierpunkt ist. Er kennt sehr viele Menschen, wo man hinkommt, kennt er jemanden. ›Wenn man allein ist, muß man Leute kennen‹, sagt er dann. Und einmal: ›Wenn man nicht liebt, redet man von Freiheit. Was mach' ich mit der Freiheit? Verschenken natürlich.‹ Wir gingen gern ins Kino, wir lachten und weinten über dieselben Dinge, immer mit Schokolade beschmiert, die wir vorher gekauft und nach der Wochenschau aufgefressen hatten. Ich mußte ihm hundertmal die Geschichte von Frau Zumbrowski, der Portiersfrau aus der Wexstraße, erzählen. Sie hatte einen Mann, der nur zum Wochenende nach Hause kam. Am Montag hatte sie stets ein blaues Auge und wollte sich scheiden lassen. Am Freitag ging sie zum Friseur, und am Montag hatte sie wieder ein blaues Auge. Manchmal waren auch beide blau, da war das von der Woche zuvor noch nicht abgeschwollen. Es wäre schön, mit ihm spazierenzugehen, obwohl er gar nicht gerne geht, außer in der Stadt. Und da wär' Franz, den ich lange nicht gesehen habe, der sollte Pfarrer werden und ist einer geworden. Katholischer Pfarrer. Er sieht aus wie ein Skilehrer in seinen Pullovern, oder ein Student in Semesterferien. Vor fünf Jahren lernten wir ihn kennen durch Lois, einen oberbayrischen Maskenbildner, der uns in eine Christmette nahm und uns die Anweisungen, wann zu knien aufzustehen hinzusetzen wieder zu knien, ins Ohr flüsterte. Du mußt wissen, Tonio ist nicht getauft und ich bin protestantisch. Aber zu Franz: Anfänglich machte mich der Gedanke an Zölibat befangen, als wüßte ich um irgendein geheimgehaltenes Gebrechen. – Einmal erzählte er uns, daß er einen jungen Kaplan für eine Pfarrstelle vorgeschlagen habe und der Bischof ihm gesagt, der Junge sei nicht intelligent genug. Aber er ist gläubig, sagte unser Freund. Der Glaube geht, die Dummheit bleibt, sprach der geistliche Herr... Wie dem auch sei, ich habe unseren Freund lange Zeit nicht mehr gesehen und ich würde gern mit ihm spazierengehen, so wie ich jetzt mit dir gehe. Und ich vermisse die Abende, die manchmal bis zum Morgengrauen andauerten, an denen wir sprachen und uns stritten. Ich vermisse die Menschen hier. ›Ein Mensch sollte weder gelobt noch getadelt werden‹, sagte Henry Miller. Ich bin viel gelobt und viel getadelt worden, und manchmal muß ich mich vor den Menschen verkriechen, mich leer machen und beides, Lob und Tadel, vergessen. Aber dann wieder sticht mich der Hafer, und ich möchte teilhaben, mich messen. Da klappert das Gerippe des Ehrgeizes und knirscht mit langen Zähnen, blüht auf, nimmt zu, wird rosig und prall und beginnt mit mir zu feilschen, wird ungenießbar, schleift mich mit sich, wird kurzerhand verjagt, um wiederzukehren, als hilfesuchendes Gerippe. – Der Neid sei die große Triebfeder des Menschen, soll ein Soziologe gesagt haben. Mir gefällt ›Wenn ich des anderen Auflage haben wollte, müßte ich auch wünschen, seine Hämorrhoiden zu haben‹ von Heinrich Mann besser. Und dir wahrscheinlich auch. 67 trafen wir Chaplin in einem Ferienort. Er stand auf einer Mole, seine Kinder saßen um ihn herum, Sonnenflecken tanzten auf seinem Gesicht, das unglücklich und säuerlich war, denn er sprach von seinem letzten Film, der keine Anerkennung gefunden hatte. Er schien nichts mehr wahrzunehmen als die Verbitterung, die ihm ein Mißerfolg nach lebenslangem Ruhm beschert. Für Henry Miller kam er zu spät, der Ruhm und der Reichtum, oder zur rechten Zeit, wie man will. Als er das erste Mal bei uns wohnte, trug er einen Pullover, an dem sich Generationen von Motten vergangen hatten, er sah aus wie ein großmaschiges Sieb, außerdem fror er in diesem Sieb. ›Siebzig Mark!‹ rief Henry, als wir in einem Geschäft standen und er einen neuen probierte. ›Du bist reich‹, sagte ich. ›Siebzig Mark ist eine Sünde‹, sagte er und fror weiter. – Komm mit ins Haus, die Heizung geht jetzt, nur im ersten Stock sind die Sicherungen durchgebrannt.«

Wir saßen im ewig düsteren Wohnzimmer, ich sagte: »Die Arbeit war gut während der letzten Jahre. Es war eine neue Arbeit, ein neuer Beruf; die Platten, die Konzerte, alles. ›Erfolge muß man auskosten‹, sagen selbst unsere Freunde, wenn wir eine Tournee abbrechen. Ich scheue vor dem ›Auskosten‹ wie ein Pferd vor der Mamba. Und du mußt mich nicht so frostig ansehen, um mich wissen zu lassen, daß das hochnäsig ist. Ich weiß es. Vor ein paar Jahren hätten wir ausgekostet, auskosten müssen, wollen, wenn es etwas zum Auskosten gegeben hätte.«

Als Christina kam, stand Schniebel auf und war weg, bevor ich »Auf Wiedersehen« sagen konnte.

6. Mai 1970

Vor zwei Jahren sagte ich zu Dr. Surén: »Und wenn ich in acht Wochen in Ihrer Klinik sein werde, so bitte ich Sie, mich mit recht vielen Damen zusammenzubringen, die zweimal täglich ›Selbst der Chefarzt schwört, daß die Geburt meines Jungen die schlimmste war, die er je erlebt hat‹ sagen.« Dr. Surén grinste und sagte: »Ich werde mich bemühen.«

Es war zehn Tage später, morgens um 6 Uhr 15, daß zwei Fahrer des Krankenwagens die Trage, auf der ich lag, im Nebenraum des Operationssaals absetzten. Dr. Surén trug einen knöchellangen Kittel und eine Operationshaube, neben ihm standen zwei junge

Ärzte und drei Schwestern. »Es ist sieben Wochen zu früh«, sagte ich, »müssen Sie operieren?« – »Ja«, sagte er.

6 Uhr 25: Ich sehe hellgrüne Wände, Lichtkreise aus Deckenlampe, Gestell mit Tuch vor Gesicht, suche die Augen des Arztes, der Narkoseärztin, spüre Nadel in linker Armbeuge, zwei Flammen schnellen hoch, schmal mit gelben Spitzen, stehen wie Klingen, auf ihnen springt schriller Ton, verlischt hinter Augäpfeln. »Ich ersticke«, will ich sagen.

7 Uhr 20: Zuerst sind es Stiche in Handrücken, Nadeln an Plastikschlauch, Schlauch mündet in Glasflasche, an Metallbügel hängend. Mein Kopf ist schwer, schwerer Kopf zieht schweren Körper vom Tisch, gleitet in Heizungsrohre, wird eins mit Heizungsrohren. Dann beginnt es: Millimeter um Millimeter; beginnt bei den Fußsohlen, schneidet Nerv für Nerv, Zelle für Zelle, schneidet bedächtig Knöchel Spann Wade Kniescheibe, schneidet in frische Narbe, tötet Schmerz, läuft zu erstem Rippenbogen, schneidet schnippelt Rücken, trennt ab, methodisch, siegessicher. »Ich sterbe«, sage ich, höre mich sagen, weiß, daß das Sterben ist. »Sie haben eine schöne gesunde Tochter«, rufen sie. Sie lügen. Sie lügen immer, wenn man stirbt. »Ich sterbe«, sage ich. Sie antworten nicht. Es schneidet; klar, kühl, sicher, Millimeter um Millimeter. Nicht schmerzlos, nicht rasch, nicht bewußtlos. Exakt, korrekt, planvoll. Eine Stahltür schlägt zu, schließt Kopf weg; vor Stahltür Stimmen, dahinter nichts. Wacher klarer Kopf im Nichts. Kopf ohne Körper hinter Stahltür, weiß, daß er stirbt, weiß, daß Nase zuckt, Lider zittern, lang werden. Es schneidet, Zahn für Zahn, Gaumen, Zunge. Pedantischer Tod, ordentlicher Tod. Zelle für Zelle.
Befund: Uterusatonie, Versagen der Blutgerinnung, Nierenversagen, Kreislaufzusammenbruch.
7 Uhr 20: 1 Gramm Human Fibrinogen. Wirkungslos. Laufende Transfusionen. Anruf bei Behring-Werken München unmöglich. Telefonleitungen durch Bauarbeiten unterbrochen. Arzt hält Wagen an, fährt zur Polizei, Funkstreife bringt ihn zu Behring-Werken, zusätzliches Human Fibrinogen zu holen.
Befund: 15 % Hämoglobin.

8 Uhr 15: 4 Gramm Human Fibrinogen bringen Blutung zum Stillstand.
Ich sehe Tonio. Sonnenstrahl wischt über Stirn. »Du hast eine Tochter«, sagt er. Ich glaube ihm. Will es glauben. Glaube nicht. »Wo ist sie?« – »In einer anderen Klinik. Sie mußten sie in eine Kinderklinik bringen. Sie ist gesund, sie ist schön, glaube mir.«

16. 5. 68: Befund: Magen-Darm-Atonie. Dauertropfinfusionen, Magenschlauch, Macumarbehandlung.

23. 5. 68: 5 Uhr 10. Platzbauch. 5 Uhr 20. Narkosespritze in linke Armbeuge. 15 Uhr. Befund: Atemdepression. Lorfanbehandlung. Starke Schmerzen. Umkehreffekt bei dämpfenden Mitteln.
Meinem Bett gegenüber hängt ein Bild, Farbfoto: Weihnachtsstern, Christstern. Ich sehe Würmer aus Christstern kriechen, fette braune, Stern wird Fratze, Blatt blutiges Maul. Blutiges Maul wächst über Rahmen hinweg, sucht mich, tastet, taumelt auf mich zu. Vor Lachen sterben vor Angst sterben vor Glück sterben. Einsames Sterben anderes Sterben nicht mitzuteilendes bleibendes immer gegenwärtiges aufgeschobenes wartendes. Hinter Fassaden Stahltür. Trotz der Suche, trotz Meditation, trotz des Gelesenen und Erfaßten, trotz Joan Grant und Bishop Pike, ihren Begegnungen mit dem Jenseits, trotz Gordon Turner, Freund Gordon, fähiger kluger weiser Gordon, trotz Meditation die Stahltür. Sein Gesicht hatte ich gesehen, Kopf geneigt, Augen geschlossen. Deutlich, wie ich Manfred George gesehen hatte, manchmal, wenn er in Gefahr war. Lektion im Sterben. Unordentliches Leben, ordentliches Sterben. Verbluten schöner Tod. Sagen die, die leben. Ich kann das Leben nicht ertragen, sagen die, die leben. Wer bereitet uns vor auf die Überquerung, Überquerung von wo zu wo. Sterbensmüde, sagen sie. Sterbensschwach, sage ich. Wir werden sterben und wollen vom Sterben nichts wissen.
Um vier kichert die erste Taube, weckt Taubenkommune, sie kichert mich in den Schlaf.
Die Operationsschwester kommt, erneuert Umschläge auf geschwollenen Armen. »Ich habe Ihre Tochter in den Händen gehalten, sofort nach der Geburt«, sagt sie und neigt sich zu mir hinunter, »ich habe sie abgenabelt, es ist ein gesundes Kind, glauben Sie mir, es lebt, es setzt sich durch. Ich bin dreißig Jahre dabei, ich weiß, was ich in der Hand habe, wenn es aus dem Bauch kommt. Es ist ein gesundes Kind und ein gutes Kind, es hat einen guten Charakter. Wir wissen das, wenn wir es halten. Am ersten Schrei erkennen wir sie. Sie ahnen nicht, wie oft ich Eltern sagen möchte: ›Das ist nichts. Das wird ein böser Mensch.‹« Sie setzt sich auf einen Hocker, sieht auf ihre Hände, massiert die Knöchel: »Sie waren schlimm dran. Eine Stunde lang hatten Sie kaum eine Chance. Surén hat Sie angeschrien, Sie sollen nicht aufgeben.«
»Das weiß ich nicht mehr.«
»Aber wir wissen es, es hat sie zurückgeholt, Ihr Jähzorn hat Sie zurückgeholt und einiges andere auch.« Sie reibt ihre Augen, schiebt die Lider hin und her, achtlos wie ein Kind im Halbschlaf,

sagt: »Wir haben bis jetzt operiert, zwei Jungen – rasen auf Motorrädern in ein Auto, frontal, übel zugerichtet. Blöd sind sie, man sollte ihnen den Hintern versohlen.« Sie hält ihre Armbanduhr an die Nachttischlampe, steht auf: »Kriegen noch drei Kinder heute Nacht. Bevor Sie kamen, war eine Frau hier, im gleichen Zimmer, hatte ein gesundes Mädchen. Als wir's dem Vater sagten, ging er weg, kam drei Tage nicht wieder, war beleidigt, wollte einen Sohn, einen Stammhalter.« Sie fühlt meinen Puls, steckt die Armbanduhr in die Kitteltasche, sagt: »Versuchen Sie ein wenig zu schlafen«, geht langsam müde zur Tür.

24. 5. 68, 22 Uhr: Tonio, Dr. Surén, neben meinem Bett sitzend. Dr. Surén sagt: »Was um alles in der Welt kann noch passieren?« Er trinkt einen Whisky, sein Gesicht ist grau.
»Ich möchte Ihnen eine Geschichte erzählen«, sagt Tonio. »Wir haben einen Freund in Paris, und der ist Arzt, außerdem ist er Russe. Er heißt Paul Émile und hat ein langes trauriges Gesicht. Wir hatten ihn nie als Arzt in Anspruch nehmen müssen, bis zu einem Sonntagmorgen, an dem Hilde mit einer Gallenkolik aufwachte. Paul Émile kam, und da er ein pedantischer Mensch ist, wollte er die Krankengeschichte der neuen Patientin wissen. Ich frühstückte, las den ›Observer‹ und die ›Herald Tribune‹, ging spazieren, dann ins Kino – Sie müssen wissen, sie hatte: Typhus, Gelbsucht, Kinderlähmung, Meningitis, Encephalitis, siebzehn Kieferoperationen, zwei Tropenkrankheiten, Bauchfellentzündungen, Blinddarmdurchbruch, Wirbelverletzungen, Schulterbruch, Meniskusriß, rheumatisches Fieber, fünf Fischvergiftungen, Koliinfektionen, zwei Blutvergiftungen, sämtliche Kinderkrankheiten, vierzehn uns bekannte und zahllose unbekannte Allergien, Nasenbeinbruch, zwei Nasenoperationen, Nierenentzündung, Ruhr, Mandeloperation, abgequetschte Fingernägel, Zysten, Stimmbandknoten.« Dr. Surén leert sein Glas, Tonio dreht eine unangezündete Zigarette zwischen Fingerspitzen, sagt: »Als der Film zu Ende war, trank ich noch einen Kaffee und ging ins Hotel zurück. Hilde hatte sich etwas erholt, sie war mit ihrer Aufzählung bei neunzehnhundertneunundfünfzig angelangt. Paul Émile saß gekrümmt, das lange Gesicht in Händen verborgen. Nach weiteren dreißig Minuten sagte Hilde: ›Das wär' alles, glaube ich.‹ Paul Émile blieb regungslos, dann stöhnte er, hob langsam den Kopf, seine Haut war aschfahl. Er sagte: ›Du weißt, ich habe Hilde immer für ein Musterbeispiel des kraftvollen deutschen Weibes gehalten, und nun erfahre ich, daß sie ein Museum des Grauens ist.‹«
»Ich habe Wadenkrämpfe«, sage ich über das Zischen der Sauerstoffflasche und des Mentholzerstäubers hinweg. Dr. Surén starrt

mich an, steht auf, geht wortlos aus dem Zimmer. Zwei Schwestern kommen, leise eilig resolut, ziehen Decke weg. »Was ist?« fragt Tonio. »Thrombosegefahr«, flüstert die jüngere. Dr. Surén ist wieder da, mit ihm der Chefarzt Dr. Sebald und Dr. Sendtner, sie tragen Infusionsflaschen, ziehen Injektionen auf, stechen in linken und rechten Oberschenkel, die Laborantin kommt, piekt in Fingerkuppen, hält Glasscheibchen unter Bluttropfen. Dr. Surén sieht mich an wie ein vergrämter Vater, der einen Bettnässer zum Sohn hat. Ich muß lachen, die Schwester stemmt die Hände auf meinen Bauch, murmelt: »Sie dürfen nicht lachen, auf gar keinen Fall dürfen Sie lachen.«

Christina war fünf Wochen alt, als ich sie zum erstenmal sah. Ich sah sie durch die Scheiben der Frühgeburtenabteilung und des Inkubators. »Es wird schwer sein, sie nicht anfassen zu dürfen«, hatten sie gesagt. Nein – es ist nicht wahr – nichts ist schwer. Solange sie atmet, solange du atmest, solange ich atme. Bis das rote Licht ausgeht, bis ich denke Stromausfall, bis ich gegen Scheibe poche, Schwester nickt, Lippen »Es ist in Ordnung« formen, bis Christina weint, bis der Arzt sagt: »Es dauert noch einige Zeit«, bis Tonio sagt: »Wir müssen gehen.«

16. Mai 1970

Die batteriebetriebene Spielzeugdrahtseilbahn war Favorit, einen ganzen Geburtstag lang, übertraf Angelspiel, Malkasten, Gummiball, bunte Knetmasse. Obwohl die Fahrgastpappfiguren umkippen, die Gondel zwischen Schranktür und Stuhl von der Schnur rutscht, zu Boden stürzt, obwohl sie rasselt und scheppert, quietschend anspringt, Christina sich die Ohren zuhält. Der Preßlufthammer neben der Brücke stört sie nicht, erschrickt sie so wenig wie das Kreischen der Jets, der Helikopter und Baukräne. Es gehört in ihr lautes Leben hinein wie das Gurgeln der Geschirrspülmaschine, Rumpeln der Waschmaschine, Bullern der Trockenschleuder; geläufig wie Stereo, Beat, Flugplätze, Fahrstühle, Autos. Ihre Geräusche – wie meine S-Bahn, Teppichklopfen, Fahrradklingeln, Fräsmaschine es waren. Die Südseite der Bernhardstraße, das was von ihr übrigblieb, ist Schnellstraße geworden, Schnellstraße, da wo »Mutter, schmeiß ma n Groschen runter«, wo »Komm rauf, Mittach is fertig«.

Christinas erste Enttäuschung ist Evchen. Evchen, drei Jahre alt, wohnt an der Chantarellastraße, sie hat mit ihr gespielt, aber Evchen hat andere Freunde, ältere.

Christina stampft den Berg hinauf, aufgeregt, verliert Balance, fällt, rappelt sich auf, ruft »Evchen«, wartet. Evchen kommt nicht.

Evchen wie Sigrid. Die hat dünne lange Zöpfe und ein Poesiealbum, alle durften reinschreiben. Sütterlin, Blümchen, Tintenkleckse. »In allen vier Ecken muß Liebe stecken«; ich nicht, nur ansehen durfte ich es.
Christina geht nicht mehr zu Evchens Haus, seit zwei Tagen nicht mehr. Bleibt stehen, dreht sich um, wie sie sich umgedreht hat, als Nehru, der Schäferhund, dem Reh nachlief. »Böse«, sagte sie und sah ihn erst erstaunt, dann gar nicht mehr an.
Sie lernt schnell.